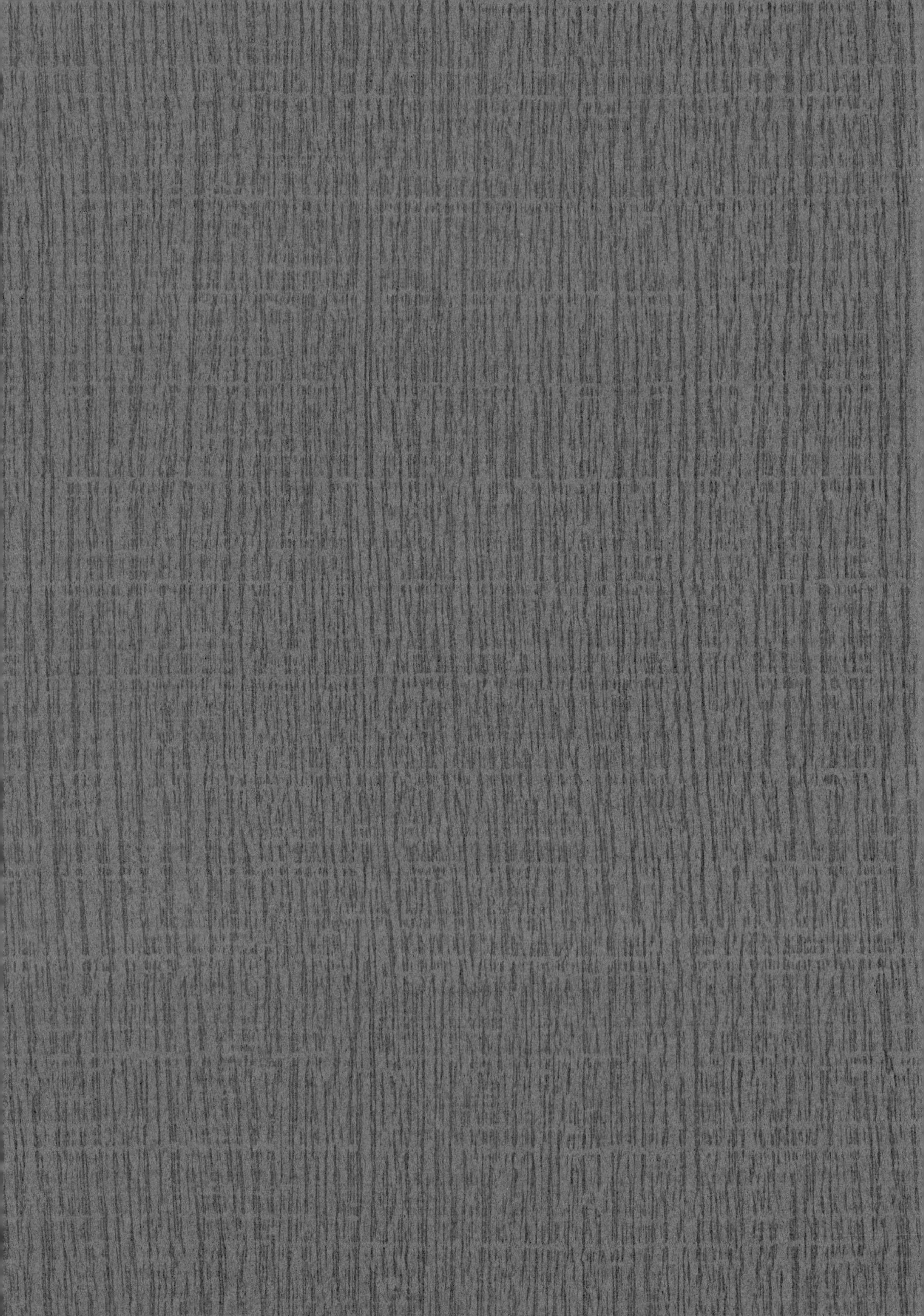

本丛书为
国家出版基金资助项目
全国教育科学规划教育部重点课题研究成果
国家重点图书出版规划项目

《日本侵华殖民教育史料》

编辑出版委员会

日本侵华殖民教育史料

第四卷

庄明水　黄雅丽　主编

人民教育出版社
·北京·

图书在版编目（CIP）数据

日本侵华殖民教育史料．第四卷/庄明水，黄雅丽主编．—北京：人民教育出版社，2016.5
ISBN 978-7-107-24390-5

Ⅰ.①日…　Ⅱ.①庄…②黄…　Ⅲ.①侵华事件—殖民统治—教育—教育史—史料—日本　Ⅳ.①G529.6 ②K265.606

中国版本图书馆 CIP 数据核字（2016）第 095259 号

人民教育出版社出版发行
网址：http://www.pep.com.cn
山东临沂新华印刷物流集团有限责任公司印装　全国新华书店经销
2016 年 5 月第 1 版　2016 年 6 月第 1 次印刷
开本：787 毫米×1 092 毫米　1/16　印张：43
字数：868 千字　印数：0 001～1 000 册
定价：135.00 元

联系地址：北京市海淀区中关村南大街 17 号院 1 号楼　邮编：100081
电话：010－58759215　电子邮箱：yzzlfk@pep.com.cn

出版说明

众所周知，日本帝国主义在中国进行的殖民教育和奴化教育是伴随着军事侵略、政治统治而产生和进行的，是其整个侵略政策的重要组成部分。这种教育侵略与军事占领、民族压迫、经济掠夺相比，更狡猾，更毒辣，更隐蔽，后果也更严重。对日本侵华教育历史的认识，决不仅仅是学术问题，更是一个重大的政治原则问题。

我社长期以来对国内外日本侵华教育史的研究极为关切。为了纪念中国人民抗日战争和世界反法西斯战争胜利60周年，弘扬不忘国耻、振兴中华的爱国主义精神，推动在全面、系统地搜集、整理日本侵华教育史料的基础上，对日本侵华殖民教育和奴化教育进行全方位的考察和深层次的理性思考，我社在2005年资助出版了由宋恩荣、余子侠主编的四卷本《日本侵华教育全史》（以下简称《全史》）。作为新中国第一套全面系统论述日本侵华教育历史的大型学术专著，《全史》在海内外产生了很大反响。《全史》相继荣获中国大学出版社图书奖首届优秀学术著作奖、教育部人文社会科学优秀成果奖和全国教育科学优秀成果奖等奖项，并先后入选新闻出版总署“经典中国国际出版工程”及国务院新闻办公室“中国图书对外推广计划”，获得相应项目资助。同时，我社还与日本明石书店签订了日文版版权输出协议。

在撰著《全史》之前和过程中，《全史》的作者广泛搜集了大量弥足珍贵的史料。为进一步推动日本侵华教育史研究，我社特约请《全史》作者将这些史料整理成册，汇编成四卷本《日本侵华殖民教育史料》（以下简称《史料》）。经由我社申报，《史料》被评定为“十一五”国家重点图书出版规划项目，后又被评为2014年度国家出版基金资助项目。《史料》分为四卷：第一卷为“东北卷”，第二卷为“华北卷”，第三卷为“华东、华中、华南卷”，第四卷为“台湾卷”。完成这项史料编辑出版工程，不仅仅是在学术方面作出一种历史的探究，让人们了解日本帝国主义对华进行教育侵略的事实，更重要的是通过编辑出版《史料》，立此存照，有利于中日两国人民以史为鉴，正视过去，面向未来，登高望远，有利于中日友好关系的发展建立在对历史正确反思的基础之上，阻止某些势力肆无忌惮地篡改历史。

《史料》的编辑出版工作或有不当，敬请广大读者不吝赐教。

谨以此书纪念中国人民抗日战争暨世界反法西斯战争胜利70周年。

人民教育出版社文化教育编辑室

2015年8月

总　　序

在人类历史长河中，一衣带水的中日两大民族，很早就在文化教育领域发生了一定的交往活动。仅从信史记载就可得知，东汉光武帝时期，在今日日本土地上的“倭奴国”即遣使前来中华“奉贡朝贺”。到西晋太康时期，日本的应神帝即让其皇太子接受儒学教育。自是而后，以儒家学说为主体的中华文化通过教育等途径传输到日本，并逐渐由宫廷扩延到民间，成为日本的重要教育内容。尤其到了隋唐时期，随着中日两国间的频繁交往，两大民族友好的教育交流形成了历史上第一个高潮。隋唐两朝约三百年的中日教育交流活动，让中华文化得到了广泛的传扬播衍。尽管唐末之后高潮不再，但教育领域的中日交往从未断流，即使进入近代社会门槛之前后，中日两大民族间教育交往活动仍然相当频繁。不仅“锁国”的江户时代，日本不少人物对由中国输往的种种书籍“热心阅读”，而且“开放”的明治初期，中国新版书籍何时被商船带归日本，仍为日本学者“急切盼待”。

站在较近的历史时段上看，中日两大民族几乎同时跨入近代社会的门槛，而且跨入的动因和方式也是共态同形——在西方殖民势力的欺逼下被迫进入新的世界体系的运行轨道。面对“数千年来未有之变局”，中日两国的社会转型力度和速度却出现了不同的变化：由于过沉的历史负重，中国在进入近代社会的行程中步履蹒跚，成为备受欺凌者；日本却因善于借石攻玉的传统迅即变革成功，而跻身资本世界的强国之林。于是风水轮回，昔日的“天朝上国”不得不转而“以日为师”，在中日之间教育交往的第二个高潮时期，大潮的走向反由日本涌往中国。在清末短短十余年间，中国在教育领域的变革竟形成一种全方位学习日本的态势。仅就其时两国之间教育交往的几条主要路径或渠道来看，显现的时代景观可谓旷古空前：为求新知而留学日本，中华学子有如过江之鲫；为兴新学而借材异域，日籍教师络绎来华；考察日本教育，中华衣冠不绝航路；译印日本书籍，中华书肆汗牛充栋。至于学制的设计、学堂的建置、教材的选编、教法的施为……率皆取法日本或通过日本来学习欧美各国。因此，详察历史实情，近代中国在新式教育的初步发展阶段，“同文比邻”的日本无疑起了导引先路的示范作用。

然而，令中日两大民族后世子孙遗憾的是，就在进入近代社会门槛之际，日本社会中某些非良性因素，在弱肉强食的国际环境中，产生了一种“失之东隅收之桑榆”的民族心理。这就是在幕府时代末期提出的“蓄养国力，割取易取的朝鲜和中国东北”，“收琉球”，

“取台湾”，“把失于美俄者取偿于中国和朝鲜”的立国应变之策。于是侵略扩张就成了日本进入资本主义世界运行轨道后的强国之路和发展之资。尤其中日甲午战争以降，日本的霸气愈足，野心愈大，而侵略扩张愈甚。由于东方世界的教育从来都以服务于国家政治为目标，因此举凡教育领域的立德立言只能以“国家利益”或“民族事业”为原则或标准，立功立业都离不开现时国家方针政策的规范或制约。基于这种教育服务并俯从于政治的恒定法则，日本在用武海外的同时，即开始谋划从教育上如何对邻国实行“先事而制其权”。因此，当中国“以日为师”借鉴日本经验来改革自己的教育时，日本通过向中国派遣教师和接收中国留学生，以便成为中国“智识上之母国”，以利获得中国“将来万种主权”。同时，考虑到如何真正做到“可无限量地扩张势力于大陆”，觉得还有必要直接在中国开办学校，以为“智”取中国之长策。于是有如绘制几何图案，自甲午战争以降，日本即由点而线而面地“绘制”在中国实行殖民奴化教育的发展蓝图。而这种教育实践蓝图的“绘制”，又是紧随着日本军事势力侵略扩张的战旗而逐步实现的！

自走上“耀皇威于海外”的侵略扩张道路后，在“兴亚”的幌子下，日本政府在进行“物质”灭亡中国的同时，一直在实行着以对华的教育作为其主要措施或手段的“精神”灭亡中国的策略。随着战旗所向，通过甲午战争迫使中国签下屈辱的《马关条约》，日本先是割占中国的领土台湾，很快即将台湾地区的学校教育纳入其殖民奴化教育范围之中。就在 1895 年 6 月占领台湾后，日本侵略者为统治和奴役我台湾地区人民，迅即建立军政最高机构“台湾总督府”，并设立教育行政机关学务部，开始了对台湾地区的殖民奴化教育体系的建构。自是而后的五十年间，日本据台的教育行政机构几经变更，最终成为“军事后援会”性质的组织；对其地的殖民奴化教育政策，也由最初的“渐进主义”而实行“内地延长主义”到“皇民化教育”；各级各类学校机构，无不成为迫使台湾地区人民成为日本帝国二等“皇民”而灌输“皇民意识”的奴化场所。因此，日本占据台湾的五十年，也即是日本全面殖民奴化台湾地区人民的五十年，日本于其时其地经营的“教育事业”，实质上无非是日本帝国实行“教育敕语”教育体制的一块海外“飞地”。

继甲午战争之后对台湾地区开始全面殖民奴化教育的经营，在“以教育为扶植势力之源”，“以支那为可取也则速取之，以支那为可教化也则速教化之”的殖民教育理念下，日本又借助日俄战争和第一次世界大战，先后在中国大陆的辽东半岛和山东半岛开始了设置学校、经营教育的行动。先是借助日俄战争，日本攫取到东北地区的一些权益。自 1905 年，即其侵占旅（顺）大（连）的第二年，日本在辽东半岛的殖民机构“关东州”民政署正式颁布《关东州公学堂规则》起，日本的侵略势力通过撤并或改建其地原有的中国人自己开办的学校，实现对该地区城乡教育阵地的全面控制。到 1914 年第一次世界大战爆发之际，通过十年经营所开办的以大连为“龙头”、沿南满铁路一线的殖民教育，已经成为日本人“攫得教育权之根据地”，从而打下后来尤其伪满时期在整个东北地区全面推行殖民奴化教育的历史基础。第一次世界大战的爆发，让日本再次获得在中国大陆侵占教育主权、扩充教育基地的机会。1914 年 11 月，日军占领我山东，对德国人原在山东攫取的权益，包括德人开办的学校，实行一揽子取替。以 1915 年 4 月在青岛创办第一青岛寻常高等小学校等教育机构为起点，日本又开始了在胶济路沿线地区的殖民奴化教育活动，并且在数年间就形成了以青岛为“龙头”的胶济铁路沿线的殖民奴化教育带。

除上述一面（整个台湾地区）两线（沿南满铁路一线和胶济铁路一线）殖民奴化教育的经营，近代以来日本人在中国其他地区也零星地开设学校教育机构，尤其在中国土地上日本居留民生活区内的点状设学，表明日本对借助教育来“建立侵略据点的重视”。这种点线面的结合，到“九一八”事变爆发，日本在中国的殖民奴化教育迅即蔓延至整个东北沦陷区——日本对华的殖民奴化教育覆盖着整个中国山海关以外的国土。及至伪满政权在日本军事侵略势力的扶植下粉墨登场，日本在我国东北地区的殖民奴化教育体制和秩序已经完全确立，形成了一个包括各级各类教育机构的庞大教育体系。为实现其“王道主义”的教育方针，贯彻其“民族协和”的“建国精神”，直至最终使东北成为“天照大神”子孙的“王道乐土”，日本开始了对广大中国东北地区人民长达十余年精神摧残和思想奴化的教育行动。

随其铁蹄踏关而进，日寇在东北地区施行的殖民奴化教育的种种伎俩，先是在冀东地区的二十二县，接着借发动“七七”事变挑起全面的侵华战争，相继上演于中国的华北、华东、华中、华南的广大地区。为了完整实现“全面亡华”的既定国策，日本军事侵略势力对中国实行“分而治之”的政策，先后在华北、华东、蒙疆等地区扶植出多个伪政权，并且利用这些伪政权来全面推行其殖民奴化教育政策。在日寇铁蹄所到之处，中国既有的教育事业在日本军事势力的烧、杀、抢、掠之下几至毁坏殆尽，随着各伪政权沐猴而冠，日本将铁蹄践踏到的地区相继纳入其实施殖民奴化教育的范围，建立起全面亡华的奴化教育体系。于是，既往日本人在中国大陆推行殖民奴化教育的布点、划线，在中日民族战争期间借助军事侵略而强行连缀起来。直到中国人民全面抗日战争胜利，包括台湾地区、东北地区在内的东部大半个中国，先后不同程度地受到了日本殖民奴化教育的侵略和污染。

鉴于近代以来日本对华的军事侵略和教育侵略，中国各相关地区受其殖民奴化教育的毒害程序有先有后、时间有长有短、创面轻重不一、程度深浅有别，是故我们在组织研究和编撰日本侵华殖民奴化教育的历史时，根据不同地区各自的特殊情形，并以该地区伪政权的登台表演作为各区域的地标，将日本侵华教育史分作四卷来进行研究：以伪满政权统治区域的殖民奴化教育为第一卷；以伪华北政权管领地区的殖民奴化教育为第二卷，其中附以同样位于今日地理概念上的华北地区的伪蒙疆政权的相关活动；以伪维新及后来汪伪政权所统治的华东、华中、华南地区的殖民奴化教育为第三卷；而将日本占据时间最长且其殖民奴化教育体系最具“日本特色”的台湾地区单列为第四卷。于 2005 年，正式出版了四卷本《日本侵华教育全史》（以下简称《全史》）。

在撰著《全史》之前和撰著过程中，我们广泛搜集了大量史料。这些史料若不整理成册公之于世，殊为可惜。在人民教育出版社的积极鼓励和大力支持下，我们又花费很多时日将相关史料整理成册，以供中日双方更多的研究者用作学研参考，并为中日两大民族后来者真切地了解历史真相保存资料。这套史料集经由人民教育出版社申报，被评定为“十一五”国家重点图书规划出版项目，后又入选国家出版基金资助项目。完成这项工程，不仅仅在于学术方面作出一种历史的交代，让人们“知道”历史上的中国曾有过这种外侵势力扶植经营的亡华教育，更重要的主旨在于立此存照，让中日两大民族后世子孙在企求世代友好的良愿下“记取”这种惨痛的历史教训——立下“前车之鉴”，这正是历史研究的功能或作用之一！

这种吃力并非就能讨好的工作，只能说是我们这个研究群体为时人和后人的深入研究尽已绵薄而已。能够将这四集史料辑印成册以献于方家，自然应当感谢人民教育出版社有关领导和编审人员的大力支持。同时要感谢中国第二历史档案馆及海内外其他档案、图书部门对有关史料的无私献助，没有他们的大力支持，这套史料集也难以成书。在史料的搜集过程中，编者们直接和间接地得到了很多单位和个人的帮助，同时也借取了诸多前人和今人的研究成果，限于篇幅难以一一罗列，我们在此谨以“学术为公”之心，一并表示真挚的谢忱，并求大家的宽谅！

余子侠

2015 年 8 月

凡　例

一、本史料集所选资料，为保持历史档案文件原貌，凡原文中一些冠冕堂皇的话，诬蔑不实、谬误甚至反动之词，编者均全文照录，未加改动；但对少数文件中因内容重复及与主题无关者则酌予删节，并加注说明。资料出处，于文末注明。

二、所选史料一般以首次行文或发表的时间为序；凡原件已注明写作或发布时间者，则以写作或发布时间为序。

三、所选史料一般用原标题；原件无标题者，由编者根据文意另拟，并加注说明；有的篇目需加题解者，以 * 注明，置于页脚。

四、本史料集采用横排，凡竖排原件中涉及版式上的方位词上、下、左、右者，一仍其旧。

五、本史料集所选资料，原则上用简体字，但遇有可能引起歧义者，酌用繁体字、异体字。采用现行标点符号。

六、为了保持不同历史时期的语言文字风格，本史料集对以下文字均保留原貌："的""地""得"不分者，"他""它"不分者，"给予"写作"给与"者，"授予"写作"授与"者，"修炼"写作"修练"者，"磨炼"写作"磨练"者，"训诫"写作"训戒"者，"厉行"写作"励行"者，"联系"写作"连系"者，"联络"写作"连络"者，"身份"写作"身分"者，等等。

七、翻译名称，包括人名、地名、著作名、报刊名、组织机构名等，均保持原貌。若有必要改动时，则加注说明。

八、所选史料原注用［1］［2］等表示，置于原件篇末；编者所加注释用①②等表示，置于页脚，予以说明。

九、原件错、别字词加［］改正，多、衍字词加〖〗删除，失、缺字词加【】填补；原件如因破损漏缺或字迹不清者，用□代替，一□代替一字。

本卷前言

一、本书是《日本侵华殖民教育史料》的第四卷，主要选录1895年至1945年日本占据台湾期间台湾的教育方针政策、教育行政制度、各级各类教育（初等教育、中等教育、高等教育、社会教育、日语教育、留学教育）设施及其演变，以及青年学生、知识分子对殖民统治的抵制与斗争的史料。此外，为了反映日本1874年对台湾牡丹社的侵犯及台湾光复初期的教育重建情况，特附录了相关的资料。

二、本书编选的目的，在于如实反映日据时期台湾教育的全面情况，为教育科学工作者和史学工作者提供分析研究日本对华教育侵略的参考资料。

三、本书资料的选录原则：

1. 基本以原始文献资料为主，适当选录少量当时及后来发表的时评、社论或讲话等有关内容。

2. 对史料的选录，注意详略得当，突出重点，兼顾一般。除选录殖民政府的教育法令、法规和统治者的谕告、训示外，也注重辑录教育团体、教育经费、教学计划、课程设置、教学要求、教师和学生，以及教育调查、教育统计、教育教学活动的资料。

3. 不同观点的材料也适当选录，以反映当时的实际情况。

4. 本书编选以专题为纲、年代为目；分篇分点，按年代先后、内容主次编排。

四、本书选用史料的日文部分，由编者组织翻译；有些史料未经断句，亦由编者进行必要的分段、断句和标点。

五、本书所选录的史料，基本保留原有标题，部分篇目原无标题，则由编者拟加；所选录的资料，尽量保留其原文表述；所有资料均在文末注明出处。

六、各种统计表、概况表集中了大量信息，而且简单、明了，能较好地反映某一活动的全貌和某一事件的演变过程，本书尽量予以选用。

七、本书编选过程中，承蒙福建师范大学闽台区域研究中心、厦门大学台湾研究院、中国社会科学院台湾研究所、福建省图书馆台港文献研究室、华侨大学港台图书室、福建社会科学院图书馆及台湾东海大学、台湾大学、高雄师范大学、台北大学、东华大学、暨南国际大学、云林科技大学、台湾“中央研究院”近代史研究所和台湾史研究所、台北馨园文教基金会、香港浸会大学、香港大学等单位的海内外同仁，提供了许多宝贵的资料，在此谨致谢忱。

八、本书在编选时，曾参考和引用了已出版的一些教育史料，除注明出处外，特此说明并表示感谢。

九、本书的编选，除两位主编做了大量工作外，黄金珠、庄健林、郑颖、张静宇等同志参与了资料的搜集、整理、编选、校核和日文翻译、数字核算、电脑录入等工作，为保证本书编选任务的完成作出了贡献，特在此表示衷心的感谢。

十、编者虽然访问了台湾多所大学和研究机构，在台湾史研究所（室）、图书馆（室）认真查阅有关文献资料，但缺乏足够时间深入专门档案馆、图书馆进行调查研究。在访问前后，编者搜集到多位台湾专家学者提供的许多资料，但肯定还会有所遗漏；又由于编者水平有限，在编选等方面可能会有欠妥之处，尚请读者不吝批评指正。本套史料集总主编宋恩荣研究员、余子侠教授对本书的编选悉心指导和认真审阅，人民教育出版社有关编审人员为本书的编辑、出版付出了辛勤的劳动，谨在此表示敬意和感谢！

编　者

2015 年 8 月于福州

目录

contents

第一编 教育方针政策

一、教育方针

二、教育政策

三、有关教育方针政策的言论

第二编　教育行政制度

一、教育行政组织及其职责范围

二、学制与经费

第三编 初等教育

一、学前教育

二、公学校

三、小 学 校

四、山地公学校与山地教育所

五、国民学校

六、书房义塾

七、特殊教育

八、有关初等教育的言论

第四编 中等教育

一、中学校

二、高等女学校

三、师 范 学 校

四、实业学校

五、有关中等教育的言论

第五编 高等教育

一、专门学校

二、台北帝国大学

三、有关高等教育的言论

第六编 社会教育

一、法规与纲要

二、社会教化设施

三、有关社会教育的言论

第七编 日语教育

一、日语学校法规及实施概况

二、普及日语计划及推行情况

三、有关日语教育的言论

第八编 留学教育

一、台湾留学生规则

二、台湾留日学生概况

三、日本东京的台湾留学生组织及其活动

第九编 教育统计

第十编　台湾青年学生与知识分子对殖民统治的抵制与斗争

一、台湾学生运动

二、在祖国大陆求学的台湾学生组织及活动

三、知识分子的民族文化运动

四、相关言论

附录一　日军侵犯台湾牡丹社事件来往外交文件

附录二　台湾教育的重建

第一编

教育方针政策

一、教育方针

台湾学制案*

（1895年）

明治二十八年六月由台湾总督府学务部长伊泽修二制订

第一 紧要事业

（一）总督府讲习员 第一期招生。

目的：在于训练国语①传习所、师范学校等之教员及直接与居民接触之官衙吏员。

甲种（培养教员者） 五十名。

乙种（培养官吏者） 二十五名。

（甲种）

学科：地方语②、国语教学法、台湾居民教育方案、体操、唱歌等。

修业年限：大约四个月。

毕业资格：担任国语传习所、师范学校等之教谕、助教谕、训导等职。

（乙种）

学科：地方语、中国尺牍及公牍、体操等。

修业年限：大约四个月。

毕业资格：可任职于行政各部门官衙等之吏员职务。

（二）国语传习所。

所数：现在十四所，明年设立二所，合计十六所。

目的：传授台湾人现行之国语，为地方行政设施做准备，并奠定教育之基础为主要目的。

（甲科生）

学科：国语、读书、作文。

---

* 1895年6月，"台湾总督府"学务部部长伊泽修二向总督桦山资纪呈报被称为"新领地台湾之教育方针"的《台湾学制案》，桦山指示台湾的教育就按此方针办理。该学制案的主要精神是"以日语教育为中心，以养成日本国民精神为本旨"。日据台湾前期，殖民当局虽然声称"教育无方针主义"，教育法令法规也经多次修订，但台湾教育基本没有脱离伊泽提出的以日语教育为中心的"教育方针"。1898年虽成立了作为台湾人初等教育机构的公学校，但公学校的大部分教学时间均在学习日语，与日语学校没有多大区别。

① 国语，系指日语。下同。

② 地方语，指台湾语，即闽南语。下同。

修业年限：六个月。

毕业资格：成为街、庄、保等之吏员，或在私塾传授国语。

（乙科生）

学科：国语、读书、作文、习字、算术（地理、历史、唱歌、体操）。

修业年限：四年。

毕业资格：任职公私之业务，或进入较高等学校就读。

第二　永久事业

（一）总督府国语学校。

（甲）师范部

目的：培育国语传习所、师范学校之教员及小学校校长。

学科：修身、教育、国语、汉文、地方语、地理、历史、数学、簿记、理科、唱歌、体操。

修业年限：二年。

毕业资格：担任国语传习所、师范学校之教谕、助教谕及小学之校长等职。

（乙）语学部

1. 国语学科

目的：在于教导台湾青年学生国语并施予必需之教育，将来可任职台湾之公私业务。

学科：修身、读书、国语、作文、习字、算术、簿记、理科、歌唱、体操。

修业年限：三年。

毕业资格：从事公私业务之翻译人员、官吏、专业人员等。

2. 台语①学科

目的：在于教导日本青年学生台语并施予必要之教育，将来可任职台湾之公私业务。

学科：修身、读书、地方语、作文、习字、算术、簿记、地理、历史、唱歌、体操。

修业年限：三年。

毕业资格：从事公私业务之翻译人员、官吏、专业人员等。

（丙）国语学校附属学校

目的：在于提供普通教育之模范与师范部学生之实地教学演练场所。

学科：修身、国语、读书、作文、习字、算术、唱歌、体操。

（幼年生）

年龄：八岁以上十五岁以下。

修业年限：第一附属学校六年，其他二校四年。

毕业资格：从事公私业务或进入较高等学校就读。

---

① 台语，指闽南语。下同。

（青年生）

年龄：十五岁以上二十五岁以下。

修业年限：二年。

毕业资格：担任街、庄之吏员、翻译人员、学校吏员或得以进入较高等学校。

（丁）国语学校附属小学

目的：在于提供完整之小学教育与实用夜校之模范。

修业年限：八个月。

毕业资格：任公私业务或进入较高等学校就读。

（有关夜校之事项将逐项完成）

（二）总督府师范学校

目的：在于培育普通教育之各学校教员。

学科：修身、教育、国语、读书、作文、算术、簿记、地理、历史、理科、唱歌、体操。

年龄：十七岁以上二十岁以下。

修业年限：三年。

毕业资格：担任台湾各地之普通学校教员。

（甲）师范学校附属小学

目的：在于提供小学教育之模范与师范学校学生之实习场所。

学科：修身、国语、读书、作文、习字、算术、唱歌、体操、裁缝（女子）。

年龄：八岁以上十五岁以下。

修业年限：六年。

毕业资格：担任公私业务或进入较高等学校就读。

李园会著：《日据时期台湾师范教育制度》，台北，南天书局，1997 年，第 17—20 页。

教育敕语*

（1896 年）

朕惟我皇祖皇宗，肇国宏远，树德深厚，我臣民克忠克孝，亿兆一心，世济厥美，此

---

* “教育敕语”是日本明治天皇于 1889 年 10 月 30 日颁布的关于教育的圣旨，它明示了日本的教育方针，揭示了近代日本教育的基本准则，是日本帝国教育“千古不磨之典谟、乾坤之柱础”，是殖民地台湾制定教育政策的依据，是各级学校一切工作的“圣训”。学校师生每天都要背诵“教育敕语”，每日数次向“敕语”“御照”和神社敬拜，以使人人炼成“天皇的忠良臣民”。日本占据台湾的第二年（1896 年），第二代总督桂太郎就在第一届讲习员毕业式上，令台湾人雇员奉读“教育敕语”。明治三十年（1897 年）二月，第三代总督乃木希典为普及“教育敕语”，训令“而今而后公私立各学校恭读敕语后，拟借译文贯彻圣旨时，应恭读左列汉译文”。乃木于同年四月还亲自颁发“教育敕语”给日语学校和日语传习所，并要求各地要严格监督“教育敕语”精神的贯彻情况。原文无断句，由编者加以断句和标点。

我国体之精华，而教育之渊源亦实存乎此。尔臣民孝于父母，友于兄弟，夫妇相和，朋友相信，恭俭持己，博爱及众，修学习业，以启发智能，成就德器，进广公益、开世务，常重国宪、遵国法。一旦缓急，则义勇奉公，以扶翼天壤无穷之皇运。如是者不独为朕忠良臣民，亦足以显彰尔祖先之遗风矣。斯道也，实我皇祖皇宗之遗训，而子孙臣民之所当遵守焉。通诸古今而不谬，施诸中外而不悖，朕庶几与尔臣民俱拳拳服膺，咸一其德。

杜武志著：《日治时期的殖民教育》，台北县立文化中心，1997 年，第 37 页。

有关天皇御照与教育敕语奉置方式的规定

（1900 年）

1. 御照与敕语誊本奉置方式①

明治三十三年七月二十三日内训第三七号

在辖内公私立学校，应奉戴之御照与教育敕语誊本之申请及奉置方式，应注意下列事项：

第一条 地方长官有关应予公私立学校奉戴之御照与敕语誊本有所申请时，应记载校名，向台湾总督申请。但御照如非学校设备完善，对奉置及奉读方法有绝对信心时，不得申请。

第二条 御照与教育敕语誊本下付后，应办理学校校长及学校教员能尊重奉置之有关事宜，不得怠于奉读。若应奉置敕语誊本而无适当场所者，将有关另觅地、奉读方法等向地方长官报备。

第三条 奉戴御照与教育敕语誊本之学校裁撤，或因合并不需要奉置部分，应奉还地方官厅，地方长官应报告台湾总督。

第四条 地方长官对于发给公私立学校之御照与教育敕语誊本有关奉置簿册，以明所在经常注意奉读事宜。

2. 天皇皇后两陛下御照奉揭位置②

明治三十二年一月十一日文部大臣官房秘书官照会

当式场奉揭御照向右为

天皇陛下，向左为皇后陛下，乃古来之惯例。目下学校请示，且定为今后之标准相应

---

①② 原文无断句，由编者加以标点。

照会。

对右件宫内省答复：

关于两陛下御照奉揭位置，本月十一日以甲第二〇号函，照会有关右件位置之仪，以右为天皇陛下之位置（由臣下向左手），敬请查照。答复如上。

明治三十二年一月十二日

丙第二三号

杜武志著：《日治时期的殖民教育》，台北县立文化中心，1997年，第103—105页。

关于教育方针的训示①

（1903年）

明治三十六年台湾学事咨询会议上总督府民政局长官后藤新平的训话

前日，有人问及政府的教育大方针为何，也就是所谓的大方针的意义为何。事实上，本人也尚未订定确定的大方针，甚至尚未向总督递呈有关台湾统治的方针。因此，很遗憾的是无从订定起，本人尚无法向总督提出统治本岛方针的建议。教育的方针也很遗憾尚未订定，尚在研究之中，只有遇到必要时做权宜的措施而已。若说教育无方针，政府当局也许会认为此话非常不应当，其实这是一大误会。因为，凡是要确立大方针时，必须要有充分的准备，若手续不够完备就要确立方针是非常困难的。何况，各位也知道，日本统治台湾是在毫无准备的情况下进行的。而且，担任教育工作的各位，能在此开会也是占领台湾八九年后的今天，才终于达成。相信今后，借着如此的会议，教育的各种问题也能获得解决才是。教育的重要性是不可否认的事实，因此五年来，总督府着手进行的重要工作就是公学校的设置。相信此后公学校的设立也是会逐步推展。只是采取何种的教育方针，目前尚在研究阶段。必须在类似这样的会议，一次又一次地开会讨论，然后再依照研究的结果，确定方针。教育虽然无方针，但这并非表示现在的公学校教育毫无任何目标。教育方针虽然还在研究阶段，但是公学校却是在明确的目的下设立的，它的目的就是日语的普及。目前唯有达成这个目的为第一要务，当这个目的达成之时，教育方针也必定在经过考察研究后，获得结论。不过，要确立方针，也必须针对从前和将来的日常生活等细微的事项，做精密详细的调查，直到了解透澈为止，教育方针是无法确立的。而且，方针确立后，也并非一成不变，而应随着时间变化，换句话说，变化就是进步。殖民地的方针是社会一切事物中最具有变化的，这是大家都承认的事实。……

李园会著：《日据时期台湾师范教育制度》，台北，南天书局，1997年，第55页。

---

① 原文无断句，由编者加以标点。

关于台湾教育方针的意见书（节录）

（1915 年）

日本法制局长官高桥作卫向内阁总理大臣大限重信呈送的报告

……土人①已能理解高度之思想，如更授予抽象之教育，助长其提升文明意识，徒昂进土人之自觉心，横溢不平之念，对施设每生障害，而造成统治之困难，此征之历史，历历明了。因此，辀近列强关于土人教育之施设，皆避免普及抽象之教育，防止其自觉心之增长，而讲求安其民生之策。

我国定朝鲜教育令规范土人教育，其中确定了封锁普及高级普通教育之方针。如今台湾欲设立土人中学校，不但有违先前所确定之朝鲜教育令之方针，而且较之列强殖民地统治之先例，亦不能不谓与辀近施设之大势背道而驰。……取得台湾之际，其统治策之准备未如并合朝鲜时整备，其最应斟酌之土人教育施设，亦较等闲，自始即未确定基本方针以迄于今。不过应随时之情况设立个别之学校耳，此已误于第一步矣！较诸内地②，朝鲜教育令显著地缩短了普通教育年限，而且迟延其就学年龄，限制土人智识发达的程度，置主要重点于产业教育施设，以期于统治上无大碍。台湾则可谓迄至最近几无有关产业教育之施设，而且还为土人设立原则上与内地小学校同样长期修业年限之公学校，锐意图教育之普及，结果徒增长土人智识之自觉，遂酿成今日之机运。此不但将增加统治之困难，如今若猝然顺应部分土人之希望，漫然设置高等普通教育机关之中学校，可谓错误之第二步。……此际必须断然放弃姑息之手段，讲究拔本塞源之方策。若非如此制此大势，终将无以计国家祸害。因此，虽为时已晚，此时最紧要之事业，乃在借此机会确立与朝鲜同样之土人教育根本方针。

吴密察著：《台湾近代史研究》，台北，稻乡出版社，1990 年，第 158—159 页。

《台湾教育令》关于台湾人教育方针的规定*

（1919 年）

第一章 总 则

第一条 对台湾台人③之教育，依照本令。

---

* 此为《台湾教育令》的第一章总则，它明示了对台湾人教育的基本方针。标题为编者拟加。

① 土人，这里指台湾人。下文中的“土人”有的是指殖民地原住民。

② 内地，指日本本土。下同。

③ 台人，指台湾人。下同。

第二条　教育应以基诸有关教育敕语之旨趣、育成忠良臣民为本义。

第三条　教育务期适合时势及人民程度。

第四条　教育应分为普通教育、实业教育、专业教育及师范教育。

［日］吉野秀公著：《台湾教育史》，台湾日日新报社，1927 年，第 377 页。

贺来关于教育方针的讲话*

（1922 年）

对于新领土的教育方针，乃西欧先进国家最费心的事，因此在殖民地史上有各种形态，但有理想成绩者甚少。英国在印度、荷兰之于东印度诸岛、法国对于法属印度半岛，均花费颇多岁月而尚无可观的结果。

北美合众国对菲律宾，其教育方针更改多次，但未闻其确立，唯我台湾一开始便循一定不变的航向：往昔有教育令的制定，更有此次改正，岂非可自豪于世界之事实耶？

《台湾教育》第二三八号“教育令纪念号”，转引自杜武志著：
《日治时期的殖民教育》，台北县立文化中心，1997 年，第 190 页。

昭和天皇给青少年学徒的敕语**

（1939 年）

培国本养国力，永世维持国家隆昌气运之任，极重道远，而其任实在汝等青少年学徒之双肩。汝等其尚气节，重廉耻，稽古今史实，鉴中外事势，精其思索，长其识见，所执不失中，所响谬正，各恪守其本分，修文练武，振励质实刚健之风气，以期全负荷之大任。

杜武志著：《日治时期的殖民教育》，台北县立文化中心，1997 年，第 260 页。

---

* 此为“台湾总督府”总务长官贺来在“修正台湾教育令”公布后发表的关于教育方针的讲话。他说什么台湾殖民当局在教育方针制定方面的成绩优于欧美殖民国家，只不过是自我吹嘘而已。

** 这是昭和十四年（1939 年）五月二十二日在日本对外侵略战争进一步扩大的时候，昭和天皇在陆军现役将校配属令公布十五周年的阅兵式后，颁发给青少年学生的圣旨。此后各级学校都把“修文练武，质实刚健”作为指导学校教育的基本方针，压缩文化课时间，加强“武德”教育和军事训练。在社会上也加强建设武道修行所需的道场和武道教育设施，作为青少年团的修练场所；家庭也被要求进行“武士道”精神的训练，从而进一步形成了学校、社会、家庭结合的“尚武”风气，为侵略战争作精神上和人力资源上的准备。

二、教育政策

学校职员恩给[1]审查规程

（1896年）

明治二十九年七月三日敕令第二六四号

改正　明治三二年第二〇〇号、三九年第二二五号

第一章　公立学校职员[2]恩给审查委员

第一条　文部省公立学校职员恩给审查委员会由委员长一人、委员四人以内组成。

公立学校职员恩给审查委员有对市町村小学校及公立实业补习学校、公立学校及在外指定学校职员的退休费及遗族扶助费的资格进行审查的权利。

第二条　公立学校职员恩给审查委员长管理关于审查的事务，并将审查结果报告文部大臣。

第三条　文部省公立学校职员恩给审查委员会的委员长及委员，由文部大臣任命。

第四条　文部省设顾问医生三人，其中一人为常务顾问医生。

恩给顾问医生接受公立学校职员恩给审查委员长的咨询，审查退休费及遗族扶助费有关医术上的事项。委员长要听取总顾问医生的意见并接受常务顾问医生的审查。

第五条　审查工作需要特殊的专家时，可以增加临时顾问医生。

第六条　恩给顾问医生由文部大臣任命。

第七条　常务顾问医生一年五百元以内，其他的顾问医生依据工作的轻重难易而定，大约奖金是每件三元以上十元以下。

第八条　公立学校职员恩给审查委员可配置书记，直属于文部省。

第二章　市町村立小学校教员恩给审查委员

第九条　北海道、厅、府、县设置市町村立小学校教员恩给审查委员会委员长一人、委员四人以内。

市町村立小学校教员恩给审查委员有对市町村立小学校、公立实业补习学校及公立幼

① 恩给，指退休金。

② 职员，指教职员，下同。

稚园职员的退休费及遗族扶助费的资格进行审查的权利。

第十条　市町村立小学校教员恩给审查委员长管理审查的事务，并将结果报告北海道厅长及府、县知事。

第十一条　市町村立小学校教员恩给审查委员长由北海道厅长、府、县知事任命之。

第十二条　北海道厅、府、县设置恩给顾问医生三人以内。

恩给顾问医生接受市町村立小学校教员恩给审查委员长的咨询，审查关于退休费及遗族扶助费的医术上问题。

第十三条　在审查上需要特殊专家的情况下，可以增加临时顾问医生。

第十四条　恩给顾问医生由北海道厅长、府、县知事任命之。

第十五条　顾问医生的津贴费用由当地政府经费支出。

第十六条　市町村立小学校教员恩给审查委员所配置的书记，隶属于北海道厅及各府县。

台湾教育会编：《台湾学事法规》，“台湾总督府”民政部学务部，1917年，第35—36页。

教务课长学事视察要项

（1897年）

一、教职员之动态，教职员是否和合一致，其不和合一致之实况；

二、传习所长职务规程、传习所规则及有关给与上之规则，是否适合；

三、生徒①入学、退学、缺席及其督责，先住民（福建人）与后住民（广东人）之关系，关于生徒风义之件、反抗者蜂起之关系；

四、甲乙科生徒学科之进度、考试成绩及考试问题；

五、账簿；

六、经费；

七、校舍之设备、生徒之寄宿舍及寄宿生费用；

八、教员宿舍；

九、夜学会；

十、关于师范学校基地及校舍之调查；

十一、对于教育之一般人民之意向；

十二、私立学校；

十三、教育会；

① 生徒，指学生。下同。

十四、生番①教育。

台湾省文献委员会编：《台湾省通志稿》“教育志·教育行政篇”，
台湾省政府印刷厂，1957 年，第 88 页。

台湾总督府学事视察规程

（1899 年）

第一条　小学校及公学校视察之要项如下：

一、关于教育敕语之主旨之实际施行情况。

二、教授及管理之主旨之实际施行情况。

三、就学及出席之情况。

四、学龄者就学与否之情况。

五、关于学级之编制等情况。

六、生徒之成绩及风仪。

七、设备之是否完整及卫生之适否。

八、各种表簿是否整齐。

九、职员及常务委员执行职务之情况。

十、关于学事之会计及经济之情况。

十一、其他特认必要之件。

前项第四项专适用于小学校。

第二条　书房、义塾视察之要项如左：

一、大祭祝日之情况。

二、必要教科书之教授方法。

三、国语及算术之教授方法。

四、管理及卫生之情况。

五、生徒之成绩及风仪。

六、各种表簿及报告书类是否齐全。

七、其他认为必要之件。

第三条　学事视察之际，如发现其有与法规明确抵触之事项时，即可指示当事者；又视察上认为必要时，得变更伸缩教科时间，或考试生徒之学业。

---

① 生番，日本统治者对台湾住山地“未开化”少数民族的蔑称。下同。

第四条　视察终了时，应申具其情况，并附意见，复命于其所属长官。

台湾省文献委员会编：《台湾省通志》卷五“教育志·教育行政篇”，台北，众文图书公司，1970年，第161页。

官公立学校学生敬礼法

（1900年）

明治三十三年五月二日学字第八二五号

第一条　敬礼之法分为最敬礼、敬礼之两种。

最敬礼系对天皇、皇族及玉照或恭读敕语时行之，敬礼系对其他之情形行之者。

第二条　最敬礼系立直而两足整齐，两手垂下、注目之后（如第一图），静静将身体向前屈，将手掌垂下，头至膝盖（如第二图）。敬礼系与最敬礼相同之姿势，将身体之上部稍微倾前，手掌下垂（如第三图）。戴帽时，用右手摘其前庇，戴碗帽时，将帽结挟在食指与中指之中间，垂直将其脱下，帽之内部对右股，缠有发鬘时，将之垂在后部而敬礼。但女子戴有帽时，不在此限。

第三条　拜玉照时，应走出至正面行最敬礼，再在玉照之前向前进约五六步之位置再行最敬礼。右回转之场合，右（左）向而退。但由于在典礼场之关系，困难按照本项进行时，仍然对玉照行最敬礼。在典礼开始时，将御帘或御布幕卷起时，一齐行最敬礼。

第四条　恭读敕语中，直立而两足整齐，两手垂下，将头低下，恭读终了同时行最敬礼。

第五条　接受证书或奖状之类时，于离授与者大约三四步之处行敬礼，前进以双手接受，披阅后立即将其收下，持在右手复原位，再行敬礼然后退下；如携帽时，将之夹在左腋而接受，持在左手复回原位。

第六条　对应为敬礼之人，来至教室或其他学生集合之场合时，由教师要视该人之身分及来校之情形告知学生后，令其敬礼。但无告知必要之情形，不在此限。

第七条　于途上与应行敬礼之人交错而行时，大约在三四步前立定敬礼，两手无携带物品时，或下雨之际穿著外套、头巾时，应将身体之上部稍微向前倾斜。

林品桐译著：《台湾总督府公文类纂教育史料汇编与研究》，台湾省文献委员会，2001年，第1316—1317页。

颁布学校教员须知案

（1900 年）

明治三十三年九月十八日民学第三四七号

明治十四年，帝国文部省所谕告小学校教员须知，本岛公学校教员亦为宜恪守之条规。今汉译之，以令诵读。

明治三十三年九月十八日

学校教员须知

夫学校教员之良否，关于国民教育之张弛。国民教育之张弛，系于国运之隆替，其任重且大矣。然非教员之得以而能达教育之旨，使人人立身成业，得振作忠君爱国之志气，使风俗淳美，民生富厚，以增进国家之福祉哉，为教育者宜深体此意也。兹举宜恪守实践之要款，关列于左。凡学校教员，即当拳拳服膺，从事于兹，勿忽勿怠。

一、向论教育者，曰德育、智育、体育。夫涵养德性，开达知识，壮健身体，皆教育主要，所谓缺一则不可者。故凡称曰教育可也，未必言智德体也。但涵养德性，讲明忠孝大义，固主中之要矣。

一、人固不可怀鄙吝之心，而教员则最宜抑制。盖当教育重任，奏其功者，实非鄙吝陋劣之所能也。

一、于管理学校不可缺之气象，非神思委靡者所能跂。又于教授生徒不可缺之劳，若非身体孱弱者所能耐。故教员宜慎于起居饮食，保身心之坚固，始克尽其职责也。

一、教员不啻精通公学校教则内所揭学科，又要涉该教则外学科。盖或有于授业窒碍不通，则失生徒信赖，勉哉。

一、教员宜务广学学识，磨练心思，不然则不能奏教育功实。盖以我不磨练之心思，欲磨练他人之心思，不能也。

一、向所学习教育之法，概不过一形式，教员不必拘泥于此。宜常考究其得失，以运用之。

一、心思、身体之妙用不易言也，所以教员宜注意于此，精通其理为是。若不通其理，则于教育或不免臆度妄作。

一、管理学校事较诸授业为难，故教员务宜审人情世态，取公舍私，管理得宜。

一、校则不独整顿校务，须养成生徒德义之要，教员其宜体认勿忘。

一、教员统率学校者，必刚毅、忍耐、威重、恳诚、勉励为要。盖不刚毅则不能克难，不忍耐则不能持久，不威重则不能服人，不诚恳则不能怀众，不勉励则不能成事。若能具是诸德，则生徒亦感化其德，无矫饰之病矣。

一、生徒构成党派，妄发争论，则其处置宜公正得当，亮无偏为要。故教员蓄含弘之量，持公平之见，不得涉政治宗教为矫激之言。

一、凡人之性行，必善良为贵。而教员最不可不善良，不然则不独不能涵养生徒德性，欲贼其天赋之性。盖童蒙之心，至虚至冲动，辄则外物所侵乱故也。

一、教员务宜尚品位，积学识。盖其尚品位所以重其职务也，积学识所以增其德辉也。

林品桐译著：《台湾总督府公文类纂教育史料汇编与研究》，台湾省文献委员会，2001 年，第 1386—1387 页。

台湾总督府视学官特别任用令

（1909 年）

明治四十二年五月四日敕令第一三一号

改正　大正七年第十号、大正十二年第三二一号

经咨询朕枢密顾问，同意台湾总督府视学官特别任用令，特此公布。（总理、内务大臣副署）

台湾总督府视学官特别任用令

第一条　台湾总督府视学官仅限于具有左列资格之一的人，经高等考核委员权衡后方得任用。

一、职位为文部省督学官或文部省视学官者。

二、在文部省直辖诸学校、台湾总督府专门学校、台湾总督府高等学校或朝鲜总督府专门学校担任二年以上校长者。

三、在师范学校、官方公立中学校、官方公立高等女子学校、官方公立高等普通学校、官方公立女子高等普通学校、官方公立实业学校或台湾总督府国语学校担任三年以上校长者。

四、享有奏任教官或奏任官待遇三年以上者。

五、从事五年以上跟教育有关的公务并享有判任①官二级薪俸者。

第二条　统一计算前条中同号规定各职的在职年数。

附则

本条令自公布之日起施行。

台湾教育会编：《台湾学事法规》，帝国地方行政学会，1927 年，第 111 页。

---

① 判任，即委任。下同。

文部省督学官及文部省视学委员学事视察规程

（1914年）

大正三年五月一日官报汇报

第一条　文部省督学官学事视察按照左边的事项进行：

一、教育行政的状况。

二、学校教育的状况。

三、学校卫生的状况。

四、学校经济的状况。

五、教职员执行学务的状况。

六、关于通俗教育及其他教育设施状况。

七、其他特别指令的事项。

第二条　文部省督学官视察当中紧急处理的事情应上报文部大臣。

第三条　文部省督学官在视察当中按照左列事项提醒关系者应注意的事项：

一、抵触法律的事项。

二、违反文部省决定的事项。

三、关于教授方法的事项。

四、受指命的其他特别的事项。

在必要的情况下，关于教授方法可以给予指导。

第四条　文部省督学官在视学时，必要时可调整课程，可指定听某教员的课，可对学生进行学力检测。

第五条　文部省督学官视学结束后，可以口头向文部大臣复命，并在一个月内向文部省提交复命书。

第六条　文部省视学委员接受文部大臣的命令视察学事，视察结束一个月内提交复命书。

第二条及第四条的规定适用于视察委员的视察。

台湾教育会编：《台湾学事法规》，“台湾总督府”民政部学务部，1917年，第730—731页。

台湾总督府学事视察规程

（1917年）

第一条　视学官及视学于被任命视察时，应视察下列之事项：

（一）教育行政状况；
（二）学校教育状况；
（三）学校卫生状况；
（四）学校经济状况；
（五）学校职员之修养及勤务状况；
（六）就学及关于学事之民情以及其他学校与地方之关系；
（七）私立学校、幼稚园及书房、义塾之状况；
（八）国语普及之状况及其施设；
（九）关于通俗教育及其他教育、学艺之施设。

第二条　视学官及视学于视察时，对下列之事项，应与关系者以注意：
（一）与法令抵触之事项；
（二）与府议决定相反之事项；
（三）有关教学训练及养护之事项；
（四）特受指令之事项。

视学官及视学对于前项之注意事项，须签名盖章，记入学校备付之指示录。

…………

第五条　视学官及视学，关于其已视察之状况，得向当该厅长陈述。

…………

第七条　特为视察直辖学校小学校及公学校之有关事项，设置视学委员。视学委员由台湾总督就台湾总督府及其所属官署之高等官中任命之。

第八条　为辅前条之视学委员之事务，设置辅助委员，由台湾总督就台湾总督府及所属官署之判任官中任命之。

台湾省文献委员会编：《台湾省通志》卷五“教育志·教育行政篇”，台北，众文图书公司，1970 年，第 161—162 页。

台湾教育令

（1919 年）

大正八年一月四日以敕令第一号公布

第一章　总　　则

第一条　对台湾台人之教育，依照本令。

第二条　教育应以基诸有关教育敕语之旨趣、育成忠良臣民为本义。

第三条　教育务期适合时势及人民程度。

第四条　教育应分为普通教育、实业教育、专业教育及师范教育。

第二章　普通教育

第五条　普通教育以留意身体之发育，实施德育，教授普通之知识技能，涵养国民之性格，普及国语为目的。

第六条　普通教育之学校分为公学校、高等普通学校及女子高等普通学校。

第七条　公学校为对儿童施行普通教育、教授生活必需知识技能之所。

第八条　公学校之修业年限为六年；但依地方之情形，得缩短之。

第九条　公学校之入学者，年龄须在七岁以上。

第十条　高等普通学校乃对男子实施高等普通教育、教授于生活有用之知识技能之所。

第十一条　高等普通学校之修业年限为四年。

第十二条　高等普通学校之入学者，须具有修业年限六年之公学校毕业，或具有同等以上之学力者。

第十三条　女子高等普通学校乃对女子实施高等普通教育、养成妇德、教授于生活有用之知识技能之所。

第十四条　女子高等普通学校之修业年限为三年。

第十五条　女子高等普通学校之入学者，须具有修业年限六年之公学校毕业，或具有同等以上之学力者。

第十六条　女子高等普通学校得设置实科，或仅设置实科。

实科之修业年限为三年以内；其入学资格，由台湾总督定之。

第三章　实业教育

第十七条　实业教育以教授农业、工业、商业及其他实业有关之知识技能，兼培养德性为目的。

第十八条　教授实业教育之学校分为实业学校及简易实业学校。

第十九条　实业学校之修业年限为三年或四年。

第二十条　实业学校之入学者，为须具有修业年限六年之公学校毕业，或具有同等以上之学力者。

第二十一条　关于简易实业学校之修业年限及入学资格，由台湾总督定之。

第四章　专门教育

第二十二条　专门教育以教授高等之学术技艺为目的，兼留意德性之涵养。

第二十三条　实施专门教育之学校称为专门学校。

第二十四条　专门学校之修业年限为三年或四年。

专门学校得置修业年限三年或四年之预科。

第二十五条　专门学校之入学者，须具有修毕专门学校预科、高等普通学校毕业，或具有同等以上之学力者。

专门学校预科之入学者须具有修业年限六年之公学校毕业，或具有同等以上学力者。

第五章　师 范 教 育

第二十六条　师范教育特以注重德性之涵养、养成可充任公学校之教员者为目的。

第二十七条　实施师范教育之学校称为师范学校。

第二十八条　师范学校设置预科及本科。预科修业年限为一年，本科修业年限为四年。师范学校得设置修业年限一年之公学校教员讲习所。

第二十九条　师范学校预科之入学资格，为须具有修业年限六年之公学校毕业者；师范学校本科之入学资格，为须具有修毕师范学校预科者，或具有同等以上之学力者。

关于公学校教员讲习科之入学资格，由台湾总督定之。

第三十条　高等普通学校或女子高等普通学校，得设置修业年限一年之师范科，以养成公学校之教员。

官立或公立实业学校，得设置修业年限一年之师范科，以养成简易实业学校之教员。

高等普通学校或女子高等普通学校师范科之入学资格，为须具有高等普通学校或女子高等普通学校毕业者。实业学校师范科之入学资格，为须具有实业学校毕业者。

第六章　补　　则

第三十一条　关于公学校、高等普通学校、女子高等普通学校、实业学校、简易实业学校、专门学校及师范学校之教科、编制、设备及学费等之规定，台湾总督另定之。

第三十二条　专门学校与师范学校为官立，公学校、高等普通学校及女子高等普通学校为官立或公立。

公立学校之设立或废止，须受台湾总督许可。关于实施本令所载以外特殊教育之学校，其教育设施暨私立学校之教育设施，须遵照台湾总督所规定。

附则

本令施行日期，台湾总督另定之。

此令施行之际，现存之台湾公学校、台湾公立中学校、台湾总督府国语学校及附属女学校、台湾总督府医学校、台湾总督府国语学校公学师范部乙科，认为依照本令设立之公学校、高等普通学校、女子高等普通学校、专门学校、师范学校、台湾总督府国语学校国语部现有之在学学生，得仍依旧令，继续至毕业为止。此令施行之际，现存私立学校，暂得循依前例。

［日］吉野秀公著：《台湾教育史》，台湾日日新报社，1927 年，第 377—383 页。

谕告第一号*

（1919 年）

帝国统治台湾已二十余年，扬文兴化之迹历然可见。今确立教育方针洽使庶民知所率由，盖为刻下之急务，所以兹见《台湾教育令》之发布。

恭惟

先帝夙轸念乡党庠序之教，宣布教育敕语，以示帝国学政之根本义，实具千古不磨之典谟，乾坤之柱础，此无他可复出。兹当施行《台湾教育令》，奉体为唯一急章，固不俟论。睿虑所存之处，盖在于述而不作，庶民宜遵守斯旨。忽慭文教之大义，徒好奇趋新，或轻佻浮薄之俗，或墨守旧套，毫不知文化之推移，则俱非协洽本令发布之趣旨也。台湾之教育，分为普通教育、高等普通教育、实业教育、师范教育。普通教育教国语，且授以生活所必须之知识技能为目的。在女子，特养贞顺温和之德，授实业教育、专门教育均需要之学术技艺。至于师范教育，特别使其能力倾注于品性之陶冶与国语之习熟，以作普通教育之渊源为要。然于各种教育，涵养其德性，乃根本之大义。其间无轻重，昭明也。今总督府认为必要统一学制，将施专门教育之学校限于官立，施以师范及普通教育之学校，限于官立或公立。在前者，需适应时势与民度所需诸般设备；而在后者，做为国民性涵养之统一机关，尤其有必要之故也。若夫本令所揭之外，有关其他特种学校、教育设施及私立学校，依本令之趣旨，斟酌各般事情，渐次设其规定，以示准据。

要之，台湾之教育，在于观察现时世界之人文发达程度，启发岛民能顺应之知能，涵养德性，普及国语，以具备帝国臣民应具资质与品性。台湾之民众实克体得此精神，各应其分，使子弟就学，庶几随帝国之隆运，常沐浴于浩荡圣恩，作为光荣的帝国臣民，永得享太平之乐。惟其遵行毋违。

大正八年二月一日

台湾总督　明石元二郎

杜武志著：《日治时期的殖民教育》，台北县立文化中心，1997 年，第 175—176 页。

* 原文为正式公文，无逗点。

训令第十二号

（1919年）

受文者：民政部、厅、官立学校、公立学校

《台湾教育令》新发布，学制方针兹明，施设之纲要亦始定。兹于实施之际，洽谕告民众，同时训示诸官，以其所以遵奉之途为一。稽粤我邦之教育敕语，乃千古不灭之大训，贯乾坤通古今，炳焉若日星。苟为帝国之臣民，其孰不服膺。尤其从事教育者，须基此圣虑，广为指导诱掖，以勿谬其大本为要。我台湾虽浴皇化未久，至教育之本义，即复宪章先帝之教育敕语，洽率岛民博由之，严然无不敢渝。惟须察民度所适之处，缓急不失其序，奖学励业，启发岛民之知识，得与母国文明浑然融化，则本令发布之旨不复旷，诸官其克之。

大正八年二月一日

台湾总督　明石元二郎

杜武志著：《日治时期的殖民教育》，台北县立文化中心，1997年，第177页。

台湾教育令*

（1922年）

大正十一年二月四日敕令第二十号

第一条　台湾之教育，依照本令。

第二条　常用国语者之初等普通教育，依照小学令。

第三条　不常用国语者、施行初等普通教育之学校为公学校。

第四条　公学校以留意儿童身体发育、施行德育、授予生活必须之普通知识技能、涵养国民之性格、习得国语为目的。

第五条　公学校之修业年限为六年，但依地方情况得缩短之。

公学校之入学年龄定为六岁以上。修业年限六年之公学校，得设置修业年限二年之高等科。

高等科之入学者为修业年限六年之公学校毕业生，或依照台湾总督之规定认为具有同等之学力者。

公学校得设置补习科。

---

* 此为1922年修正后的台湾教育令。

关于补习科之修业年限及入学资格，依照台湾总督所定。

第六条　公学校之设立、废止、教科、编制、设备及学费等项，依照台湾总督所定。

第七条　关于入学资格，修业年限六年之公学校毕业者，视与寻常小学校毕业者同等；公学校高等科第一学年肄业者或毕业者，各视与高等小学校第一学年肄业者及修业年限二年之高等小学校毕业者同等。

第八条　高等普通教育，依照中学校令、高等女学校令及高等学校令。

第九条　实业教育，依照实业学校令。

第十条　专门教育，依照专门学校令。大学教育及其预备教育，依照大学令。

第十一条　第二条及前三条规定之敕令中文部大臣之职务，由台湾总督行之。依照小学校令、中学校令及高等女学校令时，因台湾情形特殊，有设特例之必要者，台湾总督得另作规定。

关于高等学校之设立及教员之资格，实业学校之设立及教科书，专门学校之设立及大学预科教员之资格，依照台湾总督规定。

第十二条　实施师范教育之学校，定为师范学校。

师范学校应特致力德性之涵养，培养小学校教员及公学校教员为目的。

第十三条　师范学校设置小学师范部及公学师范部；但有特别情形时，得仅置小学师范部或公学师范部。

小学师范部教育将为小学校教员者，公学师范教育将为公学校教员者。

第十四条　师范学校修业年限定为六年，即普通科五年、演习科一年；但女子修业年限则定为五年，于普通科缩短一年。

第十五条　师范学校普通科入学资格，须具有寻常小学校毕业者，或依照台湾总督所定认为其有同等以上之学力者。演习科之入学资格，须具有修毕普通科者、中学校或修业年限四年之高等女学校毕业者，或依照台湾总督所定认为具有同等以上之学力者。

第十六条　师范学校得设置研究科或讲习科。关于研究科及讲习科之修业年限及入学资格，依照台湾总督之规定。

第十七条　师范学校置附属之小学校及公学校。但仅置小学师范部之师范学校，得仅置附属小学校；仅置公学师范部之师范学校，得仅置附属公学校。

第十八条　师范学校为官立或公立。

公立师范学校得以州或厅地方费限度设立之。

第十九条　公立师范学校之设立及废止，应受台湾总督认可。

关于师范学校之教科、编制、设备及学费等项，依照台湾总督所定。

第二十条　情形特殊时，官立、州立或厅地方立之中学校或高等女学校，得附置师范学校之演习科或讲习科。第十七条之规定，前项中学校及高等女学校准用之。

第二十一条　情形特殊时，依照台湾总督所定，常用国语者得入学公学校，不常用国语者得入学小学校。

第二十二条　除本令规定外，关于私立学校、施特殊教育之学校等以及其他之教育设施，则依照台湾总督所定。

附则

第二十三条　本令施行日期，由台湾总督定之。

第二十四条　大正八年敕令第一号《台湾教育令》废止之。

第二十五条　本令施行之际，台湾现存之小学校、公学校、中学校、高等女学校、实业学校、简易实业学校及师范学校，认为依照本令设立之小学校、公学校、中学校、高等女学校、实业学校及师范学校。

前项师范学校现尚在学之学生，于其在学期间，得仍依旧令。

第二十六条　本令施行之际，现存之台湾总督府高等商业学校、台湾医学专门学校及台湾总督府农林专门学校，认为依照本令设立之专门学校。

台湾总督府医学专门学校及台湾总督府农林专门学校现尚在学学生，仍得依照旧令继续肄业。

本令施行之际，现存之台湾总督府商业专门学校，现尚在学之学生，仍得依照旧令继续肄业，迄毕业为止。

［日］吉野秀公著：《台湾教育史》，台湾日日新报社，1927 年，第 460—464 页。

台湾总督府有关官员关于《台湾教育令》修正要点的讲话*

（1922 年）

内务局长末松的讲话

公学校学生本来就生长于非常用国语的家庭，为修习国语，不但在公学校花费许多时间，而且所有课程都用难于理解的国语讲授，……因此，毕业生当然比起小学校毕业生有几分落差，这是很明显的事。……然而到底需要多久，公学校毕业生才能与小学校毕业生并驾齐驱，在理论上有不少争议。不过随着国语普及家庭，逐渐有变化趋向……又优秀的公学校毕业生，比起成绩差的小学校毕业生优秀的也不少……想尽量把差距拉近，甚至取消，教育令的趣旨在此。

* 标题为编者拟加。

学务课长生驹的讲话

本次教育令改正的重点在于，不但消除内台人间的差别主义，而且在教育上，不承认有内地人台湾人这种种族性的称呼，唯有以是否常用国语而为区别，而且这个区别限于初等教育，在中等以上教育，则完全无区别，这是第一点。只要情况容许，台湾教育制度都要依据内地的教育制度，这是第二点。……至于这次改正令，台湾与朝鲜同时公布，但台湾与朝鲜有些不同。第三，在台湾以是否常用国语为依归，而这种教育上的区别，只限于初等普通教育，在朝鲜则及于高等普通学校、女子高等普通学校。这是因为台湾与朝鲜情况不同所由来的……第四是在师范学校，朝鲜有特科之设。这是让二年制高等小学校毕业生或具有同等以上学力者入学，施以三年或二年师范教育。台湾则不承认这个制度。因为在台湾，主要依六年制，若事实上有必要，则依讲习科即可达到目的之故……

要而言之，与内地制度所不同者，只有公学校与师范学校而已。今天已确立共学与依据内地的教育制度，我们已经大略可看出台湾教育的趋向。我们更希望国语更进一步普及，期能提早取消小公学校的区别，这个时代是否即将到来，端赖所有台湾居民如何努力而定。

《台湾教育》第二三八号“教育令纪念号”，转引自杜武志著：《日治时期的殖民教育》，台北县立文化中心，1997年，第191—192页。

有关《台湾教育令》实施之谕告*

（1922年）

大正十一年四月一日谕告第一号

本总督曩拜大命，而莅兹土，先宣明其统治方针，惟以台湾构成帝国领土之一部，关于实施，固期不谬缓急矣。尔来奉体我朝廷一视同仁之圣旨，兴苍生抚育之精神，又鉴世运之进转与本岛民众之实情，深察教育普及之急务，早经一部共学制之试练。爰改正教育令，撤去内台人间之差别教育，全达均等地步，是本总督洵所为欣快也。夫若区别小公学校于初等教育，但因于本岛民众之大部未常用国语，即是一时权宜耳。文运进步，教化普及，信能见其效果，则当然归于混一者矣。恭惟明治大帝宣布教育敕语，蒙示学制之根本义，真是千古不磨之圣训，帝国臣民者，其孰不服膺之。本岛民众深致恩于此，毋以愆文教之大义，抑谓均等，又谓无差别，苟非杂然个个相对峙

* 本文为“台湾总督府”总督田健治郎为“修正台湾教育令”发出的“谕告”，此为当时的汉译文，无逗点，编者拟加了标点。

之谓也。维持社会秩序，对于国家社会，遵于共存公道，能尽其义务者是谓也。本总督去岁革新地方制度之际，普告民众，以捐私殉公，小而邻保相佑，大而义勇奉公。今方于本令实施，复以此言，切望民众，要在一致协力以资国运发展焉。庶几克体得此精神，各应其分，得使子弟启发智能，成就德器，浑然融化于母国文明，则本发布之趣旨不空也。

杜武志著：《日治时期的殖民教育》，台北县立文化中心，1997 年，第 192 页。

私立学校规则要点

（1922 年）

大正十一年六月以府令第一三八号公布

一、私立学校除本令及特别规定外，备用各种台湾公立学校规则之规定。

二、私人欲设立中学校、高等女学校或专门学校时，须具足以产生维持其学校经费之资产及设备，或具所需之资金，由财团法人设立之。

三、私立学校校长，得第一层监督官厅之认可。

四、私立小学校、公学校、中学校或高等女学校，如采用无相当学校教员免许①状者为教员时，设立者须呈报其所担任科目及履历表，得第一层监督官厅之认可。担任科目有变更时亦如之。

五、私立实业学校，如采用无相当公立实业学校教员之资格者时，设立者须呈具所担任学科目及履历书，取得第一层监督官厅之认可。变更其担任学科目时亦如之。

六、前二条以外之私立学校，采用教员时，设立者须具报其担任学科目及履历书，取得第一层监督官厅之认可。变更其所担任科目时亦如之。

七、前三条之申请，须添附学力及通晓国语之证明书类。但专门教授外国语、专门学科或特殊技术之教员，不须通晓国语之证明。

前项证明认为不充分时，第一层监督官厅可依其本人之志愿而实验之。

八、私立学校，如为小学校、公学校、中学校、高等女学校、实业学校、盲哑学校及类似此等学校之学校并其他各种学校，第一层监督为州知事或厅长，第二层监督为台湾总督。其他学校，由台湾总督监督之。

台湾省文献委员会编：《台湾省通志》卷五“教育志·教育行政篇”，
台北，众文图书公司，1970 年，第 59 页。

① 免许，即许可之意。下同。

教员免许令施行细则

（1923 年）

第一条　教员检定委员会，以左列职员组织之：

一、会长。

二、常任委员。

三、临时委员。

第二条　会长由台湾总督就台湾总督府内高等官中任命之。

常任委员由台湾总督就台湾总督府内高等官中任命之。

临时委员，于实验检定施行之际，台湾总督就台湾总督府内职员中任命之。

第三条　会长经理会务，将检定之成绩报告台湾总督。

会长有事故时，由常任委员中官等最高者代其职务。

第四条　常任委员受会长之指挥掌理有关教员检定之事务。

临时委员受会长之指挥掌管有关实验检定之事务。

第五条　台湾教员检定委员会设书记，由台湾总督就台湾总督府内委任原判任官中任命之。

台湾省文献委员会编：《台湾省通志》卷五“教育志·教育行政篇”，台北，众文图书公司，1970 年，第 55 页。

台湾总督府教科书调查会规程

（1936 年）

第一条　为调查学校教科用图书中之修身、公民、国语、汉文、国史及地理，于台湾总督府设教科书调查会。

第二条　教科书调查会，以会长一人、副会长一人、委员若干人组织之。

前项定员之外，必要时得设置临时委员。

第三条　会长以总务长官、副会长以文教局长充任之。

第四条　委员由总督就总督府、州、厅，或其所属官署高等官中任命之。

临时委员，由总督就有相当学识及经验者中任命之。

第五条　会长综理会务，应将调查结果，呈报总督。

会长有事故时，由副会长代理其职务；副会长有事故时，由出席委员中官等最高者代理其职务。

第六条　调查会设干事若干人，由总督就委员中任命之。

干事承会长及副会长之命，掌理庶务。

第七条　调查会设书记，由总督就台湾总督府判任官中任命之。

书记受上司之指挥，从事庶务。

台湾省文献委员会编：《台湾省通志》卷五“教育志·教育行政篇”，台北，众文图书公司，第53页。

义务教育实施要纲

（1939年）

台湾总督府临时教育调查委员会昭和十四年十月十八日制定

一、目标

初等教育的目的，在于使负起扶翼皇运的国民，练成基础资质，拟改为义务制度。

二、实施时期

从昭和十八年度起，实施义务教育，同年度起有关就学，适用义务制度规定。

三、义务教育制度适用范围

就居住普通行政区域内的内地人、本岛人①、高砂族②的学龄儿童，实施义务教育。

四、学龄

满六岁儿童，从第二天起至满十四岁的八年为学龄。

五、就学义务

学龄儿童届学龄之日起，最初学年的开始为就学始期，而以寻常小学校或公学校教科修毕时为就学终期。学龄儿童的家长，自就学之始期起至终期，负有使学龄儿童就学的义务。

六、修业年限

寻常小学校及公学校的修业年限为六年。

七、初等教育的革新改进

随着义务教育的实施，有关初等教育的革新改进，另设调查机构审议之。

杜武志著：《日治时期的殖民教育》，台北县立文化中心，1997年，第243—244页。

---

① 本岛人，指台湾的汉族人。下同。

② 高砂族，指台湾高山族。下同。

总督谕告*

（1943年）

昭和十八年三二三谕告第一号

本岛光被皇化，兹有九年，历代总督奉体一视同仁之圣旨，夙夜匪懈，拮据经营，以膺苍生抚育之任。今文运日开，产业月进，岛民安其堵咸，讴歌圣代之惠泽，洵可谓昌然。虽今际会皇国未曾有之重大世局，我台湾之地位又愈加重，克服时艰，以达本岛负荷之使命，庶政益要更张不待言。

惟普布教化，举其土地与人，仍以皇土皇民，是实为本岛施政之根底。改隶以来，牢固不敢所渝，以此故，曩布国民学校之制，图初等普通教育之刷新振兴，今又兹时运，要请并鉴，实施义务教育制度，以期普及彻底。

抑义务教育制，使邑无不学之户，家无不学之徒，以期令国民之基础练成，实为我国学制之根底。其实施为本岛多年之悬案，官民克协心戮力，适施政宜扬文兴化之实大举，时到机熟。兹已至本制度之实施，是为御棱威所然，皇恩洽不堪恐惧感激，因而当其实施，照当前时局，鉴本岛实情，运营制宜，以达成本制度所期目的。惟期十全不可，益刷新文教，培国本不拔，图战力增强之要紧，要未曾如非今日。合岛景庶夫克谅得本制度实施精神，励子弟就学，有司亦克不愆本制度之运用，策教化之进展，应时局之要请，以期报奉皇恩于万一。

杜武志著：《日治时期的殖民教育》，台北县立文化中心，1997年，第234页。

---

* 原文无逗点，标点为编者所加。

三、有关教育方针政策的言论

台湾教育问题管见

（1921 年）

王敏川①

予此次夏休归台之际，借得接见南中北各处人士，并挹领其清谈，就中关于教育问题，热心论议者居多。吾人固属台湾人之一分子，对此问题，最具多大之兴味，而研究之，盖不以人经论过，便自缄口。诚以教育之消长，直有关于国家社会之盛衰，必须历陈意见，唤起舆论，庶可促进当局之决行。故不揣固陋，爰述鄙见，以冀吾同胞先觉之教正焉。

（一）教育革新之必要

至今我台所施之教育，无论初等中等专门之教育，皆非完全者，故吾人于此时正当急起直追，勉力献策，以供当局参考，不可因循苟且，以自迟其进步也。由在台之内地人一辈，有时夸称教育之向上，有时亦谓教育之缺陷，其语不一致，洵皆由其有私见在焉。故当欲拥护殖民政策成功之际，则不得不力言其教育不胜发展；而当欲阻抑台人求同等权利之时，则又不得不力訾教育之未普及。由其主张之时异，而言论亦随之而不同焉。然由是亦足见其度量之狭、识见之小矣。彼辈直不知教育之目的也。前哲曰，教育之目的，在乎造就自治之发达，并养成道德上自由所往而无不可之人格也。康德曰，教育以合理的完全为目的。诸哲所言，与孔子修道之谓教相一致，实立基础于发达个人人格之目的也。今台湾教育之目的为何如乎，在台内地人之教育，与台人之教育鼎立，相形见绌。故由此数年，台人教育不大革新，则富力减贫民增，而乏生活上之知识，多受文盲之讥，且不但无以立文明人之列，恐遂跻于人群之落伍者焉。吾故曰教育革新之必要也。

① 王敏川（1887—1942），日据时期台湾留学生运动和民族文化运动的领导人之一，1887 年 3 月出生于台湾彰化市。早年读过多年汉学，1909 年毕业于日语学校，分发于彰化第一公学校任教员，1919 年考入日本早稻田大学政治经济科。在东京留学期间，参加启发会、新民会，担任《台湾民报》干事。1923 年大学毕业后回台北担任台湾文化协会理事，组织台北青年会和台北青年读书会，开展文化演讲活动，推动台湾的民族文化运动。1927 年在文化协会改组时，担任新文协中央委员长兼财政部长。1931 年因领导群众运动被捕入狱，1937 年出狱后贫病交加，1942 年病逝。

（二）义务教育之必施

义务教育者，即强迫父兄，使其子弟服初等教育之义务也。初闻强迫一语，必有讶之者，望毋以辞害意。盖对一般之民，以法令迫其教督子弟，固属良法，其理解之民，已早知其善，而无待劝；若未理解之民，则非由是难期教育之普及，此真文明国之善政，而王道之一端也。故欧西先进国，自十八九世纪以来，已著眼于此，而施行之，二十世纪，犹最盛行改善。今欧西之国民，多富于政治上之知识，与社会奉仕之精神，非常发达，则多基于义务教育之力也。明治维新之初，即留意于此，在朝诸公，可谓识时务焉。而吾台当此际，亦有义务教育之提倡，是洵属可喜之现象，吾人不可轻忽而放过之矣。本年六月中旬，总督府第一回评议员会，关于初等教育，而欲制定以义务教育之意见，谘问各评议员，因属重要问题，未敢即定其可否，而付委员调查之，以待次回开会时再评议之。其慎重研究，以希无弊，堪值称赞。评议员此后将如何答申，及如何评议，虽未得而知，然窃闻提案之初，当局有示三案，即三年制、四年制、六年制，或拟二部教授，以免费用负担之过重，其施行期，拟在大正十五年以后。此问题一出，议者可分为二派：其一派悲观者，即自昨年施自治制以来，费用多归于街庄负担，若施义务教育，则负担额愈重，虽中产以上，犹不能保其富力，而况其下，经济上之受困太甚，所谓救死不胆，又何暇治礼义？倘求教育之完备，则恐民有不胜其苦。此执消极之说，故难希望施设，亦止于四年制也。其一派之乐观者，则谓吾台民之富力，远非朝鲜之可比，朝鲜之财政，每年多受中央政府补助，我台则不然，自三十八年以来，即称财政独立，早免中央政府之补助，由四十二年度以来，已有多额补助国库财政之事，诚绰绰有余裕，无可悲观，盖视当局之有诚意欲措施与否，其费用问题，固区区不足道。此执积极之说，是竭力求六年制也。是二说者，皆可为吾师，大可唤起吾人注意努力也。义务教育之善，虽固人所尽知，然义务教育之应设于吾台之时期，或施行何年制，此固大关于民族之融和、民生之幸福，诚不可漠然放置之。从来之初等教育，为无义务教育，民不能均沾其益。有所谓都会六年、乡村四年之公学教育。比之内地人小学教育，其学制已异，而内容又分，且加以教授训练养护，皆极不完善，由是使内、台人差别之观念，竞存乎世人之脑里，无怪乎人文幼稚、社会委靡，是欲企图义务教育之设，亦不可不于此处，而著眼努力也。无义务教育，是即谓教育之不普及。吾台人不欲齿于文明人之列则已；而思欲齿于文明人之列，则不可不尽力建议速施义务教育，而尤不可不力争图设完全之教育。何谓完全之教育？是即求内容充实之一点也。欲图内容之充实者，不可不力排既往所有之缺点，而预防将来再发之谬见，而讨论之，为最切要也。今执现在公学教育之内容程度而举，试问世人曰，将以设义务教育者何如，则谁告之曰可？故首当注意教科之选择，内容程度之增进，教科书之新订，教员之养成也。今日公学校卒业生出于社会，无普通知识技能，故多被世人轻视，遂使疑乎新教育之不足重。嗟乎，岂教育果不足重哉，由教授之不彻底耳。其在学中已无甚所得，卒业后亦无可求知识之途，则前所学者，必至于忘却，此学校教育不完备之弊也。倘令其于学校，得养成读书之能力，卒业后必能读新闻杂志，及嗜读其他之书籍，则在学校所学者，不但无可忘记，其兴味油然而生，且能由其温故而知新，使其不能解者，而亦思有以考究之，知识之进，又何可限量！由是而知国内国外之事情、知识之范围，不愈广乎？况养成高尚之趣味，狭邪之游可杜绝，奢靡之风可消除。吾故曰非大声疾呼义务教育之急施，与内容之改善，则吾民无可立于生存竞争剧烈之世界，必至于自灭弃其天赋之才，而受人之所侮贱。呜呼思之，能无重感慨乎？敢望唱延期之说者，其亦可烦一再考虑乎，是岂无策可以充教育费之途乎，是予所望全岛同胞齐起而静思之也。

或曰，设有欲施行，亦须四年制，方无苦负担，而下流之民，亦可普及，明治之初亦然。予曰，明治维新之初年，民力疲困太甚，国家又方多事，且务增加军备费。然知国民教育之不可缺，明治十二年，犹勉力支持施行义务教育。虽有暂设四年制，而鉴不适应于社会之进化，未数年，旋再改为六年制，即自十九年以来之学校令也。论者即欲引当初置四年之说，而思以应用吾台，其所见洵有未尽合事理。今昔之事势不同，人民之富力亦异。昔时教育制度之无经验，故必暂试验其经过效果如何，方敢希冀进设，若吾台今日，则何须复费此一番之周折。前人验之已多，试之已熟，则知四年制之弊最多。卒业时止十一岁之儿童，其何能独立生活于社会？观夫乡村公学校四年制之卒业生，教育之效果不佳之例，更可证其非适当之制度。彼时内地之富力实不及吾台之今日，然而且能施及全国，未几，竟能施六年制之义务教育，其国民之负担额重大，亦可想见，在朝诸公果断之敏，与在野诸士倡导援助之力，不亦堪敬服欤。然而其非全无视吾台民负担之苦，以其补救之道，别有在在焉。吾故曰四年制之说，未适合于事势也。论者又曰，虽定义务四年，而好学者则无妨再继续二年，故又可定为六年教授，则与六年制亦略同也。予曰，此法虽名为救济之方，实有伏其弊害也，真欲革新者，岂复有此不彻底之举。此制之施，贵在乎使父兄知重国法，为儿童谋教育完善之观念也。今若定为四年制，非明理者，必不能尽服六年之教育，鲜不由四年卒业，而自居为才人，其父兄亦必快然自满足矣。况教科书之新订，必分为二种，其与中学之连络，又异其系统。是此制非彻底完善，倘施行之必生弊端，谅可预料也。又或者曰，二部教授之施行何如。曰：是亦仅由经济方面考察也，然教育之事，岂可以惜仅少之费，而轻视教育之效果乎。二部教授之制度，由教育家，或非教育家，于内地皆力排之，不审吾台其亦何故，而再唱此说乎。施上午教授，与下午教授，儿童心身之状态有异，于教师亦然，下午之教授，比于上午为劣，则于下午被教授之儿童，为不幸也。其他教材内容之不充实，时间配当之不足，教员能率之低下，犹何待言。盖此尚指教授而言，若关于训练养护亦均未善。故此制度，实出于不得已之际而始可行。在内地之小学教育，已屡见其弊，而蒙大攻击者，是此议诚难赞成之也。然则欲施义务教育，不注重于经济方面，固为不可；而徒过视经济方面，未曾谋及教育之效果，以进民生之福祉，则更为不可。义务教育者，实使贫富得同样均沾文化之教育也，而期完备发达者，斯固鉴世界之大势，更谋人群之幸福，而不得不然也。故立地方教育之大体方针，须从一国之大势，而一国之教育方针，则又不可不适应世界之大势也。现文明国义务教育年限，多施八年制，今且有以十年十二年为理想者。故内地之识者，极力主张延长八年教育之义务，不久亦当实现。今内地人民岂非极感负担之苦，而政府何故复欲再增加之？内地之町村财政，教育费占其大部分，而人民亦何故更希望延长此义务年限，而甘受之？无他，以洵立意于民本之教育，增进民生之幸福也。我台之教育，比之内地，奚啻霄壤之别。内地当此际犹唱革新，而欲年限延长，吾台岂可无设义务教育之能力，且又岂无比于四年制之较为完善之方乎？论教育子弟之热心，吾台人岂有多逊于他民族，为子弟之教育费，为义务教育费应尽之负担，而谁敢厌恶之？惟有可厌之负担，不在于教育费而别有在，知识者必有能辨之矣。曰然则筹备以充教育费之良法奈何？曰深望当局之善措置耳，教育费维持之法，未可言绝对的不可能也。兹就世人所尝论及之，敢举数端以证财政之不足忧也。

其一，为专卖事业中如烟草卖、盐贩卖、鸦片贩卖等之事业，从前多任个人之营利，今后可由个人之手，而移于公共团体或街庄营办之，其全部所得之利益，可充为教育费也。其二，仰国库补助之方法。内地现时请国库补助义务教育费，增加额达至千万元，我台亦可请其十分之一乎？其三，为理蕃事业费，历年数百万元，或可节省一部分，而筹为教育费之用乎？其四，为劝业费及其他补助费，计亦数百万元，就中岂无二一可以减少之或废免之，以筹出几多之额，而为教育之费乎？如每年糖业奖励费多额之支出，察现时会社之状态，人民之倾向，此种之奖励金，宜废免也。此不过举其大要耳，其他可以筹出者尚多，兹略之。若当局察民意之所在，得烦再考虑筹画之，固所愿也。

曰，教育费支出维持之途，似无足虑，则义务教育制，何时而设可乎？曰最希望者，由一二年后，即可随施之。岂不愈乎？尚患教师之不足也。故第一先须著手养成教员，各州设师范学校内可设为二部，一部为五个年卒业，二部为三个年卒业。若待一部之卒业后始施之，则未免太迟，故三年后为之，其最得策乎。其次当有施行之准备。教科书务宜新订，由一国之大体教育方针，义务教育年限六个年，可与小学校同，学科之内容程度，亦当采与小学校同等，惟依台海之特质，则于学科之取舍、教材之选择，尤所切要。就中如汉文一科，为实社会生活上所必需，从前附为随意科，今可定为主要科，与国语同为文化的学科并重，若其时间数，可拟与算术同也。手工一科，察一般之倾向，皆未甚重之，时间太多，而儿童过于学科之负担无益，不如割爱而阙之。若农业商业，于初等教育，固不必特设一科，可由教科书，而涵养其实业之趣味，或依土地之状况，可得附加一科，即属于随意科目可也。

至于教授方法，予亦赞成开发主义。当儿童未理解之际，无妨以台语说明之，盖教授者，洵以理解为旨。故四年以下之儿童，国语科以外之他科，可兼用台语说明之，其理解为最速；然至四年以上，则解国语之范围渐广，无妨多用国语说明，如是方不致有意义不彻底之讥也。若汉文之教授用语，不拘何学年生，可以台语为主，其意义方能彻底明白，并可唤起兴味，及养成读书力，然后出于社会，方有裨益，毋拘泥必以国语联络，而遂失本科之目的矣。故如此类之缺点，当教职者而时有所留意，则教育之向上，更可欣慰也。综而言之，义务教育之实施，若是之切要也；公学校教育之改善，又目下之急务也。今有于一家之经济，对衣食住，甚丰其用费，而独对子弟之教育，反不能尽之之人者，则人必笑之；若国家之财政，对他方面，而甚丰其支出，乃独向最切要之义务教育，而吝筹经费者，则亦失乎众人之希望也。余深愿当局，有以计划速施行之，亦并愿诸先觉，齐努力有以促进之矣。

（三）师范教育

对师范教育，余深抱有多大之希望焉。师范学校，当于每州设置之。可改其从来低下之学科内容程度，进与内地师范同等。卒业后之资格，亦当无所区别，于儿童训育上，庶可免贻有恶影响之虞也。不然如从来台人之师范毕业生，与内地人师范毕业生，同勤务于一校之际，每区别其等级，厚薄其待遇，因些少感情之憎嫌，而惹不美之问题者，往往有之，实可引为龟鉴也。公学校校长中，有对本岛人教师，抱轻视之念，故不论内地人教师之德望学识如何，多欲待遇内地人教师之地位，居于本岛人教师之上，此不过日常之细事，孰知其恶影响，乃遍及于一般儿童及父兄之脑里，于训育上诚有阻碍也。然尝推其原因，亦未始非师范教育之制度有未善之故，致酿如是之弊害乎？故欲改革教育者，非从师范教育改善不可也。教师者须贵有人生观，方不为物质沉溺其高志，庶得立教育基础。于人生观，即施所谓人格教育，育英才之乐洵非他职业所得而比，其得注力于教育，为社会之仪表者，实赖于此。故欲养成此人生观者，宜在学时，留意陶冶。虽然，仍不可与社会阻隔，读破万卷书，涵养高尚之品性，并可认识考察社会之状态，是正师范生之所宜研究者也。乃孰知竟不然，闻购读内地发行新闻杂志者甚少，以舍监取缔之严，遂因噎而废食。今日最受人尊敬者，莫若教师；而最易被人疏厌者，亦莫如教师。不宜逆时势之潮流，须养其世界的眼光以批判之，力不陷于固陋，使人厌恶。故无论何种杂志既有发行，则当注意阅之，视有益于吾台，则可直言于舍监，购读之，方可与世界文化接触，而弃其褊狭之私见也。况学校所学之历史，仅为日本史，而关于世界文明史者，则由杂志及新书，所得之实益必多，对时代精神之批判，或人物之批判，及社会构造之机能、社会发展之理，历史科之所学，与杂志之所论，大有相裨益者，洵可断言也。

或曰，吾台学校取缔新闻杂志之严，呈欲防恶思想之侵入，非善矣乎？曰，意虽是，而法未佳也。思想者导，贵乎善之，不必如是取缔之也。若导其理之明，则已知为恶思想，何待乎取缔，而早能远之，如其思想之正，则如水之就下，其孰能御之。若是者，是徒探其末，而不求其本也，抑亦劳矣。余窃以当此际宜常对时代思想问题批判之，可免一般之误解，更可使学生知所趋从，是亦师范教育之任务，今日将养成国民以人道的国际的良心者，故对于师范生宜大开放之，使其养成世界的眼光，如是为教师，方无贻误儿童也。

（四）中学教育

我台现时犹未有真正之中学，所可称为真正之中学者，其惟台北台南二处，为教育内地人子弟之中学乎，然是固非予所欲论之范围。窃以为真正之中学，今虽不可得，而犹可望于将来，况尚有类似之台中高等普通学校冀可改与中学同，故献微言，谅非无益也。溯夫高等普通学校设立之初，系为吾台人热心求设之私立中学，本意以为可授以完全中学知识。后因当局之意见，乃改易为高等普通学校之名称。若由未往台湾朝鲜之内地人，初闻之，则必疑谓高等学校，或大学预科之类。何者，盖高等学校，及大学预科所修者，亦为高等普通学术也。殊不知我台人固不重美名，而所重在实际，故察其内容程度，劣于内地人中学远甚。而欲入高等学校不可得，或因英语数学理科诸科之学力不足，不能上进者，每抱慨叹焉，虽改革之声喧于各处，不久将见改正，而其能得根本的改革与否，固难断言，想比从前，谅有几分之进步乎。虽然，予所希望者，则在乎彻底的改革，与内地人同其程度，而撤废其差别之制度，然后有实效果可见，不然，虽屡见改正，而欲求无弊者，恐甚难也。

其次，予所希望中等学校之学科宜加设者，为华语一科也。华语与英语同应时势之要求，不可不学之，其为必修科，或为随意科，固在当局之配置，今姑勿论，朝野之士，多觉醒现时国际之地位，非赖日华亲善不可，而欲图亲善，则须借言语文字，以疏通意志，故华语与汉文，实为日华亲善之媒介，内地有识者当有倡导之，若我台今日先设之以为范，岂不佳欤！又其次，所希望教法之改善者，即汉文一科也。近时中学师范生，对汉文一种，不甚感有兴味，卒业后能潜心研究者，寥如晨星，汉文学之颓废，洵堪浩叹。汉文为载道之文，举万国之文字无以匹其雅，可以传久而垂百世焉，而况为世世相传之文字，思想赖以进于高尚，讵可任其衰颓乎？然视此科目为难学者，亦以教师诱导方法不善故耳，而能善其教法，汉学之复兴，指日可待。今中学师范所课授之汉文方法，悉以邦音训读之，颠倒其辞，虽亦教授法之一种，然因是而减学生之读书力不尠，依此读法，为教授内地人不得不然，若课本岛人者，宜有改之，庶无失本科之目的也。内地中学教员中亦有提议汉文一科，可取中华民国现时代之白话文为教材，而以华音读之（即北京语或普通话），庶几可知现代华人之思想品格。教员则拟派遣留学中华，归时以充其职，其论虽未得即臻于实行，然其洞察时务之卓见，实可值考究也。今我台随适用此说与否，亦在当局之伟识筹划如何，不能遽望之。目下探望以台语教之，不必颠倒其辞。此教法之改善，是所无难，劳半而功倍，用其时间，再加努力启发之，则兴味津津然生焉，孰谓汉文难学哉？况将来汉文一科，或能以华语之发音课读之，解释之际用台语，而练习之际，夹以日文，我汉文科教授法可得进步如此者乎，是难预断言也。故于今日，不得不讨论取最善教法，是即当取最能理解之教法，换言之，不必取旧时颠倒之读法，想当局其亦必有鉴于此乎？我辈不可不努力也。

反覆而申论之，中等教育之革新，诚不可已矣夫。为社会中坚者，多赖卒业此种学校之人物，出以活动。今日若不速图改善，则文化之低下，社会之腐败，尚可足问乎！是故当局人民协力计划各州设置中学及实业学校，使得造就真正有用之人才，以贡献社会，是所切望也。

（五）专门教育

为岛民所学之专门教育，其即农林专门学校、商业专门学校乎？其内容程度，已属世人屡评论矣，或比为内地之甲种职业学校，或以其少受深奥之学理，不能与内地专门同学力。嗟乎，教育之权威价值消失殆尽，其何能感化人心乎！故当此时，须能将各种学校，速升格与内地专门同等。而最切要者，须撤去差别，如内地许共学，才得名称其实，而教育之效果，洵可速显著焉，不然，虽日唱其制度之完善，时言其用心之周到，是不能有所裨益于岛民之幸福也。况受欧战后之刺激，岛民愈感教育之必要。今日无教育之根柢者，诚难以竞争于世界，而欲海外飞跃，或在乡土建事业者，非有专门之知识，或养实用之材能，亦决不能大有所为，其理亦易明也。故于此种学校宜授以宏远之学问，兼以实用之技术、语学，则成为有用之人才，是不敢不望其速改善其制度也。

（六）女子教育

女子教育之盛衰，大都与男子教育同运命。当义务教育未施之际，女子比于男子受教育者少，此理固明了。故当义务教育未施之前，学务当局当频加奖励，决不可执姑息的方针，而任其自由欲学不学，且学科内容之不改善，是亦一大缺点，尤当改善。呜呼，女子教育之不振，是即关于我岛民全体教育之不振。何者？现我台家庭教育，殆可称为全废弛之状，除一部有关心于家庭教化之外，多将其指导儿童之重任，归于妇人之教养，而妇人界鲜受教育者，欲其负此重任，实可谓酷，故于妇女界之启发，更比于男子为最切要。虽近来女子界，渐见有自觉而可值欣喜者，然亦少数，非可望其速能改良家庭社会，必须于各州得设有高等女子学校，使其无有远离乡土之不便，而容易得以就学，并可以置师范科，卒业后即擢为教员，以鼓舞一般女子之向学，应可促进女界之进步，其后再设高等师范于台北，以养成高女教员，若再欲研究深奥之学，或留学内地大学专门，或再企图于桑梓设立大学及专门，使全岛文化得同世界文化并进，而家庭教育之兴隆发达庶几可期矣。

（七）私立教育

呜呼，当教育制度已备之时，而私立教育犹所必设，而况在此教育制度未备之际乎？是私立教育之施设，不容缓也。然而欲图设者，必须主义透彻能实为人民谋幸福者，乃始有益，不然则徒见校数之增多，而无实效之可言，鲜不贻悔也。故勿徒赖当局，而必有出于自主之主义，而组织之。而或者曰，当局之于私学，固未加奖励也，前台私立中学，亦难免其干预，致难施完全之教育。书房教育虽未得拟于私立学校，然当此教育机关未备之际，可谓大有功绩，孰知当局常设有条件，不易许可之，是知私立学校之设，非如内地之易也。曰，在今时当局亦应不复有如是之狭见乎，当在乎吾人努力如何耳。私立学校在内地之成绩，已昭昭可见，若锐意图治之政治家，必不能不奖励之。盖以官立学校设备完全之内地，且多私立，而况吾台哉？私立学校之设则可大促官立学校之改善，私学者虽其设备外观，难比官立之完善，若其遇生徒以精神之指导，所谓坐人于春风之中，无官僚之色彩，此优于官立多矣。窃思今日德育之颓废，大抵归于教育者之缺人生观，无生出教育之良果，故而社会相率尚以权力、跨以智力、竞以金力，视仁义为迂阔，以致社会之失秩序也。故欲矫正此弊风者，则设立有主义之私立学校，向德育方面时有留意之。如王阳明所谓山林泉石之间，皆可以讲学，以养其独立刚毅之人物。然今日之最必要设立者，莫若中学，及法律、政治、文学、商业四科之专门学校。或谓政治、法律之科目，当局之所忌，恐不易许可，予谓不然。当今之立宪法治国，而无施政治教育，是为文明人之一大辱，国民乏政治之理解，皆由无受政治教育之弊，此朝野名士所深慨叹者。儒教尝有治国平天下之旨，亦即政治教育之意，《大学》一书，是即陈法制经济之意，故政治法律之学，于国民深有裨益，当局亦必赞同之，是不必抱忧也。予愿诸先觉对此种私立学校渐次而图设立之，则可以施精神的教育，而文化进步，当有一泻千里之慨，是所敢信也。

（八）社会教育

予论至社会教育之际，不能不发长大叹息也。以人口三百六十余万之众，称优秀之民族，居文明国领土之内，乃独无一可称为社会事业之价值，是故欲受人所尊重者，无怪其难也。或曰，社会教育之建设，端赖乎学校教育之兴隆，育英才活动于社会，然后社会事业乃始可立。若今日学校教育不备之状态，已难感化社会，而教师亦多缺热诚之态度，对于地方之美点，不知所以助长之，及其有缺点亦不知所以矫正之，视社会之隆替，乃若秦越，人之肥瘠，漠焉不相关者，此皆社会指导者缺乏之故也。予曰斯固然矣，但予所憾者，乃非属不能之例，而属不为之例也。欲改造社会者，不可尽赖于当局，十室之邑，必有忠信，我台好义之士，岂可云无，倘使各地方自成一优良之团体，对于启发社会资料，时有考究，德不孤、必有邻，奚只教师援助而已，虽各阶级之有识者，亦必各奋其天职，而相互援助之，借以补救政治之缺陷，增进人民之幸福，予信其事易易而可为也。然独为今所难求者，在乎调和之人物、统一之人物，有如是之人物，事业方能组织得持久，而图发达也，负地方重望者，如街庄长、协议员、学校教师、新闻记者，及其他之先觉者，敢请奋起而当斯任矣。其次敢将社会教育之方法略论之，以希实行之也。

一、通俗之讲演也。凡文明国欲启发其民智，皆有通俗讲演会，可以补充学校教育之所不及，内地乡村各处，曾有如是之开设，故智德之发达，有甚速者。我台从来之所施，缺有继续，勤于始而怠于终，致成绩不大者，故今须各处齐起，定期讲演，选有学识之士，出而分讲教育、卫生等普通知识，则一般民智自可以向上矣。

二、新闻杂志之经营也。现时代之民本教育，与新闻杂志甚有关系，观夫新闻杂志之种类，及其议论之正否，则可窥其社会文化之进步。欧西各国之发达，姑勿论。而仅举朝鲜言之，则为朝鲜人自己经营之杂志者已有三十多种，兼而新闻之独立经营亦有之，视我台则何如，新闻机关则仅有北中南三部新闻，俱不出于内地人经营之范围，而无有可为岛人独立之经营，故其议论每缺公平、多窥当局之鼻息者，亦所难怪也。虽然，新闻记者贵有道德，须尽其指导一般社会之天职，决不可仅博一时报纸之广销，迎合官意以为能事也，愿吾先觉有起而纠正之，或起而经营之。至于杂志，惟有文艺丛志一种，出于文学者之经营，其振兴汉文，可堪推奖。若内地人所经营之民间杂志者，除一二种之外，悉皆阿附官僚，未曾独创一定之宗旨，缺议论之公乎，欲以维系人心、增进文化、改善生活者，盖有甚难也。今稍有一定之宗旨，可宣传文化者，惟吾台湾青年杂志乎？噫！此杂志之外，是岂无有可再求一杂志，以宣传文化乎？曰，不幸犹未有也。最近文化协会已设立，世人甚多期待焉，其或由此而得多添发刊一种杂志，以推广文化乎？吾拭目而待之。

三、图书馆之设置也。其次欲启发智德者，深望图书馆之设置。图书馆内，备种种之书籍新闻杂志，则可养成其读书之趣味，亦可以补救学校教育不备之缺点，而发达其个性也。养成自学自习者，不得不推图书馆之特色焉。是以由都会乡村之中为图书馆，为文库，须奖励其设置，图书馆教育之效果，早著于欧西，而日本内地，亦深沾其益，我台北有官设之图书馆，及基隆之石阪文库，彰化之图书馆，皆其效果未甚大著，此后之努力，是深切望之。其他博物馆之设置，或学术讲习会之开设，皆可助进人文之发达者，兹略而不论，望我同胞者有所图设之。

其次附所欲言者，为奖学团之设立也。窃以欲改造社会者，无不赖乎人才之辈出，今教育机关之不完备，洵为人生之不幸。而况贫困之子弟，每为境遇所困厄，致不能发挥其才，践践终一生者，实繁有徒，岂非社会之不利乎？我台人自昔对于人才之奖励，堪称特色，近来亦多有此美学，不胜感佩，予敢望好义之士继起，而组织奖学之团，或助其入中等、专门诸校，或助其留学内地，再进或助留学于欧西，如是学风振兴，何患无人才焉！於戏，岂不美欤！

且吾人于此时，若徒归罪于时势，委命于当局，不肯下一决心，共谋文化之兴，是与衣食奔走之夫、醉生梦死之徒无以异，岂不虚生天地间哉。吉田松阴曰，士为松柏，斯松柏焉，士为蒲柳，斯蒲柳焉；瞿顿曰，前途之万境遇，皆我所自作为者也。是语者，不亦堪为激励吾人乎？今日者，非隐士高卧之时代，实天付与改造之机运，故吾人对于所当言而不言，对于所当为而不为，则非真诚之士，凡有关于社会之隆替者，不独限以教育，皆可竭力图设，或施谔谔之言论，以匡政治之不善也。二十余年间，我台人之逢此消极的教育方针，所隐忍不言者，亦非属顽愚使然，盖有不得已也，若今则适逢其进运，全岛人士齐望施完全之教育，恰如大旱之望云霓。当局如能下询民意，执积极的教育方针，即基于人道主义无差别之教育方针，以临我台民，则我台民安有不感激哉？“孔子曰，教无类”，是即喻人类无差别之意义。东西之学者莫不一致其言曰：“政治上之地位，虽有因一时不得已之故，而有差别，若教育上则绝对的无有可差别之理也。”夫果能以此无差别之心为心，以世界人道为主义，而立教育方针，则初等教育可遽施以义务教育，中等高等专门之教育，亦何须复分此鸿沟，立此界限，所谓高等商业，或七年制之高等学校，皆可撤去差别，而容内台人之彻底的共学矣。吾故曰教育之革新者，大部分属当局之责任，而吾同胞亦应有相当自觉努力也，兹欲希当局之有所考虑改善，并望同胞之有所奋发努力，敢敬抒管见焉。

《台湾青年》第三卷第四号—第五号　一九二一年十月十五日—十一月十五日

台湾史研究会编：《王敏川选集》，台北，海峡学术出版社，2002年，第1—19页。

关于台湾教育问题

（1922年）

林呈禄①

举凡殖民国，决定其新领土统治成功与否，取决于如何发展新附民教育程度的效果。因此世界的先进国家都花苦心、焦虑于新附民教育问题的经验。于是，此问题并非可不可能的问题，而是实际上是利益对道义的问题。旧时代的殖民地经营，只知道扶植统治国自身的势力，而尽可能使土著民当成劳动供给者，所以新附民教育也只以低级的实业知识技能的传授为限度。然而，此不仅是违反现代新思潮，也缺乏将广大文明的恩泽分享给土著民，而难免在道义上受到责难。相反的若赋予新附民普及的、平等的世界文化的利益，是否真的会像旧时代抱持传统思想者所担心，会对于母国有不利的结果产生吗？这已经在欧洲大战后借由倡导正义、人道、自由、平等的解放思想，完全的被否认。至少在民族融合的前提下，必须普及无限制与无差别的教育，以及排除民族之间种种误解的看法，已经是理解新时代的政治家所公认的。

相反的，吾在观看台湾的教育问题时，正如同经历上述的路径而来。听说在明治三十六年十一月台湾总督府学事咨询会中，当时的民政长官，现今的东京市长后藤男爵，言明

① 林呈禄（1887—1968），日据时期台湾留学生运动及民族文化运动的领导人之一，1887年出生于台湾新竹县。1905年入读日语学校，1908年毕业后先后任银行雇员、公学校教员、法院书记官。1914年人日本明治大学法科深造，1918年参与组织东京留日学生声应会、启发会、新民会，成为《台湾青年》《台湾》杂志的主要干部。1925年因“治警事件”被捕，1929年任《台湾新民报》理事、主笔、印刷局长。台湾光复后任省文献委员会顾问、东方出版社董事长，1968年病逝。

台湾的教育以无方针为方针。从此事可知，当时对于帝国治台的教育方针，针对教育的可否问题，费了很大的苦心。于是近来，同一男爵在东洋一月号杂志上，以“立于新转机的殖民政策”为题，论述如下：最近新殖民主义的新语汇一词产生，它的意义不像往昔，以宗教或是武力来征服殖民地，同时两者的关系也非优胜者和劣败者之间的对立，而是以一视同仁、同胞兄弟主义待之。然而，此新殖民主义一词，尚不能满足世人。直到最近，已废弃殖民政策一词，使用文化政策的文字，提倡内容外观一起改变的新殖民主义。此不外乎是人民努力执行顺应时代的政策，而且是人们的要求心存在于其处。于是，世界的大势即使在殖民政策方面，否定自今为止的征服主义，而倾向文化的人道主义。因此，东洋协会也大幅地要求焕然一新等等，极力指示殖民地统治政策的新转机。以更精辟的论点，若能在二十年前一般就能认同这样的思想，今日台湾早已解决义务教育问题。至于能不能同化的问题，更是不存在。只是，在今日的世界中，政治家当中只能追求时势的凡人较多，先一步领导时势的圣达之人，万人之中也难寻其一。上述也许是个人主观的想像。

这是当然的，欧战结束至今，已三五年，世界大势毫不客气地将万人推在一旁而急激的进行。于是，其澎湃之强势的思潮不仅是凡人，也让圣达之人必须急转的程度拥上来；而不仅是大国，至于小岛也受其震动的程度。先搁置其他各话题，我台湾教育制度也已经随着时势的转移而不断的进步是首先应共同庆贺的。在此，就稍微回顾，并且共同祝福台湾教育的前途。首先回顾改隶以来至四五年前台湾教育的状况，只能评论为无方针主义、无统一制度、具备限制政策的要件。除低能者，或是拥有征服野心的人之外，任何人应该都会注意此情形。此二十年的岁月间，学龄儿童的就学比例仅不足二成，亦即每年以平均一分（百分之一）牛步缓慢般的进行。此外，即使是低级实业教育的设备，也寥如晨星一般。用今日的头脑，对此事批判的话，与其说是教育制度，不如称为无教育制度较妥当。

然而，欧洲大战以此结局告终，看来也唤醒我岛官民几分。大正八年一月四日，所谓属于当局多年的悬案，终在几番的曲折下，公布新台湾教育令。发布当日充满虚假的气象，首先是各地方的人们义务地举行祝贺会，台湾教育会也临时增刊教育令纪念号杂志，满载官方的颂词，御用的新闻杂志尽可能的刊载祝贺之辞。当时离奇的景象，至今仍然历历在吾人的印象之中。如果真是如同上下所歌颂的教育大宪章一般，仅十年、二十年应该不会变化才是。然而，当时在官绅欢醉之中，唯独中部某新闻连续二日刊登“插嘴论”，抒发了对于当局禁止刊登批评有关教育令命令的不满。这件事情，可看出政策微妙之处所出现的有趣现象。如此，当时绝对讨厌世人批评的新教育令究竟为何物？鞭尸是不尽人情一事，也是吾辈不愿作之事。然而比起直接说明第二代新教育令的优点，不如指出三年前教育令的缺点，以证明此次新教育令已经去除上述缺点，相信这样比较容易了解。在此，则以隔岸观火冷静的头脑来批评此。首先若硬要列举第一代教育令的特色，就是除了统一台湾教育制度的特别系统，宣示养成忠良国民的官样文字之外，并无值得关心之处。但是，若要列举缺点则包括：第一，特别教育系统所教育的人，与内地各个学校并无连接之处是令人失望的。第二，专门学校、师范学校绝对是官立，小学校与中等程度学校仅限于官立或是公立，绝对禁止私立的官学万能的方针，与严酷地压抑知识欲望的主义，是令人吃惊的。第三，并无大学教育与预备教育的规定，以及过分重视低级实业教育之处也让人不满。其他包括将处于温热带发展成长期较早的台湾儿童就学年龄定为七岁以上入学，实诚晚矣。同时，同令第三条中，教育必须配合时势与人民的程度之期望，如果是人民程度较高则另当别论；在人民程度尚低的台湾，反而采取消极的限制条件，限制了应积极的顺应时势的启发教育是愚民政策的一个例证。当时不乏某内地人或是本岛人对于此条文广泛解释，心存感激。除了白痴之外，或是谄媚之徒才能了解此条文。若一个一个绵密的调查分析，范围无限。在此首先以这些材料，即此次田总督的功劳之一，于本年二月四日所颁发新教育令的内容，确认是否有如上述第一代教育令的缺点。为了省略更详细的说明，以下列举新教育令的本文，作为考究之用。……在读了上述的文章之后，即在此不重复的论述，也应能了解在理论上已大致去除旧教育令的缺点。亦即上述第一项所述特别限制教育，从中等学校以上废止，于是小学校教育不以种族来区别，依据国语常用与否来区分；第二，放宽官学万能制，扩张至公立与私立的范围；第三，大学及其预科教育，是依内地的大学令实施。此外，儿童就学年龄也提早一年改为六岁以上即可，同时旧教育令第三条关于时势与人民程度敷衍的规定也加以删除。如此看来，此次台湾的新教育令，是从旧时代根本性的愚民政策改为文化政策，台湾教育界可谓跨入另一新的纪元。三年前，对于假装祝贺一事而感到悲观的吾人，早已经不存在了。没有必要强制祝贺教育令的发布，衷心的认为现在当局的贤明。今后我岛的文运在合作下，若能励行新令的趣旨，一定应该会获得相当多的成果。

于是法令只是一个形式物而已，等待人民的运用，应该才能发挥其善果。如果上层缺乏实行的诚意，或是下层努力不足时，将会造成空有法律之名，却无之实，将不能获得预期的成效而结束。只是，现在当局既然已经在文化主义下发布教育令，吾人一方面等待与当局共同励行的同时，另一方面则是吾岛人民应对于新令有相当的觉悟，尽十分自发的努力。若非如此，仍像至今学龄儿童就学比例仅三成左右，义务教育的前途仍是令人担心的。

正如吾人所述，对于表现朝三暮四政策的旧教育令，批评其不完美，是为了顺应此次时势新教育令的更完美之故。然而，吾人在此以新教育令的精神并不能说独一无二，完全符合台湾全岛人民的愿望。只是，对于废止二十七年来教育的压制，进入承认自由光明的境域的教育，从意义上而言，现在当局的诚意已多少值得欣慰了。对于以新教育令的同化政策的精神为基础的国语本位教育之点，在此不论述其适当与否。只是国语教育制度对于不了解国语的人们来说，如果没有经过学习国语沉重负担的痛苦，就无法得到知识教育恩惠一事，吾人也不能说完全不忧心。因此，在此对于当局的希望，基于新令第六条及第十一条第二项的职权，特别是吾辈岛民日常生活上不应该欠缺的特殊学识，特别是希望能得到以汉文为必修科目的认同。于是，吾辈岛民也认同此新教育的优点，尽可能的以台湾文化不迟于时势的进运下，努力而奋进。

原载《台湾》第三卷四月号第一号，一九二二年四月十日（黄颂显、水山裕子译）

黄颂显编译：《林呈禄选集》，台北，海峡学术出版社，2006 年，第 118—127 页。

排斥愚民政策　要求人格教育

（1925 年）

《台湾民报》社论

“凡统治殖民地的原住民族，须使他们无学文盲为安全。”这句话不但是后藤氏的所见，恐怕是殖民地领有者的共通心理，但是今日的时势已不容有此思想了。东乡氏也有明言这个政策，在今日决难实行。因为今日的交通很利便，往来甚频繁，殖民地人士游历于海外的不少，受新思想的洗礼也日多，普通人也都懂得教育的必要，而用心启发其子弟，故若顽守愚民政策，不但多惹起殖民人士的怨恨和恶感，就是对于本国打算起来，也是大不利。

愚民政策既不可行，又有要行奴隶政策的。即如专重言语教育和职业教育，以教育言语为殖民地教育大半的职务。专注通译的教育法，或专注重手艺养成杂役，而防压政治、思想、社会、文艺方面的启发。这种的教育法，就是奴隶教育，但此政策在今日也难于保持了。试看近来我台的往内地及海外留学生，年多一年，也可证明这个政策，已到了末期了。最近有听说台湾当局将要限制海外留学生的意思，我们断然不信现在台湾当局有此错误时代的空想政治家，敢演这样倒行逆施的政策。

愚民、奴隶两政策，既难保持，当来的就是以人作为根本的教育方针，对殖民地人民概与本国人一样的待遇，使其出了社会就能得完全做一人格者的活动。无论政治、思想、文艺、产业等等都要教他，不偏重言语、职业方面，应添加公民教育及政治教练的教程，来养教自治的国民，才是完全的人格教育策。

原来人格教育的大部分是在中等教育，试看在内地平均一县有中学校八校以上，女学校十二校以上。然而在我们台湾一州有几个中学及女学，又台民学童能得收容的百人中果有几个人呢？我们未闻地基还打未坚固，而可以架梁上栋。如果当局真有教育岛民的诚意，欲投百余万金以建设大学（我们也不以大学为无用之物），不如增设几个中等教育机关，以完成基础工事，岂不是当务之急吗？至于专门的研究，别有相当的机关，可以利用和扩张的。若像我台的现状，一面要继续低级的职业教育，他面又要扩张高等专门的大学教育，实在真是令人不解的政策了。

《台湾民报》第八十号，1925 年 11 月 22 日。

台湾教育的真相*

(1929 年)

［日］矢内原忠雄①

通观以上变迁，除了占领台湾当初在统治上最为实用的医师养成所外，至一九一九年止完全没有专门教育机关，实业学校亦付阙如，对于台湾人的中等教育亦不完备；比较这一期间产业之异常的资本主义发展，可知日本占领台湾的最初二十五年间，统治的权力大部分放在经济方面，对于教育并不重视。国语教育与医学，这是在台湾统治的实用上所能容许的全部教育。通常都以技术教育为殖民地教育的基础，这在台湾，也被忽视，因为必要的技术家可由日本供给故也。台湾人不但在台湾没有接受专门教育的机关，直至一九一九—二〇年前后，即去日本留学（特别是学法律政治），也受政府的干涉。日本专制的统治、又其资本家企业的确立以及官吏及其他日本人来台湾的要求，乃使台湾教育机关的发达，这样受到了延迟。而一九一九年教育令的颁布，尚有三种原因：一则由于世界大战后民族运动的风潮波及台湾的结果，为了应对台湾人的文化要求；二则由于台湾的资本主义化，以世界大战为大好机会而飞跃发展的结果，随其生产及资本集中的高度化，使在经济方面也须提高普通教育及技术教育；三则由于台湾在住日本人的弟子增加的结果，致有设置高等教育机关的必要。而台湾人与日本人的教育系统不同，教育程度较低；台湾人的地位，只可做日本人的手脚；这在制度上，也有其遗迹。但是，一九二二年以后的发展，则以“日本人台湾人的共学”与“高等教育机关的兴创”为其特征；因此，一方面在外表上似已完成台湾教育制度，同时在事实上，则高等教育的重视超过普通教育，且由日本人独占了高等教育机关。

［日］矢内原忠雄著，周宪文译：《日本帝国主义下之台湾》，台北，帕米尔书店，1985 年，第 143—144 页。

---

* 该文为矢内原忠雄著名的论著《日本帝国主义下之台湾》的一部分，标题为编者拟加。

① 矢内原忠雄（1893—1961），日本著名的思想家、经济学家、宗教家。1893 年生于日本爱媛县。五岁入小学，十七岁毕业于第一神户中学，免试入东京第一高等学校，二十岁入东京帝国大学法科。1920 年任东京帝国大学副教授，同年奉派留学英、德、美、法四国。1923 年任东京帝国大学教授，主讲农学部殖民政策讲座。1937 年因有“反军思想嫌疑”，被迫离开东京帝国大学。日本战败后复归东大任经济学部教授，接着历任东大经济学部长、东大总长。1961 年病逝，终年六十九岁。矢内原忠雄平生著作有全集二十九卷三千万字，他在 1929 年出版的《日本帝国主义下の台湾》一书，是日本统治台湾期间影响广泛的学术著作，战后在台湾有多种中译本。

日据时期台湾殖民教育的特点*

日本系一工业国家，亦系一军国主义之集团，在其统治本省五十年中，为配合其国家之政策，对于本省所施之教育，实可谓为帝国主义殖民地之教育，尤其在国民教育即初等教育一阶段上之表现最为显著。录其显而易见者，约有下列数端：

一、消灭民族观念。民族结合之要素，文字与语言实占其重要之地位，是故日人统治本省后，即尽量消灭国语及汉文；在中等以上学校虽禁习国语、汉文，然尚可列为选修科目，至于国民学校则绝对不准学习。甚且说闽南语者，如被发现，则遭体罚或禁止。一面提倡皇民化，多方奖励学生更改日式姓名，俾使遗忘祖国，消灭民族观念，好供其奴役也。光复之初，本省同胞所书所言者，大多为日文、日语，至于本省原有习用之闽南语，多为艰涩而不能上口，故各级学校学生更无论矣。

二、实行差别教育。在日据时期中，本省同胞升学之限制极严，仅于国民学校特设二年制高等科与专修科，俾造就各种低级之技艺人材。据统计资料显示：迄民国三十三年日昭和十九年止，五十年间，全台湾国民学校师资百分之八十以上，均为日人所包揽，台胞仅占其百分之十六左右而已。至于国民学校学生之课程，则有第一、第二、第三号表之区分；日籍儿童用第一号表，台籍儿童用第二号表，山地儿童用第三号表。此种差别教育，实为殖民地教育之一大特点也。

三、大量培植低级技艺人材。日据时期之实业学校，目的即在培植低级之台籍技艺人材。民国八年日大正八年起，本省一部分公学校已开始附设。自民国二十四年日昭和十年起至三十四年日昭和二十年日本投降止，全省补习学校由三十九所激增至九十所，本省籍学生数逾一万八千人，较五十年间中学毕业生总数尚超过六千人。至于培植中等以上技术人材之实业专科学校，迄光复止，全省仅有四所，本省籍学生仅有三百六十七人；而此三百六十七人中，学工商者极少，学农者独多，其与实业补习学校之大量扩展，恰成一极鲜明之对照。是以日人在本省所施之国民教育，不外以造就低级技艺人材为前提，俾易供其驱使为目的。

四、严厉之训导方法与注入式教学。军国主义国家之政治，多系独裁制度；其表现于教育方法上，尤其殖民地之教育方法上，亦为极端之严厉。校长与教员均系官吏，校长有无上权威，教员亦分列等级；即男女性别与高低年级学生之间，亦均阶级重重。教员过校长室门前，纵校长不在，亦须鞠躬致敬。客至，由女教员奉茶。低年级学生见高年级学

---

* 此为台湾省文献委员会编《台湾省通志》卷五“教育志·教育设施篇”的开篇序文。该文从四个方面概括了日据时期台湾殖民教育的特点，反映了台湾在殖民主义教育方针政策指引下，实行“差别教育”“愚民教育”“皇民化教育”的概况，揭露了日本国家主义奴化教育的实质。标题为编者拟加。

生，必须敬礼，否则必受辱打。故学校训导方法极端严厉，而体罚儿童则为理所当然。教室上课，教师之言论即为真理，不容有怀疑或分辩之余地。教学方法以注入为主，六年期间过去，即告毕业，并无留级或退学，亦无须启发儿童智慧。在殖民地施行教育，无须发见人才与天才；只须每个儿童接受日式教育，能做一个良好驯民，为日本天皇尽忠，为日本帝国负生产责任，使彼辈在殖民地上之地位可以确保，如此，日人之目的可以达矣。

总之，日本在据台五十年间，所施于本省之教育，实为一狭义之国家主义式教育，而无世界人类所共通之一般性与理想性存乎其间。盖无论教育之理论或实质，均未合乎一般现在民主国家之要求。此诚日据时期中，日人对本省教育之设施之普遍现象也。

台湾省文献委员会编：《台湾省通志》卷五“教育志·教育设施篇”，
台北，众文图书公司，1970年，第3—4页。

第二编

教育行政制度

一、教育行政组织及其职责范围

台湾总督府学务部沿革及负责人历任表

（1895—1945 年）

姓氏	就任	离职	公元	机构及职务
伊泽修二	明治二十八年 五月二十一日	明治三十年 七月三十日	1895.5.21— 1897.7.30	学务部部长
儿玉喜八	明治三十年 七月三十日	明治三十三年 六月二十五日	1897.7.30— 1900.6.25	民政局学务课课长
木村匡	明治三十三年 六月二十五日	明治三十四年 二月二十八日	1900.6.25— 1901.2.28	文书课长兼学务课长
松冈办	明治三十四年 二月二十八日	明治三十五年 一月三十一日	1901.2.28— 1902.1.31	县治课长兼学务课长
佐藤弘毅	明治三十五年 一月三十一日	明治三十六年 十二月十七日	1902.1.31— 1903.12.17	民政局学务课长
持地六三郎	明治三十六年 十二月十七日	明治四十三年 十二月二十七日	1903.12.17— 1910.12.27	学务课长
限本繁吉	明治四十四年 二月十七日	明治四十四年 十月十六日	1910.2.17— 1910.10.16	国语学校校长兼 学务课长
限本繁吉	明治四十四年 十月十六日	大正八年 六月二十九日	1910.10.16— 1919.6.29	学务部部长兼课长
鼓美	大正八年 六月二十九日	大正八年 十一月十七日	1919.6.29— 1919.11.17	民政部内务局学务课长
片山秀太郎	大正八年 十一月十七日	大正九年 九月十七日	1919.11.17— 1920.9.17	学务课长
生驹高常	大正九年 九日十七日	大正十三年 十二月二十五日	1920.9.17— 1924.12.25	学务课长

续表

姓氏	就任	离职	公元	机构及职务
生驹高常	大正十三年十二月二十五日	大正十五年十月十三日	1924.12.25—1926.10.13	内务局文教课课长
木下信	大正十五年十月十三日	昭和二年二月二十二日	1926.10.13—1927.2.22	文教局局长
石黑英彦	昭和二年二月二十二日	昭和四年八月十日	1927.2.22—1929.8.10	文教局局长
杉木良	昭和四年八月十日	昭和六年五月八日	1929.8.10—1931.5.8	文教局局长
大场鉴次郎	昭和六年五月八日	昭和七年三月十五日	1931.5.8—1932.3.15	文教局局长
安武直夫	昭和七年三月十五日	昭和十年四月一日	1932.3.15—1935.4.1	文教局局长
深川繁治	昭和十年四月一日	昭和十一年十月十六日	1935.4.1—1936.10.16	文教局局长
岛田昌势	昭和十一年十月十六日	昭和十五年十一月十三日	1936.10.16—1940.11.13	文教局局长
梁井淳二	昭和十五年十一月十三日	昭和十七年七月三日	1940.11.13—1942.7.3	文教局局长
西村高兄	昭和十七年七月三日	昭和十九年三月二十日	1942.7.3—1944.3.20	文教局局长
森日俊介	昭和十九年三月二十日	昭和二十年二月二十八日	1944.3.20—1945.2.28	文教局局长
成田一郎	昭和二十年二月二十八日	昭和二十年三月二十二日	1945.2.28—1945.3.22	文教局局长
西村德一	昭和二十年三月二十二日	二战结束	1945.3.22—二战结束	文教局局长

参考资料：《台湾教育沿革志》《台湾教育史》《台湾教育年表》《台湾总督府》《台湾初等教育之研究》《台湾大年表》。

杨孟哲著：《日治时期台湾美术教育》，台北，前卫出版社，1999年，第204页。

日据初年台湾总督府学务部之组织系统

（1896 年）

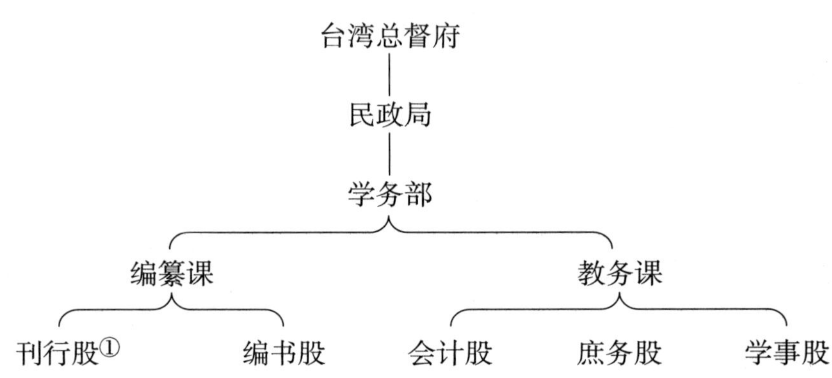

台湾省文献委员会编：《台湾省通志》卷五“教育志·教育行政篇”，台北，众文图书公司，1970 年，第 26—27 页。

台湾总督府民政局学务部办事细则

（1896 年）

《台湾总督府公文类纂》明治二十九年甲种永久第一卷至第三卷

第一章

第一条　教务课置学事股、庶务股及会计股，编纂课置编书股及发行股。

第二条　课长应受部长之指挥，定课员之分担整理课务，或具状为出差之服满。

第三条　课长应督励课员，监察其是否勤怠。

第四条　课长有事故时，由上席之课员代理其职务。

第五条　教务课庶务股置文书主任，处理学务一般之文书且应记日志。

第二章　分　　掌

第六条　学事股掌理左列之事务：

一、关于有关学事传达命令、训示等事项。

二、关于直辖学校、其他各学校之设立、废止及教则规则事项。

① “台湾总督府”民政局学务部下设教务、编纂两课，课之下设挂，“挂”相当于中国的“股”。该“组织系统”和“办事细则”的中译本把“挂”均译为“股”。

三、关于学校职员及学生事项。

四、关于校舍建筑之设计事项。

五、关于学事之视察事项。

第七条　庶务股掌理左列之事务：

一、关于学事年报及统计报告事项。

二、关于文书之收文、发文及整理保存事项。

三、关于部长官印及部印之保管事项。

四、关于关系部员身分上申请、请示、报告等事项。

五、关于捐献书籍事项。

六、不属于他股之主掌事项。

第八条　会计股掌理左列之事务：

一、关于直辖学校之经费预算以及决算事项。

二、关于直辖学校之地点、建筑物及其修缮事项。

三、关于学校基金事项。

四、关于教员之退休金、抚恤金事项。

五、关于本部所属物品之收支及保管事项。

第九条　编书股掌理左列之事务：

一、关于教科用图书及词典之编辑、著作、翻译及校正事项。

二、关于教科用图书之检定事项。

三、关于本岛之地理、历史、文学及学术上之调查事项。

第十条　发行股掌理左列之事务：

一、关于编辑图书之出版及装订事项。

二、关于教科用图书之交付及抛售事项。

第三章　文书处理

第十一条　送到本部之文书应由文书主任接受之，分配给主管之课，将其要旨登记于收文簿，附上本部之号码，经部长之核阅将之分发给主办课长，主办课长应将之分发给主办者。

第十二条　部长亲启之文书，另外制定收文簿，应将之登记之。

第十三条　主办者收受文书时，应在收文簿适当之栏内盖印章，由主办者再将其送交给文书主任时，在收文簿之相当栏内应盖文书主任之印章。

第十四条　全部经裁决之议案，应由部长将其分发给主办课长，主办课长将之分发给主办人，主办人将之递回给文书主任，作适当之手续。

第十五条　向他部课送达之文书，文书主任登记在发文簿上，收文者应盖印章收受之。

第十六条　文书之调理无期限者，自收文之日起五日内处理之，如未于期限内结案者，事先定时日，应具其理由受部长之批准。

第十七条　本部发送之文书，应由文书主任作清写手续。

第十八条　本部收受、送达之文书，应由文书主任分课股制作月报表及年报表，月报表是翌月五日，年报表是翌年一月十五日以前，应经主办课长呈送部长核阅。

第十九条　凡部内之文书应于各股按事务之类别编纂，逐一附目录整理保存之。

第二十条　学事股应备左列之簿册：

一、关于直辖学校、其他各学校等之设立、废止之预备调查文书。

二、直辖学校、其他各学校等之教则、规则之装订。

三、直辖学校之职员名簿。

四、直辖学校之毕业生名册。

五、教职员任免簿。

六、关于教员之资格簿册。

七、教员履历簿。

八、校舍建筑设计预备调查之装订册。

九、地方学事情况之调查。

第二十一条　庶务股应备置左列之簿册：

一、官报之装订本。

二、日志。

三、收文簿甲号（非亲启者）。

四、收文簿乙号（亲启者）。

五、送文簿甲号（附有号码者）。

六、送文簿乙号（无号码者）。

七、传达命令及告示装订本。

八、申请请示及报告书装订本。

九、军务局关系文书。

十、各部课往复装订册。

十一、各县支厅往复装订册。

十二、关于直辖学校之文书。

十三、关于直辖传习所之文书。

十四、各种报告之装订册。

十五、各种申报之装订册。

十六、年报表及月报表之装订册。

十七、关于部员之身分文书。

十八、部员履历装订册。

第二十二条　会计股应备左列之簿册：

一、预算及决算装订册。

二、直辖学校之地点、建筑物原簿。

三、关于学费之文书。

四、关于教员之退休金、抚恤金之文书。

五、关于部员薪俸收受案之文书。

六、图书簿。

七、仪器、器具、标本簿。

第二十三条　编书股应备具左列之簿册：

一、编书簿。

二、检定簿。

三、调查簿。

第二十四条　发行股应备置左列之簿册：

一、出版簿。

二、制本簿。

三、交付簿。

四、抛售簿。

第五章　服　务

第二十五条　课员虽然应按分担之事务处理，有时也应辅助课内之事务。

第二十六条　出差、疾病以及有调动免职其他事故时，课长应对代理之课员受课长之指挥，应接任同僚所担任之事务。

第二十七条　勤务时间内有不得已之事而要下班时，应将其事由向课长陈述，受其批准。

第二十八条　统计报告等乃供他日之参考文书，全部由其主任制作副本，并备置于本部。

第六章　表册之格式

第二十九条　收文簿及送文簿之格式如左：

…………

台湾省文献委员会编印：《台湾总督府档案》（中译本）第十辑，1997 年，第 605—609 页。

日据第二年至第三年四月之台湾教育行政组织系统

（1896—1897 年）

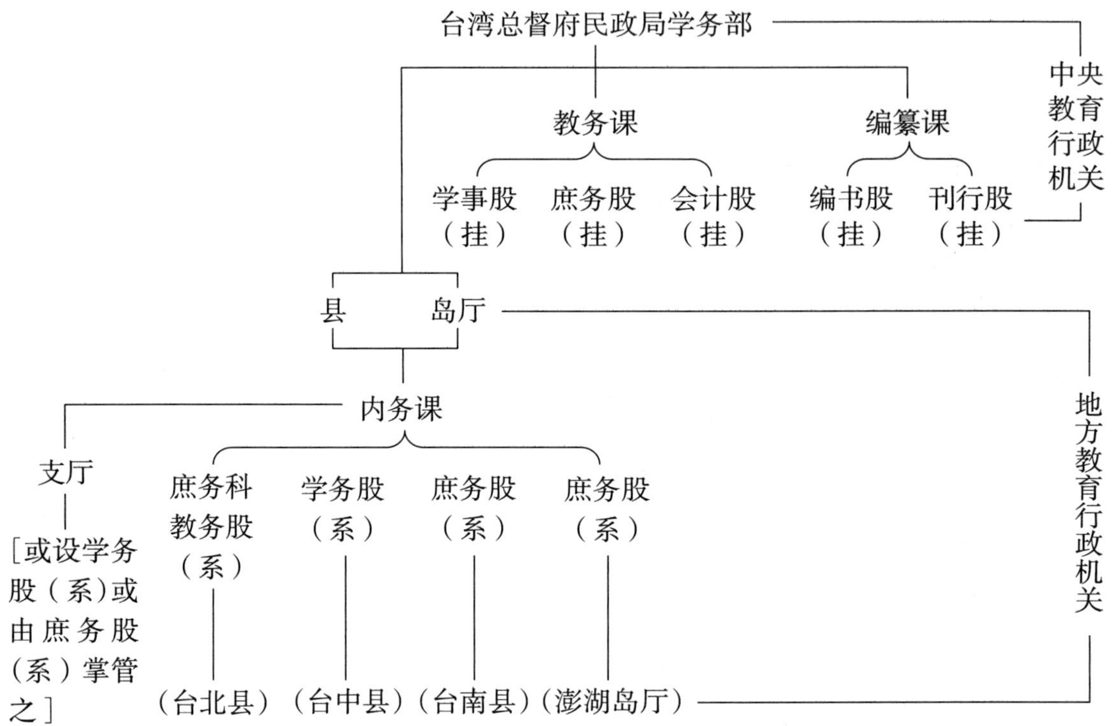

台湾省文献委员会编：《台湾省通志》卷五“教育志・教育行政篇”，台北，众文图书公司，1970 年，第 29 页。

日据第三年四月以后之台湾教育行政组织系统

（1897年）

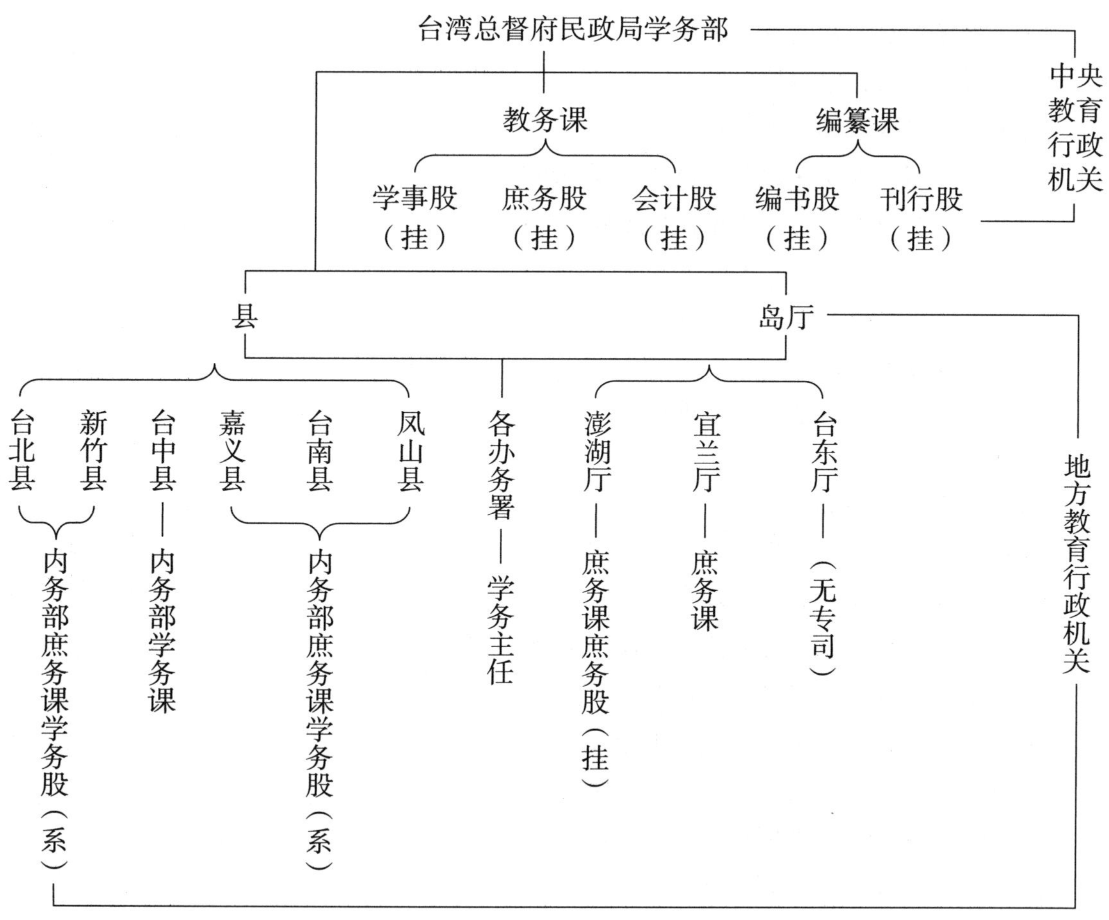

台湾省文献委员会编：《台湾省通志》卷五“教育志·教育行政篇”，台北，众文图书公司，1970年，第29页。

台湾总督府民政部学务课教务系编纂系[①]职掌

（1899年）

一、教务系

（一）关于学事各种命令之拟订及调查事项；

（二）关于学事视察事项；

（三）关于官公立学校事项；

（四）关于私立学校、幼稚园、图书馆及书房、义塾事项；

（五）关于教员资格调查事项；

（六）关于教员检定事项；

（七）关于学校预算之调查事项；

（八）关于各学校所在地及建筑物之调查事项；

（九）关于教育所需之地方税及街庄社费之调查事项；

（十）关于学租事项；

（十一）关于各学校之资产事项；

（十二）关于学事统计报告事项；

（十三）关于儿童就学调查事项；

（十四）关于教育会事项；

（十五）关于学务委员事项；

（十六）关于文书之收发、整理及保管事项；

（十七）关于文书之翻译事项；

（十八）关于学务课长印及课印之保管事项；

（十九）关于学务课沿革志之调制事项；

（二十）关于图书之出版及制本事项；

（二十一）关于图书之交付及保管、转换事项；

（二十二）关于学务课所属物品之处理事项；

（二十三）关于例规所有各种报告事项；

（二十四）不属于他系主掌之事项。

二、编纂系

（一）关于教科用及参考用图书与辞书之编纂、著译、校正事项；

（二）关于教科用图书之检定事项；

---

① 1897年5月，“台湾总督府”决定缩减学务部编制，原学务部降为学务课，原教务课、编纂课降为教务挂、编纂挂。1899年10月，又决定改挂为系（挂与系均类同于中国的股）。

（三）关于本岛地理、历史、文学及其学术上之编纂事业所需材料之蒐集事项。

台湾省文献委员会编：《台湾省通志》卷五“教育志·教育行政篇”，
台北，众文图书公司，1970年，第30—31页。

台湾总督府民政部学务课所属三系职掌

（1901年）

一、教务系

（一）学事各命令之拟案及调查事项；
（二）有关学校、幼稚园、图书馆及书房、义塾事项；
（三）直辖学校教职员之进退调查事项；
（四）教员检定事项；
（五）公学校教员恩给审定事项；
（六）有关学务委员事项；
（七）有关教育会、学术讲习会及学事集会事项；
（八）儿童就学调查事项；
（九）有关学事统计报告事项；
（十）有关例规之各种报告事项；
（十一）有关学事法规及先例汇纂与本课沿革志编纂增减事项；
（十二）有关官公立学校、幼稚园、图书馆职员之进退及台账调制或增删之事项；
（十三）学务课长印及课印之保管事项；
（十四）各学校预算之调查事项；
（十五）关于教育所需地方税及街庄社费之调查事项；
（十六）有关学租事项；
（十七）有关各学校之资产事项；
（十八）各学校所在地及建筑物调查事项；
（十九）有关编书费事项；
（二十）图书出版及制本事项；
（二十一）图书之交付及保管、转换并颁发事项；
（二十二）学务课所属物品之处理事项；
（二十三）文书之收发、整理及保管事项；
（二十四）有关文书翻译事项；
（二十五）不属他系主掌之事项。

二、视学系

（一）有关学事视察之事项。

三、编纂系

（一）关于教科用及参考用图书与辞书之编纂、著译、校正事项；

（二）关于教科用图书之检定事项；

（三）关于本岛地理、历史、文学及其学术上之编纂事业所需材料之蒐集事项。

台湾省文献委员会编：《台湾省通志》卷五“教育志·教育行政篇”，
台北众文图书公司，1970年，第30—32页。

总督府文教局[①]处务规程规定之各课、系分掌事项

（1927年）

第一条　庶务系之分掌事项：

（一）关于机密事项；

（二）关于局内之人事事项；

（三）关于文书之收发、编纂及保管事项；

（四）关于局长印及局印之保管事项；

（五）关于局员之俸给给与等事项；

（六）不属其他室、课之事项。

第二条　督学室之分管事项：

（一）关于学事之视察事项；

（二）关于教育、教化之指导与改善事项；

（三）关于教育、学艺之调查事项。

第三条　学务课置学务系、编修系之分掌事项：

学务系：

（一）关于敕语誊本事项；

（二）关于学校、幼稚园之设立与废止事项；

（三）关于学校、幼稚园之经费事项；

---

① 1924年12月，“台湾总督府”内务局下设文教课，分管台湾教育行政工作。1926年10月，文教课升格为文教局，除下属六个课、系、室外，还增设了社寺系、社会事业系等本不属教育行政部门管辖的机构。以后随着侵略战争的需要，又增设勤劳奉仕系、军事援护关系系、劳动调查系、练成课等课系。台湾殖民政府把教育当成政治、军事的工具，使总督府文教局“无形中变成为动员局或军事后援会之类的组织”。

（四）关于学校教职员之人事事项；
（五）关于教员之资格事项；
（六）关于教员之检定事项；
（七）关于教员及视学之讲习事项；
（八）关于学校卫生事项；
（九）关于体育事项；
（十）关于学事统计事项；
（十一）关于留学生事项；
（十二）关于专门学校入学者之检定及其他委托考试事项；
（十三）关于学事之会议事项；
（十四）关于对岸学校事项；
（十五）关于教育调查之出版、颁布事项；
（十六）关于其他学事、学制事项。

编修系：

（一）关于教科用图书之编修事项；
（二）关于教科用图书之检定事项；
（三）关于教科用图书之出版及颁发事项；
（四）关于教育上必需图书之编纂、著译及出版事项；
（五）关于教育有关刊物之调查事项；
（六）关于教科书费预算事项；
（七）关于图书之出版、保管事项。

第四条　社会课置社寺系、社会教育系、社会事业系之分掌事项：

社寺系：

（一）关于神社事项；
（二）关于宗教事项；
（三）关于大麻守礼①事项；
（四）关于献谷事项。

社会教育系：

（一）关于图书馆及博物馆事项；
（二）关于青年团、少年团、处女会及其他教化团体事项；
（三）关于成人教育事项；
（四）关于国语普及事项；

---

①　大麻守礼，即神符。

（五）关于生活改善事项；

（六）关于民众娱乐事项；

（七）其他有关社会教育之事项。

社会事业系：

（一）关于罹灾救助、行旅病人、行旅死亡、穷民救助及其他赈恤救济事项；

（二）关于军事救护事项；

（三）关于感化院事项；

（四）关于儿童保护事项；

（五）关于公设产婆①事项；

（六）关于方面委员制度事项②；

（七）关于公设质铺及消费市场事项；

（八）关于以公益为目的之住宅、浴场、宿泊③及其他福利增进事项；

（九）关于职业介绍及失业之救济与防止事项；

（十）关于社会事业之奖励及助成事项；

（十一）关于公益法人事项；

（十二）其他社会事业有关事项。

台湾省文献委员会编：《台湾省通志》卷五“教育志·教育行政篇”，
台北，众文图书公司，1970年，第44—46页。

---

① 产婆，即助产士。

② 方面委员制度，系社会事业中的一种救贫制度，其任务是调查区域内贫民的情况，并研究给予适当的救护。

③ 宿泊，即宿舍。

日据后期台湾各级教育行政组织系统表

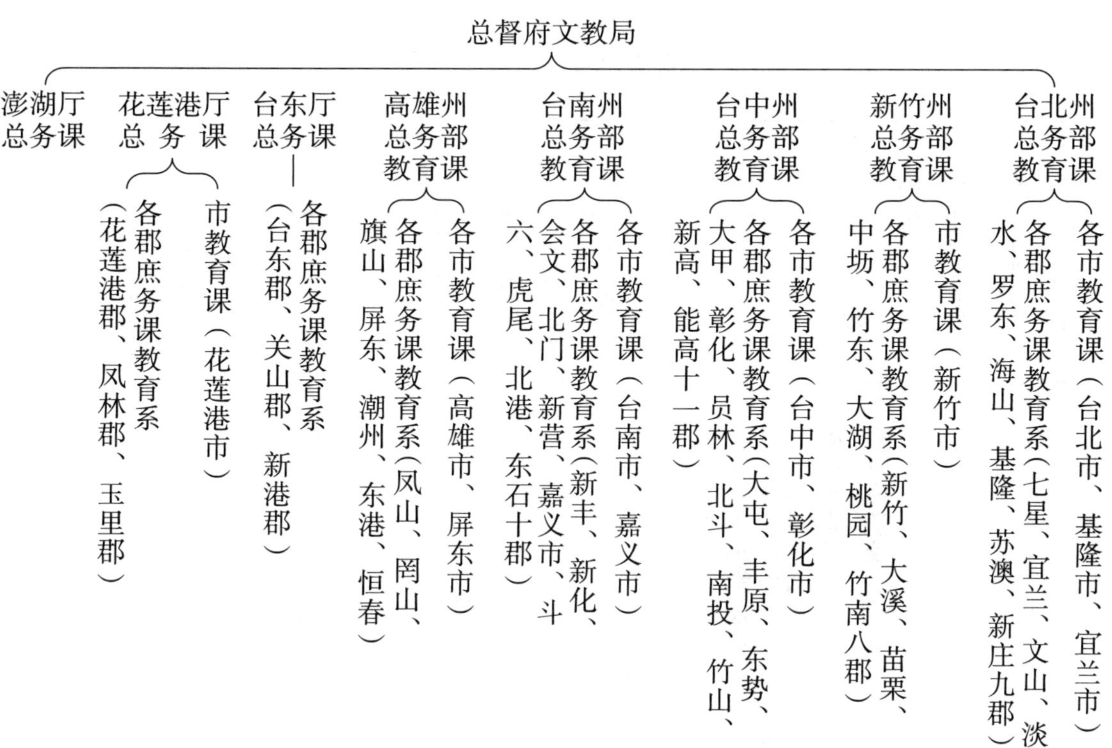

汪知亭编：《台湾教育史料新编》，台北，“商务印书馆”，1978年，第30页。

台湾各级学校管辖系统

（1940 年）

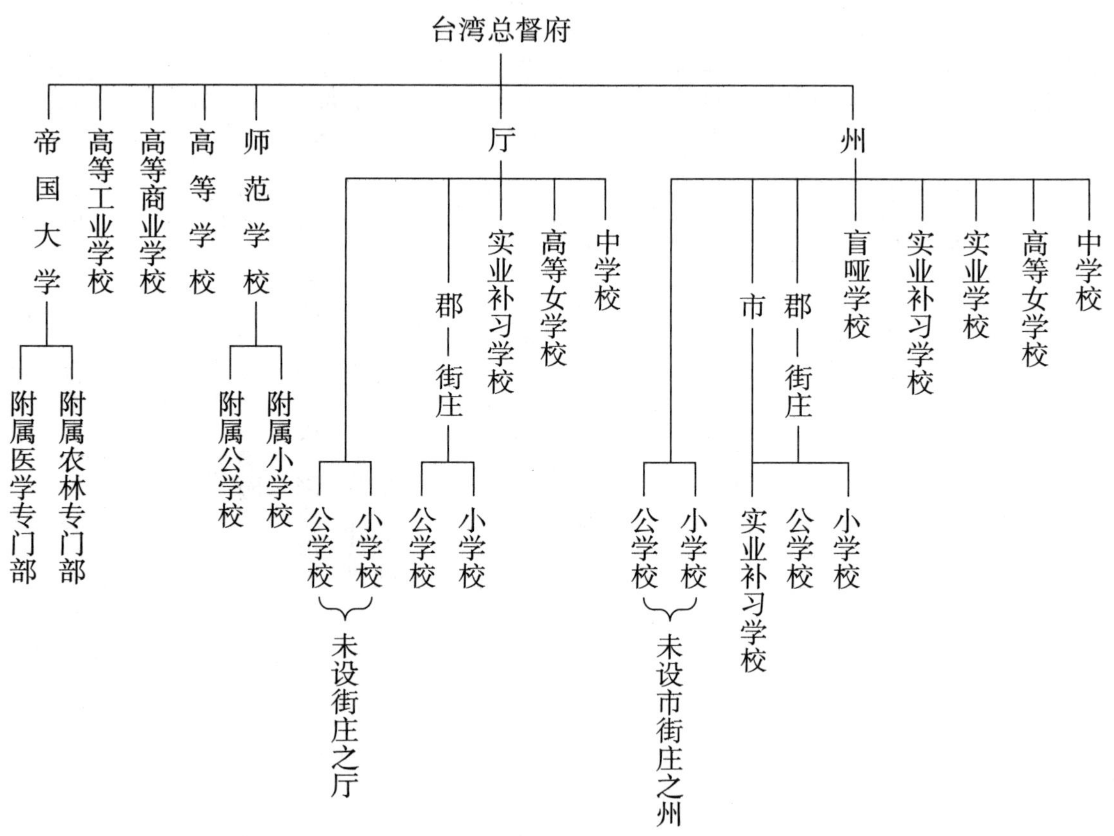

台湾省文献委员会编：《台湾省通志》卷五“教育志·教育行政篇”，台北，众文图书公司，1970 年，第 59 页。

台湾各类教育机关

（1941 年）

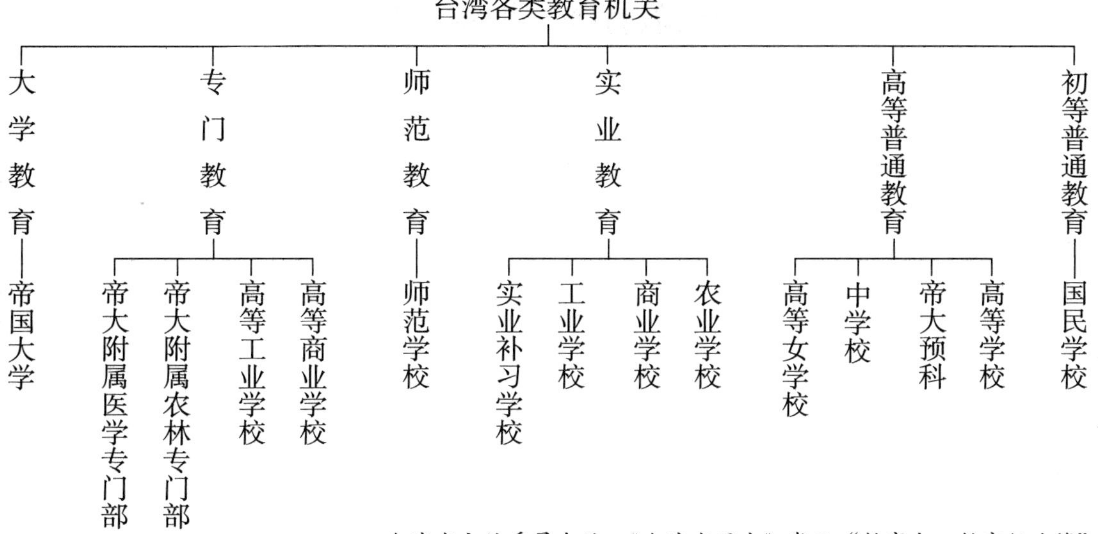

台湾省文献委员会编：《台湾省通志》卷五“教育志・教育行政篇”，台北，众文图书公司，1970 年，第 64 页。

台湾各级学校所属官署系统

（1941 年）

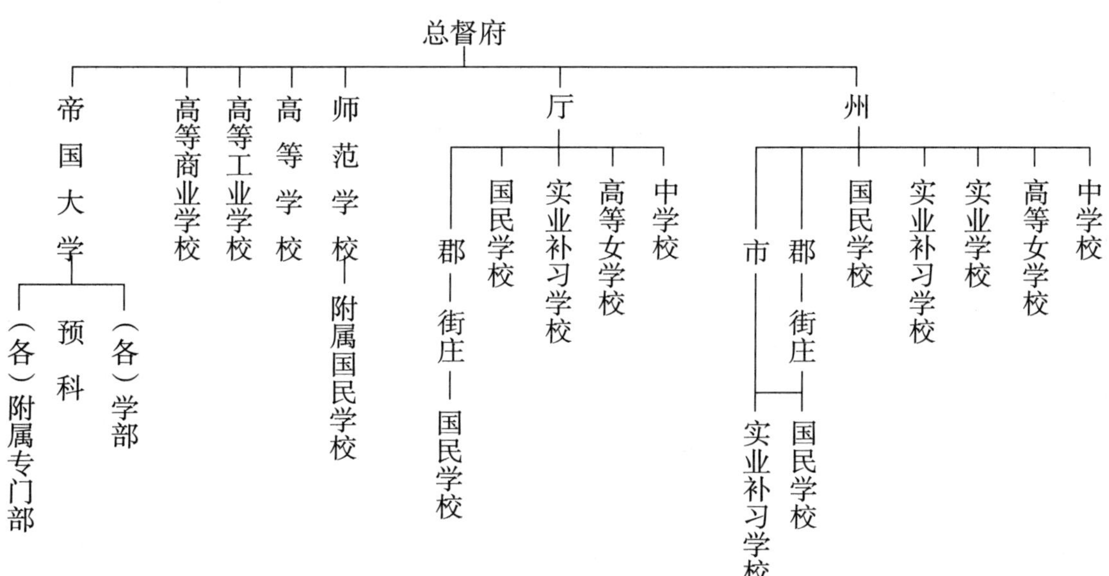

台湾省文献委员会编：《台湾省通志》卷五“教育志・教育行政篇”，台北，众文图书公司，1970 年，第 65 页。

二、学制与经费

《台湾教育令》规定之学制

（1919 年）

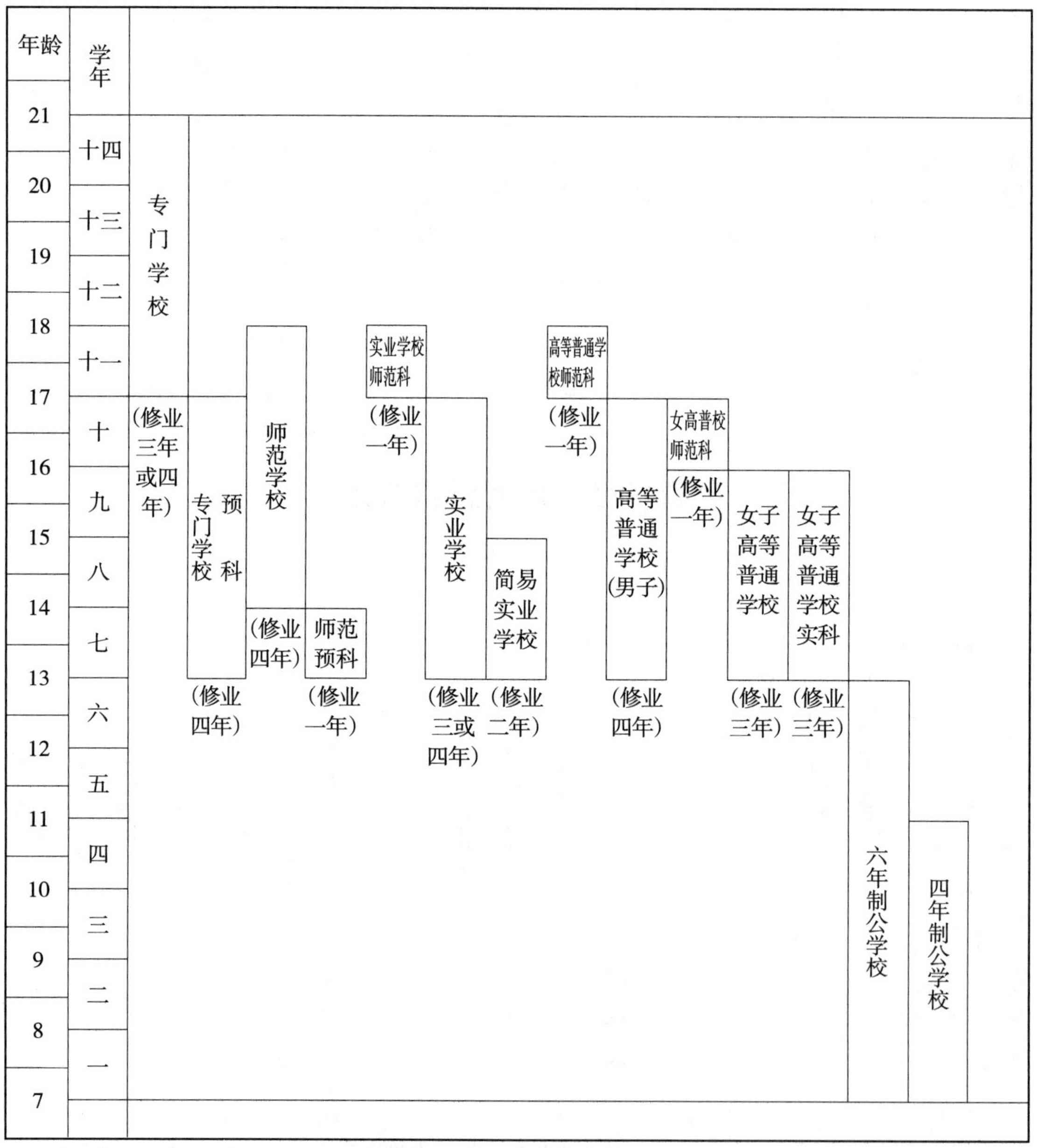

台湾省文献委员会编：《台湾省通志》卷五“教育志·教育行政篇”，台北，众文图书公司，1970 年，第 61—62 页。

修正后的《台湾教育令》规定之学制

（1922 年）

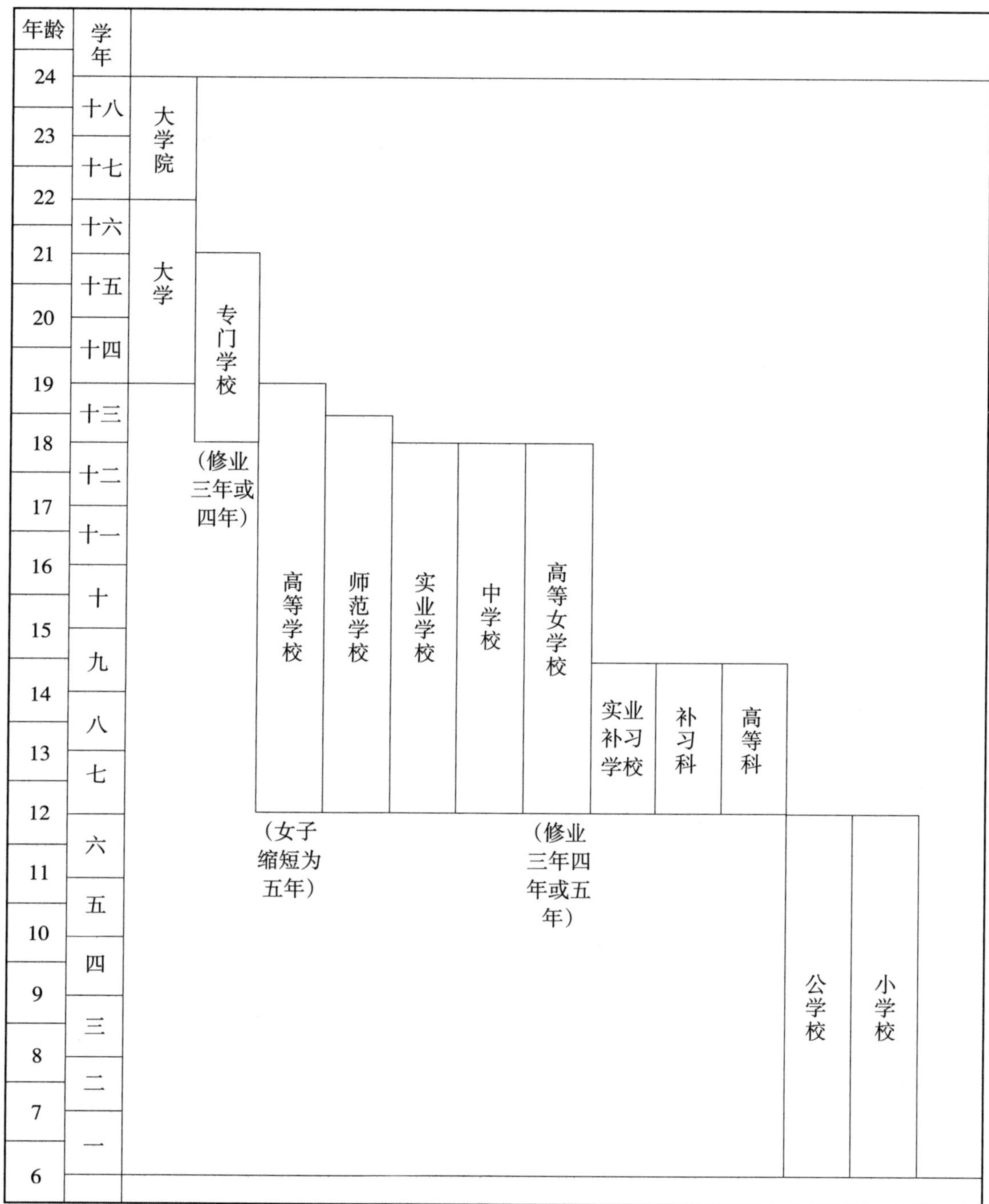

附注：大学之医学部年限须延长，未列入。

台湾省文献委员会编：《台湾省通志》卷五“教育志·教育行政篇”，台北，众文图书公司，1970 年，第 63 页。

台湾历年教育经费在岁出总数中所占之百分比

（1926—1937 年）

年度	国库	州及厅地方费	市街庄费	计
大正十五年及昭和元年度	4.23	50.81	25.58	11.88
昭和二年度	4.54	49.35	22.01	11.35
昭和三年度	5.12	47.19	21.06	11.46
昭和四年度	4.68	44.13	21.92	11.27
昭和五年度	4.83	43.44	21.24	11.19
昭和六年度	4.72	43.74	22.62	11.38
昭和七年度	4.99	39.39	21.54	12.27
昭和八年度	4.82	41.20	20.80	12.00
昭和九年度	4.55	41.95	22.27	11.91
昭和十年度	4.91	43.72	25.78	12.93
昭和十一年度	4.73	40.95	25.49	12.64
昭和十二年度	4.40	37.64	27.07	12.67

汪知亭编：《台湾教育史料新编》，台北，“商务印书馆”，1978 年，第 34 页。

一九四一年的台湾学制

年龄	学年
25	
	十九
24	
	十八
23	
	十七
22	
	十六
21	
	十五
20	
	十四
19	
	十三
18	
	十二
17	
	十一
16	
	十
15	
	九
14	
	八
13	
	七
12	
	六
11	
	五
10	
	四
9	
	三
8	
	二
7	
	一
6	

初等（普通）教育：特修科；高等科；国民学校；国民学校；幼稚园

高等普通（中等）教育：补习科；中学校；二年制高等女学校；国民学校高等科；三年制高等科；四年制高等女学校；二年制高等科；三年制高等女学校；国民学校高等科；专攻科；补习科；五年制高等女学校；专攻科；补习科；国民学校；国民学校；幼稚园；幼稚园

实业（职业）教育：实业学校；实业补习学校；国民学校高等科；实业补习学校；国民学校；幼稚园

师范教育：研究科；演习科；讲习科；普通科（女子）；普通科（男子）；中学校；高等女学校（四年）；国民学校高等科；国民学校；幼稚园

高等教育：大学院；大学医学部；大学；医学专门学校；专门学校；专修科；大学预科；高等科；高等学校；中学校；寻常科；国民学校；幼稚园

附注：一、山地之教育所未列入。

二、女子中学教育，大都为四年制高等女学校，二年制实科高等女学校仅有一校。

三、山地之国民学校，未设高等科。

台湾省文献委员会编：《台湾省通志》卷五“教育志·教育行政篇”，台北，众文图书公司，1970年，第156页。

一九四三年的台湾学制

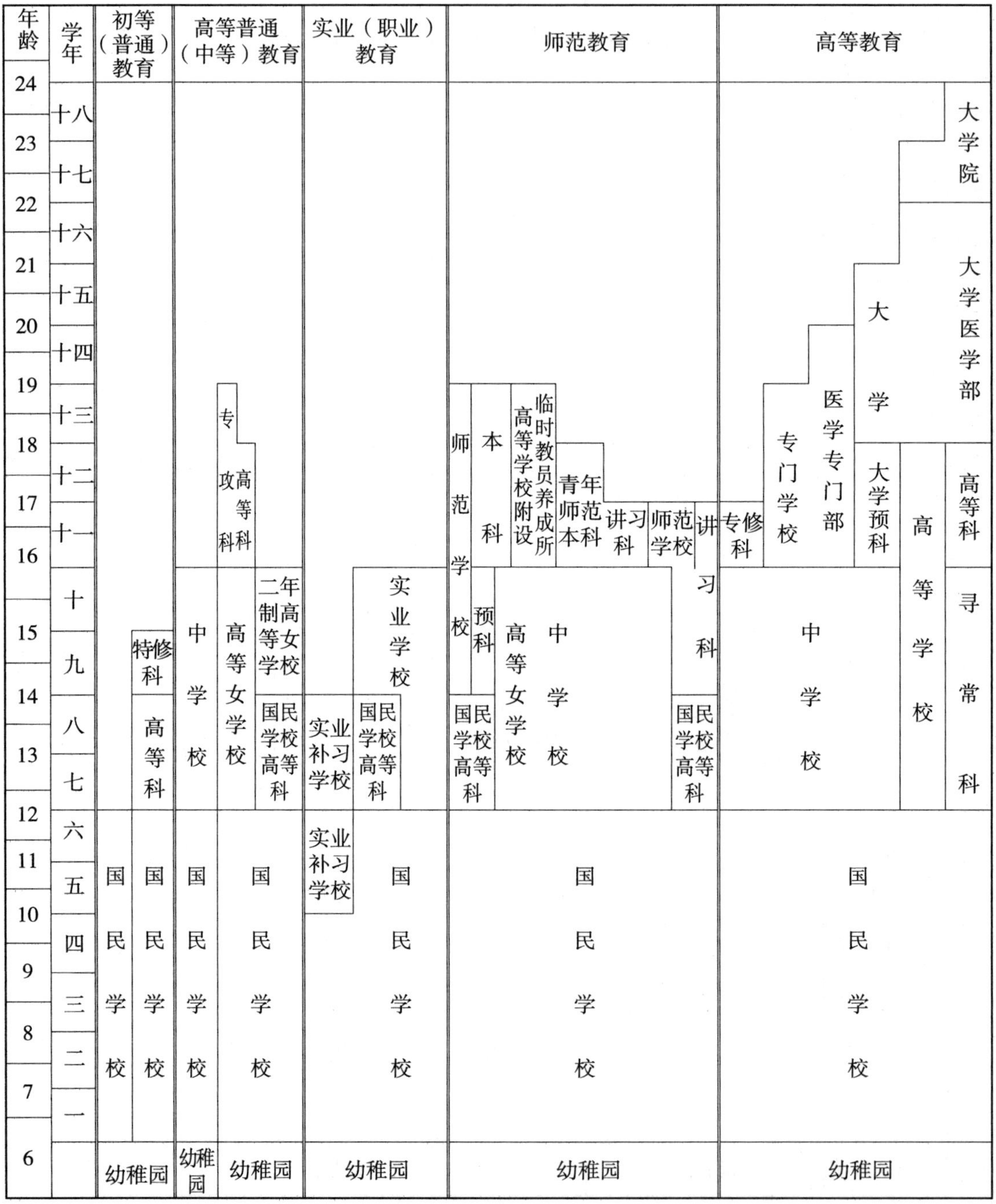

年龄	学年	初等（普通）教育	高等普通（中等）教育	实业（职业）教育	师范教育	高等教育
24	十八					大学院
23	十七					
22	十六					
21	十五					大学医学部
20	十四					大学
19	十三					医学专门部
18	十二		专攻科			专门学校
17	十一		高等科		师范学校（本科）；临时教员养成所 高等学校附设；青年师范本科；讲习科；师范学校讲习科	专修科；大学预科；高等学校高等科
16	十					
15	九	特修科	二年制高等女学校	实业学校	师范学校（预科）；讲习科	
14	八					
13	七	高等科	中学校；高等女学校；国民学校高等科	实业补习学校；国民学校高等科	国民学校高等科；高等女学校；中学校；国民学校高等科	中学校；高等学校寻常科
12	六					
11	五			实业补习学校		
10	四					
9	三					
8	二					
7	一	国民学校；国民学校	国民学校；国民学校	国民学校	国民学校	国民学校
6		幼稚园	幼稚园；幼稚园	幼稚园	幼稚园	幼稚园

附注：一、此时高等女学校大都为四年制，四年制及二年制并设者仅为台北第二高等女学校，故本表仅列二种。

二、师范教育在此时提高为专科程度。

三、中学校之补习科已废止。

台湾省文献委员会编：《台湾省通志》卷五“教育志·教育行政篇”，台北，众文图书公司，1970年，第157页。

一九四三年的台湾教育费预算

（单位：日元）

类别	数量	类别	数量
国民学校	36 647 451	大学预科	733 963
社会教育费	10 833 805	高等学校	633 348
大学	6 800 733	图书馆	201 326
实业学校	6 070 349	图库纳金	184 837
实业补习学校	2 824 733	职员一时恩给及死亡赐金	129 845
专门学校	2 791 208	盲哑学校	75 988
师范学校	2 687 033	博物馆	32 461
中学校	2 443 589	幼稚园	32 021
高等女学校	2 329 197	其他	1 878 869
青年学校	1 380 559	合计	78 711 315

附注：摘自昭和十九年《台湾年鉴》五〇九至五一〇页。

汪知亭编：《台湾教育史料新编》，台北，“商务印书馆”，1978 年，第 33 页。

第三编

初等教育

一、学前教育

台湾幼稚园规程

（1905 年）

明治三十八年三月十四日府令第十六号发布

第一条　幼稚园以保育自满三岁至入寻常小学时止之幼儿为目的。

第二条　幼儿保育之要旨、项目及时数，准用明治三十三年八月文部省令第十四号《小学令施行规则》第九章之规定。

第三条　幼稚园之幼儿定员为八十人，保姆一人所担任之幼儿以四十人为限；但有特别情事时，得自八十人增为百五十人，四十人增为五十人。

第四条　幼稚园之经费以地方税支办之。

第五条　幼稚园之保育费，每人月金一元五十钱；但休假或缺席满一个月时，不征收该月之保育费。

第六条　幼稚园之保育费为地方税之收入；关于保育费之收纳，依照台湾小学校学费收纳之例。

附则

本令自明治三十八年四月一日起施行之。

台湾教育会编：《台湾教育沿革志》，台北小冢本店，1939 年，第 522 页。

台湾公立幼稚园规则

（1921 年）

大正十年五月二十九日府令第一〇九号发布

第一条　于市街庄设置幼稚园时，须具下列事项，得州知事或厅长之认可。

一、名称。

二、位置。

三、保育规程。

四、基地及建筑物之平面图。

五、保育开始期日。

六、一年之收支概算。

前项第一至第五项有变更时，设立者须得州知事或厅长之认可。

第二条　保育规程须规定下列事项：

一、关于目的、保育年龄、保育期间、休假日及纪念日之事项。

二、关于编制、保育之项目、保育时数之事项。

三、关于入园、退园之事项。

四、关于保育费之事项。

五、右列各项之外认为必要之事项。

第三条　幼稚园废止时，设立者须申具事由及期日，得州知事或厅长之认可。

第四条　州知事或厅长于认可幼稚园之设立或废止时，须告示其名称、位置及设立团体；认可其变更名称或位置时亦如之。

第五条　州知事或厅长于认可幼稚园之设置或废止时，须申具其名称、位置及保育规程报告台湾总督；认可变更之时亦如之。

第六条　以内地人之保育为目的之幼稚园，其幼儿之年龄，定为满三岁起至寻常小学校入学时之范围内。

以本岛人之保育为目的之幼稚园，其幼儿之年龄定为满三岁起至公学校入学时之范围内。

第七条　以内地人之保育为目的之幼稚园，本省人入园之时，以本省人之保育为目的之幼稚园，内地人入园之时，园长均须获得州知事或厅长之许可。

州知事或厅长于为前项之许可时，须向台湾总督报告之。

第八条　幼稚园于保育幼儿，须留意于适应其身心发育之程度而使之获得健全之发育，不得授以难于体会之事项，不得使为过度之作业；又须经常注意幼儿之心情及行为而使之正常；并须用范例使之仿效，务使习得善良之习惯。在保育本省人之幼稚园，应特留意使之熟习国语之说法。

第九条　幼儿保育之项目，就游戏、唱歌、谈话、手工、作法等定之。

第十条　幼儿之定员为百二十人以内；但有特别情事时，得增至二百人为止。

保姆一人所保育幼儿数以三十人为限；但有特别情事时，得增至五十人为止。

第十一条　幼稚园之基地、建筑物及器具，须适应其规模；且须在保育上、管理上并卫生上具有适当之需求。

第十二条　幼稚园须备幼儿在籍簿、出席簿及其他必要之各种表簿。

第十三条　幼稚园之园长及保姆，须有依据《台湾小学校教员及台湾公学校教员免许令施行规则》，或明治三十三年文部省令第十四号《小学令施行规则》所授与之教员免许状或幼稚园保姆免许状。

难得具有前项免许状者之时，得以其他者代用；但保姆之中至少需有一个以上具有前项之资格者。

第十四条 关于前条职员之进退，准用“关于市街庄吏员”之规定。

第十五条 保护者须纳幼儿保育费。

第十六条 幼稚园之保育费，每月以三元为限，按月征收。

第十七条 夏季休假，或因园方有事故而休假满一月时，或因幼儿患病及其他正当事由而缺席满一月时，不得征收该月之保育费。

第十八条 关于州或厅地方费设置之幼稚园，除第十四条之外，准用前各条之规定；但州知事或厅长之认可权，除第七条外，由台湾总督行之。关于前项幼稚园职员之进退，准用“关于州吏员”之规定。

附则

本令自发布之日起施行之。

台湾教育会编：《台湾教育沿革志》，台北小冢本店，1939 年，第 522 页。

台湾公立幼稚园官制

（1923 年）

大正十二年三月二十四日敕令第四九号

第一条 台湾公立幼稚园设左列职员：

园长 保姆

第二条 园长由州知事或厅长就保姆中充任之；但必要时，得以公立小学校或公学校之学校长或厅、郡、市之视学充任园长。

园长承厅长、郡守或市尹之命，掌理园务，监督所属职员。

第三条 保姆为判任官待遇，担任幼儿之保育，兼受园长之指挥，办理事务。

第四条 关于公立幼稚园职员之俸给及其他各给与之规程，台湾总督定之。

第五条 市街庄立幼稚园职员及其他诸给与，为州或厅地方费负担。

附则

本令自公布之日起施行之。

台湾教育会编：《台湾教育沿革志》，台北小冢本店，1939 年，第 530 页。

台湾公立幼稚园规则修正要项

（1923 年）

大正十二年三月二十七日府令第三六号

第一条至第四条

…………

第五条　幼稚园得并置于小学校或公学校。

第六条　幼稚园幼儿之年龄，为三岁以上至七岁止。

第七条　“内地人”改为“常用国语之幼儿”，“本岛人”改为“不常用国语之幼儿”；第二项删除。

第八条　中“本岛人”改为“不常用国语之幼儿”。

第九条至第十三条

…………

第十四条　无前条第一项规定之免许状者，不得称为保姆，称之为代用保姆。

…………

第十八条　关于州或厅地方费设置之幼稚园，准用前各条之规定。但第一条、第三条及第四条之州知事或厅长之认可权，台湾总督行之。

附则

本令自大正十二年敕令第四十九号《台湾公立幼稚园官制》施行之日起适用之。

台湾教育会编：《台湾教育沿革志》，台北小冢本店，1939 年，第 531 页。

台湾公立幼稚园规则修正要点

（1941 年）

昭和十六年府令第五十号

第五条　中“小学校或公学校”改为“国民学校”。

第七条　中“常用国语之幼儿”改为“国语生活家庭之幼儿”，“不常用国语之幼儿”改为“不常用国语生活家庭之幼儿”。

第十三条　第一项改为：“幼稚园之园长及保姆，须有依据《台湾国民学校训导、准训导及养护训导免许令》所授与之台湾国民学校训导免许状、台湾国民学校初等科训导免许状或台湾国民学校养护训导免许状，或由《国民学校令》所授与之国民学校训导免许状、国民学校初等科训导免许状、国民学校养护训导免许状或幼稚园保姆免许状。”

附则

本令自昭和十六年四月一日起施行之。

台湾省文献委员会编：《台湾省通志》卷五“教育志·教育行政篇”，台北，众文图书公司，1970 年，第 116 页。

二、公 学 校

女子初等教育目标

（1896—1945 年）

年度	教育机关名称	目标	资料来源
1896	国语传习所	《台湾总督府直辖国语传习所规则》第一条："国语传习所系以对本岛人传授国语，借资日常生活，并养成本国精神为主旨。"	B 明治廿九年六月廿二日
1897	国语学校第一附属学校女子部	《台湾总督府国语学校第一附属学校分教场规则》第一条："本校系为本岛人女子传授手艺及普通学科之场所。"	C 页 45
	国语学校第四附属学校	《台湾总督府国语学校第四附属学校规则》第一条："本校根据台湾总督府国语学校规则第四条，为教育本岛内地人儿童之场所。"	A 第 107 号，明治卅年六月廿五日，页 41
1898	国语学校第三附属学校	《台湾总督府国语学校第三附属学校规程》第一条："本校根据台湾总督府国语学校规则第四条，以传授本岛女子普通学科和手艺为目的。"	A 第 360 号，明治卅一年八月廿八日，页 62
	公学校	《台湾公学校规则》第一条："公学校以对本岛人子弟施行德教、传授实学、培养国民性格并精通国语为主旨。"	A 第 349 号，明治卅一年八月十六日，页 31
1902	小学校	《台湾小学校规则》第一条："小学校以注重儿童身体之发展、道德教育及国民教育之基础，并传授其生活上必要之普通知识技能为主旨。"	A 号外，明治卅五年四月一日，页 1
1904	公学校	《台湾公学校修正规则》第一条："公学校以对本岛人儿童传授国语、施行德育，养成国民应有之性格，并注重身体之发展、传授生活必要之普通知识技能为主旨。"	A 第 1492 号，明治卅七年三月十一日，页 25

续表

年度	教育机关名称	目标	资料来源
1912	公学校	《台湾公学校修正规则》第一条："公学校以对本岛人儿童教授国语、施行德育，养成国民应有之性格，并注重身体之发展、传授生活必要之普通知识技能为主旨。"	A 第 87 号，大正元年十一月廿八日，页 115
1919	公学校	《台湾教育令》第七条："公学校系为儿童实施普通教育及传授生活上必要知识和技能之场所。"	A 第 1738 号，大正八年一月十二日，页 30
1922	公学校	《台湾教育令》第四条："公学校以注重儿童身体之发展、施行德育、传授生活必要之普通知识技能、涵养国民之性格、学习国语为目的。"	A 第 2583 号，大正十一年二月十五日，页 27
	小学校	《日本小学校令》："小学校以注意儿童身体之发展、道德教育及国民教育之基础，并传授其生活必要之普通知识技能为主旨。"	D 页 46
1941	国民学校	《国民学校令》第一条："国民学校以应皇国之道，实施初等普通教育，并练成国民之基础为目的。"	A 号外，昭和十六年三月三十日，页 1

资料来源说明：A“台湾总督府府报”；B“台湾史料稿本”；C“……创立满三十年纪念志”；D 张寿山《日据时代台湾国民教育之分析》。

游鉴明：《日据时期台湾的女子教育》，《台湾史研究暨史料发掘研究会论文集》，台北，正兴印刷公司，1987 年，第 213—214 页。

台湾公学校令

(1898 年)

明治三十一年七月二十八日以敕令第一七八号公布

第一条　公学校，于街、庄、社或数街、庄认为能负担其设置与维护之经费时，由知事、厅长认可而设立之。

第二条　公学校之种别、编制、教则等，依据台湾总督之所定。

第三条　就学于公学校生徒之父兄或监护人须缴纳学费。其金额及收入之方法，由知事、厅长定之；但须得台湾总督之认可。

第四条　第一条所揭经费负担之概目如左：

一、校舍、校具及体操场之设备与维护费。

二、关于职员诸费。

三、前各项以外之学校经费。

第五条　以捐献或其他收入金而能支办前条所揭之一切校费时，得不征集学费。收入支出之方法，由知事、厅长定之；但须得台湾总督之认可。

第六条　关于公学校资产之管理规程，由知事、厅长定之。

第七条　公学校之教科用图书，须经台湾总督之检定。

第八条　公学校教员，须经台湾总督之检定，而有公学校教员免许状者。

第九条　办务署长或支署长承知事、厅长之命管理公学校。

第十条　公学校设置区域内须设二名以上之常务委员；其职务规程，由知事、厅长定之。

附则

第十一条　本令自明治三十一年十月一日起施行。

第十二条　国语学校之附属学校及国语传习所之设备，须全部让与公学校。

台湾省文献委员会编：《台湾省通志》卷五“教育志·教育行政篇”，
台北，众文图书公司，1970年，第79页。

台湾公学校官制

（1898年）

明治三十一年甲种永久保存第一卷第二门官规官职〔V00239〕

民学第二三七号　明治三十一年四月二十六日受领　处理完毕　印（河川竹三郎）
五月二十八日决定

学甲第三二〇号　明治三十一年五月三十日发文　印（松住临太郎）
明治三十一年四月二十五日拟案
学务课长　印（儿玉喜八）

民政局长　印（后藤新平）

参事官　印（石冢英藏）　印（大岛久满次）

总督　签名（儿玉源太郎）　文书课长　印（木村匡）

公学校官制之件

公学校官制有必要与公学校令同时发布，其理由详如附件，置于左案禀报内务大臣，是否有当？恭请

监核。

致内务大臣之禀报案

公学校令发布之件将于今年五月三十日以民学二三六号致函禀报，惟于公学校令发布的同时，有必要发布公学校官制，其理由详如附件。附件于本岛教育之实施上属常务之急，爰请速于发布为祷。谨此禀报。

明治三十一年　月　日

总督

谨致

内务大臣

附件

敕　令　案

台湾公学校官制

第一条　台湾公学校设下列职员：

学校长

教　谕

训　导

第二条　学校长，各校一人，判任。承办务署长或支厅长之命，掌理校务，监督所属职员。

学校长由教谕兼任之。

第三条　教谕为判任，担任生徒之教育，受校长之指挥，办理庶务。

第四条　训导为判任官待遇，襄助教谕之职务。

附则

本令自明治三十一年十月一日起施行

公学校官制发布之理由

公学令施行之急迫性已于该令发布之理由中叙明，惟在实施之时，如果无法罗致作为学校执轴的优秀教员，则不能期其成功，所以必须特别慎重地挑选教员。现今各国语传习所的在职教员皆为以前自内地小学校的本科正职教员当中挑选出来的人员。未来，也将秉持此一方针，慎重选任内地人教员，即教谕。且请教员有献身从事此道，落户于此的心理准备。为使达到最终的目的，故，公学校长及教谕必须同国语传习所的教员相同，纯为判任官而于优待并保其感情，俾其生活无虑。若不然，不惟无法得到适任的人员，且现有的在职教员人数也将立即为之减少，说不定也会导致教育机关为之关闭的情形。

训导以土人任之，其地位准用判任文官，借以优待奖励之。

徐国章编译：《台湾总督府公文类纂官制类史料汇编》“总督府档案专题翻译（三）”，
台湾省文献委员会，1998年，第584—586页。

台湾公学校设置废止规则

（1898年）

明治三十一年八月十六日府令第七九号

第一条　设置公学校时，须由街、庄、社长记载下列事项，经由办务署长而得知事、厅长之认可。

一、名称；

二、位置及基地建筑物之图面（百分之一平面图）；

三、生徒概数；

四、速成科之有无；

五、基本财产之有无。

第二条　公学校之分离或与他公学校合并时，须申具其事由并须依据第一条之手续办理之。

第三条　公学校废止时，须由街、庄、社长申具其事由，经由办务署长而得知事、厅长之认可。

第四条　关于本规则施行细则，由知事、厅长定之，报告台湾总督。

台湾省文献委员会编：《台湾省通志》卷五“教育志·教育行政篇”，
台北，众文图书公司，1970年，第81页。

学务委员规程标准

（1898年）

明治三十一年九月七日公布

第一条　学务委员辅助办务署长处理该公学校设置区域内之教育事务。

第二条　学务委员应辅助之教育事务之概目如下：

一、关于生徒就学及出席之督责；

二、关于学校之资产；

三、关于捐款募集事项；

四、关于学费；

五、关于学校经费之收支；

六、关于校舍之营缮及校具等之调制。

第三条　办务署长对于前条之概目，便宜上得命学务委员分掌之。

台湾省文献委员会编：《台湾省通志》卷五“教育志·教育行政篇”，台北，众文图书公司，1970年，第82页。

公学校职员职务规程标准

(1898年)

明治三十一年九月七日公布

第一条　公学校职员须体教育敕语之旨趣，遵循法令之指示，执行其职务。

第二条　公学校长、教谕、训导以下，执行职务时间每周为三十六小时以上。

第三条　公学校长除下列事项外，其余须得办务署长之指挥，然后施行。

一、于既定各规则之范围内，而设细则事项；

二、关于生徒之入学、退学事项；

三、学级之担任及职员之分课暨教授时间之分配；

四、处理例规之事件。

第四条　公学校长须于翌月十日以前，将每月其职权内处理事务之要项、职员之勤怠及生徒之出席缺席增减等事项报告办务署长。

第五条　公学校长于每学年之始，须调查前学年中之学课，报告办务署长。

台湾省文献委员会编：《台湾省通志》卷五“教育志·教育行政篇”，台北，众文图书公司，1970年，第80页。

公学校资产管理标准规程

(1898年)

明治三十一年九月七日公布

第一条　公学校资产系指校舍、校具、基地及其他属于该学校之一切动产及不动产。

第二条　公学校之资产，由办务署长管理之。

第三条　办务署长为整理资产有关之事务，须备下列账簿：

一、资产台账

一、捐款受理簿

一、贷附簿

一、收入簿

一、支出簿

一、精算簿

第四条　公学校之资产不得抵押或使用于其他用途。

第五条　为使学校资产增加生息而行贷放时，须有确实抵当及二人以上之保证人；其保证人并限于居住当该庄内具有相当财产之户主，但不动产之贷与不需抵当。

第六条　办务署长须稽查每年四月一日之资产及前年度资产利息之收支，并限于当年六月二十日报告知事。

台湾省文献委员会编：《台湾省通志》卷五“教育志·教育行政篇”，台北，众文图书公司，1970年，第82页。

有关公学校经费收支规程标准

（1898年）

明治三十一年九月七日公布

第一条　公学校经费（除教职员俸给及旅费）之收支，由办务署长管理之。

第二条　公学校经费之收支预算，每值会计年度时，得知事之认可，由办务署长定之。

第三条　办务署长须备下列之账簿，明白记载经费收支：

一、收入簿

一、支出簿

一、精算簿

第四条　关于公学校令第四条所规定经费项目之征集方法等，得知事之认可，由办务署长定之。

台湾省文献委员会编：《台湾省通志》卷五“教育志·教育行政篇”，台北，众文图书公司，1970年，第83页。

日据时期台湾公学校课程设置、教学程度及教学时数

（1898—1922年）

一、日据初期台湾公学校教学程度及每周教学时数表（1898年）

学年 教科目	每周教学时数	第一学年	每周教学时数	第二学年	每周教学时数	第三学年
修身	1	人道实践之方法及礼仪作法	1	同上	1	同上
日语作文	5	音韵与简易之言语种类及会话假字与汉字之生字默写及话文	5	同上 话文及普通文	6	言语法则之应用及会话，日语读本初步上卷，同上
读书	12	读写小学教授法及挂图增订《三字经》《孝经》（台湾句读）	12	同上 《大学》《中庸》（台湾句读）	12	小学读本卷一《论语》（台湾句读）
习字	4	假字 汉字（楷书）	4	假字中之汉字（楷书）	4	同上
算术	3	实物之计算方法与其加减乘除及数字	3	实物之计算方法与其加减乘除及数字、珠算之布算法及简易之加减	4	珠算之加减乘除及通常之小数计算方法
唱歌	1	单音唱歌	1	同上	1	同上
体操	2	游戏及普通体操	2	同上	2	普通体操
计	28		28		30	

学年 教科目	每周教学时数	第四学年	每周教学时数	第五学年	每周教学时数	第六学年
修身	1	同上	2	有关教育敕语之大意及省民应遵守之各种重要制度	2	同上
日语作文	6	同上 普通文、书信文及公用文	9	言语法则之应用及会话，日语读本初步中卷，同上及汉文尺牍	9	言语法则之应用及会话、日语读本初步下卷，同上

续表

学年 教科目	每周教学时数	第四学年	每周教学时数	第五学年	每周教学时数	第六学年
读书	12	小学读本卷二，同上	12	小学读本卷三《增订三字经孝经》（日本训诂）	12	小学读本卷四《论语》（日本训诂）
习字	4	假字中之汉字（楷书）书简文及公用文（行书）	2	书简文及公用文（行书）	2	同上
算术	4	笔算及珠算之加减乘除	5	同上及复名数	5	复名数及分数小数之初步
唱歌	1	同上	1	同上	1	同上
体操	2	同上	2	同上	2	同上
计	30		33		33	

台湾省文献委员会编：《台湾省通志》卷五“教育志·教育设施篇”，台北，众文图书公司，1970年，第17—18页。

二、日据初期台湾公学校教学程度及各学年每周教学时数表（1904年）

学年 教科目	每周教学时数	第一学年	每周教学时数	第二学年	每周教学时数	第三学年
修身	2	道德之要旨	2	同上	2	同上
日语	10	近易事项之说法，片假名及近易的演说法，文章的读法作法及写法	13	平假名及近易之演说法、文章之读法作法及写法	14	杂有汉字之话之说法读法作法及写法
算术	4	在二十以下之数字之范围内之计算法写法及加减乘除	4	在百以下之数之范围内之计算法写法及加减乘除	4	在千以下之数之范围内之计算法写法及加减乘除
汉文	5	单语及短句平易之短文之读法及作法	5	平易之短句短文之读法及作法	5（女2）	平易文章之读法及作法
体操	2	游戏及普通体操	2	同上	2	普通体操
裁缝（女）					3	运针法

续表

学年 / 教科目	每周教学时数	第一学年	每周教学时数	第二学年	每周教学时数	第三学年
唱歌		单音唱歌		同上		同上
手工						
农业						
商业						
计	23		26		27	

学年 / 教科目	每周教学时数	第四学年	每周教学时数	第五学年	每周教学时数	第六学年
修身	2	同上	2	同上	2	同上
日语	14	同上	14	同上	14	同上
算术	5	在万以下之数之范围内之计算法写法及加减乘除	5	小数、复名数及珠算之加减	5	小数、复名数及珠算之乘除
汉文	5（女 2）	同上	5（女 2）	同上	5（女 2）	同上
体操	2	同上	2	同上	2	同上
裁缝（女）	3	运针法、通常衣类之缝法	3	通常衣类之缝法、裁法、型式设计	3	同上
唱歌		同上		同上		同上
手工				简易之细工		
农业				农事 农事之大要		农事 农事之大要 水产 水产之大要
商业				商业之大要		
计	28		28		28	

台湾省文献委员会编：《台湾省通志》卷五“教育志·教育设施篇”，台北，众文图书公司，1970 年，第 19—20 页。

三、日据初期台湾公学校教学程度及每周教学时数表（1907 年）

学年 教科目	每周教学时数	第一学年	每周教学时数	第二学年	每周教学时数	第三学年
修身	2	道德之要旨	2	同上	2	同上
日语	9	近易事项之说法、片假名及近易之演说法、文章之读法作法及写法	12	近易事项之说法、平假名及近易之演说法、文章之读法作法及写法	13	近易事项之说法、杂有汉字之话之说法、文章之读法作法及写法
算术	4	在二十以下之数之范围内之计算法及加减乘除	4	在百以下之数之范围内之计算法及加减乘除	5	通常之加减乘除
汉文	5	单语及短句、平易之短文之读法作法	5	平易之短句短文之读法及作法	5 （女 2）	平易文章之读法及作法
体操	2	游戏及普通体操	2	同上	2	同上
唱歌	1	单音唱歌	1	同上	1	同上
裁缝（女）					3	运针法
手工						
农业						
商业						
计	23		26		28	

学年 教科目	每周教学时数	第四学年	每周教学时数	第五学年	每周教学时数	第六学年
修身	2	同上	2	同上	2	同上
日语	13	同上	14 （女 12）	同上	14 （女 12）	同上
算术	5	同上	5	小数、复名数与珠算之加减	5	小数、复名数与珠算之加减乘除
汉文	5 （女 2）	同上	4 （女 2）	同上	4 （女 2）	同上
体操	2	同上	2	同上	2	同上
唱歌	1	同上	1	同上	1	同上

续表

学年 教科目	每周教学时数	第四学年	每周教学时数	第五学年	每周教学时数	第六学年
裁缝（女）	3	运针法、普通之衣服缝法	4	普通衣服之缝法及型式设计	4	同上
手工				简易之细工		同上
农业				农业之大要		农业之大要 水产之大要
商业				商业之大要		同上
计	28		28		28	

台湾省文献委员会编：《台湾省通志》卷五“教育志·教育设施篇”，台北，众文图书公司，1970年，第20—21页。

四、日据初期台湾四年制公学校各学年程度及每周教学时数表（1907年）

学年 教科目	每周教学时数	第一学年	每周教学时数	第二学年	每周教学时数	第三学年	每周教学时数	第四学年
修身	2	道德之要旨	2	同上	2	同上	2	同上
日语	9	近易事项之说法、片假名及近易之演说法、文章之读法作法及写法	12	近易事项之说法、平假名及近易之演说法、文章之读法作法及写法	13	近易事项之说法、难有汉字法、难有汉字之话之说法、文章之读法作法及写法	13	同上
算术	4	在二十以下之数之范围内之计算法写法及加减乘除	4	在百以下之数之范围内之计算法写法及加减乘除	5	通常之加减乘除	5	同上
汉文	5	单语及短句平易之短文之读法作法	5 （女2）	平易之短句短文之读法及作法	5 （女2）	平易之文章之读法及作法	5 （女2）	同上
体操	2	游戏及普通体操	2	同上	2	同上	2	同上
唱歌	1	单音唱歌	1	同上	1	同上	1	同上

续表

学年 教科目	每周教学时数	第一学年	每周教学时数	第二学年	每周教学时数	第三学年	每周教学时数	第四学年
裁缝（女）			3		3	运针法	3	运针法、通常衣服之缝制法
计	23		26		28		28	

台湾省文献委员会编：《台湾省通志》卷五“教育志·教育设施篇”，台北，众文图书公司，1970年，第22页。

五、日据初期台湾八年制公学校各学年程度及每周教学时数表（1907年）

学年 教科目	每周教学时数	第一学年	每周教学时数	第二学年	每周教学时数	第三学年	每周教学时数	第四学年
修身	2	道德之要旨	2	同上	2	同上	2	同上
日语	9	近易事项之说法、片假名及近易之演说法、文章之读法作法及写法	12	近易事项之说法、平假名及近易之演说法、文章之读法作法及写法	13	近易事项之说法、难有汉字法、杂有汉字之话之说法、文章之读法作法及写法	13	同上
算术	4	在二十以下之数之范围内之计算法写法及加减乘除	4	在百以下之数之范围内之计算法写法及加减乘除	5	通常之加减乘除	5	同上
汉文	5	单语及短句平易之短文之读法作法	5	平易之短句短文之读法及作法	5（女2）	平易之文章之读法及作法	5（女2）	同上
体操	2	游戏及普通体操	2	同上	2	同上	2	同上
唱歌	1	单音唱歌	1	同上	1	同上	1	同上
裁缝（女）					3	运针法	3	运针法、通常衣服之缝制法
计	23		26		28		28	

学年 教科目	每周教学时数	第五学年	每周教学时数	第六学年	每周教学时数	第七学年	每周教学时数	第八学年
修身	2	道德之要旨	2	同上	2	同上	2	同上
日语	14 （女12）	近易事项之说法、杂有汉字之话之说法、文章之读法作法写法	14 （女12）	同上	9	近易事项之说法、杂有汉字之说法、文章之读法作法写法、杂有汉字之普通文之读法	9	同上
算术	5	小数、复名数与珠算之加减	5	小数、复名数与珠算之加减乘除	4	分数、利率、珠算之加减乘除	4	利率、比例、珠算之加减乘除
汉文	4 （女 2）	平易文章之读法及作法	4 （女 2）	同上	2	普通文章之读法及作法	2	同上
体操	2	游戏及普通体操	2	同上	2	同上	2	同上
唱歌	1	单音唱歌	1	同上				
理科					3	人身生理卫生之大要、天然物及自然界之现象	3	同上
图画					3	各种形象	3	同
裁缝（女）	4	通常衣服之缝法及型式设计	4	同上	5	同上	5	同上
手工						简易之细工		同上
农业					5	农业之大要	5	农业之大要 水产之大要
商业						商业之大要		同上
计	28		28		30		30	

台湾省文献委员会编：《台湾省通志》卷五“教育志·教育设施篇”，台北，众文图书公司，1970年，第22—23页。

六、日据中期台湾六年制公学校教学程度及每周教学时数表（1912 年）

学年 教科目	每周教学时数	第一学年	每周教学时数	第二学年	每周教学时数	第三学年
修身	1	道德之要旨	1	同上	1	同上
日语	12	以简单话演说、文章读法作法写法	12	同上	12	同上
算术	3	在百以下之数之念法写法、在二十以下之数之范围内之加减乘除	5	在千以下之数之念法写法、在二十以下之数之范围内之加减乘除	5	通常之加减乘除
汉文	5	平易之单句单文之读写及作法	5	同上	4	平易文章之读法及作法
理科						
手工及图画	2	简易之细工	2	同上	3	简易之细工 简易之描写
农业					男 2	农业之大要及实习
商业					男 2	商业之大意
唱歌	3	单音唱歌	3	同上	3	同上
体操		游戏及体操		同上		同上
裁缝及家事（女）					女 3	简易之裁缝
计	26		28		男 30 女 31	

学年 教科目	每周教学时数	第四学年	每周教学时数	第五学年	每周教学时数	第六学年
修身	1	同上	1	同上	1	同上
日语	12	以普通话演说、文章读法作法写法	10	同上	10	同上
算术	5	整数、小数、诸等数、珠算加减	5	整数、小数、诸等数、珠算加减、利率、珠算加减乘除	5	同上
汉文	4	同上	男 4	同上	男 4	同上

续表

学年 教科目	每周教学时数	第四学年	每周教学时数	第五学年	每周教学时数	第六学年
理科			2	天然物自然界之现象及其利用	2	同上 卫生之大要
手工及图画	3	同上	4	同上	4	同上
农业	男 2	同上	男 3	同上	男 3	同上
商业	男 2	商业之大意及实习	男 3	同上	男 3	同上
唱歌	3	同上	3	同上	3	同上
体操		同上		同上		同上
裁缝及家事	女 3	简易之裁缝及手艺家事实习	女 7	同上	女 7	同上
计	男 30 女 31		32		32	

台湾省文献委员会编：《台湾省通志》卷五“教育志·教育设施篇”，台北，众文图书公司，1970 年，第 24—25 页。

七、日据中期台湾四年制公学校各学年教学程度及每周教学时数表（1912 年）

学年 时数 程度 教科目	第一学年		第二学年		第三学年		第四学年	
	时数	程度	时数	程度	时数	程度	时数	程度
修身	1	道德之要旨	1	同上	1	同上	1	同上
日语	12	以简单话演说、文章之读法作法写法	12	同上	12	同上	12	以普通话演说、文章之读法作文写法
算术	3	百以下数字之念法、又在二十以下之数字范围内之加减乘除	5	千以下数字之念法写法、又在百以下之数字范围内之加减乘除	5	通常之加减乘除、珠算加减	5	整数、小数、诸等数、利率、珠算加减乘除
汉文	5	平易之单句单文之读法及作法	5	同上	4	平易文章之读法及作法	4	同上

续表

教科目＼时数程度＼学年	第一学年		第二学年		第三学年		第四学年	
	时数	程度	时数	程度	时数	程度	时数	程度
手工及图画	2	简易之细工	2	同上	男 3 女 2	简易之细工 简易之描写	男 3 女 2	同上
农业					男 3	农业之大意及实习	男 3	同上
唱歌	3	单音唱歌	3	同上	3	同上	3	同上
体操		游戏及普通体操		同上		同上		同上
裁缝及家事					女 4	简易之裁缝及手艺	女 4	同上 家事实习
计	26		28		31		31	

附注：本表之外，每周得酌予增加六小时农事实习。

台湾省文献委员会编：《台湾省通志》卷五“教育志·教育设施篇”，
台北，众文图书公司，1970 年，第 26 页。

八、日据中期台湾公学校实业科各学年教学程度及每周教学时数表（1912 年）

农业科				
教科目＼时数程度＼学年	第一学年		第二学年	
	时数	程度	时数	程度
修身	1	道德之要旨	1	同上
日语	6	讲读、默写、作文、习字	5	讲读、默写、作文
农业	10	有关农业事项	18	同上
数学	4	算术（笔算）	3	代数及几何初步
理科	6	博物、物理及化学	3	物理及化学
图画	1	自由画、工具画		
体操	2	普通体操		
计	30		30	

附注：（一）有关农业法规及经济，在“有关农业事项”中授之。

（二）本表之外，每周须有六小时以上之农业实习课程。

工业科				
教科目＼时数程度＼学年	第一学年		第二学年	
	时数	程度	时数	程度
修身	1	道德之要旨	1	同上
日语	6	讲读、默写、作文、习字	5	讲读、默写、作文
工业	10	有关工业事项	18	同上
数学	4	算术（笔算）	3	代数及几何初步
理科	6	博物、物理及化学	3	物理及化学
图画	1	自由画、工具画		
体操	2	普通体操		
计	30		30	

附注：（一）有关工业法规及经济，在“有关工业事项”课程中授之。

（二）本表之外，每周须有六小时以上之工业实习课程。

商业科				
教科目＼时数程度＼学年	第一学年		第二学年	
	时数	程度	时数	程度
修身	1	道德之要旨	1	同上
日语	10	讲读、默写、会话、作文、习字	8	同上
商业	10	有关商业事项	16	同上
数学	5	算术（笔算、珠算）	5	代数、几何之初步 同上
地理	2	商业地理		
理科	2	物理及化学		
体操	2	普通体操	2	同上
计	32		32	

附注：（一）有关商业法及经济之一般与簿记，在“有关商业事项”课程中授之。

（二）本表之外，每周须有三小时以上之商业实习课程。

台湾省文献委员会编：《台湾省通志》卷五“教育志·教育设施篇”，

台北，众文图书公司，1970年，第27—28页。

九、日据后期台湾六年制公学校各学年教学程度及每周教学时数表（1922年后）

学年／时数、程度／教科目	第一学年		第二学年		第三学年	
	时数	程度	时数	程度	时数	程度
修身	2	道德之要旨	2	同上	2	同上
日语	12	简单话之说法、文章读法作法写法	14	同上	14	同上
算术	5	百以下之整数	5	千以下之整数	6	万以下之整数
汉文						
日本历史						
地理						
理科						
图画		简易之描写		同上	1	同上
唱歌	3	单音唱歌	3	同上	1	同上
体操		体操、教练、游戏		同上	2	同上
实科						
裁缝及家事						
汉文	（2）	平易之短句、短文之读法作法	（2）	同上	（2）	平易之文章之读法作法
计	22（24）		24（26）		26（28）	

学年／时数、程度／教科目	第四学年		第五学年		第六学年	
	时数	程度	时数	程度	时数	程度
修身	2	同上	2	同上	2	同上
日语	14	普通话之说法、文章读法作法写法	10	同上	10	同上
算术	6	整数、小数、诸等数（珠算加减）	4	同上	4	分数、比例、利率（珠算加减乘除）
日本历史			2	日本历史之大要	2	继续前学年
地理			2	日本地理之大要	2	续前学年中国、南洋及各国地理之大要

续表

教科目＼时数程度＼学年	第四学年		第五学年		第六学年	
	时数	程度	时数	程度	时数	程度
理科	1	植物、动物、矿物及自然之现象通常之物理化学上之现象	2	同上	2	同上 人身生理卫生之初步
图画	1	同上	1	同上	1	同上
唱歌	1	同上	1	同上 简易之复单唱歌	1	同上
体操	2	同上	2	同上	2	同上
实科			男 4	农业：农业之大要及实习 商业：商业之大要 手工：简易之制作	男 4	同上
裁缝及家事	女 2	简易之裁缝及手艺	女 5	同上 家事之大要及实习	女 5	普通之裁缝及手艺、家事之大要及实习
汉文	(2)	同上	(2)	同上	(2)	同上
计	男 27 (29) 女 29 (31)		男 30 (32) 女 31 (33)		男 30 (32) 女 31 (33)	

附注：（一）本表教学时数之外，校长得令第一学年、第二学年中每周加授图画课程一小时。

（二）在本表教学时数外之实科、裁缝及家事等课程，校长得令于每周加授三小时以内之实习。

台湾省文献委员会编：《台湾省通志》卷五“教育志·教育设施篇”，台北，众文图书公司，1970 年，第 28—29 页。

十、日据后期台湾四年制公学校各学年教学程度及每周教学时数表之一（1922 年后）

教科目＼时数程度＼学年	第一学年		第二学年		第三学年		第四学年	
	时数	程度	时数	程度	时数	程度	时数	程度
修身	2	道德之要旨	2	同上	2	同上	2	同上
日语	12	简单话之说法、文章之读法作法写法	14	同上	14	同上	14	普通话之说法、文章之读法作法写法

续表

教科目＼时数＼程度＼学年	第一学年		第二学年		第三学年		第四学年	
	时数	程度	时数	程度	时数	程度	时数	程度
算术	5	百以下之整数	5	千以下之整数	6	万以下之整数（珠算加减）	6	整数、小数、诸等数（珠算加减乘除）
图画		简单之描写		同上	1	同上	1	同上
唱歌	3	单音唱歌	3	同上	1	同上	1	同上
体操		体操、教练、游戏		同上	2	同上	2	同上
实科								
裁缝及家事					女3	简易之裁缝及手艺	女3	同上 近易之家事实习
汉文	（2）	平易之短句短文之读法及作法	（2）	同上	（2）	平易之文章之读法及作法	（2）	同上
计	22 （24）		24 （26）		男26 （28） 女29 （31）		男26 （28） 女29 （31）	

附注：（一）在本表教学时数之外，校长得令于第一学年、第二学年中每周加授图画课程一小时。

（二）每周加授三小时以内之实科者，限于第四学年之男生。

（三）在本表及前表教学时数外之实科，校长得令于每周加授三小时以内之实业。

台湾省文献委员会编：《台湾省通志》卷五“教育志·教育设施篇”，台北，众文图书公司，1970年，第29—30页。

十一、日据后期台湾三年制公学校各学年教学程度及每周教学时数表（1922年后）

教科目＼时数＼程度＼学年	第一学年		第二学年		第三学年	
	时数	程度	时数	程度	时数	程度
修身	1	道德之要旨	1	同上	1	同上
日语	10	近易之话之说法、文章之读法作法写法	10	同上	10	同上

续表

教科目＼时数程度＼学年	第一学年		第二学年		第三学年	
	时数	程度	时数	程度	时数	程度
算术	4	二十以下之整数	4	百以下之整数	5	整数、简易之诸等数
唱歌	2	单音唱歌	2	同上	2	同上
体操		体操、教练、游戏		同上		同上
实科	5	耕作、除草、扫除、制作等	5	栽培、饲育、制作、加工等	6	栽培、饲育、制作、加工、利用等
计	22		22		24	

附注：在本表教学时数外之实科课程，校长得令于每周加授十小时以内之实习。

台湾省文献委员会编：《台湾省通志》卷五“教育志·教育设施篇”，

台北，众文图书公司，1970年，第30—31页。

十二、日据后期台湾公学校高等科各学年教学程度及每周教学时数表（1922年后）

教科目＼时数程度＼学年	第一学年		第二学年	
	时数	程度	时数	程度
修身	2	道德之要旨	2	同上
日语	9	普通话之说法、文章之读法作法写法	9	同上
算术	4	整数、分数、小数、诸等数、利率、比例（珠算加减乘除）	4	同上 （日用簿记）
日本历史	2	日本历史之大要	2	同上
地理	2	外国地理之大要	2	日本地理、外国地理及地文大要
理科	2	植物、动物、矿物及自然之现象，物理化学上之现象、人身生理卫生之大要	2	自然与物理化学之现象、人身生理卫生之大要
唱歌	1	单音唱歌、复音唱歌	1	同上
体操	2	体操、教练、游戏	2	同上
实科	男5	农业：农业之大要及实用 商业：商业之大要及实习（商用簿记） 手工：简易之制作	男5	同上
裁缝及家事	女5	普通之裁缝及手艺 家事之大要及实习	女5	同上
图画	（1）	普通之描写（简易之几何画）	（1）	同上

续表

教科目＼时数＼程度＼学年	第一学年		第二学年	
	时数	程度	时数	程度
汉文	（2）	普通文章之读法及作法	（2）	同上
计	29 （32）		29 （32）	

附注：在本表教学时数之外之实科、裁缝及家事等课程，校长得令于每周加授三小时以内之实习。

台湾省文献委员会编：《台湾省通志》卷五“教育志·教育设施篇”，台北，众文图书公司，1970年，第31—32页。

日据初期台湾公学校设立概况

（1898年）

监督机关	校名	日籍教职员	台籍教职员	计
台北办务署	大稻埕公学校	5	2	7
（同）	大龙峒公学校	2	1	3
（同）	锡口公学校	1	2	3
（同）	公芝兰公学校	3	2	5
（同）	和尚洲公学校	1	1	2
三角湧办务署	兴直公学校	1	1	2
（同）	树林公学校	1	1	2
（同）	大崁科公学校	2	1	3
景尾办务署	景尾公学校	2	2	4
（同）	新店公学校	1	2	3
桃仔园办务署	桃仔园公学校	1	2	3
沪尾办务署	沪尾公学校	3	2	5
（同）	新庄山脚公学校	1	1	2
基隆办务署	基隆公学校	4	1	5
（同）	金包里公学校	1		1
水返脚办务署	水返脚公学校	1	1	2
顶双溪办务署	顶双溪公学校	1	1	2
新竹办务署	新竹公学校	5	2	7

续表

监督机关	校名	日籍教职员	台籍教职员	计
(同)	北埔公学校	1	1	2
(同)	中港公学校	1	1	2
(同)	新埔公学校	1	1	2
以上属台北县	21 校	39	28	67
台中办务署	台中公学校	4	1	5
(同)	葫芦墩公学校	1	1	2
(同)	东势公学校	1	1	2
(同)	填雅公学校	1		1
(同)	犁头店公学校	1		1
彰化办务署	彰化公学校	4	1	5
鹿港办务署	鹿港公学校	2	1	3
北斗办务署	北斗公学校	3	3	6
埔里社办务署	埔里社公学校	3	2	5
梧楼港办务署	牛马头公学校	1	1	2
(同)	梧楼公学校	1	1	2
大甲办务署	大甲公学校	1	1	2
(同)	苑里公学校	1	1	2
苗栗办务署	苗栗公学校	3	2	5
(同)	后龙公学校	1	1	2
南投办务署	南投公学校	1	1	2
(同)	集集公学校	1	1	2
以上属台中县	17 校	30	19	49
台南办务署	台南第一公学校	4	2	6
(同)	台南第二公学校	1		1
大穆降办务署	大穆降公学校	1		1
(同)	湾里公学校	1		1
蕃薯寮办务署	蕃薯寮公学校	1		1
嘉义办务署	嘉义公学校	3	2	5
麻豆办务署	麻豆公学校	1		1

续表

监督机关	校名	日籍教职员	台籍教职员	计
（同）	萧垅公学校	1		1
打猫办务署	新港公学校	1		1
朴仔脚办务署	朴仔脚公学校	1		1
盐水港办务署	盐水港公学校	1		1
店仔口办务署	店仔口公学校	1		1
凤山办务署	凤山公学校	3		3
（同）	打狗公学校	1		1
以上属台南县	14 校	21	4	25
宜兰办务署	宜兰公学校	5	2	7
（同）	头围公学校	1	1	2
罗东办务署	罗东公学校	1	1	2
以上属宜兰县厅	3 校	7	4	11
合计	55 校	97	55	152

台湾省文献委员会编：《台湾省通志》卷五“教育志·教育行政篇”，台北，众文图书公司，1970 年，第 16—17 页。

台湾公学校国语教学要旨

（1900 年）

明治三十三年十一月十四日民学第三九二号

第一　绪　　论

在本岛公学校国语教学之目的，乃是身为本岛人之子弟，以后应全部以我帝国之语言谈说，而且读我帝国之文章而作文，互相沟通意志，开发知识，在于速成为我帝国国民之适应能力。然而，国语之对于本岛子弟而言，等于教以外国语，而对之教学亦应如对外国儿童之方法用心教学。在我国未曾对外国儿童教授国语，其例亦少，也无一定之方法，而且国语之语法、文法皆无确立，因此教学上至为困难。要达其目的，并非件容易之事，是不用赘言。因此，现在于本岛之经验，鉴于数年来之实际，视其难易之所在，寻其方法，如婴儿自然学习母语之方法作为基础，并无可以依赖之其他方法。早已有法国人佛朗哥安氏已有所研究，昔日在国语学校第一附属学校实验，认为已有显著之效果。现在仍然参酌其说，于本岛公学校建立国语教学之要旨如左：

…………

国语科整体之方针，首先将国语科分为说话、读书、作文、书法四部分。在说话，即自从入学开始，立即将实际所需之语言亦即采用，在校内每日反复使用。将之配合实际之动作来教学，又与其同时进行五十音之读法、书法、作文之教学。如此，在说话课时，将校内已熟习之用语，渐渐将其数目加至以已知之动词作短文。教其读书同时，写取已知之辞句。如此学习三年，在其学习中，自从校内用语，即可将日常用语之大部分教完，而至此时期，虽已知之语言不十分，但稍微可达内地儿童就学前，在家庭得知之母语相同之程度。至此，国语之基础可谓已建立。国语之基础已建立后，读书应采居于内地儿童大略同样之方法。如读本，唯其材料之选择有所不同而已，其体材即完全与内地无差异。至于随著在此读本之材料，仍然以说话为基本即已。至此，说话之材料，反而应依赖读本而渐进，开始时主要仍教语言，慢慢养成品德、教以知识，专门得向思想之畅达，稍微应可达至本岛初等教育之国语教学之目的。

…………

国民读本编纂例

第一，全部十二册，每一册作为每半学年之用。

第二，此书之前半，即自第一卷起至第六卷，与说话科互相提携，建立国语之基础。不但要选择与说话有关之教学题材，说话大部分应从实际之动作以学习各种观念，所列之概括章句，作为读书科一课之教材，故对此注意而加以教学，于说话所学习之各种观念及语言，由读书科进而统一成为记忆之键钥。又经数次诵读而于耳、熟于口时，不知不觉之间，将语言之模范印记在脑海内。

第三，此书之自第一卷起至第六卷止，教学语言之形式成为眼目时，用每课各样之形式记述，虽然如此，此仍对于说话科所学习动词为主，其形式既然一样，因少有变化，兹应将其补充之。

第四，此书第七卷以后，虽然以培养德行、教普通知识为主，应注意选择适合之材料。尤其本岛人最为欠缺者，而且必要为化导新国民、尊崇皇室，为要培养爱国家之民性，对于两陛下之圣德不用说，对于历代天皇要爱抚百姓之事迹亦多提示，其他古今为国家而不顾自己生命财产之人士小传、逸事，奖励公德心，破除迷信，矫正习俗，促进注意卫生等，加强编入各种材料。

第五，此书至第六册为止，在每一课末了应举例应用。教以本课所教过形式之运用，使其加倍明确知晓。然而，如仅举其上例与一部运用时，在实际教学，尽量要能在其他况状加以应用。

第六，此书至第六册为止，在一课末了，安排台语之读法。一则，此系为提五十音字之运用，令其知悉国字之方便可贵，以为普及文化之一助力；一则，令其用国语口述其意，以国语练习同时提供，为考量其是否熟习。故特别为了不要浪费教学之力，应极为简易之讲述，但开始因已学习之国语欠缺之关系，用国语陈述困难，虽然可参杂台语，第二卷以后尽量要避免之。因此，在第一卷，应将其读完而仅了解其意即可。上述之台语，不专指以厦门话，此系应以在本岛几乎是普通之语言。虽然如此，在用漳州、广东等语言之地方，立即用来教儿童有困难，在此情形，首先改为以该地方之语言教之，如有余力，也可以用厦门话教学。

第七，此书之文体，用说话体裁为主，自第九卷起，参杂普通文体。但说话体之语词，其标准大概采用东京语，因全国最为广于使用之故。

第八，此书之文字，开始系专用片假名，自第四卷起，慢慢用平假名，自第五卷起，始用少数之汉字。

第九，此书记述说话体之文时，与发音相同用假名，要记叙普通文章时，应顺从原来袭用假名之使用法。但记叙说话体之文章，非用古法之假名使用者，全部以说话体之文，仍按照现时之语言，抄写起来，其音亦以现时所用嘴所发之音照样抄写，是当然之事，但对于本岛之儿童而言，自开始由于用同一之假名之情况，却有两种之读音，是属于最为困难。

…………

林品桐译著：《台湾总督府公文类纂教育史料汇编与研究》，
台湾省文献委员会，2001 年，第 1375—1384 页。

公学校用图书审查规程

（1900 年）

第一条　民政部设公学校教科用图书审查委员。审查委员为对民政部编撰公学校教科用图书陈述意见者。

第二条　审查委员分常务委员与临时委员：常务委员由总督就学务课员及国语学校、师范学校教官中任命之；临时委员，在审查上需要特别学识之图书时，由总督就有相当学识经验者任命或嘱托之。

第三条　审查委员长以学务课长充任之。

第四条　审查委员长为总括审查委员之意见而报告总督者。

第五条　关于审查之事务，于学务课员掌之。

台湾省文献委员会编：《台湾省通志》卷五“教育志·教育行政篇”，
台北，众文图书公司，1970 年，第 52 页。

台湾公学校设备规程

（1901 年）

明治三十四年九月三日训令第二九五号

第一条　应根据学校规模选择面积、地形适当，干燥清洁，卫生，交通便利之处建设学校。

第二条　学校应有体操场或相当于体操场的场地。

由于各地区情况不同，如无法在校内开设体操场，则应就近开设。

体操场应为方形或类方形，根据学生人数确定其面积大小。

体操场的一部分应能挡雨防暑。

第三条　为了能够提供优质的饮用水，须开设下水渠等。

第四条　教学楼以简朴坚固为宗旨，重在教学、管理、清洁的便利。

教学楼为长方形，二幢以上应平行排列，楼与楼间应有适当间隔。

教学楼可为木造、木制骨架瓦造、混凝土造楼房，特别要求不仅能挡风雨还应能防暑防湿，在卫生方面，要求采光、通风好，消毒清洁方便。由于地区条件不同，如为土造楼房，地基及其他主要建筑部分应采用其他建筑材料，并在楼房外部覆上瓦片，以防雨水渗入。

第五条　教学楼与各年级相应分为普通教室和教员办公室，此外，为方便唱歌、裁缝等科目的教学，可设特别教室、讲堂、学生休息室、值班室、开水房、勤杂室、杂货间等。

第六条　教室为长方形，宽三间以上四间以下，长四间以上五间以下。

教室面积一般以每学生用地三平方尺为准。

教室内用于采光的窗户应在学生左侧三尺以内，根据教室面积确定窗户大小，窗户下沿应与椅子相距二尺五寸。学生座位前方及两侧三尺内应开设窗户。教室通道与一般住房相同。

第七条　厕所与教学楼分开，与水井相距四间以上，与教室相距三间以上。

厕所分男女厕所，根据学生人数确定厕所数量。

第八条　应备有教学用图画、地图、黑板、课桌椅、时钟等必要用具以及参考图书、与公学校有关的法令。

第九条　学生用课桌椅的尺寸应与学生身高相适应。

第十条　应在校内建设教员宿舍，各地区条件不同，如无法建于校内，应就近建设。

第十一条　校舍新建、增建、改建、搬迁，应向知事、厅长提交校园平面图、面积、设计方案，并申请批准。

第十二条　已建学校在新建、改建校舍，添置设备时无法履行规定者可延迟改造。

第十三条　由于各地区条件不同，无法依规定建设学校者应通过知事厅长向台湾总督申请批准。

第十四条　此规定经由台湾总督批准，知事、厅长具体实施。

台湾教育会编：《台湾教育沿革志》，台北小冢本店，1939 年，第 253—255 页。

台湾公学校编制规程

（1901 年）

明治三十四年九月三日训令第二九六号

第一条　学校学级数应在八十学级以下，依地区不同，可增至八十二学级。

如遇特殊情况，可开办分校，分校学级数同上述规定，允许达到八十二学级。

分校在年级编制、教员配置上与学校的年级同等对待。

第二条　全校学生人数未满百人者，编为二个学级，超过百人，则满五十人编为一个学级，但一个学级人数不可以超过六十人。

第三条　全校女生如超过二十人，男女生应分学级上课。

第四条　修身、唱歌、体操及裁缝等科，可集中各学级全部或部分学生进行集体授课。

第五条　一个学级配置教谕一名，教谕半数以内应担任代理训导。

为辅助校长教学，有五个学级以上的学校除以上教师配置外，可增加一名教谕，有四个学级以下的学校可增置训导一名。

依据前二项规定，训导人员不足的学校，可由具教谕资格证者担任代理训导。

第六条　除以上规定的人员配置外，可配置裁缝教员一名。

第七条　由于教室面积小等特殊原因，无法遵循上述规定的学校，应申请知事厅长批准。

台湾教育会编：《台湾教育沿革志》，台北小冢本店，1939 年，第 248—249 页。

台湾公学校编制规程修正

（1904 年）

明治三十七年三月二十三日训令第一一〇号

第一条　公学校分校在年级编制及教员配置上应与学校同等对待。

第二条　公学校的学级数应在八十二学级以下。

第三条　一个年级的学生人数应在六十人以下。特殊情况下突破六十人，但不得超过七十人。

第四条　全校女生总数如超过三十名，应男女生分学级授课。

第五条　正式生与补习生统一进行学级编制。

补习科的学级数可突破第二条规定的数量限制，但教学时间不变。

第六条　修身、体操、唱歌、裁缝、手工、农业及商业课可集中各年级全部或部分学生进行集体授课。

第七条　一个学级配置正式教谕一名，但三分之二的教谕必须担任代理训导。

训导人员不足的学校，可由具教师资格证者担任代理训导。

第八条　为辅助校长教学，可为其配置训导一名。

第九条　除依据第七条、第八条配置教员外，还可配置裁缝、手工、农业及商业专门教员。

第十条　学级的编制及变更应及时向台湾总督报告，不得延误。

第十一条　如因特殊情况无法依规定进行学校设备、人员配置的学校，应取得台湾总督的批准。

台湾教育会编：《台湾教育沿革志》，台北小冢本店，1939年，第249—250页。

修正台湾公学校令

（1907年）

明治四十年律令第一号

第一条　公学校，于街、庄或数街、庄，得台湾总督之认可后设立之。

第二条　公学校得征收学费。

第三条　公学校须有基本财产。

第四条　关于公学校之设立、维护费用，除以基金财产之收入、捐款及学费支办外，其余由该设立区域内街、庄住民负担之。

前项负担，依台湾总督之所定，由厅长赋课征收之。

第五条　公学校教员之俸给及其一切给与，由地方税支办。

如因非常灾变而一时不能负担前条之费用时，在一定期间内，得由地方税中换替之。

第六条　公学校设立区域内街、庄住民所负担之费用及学费得依租税滞纳处分之例征收之。

第七条　公学校受台湾总督之监督，由厅长管理之。

第八条　本令规定以外，如有必须之规定，由台湾总督定之。

第九条　本令不适用于番人子弟就学之公学校。

附则

本令自明治四十年四月一日起施行。

台湾省文献委员会编：《台湾省通志》卷五“教育志·教育行政篇”，台北，众文图书公司，第80页。

台湾公学校规则

（1912年）

大正元年十一月二十八日府令第四〇号

第一章　总　　则

第一条　公学校以对本岛人儿童教授国语，施行德育，养成国民性格，并留意身体之发育，传授生活所必需之知识技能为本旨。

第二条　公学校之修业年限为六年，但依据地方之情况，得为四年。

第三条　修业年限六年之公学校之教科目为修身、国语、算术、汉文、理科、手工及图画、农业、商业、唱歌、体操、裁缝及家事。农业、商业于男童任选其中之一科目；对于女童则课以裁缝及家事。

由于地方之情况，得阙汉文、唱歌、裁缝及家事等科目中之一科目或数科目，农业、商业其中之一科目。

第四条　修业年限四年之公学校之科目为修身、国语、算术、汉文、手工及图画、农业、唱歌、体操、裁缝及家事；男童课以农业，女童课以家事及裁缝。依地方之情况，得阙汉文、唱歌、裁缝及家事之一科目或数科目。

第五条　依据第三条第二项及前条第二项而阙教科目时，厅长须预为报告台湾总督。

第六条　公学校得设实业科。

第七条　公学校之教科目中有因儿童身体状况而不能学习时，学校长得对此儿童不课之。

第八条　关于公学校之学费、基本财产及其他财务之规定，另定之。

第二章　设立、变更及废止

第九条　设立公学校时，街、庄、社、区长须具备左列事项，向台湾总督申请之。

一、学校之名称、位置，但名称须冠以其所在地方名；

二、设立区域之堡、里、街、庄、社名，住民之户数人口，平面图；

三、入学儿童之男女概数；

四、修业年限；

五、设置实业科时之种类；

六、维持方法，经费收入支出概算；

七、学校平面图、校舍及职员宿舍之配置图、建筑物之构造及坪数；

八、授业开始期日。

设立公学校之分校时，亦同前项；但不需具备第二项、第四项及第五项之事项。

第十条　公学校之设立区域，于厅管辖区域内划定之。

由于地方之状况而设立二所以上之公学校，亦得不变更其设立区域。

第十一条　在下列情况之下，有关系之街、庄、社、区长须申具其事由并附呈有关财产处分之协定，而得台湾总督之认可。

一、公学校之分校变更为本校，或本校变更为分校之时；

二、公学校或其分校废止之时；

三、因为第一项、第二项或其他事由而变更设立区域时。

第十二条　第九条及前条之申请认可，须经由厅长。

厅长于受理前项之申请时，须调查必要之事项，且申具意见，转呈台湾总督。

关于所属财产处分之协定，须附记第九十六条学务委员之意见。

第十三条　公学校或其分校设立后，在左列之情况，厅长须具述其事由，而得台湾总督之认可。

一、公学校或其分校之名称、位置变更时；

二、修业年限变更时；

三、实业科之设置或废止，或变更其种类时；

四、授业开始期日之变更时。

第十四条　公学校或其分校设立后在相当期间内而不开始授业，台湾总督得取消其认可。实业科之授业不开始时，关于此部分，亦同前项。

第十五条　公学校或其分校之名称、位置、设立区域及其变更，由台湾总督告示之。

依据前条第一项而取消认可时，亦同前项。

第十六条　公学校或其分校之授业开始期日及其变更，由厅长告示之。

第三章　教　　则

第十七条至第三十九条

…………

第四章　学年、休假日及纪念日

第四十条　公学校之学年，自四月一日起，至翌年三月三十一日终止。

分为左列三学期：

第一学期　自四月一日至八月二十日。

第二学期　八月二十一日至十二月三十一日。

第三学期　翌年一月一日至三月三十一日。

第四十一条至第四十四条

…………

第五章　编　　制

第四十五条　公学校之学级数为十八学级。

有特别情形时，得不受前项之限制。

第四十六条至第五十七条

…………

第六章　实　业　科

第五十八条　实业科以对修业年限六年之公学校毕业或有同等以上学力之男子传授有关实业之知识技能为目的。

第五十九条　实业科分为农业、工业及商业。

以林业、畜产、水产、蚕业有关知识为主而教授之时，视为农业科。

第六十条　实业科之修业年限为二年。

第六十一条至第六十四条

…………

第七章　教科用图书

第六十五条　公学校之教科用图书，须使用台湾总督府所编修者。

无此项之图书时，得使用经台湾总督检定之教科和图书，或得台湾总督之认可而使用其他图书。

在前项前段之场合，厅长须预为报告台湾总督。

第八章　设　　备

第六十六条　公学校须备校地、校舍、校具及职员宿舍。

如使儿童寄宿时，须备寄宿舍。

第六十七条至第八十五条

…………

第九章　入学、在学及退学

第八十六条　公学校入学之儿童为满七岁以上十二岁以下；但有特别事情时，学校长得经厅长之认可，得使十二岁以上者入学。

关于实业科入学儿童，不适用前项满十二岁以下之限制。

第八十七条至第九十二条

…………

第九十三条　学校长对于在学儿童有左列各项之一者，得经厅长之认可而命其退学：

一、性行不良而认为无改善之希望者。

二、继续缺席三个月以上者。

三、无正常事由继续缺席一个月以上者。

第十章　学 务 委 员

第九十四条　公学校得设学务委员。

学务委员之员额，公学校为三人以上，由厅长定之。

第九十五条　学务委员，就该公学校设立区域内之住民中，由厅长任命之。

第九十六条　学务委员，就左列事项，辅助厅长及公学校长；或应其咨询而陈述意见。

一、关于就学及缺席之督促事项；

二、关于设备事项；

三、关于经费预算事项；

四、关于财产事项；

五、关于学校之设立、变更、废止事项；

六、关于设立区域之变更事项。

第十一章　附　　则

…………

台湾省文献委员会编：《台湾省通志》卷五“教育志·教育行政篇”，台北，众文图书公司，1970年，第84—86页。

公学校师生比及学龄儿童就学率①

（1915—1944 年）

学年(4月至次年3月)	(1)总学生数	(2)合格教师数	(3)师生比(1)/(2)	(4)教师总数含代用教师	(5)师生比(1)/(4)	(6) 学龄儿童就学率（%）		
						男	女	合计
1915	66 078	1 076	61.5	1 616	41.0	16.0	2.2	9.6
1916	75 545	1 211	62.2	1 805	42.0	18.2	2.8	11.0
1917	88 099	1 373	64.0	2 224	39.6	21.4	3.7	13.1
1918	107 659	1 537	70.0	2 710	39.7	25.1	4.9	15.7
1919	125 135	1 803	69.5	3 315	37.7	32.4	7.4	20.7
1920	151 094	2 114	72.0	3 922	38.5	39.1	9.4	25.1
1921	185 555	2 102	88.0	4 129	45.0	42.4	10.3	27.2
1922	218 211	2 716	80.5	4 772	45.7	43.8	12.3	29.2
1923	231 919	3 267	71.0	4 968	46.7	51.8	13.6	33.7
1924	240 543	3 808	63.5	5 096	47.2	49.4	13.5	32.3
1925	241 985	4 078	59.2	4 957	48.8	44.3	13.3	29.5
1926	232 821	4 419	53.0	5 211	44.7	43.3	12.7	28.7
1927	231 228	4 506	50.5	5 302	43.6	43.9	13.1	29.1
1928	235 164	4 494	52.5	5 249	45.0	44.6	13.7	29.8
1929	249 384	4 626	54.0	5 330	46.8	45.6	14.7	30.6
1930	257 028	4 663	55.0	5 441	47.5	45.6	14.6	30.6
1931	275 207	4 768	57.6	5 522	49.7	49.3	17.8	34.1
1932	291 990	4 874	59.9	5 587	52.5	50.7	19.1	35.4
1933	316 094	5 013	63.0	5 753	55.0	52.5	20.6	37.0
1934	344 686	5 078	68.0	5 970	57.8	54.7	23.0	39.3
1935	373 892	5 280	70.5	6 255	60.0	56.8	25.1	41.4
1936	407 614	5 518	74.0	6 659	61.5	59.1	27.3	43.8
1937	450 032	5 806	78.0	7 239	62.5	62.0	30.2	46.6

① 本表的“师生比”和“合计”多处有误。

续表

学年(4月至次年3月)	(1)总学生数	(2)合格教师数	(3)师生比(1)/(2)	(4)教师总数含代用教师	(5)师生比(1)/(4)	(6) 学龄儿童就学率 (%)		
						男	女	合计
1938	505 545	6 402	79.0	7 888	64.2	64.5	34.1	49.8
1939	557 135	6 954	80.0	8 718	64.0	67.1	38.1	53.1
1940	624 986	7 444	84.0	9 503	65.5	70.5	43.4	57.4
1941	690 670	—	—	—	—	73.6	48.5	61.5
1942	790 676	8 108	97.5	10 770	73.5	73.6	48.5	61.5
1943	745 638	8 591	87.0	11 847	65.0	76.6	54.1	65.7
1944	797 729	9 023	88.5	13 009	61.5	80.7	60.7	71.1

资料来源：《台湾事情》，1920 年，1923 年，1924 年，1926 年，1927 年，1928 年，1930 年，1931 年，1932 年，1934 年，1935 年，1936 年，1937 年，1939 年，1940 年，1942 年；台湾总督府，《台湾统治概要》。

［加］派翠西亚·鹤见（E. Patricia Tsurumi）著，林正芳译：《日治时期台湾教育史》，宜兰仰山文教基金会，1999 年，第 208 页。

公学校学生单位成本①

（1915—1944 年）

学年(4月至次年3月)	(1)就学学生数	(2)州厅预算	(3)市街庄费	(4)教育预算总额(2)+(3)	(5)单位教育预算(4)÷(1)
1915_b	66 078	—日元	—日元	—日元	—日元
1916	75 545	—	—	—	—
1917	88 099	—	—	—	—
1918	107 659	—	—	—	—
1919	125 135	—	—	—	—
1920	151 094	—	—	—	—
1921	185 555	—	—	—	—
1922	218 211	—	—	—	—
1923	231 919	—	—	—	—
1924	240 543	—	—	—	—

① 本表（5）多个数字有误。

续表

学年(4月至次年3月)	(1)就学学生数	(2)州厅预算	(3)市街庄费	(4)教育预算总额(2)+(3)	(5)单位教育预算(4)÷(1)
1925	241 985	—	—	—	—
1926	232 821	—	—	—	—
1927	231 228	—	—	—	—
1928	235 164	—	—	—	—
1929	249 384	—	—	—	—
1930	257 028	—	—	7 629 335	29.6
1931	275 207	5 043 333	2 726 895	8 068 394d	29.4
1932	291 990	5 028 116	2 537 286	7 565 402	26.0
1933	316 094	—	—	—	—
1934	344 686	4 852 059	3 023 797	8 505 856d	24.7
1935	373 892	5 806 479	4 149 234	9 955 713	26.5
1936	407 614	6 197 046	4 554 583	10 751 629	26.4
1937	450 032	6 723 110	5 326 728	13 187 460d	29.2
1938	505 545	—	—	—	—
1939	557 135	8 179 229	2 356 054	13 322 267d	24.0
1940	624 986	9 257 787	7 217 045	16 706 139d	26.9
1941	—	—	—	—	—
1942	790 670	—	—	—	—
1943	745 638	—	—	—	—
1944	797 729	—	—	—	—

资料来源：《台湾事情》，1920年，1923年，1924年，1926年，1927年，1928年，1930年，1931年，1932年，1934年，1935年，1936年，1937年，1939年，1940年，1942年。

注：

a 教师的薪资及人事费用由州厅支付，其他学校费用（维护、材料和经费）由市街庄负担，州支付一部分。

b 当年度只找得到学生的数字。

c 当年实施新税制，从此，地方政府须负担原国库辅助的教育费用。

d 总预算大于州、市街庄预算的总和，其差额由国库特别补助。

［加］派翠西亚·鹤见著，林正芳译：《日治时期台湾教育史》，宜兰仰山文教基金会，1999年，第205页。

修正台湾公学校官制

（1919 年）

大正八年一月四日敕令第七二号

第一条　台湾公学校置左列职员。

学校长

教谕，判任

训导

第二条　台湾公学校得并设简易实业学校。

第三条　学校长由台湾总督就教谕中任命之。

学校长受厅长之命，管理校务，监督所属职员。

第四条　教谕担任儿童之教育，受校长之指挥，掌理事务。

并设台湾公立简易实业学校时，教谕除前项之外，并掌台湾公立简易实业学校生徒之教育。

第五条　训导为判任官待遇，助理教谕职务。

第六条　依据《台湾总督府师范学校官制》或《台湾公立女子高等普通学校官制》第二条之规定，作为代用附属公学校之台湾公学校职员职务，由各该台湾总督府师范学校或台湾公立女子高等普通学校之职员行之。

第七条　关于台湾公学校训导俸给之规程及职员之员额，由台湾总督定之。

台湾公学校职员之俸给及其他诸给与，均由地方税支办。

台湾省文献委员会编：《台湾省通志》卷五“教育志·教育行政篇”，
台北，众文图书公司，1970 年，第 95—96 页。

修正台湾公学校规则

（1921 年）

大正十年府令第七五号

第一章　设置及废止

第一条　设置公学校时，设立者须具呈左列事项，得台湾总督之认可；至于分校，则第三项至第五项及第八项，可以不报。

一、学校之名称、位置。

二、学级数。

三、修业年限。

四、学费。

五、关于第六条第三项及第七条第三项之教科目事项及缺教时，须记各教科每周教授时数。又关于第六条第二项实科中之种类事项。

六、授业开始期日。

七、关于校地、校舍、寄宿舍及职员宿舍事项。

关于校地须有记明地段番号及甲数之图面；关于建筑物须附配置图；新建、增建或改建则须附矩计图及设计说明书。

八、设置农业实习地时，其位置及甲数须记郡市街庄区“大字”[1]。

九、通学区域之地图。

使用适宜符号记载公学校之位置，郡市街庄区“大字”地段番号之区划、通路、河川、方位等。

十、通学区域内郡市街庄区“大字”别之户数人口，通学距离。

十一、一年之收支概算。

前项第一至第八事项及通学区域等如有变更时，设立者须申具事由，得台湾总督之认可。

第二条　委托就学儿童教育，须具协定事项，其有关市尹、街庄长或市街庄组合或市街庄组合之管理者，须得州知事或厅长之认可；废止时亦如之。

第三条　公学校废止时，设立者须申具左列事项，得台湾总督之认可。

一、事由。

二、废止期日。

三、儿童之处置方法。

第四条　变更公学校之设立者，须具明事由及协定事项，得台湾总督之认可。

第二章　修业年限、教科目及教则

第五条　公学校之修业年限，得依地方之情况而为四年。

第六条　修业年限六年之公学校，其教科为修身、国语、算术、汉文、地理、理科、图画、实科、唱歌、体操、裁缝及家事。

实科分为农业、商业及手工；对于男童课以一种或二种，女童课以家事及裁缝。

由于地方之情况，得缺汉文、裁缝或家事。

第七条　修业年限四年之公学校，其教科目为修身、国语、算术、汉文、图画、唱歌、体操、裁缝及家事。

由于地方之情况，得缺汉文、裁缝或家事。

第八条至第四十七条

…………

第七章　入学、在学及退学

第四十八条　公学校入学者之年龄，在该年三月三十一日时，须为七岁以上。

第四十九条至第六十一条

…………

第九章　附　　则

本令自发布之日起施行之。

[1]“大字”即“段”之意，指村町内之某一地段。

台湾省教育委员会编：《台湾省通志》卷五“教育志·教育行政篇”，台北，众文图书公司，1970年，第97—98页。

台湾公立公学校规则要点

（1922年）

大正十一年府令第六五号

目　　录

第一章　总则　第一条至第四条。

第二章　设立及废止　第五条至第十四条。

第三章　修业年限、教科目、教则及教科用图书　第十五条至第四十九条。

第四章　学年、休假日及式日①　第五十条至第五十八条。

第五章　编制及职员　第五十九条至第七十二条。

第六章　设备　第七十三条至第七十六条。

第七章　入学、退学及惩戒　第七十七条至第八十八条。

第八章　学费　第八十九条至第九十六条。

内 容 要 点

一、公学校为市街庄立，但亦得为市街庄组合立或街庄组合立。

未设市街庄之地，则为州立或厅地方费立。至于设立之认可，除有特别规定者外，市

① 式日，即纪念日。下同。

街庄立、市街庄组合立或街庄组合立之公学校，由州知事或厅长认可之；其他公学校，由台湾总督认可之。

二、公学校得设高等科、实习科及分教场。并得并设幼稚园、盲哑学校、实业补习学校。

三、公学校修业年限为六年；但由各地之情况，得为四年或三年。

公学校高等科修业年限为二年，公学校补习科修业年限为二年以内。

四、公学校之学年为四月一日起至翌年三月三十一日。

第一学期　自四月一日至八月三十一日。

第二学期　自九月一日至十二月三十一日。

第三学期　自翌年一月一日至三月三十一日。

五、公学校入学之年龄，为该年三月三十一日满六岁以上者。

关于高等科第一学年入学，具有左列各项之一者，得视为与修业年限六年之公学校毕业者有同等以上之学力。

（一）寻常小学校毕业者。

（二）修毕中学校或高等学校预科课程者。

（三）年龄十二岁以上，依照修业年限六年之公学毕业程度之考试合格者。

六、修业年限六年之公学校补习科，其入学之资格为修业年限四年之公学校毕业者，或具有第五款所列各项之一者。

修业年限四年之公学校补习科，其入学资格为修业年限四年之公学校毕业者，或年龄在十岁以上，依照修业四年公学校毕业程度之考试合格者。

台湾省教育委员会编：《台湾省通志》卷五“教育志·教育行政篇”，
台北，众文图书公司，1970年，第102—103页。

台湾公立学校设置学校医之件

（1922年）

第一条　台湾公立学校设学校医。

州知事厅长认为有特别事情时，庄立或未设市街庄地方之州立或厅地方费立之学校，可不设学校医。

第二条　学校医由州知事或厅长嘱托之。

第三条　学校医从事有关学校卫生之事务。

第四条　学校医由该学校之经费中给以相当之公费。

第五条　有关学校医之嘱托及职务等必要之规定，由台湾总督定之。

附则

本令自大正十一年四月一日起施行之。

台湾省文献委员会编：《台湾省通志稿》“教育志·教育行政篇”，台湾省政府印刷厂，1957 年，第 310 页。

有关台湾公立学校医之嘱托及执务规则

（1922 年）

第一条　学校医，依照医师法及台湾医师令，得有医师免许状者嘱托之。

第二条　学校医每月一次以上于教授时间内须至其担当之学校，调查左列事项，但必要时，得对于调查事项有所取舍。

一、关于校地、校舍及寄宿舍之卫生事项。

二、关于校具之卫生事项。

三、关于教授之卫生事项。

四、关于运动事项。

五、职员生徒儿童之健康状态（对于地方病及传染病，须特注意）。

六、关于病者、虚弱者、精神薄弱者等之监督养护事项。

七、关于清洁事项。

八、关于饮料水及饮食物之事项。

九、其他卫生上必要事项。

学校医当学校长因临时之必要而请示时，须调查前项各号之全部或一部。

第三条　学校医如知悉生徒儿童中有病者、虚弱者、精神薄弱者之时，须依其状况，决定是否需要阙课、阙席、休学、退学，及治疗、保护或矫正等事项，向学校长申告之，学校医对于有前项异状生徒儿童中之不需阙席、休学或退学者，在学校卫生上认为有必要时，须继续监察之。

第四条　学校医发见学校职员中学校卫生上需注意者，须向学校长或郡守、市尹、厅长或州知事，申告其有关之必要事项。

第五条　学校医须依据生徒儿童身体检查规则施行生徒儿童身体检查。

第六条　学校医当学校内、学校所在地及其附近或生徒儿童通学域内发生传染病时，须向学校长申告有关学校之预防及消毒之必要事项，并从事其事务。

第七条　学校医除上揭第三条第四条第六条之场合外，认为有学校卫生上必要事项时，须申告学校长。

第八条　学校医关于学校卫生，须应学校长之咨询陈述意见。

第九条　学校医须应学校长之请求，对生徒儿童或其保护者作关于卫生之讲话。

第十条　学校医须就其调查事项、执行职务状况报告或建议事项，记入学校医执务日志，适时向学校长提出之。

第十条　学校医除本令所揭者外，须承台湾总督、州知事或厅长之命，从事有关学校卫生之职务。

附则

本令自大正十一年四月一日起施行之。

台湾省文献委员会编：《台湾省通志稿》“教育志·教育行政篇”，台湾省政府印刷厂，1957 年，第 311—312 页。

公学校高等科修身教科书要目

（1922 年）

·第一学年要目

第一学期（二十二小时，举出我国民性最显著之点）

（1）忠孝（2）报恩（3）礼节（4）廉耻（5）清洁（6）兴趣

第二学期（三十二小时，主要在个人修养上所需德目）

（7）身体（8）诚实（9）勤勉（10）勇气（11）贞操（女）（12）专长（13）翁婆与佣人（女）（14）宽容（15）同情（16）自治（17）责任（18）智能之启发

第三学期（二十小时，讲授处世上应注意事项，即日常言行，以自我完成——修养为本）

（19）社会（20）秩序（21）公正（22）公德（23）修养

·第二学年要目

第一学期授戊申诏书，第二学期主要讲解有关法制应注意事项之大要，第三学期述说处世上之教训，感恩效劳。

第一学期（二十二小时）

（1）戊申诏书（2）忠实敬业（3）勤俭治产（4）信义实质（5）自强不息（6）奉戴圣旨

第二学期（三十二小时）

（7）皇位（8）国家（9）臣民（10）国法（11）台湾之统治与地方制度（12）家（13）亲族（14）名誉与财产（15）权利与义务

第三学期（二十小时）

（16）职业（17）女子之本分（18）社交（19）国交（20）感恩效劳（21）总结

杜武志著：《日治时期的殖民教育》，台北县立文化中心，1997 年，第 87 页。

台湾总督府关于公学校修身科教学的指示

（1931 年）

一、公学校修身书第二类，分教师用、儿童用两种。各六卷，每学年一卷。另外附有挂图，俾对授课有所帮助。

二、在修身科所授内容，不但要使儿童了解，更期望儿童们进一步实行。为此，必须经常认真指导督励。

三、在讲授课文时，必须配合各该地理环境因素及生活方式情形，尽可能引用儿童日常所体验之事，以便帮助其容易了解，且适合儿童之实际生活。

四、国语是国民精神所寄托，学会国语实为帝国臣民应具主要要素之一。因此，即使在讲授修身，仍须尽可能设法使儿童尽早学会使用国语，为此教师必须用心想办法达到这个目的。

五、各学年所用讲授材料，比规定讲授时数稍少。是因为设想遇有突发事件时，可以做为临时教训与实习，预留时间。

六、在教师手册，每课均列有目的、讲授要项、讲授要领、注意事项、提问题等项目。又往往附上备注栏，提供教师参考。

1. 目的：为讲授之指针，故讲故事、问答等，均应妥善配合。

2. 讲授要点：乃使目的更加具体化者，借此表示讲授重点所在，使每次讲授不致流于散漫。

3. 讲授要领：尽量设法有助课堂讲授。但其运用非靠教师努力不为功。教师应按照目的、讲授重点、斟酌注意事项，将故事重点融会贯通，并想如何做最有效果，才能使儿童最容易了解，能使儿童最深切感悟，并借以引导其实行。

4. 注意：分两种，一为需要教师与任由教师取舍者。又往往附加有关讲授方法项目。

5. 提问题：只揭示有关故事重点，至于实践指导有关事项等，则有赖教师自行思考研究。

6. 备注：概略介绍有关可供教师参考之教材，又视实际需要，刊载与该课有关联事项，供作儿童实习之用。

七、有关各地特殊风俗、习惯及迷信等，往往与学校教育相关连。教师自应慎重熟虑，并采取必要措施。

昭和六年十二月

台湾总督府

杜武志著：《日治时期的殖民教育》，台北县立文化中心，1997 年，第 82—83 页。

公学校修身书卷六（教师用书）有关教育敕语的教学要领

（1931 年）

一、第十九课　教育敕语

（目的）

本课的目的，在于使儿童体会教育敕语的意旨。

（讲授项目）

1. 敕语第一段本文。

2. 第一段语句的解释。

3. 第一段的意旨。

（讲授要领）

1. 本文。

为使儿童了解教育敕语之旨意，把它分成三段。

第一段：朕惟……实存乎此。

2. 第一段语句的解释（例）。

文中“朕”是我，天皇自称语。“皇祖皇宗”指皇室的祖先，“肇始”为首次开国，“宏远”之“宏”指宏大，“远”指永远，“树”为建立。“亿兆”指众多人民，“厥”为“夫……”，而“济”为成。“国体”是国格，“精华”谓纯且美，“渊源”则指所依据、起源之义。

3. 第一段的意旨。

第一段说明我国国体之本质并教示我国教育的依据。大家都已学过，我国奠定国基时，规模极其宏大，使其永远不动摇。又皇祖皇宗率先修己、行道，非常爱民，垂教遗范万世。臣民一心努力效忠皇上，对父母尽孝，大家一心维护这种美好风气。

以上是我国体之纯且美之处，是我国教育所依据者。世界国家虽多，但像我国这样秀丽的国家则无。大家要辨清我国体之优越处，努力永远保持，如无此精神，则可以说不合乎教育旨意、目的。

（注意）

1. 本课及接下来的三课，应与卷四第二课“我国”、第二十一课“教育敕语”、本卷第三课“大日本帝国”连在一起讲授。

2. 讲授本课及接下来的三课时，应把过去教过的有关各课及国史课所授事项相联贯。

（提问题）

1. 在教育敕语教示皇祖皇宗做过什么事？

2. 在教育敕语教示臣民要做什么事？

3. 说明我国国体哪里卓越？

4. 说明我国教育所依据的是什么？

（备注）

明治天皇在即位之初，便宣布广求知识于世界，政府遵旨断然实施各项改革，尤其最留意于教育。

是以在一八七二明治五年颁布学制，斟酌西方各国制度。在小学校、中学校、师范学校等学科中列入形成西方文明的基础关键学科，主要努力于知识之启发，又设修身科，授以彝伦、道德之要旨。

后来社会变动激烈，不断引进西方学说、思想、风俗、习惯等，结果急进者妄自弃我而从彼，主保守者犹难免拘泥于古风。因此，对于国民道德论议者多，或依西洋伦理学说，或据基督教，或本诸儒佛教，以定道德标准，因而一般人民不知何去何从。

于是在一八八九明治二十二年十月三十日，明治天皇邀请总理大臣伊藤博文、伯爵山朋有县、文部大臣芳川显正于宫中，亲颁教育敕语。第二天文部大臣向全国官公私立各级学校颁发教育敕语誊本，训示“凡任职教育者须常奉礼圣旨，对于研磨熏陶之务，不得稍有怠慢，尤其在学校之节日、祭日，及其他方便时日，招集学生，奉读敕语且刻意谆谆教诲，使学生夙夜服膺始可”。

如是则我国道德教育之基础当可确立，全国各级学校教训均得以同出一辙（据寻常小学修身书）。

二、第二十课　教育敕语（承上课）

（目的）

与前课同。

（讲授项目）

1. 敕语第二段本文。

2. 第二段语句的解释。

3. 第二段的意旨。

（讲授要领）

1. 第二段本文：尔臣民……足以显彰尔祖先之遗风。

2. 第二段语句的解释。

3. 第二段的意旨。

本段教示臣民应具品德，包括日夜应躬行实践事项。如在前项批示我们臣民古来素重忠孝，而他日常生活所必须的各种注意事项，均须配合以完成忠孝之道。

我们臣民应对父母尽孝，兄弟姐妹间以友爱为旨，夫妇各守其分，相和相助始可。这是使一家和谐万事兴，招致繁荣之道。

朋友是次于骨肉最亲者，尤其应以诚信为贵。对别人应以慈爱对之，也必须想尽办法施舍才好。那么，社会必然和谐，人人皆可享受生活之乐趣。

臣民为国家的一分子，健全的国家是健全的臣民之总和。是故臣民均应修学问、习业务、磨练智德，使得一己之修养臻于至善。又非积极活用的智德、广公益、开世务不可。这些事不但能使一己发展，也能使国家进步、发展。

我国皇室典范与大日本帝国宪法，均为国家大法。臣民应随时尊重它。其他所有法律命令，是为国家安宁与人民幸福而设，因此臣民应予遵守。又万一国家有紧急情事发生时，必须牺牲自我，为皇室、国家尽力。这是臣民最重要的义务。

以上所述，为我们臣民片刻不能或忘之道。当体会此道时，能致国家繁荣、人民幸福，也能扶助皇位鸿运。扶助皇位鸿运便是敕语的趣旨。

忠实奉敕语之趣旨目的实行之者，实为忠良臣民。又此道为国民之祖先长久身体力行者，所以维持、守成，便是发扬祖先遗留下来的美风。

（注意）

在讲授本课时，将已授各课中与本课所举各种德行有互相关联者，均予斟酌参考。

（提问题）

1. 敕语怎样教示在家里有哪些应遵守、注意事项？

2. 敕语教示对朋友与一般人有哪些注意事项？

3. 敕语教示修身成为善良有益之人，应注意哪些事项？

4. 敕语教示进入社会后，平常什么事情最重要？

5. 敕语教示对国家，平常什么事情最重要？

6. 敕语教示当国家发生事故时，应该怎样去面对？

7. “扶翼天壤无穷之皇运”，指的什么意思？

8. “扶助与天地共无穷的皇运”，指的什么意思？

9. 完成此道时，对天皇陛下与对我祖先将会怎样？

三、第二十一课　教育敕语（续）

（目的）

与前课同

1. 敕语第三段本文。

2. 第三段语句的解释。

3. 第三段的意旨。

（讲授要领）

（1）敕语第三段为

斯道实……庶几咸一其德。

（2）语句解释……

（3）第三段的意旨。

如同在敕语第一段所示，皇祖皇宗修己、行道、爱民、垂教，遗范于万世。

在第二段所示之道，并非明治天皇新订者，而是皇祖皇宗之遗训，是奠基于我国体者。所以，凡是国民非予遵守不可。而且此道不只根据我国体，而且从天地之道，基于人情自然形成的。所以，一直行之久远而无碍，将来亦必然昭行无疑。又不只在我国行之无碍，行之世界都相宜。例如无论哪一个国家，没有人说孝不对，或说兄弟可以打架等等。此外夫妇之道、朋友之道乃恭俭、博爱、义勇奉公，并非我国的专利。

明治天皇就是这样把国民应守之道——其由来与价值告诉我们，希望亲自与我们臣民一起实践躬行此道，以期达到同德之域。

（提问题）

1. 在敕语第二段所提示之道，是怎样形成的？

2. “通之古今不谬”，是什么意思？

3. “施之中外不悖”，是什么意思？

4. “庶几咸一其德”是什么意思？

四、第二十二课　教育敕语（续）

（目的）

与前课同。

（讲授项目）

1. 敕语全文之意旨。

2. 大正天皇、今上天皇有关教育之指示。

3. 国民应日夜奉体本圣训。

（讲授要领）

在前三课将教育敕语分成三段加以说明，可归纳如次。

在第一段：指示我国体具有全世界独一无二的优点，体会，并加以永远保持，是我国教育之根本目的。优点之

第一是，大日本帝国乃由皇祖之子孙万世治理者，永远不变。

第二上自皇祖皇宗到历代天皇，疼爱臣子有如赤子。

第三臣民对君忠、对父母以孝为至上，世世同心戮力，有此美风。

第二段：教示为达成上述教育之目的，国民应遵守之道；如果实践躬行则不但能成为忠良国民，也合乎我国祖先之旨意。从“对父母尽孝”到“应扶助天壤无穷之皇运”之教示，如前所述，是在家里头非遵守不可的应注意事项，其他社会一般应注意事项（须知）——修己成为善良有为之人所应遵守事项、对国家社会应注意事项、遇到事变时的须

知等。应忠实遵守这些注意事项，为扶助天长地久的皇位盛运而努力。

第三段：在第二段所指之道为皇宗之遗训，是基于我国体者。所以皇祖皇宗之子孙，乃至一般国民，苟爱我国，便应遵守此道。何况此道是基于人之常情、合乎理，无论古今东西任何时刻，任何国家行之，均无不合，所以应好好遵守。又天皇本人也允诺要坚定实行。

至于大正天皇、今上天皇也在即位大礼后下诏，指示教育大纲亦依据此圣训。所以，遵守这个圣训，不但等于合乎明治天皇的心意，也正是大正天皇、今上天皇的旨意。

各位必须奉体教育敕语之趣旨，日夜至诚实行之。

（注意）

讲授本课后，要把第十九课以下三课归纳之，并令其复习，好让儿童由衷奉礼圣旨所在。

（提问题）

1. 敕语第一段教示哪些事？

2. 敕语第二段教示哪些事？

3. 敕语第三段教示哪些事？

4. 关于教育敕语，大正天皇陛下、今上天皇陛下指示哪些事？

5. 对于教育敕语应注意什么事，应努力做什么事？

除教学外，当须注意儿童的言行，以观教学效果。

杜武志著：《日治时期的殖民教育》，台北县立文化中心，1997 年，第 92—100 页。

第二期公学校修身书（儿童用）课文人物、体裁与德目表（共分六卷）

卷　一

课次	课名	人物（括弧表虚拟人物）	课文体裁	德目四大纲领及其他（＊表德目四大纲领）
1	学校		图	＊从顺
2	守时		图	规律
3	天皇陛下	天皇	图	＊国民精神之涵养
4	要学习国语		图	＊国民精神之涵养、＊从顺
5	不要讲别人的坏话		图	

续表

课次	课名	人物 （括弧表虚拟人物）	课文体裁	德目四大纲领及其他 （＊表德目四大纲领）
6	不要吵架		图	友爱
7	对朋友要亲切		图	友爱、亲切
8	爱干净		图	卫生
9	注意饮食		图	卫生
10	不要听从坏建议		图	
11	不要虐待生物		图	仁爱
12	好的游戏		图	
13	不要说谎		图	＊诚实
14	不要隐瞒错误		图	＊诚实
15	父母之恩		图	感恩、孝行
16	听父母的话		图	＊从顺
17	兄弟要友爱		图	友爱
18	国旗		图	＊国民精神之涵养
19	东西要收拾好	（阿金）	例话	纪律
20	要有礼仪		例话	礼仪
21	学校的东西		例话	公德
22	他人的东西		例话	＊诚实、公德
23	不要造成别人的困扰		例话	公德
24	好儿童		叙述文	

卷　二

课次	课名	人物 （括弧表虚拟人物）	课文体裁	德目四大纲领及其他 （＊表德目四大纲领）
1	要用功	乃木大将	叙述文	＊勤劳
2	好好守规矩	（阿秀、阿英）	例话	规律
3	天皇陛下	天皇	叙述文	＊国民精神之涵养
4	不要做不得体的事		例话	礼仪
5	自己的事自己做	（阿水）	例话	自立
6	清洁	（阿秀）	例话	卫生、礼仪

续表

课次	课名	人物 （括弧表虚拟人物）	课文体裁	德目四大纲领及其他 （*表德目四大纲领）
7	好好注意身体	（木生）	例话	*从顺、健身
8	好好侍奉父母	（木生）	例话	孝行、*从顺
9	兄弟要友爱	（阿桂、木生）	例话	友爱
10	定约要谨慎	（阿水、阿仁）	例话	谨慎、守信
11	正直	（木生）	例话	*诚实
12	不要贪欲	（阿金、阿信）	例话	节制
13	台湾神社	能久亲王	叙述文	*国民精神之涵养、敬神
14	要帮助朋友	（阿木、阿仁）	例话	互助
15	要原谅他人的过错	（阿仁、阿木）	例话	宽容
16	家庭	（阿仁与家人）	例话	
17	亲戚	（阿仁）	例话	
18	邻人		例话	互助
19	要对老人亲切	（阿桂、木生）	例话	敬老
20	不要忘恩	（木生）	例话	感恩
21	要有耐性	（阿木）	例话	耐心、*从顺
22	祝日（庆祝日）		叙述文	*国民精神之涵养
23	要珍惜公共物品	（木生）	例话	公德
24	遵守规则		例话	公德
25	好儿童	（木生）	（总结）	

卷　三

课次	课名	人物 （括弧表虚拟人物）	课文体裁	德目四大纲领及其他 （*表德目四大纲领）
1	皇后陛下	皇后	叙述文	*国民精神之涵养
2	忠义	广濑武夫	例话	*国民精神之涵养、忠义
3	遵守约束	广濑武夫	例话	守信
4	孝行	渡边华山	例话	孝行
5	兄弟	渡边华山	例话	友爱
6	不要任性		例话	*从顺

续表

课次	课名	人物（括弧表虚拟人物）	课文体裁	德目四大纲领及其他（*表德目四大纲领）
7	不要造成别人的困扰	（阿秀）	例话	公德
8	整顿（整理）	（阿秀）	例话	规律
9	亲切	十泰一郎、十雅夫	例话	亲切
10	遇事不要慌张	十玉江	例话	冷静
11	不要浪费	（木生）	例话	俭约
12	明治神宫	明治天皇、昭宪皇太后	叙述文	*国民精神之涵养
13	好好劳动	监原多助	例话	*勤劳
14	正直	监原多助	例话	*诚实
15	保持心胸宽广	贝原益轩	例话	宽恕
16	不要自傲	贝原益轩	例话	谦让
17	卫生	贝原益轩	例话	卫生
18	避免迷信		例话	不迷信
19	师恩	（张文良）	例话	敬师、感恩
20	朋友	（文良）	例话	*诚实、公德
21	自己的东西别人的东西	（台车夫）	例话	*诚实
22	共同		叙述文	合作
23	要爱护生物		叙述文	仁爱
24	博爱	瓜生岩子	例话	博爱
25	好日本人		（复习、总结）	

卷　四

课次	课名	人物（括弧表虚拟人物）	课文体裁	德目四大纲领及其他（*表德目四大纲领）
1	皇太后陛下	皇太后	叙述文	*国民精神之涵养
2	能久亲王	能久亲王	叙述文	*国民精神之涵养
3	规律		论说文	规律
4	要珍惜时间	平田笃胤	例话	*勤劳
5	要锻炼身体		论说文	健身
6	礼仪		论说文	礼仪

续表

课次	课名	人物 （括弧表虚拟人物）	课文体裁	德目四大纲领及其他 （＊表德目四大纲领）
7	反省	泷鹤台之妻	例话	反省
8	要养成好习惯		论说文	
9	女子的志向	乃木静子	例话	女德、孝行、俭约、亲切
10	孝行	二宫尊德	例话	孝行
11	忠实	二宫尊德	例话	忠实
12	勤勉	二宫尊德	例话	＊勤劳
13	至诚	二宫尊德	例话	鞠躬尽瘁、真诚
14	要为他人尽力	吴凤	例话	自我牺牲
15	报恩	荻生徂徕	例话	报恩
16	要知耻	伊藤仁齐	例话	知耻
17	要重视他人的名誉	杉浦重刚	例话	爱惜他人名誉
18	要重视法规		论说文	守法
19	国旗		论说、叙述文	＊国民精神之涵养
20	公共心	金原明善	例话	公益
21	心志要坚定	金原明善	例话	意志坚定
22	守分		论说	守分
23	公益	青木昆阳	例话	慈善、公益
24	教育敕语		叙述、论说文	国民精神之涵养
25	好日本人		（复习、总结）	

卷　五

课次	课名	人物 （括弧表虚拟人物）	课文体裁	德目四大纲领及其他 （＊表德目四大纲领）
1	大日本帝国		叙述、论说文	＊国民精神之涵养
2	我国皇室		叙述文	＊国民精神之涵养
3	忠义	楠木正成、楠木正行	例话	忠义
4	公益	曹谨	例话	公益
5	慈善	石井十次	例话	慈善、公益
6	卫生（之一）		论说文	卫生

续表

课次	课名	人物（括弧表虚拟人物）	课文体裁	德目四大纲领及其他（＊表德目四大纲领）
7	卫生（之二）		论说文	卫生
8	共同		论说文	合作
9	公德		论说文	公德
10	克己	村上专精	例话	＊勤劳、刻苦
11	俭约	德川光芳	例话	俭约
12	勤勉	伊能忠敬	例话	＊勤劳
13	敬师	伊能忠敬	例话	敬师、感恩
14	礼仪		论说文	礼仪
15	亲戚		论说文	
16	同情	中江藤树	例话	主仆相待之道
17	德行	中江藤树	例话	德行
18	要好好思考		论说文	慎思
19	要重视责任	佐久间勉	例话	尽责、冷静
20	诚实	山口用助	例话	＊诚实
21	廉洁	长田德本	例话	廉洁
22	宽容	伊藤东涯	例话	宽容
23	纳税的义务		论说文	国民义务
24	祝日、祭日		叙述文	＊国民精神之涵养
25	好日本人		（总结）	

卷　六

课次	课名	人物（括弧表虚拟人物）	课文体裁	德目四大纲领及其他（＊表德目四大纲领）
1	皇大神宫		叙述文	＊国民精神之涵养
2	敬神		叙述文	＊国民精神之涵养
3	国运的发展		叙述文	＊国民精神之涵养
4	国交		论说、叙述文	
5	忠君爱国		叙述文	＊国民精神之涵养
6	祖先与家		叙述文	崇敬祖先

续表

课次	课名	人物 （括弧表虚拟人物）	课文体裁	德目四大纲领及其他 （＊表德目四大纲领）
7	男子之务与女子之务		论说文	男女有别
8	自立自营	高田善右卫门	例话	自立、＊勤劳、刻苦
9	职业		论说文	
10	发明	高峰让吉	例话	
11	日新的工夫	伊藤小左卫门	例话	
12	趣味		论说文	
13	良心		论说文 （含例话）	＊诚实、慎独
14	反省		论说文	反省
15	廉洁	乃木大将	例话	公私分明、廉洁
16	报恩		论说文	感恩、报恩
17	共存共荣		论说文	互相合作
18	公益	和井内贞行	例话	公益
19	地方制度		叙述文	
20	遵法		叙述文	守法
21	教育		叙述文	
22	教育敕语		解说	＊国民精神之涵养
23	教育敕语（续）		解说	＊国民精神之涵养
24	教育敕语（续）		解说	＊国民精神之涵养
25	教育敕语（续）		论说文 （总结）	＊国民精神之涵养

《台湾史研究》第八卷第二期，台湾“中央研究院”台湾史研究所筹备处，2001 年，第 50—55 页。

公学校用汉文读本卷四

（1933 年）

第一课　台　湾

台湾在我国西南之端，气候温暖，产物甚多，而新高山高冠国内群峰。基隆、淡水、安平、高雄、马公，均称重要港湾。又如台北、台中、台南，皆为繁华之地，而台北则总督府在焉。

第二课　昭宪皇太后

昭宪皇太后乃明治天皇之皇后，仁慈爱民，奖励产业。明治天皇功德大著者，太后内助之力亦不少。又留心女子教育，如金刚石、水随器，皆太后赐华族女学校之歌也。

第三课　船　车

陆上交通则用车，水上交通则用船。车或资人力，或资牛马；船或借风力，或借篙桨，其行皆缓。自发明汽船、汽车，则行驶如飞，水陆咸称利便矣。

…………

第二十课　亲戚（一）

父之父曰祖父，父之母曰祖母，父之兄弟曰伯父、叔父，父之姐妹曰姑。而母之父曰外祖父，母之母曰外祖母，母之兄弟曰舅父，母之姐妹曰姨。曰从兄弟、从姐妹者，伯叔父之子女。曰表兄弟、表姐妹者，姑姨及舅父之子女也。

第二十一课　亲戚（二）

世俗呼父曰爸、曰爹，呼母曰娘、曰母（姆）；呼祖父曰公，呼祖母曰妈（婆）；呼伯母曰姆（伯姆），呼叔母曰婶（叔姆），呼舅母曰妗（舅姆）；呼兄曰兄、曰哥，而兄之妻呼曰嫂。

“台湾总督府”编著发行，台北小冢本店，1932年。

三、小　学　校

日据时期台湾小学校课程设置及教学时数

（1897—1904 年）

一、日据初期寻常小学校教科课程表（1897 年）

学年 教科目	每周教学时数	第一学年	每周教学时数	第二学年	每周教学时数	第三学年
修身	3	人道实践之方法、日常之礼仪作法	3	同上	3	同上
读书	8	假字 假字文 中日混合文	8	同上	6	中日混合文
作文					3	中日混合文口头书类
习字	6	假字 日用文字	6	日用文字	5	日用文字口头书类
算术	3	在二十以下数目的范围内之加减乘除	3	在百以下数目的范围内之加减乘除	4	在千以下数目的范围内之加减乘除，通常小数的计算方法（笔珠算并用）
日本地理						
日本历史						
理科						
图画	2	直线曲线及其单形	2	直线曲线之单形	2	简易之形体
唱歌	3	单音唱歌	3	同上	2	同上
体操	3	游戏	3	游戏普通体操	男 3	普通体操军事体操
					女 2	普通体操和游戏
裁缝					女 3	运针法
计	28		28		男 28	
					女 30	

续表

<table>
<tr><th>学年
教科目</th><th>每周教学时数</th><th>第四学年</th><th>每周教学时数</th><th>第五学年</th><th>每周教学时数</th><th>第六学年</th></tr>
<tr><td>修身</td><td>3</td><td>同上</td><td>2</td><td>同上</td><td>2</td><td>同上</td></tr>
<tr><td>读书</td><td>6</td><td>同上</td><td>4</td><td>同上</td><td>4</td><td>同上</td></tr>
<tr><td>作文</td><td>3</td><td>中日混合文日用书类</td><td>3</td><td>同上</td><td>3</td><td>同上</td></tr>
<tr><td>习字</td><td>5</td><td>日用文字口头书类</td><td>3</td><td>同上</td><td>3</td><td>同上</td></tr>
<tr><td rowspan="2">算术</td><td rowspan="2">4</td><td rowspan="2">在万以下数目的范围内之加减乘除，通常小数的计算方法（笔珠算并用）</td><td>男 5</td><td>度量衡货币时刻之计算，通常之分数小数(笔珠算并用)</td><td>男 5</td><td>通常之分数小数及比例问题（笔珠算并用）</td></tr>
<tr><td>女 2</td><td>度量衡货币时刻计算（笔珠算并用）</td><td>女 2</td><td>同上及简易的分数小数(笔珠算并用)</td></tr>
<tr><td>日本地理</td><td></td><td></td><td>2</td><td>学校附近之地理，本省及日本地理之大要</td><td>2</td><td>日本地理及有关各国之地理大要</td></tr>
<tr><td>日本历史</td><td></td><td></td><td>2</td><td>自国初至应仁之乱的重要历史大要</td><td>2</td><td>自战国至现代的重要历史大要</td></tr>
<tr><td>理科</td><td></td><td></td><td>3</td><td>在学校所在地之植物动物矿物及自然之现象</td><td>3</td><td>同左及人身之生理卫生之大要</td></tr>
<tr><td>图画</td><td>2</td><td>同上</td><td>2</td><td>同上</td><td>2</td><td>同上</td></tr>
<tr><td>唱歌</td><td>2</td><td>同上</td><td>1</td><td>同上</td><td>1</td><td>同上</td></tr>
<tr><td rowspan="2">体操</td><td>男 3</td><td>同上</td><td>男 3</td><td>同上</td><td>男 3</td><td>同上</td></tr>
<tr><td>女 2</td><td>同上</td><td>女 2</td><td>同上</td><td>女 2</td><td>同上</td></tr>
<tr><td>裁缝</td><td>女 3</td><td>简易衣服之缝制方法</td><td>女 4</td><td>普通衣服之裁缝等</td><td>女 4</td><td>同上</td></tr>
<tr><td rowspan="2">计</td><td>男 28</td><td></td><td rowspan="2">30</td><td rowspan="2"></td><td rowspan="2">30</td><td rowspan="2"></td></tr>
<tr><td>女 30</td><td></td></tr>
</table>

台湾省文献委员会编：《台湾省通志》卷五“教育志·教育设施篇”，台北，众文图书公司，1970 年，第 80 页。

二、日据初期小学校补习科教科课程表（1897 年）

学年 教科目	每周教学时间	第一学年	每周教学时间	第二学年
修身	2	人道实践之方法、日常之礼仪作法	2	同上
读书	男 8	日文、汉文	男 8	同上
	女 3	日文	女 3	同上
作文	3	中日混合文日用书类	3	同上
台语	男 8	音韵之性质及会话	男 8	音韵之性质及会话与作文
习字	3	日用书类	3	同上
算术	男 3	小学科之补习及百分算	男 3	同上及求积
	女 2	小学科之补习	女 2	同上及比例问题
家事	女 3	衣食住家事卫生	女 3	家计簿记育儿
裁缝	女 12	衣服之裁缝等	女 12	同上
体育	男 3	普通体操军事体操	男 3	同上
计	男 30 女 28		男 30 女 28	

台湾省文献委员会编：《台湾省通志》卷五“教育志·教育设施篇”，
台北，众文图书公司，1970 年，第 8—9 页。

三、日据初期台湾高等小学校各学年教学程度及每周教学时数表（1902 年）

学年 教科目	每周教学时间	第一学年	每周教学时间	第二学年
修身	2	实践道德要旨	2	同上
日语	7	普通日文之讲读、默写生字、公私文书之记述、习字	7	同上
算术	4	珠算（加减乘除）、诸等数、利率、分数、比例	4	同上
日本历史地理	3	日本历史之大要 外国地理之大要	3	续授前学年台湾制度之大要、本岛特殊之政治经济之状态，及其对外国地位之大要
理科	男 2	与日常生活有密切关系之天然物、自然现象、器械及其制品、人身生理卫生等有关之事项	男 2	同上

续表

学年 教科目	每周教学时间	第一学年	每周教学时间	第二学年
家事	女 3	衣食住、卫生、看病、救急护理、育儿、家计簿记、物价调查、蔬菜栽培、洗濯、炊事、扫除，其他与日常生活有密切关系之天然物、自然现象及制品等有关事项	女 3	同上
图画	1	各种形态（简易几何画）	1	同上
唱歌	1	单音唱歌（简易复音唱歌）	1	同上
体操	3	体操、教练、游戏	3	同上
实业	男 7	商业、工业、农业有关之事项，及有关土地实际上业务之必要事项等	男 7	同上
裁缝	女 8	普通衣服之缝法、裁法及型式设计	女 8	同上
合计	男 30 女 32		男 30 女 32	

台湾省文献委员会编：《台湾省通志》卷五“教育志·教育设施篇”，台北，众文图书公司，1970 年，第 10 页。

四、日据初期台湾小学校补习科各学年教学程度及每周教学时数表（1904 年）

学年 教科目	每周教学时间	第一学年	每周教学时间	第二学年
修身	2	实践道德之要旨 商业道德之要旨	2	同上
日语	6	普通日文之讲读、默写生字，公私文书之记述，习字	6	同上
算术	6	珠算（加减乘除之主要速算法）诸等数、步合算、求积	6	同上
家事	女 2	衣食住、卫生、看病、救急、护理、育儿、家计簿记、物价调查、蔬菜栽培、洗濯、炊事及有关扫除等事项	女 2	同上

续表

学年 教科目	每周教学时间	第一学年	每周教学时间	第二学年
实业	男 18	商业、工业、农业有关之事项及有关土地实际上业务之必要事项等	男 18	同上
裁缝	女 18	普通衣服之缝法、裁法及型式设计	女 18	同上
合计	男 32 女 34		男 32 女 34	

台湾省文献委员会编：《台湾省通志》卷五“教育志·教育设施篇”，台北，众文图书公司，1970 年，第 10—11 页。

台湾总督府小学校官制

（1898 年）

明治三十一年七月二十八日敕令第一八〇号

第一条　台湾总督府小学校设下列职员

学校长

训　导

第二条　学校长各校一人，判任，承办务署长或支署长之命，掌理校务，监督所属职员。学校长由训导兼之。

第三条　训导为判任，担任儿童之教育，受校长之指挥，从事庶务。

附则

本令自明治三十一年十月一日起施行。

台湾省文献委员会编：《台湾省通志》卷五“教育志·教育行政篇”，台北，众文图书公司，1970 年，第 88 页。

台湾小学校规则

（1902 年）

明治三十五年四月一日府令第二四号

第一条　小学校为教育内地人学龄儿童之所。

小学校以留意儿童身体之发育，传授道德教育及国民教育之基础，并传授生活所必需之普通知识技能为本旨。

第二条　小学校分为寻常小学校及高等小学校；一校并设寻常小学校之教科与高等小学校之教科，称为寻常高等小学校。

第三条　寻常小学校修业年限为四年，高等小学校之修业年限为二年或四年。

第四条　寻常小学校之教科目为修身、国语、算术、唱歌、体操，女童加课裁缝。

第五条　高等小学校之教科目为修身、国语、算术、国史、地理、理科、图画、唱歌、体操、女童加课裁缝。修业年限四年之高等小学校，得加授英语。

第六条至第四十三条

…………

第四十四条　儿童自满六岁之翌月起，至满十四岁之八年间为学龄。

第四十五条　至学年开始时而未达到学龄之儿童，此学年中不得入学。

第四十六条至第七十八条

…………

台湾省文献委员会编：《台湾省通志》卷五“教育志·教育行政篇”，台北，众文图书公司，1970年，第89页。

台湾小学校补习科规程

（1904年）

第一条　补习科以使高等小学校毕业者或有同等以上学力者补习高等小学校之教科目为目的。

第二条　补习科之修业年限，为二年以内。

…………

台湾省文献委员会编：《台湾省通志》卷五“教育志·教育行政篇”，台北，众文图书公司，1970年，第90页。

修正台湾小学校规则

（1907年）

明治四十年十月八日府令第八十一号

第一章　总　　则

第一条　小学校为教育内地儿童之所。

第二条　对于寻常小学校教授寻常小学校之教科部分，准用寻常小学校之规定；教授高等小学校之部分，准用高等小学校之规定。

第三条　本令中之认可，特定之场合外，关于州管辖区内之市街庄立、市街庄组合立或街庄组合立之小学校，由州知事为之；关于其他小学校，由台湾总督为之。

第二章　设置及废止

第四条至第七条

…………

第八条　小学校之设置、废止或设立者变更之认可时，台湾总督或州知事告示之。

第九条　州知事于认可小学校之设置、废止或设立者变更时，须向总督报告之。

第三章　修业年限、教科目、教则、教科用图书及编制

第十条　关于小学校之修业年限、教科目、教则及编制，除本令及特别规定者外，依小学令及明治三十三年文部省令第十四号小学校令施行规则之所定。但同令中府县知事之职权，关于州管辖区域内之市街庄立、市街庄组合立或街庄组合立之小学校，由州知事行之；其他则由台湾总督行之。

第十一条至十八条

…………

第四章　学年、休假日及纪念日

第十九条至第二十四条

…………

第五章　设　　备

第二十五条　小学校须备校地、校舍、体操场、校具及职员宿舍。

加课农业之学校须备实习地。

儿童寄宿时须备寄宿舍。

第二十六条至第二十七条

…………

第六章　学龄、在学及退学

第二十八条　内地人之儿童到达满六岁之翌日起至满十四岁止之八个年为学龄。

第二十九条至第三十六条

…………

第七章　学　　费

第三十七条　保护者须纳儿童在学中之学费。

第三十八条　学费定为一月五拾钱以下，每月征收该当月份。

第三十九条　小学校之学费额得依学年而设差等，但于寻常高等小学校之寻常科与高等科之间，不在此限。

第四十条　夏季休假或因学校事故而休假涉及全月时，或依儿童之疾病及其他正当事由而缺席全月者，得不征收该月份之学费。

第四十一条　因贫穷而不能纳学费者得免除其一部或全部。

一家有二人以上同时小学校在学时，得减收学费。

第四十二条　小学校入学之儿童，既已于其他小学校缴纳该月份学费时，不得再征收之。

附则

本令自发布之日起施行之。

本令施行之际现存之小学，至大正十年三月三十一日止而承继之者，关于设立者变更，须得台湾总督之认可。

台湾省文献委员会编：《台湾省通志稿》“教育志·教育行政篇”，
台湾省政府印刷厂，1957 年，第 202—203 页。

公立小学校教员疾病治疗准则

（1915 年）

大正四年四月八日文部省令第八号

第一条　教育基金令第五条第二号的公立小学校教员疾病疗治费依据本规则给予。

第二条　公立小学校正教员患病休业者，在考虑其连续教龄基础上，给予二百元以下的疾病治疗费。

第三条　公立小学校正教员患病退职者，在考虑其连续教龄基础上，给予四百元以下的疾病治疗费，但是休业期间退职者不在此例。

第四条　公立小学校准教员适用于前两条规定，但是在休业的情况下，给予五十元以上一百五十元以下的疾病治疗费。如在退职的情况下，则给予一百元以上两百五十元以下的治疗费。

第五条　公立小学校代用教员适用于第三条规则，斟酌其连续出勤年数给予一百元以下的疾病疗治费用。

第六条　地方长官依据本令，对公立小学校的教员给予疾病疗治费用，但学校医生或其他医生应对该教员身体进行检查，并给出身体疾病诊断书。

附则

本令从公布之日起施行。

台湾教育会编：《台湾学事法规》，“台湾总督府”民政部学务部，1917 年，第 729—730 页。

台湾小学校官制

（1919 年）

大正八年敕令第七一号

第一条　台湾小学校为寻常小学校及高等小学校。

寻常小学校及高等小学校并设之台湾小学校，谓之寻常高等小学校。

第二条　台湾小学校置职员如下：

学校长

教谕，判任。

第三条　学校长由台湾总督就教谕中任命之。学校长承厅长之命，掌理校务，监督所属职员。

第四条　教谕担任儿童之教育，受校长之指挥，掌理事务。

第五条　根据《台湾公立高等女学校官制》第二条之规定而并设之高等小学校之职员职务，由台湾公立高等女学校之职员行之。

第六条　根据《台湾总督府师范学校官制》第三条之规定，而作为附属小学校之代用台湾小学校之职员职务，由台湾总督府师范学校之职员行之。

附则

本令自公布之日起施行之。

台湾省文献委员会编：《台湾省通志》卷五“教育志·教育行政篇”，台北，众文图书公司，1970 年，第 98—99 页。

台湾小学校规则要点

（1922 年）

大正十一年四月一日府令第六四号

目　录

第二章　设立及废止　第六条至第十四条。

第三章　教科目、教则及教科用图书　第十五条至第五十一条。

第四章　学年、休假日及纪念日　第五十二条至第五十九条。

第五章　编制及职员　第六十条至第七十四条。

第六章　设备　第七十五条至第七十七条。

第七章　入学及退学　第七十八条至第八十六条。

第八章　学费　第八十七条至第九十四条。

附则

内 容 要 点

一、小学校之设立与官厅之认可，与公学校同。

二、寻常小学校修业年限为六年。高等小学校修业年限为二年及三年二种。

高等小学校得设补习科，修业年限为二年以内。

小学校得并设幼稚园、盲哑学校及实业补习学校。

三、寻常小学校之入学年龄与公学校同。

关于高等小学校入学具有下列各项之一者，得视为与寻常小学校毕业者有同等以上之学力。

（一）修毕中学校或高等学校预科课程者。

（二）年龄十二岁以上，依据寻常小学校毕业程度之考试合格者。

补习科之入学资格，为具有该学校同等以上之高等小学校毕业者，或达相当之年龄，依据该学校毕业程度之考试合格者。

台湾省文献委员会编：《台湾省通志》卷五“教育志·教育行政篇”，台北，众文图书公司，1970 年，第 103—104 页。

四、山地公学校与山地教育所

番人教育方案

（1897 年）

第一　主　旨

一、番社①内之学校，以教育番人为目的。

二、教育番人，以家塾风俗教育法为最适当。

三、教育番人，须为实科之熟练重于学科之长进。

四、番人教育，不仅以教育生徒为目的，且须任番社全体之教育。

五、教育番人，关于其风俗习惯，如无大弊害之时，不必改正。

第二　职　员

一、番社内之学校，置左列职员：

（一）教师一名。

（二）助手一名。

二、教师掌理校内一切之事务、生徒之监督及科业之教授并抚番之事务。

三、助手辅助教师，主掌实科之教授。

四、为教授某种特殊实科时，得雇用临时助手。

第三　生徒募集

一、学校近傍番社入学儿童甚多时，须就各社分配生徒员数。

二、酋长子弟多为未来之酋长，务必使之入学。

三、生徒入学时不必缴交申请书。

四、互相敌视之番社，暂不募集生徒，仅收互相交通亲睦之番社子弟。

第四　修业年限及学级编成

一、修业年限不预定，以生徒熟练其所规定之科业为度，而使之毕业。

二、学级之编成，以生徒人数与学力之差等为准，由教师适宜定之。

① 番社，即山地人住区。下同。

第五　科　　业

一、教授生徒之科业，分为学科及实科。

二、学科为读法、算术、习字、唱歌及体操。

三、实科为极简易之农业及山林业暨简易之手工。

四、学科教授要旨及其程度。……

五、实科教授要旨及其程度。……

第六　授业时间

…………

第七　生徒之给费

一、生徒而给费用，须含奖励之意。

二、给费照左列标准给与之。

（一）出席之多寡。

（二）科业之成绩。

（三）品行。

但重点置于出席之多少。

三、给与生徒之金额，照左列之范围：

最低五十钱，最高一元，第一年；

最低七十五钱，最高二元，第二年；

最低一元，最高三元，第三年。

四、全月缺席者，不给费。

但因病缺席者，根据教师之意见，而给医药费。

五、生徒在学校使用之书籍及器械，贷与之。

六、寄宿于寄宿舍之生徒，补助食费若干。

七、苗圃之收获物，充寄宿生之食用。

第八　寄　宿　舍

一、番人间凡男子从十岁内外至结婚时止，有起卧于所谓公廨之共同宿舍之风习，可移此种公廨于学校内或近傍，以作寄宿舍。

二、通学不便之处，或通学不可能之远方者，须使之寄宿于寄宿舍。

三、无公廨设置之番社，须建筑寄宿舍。

四、寄宿舍之建置费用，由番人负担之。

第九　杂　　件

…………

台湾省文献委员会编：《台湾省通志》卷五“教育志·教育行政篇”，
台北，众文图书公司，1970年，第91—92页；
台湾教育会编：《台湾教育沿革志》，台北小冢本店，1939年，第459—466页。

番人子弟就学于公学校之件

（1905年）

明治三十八年二月三日敕令第二七号

第一条　台湾总督得依地方之状况，设置使番人入学之公学校。

第二条　由于前条而设置之公学校，其就学之番人子弟不征收学费。

第三条　由第一条而设置之公学校，其经费得以地方税支付办理之。

第四条　由第一条而设置之公学校，不需台湾公学校第一条之认可。

附则

本令自明治三十八年四月一日起施行之。

台湾省文献委员会编：《台湾省通志》卷五“教育志·教育政篇”，
台北，众文图书公司，1970年，第92页。

番人子弟就学之公学校教育规程

（1905年）

明治三十八年二月二十五日训令第三十二号

第一条　不依据《台湾公学校规则》而教育番人子弟之场合，须依此规程。

第二条　依据第一条而就学之生徒，修业年限为四年。

第三条　依据第一条而就学之生徒，其教科目为修身、国语、算术。但依地方之情况得加设农业、手工及唱歌之科目或数科目。

第四条　关于番人子弟就学之公学校编制及教则之规程，得台湾总督之认可，由厅长定之。

台湾省文献委员会编：《台湾省通志》卷五“教育志·教育行政篇”，
台北，众文图书公司，1970年，第93页。

台湾番童[1]教育纲要

（1908 年）

一、番务[2]官吏驻在所番童教习科目如下：礼仪、伦理、耕作技艺、手工、国语、计数法、习字，其中手工、计数法、习字、唱歌为选修科。

二、应教习的礼仪概要如左：

敬礼：坐、立、注目、点头、恭听、欠身等；

让路：左避、向导、随行等；

出入门户：门户的开关、向导等，日本式的做法心得；

食事：他人食事的回避；

物品的赠受：对于贵重物品及年长者持有物的送取动作，必须事先得到教授，熟练学会并达到举止得体。

三、应教习的伦理概要如左：

忠君、孝父母、顺长辈、爱孩子，兄弟、夫妻、朋友间的相互信赖、相互谦让，有集体荣誉感。

四、应教习的耕作技艺，由现在经改良的番人耕作法逐步向定地耕作法发展，同时为鼓励果蔬类生产及牲畜家禽的饲养，提倡以下作法：深耕、施肥、新种的耕种、饲养、嫁接、收获、收获物调制、改良、销路。

五、应学习的手工概要如左：工作器具的使用法，日用器具的制法，简易造材法。

六、应教习的国语为简单的普通话[3]，须回避地方方言等粗鄙的语言，教授日常使用的语言。

七、应教习的计数法的范围如左：

从一至百的数数。单位中的年、月、日、时、元、钱、尺、寸、石、斗、升、合、贯、斤、刃，一位加法的心算。在学习前项之后尚有余力之时，再教以一百以上的数字及简单的加减乘除。

八、应教习的习字范围如左：假名、数字。

在熟练习得前面知识尚有余力之时教习前揭单位的文字书简等的格式。

九、唱歌课教习一至二首类似“君の代”的歌曲。

台湾教育会编：《台湾教育沿革志》，台北小冢本店，1939 年，第 488—489 页。

---

① 番童，指山地人少年儿童。下同。

② 番务，指山地人住区事务。下同。

③ 普通话，这里指日本东京话。

番童教育标准

（1908年）

一、番务官吏驻在所实施番童之教育时，依据此标准。

二、学童为通学者；但由于地方之情况而不得已时，得设寄宿生。

三、教育于渐次教化，使熟悉我①之风俗习惯为目的；至于学术之教习，暂不作为急务。

四、教育之器具物品，以官费设备。惟设备品为贷与，消耗品则给与之。

五、通学生之午餐及寄宿生之膳费官给，炊具食器及寝具则贷与之。

六、授业日数，每月约二十日，日曜祭日及依番社旧习之祭日，均休假。

七、授业时间，每日五小时，其二分之一以上为耕作、种艺、手工。

八、番童教育开始时，厅长须具左列事项，经总督之认可。

（一）番务官吏驻在所名。

（二）儿童之人数；有收容寄宿生之必要时，须注明其人数及事由。

（三）募集儿童之区域。

（四）初次制办器具物品之种类、件数、价格。

（五）其年度所需补给物品之种类、件数、价格。

（六）授业日数及休假之种类。

（七）教习科目及时间分配。

（八）膳费之给予，以月额定之；但平时之膳费，则一个月限五次以内；如为日本食，则以稍高额予之。

（九）炊具、食器、寝具之种类、件数、价格。

九、番童教育废止时，厅长须申具其事由，经总督之认可。

十、番童教育之纲要及费用之概额，依据另表。

台湾省文献委员会编：《台湾省通志》卷五“教育志·教育行政篇”，
台北，众文图书公司，1970年，第94—95页。

番童教育费标准

（1908年）

一、教室用具——一所收容二十人，黑板一、计数器一、参考书若干（初等二十元以

① 我，这里指日本。

内，补习年额五元以内)、桌三人一只、椅三人一只、消耗品若干。

二、实习器具——一人年额二元以内。砚、锹、键、鹤嘴、桶、柄、砣、锯、锥、小刀、刨、砥石、尺、度、墨、壶等。

三、实习消耗品——一人年额三元以内。笔、纸、墨、铅笔、种物等。

四、炊具食器——一人年额五十钱以内。

五、寝具——初次一人五元以内，补习一人年额五十钱以内。

六、膳费——通学生一人月额一元以内，寄宿生一人月额三元以内。

台湾省文献委员会编：《台湾省通志》卷五“教育志·教育行政篇”，台北，众文图书公司，1970年，第95页。

番人公学校规则

(1914年)

大正三年四月十八日府令第三十号

第一条　番人公学校是对番人实施德育、国语及必须的知识技能教育，以养成本国①国民精神。

第二条　番人公学校在台湾总督认为必要时设置之。

第三条　修业年限四年，但据当地情况也可定为三年。

第四条　教科目为：修身、国语、算术、唱歌及实科。

第五条　无论对于何种教学科目，都必须针对番人的生活状态及学生的身心健康程度按男女的特性实施适当的教育。

第六条　修身以培养学生的德性，指导其道德实践为要旨，修身课先教授礼仪后传授道德上的心得。

第七条　国语以教授普通的语言文章及启发德智为要旨。

国语从说话方式开始教授简易的国语，同时学习假名及简单的汉字读法写法及简易的前后连缀方式。

第八条　算术以使学生熟悉日常计算并学习生活上必须的知识为要旨；

算术应从心算开始教授，循序渐进，继而教授笔算并进行加减乘除等简易算术。

第九条　歌唱以简易的歌曲调整心情为要旨；歌唱应教授简易的单音、诗歌歌词及乐谱以适合番人的趣味为主。

第十条　实科以使学生学会娴熟地处理生活上必须的工作，养成勤劳的习惯为

① 本国，这里指日本。

要旨。

第十一条　各学年的教授程度及每周教授时数应根据有关规定由厅长考虑制定并向台湾总督报告。

第十二条　学年由四月一日开始至第二年的三月三十一日结束，学年划分以下三个学期：

第一学期　四月一日起至八月二十日

第二学期　八月二十一日起至十二月三十一日

第三学期　第二年的一月一日起至三月三十一日

第十三条　休息日如左：

一、节庆日

二、台湾神社祭日，始政纪念日

三、星期日

四、年末年初休息自十二月二十九日至一月三日

五、学年末休息自三月二十九日至同月三十一日。纪元节、天长节日、一月一日及始政纪念日，职员及学生应在学校集合举行仪式。

第十四条　除前条番社旧习规定的节庆日及农忙期外，若须其他休息日，学校应将其理由及时间禀呈厅长申请批准。前项的休息日一年之内合计不得超过五十日。如有意外灾难或其他紧急情况，校长须立即将休假情况向厅长具体汇报。

第十五条　入学番人之年龄为八岁以上。

第十六条　一学级之生徒数，约以五十人为标准。

第十七条　修身、唱歌、实科、算术等教科目，可据生徒之程度教授其内容之一部或全部。

第十八条　学校长于修业年限终止时，认为全教科修完者，授与毕业证书。

第十九条　每一学级置教谕一人；但教谕人数三分之二以内，得以训导代用。

前项训导难得时，得代用无免许状者。

第二十条　除前条之外，为辅助学校长处理校务，得置训导一名。

第二十一条　依照前二条而配置者之外，得置关于实科之专科教员。

第二十二条　增加学级时，须得台湾总督之认可。减少学级时，须报告台湾总督。

第二十三条　毕业证书、学籍簿、出席簿、生徒学业成绩表的样式和标准，以《台湾公学校规则》为依据。

第二十四条　有特别事情时，厅长可得台湾总督之认可，不依据本令。

本令自发布之日起施行之。

台湾教育会编：《台湾教育沿革志》，台北小冢本店，1939年，第475—478页。

日据中期台湾山地公学校及教育所教学程度及每周教学时数

（1914—1928年）

一、四年制山地公学校教学程度及每周教学时数表（1914年）

学年 教科目	每周教学时数	第一学年	每周教学时数	第二学年	每周教学时数	第三学年	每周教学时数	第四学年
修身	1	礼仪作法及心得	1	同上	1	同上	1	同上
日语	6	近易话之说法、片假名之读法	6	近易话之说法、片假名之读法写法	8	普通话之说法、作文法、简单汉字之读法写法	8	同上 平假名之读法
算术	4	三十以下之数之处理法	4	百以下之数之处理法	4	通常之加减乘除	4	同上，简易之诸等数
唱歌	1	口授口唱	1	同上	1	歌词示唱	1	同上
实科	6	耕作、制作、除草及扫除等	6	栽培、饲育、制作、加工及保存等	6	栽培、饲育、制作、加工、保存及利用等	6	同上
计	18		18		20		20	

附注：本表之外，每周得增加十二小时以内之实习。

台湾省文献委员会编：《台湾省通志》卷五“教育志·教育设施篇”，台北，众文图书公司，1970年，第39页。

二、三年制山地公学校教学程度及每周教学时数表（1914年）

学年 教科目	每周教学时数	第一学年	每周教学时数	第二学年	每周教学时数	第三学年
修身	1	礼仪作法及心得	1	同上	1	同上
日语	6	近易话之说法、片假名之读法	6	近易话之说法、片假名之读法写法	8	普通话之说法、作文法、简单之汉字读法及写法、平假名之读法

续表

学年 教科目	每周教学时数	第一学年	每周教学时数	第二学年	每周教学时数	第三学年
算术	4	二十以下之数之处理法	4	百以下之数之处理法	4	通常之加减乘除，简易之诸等数
唱歌	1	口授口唱	1	同上	1	歌词示唱
实科	6	耕作、制作、除草及扫除等	6	耕作、饲育、制作、加工及保存等	6	耕作、饲养、制作、加工、保存及利用等
计	18		18		20	

附注：本表之外，每周得增加十二小时以内之实习。

台湾省文献委员会编：《台湾省通志》卷五“教育志·教育设施篇”，台北，众文图书公司，1970年，第40页。

三、山地教育所各学年教学程度及每周教学时数表（1928年）

学年 教科目	每周教学时数	第一学年	每周教学时数	第二学年	每周教学时数	第三学年	每周教学时数	第四学年
修身	1	道德要旨	1	同上	1	同上	1	同上
日语	7	近易话之说法、读法、作法、写法	7	同上	8	同上	8	同上
算术	3	二十以下之整数	3	百以下之整数	3	千以下之整数	3	整数、简易之诸等数
图画	1	简易之描写	1	同上	1	同上	1	同上
唱歌 体操	3	单音唱歌 游戏、体操、教练	3	同上 同上	3	同上 同上	3	同上 同上
实科	7	耕作、除草、扫除、制作等	7	栽培、饲育、制作、加工等	8 女2	栽培、饲育、制作、加工、利用等及简单之裁缝手艺	8 女2	同上

续表

学年 / 教科目	每周教学时数	第一学年	每周教学时数	第二学年	每周教学时数	第三学年	每周教学时数	第四学年
计	22		22		男 24 女 26		男 24 女 26	

附注：在本表教授时数之外，得每周增加八小时以内之实习课程。

台湾省文献委员会编：《台湾省通志》卷五“教育志·教育设施篇”，
台北，众文图书公司，1970 年，第 40 页。

番童教育所教育标准

（1928 年）

昭和三年一月督警第一七四号

第一章　总　　则

第一条　为教育不常用国语及使用台湾语的子弟学习国语，得于警察官吏驻在所即派出所中设置教育所。

第二条　教育所以注重儿童身体的发达，施以德育，培养国民性格，学习国语，养成良好的风俗习惯，教授生活必须的简易的知识技能为目的。

第三条　设置教育所时，州知事或厅长须添附教育所台账抄本，并向台湾总督报告。

第四条　废止教育所的时候，州知事或厅长须将其原由、年月日及学生的处置方法，向台湾总督作具体报告。

第二章　职员及编制

第五条　教育所设所长，以监视区的监督充之。教育所长负责训育，掌管所中事务，并监督所属职员。

第六条　在教育所中各学级分别设置教育担任者一名；当有特别事件发生时得置教育担任辅助者。教育担任者及教育担任辅助者，以巡查、嘱托及雇员充任之。

第七条　一学级的学生数，以四十人为标准；在单级编制的教育所所有的儿童分为前后二部来教授。

第三章　修业年限、科目、教则及教科用图书

第八条　教育所修业年限为四年。教科目为修身、国语、算术、图画、唱歌、体操及

实科等。实科分为农业、手工及裁缝，可选择其中一种或二种学习，裁缝课限女生选修。

第九条　在教育所中应遵守第二条的规定，受教育学生无论何种科目均以培养德性和熟练应用国语、培育国民性格为任务。依地区不同需要，教授生活必须的知识技能，并反复练习，以实用为主。无论何种科目都须根据学生身心发展程度，以男女的特性及其将来的生活进行适当的教育。各科目的教授，其目的和方法应准确无误，并作到各科相互联系、互为补充。

第十条至第二十条

…………

第四章　学年、休假日及纪念日

第二十一条　教育所的学年，从四月一日开始到第二年的三月三十一日结束。

第二十二条　每天的时间表及教学起始的时间由教育所长规定之。

第二十三条　教育所的休假日如左：一、祭日、祝日；二、台湾神社例祭日、始政纪念日；三、星期日。

第二十四条　除前条的规定以外，依据番社的习惯、祭日、农忙期及其他的需要，可以安排临时休假，但是一学年的休假日不得超过六十天。

第二十五条　纪元节、天长节、明治节、元旦及始政纪念日，职员和儿童在教育所集中，按下面的顺序举行下列仪式：一、职员和学生合唱；二、教育所长举行相当于祭祝日活动的祷告活动。

第二十六条　每逢台湾神社祭日，所有在职人员及学生应在教育所集中，所长做有关台湾神社的祷告，并同职员、学生一同遥拜日本供奉着北白川宫能久亲王的神社。

第五章　设　　备

第二十七条　教育所设有农业实习地，一人平均十坪以上。

第二十八条　教育所必须之器具、物品，由官费购置，并支付消耗，贷与学童；根据地区实际，可由州知事向厅长提出申请，如获批准，教育所可提供学生饮食。

第六章　入所、退所及惩戒

第二十九条　入学年龄：至四月一日止年满七周岁以上者方可入教育所。

第三十条　学生入教育所时间为学年年初，但情况特殊者可特殊处理。

第三十一条　学生从教育所转学时，应将学籍册移交其转入的教育所。

第三十二条　教育所长及教育者诊断必要时，可对不良儿童加以惩戒，但不宜加以体罚。

第三十三条　品性不良、屡教不改的学生，为保护其他学生不受影响，教育所长有权令其退学。

［日］吉野秀公著：《台湾教育史》，台湾日日新报社，1927 年，第 508—509 页。

日据时期山地少数民族子弟就读之公学校

校名	所在地
圆山埔公学校	恒春厅嘉禾里庄
高士佛公学校	恒春厅下番高士佛庄
马兰公学校	台东厅南乡马兰社
卑南公学校	台东厅南乡卑南社
知本公学校	台东厅南乡知本社
太麻里公学校	台东厅南乡太麻里社
璞石阁公学校	台东厅奉乡璞石社
太巴塱公学校	台东厅奉乡太巴塱社
薄薄公学校	台东厅莲乡薄薄社
太鲁阁公学校	台东厅太鲁阁社
吕家公学校	台东厅南乡吕家社
巴塱卫公学校	台东厅南乡巴塱卫社
水尾公学校	台东厅奉乡水尾社
麻老漏公学校	台东厅广乡麻老漏社
蚊蟀公学校	台东厅猪劳束庄外六社
率芒公学校	恒春厅率芒番率芒社

台湾省文献委员会编：《台湾省通志》卷五“教育志·教育设施篇”，台北，众文图书公司，1970年，第39页。

日据后期台湾山地族学童就学率概况表

(1941年)

种族	性别	就学人数	儿童总数	就学率①
泰雅	男	3 170	3 962	90.65
	女	3 151	3 947	90.83
	计	6 321	7 907	90.74

① 本表就学率计算有误。

续表

种族	性别	就学人数	儿童总数	就学率①
萨塞特	男	115	143	94.26
	女	123	156	91.11
	计	238	299	92.21
布农	男	1 412	1 805	88.64
	女	1 279	1 711	85.10
	计	2 691	3 516	86.92
兹欧	男	189	252	82.53
	女	143	208	74.87
	计	332	460	79.05
排湾	男	2 201	3 095	82.16
	女	2 054	3 006	79.86
	计	4 255	6 101	81.03
雅眉	男	52	103	65.00
	女	52	94	69.33
	计	104	197	67.10
合计	男	7 139	9 360	87.06
	女	8 801	9 122	86.61
	计	13 941	18 482	86.35

附注：阿美族及住居平地之排湾族未列入本表内。

台湾省文献委员会编：《台湾省通志》卷五“教育志·教育设施篇”，台北，众文图书公司，1970年，第41页。

日据后期台湾山地教育所概况表

（1942年）

州厅别	教育所	学级	教职员	儿童
台北	18	38	27	814
新竹	31	50	84	1 941
台中	30	62	72	1 611
台南	5	6	11	250

续表

州厅别	教育所	学级	教职员	儿童
高雄	50	63	71	2 904
台东	25	39	40	1 275
花莲港	21	43	51	1 560
合计	180	301	356	10 355

台湾省文献委员会编：《台湾省通志》卷五“教育志·教育设施篇”，台北，众文图书公司，1970 年，第 41 页。

五、国 民 学 校

国民学校令

（1941 年）

第一条　国民学校以应皇国之道，施初等普通教育，以“国民之基础之练成”为目的。

第二条　国民学校设初等科及高等科；但因地方之情况，得仅设初等科或高等科。

第三条　初等科之修业年限为六年，高等科之修业年限为二年。

第四条　国民学校之教科，初等科及高等科均为国民科、理数科、体练科及艺能科，高等科加实业科。国民科分之为修身、国语、国史①及地理等课目；数理科分之为算数及理科等课目；体练科分之为体操及武道等科目，但女子得缺武道；艺能科分之为音乐、习字、图画及工作等科目，初等科之女子加裁缝科目，高等科之女子加家事及裁缝等科目；实业科分之为农业、工业、商业及水产等课目。于前揭五项课目之外，高等科得设外国语及其他必要科目。

第五条　国民学校得为修毕高等科者设置特修科，其修业年限为一年。特修科之设置或废止时，须得地方长官之认可。

第六条　国民学校之教科用图书，须于文部省有著作权者；但关于乡土之图书及歌词、乐谱等，文部大臣未设特别规定时，不在此限。

第七条　关于国民学校之教则及编制之规程，由文部大臣定之。

第八条　保护者（对儿童行使亲权者。无行使亲权者时为监护人或行使监护之职务者，以下同）于儿童满六岁之最初学年起，至满十四岁学年终止时止，负有使儿童就学于国民学校之义务。

第九条至第十四条

…………

第十五条　国民学校置学校长及训导。

国民学校得置教头、养护训导及准训导。

第十六条　学校长及教头，就其学校之训导中任命之。

学校长受地方长官之命，处理校务，监督所属职员。教头辅佐学校长掌管校务。

---

①　国史，这里指日本史。

第十七条　训导及准训导为判任官之待遇，但任学校长及教头之训导得为奏任①官之待遇。

训导承学校长之命，司儿童之教育。

养护训导承学校长之命，司儿童之养护。

准训导承学校长之命，辅佐训导执行职务。

第十八条　训导及准训导须有国民学校教员之免许状者；养护训导为女性，须有国民学校养护训导之免许状者；教员免许状，师范学校毕业及训导或准训导检定合格者，地方长官授与之；养护训导免许状，养护训导检定合格者，地方长官授与之。

为施行前二项之检定，道、府、县设国民学校教员检定委员会；关于国民学校教员检定之规程另定之。关于教员免许状、养护训导免许状及其他检定之规程，文部大臣定之。

第十九至第三十二条

…………

第三十三条　国民学校之经费除有特别规定外，由市町村学校组合或町村学校组合负担。关于儿童教育事务委托之经费亦同。

第三十四条至第三十五条

…………

第三十六条　国民学校不征收学费。

…………

台湾省文献委员会编：《台湾省通志》卷五“教育志·教育行政篇”，台北，众文图书公司，1970年，第105—107页。

台湾国民学校训导、准训导及养护训导免许令修正

（1941年）

第一条　台湾国民学校教员免许状，分为左列五种：

一、台湾国民学校训导免许状。

二、台湾国民学校初等科训导免许状。

三、台湾国民学校专科训导免许状。

四、台湾国民学校准训导免许状。

五、台湾国民学校初等科准训导免许状。

第二条　有台湾国民学校训导免许状者，得任国民学校全教科之训导，有台湾国民学

① 奏任，即荐任。下同。

校初等科训导免许状者，得任国民学校初等科及依据昭和十六年敕令第二五五号附则第五项规定之国民学校全教科之训导，有台湾国民学校专科训导免许状者，依照台湾总督之所定，得任国民学校教科中一科目或数科目之训导。

有台湾国民学校准训导免许状者，得任国民学校全教科之准训导；有台湾国民学校初等科准训导免许状者，得任国民学校初等科及依据昭和十六年敕令第二五五号附则第五项规定之国民学校之全教科准训导。

第三条　台湾国民学校教员免许状，对于以养成国民学校教员为目的之官立或公立学校毕业者，及经训导、准训导之检定合格者，依据台湾总督之所定而授与之。

为施行前二项之检定，设置台湾国民学校教员检定委员会，其规程另定之。

关于教员免许状及养护训导免许状及其他检定之规程，台湾总督定之。

第四条　该当于左列各项之一者，不得受训导、准训导及养护训导之检定：

一、曾被处禁锢以上之刑者。

二、宣告破产而未复权者。

第五条　有台湾国民学校教员免许状者，该当于左列各项之一时，其教员免许状即失效力。

一、被处禁锢以上之刑时。

二、受宣告破产时。

有教员免许状者，如有不正行为及其他污辱教员体面之行为，认为其情状重大时，台湾总督得褫夺其教员免许状。

前二项之规定，有台湾国民学校养护训导免许状者，备用之。

附则

本令自昭和十六年四月一日起施行。

台湾省文献委员会编：《台湾省通志》卷五“教育志·教育行政篇”，
台北，众文图书公司，1970 年，第 111—112 页。

台北州新庄东国民学校贯彻教育敕语精神案

（1941 年）

一、教学方式

第一，教育敕语的学习（案）

1. 初等科第一、二学年

于教育敕语颁发纪念日、四大节日、其他节日前后，讲解敕语颁发之由来及圣旨所在。

2. 第三学年

(1) 依照前学年讲授方式，惟稍提高教学水平。

(2) 将教科书中有关项目内容指出其与敕语之关系，对部分读法与意义做示范与解说。

3. 第四学年

(1) 依照前学年方式，稍提高其层次讲授。

(2) 敕语本文之恭读背诵及讲授大意。

4. 初等科第五学年

(1) 背诵敕语本文及讲解大意。

(2) 令其练习抄写本文。

5. 初等科第六学年

(1) 按照前学年方式讲授，惟须稍提高其难度。

(2) 令其抄写敕语本文。

6. 高等科第一学年

(1) 反复提醒初等科讲授内容。

7. 高等科第二学年

(1) 对敕语表解，务必做到正确了解。

(2) 令其默写敕语本文。

第二，大礼堂训话

统一全校训练方式，并确立优良校风。校长每月一次以先哲、伟人为训话题目，将其言行、成功之处，归功于教育敕语，以贯彻圣旨。

第三，教育敕语颁发纪念日

于每年十月三十日举行纪念仪式，校长针对颁发之由来、圣旨所在做训话后，令其提出对敕语之感想。

同时令儿童参加各学年所组织之奉公团，动手实践圣旨，令其自动打扫、除草，整理校内道路、修整保养，并且去除危险物、涂鸦。

第四，每天头一节开课时，背诵教育敕语。

在修身教科书上，恭录全文，有礼貌。五月二十二日颁发给青少年的敕语，亦同样令儿童抄写，默写。

杜武志著：《日治时期的殖民教育》，台北县立文化中心，1997 年，第 110—111 页。

台北州新庄东国民学校尊奉教育敕语概况

（1941—1943 年）

1. 新庄东国民学校一九四一昭和十六年（民国三十年）学校经营方针

基本方针：依据国民学校宗旨——根据《台湾公立国民学校规则》第七条规定：“国民学校依据国民学校令第一条之趣旨，遵守左列事项，以教育儿童。”

（1）奉戴有关教育敕语之旨趣，在所有领域教育修炼皇国之道，尤其灌输对国体的信念。

（2）令其体会国民生活上必备之一般知识技能，使情操醇化，培育强韧的身体，努力炼成敢作为之精神。

（3）使我国文化之特质明确化，同时教以东亚及世界之大势，引导学生自觉皇国之崇高地位与使命，以启培大国民之资质。

2. 学校对敕语奉安所应遵守的礼法

（1）上学下课，在校门口谨向奉安室行最敬礼。

（2）经过奉安室前时，亦同。

对于宫城照应有的礼节：

对于每一个教室所悬挂的宫城照，应以诚惶诚恐的心情宣誓做为赤子，专心精进于本分，即树立夙夜修持皇道之信念，建立教室便是练成道场，而礼堂便是中心练成道场这个共识。

（1）讲授有关皇室事项时，便要向宫城照行礼，以表感谢皇恩。

（2）上课前老师、儿童，均须行最敬礼，表示已下决心“今天在本道场，决专心努力”。最后一堂课下课前，亦同样行最敬礼。

（3）在上学时，要行最敬礼。打扫值班，或留下来的在放学时，亦同。教师在办公室的作法，亦同。

（4）在教室内，不得有不礼貌的行为。

3. 一九四三昭和十八年（民国三十二年）度学校实地调查事项（三月二十七日台北州训令第七号）

（一）御照与敕语誊本奉安情形

（1）检查情形。

（2）供奉（在奉安室的）情形。

（二）教育敕语处理情形

（1）学习计划。

（2）实际执行情形。

(3) 为教育儿童身心一体，务必把讲授、训练，保证连成一气。

(4) 各教学科目、项目务必发挥其特色，同时将其互相结合，俾便有助于国民练成。

(5) 重视仪式、学校例行活动，与教学科目拼成一体，以收教育之实。

(6) 家庭与社会必须紧密地连系在一起，期使儿童教育更臻完美。

(7) 教育务必配合国民生活，具体而实际。同时对于未来之职业生活，做适切指导。

(8) 留意儿童身心发展，针对男女生之特性、环境等，施以适切的教育。

(9) 引发儿童学习兴趣，培养自修习惯。

杜武志著：《日治时期的殖民教育》，台北县立文化中心，1997 年，第 109—111 页。

六、书房义塾

木下邦昌关于日据初期台湾书房状况的调查报告要点

（1896 年）

一、设置。台湾之书房，其设施有二种：一者，由有子弟家长二十至三十人，协力延聘老师开学堂者；一者，由教师自行开办学堂，招生授教者。校舍多以教师自宅充当为例，亦有由家长共同选定舍室予以充当者，往往借寺庙或祠堂为开办处所，未有独立为学校而开办者。学堂名称，悉由教师自行订定。

二、修业年限。修业年限并无硬性设限。民家子弟届七八岁，即求师就学。在校期间，依贫富贤愚而有别，贫者子弟概三四年，中产者六七年，至于富家子弟有长至十余年者。

三、学年。学年按农历，每年始自正月上元，迄至十二月上旬结束。某些地方，始自三、四月，而结束于十一月者亦有之。

四、休假日。假日，除年始、年终外，上元、端午、七夕、中秋、重阳各节及孔子祭日，定为放假日。

五、学科课程。大学课程，以经史、文章、诗词为主；中学课程，以书注、作对为主；初学则以背诵白文及写字为主。算数之学，视为商家之业，以学校避不教之。儿童入门之初，先教以《三字经》，因其句短适于初学者之诵读。次授《四书》白文及《幼学群芳》之类，进而令读《五经》，尤进者始及《四书》全注，逐阶修毕者，始授予古文诗赋。其间，兼课习字及作对，俟作对娴熟，乃课以作文、作诗。至于礼法修身，列为小学教程，自洒扫应对之练习，逐阶练习，逐阶及于人伦要道之训讲，惟其所授，往往仅止于口说，殊乏以实践责其成，致其实际礼节之教授，几无成就可言，甚或有污礼义之邦传统。

六、教科书。各书房所采用之教科书，大略如左：

（一）读书科用书：《三字经》《论语》《大学》《中庸》《孟子》《幼学群芳》《孝经》《诗经》《易经》《书经》《礼记》《春秋》《唐诗》《千家诗》《千字文》《声律启蒙》《史记》《四书批注》《尔雅》《纲鉴》《家语》《左传》《公羊传》《周礼》《性理》；

（二）作文及习字科：《尺牍如面谈》《入德之门》《初学字格》《初入学早登科》；

（三）算术科：《指命算法》。

右中，如《孝经》及《四书五经》之类，其内容放之四海皆准自无问题，至于其他多有崇清文字。台湾人既已成日本隶民，令其学习崇清文字，似有不妥，乃于总督府学务部修正编定汉文读本一种，强迫各书房采用。

七、教授法。日课，自上午八时开始，其顺序先令各生徒背诵前日所习书段，背读烂熟者，则在其所诵句末，圈上朱点，表示已修毕至其处，然后再教授新段，令退熟读背诵。如是全生轮替至十时或十一时，再按生徒学力命作对、作诗或作文。迨至十二时，全生放学返家吃午餐。下午一时再来校。习字至下午二时至三时左右，使反复背诵上午所授新书段，以备翌日之考试。而至四时或五时，由教师对全生讲述古人之善行嘉言等，令生徒知其所趋。至下午六时息业。有时亦命生徒中之长者，以一周或十日为期，交出作文或作诗。

教授诗文，初令各生制簿一册，于入学之际由教师书上天地等字，初仅示其读法与意义而止，进一步则由教师于其簿中一页右边书一语或一句，而令生徒于其左边对书对语或对句。而其字数，自一字对、二字对甚至有逐渐增至十二字对者，且就各字使知其平仄。如斯数年，先打好作文作诗之基础，后始入诗文初步，尔后可令作全篇诗文。

教授时间，清晨至晚夕，可谓几已终日为教亦不为过。惟考其实际，教授毫无纪律，既无游戏体操，亦无休息时间之设。为师者授业之余，咬烟斗于嘴，学生亦有或吸烟，或嚼食物，或笑此戏彼，真正授课时间反而不多。

八、教师。书房教师，并无一定资格，有贡生、廪生、生员及童生，亦有未经一定考试之读书人，清廷对教育上之诸般措施，虽取放任主义，独事关考试，则大加奖励，故无资格复欲为人之师，在社会上乃一大耻辱。

兹略述考试。街庄之书文章诗赋之读书人，则应县之考试，称为“童生”。经县试再经书院之考试及第者，称为“生员”。县内定有名额，由官给予廪录之生员，称为廪生，廪生之期间约为六年，遇缺时，以岁考一等之生员令补其缺。廪生期限已届满，而不再受官实录之生员，称为“贡生”。生员、廪生、贡生等应省考及第者，称之为“举人”。举人而应首府之试，及第者称为“进士”。而将进士科考成绩供天览，定甲乙，其榜列一等者，称为“状元”，二等者称“榜眼”，三等者称“探花”，乃众士志之所归。

九、谢金酬物。谢金乃依家之贫富，未尽划一。子弟入学之际，一年之谢金：富者二元至三元；贫者及中产者，为一元。尔后富者每年增送一元至二元；贫者则增五十钱。迨进修大学之课程，往往有致送十数元至二十元者。酬物虽亦未尽一致，概于入学之初先缴纳“束脩”。其金额为铜钱一百文乃至二百文。其后每遇端午、七夕、中秋、重阳四节，应赠送与束脩略等额之铜钱，且一年中应另致赠膳米三斗，油三四斤，木炭三十斤，茶一斤，鱼菜若干，饼干若干为例。上述酬物，并非每生均应悉加备送，或仅送米、油，或仅送茶、油、火炭等，各生不一。

台湾省文献委员会编：《重修台湾省通志》卷六“文教志·社会教育篇”，台湾省政府，1993 年，第 417—420 页。

全台书房调查概况

（1897 年）

管辖厅	书房数	生徒数	一年间酬物额				
			谢金额（厘）	米油	薪炭	茶盐	金钱（厘）
台北县	93	1 142	5 148 000				厘 791 000
淡水支厅	23	445	1 187 500	米 69 石 1 斗			钱 64 400 文
基隆支厅	31	508	1 427 500	米 71 石 9 斗	炭 7 200 斤		240 500
新竹支厅	151	2 341	8 225 580				2 424 090
宜兰支厅	40	629	1 238 200	米 90 石 2 斗 油 1 094 斤	炭 6 100 斤		
台中县	111	1 562	5 871 800	米 260 石 2 斗 油 1 134 斤	薪 4 340 斤		61 380
彰化支厅	134	2 276	6 446 020	米 228 石 6 斗 油 2 272 斤	炭 4 440 斤	茶 32 斤	34 800
苗栗支厅	39	644	1409 000	米 98 石 1 斗 油 640 斤			128 210
云林支厅	25	436	1 596 000	米 30 石			331 000
埔里社支厅	3	48	174 000	米 10 石 油 80 斤	薪 120 担		
台南县	138	1 828	6 123 000	米 149 石 1 斗 油 347 斤	薪 46 担 炭 100 斤		金 13 元 钱 569 100 文
嘉义支厅	73	1 043	3 453 000	米 134 石 9 斗 油 351 斤	薪 8 600 斤 炭 1 550 斤		
凤山支厅	160	1 940	7 777 000	米 74 石 6 斗 油 126 斤	炭 760 斤	盐 12 斤	7 500
恒春支厅	23	283	1 053 000	米 118 石 7 斗 油 811 斤	炭 21 200 斤		
台东支厅	1	22	80 000	米 3 石 油 2 斤			

续表

管辖厅	书房数	生徒数	一年间酬物额				
			谢金额（厘）	米油	薪炭	茶盐	金钱（厘）
澎湖岛厅	81	919	1 838 000	以下缺少岛厅之调查			
计	1 127	17 066	53 047 600	米 1 284 石 4 斗 油 6 857 斤①	薪 29 540 斤 炭 41 350 斤	茶 32 斤 盐 12 斤	金 4 032 元 39 钱 钱 633 500 文

附注：一、学生入学年龄比例：六岁 54 人，七岁 218 人，八岁 237 人，九岁 190 人。

二、一年谢金额：53 047 元 60 钱。

一年酬物额：15 766 元 57 钱。

但米一升 8 钱、油 1 斤 4 钱、薪 1 斤 5 厘、炭 1 斤 1 钱（钱：十文为一钱，除茶与盐外，换算成现金之金额）。

三、平均一所书房：生徒 15 人多。

四、平均一所书房：收入额 60 元 86 钱余。

五、平均生徒一人之谢金及酬物价额约 4 元余。

六、本表中各地之厅按其生徒之多寡，可排行如左：

（一）新竹；（二）彰化；（三）台北；（四）凤山；（五）台南；（六）台中；（七）嘉义；（八）澎湖岛；（九）苗栗；（十）宜兰；（十一）基隆；（十二）淡水；（十三）云林；（十四）恒春；（十五）埔里社；（十六）台东。（民学第 163 号，四月二十一日立案。）

资料来源：《台湾教育沿革志》，第 980—981 页。

台湾省文献委员会编：《重修台湾省通志》卷六“文教志·社会教育篇”，台湾省政府，1993 年，第 420—421 页。

各县厅书房概况

（1898 年）

管辖厅	书房数	教师	教师资格	生徒	一年全体生徒谢金总额(元)	一年生徒酬谢换算通货（元）	谢金酬物合计金额②（元）
台北县	382	382	生员 6，秀才 12，廪生 2，无资格 361	8 510 女 27	22 976.710	5 837.695	38 814.405
宜兰厅	31	31	生员 6，童生 25	726	1 400.000	495.640	1 895.640

① 本表“米油”合计有误。

② 本表台南县、嘉义县、凤山县的“谢金酬物合计金额”及总合计数字有误。

续表

管辖厅	书房数	教师	教师资格	生徒	一年全体生徒谢金总额(元)	一年生徒酬谢换算通货（元）	谢金酬物合计金额（元）
台南县	129	129	举人 1，增生 1，廪生 3，贡生 3，秀才 21，童生 100	1 889 女 30	4 325.900	205.800	5 569.200
台东厅	4	4	童生 3，无资格 1	71	206.200	45.000	251.200
嘉义县	256	256	生员 36，廪生 1，童生 213，读书人 6	4 127 女 5	11 496.500	2 464.558	15 547.498
台中县	335	335	秀才 18，生员 22，贡生 2，廪生 1，童生 286，无资格 6	4 890 女 3	13 980.600	2 504.930	16 485.530
新竹县	280	280		5 200	13 625.800		13 625.800
澎湖厅	95	95	秀才 8，佾生 3，童生 79，无资格 6	1 646	2 930.830	1 025.492	3 956.322
凤山县	195	195	童生 52，秀才 18，监生 2，儒生 2，无资格 121	2 823	9 212.000	2 259.708	11 498.618
合计	1 707	1 707	生员 70，秀才 77，廪生 7，童生 758，举人 1，增廪生 1，贡生 5，佾生 3，监生 2，儒生 2，无资格 495	29 882 女 65	801 154.540	14 818.823	97 644.213

附注：童生：拟考秀才而准备中之读书人。

监生：国子监（北京）学生之一；台湾之监生，多为例监生，即捐出金圆而获得者。

佾生：童生而于释奠之际，当佾生者。

生员：及第岁科三考（县、府、学政）者，亦称秀才。

廪生：生员而受每年一次学政使之考，而其成绩优等者。

增生：其成绩次于廪生者。

贡生：廪生已届满六年期限，不再受禄者。

举人：及第于乡试（省都之试）之秀才或贡生。

进士：举人而及第于北京之会试者。

资料来源：《台湾教育沿革志》，第 982—984 页。

台湾省文献委员会编：《重修台湾省通志》卷六“文教志·社会教育篇”，台湾省政府，1993 年，第 422—423 页。

台湾各地书房数、学生数及收入概况

（1898—1930 年）

年度别	项别＼地区别	台北	基隆	宜兰	深坑	桃园	新竹	苗栗	台中	彰化	南投	斗六	嘉义	盐水港	台南	蕃薯寮	凤山	阿猴	恒春（台东）	澎湖	合计
明治三十一（1898）	书房数	382		31			280		335				256		129		175		4	95	1 707
	学生数	8 537		726			5 200		4 893				4 132		1 919		2 823		71	1 646	29 941
	收入（日元）	22 977		1 400			13 626		13 981				11 497		4 326		91 212		206	3 931	80 156
明治三十八（1905）	书房数	111	52	46	1	82	133	143	47	21	17	78	41	115	73	3	23	22	3	44	1 055
	学生数	1 925	939	1 216	28	2 510	1 855	2 263	774	479	436	1 217	556	1 809	1 361	72	324	478	83	926	19 251
	收入（日元）	3 369		4 595	108	8 255	9 017	9 760	2 304	325	1 827	4 089	2 935	8 113	5 256	177		1 360	257	2 306	64 043
明治四十三（1910）	书房数	102		14		43	161		45		19		85		25			36		37	567
	学生数	2 983		359		2 326	4 075		1 199		415		2 116		679			773		886	15 811
	收入（日元）	10 607		976		6 637	12 953		4 389		1 328		7 885		2 549			2 919		2 289	52 532
大正四（1915）	书房数	74		7		64	89		70		1		139		85			42		38	599
	学生数	2 371		197		3 366	2 370		2 379		24		3 094		2 287			1 096		816	18 000
	收入（日元）	10 068		582		9 960	7 877		8 478		120		14 028		8 908			4 769		2 118	66 798

续表

年度别	项别＼地区别	台北	基隆	宜兰	深坑	桃园	新竹	苗栗	台中	彰化	南投	斗六	嘉义	盐水港	台南	蕃薯寮	凤山	阿猴	恒春（台东）	澎湖	合计
大正九（1920）	书房数	22					32		25						101		（高雄）45			1	226
	学生数	1 304					1 220		782						2 825		1 472			36	7 639
	收入（日元）	9 328					6 356		4 767						18 585		5 988			160	44 073
大正十四（1925）	书房数	45					39		19						9		（高雄）17				129
	学生数	2 098					1 650		691						330		368				5 137
	收入（日元）	27 267					10 143		6 320						2 402		2 317				48 449
昭和五（1930）	书房数	51					16		16						7					51	164
	学生数	2 009					585		585						298					1 139	5 968
	收入（日元）	27 482					6 065		6 065						2 260					7 822	54 739

资料来源：《台湾总督府学事年报》，明治三十八、四十三，大正四、九、十四，昭和五年版；《台湾教育沿革志》，第982—983页。

台湾省文献委员会编：《重修台湾省通志》卷六“文教志·社会教育篇”，台湾省政府，1993年，第449—450页。

台湾书房义塾规程

（1898 年）

明治三十一年十一月十日府令第一〇四号

第一条　本规程以改进书房义塾，逐渐令其准据公学校教科，并以矫正其风仪为目的。

第二条　书房义塾之教科，虽可依旧惯，但应逐渐加授国语及算术。

第三条　书房义塾应尽量固定授业时间，教师应经常注意塾生动作，矫正其风仪，尤应留意卫生，不得有妨碍其健康情事。

第四条　教科用书除依旧惯外，台湾总督得指定必修教科书。

第五条　加授国语、算术科目时，应由塾主经办务署长向知事厅长报备。

第六条　书房义塾隶属办务署长之监督。

第七条　塾主应于每年三月三十一日前，将前期开学中塾生入退学、年龄、父兄职业及学业进度予以调查并报告办务署长。

第八条　授课管理及卫生特优之书房义塾，得支给补助金。

第九条　关于本规程之实施细则，由各知事厅长订定后，须报备于台湾总督。

台湾教育会编：《台湾教育沿革志》，台北小冢本店，1939 年，第 974—975 页。

日据时期书房教师出身分析（受传统教育者）①

（1904—1921 年）

出身别 / 人数及百分比 / 年度别	举人		秀才 贡生 廪生		童生 监生 幼生		地方厅讲习会结业		书房教师讲习会结业		无功名或无资格者		检定及格		其他		小计		合计
	人数	%	人数	%	人数	%	人数	%	人数	%	人数	%	人数	%	人数	%	人数	%	
光绪三十 明治三十七 (1904)年	1	0.09	51	4.70	344	31.79					677	62.51					1 073	99.69	1 083
光绪三十一 明治三十八 (1905)年	1	0.09	52	4.92	344	32.57	7	0.66			647	61.26					1 051	99.50	1 056
光绪三十二 明治三十九 (1906)年	1	0.11	50	5.46	369	40.28	28	4.62			457	49.89					905	98.79	916
光绪三十三 明治四十 (1907)年	1	0.11	60	6.77	345	39.94	24	2.71			442	49.89					872	98.42	886
光绪三十四 明治四十一 (1908)年			32	5.10	349	55.94	3	0.46			248	38.33					632	97.68	647
宣统一 明治四十二 (1909)年			39	5.83	474	72.85	4	0.60			140	20.92					657	98.20	669
宣统二 明治四十三 (1910)年	1	0.17	27	4.68	466	83.90	33	5.74			28	4.87					555	96.56	576
宣统三 明治四十四 (1911)年	1	0.18	30	5.36	424	75.71	26	4.64			49	8.75					530	94.64	560
民国一 大正一 (1912)年	1	0.18	34	6.14	357	68.40	60	1.47			71	12.79					523	94.25	555

① 本表各栏的百分比多处有误。

续表

出身别／人数及百分比／年度别	举人		秀才 贡生 廪生		童生 监生 幼生		地方厅 讲习会 结业		书房教师 讲习会 结业		无功名 或 无资格者		检定及格		其他		小计		合计
	人数	%	人数	%	人数	%	人数	%	人数	%	人数	%	人数	%	人数	%	人数	%	
民国二 大正二 (1913)年	1	0.16	30	5.09	357	65.61	3	0.51	59	10.02	94	15.96					544	89.33	589
民国三 大正三 (1914)年	1	0.15	36	5.58	332	56.23	4	0.63	56	8.64	160	24.69			1	0.17	590	80.61	648
民国四 大正四 (1915)年	3	0.49	44	7.23	306	56.25	2	0.33	49	8.05	135	22.17			1	0.15	540	79.61	609
民国五 大正五 (1916)年			38	5.745	327	64.54			33	5.00	109	16.52					507	97.81	660
民国六 大正六 (1917)年			29	4.88	245	55.32			36	6.07	132	22.26					442	79.53	593
民国七 大正七 (1918)年			29	6.42	168	37.17	4	0.88	5	1.11	141	31.19					347	78.77	452
民国八 大正八 (1919)年			28	8.00	161	58.00	6	1.71	2	0.57	76	21.72					273	77.00	350
民国九 大正九 (1920)年			20	7.94	72	28.58	2	0.78			17	6.55	6	2.38	83	32.94	200	89.73	252
民国十 大正十 (1921)年			49	21.17	51	29.08	8	4.62			13	5.88	3	1.36	50	22.63	174	79.74	221
合计	12	0.11	678	5.99	5 491	48.50	214	1.89	240	2.12	3 626	32.11	9	0.08	135	1.39	10 415	91.99	11 322

资料来源：《台湾总督府学事年报》，日明治三十七年至大正十年。

附注：按“秀才、廪生”项中，含秀才 624 人，占 5.51%，贡生 10 人，占 0.09%，廪生 44 人，占 0.39%；“童生、监生、幼生”项中，含童生 5 485 人，占 48.45%，监生 5 人，占 0.04%，幼生 1 人，占 0.01%。

台湾省文献委员会编：《重修台湾省通志》卷六“文教志·社会教育篇”，台湾省政府，1993 年，第 452—453 页。

有关书房义塾规程咨询案

（1905 年）

第一条　本规程旨在改进书房义塾教育以逐渐建立普通教育基础。

第二条　书房义塾应依惯例施行原有教育，但应逐渐增设有关国语的科目。

第三条　书房义塾增设国语科目时，应依据下列内容教学，且每日课时应在 2 节以上：音韵的性质、假名的用法、语言的种类、简易会话及语言、典型语言及应用、日常会话及问答、对话、文言文及常用文体。

第四条　书房义塾应有固定的教学时间和休息时间，教师日常应留意学生行为，纠正不礼貌言行，特别应注意关心学生的健康卫生。

第五条　关于教科用书依惯例，由台湾总督选定学生必修的教科书。

第六条　书房义塾增设本国国语科目时，应由教师经办务署长向知事、厅长呈报申请。

第七条　本令的实施细则由知事厅长负责。

台湾教育会编：《台湾教育沿革志》，台北小冢本店，1939 年，第 970 页。

台南州书房概况

（1922 年）

名称	修业年限	学科	教师	学生		
				男	女	计
尚志轩书房	4	修身、日语、算术、汉文	1	84	10	94
觉后轩书房	4	同右	1	40		40
三馀堂书房	4	修身、日语、算术、汉文、歌唱、体操	2	40	10	50
东洋书房	4	同右	1	37	5	42
敦荣书房	4	同右	1	20	10	30
省吾轩书房	4	修身、日语、算术、汉文	2	20		20
思齐轩书房	4	修身、日语、算术、汉文、歌唱、体操	2	24	6	30
丽泽书房	4	同右	1	35	5	40
改良轩书房	4	同右	1	50	12	62
合计①			12	348	58	406

资料来源：《台南州教育一览》（日大正十一年，台南），第 11—12 页，转引自吴文星撰《日据时代台湾书房之研究》页 73 表一。

台湾文献委员会编：《重修台湾省通志》卷六“文教志·社会教育篇”，
台湾省政府，1993 年，第 440 页。

---

① 本表的合计数字有误。

日据时期书房教师出身分析（受新式教育者比传统教育者）

（1922—1935 年）

年度别 \ 人数及百分比 \ 出身别	受新式教育者（1）								受传统教育者（2）						合计
	持有小公学校证书者		中学及高等女学校毕业者		公学校毕业者		小计		秀才、贡生、童生、汉学者		其他		小计		
	人数	%	人数	%	人数	%	人数	%	人数	%	人数	%	人数	%	(1)+(2)
民国十一 大正十一（1922）年	21	17.80			34	28.81	55	46.61	50	42.37	13	11.02	63	53.39	118
民国十二 大正十二（1923）年	34	19.43			55	31.43	89	50.86	38	21.71	48	27.43	86	49.14	175
民国十三 大正十三（1924）年	8	4.44	4	2.22	50	27.79	62	34.45	58	32.22	60	33.33	118	65.55	180
民国十四 大正十四（1925）年	9	4.05	9	4.74	67	35.26	78	41.05	69	36.32	43	22.63	112	58.95	190
民国十五 昭和一（1926）年	7	3.37	14	6.73	94	45.20	115	55.30	51	24.50	43	20.20	93	44.70	208
民国十六 昭和二（1927）年	6	2.79	13	6.05	72	33.48	91	42.32	68	31.563	56	26.05	124	57.68	215
民国十七 昭和三（1928）年	11	5.05	16	7.34	60	27.52	87	39.91	90	41.28	41	18.81	131	60.09	218

续表

出身别 / 人数及百分比 / 年度别	受新式教育者（1）								受传统教育者（2）						合计
	持有小公学校证书者		中学及高等女学校毕业者		公学校毕业者		小计		秀才、贡生、童生、汉学者		其他		小计		
	人数	%	人数	%	人数	%	人数	%	人数	%	人数	%	人数	%	(1)+(2)
民国十八 昭和四（1929）年	17	7.20	11	4.66	79	33.47	107	45.33	70	29.67	59	25.00	129	54.67	236
民国十九 昭和五（1930）年	12	5.08	14	5.93	73	30.93	99	51.95	73	30.93	64	27.12	137	58.05	236
民国二十 昭和六（1931）年	12	5.48	15	6.84	82	37.44	109	49.76	51	23.30	59	26.94	110	50.24	219
民国二十一 昭和七（1932）年	11	5.45	17	8.42	68	33.66	96	47.53	38	18.81	68	33.66	106	52.47	202
民国二十二 昭和八（1933）年	9	4.86	16	8.65	71	38.38	96	51.89	58	31.35	31	16.76	89	48.11	185
民国二十三 昭和九（1934）年	10	6.80	15	10.20	38	25.86	63	42.86	68	46.26	16	10.88	84	57.14	147
民国二十四 昭和十（1935）年	12	9.30	11	8.53	31	24.04	54	41.87	53	41.08	22	17.05	75	58.13	129
合计	172	6.47	155	5.83	874	32.88	1 201	45.18	835	31.42	622	23.40	1 457	54.82	2 658

资料来源：《台湾总督府学事年报》，日大正十一年至昭和十年版。

台湾省文献委员会编：《重修台湾省通志》卷六“文教志·社会教育篇”，台湾省政府，1993 年，第 453—454 页。

基隆市书房概况

（1935年）

名称	设立时间	修业年限	学科	教师	学生		
					男	女	计
步云斋书房	民国十一 1922 年4月13日	3	修身、日语、算术、汉文	2	250	3	253
鸣鹤堂书房	民国十一 1922 年6月14日	3	修身、日语、算术、汉文	2	45	7	52
自珍书房	民国十二 1923 年6月19日	3	同右	2	88	37	125
正蒙书房	民国十一 1922 年3月28日	2	同右	2	81	24	105
保粹书房	民国十一 1922 年4月11日	4	同右	2	76	10	86
日新书房	民国十五 1926 年5月26日	3	同右	2	63	2	65
合计				12	603	83	686

资料来源：《基隆市教育一览》（昭和十年，基隆），第16、17页，转引自吴文星撰《日据时代台湾书房之研究》页74表二。

台湾省文献委员会编：《重修台湾省通志》卷六“文教志·社会教育篇”，台湾省政府，1993年，第441页。

七、特殊教育

台湾公立盲哑学校官制

（1922年）

大正十一年四月二十二日敕令第二二四号

第一条　台湾公立盲哑学校设下列职员：

学校长　奏任或判任。

教谕　判任。

舍监

书记

第二条　学校长承州知事或厅长之命，掌理校务，监督所有职员。

第三条　教谕掌生徒之教育。

第四条　舍监由州知事或厅长就教谕之中补之，承学校长之指挥，掌寄宿舍事项。

第五条　书记承学校长之指挥，从事事务。

第六条　台湾公立盲哑学校职员定员，按各学校，由台湾总督定之。

第七条　台湾公立盲哑学校职员俸给及其他诸给与，为州或厅地方费之负担。

台湾省文献委员会编：《台湾省通志》卷五“教育志·教育行政篇”，台北，众文图书公司，1970年，第303页。

台湾公立盲哑学校规则要项

（1922年）

大正十一年五月一日府令第一〇七号

一、盲哑学校系对盲人及聋哑者，施以普通教育，并授以生活上所必要之技艺为目的。

二、盲哑学校得设盲生部及哑生部；惟亦得单独设盲生部或哑生部。各部之学科分设普通科及技艺科。技艺科中又得选设锏按、音乐、木工、金工、竹工、裁缝、手艺或其他有关职业之分科。如有特别必要时，得设专修科。

三、盲哑学校之修业年限为：普通科六年以内，技艺科五年以内，而专修科之修业年限得定为三年以内。

四、盲生部普通科之课程为：修身、国语、算术、唱歌、体操等。

哑生部普通科之课程为：修身、国语、算术、图画、体操等。

除前二项之课程外，得酌加日本历史、地理、理科、手工、裁缝、台语等一科或数科。又前项之课程得列为选修科。

五、技艺科各分科之课程为：修身、国语、体操及有关实业或技艺之事项。除前项之外，随意科目或选择科目，如有必要时，得列为正式课程。

六、专修科之课程为：修身、国语、体操及有关实业或技艺之事项。惟国语及体操得付阙如或列为选修科目。

七、各科之每周教授时数合计不得少于三十小时。

修习技艺科或专修科者，除前项规定外，每周得酌加授十小时以内之实习课程。

八、普通科课程之教则，得准照有关台湾公立小学校规则或台湾公立公学校规则之规定办理。

台湾省文献委员会编：《台湾省通志》卷五“教育志·教育设施篇”，
台北，众文图书公司，1970年，第140—141页。

台南州立台南盲哑学校学则

（1922年）

大正十一年七月二十九日台南州令第二七号

第一条 在本校设置盲生部和哑生部。

在各部设立普通科、技艺科和专修科。

第二条 在盲生部的技艺科和专修科设置锔按分科。

盲生部普通科第三年以上的生徒可依其志愿兼修前项技艺科的分科。

第三条 在哑生部的技艺科和专修科设置木工分科及裁缝分科。

木工分科及裁缝分科并可收女生。

哑生部普通科第二学年以上的生徒依其志愿可兼修前项技艺科的一分科。

第四条 各部各科的修业年限如下：

盲生部普通科五年、技艺科三年、专修科三年。

哑生部普通科五年、技艺科三年、专修科三年。

第五条至第八条

…………

第九条 可入普通科者年龄须在八岁以上。

第十条　可入专修科者年龄须在十五岁以上。

台湾教育会编：《台湾教育沿革志》，台北小冢本店，1939 年，第 1013 页。

台北州立台北盲哑学校学则

（1928 年）

昭和三年九月一日台北州令第七号

第一条　本校设立盲生部和哑生部。

各部设立普通科、技艺科和专修科。

第二条　盲生部的技艺科设有铜按分科及按摩分科，专修科设有铜按分科。

盲生部普通科第五年以上者可据其意愿兼修按摩分科和铜按分科。

第三条　哑生部的技艺科设有木工分科和裁缝分科，专修科设有技艺分科。

哑生部普通科第四学年以上者可兼修前项技艺科的一分科。

第四条　各部各科的修业年限如下：

普通科六年、盲生部技艺科铜按分科四年、按摩分科二年、专修科二年。

哑生部技艺科木工分科及裁缝分科各五年，专修科三年。

第五条至第十二条

第十三条　可入普通科者年龄须在八岁以上。

…………

第十四条　可入技艺科者须普通科毕业后或达到相当年龄具有同等学力以上。

第十五条　可入专修科者年龄须在十五岁以上。

台湾教育会编：《台湾教育沿革志》，台北小冢本店，1939 年，第 1014—1015 页。

八、有关初等教育的言论

书房教育革新论

（1922 年）

王敏川

书房教育之革新，实为今日之重要问题也。前回鄙人述台湾教育问题管见，虽有表明书房教育之为切要，奈以时间迫促，弗获详叙，尤以为最有关系桑梓之文化，胡可等闲视之，故特设一题，欲与诸同胞先觉互相讨论之，并希有以赐雅教，以匡不逮焉。

（一）书房教育之价值

书房教育之切要，固无庸鄙人喋喋言之。然世有误解其价值，谓书房教育，乃不过苟且应急于一时，若学校教育普及之际，则书房教育归于无用，是即持补助学校教育之说。又有谓书房教育为旧式之教育，与新时代不相适合，况汉文经有课之于学校，书房教育虽废也无碍。审之与前说未大异，更觉其有慨乎现在书房教师之弗克尽其天职，而发此言也。噫，如是，则书房教育之价值，世人犹未尽知之，而予乌可无言？夫书房教育，谓有补助学校教育者，虽果为一事实，然而此事之外，则尚有本来之目的也。今执假定可废之说者，未审曾有考及假定其废后之结果为何如乎，其结果若善，则废之虽无碍；其结果若未善，恶乎其可废也？且纵使学校教育普及，则此书房教育，果在必废之列乎？又假让一步而论之，书房教育之形式，或有不能存之，如今日之现状，然同于此书房教育之性质之研究机关，亦必勃然而兴，形式虽有稍变，而精神内容则仍存，社会民众之所需求，非可而逆焉。故假定废书房教育之说，亦只徒从消极方面而论之，毫无考究积极之方面也。且书房教育之性质固未尝与政治法律相抵触，不惟不相抵触，而大有以助国家社会发达焉，则又乌在其能废也。为数千年之固有文化者，必其有增进社会之幸福，故为社会之所尊重，不忍弃之亦不能弃之也。今书房教育，是即传此固有文化之机关也。观教师一二人之不善，而遂指此全部为不善，抑何其谬之甚乎？虽然，于此际不可不先明书房教育之性质，书房教育虽现时规定于汉文之外，国语算术并课之。而察一般之实际、教师之能力，欲以完全期之，固非容易。此次予暂离形式，而单从其特质论之，则以课授汉文为重要之任务。姑就其重要目的叙之。第一之目的，为一般之目的，即造就人才，以贡献社会也。古人曰，学者必有师，赖以传道授业解惑也，与今日学校教育所定之目的，为陶冶品性，习必要之知识、技能同旨，是固不必费辞而论之。第二之目的为固有之目的，即阐明孔教之道以养成人格，及习汉文以联络日华之感情，促进世界之平和也。此异于一般之学校教育之目的，故欲详论之。何谓阐明孔教之道以养成人格乎？曰，孔子之教义，实大有裨益于吾台之社会，岂惟裨益于我台之社会而已，实为东洋文化之渊源，历数千年而不磨之真理，愈见其价值。就其人格言之，可谓东洋文明之代表，就其教化言之，是筑东洋社会教育之基础焉，乌可舍其学而不讲乎？今就其所传之至理，由现时之分类，大概可为三种，皆所必学者也。其一，论天人相与之际，即言性与天道，为宋明儒者间所研究，此现代所称为哲学之范围。其二，载治国平天下之大法，不仅博论原理，其节文礼仪制度亦皆详述，此可称为政治学社会学之范围。其三，其立身处世，教人之所以为人，与所以待人之道，此可称为伦理学道德学教育学之范围。孔子之为学，未尝固执己见，故得善美无疵之道，然其至于今日，世换岁移，由社会之进步，其所传之学，或有不适用之部分，或比于今人所论有未至，是不足为孔子病，盖孔子所曾预期焉，故其谓后生可畏，又其以德之不修、学之不讲为忧者，则可证其早悟学问日新之理矣，且孔子得称至圣者，亦以其有综合群善、不自以为能之虚心坦怀也。故孔子之教义者，必能思有养成其高尚之人格。社会者由个人而集合之，个人之人格善，则社会未有不善。书房教育者，实以阐明孔教之道为其要素，而孔教之道，实与社会相应，孔教兴则社会益成其善美之基础，吾故曰书房教育诚切要也。

何谓习汉文以联络日华之感情，促进世界之平和乎？曰，览世界之大势，列国鼎立，倘有抱野心之国存乎其间，未有能图永久之平和也。倘欲图永久之平和者，必赖有人道主义。而文化之高者，必不可妄自傲慢而贱视其文化之低，当思有以导之；文化之低者，亦必不可轻自菲薄，而慑伏其文化之高，宜思有以效之。然后世界之文明，得渐趋于调和统一之域，而真幸福真平和，始可期矣。然而欲达此目的之最善方法者，则赖乎亲邻之道也。日本与中华为唇齿之邦，图日华之亲善，不仅系于东洋之平和，而亦关于世界之平和也。日华亲善之问题，已久为两国间有识之士所唱道，而迄今犹未能举亲善之实者，虽不能无憾，然苟能互相披沥其诚意，撤除误解之根源，则早晚必能实现其亲善之主义矣。且思言语文字，实为疏通意思之媒介也，苟能互通文字，必能更增感情之善，观日本人中有通汉文之士，至中华受欢迎者，是其适例也。今我台人宜自觉有重大之使命，诚以欲联络日华之感情，图谋二国之亲善，并以促进世界之平和，我台人最易为力也。是则华语之学习，汉文之研究，不可忽也，然则书房教育者，汉文之研究机关也，故不惟不可废，而尤当思有以革新之。

以上之二项实可为书房教育之重要价值矣，顾教师之任务不系重乎哉？然处于今日，教师之地位，犹若是之重且大，世人不知尊之，而教师亦不知自尊，此有志之士，所同抱憾也。夫书房教育之价值，未得明于社会，社会之人固不得无咎，而教师之间，亦容有未善乎。待人欲宽，论人欲尽，此古君子处世之道。盖待人不宽者，无以见其仁厚，论人不尽者，无以见其忠诚。鄙人为深爱社会而立言，虽对素所尊敬之书房教师，有未慊于心者，不敢不述一二之希望焉。

（二）书房教育革新之方法

世人有指书房教育为旧教育，其嘉美之耶，或讥讽之耶，固不得明知。然至于言可废者，则其不满意也可知已。新旧者，岂由其时代而分别之乎？以古为旧、以今为新乎？然则今之人未必尽优于古之人也。周虽旧邦，其命维新，孔孟之道，虽旧犹新矣。或以教材之差异为分别乎，即以经史子书为旧、以科学为新乎？然则修科学者未必尽胜于修经史也。记忆些少理化数学之公式及动植矿物之名称，便可谓比于识经史子书者为较有价值乎？对此种之分别，予思为未尽善，鄙意惟有视其适应时代与否之差异为分别可耳。其时代之如何，教材之如何，不必问也。若有适应时代者，虽旧亦何伤；不适应时代者，虽新亦何益。故予对于不适应之部分者，则务求有以革之新。前对于学校教育，则以政府当局经营，比于民间之建设为最有力也，故尽其恳切之希望；今对于书房教育，则以社会先觉之士，及书房教师，互相协力计划，比于官吏为较有自由也，故又不敢不表丹诚之意见矣。夫今之书房教育，不善之点者，为教师人格修养之未至也，为学识养成之不足也，为教法研究之缺乏也。故欲讲革新之道者，必以此三者，望吾书房教师之努力也。

一、教师之人格修养

欲陶冶学生之品性，不可不先有一种真实明确之人生观，即谓有养其高尚之人格。使学生望而起敬，虽不能学到如孔子之温而不厉、威而不猛、恭而安之态度，亦当修其素行，不可有坏风俗之举动，庶可使儿童趋于正轨，弗纳于邪。不然，己不正，而欲正人可乎？今观吾台之社会秩序犹未整然，而骄奢之风滋蔓，非赖有德之士以矫正之不可。而教师者适当其职责也，然教师间多有不能尽此天职，而反有与流俗同趋于邪途，是不能感化社会，反为社会所感染，致使世人不知尊重师道者，良可慨叹也。虽然，教师中固亦未尝无崇高之品格，奈以少数之士，非可望有伟大之力以感化社会。窃以为今日欲图矫正社会之弊风，必须赖多数之士，齐负有养成人格为儿童之模范，并以为社会木铎之觉悟也。

二、教师之学识养成

语曰，人之患在好为人师。诚以学术修养之不至，则贻误儿童不尠，学问日新，非可墨守学古之风而不达乎时务，更须养有常识方无迂阔，且以西洋今日之文化于科学实有一日之长，不可不采之，即宜以东洋之儒学为经，以西洋之科学为纬，然后固有之文化，愈得发其光华也。况我台处于荒陬僻壤，远隔世界之文化，乏学术研究之机关，文士亦多执独善其身之主义，不肯研究发表，致开化迟迟，此学问之风，当思有以振之。从来学者之气习，谓非名著则不肯轻易发表，待研毕深奥之理，敲成精练之文，始欲藏之名山传之后世，此雅识虽可欣慕，然此为专门家之思想，而欲普及一般民众之知识，则不可徒泥守此见，须于日常所研究发表之，可以发见自己之谬误，增进自己之学识，亦并可以贡献社会，文字亦不须过于雕琢精巧，但求达意而已，以些少时间收最大之效果，是为切要。故于此时，望我书房教师可奋起，以自养其学识，并以研究之结果发表之，不但可以直接裨益儿童，而亦可鼓舞养成社会好学之风矣。

三、教师之教法研究

教师之所重者，在乎人格之修养及学识之养成也。得此二者，则可获多大之效果，所谓本立而道生，教法自然而有，不必深费研究也。虽然，教法之研究，更有深裨益于儿童，而教师亦可借以反省，而长其见识。教师对儿童，若失却留意，则有生出弊害矣。书房教育，大抵由初等及中等教育程度之学生，而入学勉励，于心身发达皆未至，应宜儿童之身体精神常考察之也。从来之教授法，大都以教育者为主体，而不以被教育者为主体，故学者感困难，不增趣味，致蒙旧式教育之讥。若聪察之教育家，则能除此弊，而施适切之教授，如孔子因材而施教育，对弟子之问仁问孝而其答各异，此非其无一定之见，因其研究个性之至也。故欲务去其弊者，教法在所必研究也。然今日书房教育，大部分仍属个人教授，而非一般教授，故非能全部适用学校教育之教法。就优劣而论，则一般教授之教法为较理想，因得经济时间及利用，学习之方法亦更多变化而不单纯，全部之学生且可交换知识，不致陷于孤陋寡闻，教授训练养护均可期于周到，教师与儿童皆不致有浪费精力也。奈今一时不能望以遽施一般教授，察及环境社会状况，固非容易达此理想，只就书房教式而见其缺陷数端，敢略敬告之。

一、课诵之分量过多，而不酌及儿童之知觉力，非如成人之丰富明确也。盖儿童之知觉力，须有多样联络之刺激，始能发生功用。当幼儿初学时，若教以一段书甚长，则幼儿即不能有了解之能力也。故知其知觉力如是之薄弱，则教材当不必多量课之。

二、徒课以机械的背诵，不注重发达其理解力也。对幼儿强使背诵四书古文唐诗，不讲解书中字句之意义，深浪费贵重之光阴，而使其感困难，诚何益乎？若能先导其思想，使其理解力发达，并同时课之以暗诵则无不善，奈何类皆课以机械的暗诵，使儿童不感起兴味矣。

三、因对于整段诵习法与分段诵习法未深注意之故，致使儿童生厌倦也。教师不管教材之难易，若皆课以整段诵习法，是即悉以全篇之文使其一气背诵，则幼儿必感有困难而生厌倦，更有耗费时间，其效果反难如所期。若以分段诵习法课之，则可无此弊，且可生出回想之功妙，以助记忆力之发达。故观教材之不易者，多以此法处之，为最宜也。虽然，若极端用此法，则难免无弊，如须一气读熟之文，因分为几段读，则统一之精神及浓厚之兴趣全失，此尤时常所经验矣。故对此种之教材，当用调和之方法，即用分段法诵习之后，再以整段法诵习几遍，使其文字得以联络一气，而始可望得有系统之知识矣。

四、因少有付与演说辩论之机会，及罕利用图画标本模型，致儿童之想象力难期其十分发达也。儿童之想象力发达顺序，系从模仿、记忆，进而为有意识及创造，且到青年时代，各种感情因甚发达之故，而幻想力亦愈大也。教师宜善用演说辩论之机，使发达其创造之想象力，并将其幻想纳于正轨，得导其所长、补其所短，教使对于事物得有正确之知识焉。而尤当发达其观察力，以引起其最正确最真切之想象，故以图书等导之，渐可使有对事物而起注意，则创造之想象力可期其发达矣。

五、或因教师态度过严格，而挫折儿童好奇性之发现也。儿童好奇心甚盛，故能得外界之种种知识。教师对于怀疑欲问之儿童倘不加注意，随口乱答，或厌其问，频加叱责者，则挫折其求知之心。须顺其固有之天性，培植之启导之，则其思考之精神自能发达，是以当取启发之方面，而不当取严格教训之态度也。

六、或因与家庭少联络，而减少训练之效力也。一般之学生，对于社会之知识及秩序与公共观念极薄，不深加训练之，则出社会必不能就教师所教之道以行之，社会自社会，教育自教育，判然而不相合，此深可慨，故当与家庭联络，注重其言行，如是则可收其效果也。其他若管理养护之不善者，虽尚有可言，然皆基于教室之不完全，设能留意之，可无弊焉。最后欲言者，则以教材之选择配置尤为不可忽，因教材内容形式之未善，深有影响于教法，能得适切之教材以当书房教育之教材书之用为最美，是所敬望诸先觉之有发表也。然予以尚缺研究，姑就所见，约略言之。

书房教育用之教材（初等科用、中等科用）

一、初等科用

甲、普通文（教师自编与公学校汉文教科书略同）

乙、简易尺牍（教师自编，但上级生用）

丙、《论语》

丁、时文拔萃（选择现代名人之论说，由新闻杂志选择之亦可，此为临时选择，但为上级生用）

其他自修书，由教师指定几种可以养其读书力。

二、中等科用

甲、普通文（教师自编准中等程度之用）

乙、近代文粹（如选康南海、梁任公、严几道、章太炎等文）

丙、古文（近代文粹读后，始攻此种书）

选本依时代之先后，选一二百篇，文理通畅内容佳者。如《老子》《庄子》《孟子》《檀弓》《左传》、班固、司马迁、陶潜、韩愈、欧阳修、宋濂、王守仁、姚鼐、曾国藩等。

丁、其他自修之书如《大学》《中庸》《墨子》《荀子》《诗经》《唐诗三百首》

对于上级生，或选定几种杂志及小说，指导之使其自看，可增读书力矣。世人有对于小说视为妨害学课之用，予谓能善用之，则不惟不妨害而已，实可助攻经史之用。试想吾人之理解诸书者，非尽依幼时所学之书有以致之，亦必多看杂志小说等有以助之焉，且实际于书房课后、在家庭自看者固多，已不能禁之，指导之者无弊而有益矣。

以上教材之选定后，对于取汲教材更有注意配置也，配置之后，而对于教授之实际，亦更有注意方法也。从来书房教育之成效不著者，由教材之带艰深减杀兴味，为大部分原因，若能速定其教材，则可促进教法之改善也。且夫修养人格养成学识，研究教法，皆属教育革新之道也。然而教育之革新也，不在别人，而在自身也，而在教师之责任也。教师能自尊自重，而后社会知尊之重之，此乎所深望教师之自觉也。然予此篇论后，或必有曰此不过一面之理想，今之书房教师者，岂复有如是之计划，欲见其实行者，非难矣乎？予谓不然，若只专望教师之努力，则非容易，若得赖地方之先觉者，肯出而援助之，书房教育可得而革新也。予不胜引颈望之。

台湾史研究会编：《王敏川选集》，台北，海峡学术出版社，2002 年，第 20—31 页。

公学校教育改善论

（1924 年）

王敏川

关于台湾教育，有可讨论改革的问题很多，今先举公学校教育来说一说。如公学校教育于现在的状态，不论甚么人都知道当速调究改革的。因为公学教育是初等教育，就是教育的基础，比于其他教育问题，是更当重视的。然对于公学校教育当注重改革之点是甚么呢？岂不是关于“普及和效果”的二项，须要大加考究的吗？普及就是使家无不学之人，效果就是学到能够适应于实际生活的。台湾人的公学教育，也要施行完备的教育，才是合理哩！公学校教育现时普及到甚么程度呢？老实说来，真比不上小学校的普及呀！费三十年间教育的工夫却仅见有今日的男子百人学龄儿童中，只得五十二人，女子百人学龄儿童中，只得十四人就学，这问若不再努力，岂不是愈颓废吗？入学艰难是台湾特有的现象，在内地未闻有小学校难容儿童入学的话，若在台湾的公学校就每有这样拒绝儿童入学的奇现象，这不是因为他的年龄不足，亦不是因为他罹疾不可许的，就是因为没有学校，或学级数有限，不能多收容的。这缺点若要救济，就是增加教育费及多设学校多增级罢了。普及既是这样不周到，怎样不急施行义务教育呢？义务教育虽非常切要，当局却以财政上的理由，遂轻轻将这问题搁下不说（关于义务教育，于台湾杂志曾有发表鄙见，兹不具论），既没有意施义务教育制，并在未来的弊害亦全不减除，长使教育界遭遇这样委靡不振的景象。唉！岂不是可叹息的事么！再于今日要论起公学校教育的效果怎么样，定有人说公学校教育程度很低，虽学科标榜与小学同，而其内容则远逊小学，在来同应中学的入学试验，小学儿童都多数合格，而公学儿童难得合格，虽然因为试官有些不公平，试验问题不就中间取出，而多偏于小学的材料，致合格的数，为小学所胜，这也是因为公学教育内容不能同等的缘故，虽有优秀的儿童，恐亦无法可以取胜。此后当速改善其内容，进与小学同等程度才好！故须一面对于教科书，有彻底的改订，一面要重教员的实力，始能于实际教授无弊害。若论日本国内的教员无实力，亦可说台湾是占第一位了。我不是敢说本岛教员概没有实力，因为以前当局采苟安的方针，由小学校毕业的内地人，尽可充做教师，所以自然仅公学校毕业的人，也喜多用，这不过是因为要节省经费起见，不得已而行的，但到今日代用教员还很占大半，虽在当局不以为怪，而在人民的胸里都抱不平，每有嫌教育的粗制滥造，而乏相当教师的指导。教师不仅是略识国语就称为能事的，须熟谙教授训练养护，然后可图儿童心身的发达。在欧米视初等教育的教师非常尊敬，就固为教师的人格学识皆优，而国家的待遇也非常厚的。现时虽虚取新教育的美名，而观其言行，皆不能脱去鄙俗，这就是可证明无人格的感化。故若要实图得极大的效果，须竭力对于师范教育有彻底的改善，并对于公学校教员任用资格，还有大大要改革的哩。其他望有切要的考虑，就是关于教授实际的问题。在来对于各科的教授都以国语为重，非用国语教授是不行的，自一年至四年即满六岁至九岁的儿童，头脑幼稚，要使尽量记忆国语，亦是一个极大的负担。若仅国语的学科以唤起兴味的教授法，虽专用国语，还是无妨，或至四年以上，头脑渐发达，国语亦渐谙，虽多用国语亦属有理。若他学科如修身、汉文、算术等，自入学初期，即欲禁用台语而用国语，是使儿童减少其习得各科的能力，这岂不是一个大有可虞的问题么？虽是要奖励使用国语，而牺牲诸学科及儿童的头脑这可算是善策吗？各科之目的都有一定，言语不过是知识的方便，一个手段而已，不是以国语为万能。仅知国语，不能就得各科知识。况因为于各科极端要用国语，势必于教授形式采用注入主义，不论儿童理解不理解，总是这样教下去，正是以教师为本位，而非以儿童为本位，故要造就德器、启发智能就有很难。现时可称为良教授方法，就是启发主义。要怎样怎样方够使儿童理解？须通晓儿童的心理，有一步一步顺序的引导，才得有彻底的理解，这正是以儿童为本位而非以教师为本位，是很切要的。但还有人说全用国语是国民性的涵养，所以难知磨了儿童的头脑，是不得已的。我想国民性的涵养虽有借国语的必要，但不是除国语以外就没有可涵养国民性的学科，如修身科于国民性的涵养很有大大的作用。对于国语科，则用全力教授国语，对于国语以外诸学科，可就其学科本来的目的使用台湾语，以得正确的知识，亦可破了注入式的弊害。故若用台湾语教授，必事半而功倍，不致使受教育的儿童有不了解意味的可虞，算是很利便。但是依台语教授，内地人教师是不行的，非用本岛人教师是难办的，所以在四年以下的儿童，用台语教授的时候，虽全用本岛人教师担任（师范学校毕业或同等学力，如检定合格亦是很好），五年以上的儿童，既多解国语，就兼用内地人担任，亦没有言语不通的不便，故有这样注重各科的目的，内地人要希望担任低级学年，自然对于台语必有研究，就是对于家庭连络，亦是很有裨益。其次望须发挥特色，不可拘执划一。划一是说全国要一样的，统一就不是那意思，所以统一是必要，划一不一定是必要。因为没有统一，就恐有失于放纵，拘执划一，就恐不能发挥特色。所以发挥地方特色，亦可说是有统一的，如台湾、朝鲜有特别民情风习，在朝鲜有教朝鲜语，在台湾有设汉文科，皆是适当的处置，亦是要发挥特色。但台湾的汉文科，闻有由地方官厅视为不急要，没有设的学校却是很多，致人民甚感不便，这学科是很切实生活，思废止的人，是未曾留意此点，亦以为汉文是随意科以致疏忽。观近来到处频唱汉学振兴及希望重设，岂不是将存在的价值发露出来呀！有人说学校教师，近来对于汉文毫无研究，虽有设置亦是有名无实，不如简直废止，省得拖累说，这是因噎废食的议论，须有加纠正的必要。教师不自觉其天职而没有研究，虽教师固难免无过失，而亦由当局向来不曾注重缘故，以这种颓废的责任，当局亦应共分担些儿才是！今若当局能改革其面目，将此科改与国语科同为文化教科并重，而教授时间数亦定与算术相同，自然汉文科必有急速的进步，决无似现在的衰颓状态哩！如内地人对于自国的语言文学感有兴味，是日常经验的，我台人于汉文不但不感痛苦，反因此而养实力，故望改为必修科，督励教授，以合民意。以上数端不过举其根本上的改革，其他缺陷暂且省略不论。当局说财政支绌不容易施设，怎样还注重大学的筹款，而不力计公学的改善？我虽有同情财政紧缩，不过是要培养民力，不兴不急的事业，若初等教育的施设，是万万不可缓的。如内地市町村教育费总额，已达到二亿四千万元的巨额，中有一亿三千万元，是教育俸给额，由国库经支给补助四千万元，民众还希望补助全部，且对于义务教育年限频望延长，官民对于教育热心的态度，是大有可敬的。我台的教育，已如上述的不完备，须要速讲究财源来办，不可仍执在来的消极态度，当效内地仰国库的补助，或在专卖事业中，如烟草卖、盐贩卖等，本归个人经营，其所利在个人，若得移于街庄办理，其所利就可充为教育之用途，或如奖励制糖会社的补助金等，监现在社会发达的状态，似没有必要，故皆可取为教育上施设的费用，如此类当局若肯用意讲究，就不患财源有枯竭了。希望当局能毅然下一大决心，对于行政整理的大部分节省之额，用为教育费，察民意的归向，速对于公学教育根本上将行改善。再将我的希望要点写下，以结本论。

一、首重义务教育，若办不到，就望增设学校，增加学级。

二、重教员人物。

三、教科内容增进。

四、国语科专用国语教授，其余学科四年以下用台语教授。

五、教授方法用启发，不可用注入式。

六、汉文科在来属随意科的，今望改为必修科。

《台湾民报》第二卷第二十二号，一九二四年十一月一日。

台湾史研究会编：《王敏川选集》，台北，海峡学术出版社，2002 年，第 32—34 页。

小公学校的差别教育*

（1929 年）

［日］山川均①

第一先就小学教育看：为着日本人，则立小学校；特别收容台湾儿童的小学校，又另叫做“公学校”。欧洲大战之后，被压迫民族的抬头和民族自决的运动，变成全世界的现象。台湾的武官总督制，改变做文官总督制，与此相响应而发生统治方针的变化，也是在这时候。同时在教育方面，撤废台湾人与日本人间从来的差别，改变做共学制度；台湾儿童也可以收容于小学校了。又后来的公学校，也和小学校同样，其经费也得编做学校预算的一科目了。

这样，在大正九年四月发表共学制。又于大正十一年二月发布教育令（敕令第二十号）。于是日本人与台湾人的教育差别应该是撤废了，机会均等应该是得到了。然而这无非是形式上的差别撤废了而已，事实上的差别却依然照原存在。共学制的结果，只成绩优良，而且又是有财产的台湾人的儿童，终可以依据“许可主义”收录入小学校。小学校与公学校的区别，在制度上虽说只在是否常用日语的区别而已。然而实际上，教程有非常的差异。虽说小学与公学同是六年制，但是公学校无论怎样膨大看，总没有教过小学校五年以上的课程。这是专门家所认定的。共学制实施以来，台湾人的儿童被收容入小学校的，为数极少，宁可算是例外，请看下表就可以明了。

年度	寻常科		高等正教科		高等补习科		合计	
	日本人	台湾人	日本人	台湾人	日本人	台湾人	日本人	台湾人
大正九年	17 863	54	1 041	/	25	/	18 929	54
大正十年	19 042	214	2 077	/	39	/	21 158	214
大正十一年	19 625	538	2 205	26	54	/	21 884	564

小学校的儿童进学比率，是百分之九十七；而公学校的儿童进学比率，只不过百分之三十三点六五。不但这样，大正八、九年以降，台湾的进学儿童激增，发生招募学生数五分之二以上的过剩，颇有苦于教场的狭小的状况。但是像台北市那样，日本人的人口只有五万，就设立五个小学校；台湾人的人口有十二万，也同样只设立五个公学校。全岛的学

---

* 标题为编者拟加。

① 山川均（1880—1958），日本冈山县人，日本社会主义者。同志社大学辍学后，至东京谋生。1900 年创办《青年之福音》杂志，1906 年参与组织日本社会党，1918 年组织劳动组合研究会，1922 年参与组织日本共产党，1927 年创办《劳农》杂志，1929 年发表论文《日本帝国主义铁蹄下的台湾》。著有《从社会主义立场》《日本民主革命论》《无产阶级之政治运动》等著作。

校数和学生数的比率：

大正十一年	学生数	一个学校的平均学生数	一个教员的平均学生数
小学校	22 448	168	30
公学校	200 408	339	40

其次再就教员的要素考察看。大正十一年度的小学教员，有七百三十四名。依据性别分为男四百七十七名，女二百五十七名。再就资格分别看：本科正教员有男四百五十二名，女一百五十九名；专科正教员有男五名，女十四名；准教员有男一名；无资格者，有男十九名女八十四名。质言之，总数七百三十四名之中，准教员及无资格者，只有一百零三名。

然而同年度的公学校教员，有三千零八十八名。依据性别，分为男二千六百五十四名，女四百三十四名。再就资格区别看：甲种及乙种的本科正教员，有男一千零七十三名，女一百十一名；丙种的本科正教员（台湾人）有男九百七十九名，女一百六十四名；专科的教员有男二名，女十九名；准训导（大部分是台湾人）有男五百四十七名，女二十二名；无资格者有男七十名，女八十八名。总数三千零八十八名之中，准训导及无资格者，占七百二十七名。总括一句：把小学校和公学校的教员比较看，小学校的有资格的教员，是教员总数的百分之七十点九；而公学校的有资格的教员，不过百分之四十二点五。

就是教员的薪水，小学校与公学校之间，也大有差额。

	大正十年			大正十一年		
	教员数	薪水总额	每人平均①	教员数	薪水总额	每人平均
小学校	684	833 364 元	1 099 元	740	786 054 元	1 062 元
公学校	44 162	562 251 元	604 元	5 098 元	3 226 056 元	633 元

备考：教员数虽然与前揭数字略有出入，但都是依据总督府官房调查课的调查统计的。

其次再就总督府所支出教育费考察看，大正十二年度是二百四十万元，占总经费百分之八强；大正八年度是百分之二九强；大正九年度是百分之三三弱；大正十年度是百分之一六；大正十一年度是百分之一五弱。总督府这一笔与台湾岛民全体最有关系的二百四十万元，依据什么比率分配使用于日本人与台湾人之间，是件极重要的事项；可惜我的手里，没有新的材料，遗憾的很。姑将大正九年度，小学校和公学校的教育经费的比率，列如下表：

	教育费（元）	学生数	每个学生的平均金额（元）
小学校	1 320 455	19 733	67
公学校	5 391 045	151 093	36

① 本表每人平均计算有误。

拿前面所述的学校及教员数与学生的比率及教员的资格等等，来同右列数字相对照看，则台湾人比住在台湾的日本人，受着“贱价的教育”的事实，是没有怀疑的余地。

大正十三年三月一日的现状：小学校一校的学生数以三百三十三名为最高度，以六五名为最低度。若公学校，则最高度为四百七十名，最低度为百五十五名。每一个教员的学生比率：小学校最高度为三十九名，最低度为十七名。若公学校，则最高度为四十六名，最低度为二十六名。

［日］山川均著，蕉农译：《日本帝国主义铁蹄下的台湾》，王晓波编：《台湾的殖民地伤痕》，台北，帕米尔书店，1985年，第74—76页。

第四编

中等教育

一、中　学　校

台湾总督府中学校官制

（1907 年）

明治四十年五月二十日敕令第二〇六号

第一条　台湾总督府中学校置左列职员：

学校长　奏任

教　谕　专任二十四人（其中七人兼任，十七人判任）

舍　监

书　记　专任五人　判任

第二条　学校长承台湾总督之命，掌握校务，监督所属职员。

第三条　教谕掌生徒之教育。

第四条　舍监受学校长之指挥，掌管有关生徒之监督事务。

第五条　书记受学校长之指挥，办理庶务。

第六条　台湾总督府中学校附设高等女学校。

第七条　台湾总督府得从教谕中，任命高等女学校主事，使之掌管高等女学校之事务。

台湾省文献委员会编：《台湾省通志》卷五“教育志·教育行政篇”，
台北，众文图书公司，1970 年，第 120 页。

台湾总督府中学校规则

（1907 年）

明治四十年五月二十日府令第三十二号

第一条　中学校以对内地人之男子施行其所须要之高等普通教育为目的。

第二条　中学校附设高等女学校。

高等女学校以对内地人女子施行其所须要之高等普通教育为目的。

关于高等女学校之规则另定之。

第三条　中学校设第一部及第二部。

第一部之修业年限为六年，分为前期三年，后期三年。

第二部之修业年限为五年。

第四条　第一部设高等科，对毕业后而就实务者施以必须之教育，其修业年限为二年。

第五条　第二部置补习科，其修业年限为一年。

第六条　第一部入学资格，为年满十一岁以上修完寻常小学第五年之课程者，或有同等以上学力者。

第七条　第二部入学资格，为年满十二岁以上寻常小学毕业者，或有同等以上学力者。

第八条　高等科入学资格为第一部毕业者，或有同等以上之学力者。

第九条　补习科入学资格为第二部毕业者，或依据明治三十二年敕令第二十八号《中学令》之中学毕业者。

…………

台湾省文献委员会编：《台湾省通志》卷五“教育志·教育行政篇”，台北，众文图书公司，1970年，第120页。

日据时期各类型中学校课程设置及教学时数

（1907—1933年）

一、日据初期台湾总督府中学校第一部学科课程及每周教学时数表（1907年）

科目	前期					
公民	国民须知	1	国民须知	1	国民须知	1
日语	会话、作文、读本、习字	4	会话、作文、读本、习字	4	会话、作文、读本、习字	4
汉文						
英语	日常实用会话、发音、缀字、习字	9	读本、翻译、会话、文法、习字	7	读本、翻译、会话、文法、习字	7
数学	算术	4	算术、代数	4	代数、几何	4
历史	历史故事	1	日本史	2	日本史	2
地理			日本及东亚各国	2	西亚细亚、欧洲、非洲	1

续表

科目	前期					
博物	自然研究	2	重要动、植、矿物	1	重要动、植、矿物	2
理化						
合计时数		21		21		21

台湾省文献委员会编：《台湾省通志》卷五“教育志·教育设施篇”，台北，众文图书公司，1970年，第44页。

二、日据初期台湾总督府中学校第一部学科课程及每周教学时数表（续）（1907年）

科目	后期					
公民	国民须知	1	国民须知	1	国民须知	1
日语	读本、文法、会话、作文	3	读本、文法、会话、作文	3	读本、文法、会话、作文	3
汉文	北平官话、汉文、时文讲读	5	北平官话、汉文、时文讲读	3	北平官话、汉文、时文讲读	3
英语	读本、翻译、会话、作文、文法	5	读本、翻译、会话、作文、文法	5	读本、翻译、会话、作文、文法	5
数学	代数、几何	4	代数、几何	4	几何、三角、测量	4
历史	东亚各国史	2	西洋史	2	日本近代史及最近世界史（以东亚各国之国际关系事迹为主）	2
地理	美洲、大洋洲及东印度诸岛	1	地文（以日本事项为主）	2	人文地理（关于日本事项及经济事项）	2
博物	生理卫生	2	动物之分类、解剖生理及生理进化大要	2		1
理化	化学及矿物	2	化学及矿物物理	3	物理	4
合计时数		25		25		25

台湾省文献委员会编：《台湾省通志》卷五“教育志·教育设施篇”，台北，众文图书公司，1970年，第45页。

三、日据初期台湾总督府中学校第二部学科课程及每周教学时数表（1907 年）

科目＼学年	第一学年		第二学年		第三学年		第四学年		第五学年	
修身	道德概要	1	道德概要	1	道德概要	1	道德概要	1	道德概要	1
日语及汉文	讲读、作文、文法、习字	7	讲读、作文、文法、习字	7	讲读、作文、文法、习字	7	讲读、作文、文法	6	讲读、作文、文法、日本文学史	6
英语	发音、缀字、读本、翻译、会话、默写、习字	6	读本、翻译、会话、作文、默写	6	读本、翻译、会话、默写、作文、文法	7	读本、翻译、会话、默写、作文、文法	7	读本、翻译、会话、默写、作文、文法	7
历史地理	日本史、日本及亚细亚地志	3	日本史、亚细亚洲及太平洋地志	3	东洋史、欧洲地志	3	西洲史、非洲及美洲地志	3	西洋史及日本史、地文	3
数学	算术	4	算术、代数	4	几何、代数	5	几何、代数	4	几何、三角	4
博物	矿物	2	植物	2	生理、卫生、动物	2	动物（第一、二学期，第三学期）	2		
理化							化学（第一、二学期，第三学期）	3	物理	4
法制及经济										2
图画	自在画	1	自在画、用器画	1	自在画	1	自在画、用器画	1		
唱歌	普通乐谱法	1	普通乐谱法	1	普通乐谱法	1				
体操	普通体操、兵式体操	3	普通体操、兵式体操	3	普通体操、兵式体操	3	普通体操、兵式体操	3	普通体操、兵式体操	3
合计		28		28		30		30		30

台湾省文献委员会编：《台湾省通志》卷五“教育志·教育设施篇”，台北，众文图书公司，1970 年，第 46 页。

四、日据中期台湾公立中学各学年各学科每周授课时数表（1915 年）

学年 科目	第一学年	第二学年	第三学年	第四学年
修身	1	1	1	1
日语及汉文	12	11	11	11
历史、地理	2	2	2	1
数学	4	4	4	4
自然	3	3	3	2
实业	2	3	5	5
法制及经济	/	/	/	2
图画、手工	3	3	1	1
唱歌	1	1	1	1
体操	2	2	2	2
英语	/	/	（2）	（2）
合　计	30	30	30（2）	30（2）

台湾省文献委员会编：《台湾省通志》卷五“教育志·教育设施篇”，台北，众文图书公司，1970 年，第 47 页。

五、日据中期台湾公立高等普通学校之课程及每学年每周教学时数表（1919 年）

<table>
<tr><th rowspan="2">学年
科目</th><th colspan="2">第一学年</th><th colspan="2">第二学年</th><th colspan="2">第三学年</th><th colspan="2">第四学年</th></tr>
<tr><th>每周授课时数</th><th>程度</th><th>每周授课时数</th><th>程度</th><th>每周授课时数</th><th>程度</th><th>每周授课时数</th><th>程度</th></tr>
<tr><td>修身</td><td>1</td><td>道德要旨、礼节</td><td>1</td><td>道德要旨、礼节</td><td>1</td><td>道德要旨、礼节</td><td>1</td><td>道德要旨、礼节</td></tr>
<tr><td>日语</td><td rowspan="2">12</td><td>会话、讲读、作文、语法、习字</td><td rowspan="2">12</td><td>会话、讲读、作文、语法、习字</td><td rowspan="2">10</td><td>会话、讲读、作文、语法、习字</td><td rowspan="2">10</td><td>会话、讲读、作文、语法、习字</td></tr>
<tr><td>汉文</td><td>讲读、作文</td><td>讲读、作文</td><td>讲读、作文</td><td>讲读、作文</td></tr>
<tr><td>历史</td><td rowspan="2">3</td><td>日本史</td><td rowspan="2">2</td><td>日本史</td><td rowspan="2">2</td><td>外国史</td><td rowspan="2">1</td><td>以日本为中心之世界近世史</td></tr>
<tr><td>地理</td><td>日本地理</td><td>外国地志</td><td>中国南部、南方事情、地文学</td><td></td></tr>
</table>

续表

科目＼学年		第一学年		第二学年		第三学年		第四学年	
		每周授课时数	程度	每周授课时数	程度	每周授课时数	程度	每周授课时数	程度
数学		5	算术（珠算）	4	算术（珠算）及代数	5	算术（珠算）及代数、几何	4	算术（珠算）及代数、几何
自然		3	植物、动物	4	动物、生理及卫生、矿物	3	理化	4	理化
实科	手工	3	理论及实习	3	理论及实习	2	理论及实习	2	理论及实习
	农业或商业	2	农业（商业）大意、实习	3	农业（商业）大意、实习	6	农业（商业）大意、实习	6	农业（商业）大意、实习
法制及经济								2	经济大意、台湾法制大意
图画		2	临画、写生画、自由构想画	2	临画、写生画、自由构想画	2	临画、写生画、自由构想画、几何画	1	临画、写生画、自由构想画、几何画
唱歌		1	单音唱歌	1	单音唱歌	1	单音唱歌（复音唱）	1	单音唱歌（复音唱）
体操		2	体操、教练、游戏	2	体操、教练、游戏	2	体操、教练、游戏	2	体操、教练、游戏
英语		(2)	发音、缀字、读本、解释、会话、默写、习字	(2)	读本、解释、会话、默写、习字	(3)	读本、解释、会话、默写、习字、文法	(3)	读本、解释、会话、默写、习字、文法
总计时数		34 (36)		34 (36)		34 (37)		34 (37)	

台湾省文献委员会编：《台湾省通志》卷五“教育志·教育设施篇”，台北，众文图书公司，1970年，第48—49页。

六、日据中期台湾公立中学各学科各学年每周教学时数表（1922年）

科目＼学年	第一学年	第二学年	第三学年	第四学年	第五学年
修身	1	1	1	1	1
日语及汉文	8	8	6	5	5

续表

学年 科目	第一学年	第二学年	第三学年	第四学年	第五学年
外国语	6	7	7	5	5
历史、地理	3	3	3	3	3
数学	4	4	5	4	4
博物	2	2	2	2	/
物理及化学	/	/	2	4	4
法制及经济	/	/	/	/	2
实业	/	/	/	2	2
图画	1	1	1	1	1
唱歌	1	1	/	/	/
体操	3	3	3	3	3
合　计	29	30	30	30	30

台湾省文献委员会编：《台湾省通志》卷五“教育志·教育设施篇”，台北，众文图书公司，1970 年，第 50 页。

七、日据后期台湾公立中学各学科各学年每周教学时数表（1933 年）

学年 科目		第一学年	第二学年	第三学年	第四学年	第五学年
基本科目	修身	1	1	1	1	2
	公民	/	/	/	2	1
	日语、汉文	8	8	6	4	4
	历史 地理	3	3	3	3	3
	外国语	5	5	6	/	/
	数学	3	3	5	/	/
	自然	2	2	3	4	4
	图画	1	1	1	/	/
	音乐	1	1	1	/	/
	劳作	2	2	1	1	1
	体操	5	5	5	5	5
	合计时数	31	31	32	20	20

续表

科目＼学年		第一学年	第二学年	第三学年	第四学年	第五学年
增授科目	日语、汉文	/	/	/	1—3	1—3
	历史	/	/	/	1—2	1—2
	外国语	/	/	/	2—4	2—4
	数学	/	/	/	2—4	2—4
	自然	/	/	/	1—3	1—3
	实业	/	/	/	3—5	3—5
	图画	/	/	/	1—2	1—2
	音乐	/	/	/	1—2	1—2
	增授科目总时数	/	/	/	1—5	11—15
总合计时数		31	31	32	31—35	31—35

台湾省文献委员会编:《台湾省通志》卷五“教育志·教育设施篇”，台北，众文图书公司，1970年，第50—51页。

台湾公立中学校官制

(1915年)

大正四年二月三日敕令第七号

第一条　台湾公立中学校设左列职员：

学校长　奏任

教　谕　判任

生徒监

书　记　判任

第二条　学校长承台湾总督之命，掌理校务，监督所属职员。

第三条　教谕掌生徒之教育。

第四条　生徒监由台湾总督就教谕中任命之；生徒监受学校长之指挥，掌生徒之训育。

第五条　书记受学校长之指挥，办理庶务。

第六条　台湾公立中学校之名称、位置及职员之定额，由台湾总督定之。

台湾省文献委员会编:《台湾省通志》卷五“教育志·教育行政篇”，台北，众文图书公司，1970年，第118页。

台湾公立高等普通学校官制

（1919 年）

大正八年四月敕令第六六号

第一条　台湾公立高等普通学校置左列职员：

学校长　奏任

教　谕　判任

生徒监

书　记　判任

教谕之内，有三人得为奏任

第二条　学校长承台湾总督之命，掌理校务，监督所属职员。

第三条　教谕掌生徒之教育。

第四条　生徒监由台湾总督就教谕中任命之。生徒监受学校长之指挥，掌生徒之训育。

第五条　书记受学校长之指挥，办理庶务。

第六条　台湾公立高等普通学校职员之定额，由台湾总督定之。

台湾公立高等普通学校职员之俸给及其他诸给与，以地方税支办。

附则

本令自公布之日起施行之。

《台湾公立中学校官制》废止之。

台湾省文献委员会编：《台湾省通志》卷五“教育志・教育行政篇”，台北，众文图书公司，1970 年，第 119 页。

台湾公立高等普通学校规则

（1919 年）

大正八年四月二十日府令第四六号

第一章　总　　则

第一条　公立高等普通学校的设立名称、位置及其废止变更，须呈报台湾总督。

第二条　本令及特别规定的事项外，其他必要的事项要得到台湾总督的认可，由校长规定。

第二章 教科目及教则

第三条 公立高等普通学校的教科目为修身、国语、汉文、历史、地理、数学、理科、实科、法制、经济、图画、唱歌、体操。

以上科目外，英语作为选修科目。

第四条 公立高等普通学校对于学生的教育应注意左列事项：

一、所有教科目要注意德性的涵养和国语的熟练程度，要致力于形成国民性格。

二、知识技能是指选择适应学生未来生活的事项传授给他们，要致力于适用于实际。

第五条 修身，主要在于依据有关教育敕语的精神，进行道德情操的培养，并奖励实践的躬行。

修身科应领悟道德要领，遵守国法，崇尚道德，形成公益风气，领悟我国道德的特质，还应该传授普通礼仪作法。

第六条 国语及汉文的要旨，使能了解普通语言文章，准确且自由发表看法，并启发德智。

该科应使学生能讲读现代国文、练习语言，讲读简单的汉文，能写实用文、了解语法概要，并学习书法。

第七条 历史，主要是使学生明白我国国体的特异之处，形成国民性格，使其知道我国发达文化的由来和世界的大局。历史包括帝国史和外国史。帝国史要传授人类文明的发展及与我国文化有关的重要事件，阐述外国与我国国体民情的不同之处。

第八条 地理的要旨，是让人理解地球的形状、运动和地球的表面及人类生活的状态；了解对生存有用的事项并理解本国地势的特点。地理要传授的是帝国地理概要，本国特别是与本岛有直接关系的南支那、南洋和其他外国地理的概要，让人了解本国的世界地位及地理风情。

第九条 数学使学生对数量有关的知识产生兴趣，热心计算，能自由运算，会精确地思考。数学应该传授算术、代数和几何，算术包括笔算和珠算。

第十条 理科使学生对天然物和自然现象有兴趣，了解它们之间的关系及其对人生的意义。对自然资源，有精确的观察和思考力。理科关系到人的身体、生理、卫生的要害及植物、动物、矿物、物理及化学，为此要致力于传授与生活密切联系的事项并进行实验。

第十一条 实科的要旨是使学生获得与实业有关的知识和技能，培养对实业的兴趣，并养成勤劳的习惯。

第十二条 法制及经济，使学生获得与经济和法制有关且对生活有用的知识，传授有关日常生活的法制经济事项。

第十三条 图画的要旨是精密地观察物体，正确、自由地描绘它，形成自在的美感。

图画包括自在画和用器画，自在画以写生画为主，还传授一些临摹，根据自己的思考绘画；用器画则传授几何画法。

第十四条　唱歌传授单音唱歌及简单的复音唱歌。

第十五条　体操的要旨是让身体各部分均匀地发育，使身体强健、动作机敏、精神愉快并养成守规纪的习惯；本学科主要传授体操、游戏。

第十六条　英语教授标准语，培养运用能力；英语从发音缀字开始而后教授简单的语言和文章。

第十七条　各学年各教学科目的程度和每周教授时数依具体情况而定；前项的每周授课时数据实验实习而定，增加的时数在四个小时内。夏季放假前四周和夏季放假后四周，校长可减少课时数，但减少的课时数应在六课时以内。

第三章　教科用图书

第十八条　公立高等普通学校的教科用书由台湾总督府编纂。校长如得到台湾总督的批准，可使用前项以外的图书。

第四章　学年休业及其日期

第十九条　学年从四月一日开始到来年的三月三十一日结束，学年分成左列三个学期：

第一学期　从四月一日开始到八月二十日

第二学期　八月二十一日到十二月三十一日

第三学期　第二年一月一日至三月三十一日

第二十条　每日上课的起始时间由校长决定。

第二十一条　放假日期如左：

一、祭日祝日

二、台湾神社例祭日，始政纪念日

三、星期日

四、夏季放假七月一日至八月二十日

五、年终年初放假十二月二十九日到来年一月三日

六、学年末放假三月二十六日到三十一日

第二十二条　前条第一项以外的临时停课，应由校长列出事由上报台湾总督批准。

第二十三条　纪元节、天长节、一月一日及始政纪念日，全校师生员工都应参加集会庆祝。

第五章　编制和设备

第二十四条　公立高等普通学校的学生数在六百人内。

第二十五条　年级根据同学年的学生来编制。一学级的学生数在五十人以内。

第二十六条　修身、实业科、唱歌及体操则是集中不同学级的学生同时授课。

第二十七条　有五个学级以下的学校，每个学级安排二名教员；有五个学级以上的学校，以每增加一个学级增加一点五名教员的比例安排教员。除前项规定外，对于实业科，可增加手工、农业、商业教员各一名。

第二十八条　公立高等普通学校应有与其规模相适应的校园占地、校舍、用具及职工宿舍，学校应建在道德卫生方面均无害之地。

第二十九条　学校用具为图画、器械、器具、标本、模型及表簿等。

第六章　入学、休学、退学及惩戒

第三十条　学年开始时，学生应得到校长的入学许可。

第三十一条　第一学年允许入学申请者入学，如果人数超过招收限制，可通过考试选拔入学者。前项的入学者学制应为公学校六年；对于公学校毕业生，应通过考试测定其学力。

第三十二条　第二学年开始仅对允许与修完原学年学业学生具同等学力的入学申请者入学，并应在第三十条规定时间里取得入学批准。前项的学生学力由考试测定。

第三十三条　完成学年课程或修完全部课程者，应通过考试考核成绩，认定其毕业。

第三十四条　修完一学年课程者，校长可授之修业证书；公立普通学校毕业者，校长可授之毕业证书。

第三十五条　患病三个月以上未愈者，校长可批准一年之内的休学假期。

第三十六条　学生如为左列情况之一，校长可令其退学：

一、品性不良，不思悔改者；

二、学力低，难以完成学业者；

三、累计旷课一年以上者；

四、无故旷课一个月以上者；

五、无法正常出勤者。

第三十七条　学生退学应由校长向上级机关汇报具体原因，并获其批准。

第三十八条　校长认为必要时，可惩戒学生。

第七章　听　课　费

第三十九条　公立高等普通学校听课费为每学年十六元，分摊至各学期为：

第一学期六元

第二学期五元

第三学期五元

第四十条　听课费从学生入学时起分学期收费。依第三十五条规定，停学一学期者不收取此学期听课费。

附则

本令从发布之日起实行。

台湾教育会编：《台湾教育沿革志》，台北小冢本店，1939年，第758—765页。

台湾公立中学校官制

（1921年）

大正一〇年四月二十五日敕令第一三一号

第一条　台湾公立中学校设左列职员：

学校长　奏任

教　谕　判任

生徒监

书　记　专任

教谕得为判任，但其员数当该学校学级数至八学级止为三人以内，每增加三学级得增加一人。

第二条　学校长承州知事之命，掌理校务，监督所属职员。

委任教谕之进退，由州知事呈报台湾总督。

第三条　教谕掌生徒之教育。

第四条　生徒监由台湾总督就教谕中任命之。生徒监受学校长之指挥，掌生徒之训育。

第五条　书记受学校长之指挥，办理庶务。

第六条　台湾公立中学校教谕及书记之定员，按各学校，由台湾总督定之。

台湾公立中学校职员之俸给，由国库负担。

台湾省文献委员会编：《台湾省通志》卷五“教育志·教育行政篇”，台北，众文图书公司，1970年，第121页。

台湾公立中学校规则

（1921年）

大正一〇年四月二十七日府令第八七号

第一条　中学校以对内地人之男子施以须要之高等普通教育为目的，尤须努力于国民道德之养成。

第二条　中学校之修业年限为五年。

中学校得设修业一年之补习科。

第三条　学科目及其程度、教授时数、编制、设备、入学、在学、休学、退学及惩戒有关事项，除本令及特别规定者外，准用明治三十四年文部省令第三号《中学校令施行规则》之规定。但同令中文部大臣之职务，由台湾总督行之。

第四条　本令及特有规定外，如有必要事项，得州知事之认可，由学校长定之。

州知事于前项认可之时，须向台湾总督报告之。

台湾省文献委员会编：《台湾省通志》卷五“教育志·教育行政篇”，
台北，众文图书公司，1970 年，第 121 页。

台湾总督府高等学校规则要点

（1922 年）

大正十一年府令第八四号

一、台湾总督府高等学校设高等科及寻常科。

二、高等学校之修业年限为七年：寻常科为四年，高等科为三年（嗣后缩短为二年）。

三、高等科分为文科及理科。

四、寻常科之入学者，为寻常小学校毕业者及与此有同等以上之学力者。

五、高等科之入学者，为该学校寻常科之修毕者，中学校第四学年修毕者，与此有同等以上之学力者。

台湾省文献委员会编：《台湾省通志》卷五“教育志·教育行政篇”，
台北，众文图书公司，1970 年，第 155 页。

台湾公立中学校创立纪念碑

（1933 年）

吾台人初无中学，有则自本校始。盖自改隶以来，百凡草创，街庄之公学侧重语言，风气既开，人思上达，遂有不避险阻渡重洋留学于内地者。夫以髫龄之年，一旦远离乡井，栖身于万里外，微特学资不易，亦复疑虑重生，有识之士深以为忧，知创立中学之不可以缓也。岁壬子，林烈堂、林献堂、辜显龙、林熊征、蔡莲舫诸委员，乃起而力请于当道。大正三年甲寅三月念四日，蒙佐久间督宪许准，于是委员等自投巨金，以为众率，不辞劳瘁，悉力于募赀、鸠工等事。赖各方之踊跃捐输，共集金二十四万八千八百二十元，乃于四年五月开校。同年三月，经始建筑至翌年十二月告成，占地一万五千坪，工费二十一万八千百三十六元余。学堂宿舍齐备，盖亦灿然大观矣。残金三万余充作图书、备品等费，以供学子研钻之资。于此可知当时诸委员之辛劳与夫义助者之热心为何如也。岁远年深，虑无有知其事者，爰记其大要并附捐赀者之芳名于后，以告来者。

昭和七年谷旦

叶荣钟著：《日据下台湾政治社会运动史》，台中，晨星出版有限公司，2000年，第65页。

日据后期台湾中学校概况表

（1942—1943年）

学校名称	创立年代	民国三十二年度		民国三十一年度			民国三十二年度		
		学级数	学生数	志愿	入学	比率%	志愿	入学	比率%
台北第一中学校	光绪二十四年（日明治十一年）	20	1 028	261	209	80.1	299	208	69.6
台北第二中学校	民国十一年（日大正十一年）	17	838	662	193	29.2	957	210	21.9
台北第三中学校	民国二十六年（日昭和十二年）	16	814	392	160	40.8	286	202	70.6
台北第四中学校	民国三十年（日昭和十六年）	10	516	447	151	33.6	352	203	57.7
基隆中学校	民国十六年（日昭和二年）	12	609	311	153	49.2	323	153	47.4
宜兰中学校	民国三十一年（日昭和十七年）	4	226	786	112	14.4	336	112	33.3
新竹中学校	民国十一年（日大正十一年）	15	756	674	151	22.4	560	172	30.7
台中第一中学校	民国四年（日大正四年）	15	776	957	156	16.3	569	151	26.5
台中第二中学校	民国十一年（日大正十一年）	14	684	102	158	77.8	211	158	74.9

续表

学校名称	创立年代	民国三十二年度		民国三十一年度			民国三十二年度		
		学级数	学生数	志愿	入学	比率%	志愿	入学	比率%
彰化中学校	民国三十一年（日昭和十七年）	4	233	2 199	110	5.0	484	115	23.8
台南第一中学校	民国三年（日大正三年）	15	768	226	161	71.2	193	156	80.8
台南第二中学校	民国十一年（日大正十一年）	15	752	696	152	21.8	617	150	24.3
嘉义中学校	民国十二年（日大正十二年）	15	745	484	150	31.0	405	156	38.5
高雄中学校	民国十一年（日大正十一年）	20	988	490	200	40.8	350	204	58.3
屏东中学校	民国二十七年（日昭和十三年）	11	556	424	110	25.9	340	168	49.4
台东中学校	民国三十年（日昭和十六年）	3	173	194	55	28.4	137	60	43.8
花莲港中学校	民国二十五年（日昭和十一年）	10	502	161	102	63.4	167	115	68.9
私立国民中学校	民国二十八年（日昭和十四年）	14	815	743	179	24.1	743	169	22.8
私立台北中学校	民国二十七年（日昭和十三年）	17	1 072	1 106	244	22.1	1 612	248	15.4
私立淡水中学校	民国二十七年（日昭和十三年）	14	790	730	156	21.4	838	224	26.7
私立长荣中学校	民国二十八年（日昭和十四年）	15	884	713	176	24.7	776	180	23.2

附注：马公中学校因资料未备，暂付阙如。

台湾省文献委员会编：《台湾省通志》卷五“教育志·教育设施篇”，台北，众文图书公司，1970年，第52页。

二、高等女学校

女子中等学校教育目标

（1897—1945 年）

年度	教育机关名称	目标	资料来源
1897	国语学校第一附属学校女子分教场	《台湾总督府国语学校第一附属学校分教场规则》第一条：“本校系为本岛人女子传授手艺及普通学科之场所。”	C 页 45
1898	国语学校第三附属学校	《台湾总督府国语学校第三附属学校规程》第一条：“本校系根据台湾总督府国语学校第四条，以传授本岛人女子普通学科和手艺为目的。”	A 第 360 号，明治三十一年八月二十八日，页 62
1904	国语学校第三附属学校	《台湾总督府国语学校第三附属学校规程》第一条：“本校系根据台湾总督府国语学校第六条规则，以实施内地人女子高等普通教育为目的。”	A 第 1598 号，明治三十七年九月二十二日，页 30
1906	国语学校第二附属学校	《台湾总督府国语学校第二附属学校规程》第一条：“本校以实施本岛人女子师范教育兼技艺教育为目的。”	A 第 1941 号，明治三十九年四月五日，页 1
1907	台湾总督府高等女学校（四年制）	《台湾总督府中学校规则》第二条：“高等女学校系以内地人女子需要高等普通教育为目的。”	A 号外，明治四十年五月二十日，页 1
1919	台湾总督府高等女学校（二年制）	《台湾公立高等女学校规则》第一条：“公立高等女学校是以对内地人女子实施高等普通教育，主在传授有关家政之知识技能为目的。”	A 第 1823 号，大正八年五月二十日，页 12
	女子高等普通学校	《台湾教育令》第十三条：“女子高等普通学校是对女子实施高等普通教育、培养妇德、教授生活上有用知识技能之场所。”	A 第 1812 号，大正八年四月二十日，页 110
1921	台湾总督府高等女学校	《台湾公立高等女学校规则》第一条：“高等女学校系以内地人女子需要高等普通教育为目的，特别是培养国民道德，注重致力妇德之涵养。”	A 第 2363 号，大正十年四月二十七日，页 95
1922	高等女学校	《高等女学校令》第一条：“学生之教育以培养国民道德、涵养妇德等有关之学科知识为目的，并注重各科目、教学方式之互相联贯、互相补益。”	A 号外，大正十一年四月一日，页 23

续表

年度	教育机关名称	目标	资料来源
1943	高等女学校	《高等女学校规则》第一条："高等女学校以应皇国之道，实施高等普通教育，并练成中坚有为皇国女子之基础为目的。"	B第293号，昭和十八年三月二十七日，页106
1919	女子高等普通学校师范科	《台湾教育令》第三十条："高等普通学校和女子高等普通学校设置修业年限一年之师范科，俾以培养公学校教员。"	A第2583号，大正八年四月十日，页47
1922	高等女学校讲习科（含师范学校演习科）	《台湾教育令》第十二条："师范学校是致力涵养德性和培养小学校教员和公学校教员为目的。"	A第2583号，大正十一年二月十五日，页28
1943	师范学校	《师范教育令》第一条："师范学校以应皇国之道，练成国民学校教员为目的。"	B第293号，昭和十八年三月二十七日，页99
1922	实业补习学校	《台湾公立实业补习学校规则》第一条："实业补习学校系以对毕业小、公学校者，教授有关职业知识技能和国民生活需要之教育为主旨。"	A第61号，大正十一年四月一日，页1
1943	实业补习学校	《台湾公立实业补习学校规则》第一条："实业补习学校系应皇国之道，依地方情况而设的实务教育，并以奉公职守，成为社会中坚国民之训练为目的。"	B第296号，昭和十八年三月二十一日，页148

资料来源：A"台湾总督府府报"；B"台湾总督府官报"；C"创立满三十年纪念志"。

附表　　1916—1931年度私立女子学校教育目标表

年度	教育机关名称	目标	资料来源
1916	私立静修女学校	"本校以为内地人及本岛人女子实施高等普通教育、陶冶其品性、养成贤妻良母资性、兼授以日常生活上有益之知识技能为目的。"	A第5919号，大正五年十二月二十三日，页6
1920	私立女子职业学校	《爱国妇人会台湾支部附属私立女子职业学校规则》第一条："本校以实施女子适切职业教育兼教授日常生活必要之知识技能为目的。"	B2卷4号，大正九年四月，页87
1931	私立台北女子高等学院	《私立台北女子高等学院总则》第一条："本学院系以女子需要实施高等教育，特别致力涵养妇德为目的。"	C第1344号，昭和六年三月，页1
1935	私立爱国高等技艺女学校	"本校系以培养国民道德、涵养妇德、注重教授女子日常生活需要之知识技能兼实施职业教育为目的。"	D3卷6号，昭和十一年七月，页28

资料来源说明：A"台湾日日新报"；B"妇人的家庭"；C"台湾教育"；D"台湾妇人界"。

游鉴明：《日治时期台湾学校的女子教育》，《台湾史研究暨史料发掘研讨会论文集》，台北，正兴印刷公司，1987年，第215—217页。

高等女学校规则要点

（1907年、1919年、1922年）

1907年高等女学校规则要点

第一条　高等女学校之修业年限为四年。

高等女学校置补习科，其修业年限为一年。

第二条　高等女学校之入学者，为年龄满十二岁以上之女子而寻常小学校毕业者，或有与此同等以上之学力者。

补习科之入学者，为本校毕业者及依据明治三十三年敕令第三十一号《高等女学校令》之高等女学校毕业者。

1919年高等女学校规则要点

第一条　公立高等女学校，对内地人之女子施高等普通教育；主要以授有关家政之知识、技能为目的。

第二条　修业年限为二年。

第二十二条　第一学年之入学者，为年龄满十四岁以上高等小学校毕业者，又与此有同等以上之学力者。

1922年台湾公立高等女学校规则之大要

一、高等女学校以对女子实施高等普通教育为目的，特致力于国民道德之养成，留意于妇德之涵养。

二、高等女学校为州立，教职员之俸给，为国库负担。

三、台湾总督按各地之情况，得命各州设置必要之高等女学校。

四、高等女学校之修业年限为五年或四年；但依地方之情况，得为三年。

五、高等女学校可设高等科、专攻科或补习科。高等科、专攻科均系实施精深程度之高等普通教育；但专攻科为专攻一科目或数科目，其修业年限为二年或三年；补习科为补习高等女学校之教科目，修业年限为二年以内。

六、为专修有关之学科目者，得设置实科或专设实科。专设实科之高等女学校称为实科高等女学校，有修业年限二年、三年、四年之别。

七、修业年限四年以上之高等女学校或实科高等女学校，其入学资格，为寻常小学校毕业者或与此有同等以上之学力者。

台湾省文献委员会编：《台湾省通志》卷五“教育志·教育行政篇”，台北，众文图书公司，1970年，第127页。

台湾总督府高等女学校官制

（1909年）

明治四十二年三月敕令第四七号

第一条　台湾总督府高等女学校置左列职员：

学校长　奏任

教　谕　专任十一人，其中二人奏任九人判任

舍　监

书　记　专任二人　判任

第二条　校长以奏任之教谕充任之，承台湾总督之命，掌理校务，监督所属职员。

第三条　教谕掌生徒之教育。

第四条　舍监以教谕充任之，受校长之指挥，掌理有关生徒之管理事务。

第五条　书记受校长之指挥，办理庶务。

台湾省文献委员会编：《台湾省通志》卷五“教育志·教育行政篇”，台北，众文图书公司，1970年，第125页。

台湾公立女子高等普通学校官制

（1919年）

大正八年四月一日敕令第六七号

第一条　台湾公立女子高等普通学校设左列之职员：

学校长　奏任

教　谕　判任

生徒监

书　记　判任

第二条　台湾公立女子高等普通学校置师范科时，须置附属公学校。

台湾总督得指定公立公学校代用为附属公学校。

第三条　学校长承台湾总督之命，掌理校务，监督所属职员。

第四条　教谕掌生徒之教育。

置师范科时，教谕除前项之外，并掌附属公学校或代用学校儿童之教育，指导师范生徒之实地授。

第五条　生徒监由台湾总督就教谕中任命之。生徒监承学校长之指挥，掌生徒之

训育。

第六条　台湾总督得由教谕之中任命附属公学校主事，使掌该校之校务。

第七条　书记受学校长之指挥，办理庶务。

第八条　台湾公立女子高等普通学校职员之定额，台湾总督定之。

台湾公立女子高等普通学校职员之俸给及其他诸给与，为地方税支办。

附则

本令自公布之日起施行之。

台湾省文献委员会编：《台湾省通志》卷五“教育志·教育行政篇”，
台北，众文图书公司，1970年，第123页。

台湾公立高等女学校官制

（1919年）

大正八年四月一日敕令第六八号

第一条　台湾公立高等女学校置左列职员：

学校长　奏任

教　谕　判任

生徒监

书　记　判任

关于各学校教谕之内一人得为奏任。

第二条　台湾公立高等女学校得设专收女子之高等小学校。

第三条　学校长由台湾总督就教谕中任命之。学校长承台湾总督之命，掌理校务，监督所属职员。

第四条　教谕掌生徒之教育。

并置高等小学校时，教谕除前项之外，并掌高等小学校儿童之教育。

第五条　生徒监由台湾总督就教谕之中任命之。

生徒监受学校长之指挥，掌生徒之训育。

第六条　书记受学校长之指挥，办理庶务。

第七条　台湾公立高等女学校职员之定额，台湾总督定之。

台湾公立高等女学校职员之俸给及其他诸给与，为地方税支办。

台湾省文献委员会编：《台湾省通志》卷五“教育志·教育行政篇”，
台北，众文图书公司，1970年，第126页。

各类型高等女学校课程设置及教学时数

（1919—1922 年）

一、台湾公立女子高等普通学校教学科目之程度及各学年每周授课时数表（1919 年）

学年 科目	第一学年		第二学年		第三学年	
	时数	程　度	时数	程　度	时数	程　度
修身	2	道德要旨、礼节	2	道德要旨、礼节	2	道德要旨、礼节
日语	10	会话讲读、作文、语法、习字	7	会话讲读、作文、语法、习字	7	会话讲读、作文、语法、习字
历史	2		2	日本历史	1	日本历史
地理		日本地理		外国地理、地文概要		
算术	2	整数、小数、珠算	2	诸等数、分数、珠算	2	比例、百分比、求积、珠算
自然	2	植物、动物	4	生理卫生、理化	4	理化、矿物
家事				衣食住之大要及实习		养老、育儿、看护、经济交际、烹饪、家事及实习
裁缝	9	运针法、普通衣类之缝法、裁法、补缀法	10	运针法、普通衣类之缝法、裁法、补缀法	11	运针法、普通衣类之缝法、裁法、补缀法
手艺		刺绣、造花、编物等家事手艺		刺绣、造花、编物等家事手艺		刺绣、造花、编物等家事手艺
图画	1	临画、写生画、图案画	1	临画、写生画、图案画	1	临画、写生画、图案画
音乐	1	单音唱歌	1	单音唱歌（乐器使用法）	1	单音唱歌（复音唱歌）
体操	2	体操、教练游戏	2	体操、教练游戏	2	体操、教练游戏
汉文	（2）	讲读、作文	（2）	讲读、作文	2	讲读、作文
教育					（2）	教育大意

续表

学年 科目	第一学年		第二学年		第三学年	
	时数	程　度	时数	程　度	时数	程　度
总　计	31 (33)		31 (33)		33 (35)	

台湾省文献委员会编：《台湾省通志》卷五“教育志·教育设施篇”，台北，众文图书公司，1970年，第59页。

二、台湾五年制高等女学校教学科目及各学年每周教学时数表（1922年）

学年 科目	第一学年	第二学年	第三学年	第四学年	第五学年
修身	2	2	2	1	1
日语	6	6	6	5	5
外国语	3	3	3	3	3
历史 地理	3	3	2	2	2
数学	2	2	3	3	3
自然	2	2	3	3	3
图画	1	1	1	1	/
家事	/	/	/	2	4
裁缝	4	4	4	4	4
音乐	2	2	1	1	/
体操	3	3	3	3	3
合计	28	28	28	28	28

台湾省文献委员会编：《台湾省通志》卷五“教育志·教育设施篇”，台北，众文图书公司，1970年，第60页。

三、台湾四年制高等女学校教学科目及各学年每周教学时数表（1922 年）

科目＼学年	第一学年	第二学年	第三学年	第四学年
修身	2	2	1	1
日语	6	6	5	5
外国语	3	3	3	3
历史 地理	3	3	2	2
数学	2	2	3	3
自然	2	2	3	3
图画	1	1	1	/
家事	/	/	2	4
裁缝	4	4	4	4
音乐	2	2	1	/
体操	3	3	3	3
合计	28	28	28	28

台湾省文献委员会编：《台湾省通志》卷五“教育志·教育设施篇”，台北，众文图书公司，1970 年，第 61 页。

四、台湾三年制高等女学校教学科目及各学年每周教学时数表（1922 年）

科目＼学年	第一学年	第二学年	第三学年
修身	2	2	1
日语	5	5	5
外国语	3	3	3
历史 地理	2	2	2
数学	2	2	2
自然	3	3	3

续表

科目 \ 学年	第一学年	第二学年	第三学年
图画	2	1	/
家事	/	2	4
裁缝	4	4	4
音乐	2	1	1
体操	3	3	3
合计	28	28	28

台湾省文献委员会编：《台湾省通志》卷五“教育志·教育设施篇”，台北，众文图书公司，1970年，第61—62页。

五、台湾四年制实科高等女学校教学科目及各学年每周教学时数表（1922年）

科目 \ 学年	第一学年	第二学年	第三学年	第四学年
修身	2	2	1	1
日语	6	5	5	5
历史 地理	2	2	2	/
数学	2	2	2	3
自然及家事	3	3	3	4
裁缝	8	8	8	8
图画	1	1	1	/
唱歌	1	1	1	/
实业	/	1	2	4
体操	3	3	3	3
合计	28	28	28	28

台湾省文献委员会编：《台湾省通志》卷五“教育志·教育设施篇”，台北，众文图书公司，1970年，第62页。

六、台湾三年制实科高等女学校教学科目及各学年每周教学时数表（1922 年）

学年 科目	第一学年	第二学年	第三学年
修身	2	1	1
日语	6	4	4
历史 地理	2	2	/
数学	2	2	2
自然及家事	3	4	4
裁缝	8	8	10
图画	1	1	/
唱歌	1	1	/
实业	/	2	4
体操	3	3	3
合计	28	28	28

台湾省文献委员会编：《台湾省通志》卷五“教育志·教育设施篇”，台北，众文图书公司，1970 年，第 63 页。

七、台湾二年制实科高等女学校教学科目及各学年每周教学时数表（1922 年）

学年 科目	第一学年	第二学年
修身	1	1
日语	4	4
数学	2	1
家事	4	5
裁缝	10	10
图画	1	/
唱歌	1	/

续表

科目＼学年	第一学年	第二学年
实业	2	4
体操	3	3
合计	28	28

台湾省文献委员会编：《台湾省通志》卷五“教育志·教育设施篇”，台北，众文图书公司，1970年，第64页。

台湾公立高等女学校官制修正

（1921年）

大正一〇年四月二十五日敕令第一二九号

第一条　台湾公立高等女学校设左列职员：

学校长　奏任

教　谕　判任

生徒监

书　记

教谕得为奏任，但其员数，当该学校之学级数五学年止为二人以内，每增三学级得增加一人。

第二条　学校长承州知事之命，掌理校务，监督所属职员。

判任教谕之进退，由州知事向台湾总督呈报之。

第三条　教谕掌生徒之教育。

第四条　生徒监由台湾总督就教谕中任命之。生徒监受学校长之指挥，掌生徒之训育。

第五条　书记受学校长之指挥，办理庶务。

第六条　修业年限二年之公立高等女学校，得并置专收女子之高等小学校。

第七条　修业年限二年之高等女学校之校长，由台湾总督就教谕中任命之。

第八条　并置高等小学校之公立高等女学校，设置掌管高等小学校儿童教育之教谕。

第九条　台湾公立高等女学校之教谕及书记之定额，由台湾总督按各学校定之。

台湾公立高等女学校职员之俸给为国库之负担。但前条之教谕俸给，为州之负担。

台湾省文献委员会编：《台湾省通志》卷五“教育志·教育行政篇”，台北，众文图书公司，1970年，第126—127页。

台北第三高等女学校和彰化高等女学校学生身体调查表

（1927年、1938年、1939年）

年度			1927			1939			1938		
学校名称			台北第三高等女学校	学生人数		台北第三高等女学校	学生人数		彰化高等女学校	学生人数	
				台	日		台	日		台	日
13岁	身高	台女	139.6	8人	15人	144.6	116人	9人	142.2	37人	37人
		标准差	+6.3			+8.5			+6.1		
		日女	139			139.8			145.2		
		标准差	+3.8			+1.3			+6.7		
	体重	台女	30.4			33.6			32.2		
		标准差	+2.3			+4.8			+3.4		
		日女	33.9			33.3			37.9		
		标准差	+2.9			+1.1			+5.7		
	胸围	台女	62.6			66.9			64.7		
		标准差	+0.2			+4.9			+2.7		
		日女	65			67.2			69.7		
		标准差	+1.6			+1.6			+4.1		
14岁	身高	台女	147.5	54人	30人	147.1	151人	22人	147.4	71人	42人
		标准差	+8.4			+6.1			+6.4		
		日女	145.4			151.3			146.5		
		标准差	+5			+7.6			+2.8		
	体重	台女	37			36.9			37.4		
		标准差	+5			+4.7			+5.2		
		日女	38.6			45.3			38.5		
		标准差	+3.5			+9			+2.2		
	胸围	台女	65.9			68.9			69.8		
		标准差	+0.1			+4.4			+0.8		
		日女	68.6			71.3			69.1		
		标准差	-0.2			+2.3			+4.6		

续表

年度			1927			1939			1938		
学校名称			台北第三高等女学校	学生人数		台北第三高等女学校	学生人数		彰化高等女学校	学生人数	
				台	日		台	日		台	日
15 岁	身高	台女	148	80 人	22 人	149.9	146 人	24 人	150.5	105 人	41 人
		标准差	＋5			＋4.4			＋5		
		日女	147			150.6			149.3		
		标准差	＋2.5			＋3.1			＋1.8		
	体重	台女	37.4			41.8			40.3		
		标准差	＋2.5			＋5.8			＋4.3		
		日女	43.5			42.1			42.2		
		标准差	＋4.1			＋1.4			＋1.5		
	胸围	台女	64.2			70.3			71.3		
		标准差	－4.3			＋3			＋4		
		日女	72.6			70.9			72.6		
		标准差	＋1.7			－1.3			＋0.3		
16 岁	身高	台女	150.5	79 人	24 人	152.2	164 人	16 人	151.3	93 人	34 人
		标准差	＋3.5			＋2.6			＋1.5		
		日女	147.5			152.8			150.5		
		标准差	＋2.2			＋3.6			＋1.3		
	体重	台女	41.5			43.8			42.2		
		标准差	＋3			＋4.1			＋2.5		
		日女	46			47.8			45.3		
		标准差	＋3.1			＋3.9			＋1.4		
	胸围	台女	70.5			73.9			73.7		
		标准差	＋0.8			＋4.3			＋4.1		
		日女	73.6			76.9			74.8		
		标准差	＋1.1			＋3.5			＋0.5		
17 岁	身高	台女	151.5	90 人	18 人	152.5	73 人	6 人	153.4	54 人	23 人
		标准差	2.4			－3			－2.1		
		日女	151.4			154.1			150		
		标准差	＋3.2			＋4.1			0		

续表

年度			1927			1939			1938		
学校名称			台北第三高等女学校	学生人数		台北第三高等女学校	学生人数		彰化高等女学校	学生人数	
				台	日		台	日		台	日
17岁	体重	台女	44.2	90人	18人	45.8	73人	6人	45.6	54人	23人
		标准差	+3.1			+3.6			+3.4		
		日女	49.3			48.5			44.8		
		标准差	+4			+2.7			−1		
	胸围	台女	72.5			75.9			77		
		标准差	+0.1			+3.7			+4.8		
		日女	73.1			76.7			73.3		
		标准差	+0.8			+1.1			−2.3		
18岁	身高	台女	151.6	50人	4人	153.4	23人	3人	153.7	21人	3人
		标准差	+0.4			−7.1			−6.8		
		日女	152.3			153.7			152.9		
		标准差	+3.5			+3.5			2.7		
	体重	台女	44.8			46			43.3		
		标准差	+1.1			+1.8			−0.9		
		日女	46.9			50.0			47		
		标准差	−3.1			+3.1			+0.1		
	胸围	台女	73.5			75.7			75.7		
		标准差	+0.2			+2			+2		
		日女	74.3			77.5			76.7		
		标准差	−0.5			+1.5			+0.6		
19岁	身高	台女	152.6	36人	2人	153.4	9人		154.7	5人	2人
		标准差	+0.2			−9.6					
		日女	152.3						150.1		
		标准差	+3.5								
	体重	台女	47.5			49.4			50.2		
		标准差	+2.8			+3.0					
		日女	43.9						44.5		
		标准差	−3.1								

续表

年度			1927			1939			1938		
学校名称			台北第三高等女学校	学生人数		台北第三高等女学校	学生人数		彰化高等女学校	学生人数	
				台	日		台	日		台	日
19岁	胸围	台女	74.7	36人	2人	79.1	9人		79.2	5人	2人
		标准差	−0.9			+1.2					
		日女	74.3						75.8		
		标准差	−0.5								
20岁	身高	台女	151.9	13人							
		标准差	−2								
		日女									
		标准差									
	体重	台女	45.6								
		标准差	−0.9								
		日女									
		标准差									
	胸围	台女	74.3								
		标准差	−1.5								
		日女									
		标准差									

资料来源：《台北州立台北第三高等女学校一览》，1927年度、1939年度；《台中州立彰化高等女学校一览》，1938年度。

游鉴明：《日治时期台湾学校女子体育的发展》，
台湾“中央研究院”近代史研究所集刊第33期，第69—70页。

各高等女学校运动团体概况

（1933年）

学校名称及成立时间	会员人数	运动部名及设置时间	各部负责人数
台北第一高等女学校（1904）	824	软式网球（1923）、篮球（1922）、排球（1922）、陆上竞技（1922）、弓道（1924）、游泳（1923）、徒步（1924）、桌球（1919）	8

续表

学校名称及成立时间	会员人数	运动部名及设置时间	各部负责人数
台北第二高等女学校（1919）	442	陆上竞技（1925）、游泳（1924）、软式网球（1922）、排球（1928）、篮球（1928）	4
台北第三高等女学校（1897）	600	校内运动部（1930，排球、篮球）、校外运动部（1930，游泳、登山、远足）、弓道部（1932）	3
基隆高等女学校（1924）	403	陆上竞技（1925）、排球（1925）、篮球（1925）、软式网球（1925）、游泳（1925）	5
静修女校（1916）	499	网球（1917）、排球（1931）、篮球（1931）、桌球（1931）	2
新竹高等女学校（1924）	401	陆上竞技（1925）、游泳（1926）、软式网球（1931）、排球（1924）、篮球（1926）、弓道（1932）	1
台中高等女学校（1919）	420	排球（1927）、篮球（1927）、软式网球（1922）、游泳（1927）、陆上竞技（1927）、桌球（1927）、远足（1927）	8
彰化高等女学校（1919）	415	陆上竞技（1927）、软式网球（1924）、排球（1927）	3
嘉义高等女学校（1922）	419	陆上竞技（1924）、游泳（1925）、软式网球（1922）、排球（1924）、篮球（1926）、登山（1929）	1
台南第一高等女学校（1917）	450	陆上竞技（1917）、游泳（1917）、登山（1917）、软式网球（1917）、排球（1917）、篮球（1917）、桌球（1917）、躲避球（1917）	3
台南第二高等女学校（1921）	392	陆上竞技（1921）、软式网球（1921）、排球（1921）、篮球（1921）、桌球（1921）	5
高雄高等女学校（1924）	392	陆上竞技（1924）、游泳（1924）、远足、登山（1924）、排球（1924）	3
高雄州立屏东高等女学校（1922）	198	陆上竞技（1927）、软式网球（1927）、排球（1927）、篮球（1927）、徒步（1933）	1

资料来源：竹村丰俊编《创立十周年纪念志·纪念台湾体育史》，673—689页。

游鉴明：《日治时期台湾学校女子体育的发展》，台湾“中央研究院”近代史研究所集刊第33期，第34页。

日据末期台湾高等女学校概况表

（1943年）

学校名称	创立年代	民国三十二年度		民国三十一年度			民国三十二年度		
		学级数	学生数	志愿	入学	比率%	志愿	入学	比率%
台北第一高等女学校	光绪三十年（日明治三十七年）	17	929	350	216	61.7	289	228	78.9
台北第二高等女学校	民国八年（日大正八年）	17	927	739	224	30.3	418	232	55.5
台北第三高等女学校	光绪二十三年（日明治三十年）	17	832	971	207	21.3	1 115	220	19.7
台北第四高等女学校	民国三十一年（日昭和十七年）	8	392	1 059	200	18.9	457	199	43.5
基隆高等女学校	民国十三年（日大正十三年）	10	526	290	162	55.9	253	160	63.2
兰阳高等女学校	民国二十七年（日昭和十三年）	9	405	202	109	54.0	212	119	56.1
新竹高等女学校	民国十三年（日大正十三年）	14	722	526	167	31.7	534	236	44.2
台中第一高等女学校	民国八年（日大正八年）	13	658	203	165	81.3	207	165	79.7
台中第二高等女学校	民国三十年（日昭和十六年）	7	404	446	110	24.7	545	180	33.0
彰化高等女学校	民国八年（日大正八年）	14	683	739	160	21.7	735	217	29.5
台南第一高等女学校	民国六年（日大正六年）	13	675	247	170	68.8	238	171	71.8
台南第二高等女学校	民国十年（日大正十年）	13	640	606	156	25.7	759	172	22.7
嘉义高等女学校	民国十一年（日大正十一年）	13	676	416	168	40.6①	536	168	31.3

① 数字有误。

续表

学校名称	创立年代	民国三十二年度		民国三十一年度			民国三十二年度		
		学级数	学生数	志愿	入学	比率%	志愿	入学	比率%
虎尾高等女学校	民国二十九年（日昭和十五年）	8	421	301	112	37.2	319	112	35.1
高雄第一高等女学校	民国十三年（日大正十三年）	12	634	383	168	43.9	451	168	37.3
高雄第二高等女学校		2	110	/	/	/	620	110	17.7
屏东高等女学校	民国二十一年（日昭和七年）	12	594	545	165	30.3	502	166	33.1
台东高等女学校	民国二十九年（日昭和十五年）	4	228	118	60	50.8	124	65	52.4
花莲港高等女学校	民国十六年（日昭和二年）	9	425	204	108	52.9	231	118	51.1
马公高等女学校		1	60	/	/	/	162	60	37.0
私立淡水高等女学校	民国二十七年（日昭和十三年）	8	340	197	88	44.7	247	96	38.9
私立长荣高等女学校	民国二十八年（日昭和十四年）	11	611	640	164	25.6	693	168	24.2

附注：私立静修女学校因资料不全，暂付阙如。

游鉴明：《日治时期台湾学校女子体育的发展》，

台湾“中央研究院”近代史研究所集刊第 33 期，第 69—70 页。

三、师范学校

日据初期教员讲习所的讲师和讲习员

（1896 年）

教员讲习所的早期讲师

学务部长	校长	讲师	讲师	讲师	讲师	讲师	讲师	讲师	台湾讲师	台湾讲师	台湾讲师	台湾讲师	台湾讲师
伊泽修二	町田则文	吉沢俊明	小田深三	粟野傅之亟	上野道之介	大久保孝之助	须田小五郎	木原刚	柯秋洁	朱俊英	叶寿松	陈兆鸾	张柏堂

第一届讲习员毕业生

府县	东京府	鹿儿岛县	京都府	福冈县	富山县	福井县	大分县	茨城县	岩手县	高知县	东京府	京都府	熊本县	鹿岛县	山口县	富山县	三重县	新潟县	爱媛县	东京府	青森县	爱媛县	长野县
姓名	三屋大五郎	一岐休太郎	高木平太郎	堤贞廉	前田孟雄	浅井政次郎	蓝原新三	中山重次	仁田驹次郎	松本恒德	益田精次郎	坂根十二郎	岛村和四郎	早间恒	井上武之辅	津田政二郎	须田襄	堀正次郎	赤松三代吉	菅野赫次	花田大六	渡边高市	山口吉治
府县	静冈县	福岛县	群马县	福冈县	长野县	冈山县	东京府	青森县	三重县	滋贺县	东京府	奇玉县	茨城县	爱知县	宫城县	爱知县	奇玉县	奇玉县	东京府	东京府	山口县	静冈县	
姓名	增田龙作	小菅松内	滋贺邦次郎	林元三郎	大岛丑三郎	多罗尾光利	笠井源作	齐藤典治	丸山德三	中堂谦吉	富冈镣太郎	宫本一学	铃形悌三郎	芝山丰平	相泽源太夫	新家鹤七郎	加藤元右衙门	伊原太郎	户仓广雅	加贺美五郎七	美和元一	富田仙太郎	

讲习员入学及毕业人数

届次	入学年月日	入学人数	毕业年月日	毕业人数
第一届	明治二十九年（1896 年）四月十五日	45	明治二十九年（1896 年）七月一日	45

续表

届次	入学年月日	入学人数	毕业年月日	毕业人数
第二届	明治二十九年（1896年）十二月六日	甲 50 乙 24	明治三十年（1897年）三月一日	甲 49 乙 22
第三届	明治三十一年（1898年）九月二十二日	30	明治三十二年（1899年）一月十四日	30
第四届	明治三十二年（1899年）三月三十一日	37	明治三十二年（1899年）七月九日	37
第五届	明治三十二年（1899年）九月二十二日	29	明治三十三年（1900年）一月二十五日	25
第六届	明治三十三年（1900年）二月二十日	26	明治三十三年（1900年）四月十九日	26
第七届	明治三十三年（1900年）十一月十八日	28	明治三十四年（1901年）三月三十日	30
计		269		264

备注：《台北师范学校创立三十周年纪念志》，页30。

李园会著：《日据时期台湾师范教育制度》，台北，南天书局，1997年，第34—36页。

台湾总督府师范学校官制

（1899年）

明治三十二年三月三十一日府令第九七号

第一条　台湾总督府师范学校，受知事、厅长之管理，为养成国语传习所、公学校及书房、义塾教员之所。

第二条　台湾总督府师范学校附设附属学校。

第三条　台湾总督府师范学校置左列职员：

学校长

教　授

教　谕

舍　监

书　记

第四条　学校长，各校一人，奏任，承知事、厅长之命，掌理校务，监督所属职员。

第五条　教授，各校二人，奏任，掌师范学校生徒之教育。

助教授，各校四人，判任，协助教授之职务。

第六条　教谕，各校二人，判任，掌附属学校生徒之教育。

第七条　舍监，受学校长之指挥，掌有关生徒之管理事务；舍监由教授或助教兼之。

第八条　书记，各校二人，判任，承上官之命，承办庶务会计。

第九条　知事，厅长得由教授或助教授之内任附属学校主事，掌理附属学校之事务。

第十条　师范学校设置之场所，由台湾总督指定之。

附则

第十一条　本令自明治三十二年四月一日施行。

台湾省文献委员会编：《台湾省通志》卷五“教育志·教育行政篇”，台北，众文图书公司，1970年，第137—138页。

日据时期台湾师范学校课程设置及教学时数

（1899—1933年）

一、日据初期台湾总督府师范学校教学科目及各学年每周教学时数表（1899年）

学年 教科目	每周教学时数	第一学年	每周教学时数	第二学年	每周教学时数	第三学年	
修身	1	人伦之大要及礼法	1	人伦之大要及礼法	1	人伦之大要及礼法、台湾人应注意之各种重要制度	实地授业
日语作文	8	会话、默写、文法、日用文、书翰文	8	会话、默写、文法、日用文、书翰文、公用文	8	会话、默写、文法、日用文、书翰文、公用文	
读书	6	小学读本、《论语》、小学（台湾句读）	6	小学读本、《诗经》及日本史略（台湾句读）	6	小学读本及台湾适用尺读文书经及日本史略（台湾句读）	
算术簿记	5	珠算：加减乘除。笔算：整数之加减乘除	4	珠算：加减乘除。笔算：整数之加减乘除。通常之分数及小数	4	笔算：诸比例。簿记：单式复式	
地理历史	2	台湾及日本地理大要、台湾历史大要	2	日本地理大要、日本历史大要	2	外国地理大要、日本历史大要	

续表

学年 教科目	每周教学时数	第一学年	每周教学时数	第二学年	每周教学时数	第三学年	
理科	3	通常之天然物及自然之现象、生理卫生之大要	3	物理上、化学上之诸现象及通常诸器械之构造及其作用，生理卫生之大要	2	物理上、化学上之诸现象及通常诸器械之构造及其作用，生理卫生之大要	实地授业
习字	2	片假字、平假字及日用文字（楷书、行书）、细字速写	2	日用文字（行书、草书）、细字速写	2	日用文字（算书）、细字速写	
唱歌	2	单音唱歌	3	单音唱及乐器用法	3	单音唱歌及乐器用法	
体操	5	普通体操及游戏	5	普通体操及游戏	3	普通体操及游戏	
教授法					3	教授管理大要	
计	34		34		34		

附注：在第三学年之前半年，系各学科目之教授；后半年则为实地授业之练习。

台湾省文献委员会编：《台湾省通志》卷五“教育志·教育行政篇”，台北，众文图书公司，1970 年，第 69 页。

二、日据中期台湾师范学校各学科教学程度及各学年每周教学时数表（1919 年）

	预科		本科							
			第一学年		第二学年		第三学年		第四学年	
	每周教学时数	程度	每周教学时数	程度	每周教学时数	程度	每周教学时数	程度	每周教学时数	程度
修身	2	学生心得、国民道德要旨作法	2	学生心得、国民道德要旨作法	1	学生心得、国民道德要旨作法	1	学生心得、国民道德要旨作法、教材研究	1	学生心得、国民道德要旨作法、国民道德之特质
教育							5	心理、教育大意、教授法	4	教授法、管理法、台湾教育法规

续表

	预科		本科							
			第一学年		第二学年		第三学年		第四学年	
	每周教学时数	程度	每周教学时数	程度	每周教学时数	程度	每周教学时数	程度	每周教学时数	程度
日语	12	说话法、读法、作文、习字	12	说话法、读法、作文、习字、语法	11	说话法、读法、作文、习字、语法	7	说话法、读法、作文、习字、语法、文法、教材研究	7	说话法、读法、作文、习字、发音矫正法
汉文	3	讲读、作文	2	讲读、作文	2	讲读、作文	2	讲读、作文教材研究	2	讲读、作文
历史			2		2		2	日本帝国历史	1	
地理				日本帝国地理		日本帝国地理、外国地理		地理教材研究		地理教材研究、地文
数学	6	算术（珠算、笔算）	4	算术（珠算、笔算）	4	算术、代数	3	教材研究、代数、几何	3	教材研究、几何
理科			3	植物、动物	3	生理、卫生、矿物	3	有关理化学事项、教材研究	4	有关理化学事项、教材研究、理化学实验
图画	1	临画、写生画、考案画	1	临画、写生画、考案画	1	临画、写生画、考案画、几何画	1	临画、写生画、考案画、几何画、黑板画	1	临画、写生画、考案画、几何画、黑板画、教材研究
音乐	2	单音唱歌	2	单音唱歌	2	单音唱歌乐典	2	单音唱歌、乐典、复音唱歌、乐器使用法	2	单音唱歌、乐典、复音唱歌、乐器使用法、教材研究

续表

		预科		本科							
				第一学年		第二学年		第三学年		第四学年	
		每周教学时数	程度	每周教学时数	程度	每周教学时数	程度	每周教学时数	程度	每周教学时数	程度
实科	手工	2	实习	2	实习	2	实习、理论	2	实习、理论	3	实习、理论、教材研究
	农业与商业	1	农业实习	1	农业实习	3	农业(商业)大意实习	3	农业(商业)大意实习、簿记、实习	3	农业(商业)大意实习、簿记、实习、教材研究
体操		4	体操、教练、游戏	3	体操、教练、游戏	3	体操、教练、游戏	3	体操、教练、游戏	3	教材研究、身体检查法
计		33		34		34		34		34	

附注：在本表之外，于第四学年中，得加授若干周教育实习课程。

关于师范学校所有之教科用图书，则统由台湾总督府编印应用。

台湾省文献委员会编：《台湾省通志》卷五“教育志·教育设施篇”，台北，众文图书公司，1970年，第72页。

三、日据后期台湾师范学校小学师范部男生所授科目及各学年每周教学时数表（1933年）

学科目		普通科					演习科	
		第一学年	第二学年	第三学年	第四学年	第五学年	第一学年	第二学年
基本科目	修身	2	2	1	1	2	2	2
	公民科						2	2
	教育					4	4	4
	日语汉文	8	7	6	5	5	4	4
	台语	2	2	2	2	2	1	1
	历史地理	4	4	4	4	2	2	2
	英语	2	2	2	2	2		
	数学	4	4	4	4	3	2	2

续表

学科目			普通科					演习科	
			第一学年	第二学年	第三学年	第四学年	第五学年	第一学年	第二学年
基本科目	理科		2	3	4	5	4	2	2
	实业		1	1	2	2	2	2	2
	图画 手工		2	2	2	2	2	2	2
	音乐		1	1	2	2	1	1	1
	体操		6	6	5	5	5	4	4
	基本科目总时数		34	34	34	34	34	28	28
增课科目	日语汉文							1—4	1—4
	台语							1—4	1—4
	历史							1—4	1—4
	地理							1—4	1—4
	英语							1—4	1—4
	数学							1—4	1—4
	理科	博物						1—4	1—4
		物理及化学						1—4	1—4
	实业							1—4	1—4
	图画							1—4	1—4
	手工							1—4	1—4
	音乐							1—4	1—4
	当作增课科目之总时数							6	6
合计			34	34	34	34	34	34	34

台湾省文献委员会编：《台湾省通志》卷五“教育志·教育设施篇”，台北，众文图书公司，1970年，第76—77页。

四、日据后期台湾师范学校小学师范部女生所授科目及各学年每周教学时数表（1933年）

学科目		普通科				演习科	
		第一学年	第二学年	第三学年	第四学年	第一学年	第二学年
基本科目	修身	1	1	1	2	2	2
	公民科					2	2
	教育				2	4	5

续表

学科目			普通科				演习科	
			第一学年	第二学年	第三学年	第四学年	第一学年	第二学年
基本科目	日语汉文		7	7	6	5	3	3
	台语		3	2	2	1	1	1
	历史 地理		4	3	3	3	2	2
	英语		2	2	2	3		
	数学		2	3	3	3	2	2
	理科		3	4	4	2	2	2
	家事		4	4	5	5	4	4
	裁缝							
	图画 手工		3	3	3	3	2	2
	音乐		2	2	2	2	2	1
	体操		3	3	3	3	2	2
	基本科目总时数		34	34	34	34	28	28
增课科目	日语汉文						1—4	1—4
	台语						1—4	1—4
	历史						1—4	1—4
	地理						1—4	1—4
	英语						1—4	1—4
	数学						1—4	1—4
	理科	博物					1—4	1—4
		物理及化学					1—4	1—4
	实业						1—4	1—4
	图画						1—4	1—4
	手工						1—4	1—4
	音乐						1—4	1—4
	当作增课科目之总时数						6	6
合计			34	34	34	34	34	34

台湾省文献委员会编：《台湾省通志》卷五“教育志·教育设施篇”，台北，众文图书公司，1970年，第77—78页。

五、日据后期台湾师范学校公学师范部男生所授科目及各学年每周教学时数表（1933 年）

<table>
<tr><th colspan="2" rowspan="2">学科目</th><th colspan="5">普通科</th><th colspan="2">演习科</th></tr>
<tr><th>第一学年</th><th>第二学年</th><th>第三学年</th><th>第四学年</th><th>第五学年</th><th>第一学年</th><th>第二学年</th></tr>
<tr><td rowspan="14">基本科目</td><td>修身</td><td>2</td><td>2</td><td>1</td><td>1</td><td>2</td><td>2</td><td>2</td></tr>
<tr><td>公民科</td><td></td><td></td><td></td><td></td><td></td><td>2</td><td>2</td></tr>
<tr><td>教育</td><td></td><td></td><td></td><td></td><td>4</td><td>4</td><td>3</td></tr>
<tr><td>日语汉文</td><td>⊙ 7
△10</td><td>⊙ 6
△9</td><td>⊙ 6
△8</td><td>6</td><td>6</td><td>4</td><td>4</td></tr>
<tr><td>台语</td><td>⊙ 3</td><td>⊙ 3</td><td>⊙ 2</td><td>2</td><td>2</td><td>1</td><td>1</td></tr>
<tr><td>历史
地理</td><td>4</td><td>4</td><td>4</td><td>4</td><td>3</td><td>2</td><td>2</td></tr>
<tr><td>英语</td><td>2</td><td>2</td><td>2</td><td>1</td><td>1</td><td></td><td></td></tr>
<tr><td>数学</td><td>4</td><td>4</td><td>4</td><td>4</td><td>2</td><td>2</td><td>2</td></tr>
<tr><td>理科</td><td>2</td><td>3</td><td>4</td><td>5</td><td>4</td><td>2</td><td>2</td></tr>
<tr><td>实业</td><td>1</td><td>1</td><td>2</td><td>2</td><td>2</td><td>2</td><td>2</td></tr>
<tr><td>图画
手工</td><td>2</td><td>2</td><td>2</td><td>2</td><td>2</td><td>2</td><td>3</td></tr>
<tr><td>音乐</td><td>1</td><td>1</td><td>2</td><td>2</td><td>1</td><td>1</td><td>1</td></tr>
<tr><td>体操</td><td>6</td><td>6</td><td>5</td><td>5</td><td>5</td><td>4</td><td>4</td></tr>
<tr><td>基本科目总时数</td><td>34</td><td>34</td><td>34</td><td>34</td><td>34</td><td>28</td><td>28</td></tr>
<tr><td rowspan="10">增课科目</td><td>日语汉文</td><td></td><td></td><td></td><td></td><td></td><td>1—4</td><td>1—4</td></tr>
<tr><td>台语</td><td></td><td></td><td></td><td></td><td></td><td>1—4</td><td>1—4</td></tr>
<tr><td>历史</td><td></td><td></td><td></td><td></td><td></td><td>1—4</td><td>1—4</td></tr>
<tr><td>地理</td><td></td><td></td><td></td><td></td><td></td><td>1—4</td><td>1—4</td></tr>
<tr><td>英语</td><td></td><td></td><td></td><td></td><td></td><td>1—4</td><td>1—4</td></tr>
<tr><td>数学</td><td></td><td></td><td></td><td></td><td></td><td>1—4</td><td>1—4</td></tr>
<tr><td>理科：博物</td><td></td><td></td><td></td><td></td><td></td><td>1—4</td><td>1—4</td></tr>
<tr><td>理科：物理及化学</td><td></td><td></td><td></td><td></td><td></td><td>1—4</td><td>1—4</td></tr>
<tr><td>实业</td><td></td><td></td><td></td><td></td><td></td><td>1—4</td><td>1—4</td></tr>
<tr><td>图画</td><td></td><td></td><td></td><td></td><td></td><td>1—4</td><td>1—4</td></tr>
</table>

续表

<table>
<tr><td colspan="2" rowspan="2">学科目</td><td colspan="5">普通科</td><td colspan="2">演习科</td></tr>
<tr><td>第一学年</td><td>第二学年</td><td>第三学年</td><td>第四学年</td><td>第五学年</td><td>第一学年</td><td>第二学年</td></tr>
<tr><td rowspan="3">增课科目</td><td>手工</td><td></td><td></td><td></td><td></td><td></td><td>1—4</td><td>1—4</td></tr>
<tr><td>音乐</td><td></td><td></td><td></td><td></td><td></td><td>1—4</td><td>1—4</td></tr>
<tr><td>当作增课科目之总时数</td><td></td><td></td><td></td><td></td><td></td><td>6</td><td>6</td></tr>
<tr><td colspan="2">合计</td><td>34</td><td>34</td><td>34</td><td>34</td><td>34</td><td>34</td><td>34</td></tr>
</table>

附注：（一）日语、汉文、台语之每周教授时数中，有△者系对通台语者之授课，⊙者系对其他之授课。

（二）普通科第四学年以上之学生，得依第四条规定，凡不学台语者，其时间得改为增授日语汉文之用。

台湾省文献委员会编：《台湾省通志》卷五“教育志·教育设施篇”，台北，众文图书公司，1970 年，第 78—79 页。

六、日据后期台湾师范学校公学师范部女生所授科目及各学年每周教学时数表（1933 年）

<table>
<tr><td colspan="2" rowspan="2">学科目</td><td colspan="4">普通科</td><td colspan="2">演习科</td></tr>
<tr><td>第一学年</td><td>第二学年</td><td>第三学年</td><td>第四学年</td><td>第一学年</td><td>第二学年</td></tr>
<tr><td rowspan="14">基本科目</td><td>修身</td><td>1</td><td>1</td><td>1</td><td>2</td><td>2</td><td>2</td></tr>
<tr><td>公民科</td><td></td><td></td><td></td><td></td><td>2</td><td>2</td></tr>
<tr><td>教育</td><td></td><td></td><td></td><td>2</td><td>4</td><td>5</td></tr>
<tr><td>日语汉文</td><td>⊙ 7
△10</td><td>⊙ 7
△9</td><td>⊙ 6
△9</td><td>⊙ 5
△8</td><td>⊙ 3
△4</td><td>⊙ 3
△4</td></tr>
<tr><td>台语</td><td>⊙ 3</td><td>⊙ 2</td><td>⊙ 3</td><td>⊙ 3</td><td>⊙ 1</td><td>⊙ 1</td></tr>
<tr><td>历史
地理</td><td>4</td><td>3</td><td>3</td><td>3</td><td>2</td><td>2</td></tr>
<tr><td>英语</td><td>2</td><td>2</td><td>1</td><td>1</td><td></td><td></td></tr>
<tr><td>数学</td><td>2</td><td>3</td><td>3</td><td>3</td><td>2</td><td>2</td></tr>
<tr><td>理科</td><td>3</td><td>4</td><td>4</td><td>2</td><td>2</td><td>2</td></tr>
<tr><td>家事</td><td>1</td><td>1</td><td rowspan="2">5</td><td rowspan="2">5</td><td rowspan="2">4</td><td rowspan="2">4</td></tr>
<tr><td>裁缝</td><td>4</td><td>4</td></tr>
<tr><td>图画
手工</td><td>3</td><td>3</td><td>3</td><td>3</td><td>2</td><td>2</td></tr>
<tr><td>音乐</td><td>2</td><td>2</td><td>2</td><td>2</td><td>2</td><td>1</td></tr>
<tr><td>体操</td><td>3</td><td>3</td><td>3</td><td>3</td><td>2</td><td>2</td></tr>
<tr><td colspan="2">基本科目总时数</td><td>34</td><td>34</td><td>34</td><td>34</td><td>28</td><td>28</td></tr>
</table>

续表

学科目			普通科				演习科	
			第一学年	第二学年	第三学年	第四学年	第一学年	第二学年
增课科目	日语汉文						1—4	1—4
	台语						1—4	1—4
	历史						1—4	1—4
	地理						1—4	1—4
	英语						1—4	1—4
	数学						1—4	1—4
	理科	博物					1—4	1—4
		物理及化学					1—4	1—4
	实业						1—4	1—4
	图画						1—4	1—4
	手工						1—4	1—4
	音乐						1—4	1—4
	当作增课科目之总时数						6	6
合计			34	34	34	34	34	34

附注：日语汉文、台语之每周教授时数中，有△者系对通台语者之授课，有⊙者系对其他之授课。

台湾省文献委员会编：《台湾省通志》卷五“教育志·教育设施篇”，台北，众文图书公司，1970年，第80页。

台湾总督府师范学校规则

（1919年）

大正八年三月三十一日府令第二三号

第一章　预科及本科

第一节　教科目及教则

第一条　师范学校预科的教科目为修身、国语、汉文、数学、图画、音乐、实科（手工、农业）、体操。

第二条　师范学校本科的教科目为教育、国语、汉文、历史、地理、数学、理科、图画、音乐、体操、实科（手工、农业、商业）。

第三条　对师范学校的学生，在教养上应注意左列事项：

一、任何一个学科都要注重德行的修养和国语的熟练，致力于国民性格的确立及为人师表品质的养成。

二、教师要按照公立学校的教育宗旨、教学原则进行教学。

三、教师要注意教学方法，努力让学生听课时可以领会其教学方法。

四、教学时不能一味地让学生背诵记忆，必须培养学生推理观察能力。

五、要有选择地向学生教授适当的知识技能，培养多方面的知识才能，防止学生养成散漫的弊病。

第四条　修身科的教学，是在教育相关的法令精神基础上，培养一定的思想道德情操，奖励实践躬行，使学生具备为人师表的威仪，对于公学校则重在传授修身必要的知识并使学生领会教学方法。修身课程必须教授国民道德的主要内容，尤其是让学生明白对国家社会的责任义务、遵守国法公德，助成尽心于公共利益的风气，兼传授普通的礼仪做法和教学方法。

第五条　教学应使学生懂得与教学相关的一般知识，尤其是要详细介绍公学校教育的主要方法。主要是要使其掌握教育技能和培养其教育者的精神。教学要从心理学要领开始，还要开设教学大纲、教学法概说、教育法令、学校管理法和教育实习等课程。

第六条　国语课必须使学生能够了解普通的语言文章，并掌握正确自由地表达思想的能力，使其领会公学校的语言教学法并能启发学生的智能。国语课要让学生能熟练使用语言，能讲读现代文，能写实用性文章，必须能进行语法文法教学，发音及其矫正及习字的教授教学法。

第七条　汉文课要能理解普通的文章，办理日常事务，主要须使学生解释并读懂简单文章，写实用性文章并传授教学法。

第八条　历史课要明确说明我国国体的特点和国民性格的养成，以及介绍我国发达文化的由来，并让学生了解世界的发展趋势。要让学生知道从开国初至今的重大事件以及有关近代世界局势变迁的重大事件。

第九至十四条

…………

第十五条　体操课要有助于学生身体各部位的均衡发育、动作敏捷，使其身体强壮、精神愉快、养成重纪律的习惯。公立学校的体操教学中必要的知识技能和教学方法都要让学生掌握。体操课要教授学生如何教学和操练体操、游戏及其教学方法。

第十六条　每学年各个教学科目的进度及每周教学课时另表安排。前一项的每周课时，对于实验实习、乐器练习，可征求校长同意增加六课时以内。夏季停课前和停课后四周，可征求校长同意，从每周课时中减去六课时以内的课时数。

第二节　教学用图书

第十七条　师范学校的教科书必须使用台湾总督府编写的专用图书。没有前一项的教科书时，校长可征求台湾总督同意采用前项以外的图书。

第三节　学年停课和仪式日

第十八条　每学年从四月一日开学到三月三十一日结束。一学年分为左列三个学期。……

第十九条至二十条

…………

第二十一条　除上条第一项规定之外要求临时停课时，必须由校长上报其具体原因并得台湾总督的认可。

突发事件以及其他紧急情况下，如无时间获得总督批准，可由校长决定临时停课。

第二十二条　纪元节、天长节、一月一日以及始政纪念日，必须组织教师、学生在校内举行庆祝仪式。台湾神社例行祭日时要组织教师、学生到校集中，先由校长进行关于台湾神社的祷告，而后一起遥拜供奉宫能久亲王的神社。

第四节　编制

第二十三条　同一学年的学生编为一个年级，每一年级学生应安排四十八名以内。

第二十四条　修身、音乐、体操可集中不同年级学生进行集体教学。除了前条第二项的限制之外，农业、商业课也可集体授课。

第五节　入学、休学、退学以及惩戒

第二十五条　学生在开学初必须获得校长的入学许可。

第二十六条　获得预科及本科入学资格者必须要求身体健康、品行端正，具有台湾教育令第二十九条规定的学力；预科生年龄在十三岁以上，本科第一学年学生年龄在十四岁以上。

第二十七条　前条的入学报名者超过入学许可人数时，应通过考试选拔入学。

入学报名者中毕业于六年制的公学校以及修完本科课程者，须通过考试检验其学力。

第二十八条　本岛人享受奏任官待遇十年以上的学校教师的子女并具备第二十六条规定资格者，优先获得入学资格。

第二十九条　须通过考试确认学生是否修完学年课程或全部课程。

第三十条　师范学校本科毕业生由校长授予毕业证书。

第三十一条　学生生病三个月以上，校长可批准其休学一年（只能一年内）。

第三十二条　品性不良，学习成绩差以及身体虚弱，无希望完成学业的学生，校长有权令其退学或停学。

第三十三条　校长有训导教育学生，并进行惩戒的权利。

第三十四条　学生可寄宿。

第三十五条　关于学生学费的交付以及毕业后和服务义务等内容另行规定。

第二章　公学校教员讲习科

第三十六条　公学校教员讲习科是为公学校教员、本岛人或者本岛在职人士进行讲习的机构。

第三十七条　获得公学校教员讲习科入学许可者，其资格、条件、人员、讲习科目及其程度、教授时数以及其他必要事项，都由台湾总督定之。

第三十八条　有关讲习实行细则由师范学校校长制定。

第三十九条　公学校教员讲习科学生的学费交付及讲习结束后的服务义务另行规定。

第四十条　除了本章规定的有关公学校教员讲习科的事宜之外，其他必要事项依照预科及本科的相关规定。

第三章　国　语　部

第四十一条　国语部的学制、科目以及其他进度时数，每周的授课时数仍依从前的规定，关于其事项也适用于本规定。

第四章　补 充 规 定

第四十二条　关于内地教师培养另行规定之。

第四十三条　本令及特别规定的除外，必要事项经台湾总督认可、由校长决定。

本令于大正八年四月一日起施行。

台湾教育会编：《台湾教育沿革志》，台北小冢本店，1939 年，第 632—638 页。

台湾总督府师范学校官制

(1919 年)

大正八年四月一日敕令第五六号

第一条　台湾总督府师范学校设左列职员：

学校长　二人　奏任

教　授　专任　九人　奏任

助教授　专任　四十七人　判任

教　谕　专任　二十人　判任

训　导

生徒监

书　记　专任　八人　判任

第二条　台湾总督府师范学校置附属学校。

台湾总督得指定公立之公学校代用为附属学校。

第三条　台湾师范学校得为内地人附设公学师范部及小学师范部。

附设小学师范部时，台湾总督府师范学校置附属小学校。

台湾总督得指定公立之小学校代用为附属小学校。

有特别必要时，台湾总督得为内地人于台湾总督府师范学校附设公学校及小学校教员讲习科。

第四条　学校长承台湾总督之命，掌理校务，监督所属职员。

第五条　教授及助教授掌生徒之教育。

第六条　台湾总督得自教授之中任命附属公学校主事或附属小学校主事，使掌各该校校务。

第七条　教谕掌附属公学校、附属小学校或代用学校儿童之教育，指导师范学校生徒之实地教学。

台湾总督，在第一条定员之外，依据必要，得置教谕，其俸给及其他诸给与，由地方税支办。

第八条　训导为判任官待遇，协助教谕职务。关于训导俸给规程，台湾总督定之。

第九条　生徒监，由台湾总督就教授及助教授之中任命之。

生徒监受校长之指挥，掌生徒之训育。

第十条　书记受学校长之指挥，承办庶务。

附则

本令自公布之日起施行之。

台湾省文献委员会编：《台湾省通志》卷五“教育志·教育行政篇”，台北，众文图书公司，1970年，第139—140页。

台湾总督府师范学校生徒学资给与规则

（1919年）

大正八年四月府令第二九号

第一条　师范学校预科、本科及公学校教员讲习科之生徒，依照本令，给与学资。

第二条　学资年额三十六元。

第三条　前条之学资，按每月比例，自取得学籍之月起至学籍终了之月止，每月下旬由学校长支给之。

第四条　受休学之许可而全月不在寄宿舍，该当月份额不予支付。

第五条　性行不良而被命令退学或因自己之便宜而退学者，须由本人或保证人偿还由本令所给与学资之全部或一部分。

关于前项金额及偿还，依照台湾总督之命令定之。

台湾省文献委员会编：《台湾省通志稿》“教育志·教育行政篇”，台湾省政府印刷厂，1957 年，第 273 页。

台湾总督府师范学校内地人生徒学资给与规则

（1919 年）

第一条　师范学校小学师范部、公学师范部生徒及临时讲习科之给费生徒，依照本令，给与学资。

第二条　学资之给与，依照另表之区分，金额及左列各号，由学校长行之。

一、入学旅费，于取得入学许可而到达当该学校后，支给之。

二、食费及津贴，以按月比例，自取得学籍之月起至学籍终了之月止，每月下旬支给之。

三、被服费，指定被服之种类、员数、使用期间，于学年之初支给之。

四、疗养费，以认为有需要官费疗养之疾病为限，支给其疗养必要之实费。

五、修学旅费，按预定之行程，夜数及日数，于出发之前提出预算支给之，返时再为精算。但出发前未提预算时，亦可于返后提出精算时支给之。

六、死亡补助费，生徒死亡之时，支给于保证人或亲族。

第三条　受休学之许可全月不在寄宿舍者，其当月份之食费及津贴，不予支付。

第四条　临时讲习科之给费生徒，有时可不支给本令所定给与之一部分。

第五条　认为性行不良而命令退学或因自己之便宜而退学者，须由本人或保证人偿还由本令所给与学资之全部或一部分。

关于前项金额及偿还，依据台湾总督之命令定之。

台湾省文献委员会编：《台湾省通志稿》“教育志·教育行政篇”，台湾省政府印刷厂，1957 年，第 273 页。

台湾总督府师范学校、台湾女子高等普通学校及台湾公立实业学校师范科毕业者服务规则

（1919年）

第一条　左揭各学校之生徒，自毕业或修了之翌日起算，在下记各期间，有从事于台湾总督所指定学校教职之义务。

一、台湾总督府师范学校毕业者　　三年

二、台湾总督府师范学校小学师范部及公学师范部毕业者　　三年

三、台湾总督府师范学校教员讲习科生徒曾领学资而在该讲习科修了者，公学校教员讲习科修了者，台湾公立女子高等普通学校及台湾公立实业学校师范科毕业者　　一年

前项之指定，依据台湾总督所发之命令书。

第二条　前条之毕业者或修了者，如因事故而不能尽服务义务时，可由台湾总督为义务之暂缓或免除。

第三条　第一条之毕业者或修了者，该当于左各号之一者，由本人或保证人偿还其依据规定给与之学资。

一、不能尽第一条所规定之服务义务者，但照第二条规定而免除服务义务者，可免除学资之偿还。

二、在服务义务期间中因受惩戒处分而免官或免职之时。

三、依照《台湾小学校及台湾公学校教员免许令》之规定，免许状失其效力或受免许状褫夺之处分之时。

关于前项之金额及偿还，依照台湾总督之命令定之。

第四条　第一条之卒业者或修了者，在服务期间中而希入以教员养成为目的之学校时，台湾总督可视当时情形权宜而许可之。

入学前项学校时，在学期中可暂缓其服务义务之履行。

台湾省文献委员会编：《台湾省通志稿》“教育志·教育行政篇”，台湾省政府印刷厂，1957年，第273—274页。

师范学校日、台籍教职员之年薪与月薪

（1919—1921 年）

		奏任			判任			嘱托			雇员			计		
		人员	年薪	一人平均年薪	人员	年薪（月薪）	一人平均年（月）薪	人员	年薪（月薪）	一人平均年（月）薪	人员	年薪（月薪）	一人平均年薪（月薪）	人员	年薪	一人平均年薪
大正八年度	台北师范学校	8	19 355	2 419	台 3 36	台 1 740 37 710	台 580 1 047	台 2 6	台 936 2 160	台 468 360	台 2 6	台 372 1 428	台 86 238	台 7 56	台 3 048 60 644	台 435 1 083
	台南师范学校	3	6 695	2 232	14	12 513	894	台 2 1	台 660 180	台 330 180	3	1 080	360	台 2 21	台 660 20 468	台 330 975
大正九年度	台北师范学校	9	21 492	2 388	40	44 352	1 109	4	2 100	525	8	3 576	447	61	71 520	1 172
	台南师范学校	4	9 396	2 349	19	20 712	1 090	3	1 560	520	5	2 964	593	31	34 632	1 117
大正十年度	台北师范学校	7	15 600	2 228	43	4 231	98	5	474	95	6	262	44	61	20 567	337
	台南师范学校	7	15 300	2 185	28	2 666	95	6	547	91	6	241	40	47	18 754	399

备注：本表依据台湾总督府各年度学事年报制成。大正十年除奏任外，其余均为月薪。“台”指台湾人。

李园会著：《日据时期台湾师范教育制度》，台北，南天书局，1997 年，第 230 页。

师范学校具资格与不具资格教员之百分比

（1922—1940 年）

	有资格				无资格				计				合计
	教谕		其他		教谕		其他		教谕		其他		
	日	台	日	台	日	台	日	台	日	台	日	台	
大正十一年度	%	%	%	%	%	%	%	%	%	%	%	%	%
大正十二年度	61.05	1.05					33.68	4.2	61.05	1.05	33.68	4.21	100
大正十三年度	78.02	2.20					13.19	6.60	78.02	2.20	13.19	6.60	100
大正十四年度	67.44	2.33	3.49		1.16		13.95	11.63	68.60	2.33	17.44	11.63	100
昭和元年度	74.16	1.12	1.12		5.62	2.25	6.74	5.62	79.78	3.37	7.87	8.99	100
昭和二年度	68.27	1.92	0.96	2.88	5.77	5.77	12.50	4.81	74.04	7.69	13.46	4.81	100
昭和三年度	67.29	1.87	3.74		7.48	5.61	10.28	3.74	74.77	7.48	14.02	3.74	100
昭和四年度	65.49	1.77	6.19			6.19	15.92	4.42	65.49	7.96	22.12	4.42	100
昭和五年度	69.44	1.85	4.63			5.56	15.74	2.78	69.44	7.41	20.37	2.78	100
昭和六年度	70.70	2.02	1.01		1.01	2.02	17.17	6.06	71.71	4.04	18.18	6.05	100
昭和七年度	73.73	2.02	4.04			2.02	11.11	7.07	73.73	4.04	15.15	7.07	100
昭和八年度	71.15	4.81	4.81		0.96	1.92	10.58	5.77	72.12	6.73	15.38	5.77	100
昭和九年度	70.19	1.92	4.81		0.96	1.92	14.42	5.77	71.15	3.85	19.23	5.77	100
昭和十年度	64.22	1.83	9.17	3.67	1.83	1.83	12.84	4.59	66.06	3.67	22.02	8.26	100
昭和十一年度	65.42	2.80	10.28		2.80	2.80	14.02	1.87	68.22	5.61	24.30	1.87	100
昭和十二年度	69.16	1.87	6.54	0.93	2.80	2.80	14.95	0.93	71.96	4.67	21.50	1.87	100

李园会著：《日据时期台湾师范教育制度》，台北，南天书局，1997 年，第 252 页。

师范学校的经费及占教育费总额之百分比

（1941—1944 年）

	经常费（日元）	临时费（日元）	计（日元）	教育费总额（日元）	经费总额占教育费总额之百分比（%）
昭和十六年度	1 943 000	456 000	2 399 000	55 427 000	4.33
昭和十七年度	1 832 000	200 000	2 032 000	62 334 000	3.26

续表

	经常费（日元）	临时费（日元）	计（日元）	教育费总额（日元）	经费总额占教育费总额之百分比（%）
昭和十八年度	2 315 000	372 000	2 687 000	78 711 000	3.41
昭和十九年度	3 047 000	1 123 000	4 170 000	73 057 000	5.71

备注：本表依据台湾总督府文教局各年度《台湾学事一览》制成。

李园会著：《日据时期台湾师范教育制度》，台北，南天书局，1997年，第318页。

师范学校学生一人所占之经费

（1941—1944年）

	经费总额（日元）	学生人数	学生一人所占之经费（日元）
昭和十六年度	2 399 000	2 507	957
昭和十七年度	2 032 000	2 681	758
昭和十八年度	2 687 000	2 642	1 017
昭和十九年度	4 170 000	2 888	1 444

备注：本表依据台湾总督府文教局各年度《台湾学事一览》制成。

李园会著：《日据时期台湾师范教育制度》，台北，南天书局，1997年，第318页。

四、实 业 学 校

实业学校令

（1899 年）

明治三十二年二月七日敕令第二九号

改正　明治三十五年第一三二号、明治三十六年第六二号、大正九年第五六四号

第一条　实业学校的目的是对从事实业的人进行知识技能的培养，并进行品德涵养的教育。

第二条　实业学校的种类分为：工业学校、农业学校、商业学校、商船学校、水产学校及其他的实业教育学校及实业补习学校，兽医学校则列入农业学校。

第二条之二　实业学校属高等教育，至于实业专门学校则依据专门学校令。

第三条　在北海道及府、县设置实业学校。

文部大臣根据地区的情况，命令北海道或府、县设置实业学校。

第四条　郡市町村、北海道、冲绳县的区、北海道的一级町村、市町村学校组合以及町村学校组合设置实业学校。但是实业补习学校以外的实业学校，应根据地区的情况，保证不妨碍区域内小学教育设施。

市町村、市町村学校组合及町村学校组合，依据前项的规定设置实业学校，其设置费用由学区负担。

第五条　商业会所、农会及其他的公共团体可以设置实业学校。

根据前项的规定设置的实业学校为私立。

第六条　私人根据本令的规定可以设置实业学校。

第七条　公立、私立实业学校的设置、废止，必须得到文部大臣的认可，但是道、府、县立实业补习学校除外，只要得到地方长官的认可即可。

公立、私立实业学校的设置、废止规则由文部大臣决定。

第八条　实业学校的修业年限、学科、学科目的规则由文部大臣决定。

第九条　实业学校的教科书由公立学校的校长决定，私立学校经地方长官的认可后决定。

第十条　公立或私立实业学校教员的资格规则由文部大臣决定。

第十一条、第十二条（原文削除）

第十三条　公立或私立实业学校的编制及设备规则由文部大臣决定。

第十四条　实业学校可以征收授课费。

第十五条　为施行本令的规则由文部大臣制定。

附则

第十六条　本令自明治三十二年四月一日施行。

第十七条（原文削除）

第十八条　其他法令中的技艺学校，在本令实施之日起视为实业学校。

第十九条　明治二十三年敕令第二百十五号《小学令》中徒弟学校及实业补习学校的规定，自本令实施之日起失效。

台湾教育会编：《台湾学事法规》，帝国地方行政学会，1924 年，第 412—413 页。

台湾总督府医学校官制

（1899 年）

明治三十二年永久保存追加第四卷第二门官规官职（V00124）

授文者：加藤卫生课长

发文者：内务省　祝事务官

明治三十二年一月十九日下午二时发　　同日晚间七时二十五分收

官制请由当地发送，名称则宜按照官制案，特此奉命通知。

卫生课长　阅毕

事务官　印（山口秀尚）

医务挂长　印（冈田义行）

医务挂　印（鹿沼留吉）

【急件】

民卫第四十七号

明治三十二年二月三日核定

明治三十二年一月二十三日拟案　主任　印（鹿沼留吉）

【要再回】卫生课长　印（加藤尚志）　印（山口秀尚）　印（冈田义行）

人事课长　印（大马雷出太郎）

【参事官审议】参事官　印（中山成太郎）　印（太岛久满次）

就《台湾总督府医学校官制》敕令发布之件陈请核示

明治三十二年度将会在本岛设立医学校，培育医师，爰拟按照左案禀请发布《台湾总督府医学校官制》，恭请复核。

案

《台湾总督府医学校官制》发布之件

兹有必要发布《台湾总督府医学校官制》，检陈敕令案及理由书如后，谨请审议核办该官制之发布事宜。

年　月　日

总督

谨致

内务大臣

敕　令　案

台湾总督府医学校官制

第一条　台湾总督府医学校属台湾总督管理，为培育医师之场所。

第二条　台湾总督府医学校置左列职员：

校长

教授

助教授

舍监

书记

第三条　校长，一人，奏任。承台湾总督之命，掌理校务，监督所属职员。

校长以教授兼任之。

第三条　教授，专任五人，奏任，掌管教学工作。

助教授，专任五人，奏任或判任，襄助教授之职务。

第四条　舍监，专任一人，奏任或判任，承校长之指挥，掌管学生管理相关事务。

舍监一职得以教授或助教授兼任之

第五条　书记，专任五人，判任，奉上级长官之指挥，从事庶务、会计工作。

附则

本令自明治三十二年四月一日施行。

理　　由

台湾之所以需要设立医学校，其因在于台湾目前称为医生（译按：日据时汉医为医生，持有西医执照者为医师。）而从事医疗工作之人，原仅修习汉医，以草根、树皮为唯一的药剂，其技术浅劣，毫无新式医学之素养，终非可堪为司命之人。故立医学校，主要是选拔优秀的土人，培育医师，期使本岛之医术发达、进步。

【民卫第四七号】之一　　　【完结】　　　印（内藤吉次郎）

【医务第三四号】

电报抄本

台湾医学校官制及与之相关之职员官等俸给令之修正条文、台湾师范学校官制、台湾师范学校职员官等俸给令、台湾师范学校长聘前任用令之件、二十九年敕令第三百九十五号之修正条文，于昨日发布。

三十二年四月一日

台湾课长

右文

转阅　【要再回】　明治三十二年四月四日

卫生课长　印（加藤尚志）印（山田寅之助）医务挂长　印（鹿沼留吉）印（无法辨识）

人事课长　印（大岛富士太郎）

总督【委任】　四月六日【阅毕】

民政长官　签名（石冢英成）

文书课长　印（木村匡）

《台湾总督府公文类纂官制类史料汇编》（明治二十八年至明治三十三年），台湾省文献委员会，1998 年，第 593—596 页。

台湾总督府医学校规则

（1899 年）

明治三十二年七月七日府令第五四号

第一条　台湾总督府医学校是培养医师，教授本岛人医学知识的地方。

第二条　修业年限为本科四年，预科一年。

第三条　年级设置为本科四个年级，预科一个年级。

第四条　每学年由四月十五日开始至第二年四月十四日结束，共分为三个学期。

第一学期　四月十五日—七月十日

第二学期　九月一日—十二月二十八日

第三学期　一月四日—四月十四日

第五条　教学周数一学年为四十周，教学时数一周三十六课时，但是，暑假前后各五周，每周时数可减少，但减少不得超过十课时。

第六条　休假日如左：周日、纪念日、暑假（七月十日至八月三十日）、寒假（十二月二日至翌年一月三日）、临时休业。

第七条　本科教科目如左：解剖学及实习、医用动物学、物理学及实验、生理学及实习、化学及实验、医学史、医用植物学、体操、胎生学、组织学、皮肤病学、处方学、调剂术实习、病理学总论、外科学总论、病理解剖学、诊断学、绷带学、病理学各论、外科各论、梅毒学、小儿病学、医用器械学、外科手术学、内科学临床实习、眼科学及实习、产科学、外科学临床实习、法医学、精神病学、妇人病学、卫生学、卫生制度、细菌学、外国语。

第八条　预科教科目如左：动物学、植物学、物理学、化学、数学、地理、历史、伦理、外国语、体操。

第九条　本科及预科各学级课程及上课时间由医学校校长决定之。

第十条　入学时间为每学年年初，但有时允许临时入学。

第十一条　学生入学时应向医学校校长提交以下材料：申请书（两名担保人签名）、个人简历、街庄社长证明。

第十二条　被批准入学者应与医学校校长签订以下协议，收取学费一方应在括号中定明各事项。

协议书：

××在校会遵守学校规章和命令，并服从学校分配。与××相关之一切事件由担保人负责（一切由于个人原因自愿退学或因违规被开除，或毕业后无法从事医学服务者应将所有学费悉数退还）。

第十三条　给予学生学费，给予方式另行规定。

第十四条　接受给予学费的学生，自获得毕业证书之日起五年内由台湾总督府指定从事某一职务，学生有服从指派的义务，但特殊情况下，由台湾总督批准可不受此规定限制。

第十五条　有不良行为、违背学生本分者，无望担任正当职业者应勒令停学或退学。

第十六条　考试的目的为检验学生学业进步及熟练程度，为教学工作参考，并通过其决定学生能否毕业。

第十七条　考试分为临时性考试和定期考试两种。临时性考试一学期应有两次以上，定期考试一学年一次。

第十八条　学生的优劣依考试成绩评定，每科均为百分制。

第十九条　以一学期内各次临时考试的平均分作为学期得分，以三个学期得分加上定期考试得分作为学年得分。

第二十条　依此规定认定可学成毕业的学生授予毕业证书。

［日］吉野秀公著：《台湾教育史》，台湾日日新报社，1927 年，第 229—231 页。

临时台湾糖务局糖业讲习生养成规程要项

（1904 年）

明治三十七年九月总督府训令第二四七号

一、糖业讲习生，以学习有关技术为目的。

二、讲习生之招考，应取得厅长之介绍，并具有左列之资格：

（一）高等小学校第二学年以上之课程修满者，或公学校毕业及有同等以上之学力者。

（二）年满十八岁以上而身体强健堪当劳动者。

三、讲习生分制糖、机械二科，授予有关糖业之简易学理及技艺等。至其所讲习之课程如左。制糖科：农业大意、甘蔗栽培法、化学大意、制糖用分析术、制糖法、算术、日语或台语、实习。机械科：物理学大意、机械学大意、气罐及汽机取报法、制糖机械取报法、工厂用具制作法及制图、算术、日语或台语、实习。

四、讲习生之修业期限为二年；但必要时得伸缩之。

台湾省文献委员会编：《台湾省通志》卷五“教育志·教育设施篇”，
台北，众文图书公司，1970 年，第 88 页。

台湾总督府林业讲习规程要项

（1909 年）

明治四十二年一月十七日总督府训令第二号

一、讲习生以养成从事营林之技术为目的。

二、讲习科目如左：林业大意、造林法、测量术、测树法、林野法规、台语、造林实习、测量及制图实习、测树实习。

三、讲习期间为六个月；但必要时得伸缩之。

四、讲习生应有左列各项资格，并须参加入学考试合格者方得录取：

（一）年满二十一岁以上、三十岁以下之日本男子，且非现役期中者。

（二）品行端方，身体强壮者。

五、讲习生毕业后之三年中，有被指派赴台湾总督府辖内任何地区工作之义务。

台湾省文献委员会编：《台湾省通志》卷五“教育志·教育设施篇”，
台北，众文图书公司，1970 年，第 90 页。

台湾总督府农事试验场讲习生规程要项

（1909 年）

明治四十二年三月二十八日公布

一、讲习生分为左列三种：

（一）农事讲习生；

（二）兽医讲习生；

（三）林业讲习生。

二、农事讲习生又分为甲科及乙科：乙科农事讲习生，系讲习有关农事之简易学艺。兽医、林业及甲科农事讲习生，除讲习其各该专门科目外，另补习农科中之与该科有关之课程。

三、讲习之科目如左：

（一）农科乙科：伦理、日语、台语、地理、数学、博物、理化、农业大意、土壤及肥料、作物、园艺、病虫害、畜产、兽医、森林、测量、体操、实习。

（二）农科甲科：稻作、肥料、病虫害、实习。

（三）兽医科：病畜管理、解剖及生理、病理、药物、卫生、兽医警察、实习。

（四）林业科：造林法、林产物大意、测树、测量及制图、实习。

四、乙科农事讲习生之修业期限为二年。甲科农事讲习生、兽医科讲习生及林业科讲习生之修业期限为半年；惟必要时得伸缩之。

台湾省文献委员会编：《台湾省通志》卷五“教育志·教育设施篇”，
台北，众文图书公司，1970 年，第 85—86 页。

民政部学务部附属工业讲习所规程要项及历年设施概况

（1912 年）

（一）讲习生修业年限为三年。

（二）入学资格，凡年在十四岁以上二十岁以下之台人，而在六年制公学校毕业或具有同等以上之学力者。

（三）教科分木工科、金工及电工科二科。木工科更分为木工、家具二科；金工及电工科中，亦分为铸工、锻工、修饰工、钣金工、电工等五科。讲习生得专修其中之一分科。

历年设施概况表

年次	教员数	学生数							年度中学生异动	
		共计	电工科	金属细工科	土木建筑科	家具科	应用化学科	机械科	入学	毕业
1912	11	58	37	—	21	—	—	—	60	—
1913	17	116	73	—	43	—	—	—	60	—
1914	22	170	110	—	60	—	—	—	63	—
1915	23	168	109	—	59	—	—	—	64	51
1916	23	166	112	—	54	—	—	—	67	44
1917	23	178	26	14	33	17	15	73	76	49
1918	27	180	25	16	32	16	25	66	68	48

台湾省文献委员会编：《台湾省通志》卷五“教育志·教育设施篇”，
台北，众文图书公司，1970 年，第 89—90 页。

台湾总督府商业学校官制

（1917 年）

大正六年五月二十六日敕令第五三号

第一条　台湾总督府商业学校设左列职员：

学校长

教　谕　专任四人，其中一人奏任，三人判任

生徒监

书　记　专任一人　　　判任

第二条　学校长以教谕充任之，承台湾总督之命，掌理校务，监督所属职员。

第三条　教谕掌生徒之教育。

第四条　生徒监由台湾总督就教谕中任命之。

生徒监受学校长之指挥，掌生徒之训育。

第五条　书记受学校长之指挥，办理事务。

台湾省文献委员会编：《台湾省通志》卷五“教育志·教育行政篇”，
台北，众文图书公司，1970 年，第 130 页。

台湾总督府商业学校规则要点

（1917 年）

大正六年五月二十八日府令第二二号

第一条　商业学校，为对于欲在本岛内外从事商业之内地人男子，施以必要之教育为目的。

第二条　商业学校设预科及本科。

第三条　商业学校之修业年限为五年，分为预科二年、本科三年。

第四条　商业学校预科之入学者，为年龄十二岁以上寻常小学毕业者，及有同等以上之学力者。

…………

台湾省文献委员会编：《台湾省通志》卷五“教育志·教育行政篇”，台北，众文图书公司，1970 年，第 131 页。

台湾公立简易实业学校规则要项

（1918 年）

一、修业年限为二年以内，得斟酌地方情形伸缩之。

二、入学资格，凡年龄在十三岁以上而于六年制之公学校毕业者。

三、开设课程，计有：修身、日语、算术及有关实业课程等。

四、有关实业之课程凡四类，得依据地方情形而选择其适宜者授予之。其项目如左：

（一）农业类：土壤、肥料、作物、耕耘、农具、病虫害、园艺、养蚕、畜产、养鱼、森林测量、农业、经济、有关农业之法规等。

（二）商业类：商业要项、簿记、商业算术、商业书信、商业地理、有关商业之法规等。

（三）工业类：制图、园艺、材料、工具、工作法等。

（四）水产类：地文、渔捞、制造、养殖、渔船运用等。

台湾省文献委员会编：《台湾省通志》卷五“教育志·教育设施篇”，台北，众文图书公司，1970 年，第 94 页。

台湾总督府医学校规则

（1918 年）

大正七年六月十一日府令第三九号

第一条　台湾总督府医学校，设本科、预科及热带医学专攻科。但必要时得设研究科。

第二条　预科为对欲入本科者教授必要学科之所。

第三条　预科之入学者，须品行方正，年满十五岁以上而在台湾公学校实科修毕者，及有同等以上之学历者。

第四条至第五条

…………

第六条　预科之修业年限为一年。

第七条至第八条

…………

第九条　本科为教授本岛人医学之所。

第十条　……

第十一条　本科之修业所限为四年。

第十二至十三条

…………

第十四条　热带医学专攻科为教授有关热带医学之所。

第十五条　热带医学专攻科之入学者，须有左列各项资格之一者：

一、医师或有领受医师免许（许可）状者。

二、学校长认为修学适当（即有能力接受课程）者。

第十六条　热带医学专攻科之修业年限为一年。

第十七条至第二十二条

…………

第二十三条　研究科为对本科应修之医学选修其中一科之所。

第二十四条　研究科之入学者，须有下列各项资格之一者：

一、本科毕业生。

二、学校长认为修学适当（有能力接受课程）者。

第二十五条　研究科之修业年限为三年以内。

台湾省文献委员会编：《台湾省通志》卷五“教育志·教育行政篇”，台北，众文图书公司，1970 年，第 147 页。

台湾总督府工业学校官制

（1918 年）

大正七年七月十九日敕令第二八七号

第一条　台湾总督府工业学校设左列职员：

学校长　一人，奏任

教　谕　专任二人，判任

生徒监

第二条　学校长承台湾总督之命，掌理校务，监督所属职员。

第三条　教谕掌生徒之教育。

第四条　生徒监由台湾总督就教谕中任之。

生徒监受学校长之指挥，掌生徒之训育。

台湾省文献委员会编：《台湾省通志》卷五“教育志·教育行政篇”，
台北，众文图书公司，1970 年，第 131 页。

台湾总督府农事实验场讲习生规程修正要点

（1918 年）

一、台湾总督府农事实验场教育部设左列三科：

（一）预科；（二）农科；（三）兽医科。

二、预科修业年限为一年，须习得欲升农科或兽医科者必要之学艺。

三、农科修业为二年，须习得有关农事及林业之简易学理与技术。

四、兽医科修业年限为三年，须习得有关兽医之简易学理及技术。

五、非得修满预科者，不得入学农科或兽医科。

六、投考预科者，须具左列各条之资格：

（一）身体强健、品行端正，且无家庭负担者。

（二）有耕地一甲以上，或家中有相当之资产，而在公学校修满六年取得修业证书者。

七、各科之讲习科目如左：

（一）预科：修身、日语、汉文、数学、地理、历史、博物、理化、农科、图画、体操、实习。

（二）农科：修身、日语、汉文、数学、博物、农学、肥料及土壤、作物、园艺、病虫害、畜产、兽医、林学、测量、体操、实习。

（三）兽医科：修身、日语、汉文、数学、理化、生理、解剖、药物、内科、外科、寄生动物、眼科、病理、产科、细菌、卫生、兽医警察、诊所、畜产、体操、实习。

台湾省文献委员会编：《台湾省通志》卷五“教育志·教育设施篇”，台北，众文图书公司，1970年，第86页。

台湾总督府工业学校规则

（1918年）

第一条　工业学校为对欲从事于本岛内外工业之内地人男子，施以必要之教育为目的。

第二条　工业学校设预科及本科。

第三条　工业学校之修业年限为五年，分为预科二年、本科三年。

第四条　本科分机械科、土木科、应用化学科，使生徒修习其一。

第五条　工业学校预科第一学年之入学者，为年满十二岁以上，身体健全，寻常小学校毕业，及有同等以上之学力者。

…………

台湾省文献委员会编：《台湾省通志》卷五“教育志·教育行政篇”，台北，众文图书公司，1970年，第131页。

台湾公立实业学校官制

（1919年）

大正八年四月一日敕令第六九号

第一条　台湾公立实业学校置左列职员：

学校长　奏任

教　谕　判任

生徒监

书　记

各学校教谕之内三人得为奏任。

第二条　台湾公立实业学校设师范科时，置附属学校。

台湾总督得指定简易实业学校代用为附属学校。

第三条　学校长承台湾总督之命，掌理校务，监督所属职员。

第四条　教谕掌生徒之教育；设置师范科时，教谕除前项之外，并掌附属学校或代用学校之生徒教育，指导师范科生徒之实地教学。

第五条　台湾总督得从教谕之中任命附属学校主事，掌理学校之校务。

第六条　生徒监由台湾总督就教谕中任命之。生徒监受学校长之指挥，掌生徒之训育。

第七条　书记受学校长之指挥，办理事务。

第八条　台湾公立实业学校职员之定额，由台湾总督定之。

台湾公立实业学校职员俸给及其他给与，由地方税支办。

附则

本令自公布之日起施行之。

台湾省文献委员会编：《台湾省通志》卷五“教育志·教育行政篇”，台北，众文图书公司，1970年，第128—129页。

台湾公立简易实业学校官制

（1919年）

大正八年四月敕令第七〇号

第一条　台湾公立简易实业学校设左列职员：

学校长

教　谕　判任

训　导

第二条　学校长由台湾总督就教谕中任命之。学校长承厅长之命，掌理校务，监督所属职员。

第三条　教谕担任生徒之教育，受学校长之指挥，掌理事务。

第四条　训导为判任官待遇，受学校长之指挥，掌理事务。

第五条　依照《台湾公立实业学校官制》第二条之规定，作为代用附属学校之台湾公立简易实业学校职员之职务，由台湾公立实业学校职员行之。

依据《台湾公学校官制》第二条之规定，并置于台湾公学校之台湾公立简易实业学校职务，由台湾公学校之职员行之。

第六条　关于台湾公立简易实业学校职员俸给之规程及职员之定额，由台湾总督定之。

台湾公立简易实业学校职员之俸给及其他诸给与，由地方税支办。

台湾省文献委员会编：《台湾省通志》卷五“教育志·教育行政篇”，台北，众文图书公司，1970年，第129页。

台湾实业学校官制

（1921年）

第一条　台湾实业学校设左列职员：

学校长　　奏任

教　谕　　判任

生徒监

书　记　　判任

教谕得为奏任，但其员数，当该学校之学级数六学级以内者以三人为限，每增三学级，得增加一人。

第二条　学校长承州知事之命，掌理校务，监督所属职员。

判任教谕之进退，由州知事向台湾总督呈报之。

第三条　教谕掌生徒之教育。

第四条　生徒监由台湾总督就教谕中任命之。生徒监受学校长之指挥，掌生徒之训育。

第五条　书记受学校长之指挥，办理庶务。

第六条　台湾实业学校之教谕及书记之定额，就各该学校，由台湾总督定之。

台湾实业学校之费用，由州或市负担。但职员俸给由国库负担。

附则

本令自公布之日起施行之。

台湾省文献委员会编：《台湾省通志》卷五“教育志·教育行政篇”，
台北，众文图书公司，1970年，第132页。

台湾实业学校规则要点

（1922年）

一、实业学校为州立。

二、台湾总督视各地之需要，得命州设置实业学校。国库负担职员之俸给，州负担其他各项经费。

三、实业学校之修业年限，由学科之种类及地方情况而定。

农业及工业学校：

（一）寻常小学校毕业程度入学者为三年至五年。

（二）高等小学毕业程度入学者为二年至三年。

商业学校：

（一）寻常小学校毕业程度入学者为三年至五年。

（二）高等小学校毕业程度入学者为三年。

以上三种学校，除前项之修业年限，在必要时，得延长一年。

四、实业学校为授关于实业之事项，得设专修科或临时讲习；又为选修某学科，得设置选科生。

台湾省文献委员会编：《台湾省通志》卷五“教育志·教育行政篇”，台北，众文图书公司，1970年，第133页。

台湾公立实业补习学校规则要点

（1922年）

一、实业补习学校，以对小学校或公学校毕业者授以有关知识、技能，并施国民生活必要之教育为本旨。

二、修业年限以二年以内为原则；但限于特别之情况，得延长一年。

三、实业补习学校由州、厅地方费，市、街、庄，市街庄组合或街庄组合设立之；但由于当地之情况，得并置于小学校、公学校或实业学校。

四、入学资格，以寻常小学校或修业年限六年之公学校毕业以上程度者为原则；但由于地方之情况，得定为修业年限四年之公学校毕业以上程度者。

台湾省文献委员会编：《台湾省通志》卷五“教育志·教育行政篇”，台北，众文图书公司，1970年，第133页。

台湾公立农业学校规则要项

（1922年）

一、农业学校设置之目的，在教育从事农业者以必要之知识与技能，并养成其德行。

二、其教学科目为：修身、日语、教学、物理及化学、博物、法制及经济、体操、有关农业之课程及实习等；并得加设地理、历史、簿记、图画、手工、外国语、台语及其他之课程。

三、关于女生之教学科目，计有：修身、日语、数学、理科、家事及裁缝、体操、有关农业之课程及实习等；并得加设地理、历史、簿记、图画、音乐、手艺、台语及其他之课程。

四、有关农业之课程为：作物、园艺、土壤、肥料、作物病虫害、畜产、家畜生理、农产制造、养蚕、蚕体生理、蚕病、制丝、农业经济、测量、造林、森林保护、森林利用、森林数学、农林工学、兽医、水产及其他之学科，亦得选定之。

台湾省文献委员会编：《台湾省通志》卷五“教育志·教育设施篇”，台北，众文图书公司，1970年，第96—97页。

台湾公立工业学校规则要项

（1922年）

一、工业学校设置之目的，在教育从事工业者以必要之知识与技能，并养成其德行。

二、工业学校之专门学科，计分为左列各种：

（一）机械科、工作机械科、蒸气工料、舶用机关科、内燃机关科、精密机关科、制造用机械科、水力机械科、制图科、木型科、铸工科、机械装修科、兵器科、造船科。

（二）电气科、电气机械科、电力科、电气通信科、电气铁道科、照明科。

（三）土木科、铁道科、河港科、道路桥梁科、水道科、水力科、测量科、建筑科、木土科、石工科、涂土科、铅工科。

（四）采矿科、炭矿科、石油科、选矿科、冶金科、制铁科。

（五）应用化学科、分析科、涂料科、制药科、酿造科、制革科、油脂科、制纸科。

（六）电气化工科、电铸科、电镀科、电解科。

（七）窑业科、制陶科、陶画科、珐琅科、硝子科。

（八）染织科、染色科、机械科、纺织科、织物修饰科、制丝科、金属工艺科、木材工艺科、雕金科、锻金科、铸金科、原型科、玩具科、家具科、漆工科、图案科、雕刻科、印刷科、制版科等。

（九）关于女子之修习学科，计有：染色、机械、纺织、制丝、图案、分析及其他适当之科目亦得选习之。

三、工业学校之普通学科计有修身、日语、数学、物理及化学、图画、法制及经济、体操、有关工业之课程及实习等。并得加设外国语、博物、地理、历史、商业大意、工业要项、台语及其他之课程。

关于女子之修习学科，计有修身、日语、数学、理科、图画、家事及裁缝、体操、有关工业之课程及实习等。并得加设地理、历史、音乐、台语及其他之课程。前二项之加设科目，得列为选修学科。

台湾省文献委员会编：《台湾省通志》卷五“教育志·教育设施篇”，台北，众文图书公司，1970年，第97—99页。

台湾公立商业学校规则要项

（1922年）

（一）商业学校设置之目的，在教授从事商业者以必要之知识与技能，并养成其德性。

（二）所修习之学科目为：修身、日语、数学、地理、历史、理科、外国语、法制经济、体操及有关之学科等。但得加设图画、工业大意、台语及其他之学科。

（三）关于女子修习之学科目为：修身、日语、数学、地理、历史、理科、外国语、家事及裁缝、体操及有关商业之学科等。但得加设图画、音乐、法制及经济、台语及其他之学科。上述所谓加设学科中，除外国语一种外，得列为选修科目。

（四）所谓商业有关学科为：商业要项、簿记、商品、商业文书、商业算术、商业实践、商业地理、商业史、商业法规、商业英语，打字法、速记术及其他必要之科目，亦得选定之。

台湾省文献委员会编：《台湾省通志》卷五“教育志·教育设施篇”，
台北，众文图书公司，1970年，第99页。

台湾公立商业学校规则修正要项

（1935年）

一、以高等小学毕业为入学资格的商业学校原本学制三年，此次同其他实业学校相同，学制改为二至三年。修订后更为简单易行，符合实际，有助于乙种商业教育的发展。

二、为使中学或高等女子学校毕业生尽快从事商业工作，有的商业学校可实行第二部制度，学制为一年。

三、写明学生素养要点。新增一章“学生素养要点”，内容包括培养国民精神，培育自律协作、和睦精神，尊重现实教育、养成刚健身心，进行彻底国语教育等。特别对于本岛的商业教育列举了注意事项。

四、关于教学科目作如左调整：

（一）取消法制经济科，设立公民科。原本的法制经济科的教学易变为单纯地教授概念，脱离实际，不受欢迎，因此取消此科而新设公民科。作此调整的原因是，商业学校毕业生毕业后多数直接从事实际工作，他们必须具备公民素质、基本的道德修养及有关政治经济与其他社会生活的实用性知识。

（二）男生的体操课是习练武士道，因为武士道极其适于磨练人的心智，培养质实刚健的精神。

（三）商业实践。原本实践包含在商业科目中，现将它立为商业科目中的一门必修课。通过此科培养学生的创造力，将已学的零散知识自觉地综合统一起来。

（四）必修课中修身、日语、公民课，与商业有关科目以及除实践课之外的学科，在急需时经台湾总督批准可不修。商业学校根据各地情况不同，学制可长可短，所以统一必修科目是必要的，但由于地区情况不同，统一必修科目的实施中可作适当调整。

（五）有关商业教育及实践的部分科目可以作为选修科目。因为有关商业的科目十分复杂，所以，可结合地区的状况、学生素质、毕业后学生的志愿等多种因素加以考虑，以克服简单划一的弊病，实行实用性教育。

五、减少每周课时。依现有规定，商业学校每周课时为三十五节。由于过于偏重智育，学生负担过重，阻碍了身心发展。现调整为每周三十节以内，体操课不受此限制。依此改动，大部分教室教学在上午结束，下午为体育实地练习等课程，这样增加了自习时间，有助于进一步改进教学内容安排。

六、由于各地情况不同，允许夜间教学。一方面有助于商业学校的增设扩张，另一方面有利于充分利用现有设备，扩大学校容纳力；同时也为日间业务繁忙的学生提供了学习机会，使受教育机会更为均等。

七、延长春假。原本的春假三月二十六日开始至三月三十一日止，由于无法在如此有限时间内很好地整理年末事务，举行入学考试，做好新学年准备，因此春假延长五天。

八、修学旅行时间计入学习时间。原本修学旅行时间不计入教学，但因修学旅行不仅培养了实地的观察应用能力，而且增加了社会性、团体性的训练机会，它在教育上的有效性不亚于日常教学，因此作此调整。

九、规定的学生人数在特殊情况下可增加。现规定的学生人数为八百人，在特定情况下，如果得到台湾总督批准，可以超过此限制。

十、修改学则许可步骤。以往的学则是在批准设立学校后三十天内由创立者制定，然后再向台湾总督报告；现在则改为由创立者预先具体列出学则再申请批准。因为学则规定了科目、教学时数，以及毕业的认定、入学、退学等重要事项，所在如按原来的步骤申请，在商业教育的监督上就容易产生很多漏洞。

十一、设立关于针对毕业生及其他研究指导设施的规定。

台湾教育会编：《台湾教育沿革志》，台北小冢本店，1939 年，第 905—908 页。

五、有关中等教育的言论

台湾教育界的当面问题——私立中学的必要

（1925年）

《台湾民报》社论

自古至今，养成国民的基本工夫，是全靠教育之力。教育的盛衰和国力的消长，是大有关系。教育愈发达的国家，其国民的幸福则愈增进。反是，其国民则不但不会有向上，还必定要陷于不幸的境遇。故可说教育是人才的基础、国家的命脉。

然在台湾的教育，简直说来，还是很不完全。如中等学校，不过收容了一部学生，若由公学毕业生全体看来，真是九牛之一毛。对于这样少数的收容法，除了没有人间性的冷血动物以外，谁会满足呢？试仅就中学的收容人数来说，约三百八十万的台人，入中学的有一千六百九十六名，而约二十万的内地人反有一千一百五十一名之多。更照入学志愿者之入学数相比较，台生不过是一五点七七名，而内地生反有四二点一四名之多，这样颠倒的现象，在世界中可说是罕有的了。依当局的说明说，因为是没有经费可设台湾人本位的中学，故不得已暂以公学毕业生为牺牲。唉！像这样消极的教育政策，岂值识者一笑吗？我们还记忆自大正三年，中部望族林氏，发起集了许多有识者，要设一个私立中学，费了三十万元的巨金，挨过许多岁月，受了莫大的苦楚，才换得一个不完全的中学。其时还以为是当局特别的尽力才得许可，旋又归于官办。关于教育，当局当然要施设，而不能实行。有自觉的民众要图设，而又多猜忌，不容易许可，真是我台民莫知所从呵！又于两年前，文化协会所主倡的中学讲习会，其期间不过一个年以内，不知道当局是怀什么鬼胎，忽然制定一个取缔讲习会的法规，俨然临大敌一样，随即禁止文协开讲集会，致有志之士不得受讲习的机会。但仅从这两个实例看来，就可以证明教育当局很缺诚意。

然我们决不因为当局过往的失政而抱悲观，愈该奋起勇气，加以不断的努力，频以促其改革。故对于教育政策，希望急付与台人得均等的机会。关于私立学校的振兴，真是刻不容缓，须得出于随时许可设立的态度，这才是贤明的处置。并且希望我们民众，须各努力，得于各州设私立男女中学，以提高文化，养成中坚人物，以完成自治的发达，然后我台的前途，才会有赫赫光明呵！

《台湾民报》第八十一号，1925年11月29日。

中学校长会议的影响

（1926年）

《台湾民报》社论

本月二十二日在台北开了全国中学校长会议，全国来会者一百五十余名，实在堪称为近来我岛内的一大集会。这番会议的目的在哪里？即：（一）为欲使日本国民进展于海外，中学教育上须要改善的事项如何。（二）学校教练实施上的意见如何。讨论此两个议案，预定以一点半钟之久就要议了，这是万不可能之事，于此可见醉翁之意不在酒了。

中学校长会议是年年都有在日本内地开会的，本年开会于台湾，实在是自昨年以来台湾当局极力对中央文部当局要请的结果。台湾当局的目的是在欲宣传台湾，堪称是伊泽氏的台湾宣传的一延长行事，欲对日本各地中学校长注射"台湾的好处"，希望他们鼓舞母国青年来台湾开拓的兴味，也可看做是台湾大学招生的一预备行动了。总之，不外欲行日本帝国南进策之一表现而已。

中学校长会议的目的如果是这样的，那就这番的会议的结果，对于我们台湾人的利害关系如何，也就可想而知了。我们要由他方面的两三个事实，提起出来和大家研究一下：（一）何以台湾的高等教育机关越增设，而往日本内地留学的青年越增多呢？（二）何以对日留学生逐年大增加呢？对这两个问题，有两种的看法，其一曰，因为台湾人的知识欲一般大增进起来的结果，但在台湾岛内所得学习的程度得不到满足。如果是这样的，就应加强提高知识程度的研究，但其事实却不然。其二曰，台湾岛内的教育机关，台湾人极难得进入，所以在岛内欲求学却无门，以致不得不到岛外求学。况且往岛外求学者必多费用，且又增加许多不安，可谓是不得已之举。

台湾总督府大正十四年四月的学事统计，即高等学校学生日本人一五四名，台湾人仅有一一名。医学专门学校学生日本人一二五名，台湾人一九八名。高等商业学校学生日本人二〇八名，台湾人仅八名而已。因此可以说明我们台湾人在岛内欲求高等教育，实在难之又难了。大家岂不记得吗？今春台湾高等学校，置岛内多数台人中学生于死地而不顾，专工往日本内地各处招募多数未曾进入台地的日本新学生，以此就可以知道台湾当局的用意何在了。本国人的移住要奖励我们都不管，但若要用妙法来提倡原住民的愚民政策，我们断断是不能盲从的了！

《台湾民报》第一三三号，1926年11月28日。

共学制度的欺骗性

（1929 年）

谢南光①

为什么要共学？按照当局的解释，是为了彻底实施同化政策，或者说是为了废除不平等。为此，严格限制进入内地人（译者注：本书中的“内地人”均指在台湾的日本本土人）学校的本岛人数，拼命以人数为借口实行共学制。然则，台湾人才不信那种胡言乱语。

这是因为在我们看来，中等程度以上的学校，把台湾人的子弟拒之门外，从人口比例看，他们不仅没有诚意为台湾人增设相当的学校，而且又将原有的学校，向内地人开放。仅就医科专门学校看，可见一斑。原来只招收台湾人的医专，今年的招收比例如何呢？内地人与台湾人不是三比一吗？准考证不是内地人全是奇数，台湾人全是偶数吗？

这不是按“成绩”考查，而是按“民族”考查的典型又是什么呢？我等台湾人坚决反对这种戴着假面具的共学，反对这种“挂羊头卖狗肉”的教育方针，反对无诚意的教育当局，排挤××××台湾政府。

请看一下小学的共学，即使台北市，报名者一百余人，招收不过四十名。入学必须通过严格而苛刻的考试。长辈何必费苦心让孩子上小学，有什么需要让自己的孩子吃苦吗？果真是受虚荣心驱使吗？不用说，也有那样糊涂的家长。然而也有像大家异口同声说的：“要想读中学读女中，不读小学是不行的。”各校的入学试题，皆选自小学教科书，故也没有什么过分之处。这也就是说体面的教育拒绝。

再看一下农村，即使学生不足二十人，也设立一所小学校。在现有的一百三十三所小学校中，只有两个班的小学校在全台有七十五所。事实上，全部小学的半数以上是两个班以下的小学。废除这类小学校分流到各公学校，可以使七十五所学校的经费提高。七十五所学校的平均学生数是三十四点六五人，每个年级平均不足六人。地方共学校尽管各班增加六人，但并不需要什么费用。小学校每个班级平均费用一千零八十三元，故七十五所小学一百个班级的经费可增加二十八万八千三百元。用这笔经费，增设市、街、地小学，只有彻底共学，共学才能开花结果。然而他们并没有那样做，当局玩弄欺骗政策，也正是出于此。

---

① 谢南光（1902—1969），台湾留学生运动和民族文化运动的领导人之一，原名春木。1902 年出生于台湾彰化县，1919 年考进台北师范学校，毕业后赴日本东京高等师范学校留学。1923 年在东京参加台湾议会期成同盟会，同年被选为东京台湾青年会总干事，此后三年利用暑假组团返台巡回演讲。1925 年高师毕业后任《台湾民报》编辑，1927 年任台湾民众党中央常委兼政治部主任。1933 年回祖国大陆工作，1969 年病逝于北京。

台湾人坚决反对面向不要中等教育的共学。同胞们必须识破并反对台湾政府的这一欺骗政策。

《台湾民报》昭和三年四月一日

《谢南光著作选》（上），台北，海峡学术出版社，1999年，第48—49页。

中等学校的差别教育①

（1929年）

［日］山川均

中等以上的学校，至大正四年截止，除去一个师范学校外，收容台湾人的学校，还没有成立。大正二年，容纳台湾人的请愿，使用台湾人所捐的款项，始设立台中中学校（大正四年）；但是修业年限只有四年，比日本人的中学程度低得利害。这个中学至大正八年一月，改称为高等普通学校。至若高等女学校（中国的女中学），则将从来附属于“国语学校”的附属女学校，改称为女子高等普通学校（大正八年），但是主要的目的在于补充女教员的缺乏和技艺教育；修业年限三年，还是比高等女学校的程度低得利害。商业学校也同样，日本人的，是修业年限五年；台湾人的，修业年限就只有三年。工业学校，也同样有五年与三年的差异。

总督府医学校，是以养成台湾人的医生为目的，在明治三十五年设立的。至大正七年，始为日本人添设医学专门学校专门部；台湾人的方面，改称为医学专门学校。又设立与日本人的高等商业学校对等的台湾人商业专门学校，及与高等农林学校对等的农林专门学校，但是哪一个的程度都比较的低。

养成小学和公学的教员的师范教育，分为小学师范部与公学师范部。公学师范部分为甲、乙二科。中学校或师范学校的毕业生，则升入年限一年的小学师范部，或公学师范部的甲科，前者为小学校的“教谕”，后者为公学校的教谕。于是公学师范部，是养成台湾人教员的唯一的师范教育，修业年限四年，毕业生充当公学校的“训导”。至大正八年规设日本人教员的养成规则，始把从来的甲乙二科废去，只称为公学师范部。

这样在台湾一切的学校，从顶到底，都循着台湾人和日本人的“民族线”，明确地分做两样。而且无论划出哪一部分，把日本人的学校和与此相等的台湾人的学校比较看，则台湾人的学校的程度必低得利害。因此，台湾人在毕业学校以后，无论踏出社会的哪一方面，或就哪一种专门职业，大概总不能同毕业同类学校的日本人站在同等地位，故意这样编制安排的哟！

① 本文摘录自山川均著、蕉农译《日本帝国主义铁蹄下的台湾》一文，标题为编者拟加。

因为大正九年实施了共学制，于是这种差别只从“纸上”擦了去，而事实上反挖刻得更深切。因有共学制度，而及第入学考试的台湾人，固然可以同日本人一样进同样的中学校。可是小学校的课程，既然设有前述的差别，毕业公学校的台湾人只能得到日本人的小学校五年程度的学力，那末台湾人能够进入日本人的中学校的，势成少数的例外；若就多数的台湾人说，中学校的门户，事实上是封锁住。

［日］山川均著，蕉农译：《日本帝国主义铁蹄下的台湾》，王晓波编：《台湾的殖民地伤痕》，台北，帕米尔书店，1985年，第76—78页。

台阳中学终于不准

（1930年）

捐款集有十八万余元，全岛入学希望达四百余名的私立台阳中学设置计划，不恤台湾人的热望，总督府当局把公事一拖再拖不予批准。其后文教当局对声请人黄欣怂恿其将呈文撤回，因遭黄氏拒绝，遂于前月下旬正式驳回。杉本文教局长就此问题对往访的记者所谈如下：

“私学经营是难中的难事，向来台湾亦有私立的中学校、高等女学校（笔者注：外国人经营的教会学校）、夜学会（日人经营的台中中学会），但成绩都无可观，就中亦有经营已垂二十余年的，其困难可想而知。如有增设必要，当局并不踌躇增设。”

记者指摘在内地私立学校林立，甚至有较官立为优者亦复不少，对局长的私立不许可加以责难。

“我没有说私立学校不许可，因为大都是经营困难，黄欣君对经营也是门外汉，无宁是去经营其他的事为妙，但是现在台南并不认有增设中学校之必要。内地虽有优良的私立学校，但与台湾事情不同，在台湾设私立学校并不一定会好到那里。”

台湾的现状，升学难一年激烈似一年，局长对此现状是否承认？如果考虑增设，是不是批准台阳中学的设立较为得策？向来的私立学校虽未能举卓越的成绩，不是已经相当尽了使命吗？对记者此一设问，他说：“台湾的升学难达到相当的程度是事实，学校亦想逐渐增设，今年对台南一中外数学校已予增加学级，所以台阳中学认为没有增设的必要，但向来的私立学校已举相当的效果这一点我是承认的”云云。

又台阳中学创立发起人黄欣氏用不满的口吻发表谈话如次：

“台阳中学设立声请书会被驳回的事情早就知道了，前曾受怂恿自己把呈文撤回，因觉得太无道理，所以不予理会。对于当局棘手的作风，本人不欲多说话，想台湾在住民必能洞悉个中消息”云云。

《台湾民报》1930年5月10日，转引自叶荣钟著：《日据下台湾政治社会运动史》（上），台中，晨星出版有限公司，2000年，第70—71页。

第五编

高等教育

一、专门学校

台湾总督府医学专门学校官制

（1919年）

大正八年四月一日敕令第六二号

第一条　台湾总督府医学专门学校置左列职员：

学校长　敕任或奏任。

教　授　专任九人　　奏任。

助教授　专任七人　　奏任或判任。

生徒监　专任一人　　判任。

书　记　专任六人　　判任。

第二条　台湾总督府医学专门学校为内地人设医学专门部。

第三条　学校长承台湾总督之命，掌理校务，监督所属职员。

第四条　教授及助教授掌生徒之教育。

第五条　生徒监承学校长之指挥，掌生徒训育。

第六条　台湾总督得从教授及助教授之中任命主事，使掌预科之事务。

第七条　书记承学校长之指挥，办理庶务。

台湾省文献委员会编：《台湾省通志》卷五“教育志·教育行政篇”，台北，众文图书公司，1970年，第148页。

台湾总督府高等商业学校规则

（1919年）

大正八年五月二日台湾总督府令第六二号

改正　大正八年第一四三号、大正九年第一九二号、大正十一年第三号、大正十一年第八五号、大正十四年第二三号、大正十五年第二四号、大正十五年第六五号、昭和三年第一九号

第一章　总　则

第一条　高等商业学校以对欲从事于本岛内外商业的内地人男子实施必要的高等教育

为目的。

第二条　修业年限为三年。

第三条　高等商业学校得设研究科，其规程另定之。

第四条　入学者之资格，须年满十七岁以上，并具左列各项之一者：

一、台湾总督府中学校毕业者。

二、前项以外之中学校毕业者。

三、甲种商业学校毕业者。

四、依据明治三十六年三月文部省令第十四号《专门学校入学者检定规程》之试验检定合格者，及依据该规程第八条而获得无试验检定之指定者。

第五条　本令及特别规定外的必要事项，在获得台湾总督许可后由校长裁定。

第二章　学科目及教学时数

第六条　高等商业学校的学科目及每周教授时数，详见附表。

前项之每周教学时数，经台湾总督认可后由校长可适当增减。

校长在原定的学科目之外可适当增加随意科目。

第六条之二　夏季休假前后各四周内，校长可以适当减少每周教授时数。

第三章　学年、休业日及假日

第七条　学年从四月一日开始至翌年的三月三十一日结束。

学年分为二个学期：

第一学期　四月一日至十月三十一日。

第二学期　十一月一日至翌年的三月三十一日。

第八条　每日教学的起始时间由校长定之。

第九条　休业日如左：

一　祭日、祝日。

二　台湾神社例祭日、始政纪念日。

三　日曜日。

四　夏季休业　七月十一日至八月三十一日。

五　年末年始休业　十二月二十九日至翌年一月五日。

六　学年末休业　三月二十六日至同月三十一日。

七　开校纪念日。

校长认为必要时，前项之第三项至第六项休业日可适当调整。

第十条　前条第一项以外的临时休业，校长必须陈述理由并报台湾总督认可。

非常规的灾害及其他急迫的事故时，前项的认可可推迟，由校长决定临时休业时间。

第十一条　纪元节、天长节、明治节、一月一日及始政纪念日，教职员及学生须到学校举行庆祝仪式。

台湾神社例祭日，教职员及学生须到学校集合，由校长主持关于台湾神社的祭告，一起参拜或遥拜奉祀北白川宫能久亲王的神社。

第四章　入学、休学、退学及惩戒

第十二条　学生入学须获得校长的入学批准，但依据时宜，有的也能允许临时入学。

第十三条　第一学年获得入学许可的学生，年龄须在十七岁以上，且须满足左列条件之一：

一、中学校毕业。

二、依据《专门学校入学者检定有关规程》，通过检定考试者。

三、依据《专门学校入学者检定有关规程》，得到无考试检定的指定。

第十四条　第一学年获得入学许可的人必须进行考试或无考试检定。在获得台湾总督许可后由校长选择前项入学者。

第十四条之二　第二学年获许入学的人需满足第十三条规定，且须同修满第一学年课程之学生具有同等以上学力。前项学力通过举行第一学年各学科目及其难易程度相当的考试来检定。

第十四条之三　退学的学生从其退学之日起一年内申请再次入学，必须通过考试方可获得入学许可，而且只能编入下一学年。第三学年有前项情况的学生不许可入学。

第十五条　（原文削除）

第十六条　（原文削除）

第十七条　对于服兵役的学生，校长准许其在服兵役期间休学。

第十八条　对于犯病长达三个月以上的学生，校长可准其一年以内的休学。

第十九条　对于有左列表现之一的学生，校长可命其退学：

一　性行不良且难见改善者。

二　学力劣等且难见进步者。

三　连续一年以上缺席者。

四　没有正当理由连续缺席一个月以上者。

五　经常不出席的人。

第二十条　学生要求退学，若有一定缘由者，校长可准予退学。

第二十一条　在有进行教育的必要时，校长可对学生施加惩戒。

第二十一条之二　高等商业学校可以设置旁听生，关于旁听生的有关规定，在获得台湾总督许可后由校长制定。

第五章 学费及入学检定费

第二十二条 高等商业学校的学费每学年四十元，分三期收取费用：

第一期 （四月一日起至八月三十一日） 十五元

第二期 （九月一日起至十二月三十一日） 十五元

第三期 （第二年一月一日起至三月三十一日） 十元

第二十三条 学费在学生入学之时开始到最后学年结束之前征收。依据第十七条和第十八条规定休学者，在休学期间不收学费。

第二十四条 入学检定费三元，于入学申请时征收。

第二十五条 入学检定费一旦交付后，不论何故皆不退回。

附则

本规则自发布之日起施行。

（附表）

台北高等商业学校学科目及每周教授时数表

学科目＼学年		第一学年		第二学年		第三学年	
		第一学期	第二学期	第一学期	第二学期	第一学期	第二学期
修身		1	1	1	1	1	1
体操		4.5	4.5	4.5	4.5	4.5	4.5
国语及汉文		◎3	◎3				
商业文		1	1				
历史				◎2	◎2		
数学		◎2	◎2				
理化学		◎3	◎4				
外国语	英语	9	9	8	8	8	8
	独语	（3）	（3）	（3）	（3）	（3）	（3）
	佛语	（3）	（3）	（3）	（3）	（3）	（3）
	汉语	（3）	（3）	（3）	（3）	（3）	（3）
	马来语及荷兰语	（3）	（3）	（3）	（3）	（3）	（3）
法学	法学通论	2	2				
	民法			2	3		
	商法					2	3

续表

学科目 \ 学年		第一学年		第二学年		第三学年	
		第一学期	第二学期	第一学期	第二学期	第一学期	第二学期
经济学	经济原论	3	2				
	货币论				2		
	商业政策					1	2
	工业政策						2
财政学							2
商学	商业通论	△2	△2				
	银行			2			
	外国为替				1		
	保险					2	1
	交通			2	1		
	关税及仓库			2			
	取引所				1		
	商工经营					2	
	商业实践					1	1
簿记及计理学	商业簿记	△3	△4				
	银行簿记			△2	△2		
	英文簿记			1	1		
	原价计算					2	
	计理学						2
商业算术		△2	△2	2	2		
珠算		△1	△1				
商业史						2	
商业地理		2	2				
台湾事情		2					
南支南洋经济事情				2	2		
殖民地法制							2
热带卫生学						1	
殖民政策						2	
商品学				2	2		
应用化学			2				

续表

学科目＼学年		第一学年		第二学年		第三学年	
		第一学期	第二学期	第一学期	第二学期	第一学期	第二学期
机械工学				2			
电气工学					2		
选择科目	统计学					（一学期间每周 2 学时）	
	社会政策					（同前）	
	农业政策					（同前）	
	经济学史					（同前）	
	民族学					（同前）	
	哲学概论					（同前）	
	帝国宪法					（同前）	
	行政法					（同前）	
	国际公法					（同前）	
	国际私法					（同前）	
	破产法					（同前）	
计		35.5	35.5	35.5	35.5	35.5	35.5

备考

一、外语除英语外，还须选修独语、佛语、汉语或马来语及荷兰语的其中之一。

二、选修科目依据时宜在第一学期、第二学期或其他各学期选修。

三、选修科目在一学年期间须选修两门以上的科目，每周四课时。

四、前表中带◎符号的只限在商业学校毕业者选修，带△符号的为其他人的选修科目。

五、体操课中的教练及野外演习，不包含在本表的课时数之内。

台南高等商业学校学科目及每周教授时数表

学科目＼学年	第一学年		第二学年		第三学年	
	第一学期	第二学期	第一学期	第二学期	第一学期	第二学期
修身	1	1	1	1	1	1
国语汉文	◎2	◎2				
数学	◎2	◎2				
理化	◎4	◎4				
博物	◎2	◎2				
历史			◎2	◎2		
商业英语	9	9	9	9	8	6

续表

学科目＼学年		第一学年		第二学年		第三学年	
		第一学期	第二学期	第一学期	第二学期	第一学期	第二学期
汉语及荷兰语		3	3	3	3	3	3
体操		3	3	3	3	3	3
经济及财政统计	经济原论	2	2				
	商工政策					2	2
	财政及统计					2	2
法学	通论	1	1				
	民法			2	2		
	商法					3	3
商学	通论	△2	△2				
	银行及取引所			2	2		
	交通			2	2		
	关税及仓库			2			
	保险					2	2
	货币及为替			1	2		
	实践				4	6	
簿记及会计	商业簿记	△4	△4				
	银行簿记			△2	△2		
	英文记账			2			
	工业会计					2	2
商业文		1	1				
商业算术		△2	△2	1	1		
珠算		△1	△1				
商业史		△1	△1				
商业地理		2	2				
商品					3	2	2
工学大意			2	2	2		
经济事情	台湾经济事情	2					
	南洋经济事情			2	2		
	中国经济事情					2	2
计		34	34	34	34	34	34

台湾教育会编：《台湾学事法规》，帝国地方行政学会，1924年，第368—374页。

台湾总督府医学专门学校规则

（1920年）

大正九年五月三十日台湾总督府令第三四号

改正　大正十一年第四号、大正十一年第八七号、

大正十四年第三一号、大正十五年第二三号、昭和三年第一三号

第一章　总　　则

第一条　台湾总督府医学专门学校的目的，在于向本岛内外男子进行医师必要的教育。

第二条　修业年限四年。

第三条　（原文削除）

第四条　本规则及特别规定外的必要事项，在获得台湾总督许可后由校长裁定。

第二章　学科目及教学时数

第五条　台湾总督府医学专门学校的学科目、教学程度及每周教授时数另见附表。前项的每周教授时数在获得台湾总督的许可后校长可据需要增减。校长在所定的学科目外可随意增加其他学科目。

第五条之二　夏季停课前后各四周，校长可适当减少每周教授时数。

第三章　学年、停课及假日

第六条　学年始于四月一日，终于第二年三月三十一日。

学年按左列分为两个学期：

前学期　从四月一日到十月二十日。

后学期　从十月二十一日到三月三十一日。

第七条　每日上课起始时间由校长规定。

第八条　如左所示为假日，可以停课：

一　祭日、祝日。

二　台湾神社例祭日、始政纪念日。

三　星期天。

四　夏季停课七月一日起到八月三十一日。

五　年末年初停课十二月二十九日起到翌年一月五日。

六　学年末停课三月二十六日起至同月三十一日。

以上第三款乃至第六款的休息日中，如有必要，校长可改为上课日。

第九条　除以上第一款外，如果有必要临时停课，校长须获得总督的许可。意外灾害或其他紧急场合来不及得到总督许可时，校长有权临时停课。

第十条　纪元节、天长节、明治节、一月一日及始政纪念日，教职员及学生须到学校集合，校长主持关于台湾神社的祭告，一起参拜或遥拜奉祀北白川宫能久亲王的神社。

第四章　入学、休学、退学及惩戒

第十一条　学生入学须获得校长的入学批准，但依据时宜，有的也允许临时入学。

第十二条　第一学年获得入学许可的人年龄须在十七岁以上，且须满足左列条件之一：

一　中学校毕业。

二　依据《专门学校入学者检定有关规程》，通过检定考试者。

三　依据《专门学校入学者检定有关规程》，得到无试验检定的指定。

第十三条　第一学年获得入学许可的人必须进行试验或无试验检定，在获得台湾总督许可后由校长决定选择前项入学者。

第十四条　医科大学学生或其他医学专门学校学生提出转学申请时，或者台湾总督府医学专门学校中途退学者提出再入学申请时，仅限在有缺员的情况下，通过考查可准其入学。

第十五条　退学的学生从其退学之日起一年内申请再次入学，通过考试后可获得入学许可，但只能编入下一学年。

第十六条　对于服兵役的学生，校长准许其在服兵役期间休学。

第十七条　对于犯病或不得已的原因休学三个月以上的学生，校长可准其在一年以内休学。

第十八条　对于有左列表现之一的学生，校长可命其退学：

一　性行不良且难见改善者。

二　学力劣等且难见进步者及毕业考试两次不及格者。

三　连续一年以上缺席者。

四　没有正当理由连续缺席一个月以上者。

五　经常不出席的人。

第十八条之二　学生要求退学时，若有一定缘由，校长可准予退学。

第十九条　在有必要进行教育时，校长可对学生施加惩戒。

第五章　考试、进级及毕业

第二十条　考试分为临时考试、学期考试和毕业考试。

第二十一条　考试成绩每科目以一百分为满分。

第二十二条　临时考试随时举行，学期考试在各学期末举行，对有合理原因缺席考试者可另安排考试。

第二十三条　学年成绩依据前学期和后学期的的成绩来判定。

第二十四条　学年成绩各科目均在六十分以上，或者有两学科在五十分以上六十分以下、其他学科在六十分以上，平均分在六十分以上的人可以进级；有一科不满五十分，其他科目都在六十分以上，平均分在六十分以上的人，在考查合格后可准其进级。

成绩合格进级者，依第二十五条的毕业考试不及格者，应留在原学年。

上课时数达到所定的教授时数三分之一以上的人，可获得进级。

第二十五条　毕业考试分为前期考试和后期考试。

前期考试在第二学年末，应考左列科目：

解剖学（含组织学）

医化学

生理学

药物学

后期考试在第四学年末，应考左列科目：

细菌学

卫生学

病理学

内科学

外科学

皮肤病学及花柳病学

耳鼻咽喉科学

眼科学

产科学及妇人科学

小儿科学

精神病学

法医学

对有合理原因缺席前期考试或后期考试者可追加考试。

第二十六条　前期考试的成绩各科均在六十分以上，或者有两学科在五十分以上六十分以下、其他学科在六十分以上、平均分在六十分以上；后期考试的成绩各科均在六十分以上，或者有三学科在五十分以上六十分以下、其他学科在六十分以上、平均分在六十分以上，可进级；在前后期各考试的学科中，如果有一科不满五十分，其他科目都在六十分以上，平均分在六十分以上的人，在考查合格后可准予进级。

第二十七条　对于上条规定中的不合格者，可在五日内对未满六十分的学科进行追加考试。

第二十八条　对于没有参加某学科的毕业考试及毕业考试不合格者，于翌年重新进行所有科目的考试。

第二十九条　校长向毕业考试合格者颁发毕业证书。被授予毕业证书的人可获得台湾总督府医学专门学校医学士的称号。

第六章　学费及入学检定费

第三十条　学费每学年四十元，每学期征收二十元。

第三十一条　学费在学生入学之时开始到最后学期之间征收。依据第十六条和第十七条规定休学全学期者，休学期间不收学费；或依据第二十七条、二十八条规定为了参加后期考试而留在下一学年时，亦不收学费。

第三十二条　入学检定费三元，于入学申请时征收。

第三十三条　入学检定费一旦交付后，不论何故皆不退回。

附则

本规则自公布之日起施行，但第三十条规定自大正十年四月一日起实施。

附则　（大正十四年台湾总督府令第三十一号附则）

本规则实施之日起五年内，学生于第四学年入学时，依照第十四条关于入学考试的规定办理。

台湾教育会编：《台湾学事法规》，帝国地方行政学会，1924年，第374—376页。

台湾总督府医学专门学校医学专门部规则要点

（1920年）

一、医学专门部，以对内地男子之欲从事于本岛内外医师者施以教育为目的。

二、修业年限为四年。

三、入学者之资格，须年满十七岁以上，并具有左列各项之一者：

（一）台湾总督府中学校毕业者。

（二）前项以外之中学校毕业者。

（三）依据明治三十六年三月文部省令第十四号《专门学校入学检定规程》之试验合格者。

（四）依据前项规程第八条，关于专门学校之入学，取得无试验检定之指定者。

四、医学专门部毕业者，得称台湾总督府医学专门学校医学士。

台湾省文献委员会编：《台湾省通志》卷五“教育志·教育行政篇”，台北，众文图书公司，1970年，第149页。

台湾总督府医学专门学校预科教授科目及程度

（1920 年）

教授科目＼学年	第一学年		第二学年		第三学年		第四学年	
	程度	每星期教授时数	程度	每星期教授时数	程度	每星期教授时数	程度	每星期教授时数
修身	国民心得　道德之要旨　读法	1	同上	1	同上	1	同上	1
日语及中文	说话　书写　读法　作文　文法	12	同上	12	同上	9	同上	9
英语	读法　翻译　对谈　作文　文法	4	同上	4	同上	7	同上	7
地理历史	日本地理　日本历史　外国地理概要	3	同上	3				
数学	算术　代数	5	代数　几何	5	同上	4	几何　三角法	4
物理学					理论及实验	5	同上	5
化学					理论及实验	5	同上	5
博物学	动物　植物　矿物　生理概要	3	同上	3				
图画	临画及写实	1	同上	1				
体操	普通体操	2	同上	2	同上	2	同上	2
计		31		31		33		33

台湾省文献委员会编：《台湾省通志稿》卷三“政事志·卫生篇”，台湾省政府印刷厂，1957 年，第 324 页。

台湾总督府医学专门学校本科教授科目及每星期教授时数

（1920 年）

学科＼学年		第一学年 每星期教授时数	第二学年 每星期教授时数	第三学年 每星期教授时数	第四学年 每星期教授时数
修身		1	1	1	1
外国语	英语——对谈　翻译	6			
	德语——读法　翻译	2	2	2	1

续表

学科 \ 学年		第一学年 每星期教授时数	第二学年 每星期教授时数	第三学年 每星期教授时数	第四学年 每星期教授时数
物理学	理论及实验	2			
化学	理论及实验	4			
解剖学	理论 实习 局部解剖学 组织学理论 组织学实习及显微 镜使用法 胎生学	8 2 	 4 1 3 	 1 	
生理学	生理学理论及实验	3	3		
医化学	医化学理论及实验	1	2		
卫生学	卫生学理论及实习				3
细菌学	细菌学理论及实习		3	1	
病理学	总论　病理　解剖学 病理　解剖学实习 病理　组织学实习		6 	 时时 2	
药物学	理论及实验 处方学及调剂实习		3 	 0.5	
内科学	理论 临床讲义 外来患者临床讲义 诊断学		 3 	3以上 不定时 3	3以上 不定时 3
外科学	总论 各论 临床讲义 外来患者临床讲义 绷带实习 手术实习		3 1 	 3 3以上 不定时 	 3 3以上 不定时 1
皮肤病学 花柳病学	理论及临床讲义 外来患者临床讲义			2 不定时	 不定时
耳鼻咽 喉科	理论及临床讲义 外来患者临床讲义			2 不定时	 不定时

续表

学科＼学年		第一学年 每星期教授时数	第二学年 每星期教授时数	第三学年 每星期教授时数	第四学年 每星期教授时数
眼科学	理论 脸眼镜使用法临床讲义 外来患者临床讲义			3 1以上 不定时	1 1以上 不定时
产科学 妇人科学	产科学理论 妇人科学理论 妇人科临床讲义及产科模型演习 外来患者临床讲义			 2 	3 2以上 不定时
精神病学	理论　临床讲义				2
法医学	理论				2
小儿科学	理论 临床讲义 外来患者临床讲义			1 不定时 不定时	
齿科学	理论 外来患者临床讲义			1 不定时	0.5 不定时
体操		2	1	1	
计		31	37	31.5以上①	29.5以上

台湾省文献委员会编：《台湾省通志稿》“政事志·卫生篇”，台湾省政府印刷厂，1957年，第325—327页。

台湾总督府高等农林学校规则

(1922年)

大正十一年四月府令第八六号

第一条　台湾总督府高等农林学校，以对欲从事于本岛内外之农业林业之男子教授高等学术技艺为目的。

第二条　分农学科及林学科。

第三条　各科之修业年限为三年。

第四条至第十二条

① 第三学年的教授时数之合计数有误。

…………

第十三条　入学者之资格，须满十七岁以上且具有左列各项之一者：

一、中学校毕业者。

二、明治三十六年文部省令第十四号《专门学校入学者检定规程》，又大正十年府令第九十五号《专门学校入学者检定有关规程》之试验检定合格者。

三、依据前项规程而取得专门学校入学无试验检定资格者。

…………

台湾省文献委员会编：《台湾省通志》卷五“教育志·教育行政篇”，
台北，众文图书公司，1970年，第151—152页。

台湾总督府高等工业学校规则

（1931年）

昭和六年一月十五日府令第一号

第一条　台湾总督府高等工业学校，以对欲从事于工业之男子施以必要之高等教育为目的。

第二条　学科分为机械工学科、电气工学科及应用化学科。

第三条　修业年限为三年。

第四条至第十二条

…………

第十三条　入学者之资格，须具有左列各项之一者：

一、中学校毕业者。

二、依照《专门学校入学者检定规程》之试验检定合格者。

三、依据前项规程而取得专门学校入学无试验检定之指定者。

第十四条至第二十一条

…………

第二十二条　如有本校毕业者，或其他实业专门学校毕业者，或有与此同等以上之学力者，就其既修之学科目而欲作更深之研究时，得为研究生，在学以二年为限。

第二十三条　如有欲选择履修所定学科目中之一学科目或数学科目时，得为选科生，在学以三年为限。

第二十四条　选科生之入学资格，须具有左列各项之一者：

一、有继续从事于其所志望学科目有关工业二年以上之经验而有相当学力者。

二、实业学校毕业者，但限于寻常小学校毕业程度为入学资格而修业年限五年之实业学校，以高等小学校毕业程度为入学资格而修业年限三年之实业学校，或与此有同等以上程度之实业学校毕业者。

三、中学校毕业者，或认为与此有同等以上之学力者。

…………

台湾省文献委员会编：《台湾省通志》卷五“教育志·教育行政篇”，台北，众文图书公司，1970年，第152页。

二、台北帝国大学

台北帝国大学官制

（1928年）

昭和三年三月十七日敕令第三一号

第一条　台北帝国大学置左列职员

职员	定员	任用
总　长		敕任
教　授	专任七十五人	敕任或奏任
助教授	专任六十四人	奏任
事务官	专任二人	奏任
学生主事	专任二人	奏任
司书官	专任一人	奏任
助　手	专任一一五人	判任
书　记	专任六人	判任
学生主事补	专任二人	判任
司　书	专任六人	判任

第二条　总长承台湾总督之监督，掌理台北帝国大学一般事项，统督所属职员；总长关于高等官之进退须呈报台湾总督，关于判任官得专行之。

第三条　教授分属于各学部，担任讲座，教授学生，指导其研究。

教授之任学部长或医学部附属医院长者，可不担任讲座。

第四条　助教授分属各学部，协助教授，从事授业及实验。

担任讲座之助教授，作为第一条定员外者，但分担讲座者不在此限。

第五条　事务官承总长之命，掌事务会计。

第五条之二　学生主事承总长之命，掌学生及生徒之指导与监督。

第六条　司书官承上司之命，掌理附属图书馆之图书记录及阅览有关事务。

第七条　助手分属于各部，受教授或助教授之指挥，承办有关学术之职务。

第八条　书记承上司之指挥，办理事务会计。

第八条之二　学生主事补承上司之指挥，协助学生主事之职务。

第九条　司书承上司之指挥，从事于附属图书馆之图书记录之整理、保存及阅览有关事务。

第十条 各学部置学部长，台湾总督由该学部所属教授中补之。

学部长于总长监督之下，掌理该学部事务。

第十一条 理农学部置附属植物园及附属农场。植物园置植物园长，农场置农场长，台湾总督就理农学部所属教授或助教授中补之。植物园长及农场长在总长监督下，掌理各植物园或农场之事务。

第十二条 医学部设附属医院，医院设左列职员：

医院长

药局长 专任一人 奏任

药剂手 专任十人 判任

看护长 专任十人 判任

第十三条 医院长，台湾总督就医学部所属教授中补之；医院长于总长之监督下，掌理医院之事务。

第十四条 药局长于医院长之监督下，掌理医院药局之事务。

第十五条 药剂手受上司之指挥，掌理有关医院药局之职务。

第十六条 看护长受上司之指挥，掌理有关医院看护之职务。

第十七条 台北帝国大学设附属农林专门部及附属医学专门部。附属专门部置左列职员：

农林专门部：

主 事

教 授 专任十八人 奏任

助教授 专任十人 判任

医学专门部：

主 事

教 授 专任八人 奏任

助教授 专任九人 判任

主事由台湾总督就该专门部教授中补之，承总长之命，掌理该专门部之事务，监督其职员。

专门部之教授及助教授掌生徒之教育。

第十八条 台北帝国大学设附属图书馆。

图书馆设图书馆长，由台湾总督就教授，助教授或司书官之中补之。

图书馆长于总长监督下，掌图书馆之事务。

台湾省文献委员会编：《台湾省通志稿》“教育志·教育行政篇”，
台湾省政府印刷厂，1957 年，第 295—297 页。

台北帝国大学投考学生录取之百分比

（1928—1944 年）

西历	民国	日本年号	文政学部			理学部			农学部			医学部			工学部		
			投考人数	入学人数	录取的百分比	投考人数	入学人数	录取的百分比	投考人数	入学人数	录取的百分比	投考人数	入学人数	录取的百分比	投考人数	入学人数	录取的百分比
1928	十七	昭和三年	51	20	39.2	55	40	72.7									
1929	十八	昭和四年	49	41	83.7	26	22	84.6									
1930	十九	昭和五年	59	35	59.3	47	35	74.5									
1931	二十	昭和六年	43	24	55.8	53	38	71.7									
1932	二十一	昭和七年	24	23	95.8	36	24	66.7									
1933	二十二	昭和八年	30	27	90.0	32	24	75.0									
1934	二十三	昭和九年	25	23	92.0	19	13	68.4									
1935	二十四	昭和十年	男 17 女 1	男 13 女 1	76.5 100.0	22	15	68.2									
1936	二十五	昭和十一年	男 25 女 1	男 18 女 1	72.0 100.0	22	15	68.2				67	40	59.7			
1937	二十六	昭和十二年	30	25	83.3	27	21	77.8				48	40	83.3			
1938	二十七	昭和十三年	32	23	71.9	24	15	62.5				37	36	97.3			

续表

西历	民国	日本年号	文政学部			理学部			农学部			医学部			工学部		
			投考人数	入学人数	录取的百分比	投考人数	入学人数	录取的百分比	投考人数	入学人数	录取的百分比	投考人数	入学人数	录取的百分比	投考人数	入学人数	录取的百分比
1939	二十八	昭和十四年	43	22	51.2	35	25	71.4				47	40	85.1			
1940	二十九	昭和十五年	74	40	54.1	78	49	62.8				29	29	100.0			
1941	三十	昭和十六年	130	33	25.4	男 143 女 1	男 47 女 1	32.9 100.0				21	19	90.5			
1942	三十一	昭和十七年	170	49	28.8	102	38	37.3				42	41	97.6			
1943	三十二	昭和十八年	268	80	29.9	43	22	51.2	101	45	44.6	41	40	97.6			
1944	三十三	昭和十九年	男 222 女 4	男 81 女 2	36.5 50.0	16		75.0	112	58	51.8	90	59	65.6	88	53	60.2

备注：①民国三十一年以前理学部之资料，系属前理农学部之事实。

②全部材料系根据前台湾总督府各年统计书及学事年报一览材料编制。

汪知亭编：《台湾教育史料新编》，台北，“商务印书馆”，1978 年，第 154—155 页。

台北帝国大学总长职务规程

（1928 年）

昭和三年三月十七日台湾总督府训令第一九号

改正　昭和三年四月一日训令第三三号

第一条　帝国大学总长的职务，依据本规程。

第二条　总长承台湾总督之命，根据《大学令》第九条的规定，决定学生的入学资格及入学的名次。

第三条　总长在按照左列事项实行时，必须得到台湾总督的认可：

一　通用的学部规程及附属农林专门部规程的制定、修改和废除。

二　八天以上的临时休业。

三　学生的外国修学旅行。

四　招生。

第四条　总长在处理左列事项时，必须向台湾总督禀报：

第一，每次应该报告的事项：

一　事务分掌规程的确定。

二　学生制服规程的确定。

三　临时休业。

四　授予毕业证书。

五　对学生的惩戒。

六　在管理上或在训育上需要注意的事项。

第二，应该提前报告的事项：

一　毕业式的举行。

第三，每学年的最初月份应该报告的事项：

一　招收学生，颁发入学许可证。

第四，每年五月及十月的十五日之前需报告的事项：

一　这两月的一日现任职员的教务及事务的担任状况。

第五条　总长在前述条例之外，遇有非常态的变故或其他重要事项，应及时向台湾总督禀报。

“台湾总督府”编：《台北帝国大学规程及例规》，1929 年，第 2—4 页。

台北帝国大学事务官、司书官及司书特别任用令

（1928年）

昭和三年三月十七日敕令第三八号

经咨询朕枢密顾问，同意台北帝国大学事务官、台北帝国大学司书官及台北帝国大学司书特别任用命，特此公布。（总理大臣副署）

第一条　台北帝国大学事务官，从具有左列资格之一的人中挑选，经高等考核委员权衡后方得任用。

一　从事跟教育行政相关的高等文职者。

二　享有三年以上从事跟教育行政相关的奏任官的待遇者。

三　任职跟教育行政相关的判任官五年以上并享有判任官五级薪俸以上者。

第二条　台北帝国大学司书官，从具有左列资格之一的人当中挑选，经高等考核委员权衡后方得任用。

一　从事与教育或图书相关的高等文官者。

二　享有与从事教育或图书相关的奏任官同等待遇三年以上者。

三　任职跟教育或图书有关的判任官或其职位待遇与判任官相同，并享有判任官五级薪俸以上或月薪在八十五元以上者。

四　在与图书相关方面具有特别学术技艺者。

第三条　台北帝国大学司书从在图书方面有学术经验的人当中选出，经高等考核委员权衡后方得任用。

附则

本条令自公布之日起施行。

“台湾总督府”编：《台北帝国大学规程及例规》，1929年，第11页。

台北帝国大学事务分掌规程

（1928年）

昭和三年三月十七日制定

第一条　本校设置庶务课及会计课。

在各课设置课长，并配置事务官以辅助之。

第二条　庶务课掌管左列事项：

一　关于机密事务事项。

二　关于职员身份进退事项。
三　关于总长官印及校印的保管事项。
四　关于教务事项。
五　关于文书的收发事项。
六　关于文书的编撰保存事项。
七　关于统计报告及职务履行报告事项。
八　关于仪式事项。
九　关于值班事项。
十　不属于他课主管的事项。
第三条　会计课掌管左列事项：
一　关于岁入岁出的预算决算事项。
二　关于岁入岁出的收支事项。
三　关于会计的监察事项。
四　关于物品的购买及出纳保管事项。
五　关于不动产的管理事项。
六　关于厅中警备事项。
七　关于清洁整顿事项。
八　关于佣人进退事项。
九　关于会计账簿及凭证文件的整理保管事项。
十　关于职员以外人员的宿舍事项。

"台湾总督府"编：《台北帝国大学规程及例规》，1929 年，第 4—6 页。

台北帝国大学部内事务委任规程

（1928 年）

昭和三年三月十八日制定

改正　昭和三年四月二日、昭和三年五月十日

昭和四年四月一日、昭和四年五月一日

第一条　庶务课长履行左列职权：
一　关于所属判任官以下的人员担任事务事项。
二　关于文书及事务雇员的请假事项。
三　关于文书及事务雇员的服丧及上班事项。
四　关于月俸未满七十五元的雇员的任免事项。

五　庶务课、会计课雇员的本岛内出勤事项。

六　常规之外的事项。

第二条　会计课长履行左列职权：

一　关于所属判任官以下人员担任事务事项。

二　关于雇员的任免及本岛内的出勤事项。

三　关于购买未满千元的物品或者物件的修理事项。

四　关于价格未满百元的弃用品的处理事项。

五　关于经费支付事项。

六　关于会计任免事项。

七　关于物品出纳事项。

八　常规以外的例外事项。

第三条　学生课长履行左列职权：

一　关于所属判任官以下人员担任事务事项。

二　关于所属判任官以下人员的请假事项。

三　关于所属判任官以下服丧上班事项。

四　常规以外的例外事项。

第四条　学务部长履行左列职权：

一　关于所属判任官以下人员（事务职员除外）的事务担任事项。

二　关于所属判任官以下人员（事务职员除外）的请假事项。

三　关于所属判任官以下人员（事务职员除外）服丧上班事项。

四　关于所属判任官以下人员本岛内出勤事项。

五　关于购买未满千元的物品（一般器具及图书除外）或者物件的修理事项。

六　关于临时佣人的雇佣事项。

七　关于物品出纳事项。

八　关于价格未满百元物品的处理事项。

九　常规以外的例外事项。

第五条　农林专门部主事履行左列职权：

一　关于所属教官担任职务事项。

二　关于所属判任官以下人员（事务职员除外）的请假事项。

三　关于所属判任官以下人员（事务职员除外）服丧上班事项。

四　关于所属判任官以下人员的本岛内出勤事项。

五　关于购买未满千元的物品（一般器具及图书除外）或者物件的修理事项。

六　关于临时佣人的雇佣事项。

七　关于物品出纳事项。

八　关于价格未满百元的物品处理事项。

九　常规以外的例外事项。

第六条　图书馆馆长履行左列职权：

一　关于所属判任官以下人员担任职务事项。

二　关于所属判任官以下人员的请假事项。

三　关于所属判任官以下人员服丧上班事项。

四　关于所属判任官以下人员本岛内的出勤事项。

五　关于购买未满千元的物品（一般器具除外）或者物件的修理事项。

六　关于临时佣人的雇佣事项。

七　关于寄赠图书的受理事项。

八　关于物品出纳事项。

九　常规以外的例外事项。

"台湾总督府"编：《台北帝国大学规程及例规》，1929 年，第 6—10 页。

台北帝国大学文书处理规程

（1928 年）

昭和三年三月三十日制定

改正　昭和三年六月一日、昭和四年五月二日

第一条　寄达本校的公文由庶务课受理。

第二条　寄给总长（亲展文书除外）或者学校的文书由庶务课开封受理，由事务管理者把年月日和编号登记在文件簿上。

第三条　寄给部局或者部局长（亲展文书除外）的文书由该部局开封受理，由事务管理者把年月日和编号登记在文件簿上。

第四条　亲展文书或者亲展书信应该登记在收文簿上，并送交收受人。

第五条　文书的编号是从每年的一月一日到十二月最后一日，但是关于会计的事项必要的话要依据会计年度来定。

…………

"台湾总督府"编：《台北帝国大学规程及例规》，1929 年，第 10—11 页。

台北帝国大学值勤规程

（1928 年）

昭和三年六月二十六日制定

改正　昭和三年六月二十六日、昭和三年十月三日、昭和四年四月十九日

第一条　值班人员系从书记、司书、学生主事中的一名，事务职员、雇员、嘱托员中的一名，共两名轮番值班。

第二条　值晚上班和值白天班的区分按左列执行，但双休日的下班时间定在下午四时半。

值晚上班：从当天下班时间到第二天出勤时间为止。

值白天班：一般休息日是上班时限到下班时限。

值班人员在其勤务结束后，在下一个值勤人员到庶务课报到方能离开。

第三条　值班人员在其值班的前天由庶务课通知本人，如有必要可根据当值人员的情况进行调整。

第四条　在左列期间内可据情作值班的调整：

一　三天以内的出差。

二　五天以内的假期。

第五条　左列期间内可以免除值班：

一　持续四天以上的出差（在值班的前一天到归来的次日）。

二　持续六天以上的休假。

第六条　（原文削除）

第七条　值班室应配备左列设备：

一　御真影奉安库的钥匙。

二　钥匙箱。

三　值班日志。

四　值班通知簿。

五　物件收受簿。

六　送付簿。

七　职员住所簿。

八　学生住宿簿。

九　电信符号簿。

十　邮件邮票。

十一　邮件接收簿。

十二　诸种用纸。

第八条　值班人员上班前要到庶务课受取前条所列的物品，勤务结束时再到庶务课将其交给下任值班者。

第九条　值班人员在勤务中应处理好物件的收付、加急文书的发送、机关内的警备以及其他临时事项。

第十条　值班当中收到的物品应登记在物件收受簿上，勤务结束后交于庶务课的下一位值勤人员。

第十一条　值班当中对于加急的邮件应记入邮件接收簿中，并办理发送的手续。

第十二条　值班中收到加急亲展书时，应将其送到接收人那里。其他应紧急处理的事情，应做出随机临时处理。

第十三条　值班人员应在校园内巡视三次以上，遇到火灾、盗窃事情时，必须提高警惕，并做出适当的处理。

“台湾总督府”编：《台北帝国大学规程及例规》，1929 年，第 23—26 页。

关于台北帝国大学学生转学的规定

（1929 年）

昭和四年一月十八日制定

一　学生要求由一个学部向另一个学部或者同一个学部内向其他学科转学，应按照下面规定处理：

根据台北帝国大学通则第五条自愿入学者，在缺员的情况下，或者在授业开始后三十日内仍缺员的情况下，才允许转学。

二　从一个学部转学到另一个学部，应得到在籍学部长的许可。

“台湾总督府”编：《台北大学规程及例规》，1929 年，第 22—23 页。

台北帝国大学图书馆商议会规程

（1929 年）

昭和四年二月四日制定

第一条　图书馆商议会审议左列事项：

一　关于图书馆规则的制定、改正和废除事项。

二　关于总长咨询图书馆的事项。

三　由图书馆长提议的事项。

四　由图书馆商议会委员提议的事项。

第二条　商议会由图书馆长及商议委员组成。

商议会委员长由图书馆长充任。

第三条　由总长任命左列商议委员：

一　各学部教授　二名

二　专门部主事或专门部教授　一名

商议委员的任期为两年。

第四条　商议会由委员长主持召开。

第五条　学部长出席商议会，有陈述意见的权利。

第六条　委员长在必要的场合，可以让商议委员以外的学部教职员列席。

临时列席的学部教职员可以参加议决有关事项。

"台湾总督府"编：《台北帝国大学规程及例规》，1929年，第18—19页。

台北帝国大学学生课事务分掌规程

(1929年)

昭和四年五月一日制定

第一条　学生课课长奉总长之命主管学生事务。

第二条　学生课掌管左列事项：

一　关于学生的指导监督事项。

二　关于学生的体育运动事项。

三　关于学生的保健卫生事项。

四　关于学生的兵役事项。

五　关于宿舍事务事项。

"台湾总督府"编：《台北帝国大学规程及例规》，1929年，第6页。

台北帝国大学附属图书馆图书购入寄赠管理细则

(1929年)

昭和四年六月一日制定

第一条　关于购买图书的手续全部由图书馆负责。

第二条　能够请求购买图书的人是：学部长、讲座担任者、图书馆长、司书官、事务官、学生主事及附属农林专门部主事、各学科主任教官。

第三条　在请求购买图书时，应在图书购入请求单（第一号样式）上登记有关事项，包括图书采购时特别要注意的事项，并交给图书馆办理。

第四条　图书馆接受前条的请求时，应检查与馆藏图书是否重复，若有重复，应经过所定的审批手续，确有必要的才能办理购买。

第五条　购入的图书应登记在图书登记簿中（第二号样式）。

第六条　逐次刊行的书刊，以编号完成一册之后，应登记在未完图书受入簿（第三号样式）中。待制成一卷或数卷图书后，从未完图书受入簿中撤除并改登记在图书登记簿中。

第七条　图书应记入或者贴上藏书票、馆印、登记番号、分类记号以及收进日期。

第八条　图书根据 Dewey's Decimal Classification 来分类，根据 Cutter's Auther Table 来排列书架。

第九条　图书馆可以接受图书的寄赠，但应该特别记下各个图书寄赠者的名字或者其他必要的事项，以作为纪念。

第十条　接受寄赠的图书应按本细则第五条到第八条的规定，登记在图书登记簿或未完图书受入簿之中。

第十一条　寄赠给大学本部、学部或者附属农林专门部的图书，应全部由图书馆受理。但是寄赠给各学科的图书没有统一保管的必要时，应在每月末向图书馆提出申请，图书馆依据前条的登记手续，以公用图书贷出的形式交给该学科。

第十二条　购入图书请求者申购的图书购入后，应作为公用图书。欲带走该图书时，应在请求票上部特定栏或者未完图书受入簿中的特定栏上盖章，登记在公用图书登记簿上，才可借出。

第十三条　撤除的图书或者丢失的图书，应根据规定的手续，登记到图书撤除簿（第四号样式）上，并且还要记入图书登记簿或未完图书受入簿的备考栏上。

第十四条　大学本部、图书馆、学部或学科及附属农林专门部出版发行的图书，应交图书馆保管。

第十五条　前条的图书得到总长的裁定后才能对外寄赠。

第十六条　第十四条及第十五条情况下的图书，应记入自刊图书出纳簿（第五号样式）。

（样式略。）

“台湾总督府”编：《台北帝国大学规程及例规》，1929 年，第 19—22 页。

台北帝国大学医学部授业科目及每星期标准时数

（1930 年）

科目	每星期教授时数							
	第一学年		第二学年		第三学年		第四学年	
	第一学期	第二学期	第一学期	第二学期	第一学期	第二学期	第一学期	第二学期
解剖学	14	6	2					
解剖学实习	4	18						
生理学	8	4						
生理学实习			2					
生化学	4	3						
生化学实习			6					
病理学		5	6					
病理学实习			4	2	2			
药理学			4	4				
药理学实习				3				
细菌学	2	2	2					
细菌学实习				3				
卫生学热带卫生学及实习							2	2
法医学及实习			2	2				
寄生虫学及实习			2	2				
诊断学及实习			3	6				
外科学总论			2	2				
内科学热带传染病学及临床讲义			3	6	6	6	6	6
精神病学及临床讲义					2	2	2	2
小儿科学及临床讲义					1	1	3	2
外科学及临床讲义			2	2	6	7	4	4
产科学妇人科学及临床讲义					3	2	3	2

续表

<table>
<tr><th rowspan="3">科目</th><th colspan="8">每星期教授时数</th></tr>
<tr><th colspan="2">第一学年</th><th colspan="2">第二学年</th><th colspan="2">第三学年</th><th colspan="2">第四学年</th></tr>
<tr><th>第一学期</th><th>第二学期</th><th>第一学期</th><th>第二学期</th><th>第一学期</th><th>第二学期</th><th>第一学期</th><th>第二学期</th></tr>
<tr><td>眼科学及临床讲义</td><td></td><td></td><td></td><td></td><td>2</td><td>4</td><td>2</td><td>2</td></tr>
<tr><td>皮肤科学泌尿器科学及临床讲义</td><td></td><td></td><td></td><td></td><td>2</td><td>2</td><td>2</td><td>2</td></tr>
<tr><td>耳鼻咽喉科学及临床讲义</td><td></td><td></td><td></td><td></td><td>3</td><td>3</td><td>2</td><td>2</td></tr>
<tr><td>齿科学口腔外科学及临床讲义</td><td></td><td></td><td></td><td></td><td></td><td></td><td>2</td><td>2</td></tr>
<tr><td>放射线治疗及临床讲义</td><td></td><td></td><td></td><td></td><td>1</td><td>1</td><td></td><td></td></tr>
<tr><td>内科外来患者临床讲义</td><td></td><td></td><td></td><td></td><td rowspan="2">6</td><td rowspan="2">6</td><td rowspan="9">12</td><td rowspan="9">12</td></tr>
<tr><td>外科外来患者临床讲义</td><td></td><td></td><td></td><td></td></tr>
<tr><td>精神病科外来患者临床讲义</td><td></td><td></td><td></td><td></td><td></td><td></td></tr>
<tr><td>小儿科外来患者临床讲义</td><td></td><td></td><td></td><td></td><td></td><td></td></tr>
<tr><td>产科妇人科外来患者临床讲义</td><td></td><td></td><td></td><td></td><td></td><td></td></tr>
<tr><td>眼科外来患者临床讲义</td><td></td><td></td><td></td><td></td><td></td><td></td></tr>
<tr><td>皮肤科泌尿器科外来患者临床讲义</td><td></td><td></td><td></td><td></td><td></td><td></td></tr>
<tr><td>耳鼻咽喉科外来患者临床讲义</td><td></td><td></td><td></td><td></td><td></td><td></td></tr>
<tr><td>齿科外来患者临床讲义</td><td></td><td></td><td></td><td></td><td></td><td></td></tr>
<tr><td>放射线治疗科外来患者临床讲义</td><td></td><td></td><td></td><td></td><td></td><td></td><td>7</td><td>7</td></tr>
<tr><td>医事法则</td><td></td><td></td><td></td><td>2</td><td></td><td></td><td></td><td></td></tr>
<tr><td>计</td><td>32</td><td>38</td><td>40</td><td>34</td><td>34</td><td>34</td><td>47</td><td>45</td></tr>
</table>

台湾省文献委员会编：《台湾省通志稿》“政事志·卫生篇”，台湾省政府印刷厂，1957 年，第 332—334 页。

台北帝国大学医学部毕业考试科目

（1936 年）

（1）解剖学　（2）生化学　（3）药理学　（4）卫生学　（5）热带卫生学　（6）内科学　（7）热带传染病学　（8）精神病学　（9）产科学　（10）妇人科学　（11）皮肤科学　（12）泌尿器科学　（13）齿科学　（14）口腔外科学　（15）生理学　（16）病理学　（17）细菌学　（18）法医学　（19）外科学　（20）小儿科学　（21）眼科学　（22）耳鼻咽喉科学　（23）寄生虫学

台湾省文献委员会编：《台湾省通志稿》“政事志·卫生篇”，台湾省政府印刷厂，1957 年，第 334—335 页。

台北帝国大学医学部热带医学研究所各学科之使命及设施

（1939 年）

（一）热带病学科之使命及设施：

1. 关于热带之病源、病理、预防及治疗之研究、调查及试验；

2. 关于热带病之临症研究及调查。

（二）热带卫生学科之使命及设施；

1. 研究及调查热带住民之保健卫生；

2. 关于热带特有环境卫生之研究及调查。

（三）细菌免疫学科之使命及设施：

1. 关于细菌性病之病源、病理、预防治疗之研究及调查；

2. 关于细菌学、免疫学制品之研究及调查；

3. 关于细菌学、免疫学制品之鉴定及效力检定。

（四）化学科之使命及设施：

1. 关于药学之研究及调查；

2. 医事及卫生用药品之分析、鉴定、检定及标封。

（五）荣养学科之使用及设施：

1. 关于荣养之生理及病理之全面研究；

2. 关于荣养与体力、体质、疾病关系之调查与研究。

（六）汉药学科之使用及设施：

1. 汉药之科学研究；

2. 汉药之改良、采集及培养等工作。

台湾省文献委员会编：《台湾省通志稿》卷五“教育志·教育设施篇”，台湾省政府印刷厂，1957 年，第 158—159 页。

台北帝国大学三学部的讲座

（1941 年）

一、文政学部

国语学、国文学第一	国语学、国文学第二	东洋文学	西洋文学
言语学	国史学	东洋史学	南洋史学
西洋史学、史学、地理学	东洋哲学	哲学、哲学史	东洋伦理学、西洋伦理学
心理学	教育学、教育史	土俗学、人种学	宪法
行政法	政治学、政治史	法律哲学	经济学第一
经济学第二	民法、民事诉讼法第一	民法、民事诉讼法第二	刑法、刑事诉讼法
商法	（以上 25 讲座）		

二、理农学部

植物学第一	植物学第二	动物学第一	动物学第二
地质学第一	地质学第二	数学	物理学
气象学	化学第一	化学第二	化学第三
生物化学	农学、热带农学第一	农学、热带农学第二	农学、热带农学第三
农学、热带农学第四	农艺化学第一	农艺化学第二	农艺化学第三
植物病理学	应用菌学	昆虫学、养蚕学	畜产学
农产制造学、制糖化学	酿造学	农业工学	（以上 27 讲座）

三、医　学　部

解剖学第一	解剖学第二	生理学第一	生理学第二
生化学	病理学第一	病理学第二	细菌学
寄生虫学	药理学	法医学	内科学第一
内科学第二	内科学第三	外科学第一	外科学第二
产科学、妇人科学	小儿科学	眼科学	皮肤科学、泌尿器科学
耳鼻咽喉科学	卫生学	精神病学	齿科学（以上 24 讲座）

田中一二编：《台湾年鉴》昭和十六年版，台北，成文出版社，1985 年重印，第 198—199 页。

台北帝国大学行政系统表

（1942年）

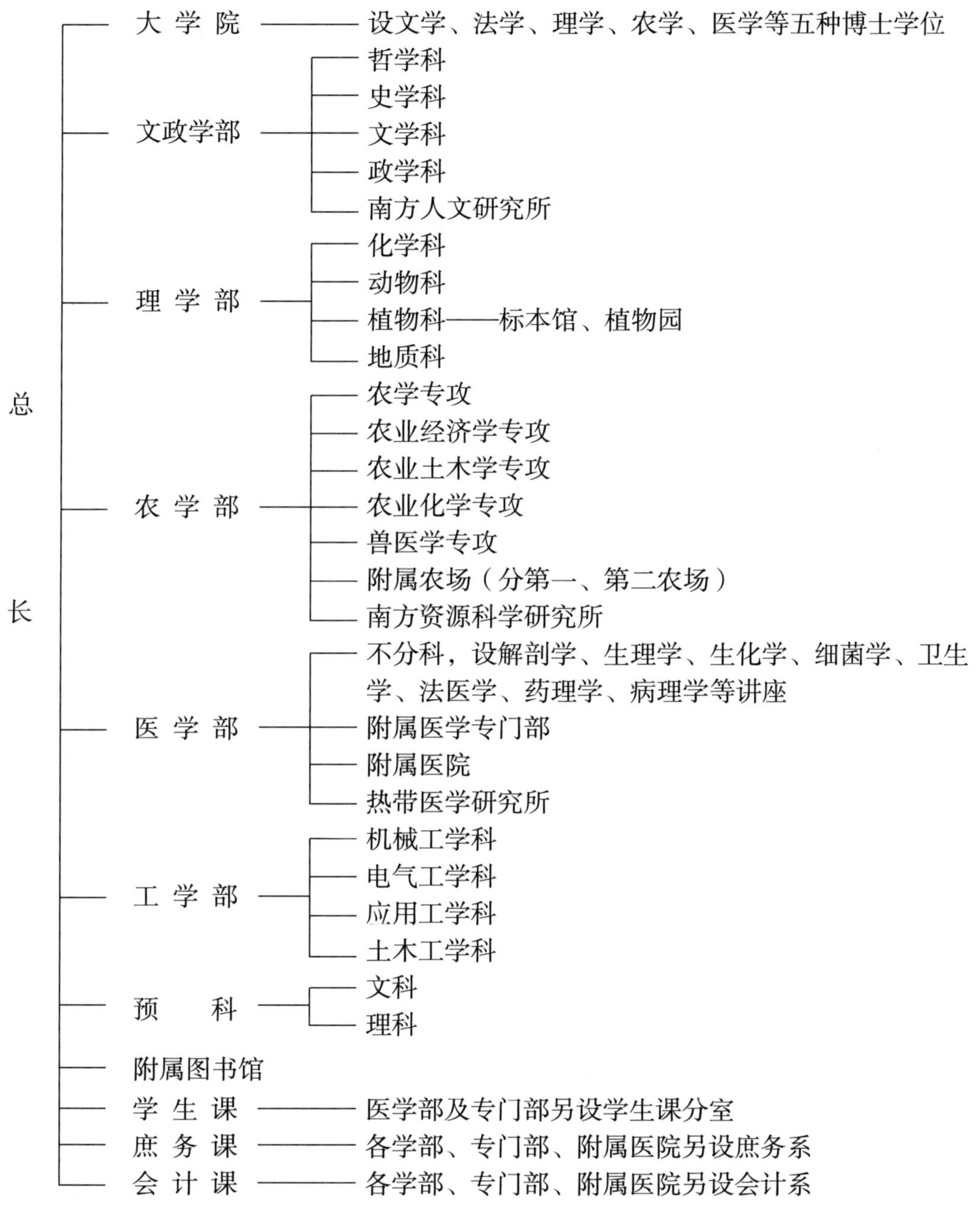

汪知亭编：《台湾教育史料新编》，台北，“商务印书馆”，1978年，第148—149页。

台北帝国大学农学部各专攻的课程设置

（1943 年）

（一）农 学 专 攻

气象学　一般地质学　土壤学　肥料学　土壤管理论　植物生理学　植物生态学　植物形态学　植物分类学　细胞学　遗传学及实验　育种学（甲）　育种学（乙）　作物学泛论　热带作物学　园艺学泛论　热带果树学　热带有用植物学　造园学　植物病理学　生物化学　农业药化学　测量学（甲）　农业工学　数理统计学　农业经营学　农业市场学　养蚕学　畜产学原论　热带畜产学　动物比较生理学　动物比较形态学　昆虫形态学及分类学　昆虫生理学及生态学　蚕体生理学及病理学　营养化学　家畜饲养学　酿造学　发酵化学　农业法律学　农业史　殖民学及热带殖民学　热带农业经济学　农政学　农业评价学　数学　物理学通论　地球物理学　热带气候学　应用电气学　应用力学（甲）　农业机械　农业水利学　实验式计算法　科学概论　特别讲义　特别问题研究　各专业科目的实验、实习和演习

（二）农业经济学专攻

农业经营学　农业会计学　农业评价学　农政学　农业市场学　热带农业经济学　农业史　殖民学及热带殖民论　农业法律学　农村社会论　经济原论　财政学　法律学概论　科学概论　数学　数理统计学　气象学　热带气候论　土壤学　肥料学　土壤管理论　遗传学　育种学（甲）　作物学泛论　热带作物学　园艺学泛论　热带有用植物学　植物病理学　农业昆虫学　养蚕学　畜产学原论　热带畜产学　测量学（甲）　农业工学　经济学演习　农业经济学演习　农业经营学演习　农业会计学演习　农政学演习　农业市场学演习　农业法律学演习　农场实习　农学实验　养蚕学实验实习　测量学（甲）实习及制图　农艺化学实验　地理学实验　特别问题研究

（三）农业土木学专攻

气象学　一般地质学　作物学泛论　园艺学泛论　农业工学　耕地整理及农业道路　农业结构学　农业经营学　农业土木关系法规　农政学　数学　应用力学（甲）　应用力学（乙）　农业机械学　农业水利学　测量学（甲）　测量学（乙）　构造及施工法　土壤学　肥料学　实验式计算法　数理统计学　特别讲义　农业水利学实验　农业机械学实习　地质学实习旅行　农业结构学演习　测量学（甲）　实习及制图　测量学（乙）　实习及制图　农业土木学计划设计　农场实习　农业土木学实习旅行　应用力学土质力学实

验　特别问题研究

（四）农艺化学专攻

物理化学　分析化学　有机化学　生物化学　应用生物学泛论　土壤学　肥料学　肥料制造学　营养化学　食品制造化学　农产利用学　酿造学　制糖化学　胶质化学　生物化学实验法　数学　物理学通论　化学机械学　土壤管理论　家畜饲养学　农业药化学　脱色剂论　发酵化学　纤维化学　作物学泛论　热棚作物学　园艺学泛论　气象学　实验式计算法　应用电气学　植物病理学　畜产学原论　农业经营学　农政学　热带农业经济学　农业评价学　植物生理学　动物比较生理学　一般地质学　矿物学　岩石学　制糖化学特别讲义　科学概论　农艺化学特论　农艺化学实验　植物病理学实验　植物生理学实验　动物比较生理学实验　一般地质学实验　矿物学实验　岩石学实验　特别问题研究

（五）兽医学专攻

畜产学原论　热带畜产学　家畜解剖学　家畜组织学　家畜胎生学　家畜生理学　医化学　家畜病理学　家畜病理解剖学　寄生动物学　家畜卫生学　细菌学　家畜传染病学　家畜内科学　诊断学　免疫学　药物学　兽医警察学　家畜外科学　外科手术学　产科学　热带饲料作物学　家畜制造学　马学　畜政学　蹄铁学　畜产学实习　热带畜产学实习　家畜解剖学实习　家畜胎生学实习　医化学实习　家畜病理学标本示览　家畜病理解剖学实习　家畜卫生学实习　细菌学实习　家畜传染病学实习　家畜内科学临床实习　药物学实习　家畜外科学临床实习　外科手术学实习　马学实习　蹄铁学实习　乘马实习　牧场实习

江佩津：《日治时代台湾的农业教育》，台湾“中央大学”历史研究所硕士论文，1997 年，第 61—62 页。

三、有关高等教育的言论

反对建设台湾大学

（1924 年）

蒋渭水①

近日报纸上有台湾当局要建设台湾大学的报道。关于此计划，吾人大以为不然，要极力反对之。吾人观察，台湾教育界的现状，觉得有确实存在十分反对的理由。今略举数端如下：

第一，据大正十二年度统计，本岛人的学龄儿童就学数，男女平均百分之三十三，即学龄儿童百人中仅有三十三名得入公学校，而在台湾的日本人学龄儿童就学数，已经达到百分之九十九点零七。可谓到无人不学的地步了。

现时不但不能鼓舞台湾人全部的学龄儿童使其就学，连自发的希望入学的儿童，都不能全收容，如台北市至去年度止，数年来每年拒绝千余名的入学。对这些不知香臭的幼童，用什么选拔试验，实在是很可怜的。还有由报纸上看见如新竹街、中坜庄也是不能全部收容，其他可以类推之。据当局说是因为经费不足所致的，然而初等教育乃是国民教育的基础，而且因为经费不足，不能十分施设、普及到一般的儿童无人不学的地步，怎样有经费可以建设大学呢？岂不是本末颠倒的计划吗？像这样不顾民众的初等教育，而只要建设一部少数阶级利用得到的大学，恰似筑屋不造地基而装饰屋盖一样啦，岂不是大错误吗？既有余地可拨出大学的经费，我们不得不主张将这大学的经费，充做普及初等教育的用途才是合理咧。

第二，据十二年度统计，正教员（训导）分数比例，小学校有百分之八十四，公学校仅有百分之五十一。则公学校的教员中，大约一半是正教员，一半是代用教员，小学校则八分以上是正教员，二分以下是代用教员。这代用教员的多数是公学校教育的一半缺陷，政府已有余裕可设大学，怎么不急速增设师范学校来补充这缺陷呢？

---

① 蒋渭水（1891—1931），日据时期台湾民族文化运动的主要领导人，字雪谷，台湾宜兰人。十岁师事秀才张镜光，攻国学。十七岁入宜兰公学校，卒业后考入台湾医学校。1916 年创立大安医院，以行医为业。1921 年，与林献堂等创立台湾文化协会，从事民族文化运动，举办文化演讲会，设置报刊阅览所。1923 年，成立新台湾同盟，领导政治运动，曾数度被捕入狱。1927 年，成立台湾民众党，开展工、农、商、学等运动。1931 年，台湾殖民政府严禁集会结社，镇压民族文化运动，蒋渭水忧愤成疾，病逝于台北。

第三，据十二年度统计，岛内八个中学校的生徒总数二五九三名中，日本人一六九三名，台湾人九〇〇名。八个高等女学校的学生总数二七〇六名中，日本人一八二六名，台湾人八八〇名。而同年公学毕业数一六二四六名，小学毕业数三四四六名。初等毕业生台湾人比日本人更多五倍，中等学生数日本人倒反加倍于台湾人。三百六十万的台湾人中学生数反比十七万的日本人中学生数更少，这是明白地表出台湾人中等教育的大缺陷咧。我望当局要先努力中等教育的普及才是咧。事有缓急，知所先后，才是贤明为政者。今照上述三个的事由可以明白基础的初等教育的施设，范围是太狭窄，内容很贫弱，所以对这基础教育的充实和普及，是燃眉之急的，屡苦没有财源可以应用，怎么将这急切的基础教育放下荒芜，全不思再去开垦整顿，而偏偏要计划这个大学是怎样呢？或说大学要将台湾特种的文化去贡献母国，这却有理，但是自顾尚且不暇，现在哪能做出来呢？况且日本有完备的大学，全然是不要的。又说朝鲜已设大学，台湾也要设，这更是太不彻底、太重虚荣了。他是他，我是我，何苦随感采取这“鸡公趁凤飞”的态度呢？我希望当局如果有诚意为着台湾文化向上打算些儿，就应该先对这急不可缓的初等和中等教育去努力，待地基造得坚固，然后建设这个大学，才是缓急有序咧。

《台湾民报》第二卷第十八号，一九二四年九月二十一日。

《蒋渭水全集》增订版上册，台北，海峡学术出版社，2005 年，第 32—34 页。

日本人独占台湾的高等教育*

（1929 年）

［日］矢内原忠雄

在上表所列初等教育普及程度的基础上，从一九一九年起，突然新设高等教育机关，而创办帝国大学，这在日本人弟子看来固然不足为奇，至在台湾人看来则为脚小头大的制度。英领印度的人民，文盲占全人口的百分之九一点八（一九二一年），而有大学十五所。台湾的情形，虽不如印度之甚，但亦可称“印度的”。殖民地教育，通常是重视高等教育，有甚于原住者的初等教育；这一方面为要养成统治的助手，同时则使一般庶民愚昧，以便统治。印度是其著例。而台湾高等教育偏重的程度虽不如印度之甚，至其内容则有为印度所没有的特征，即高等教育之由殖民者独占。至台湾最初的，而迄一九一九年且为唯一的高等教育机关，即医学校，原为专收台湾人而设。至一九一九年，虽然附设医学专门部招收日本人，但医学校的主体仍为台湾人学生。同年开办的商业及农林两专门学校，也是专收台湾人；为了日本人，特设高等商业学校。即在一九一九年的新制度之下，专门教育机

* 本文标题由编者拟加。

关仍以台湾人为主（比较日本人而言）；台湾人的教育程度虽低，但有独立的教育机关。然而一九二二年的新教育令以后，中等程度以上的学校全部统一，实施日本人与台湾人共学的办法；一方面使台湾的学校系统完全日本化，同时，在事实上使这些学校变质为以日本人为主体的教育机关。因为中等学校的入学考试，是对小学校（日本人）与公学校（台湾人）的毕业生，依据小学校毕业的程度实施完全相同的考试。“对于处理日常事务都用台湾语，而或几乎一点不懂日本语的台湾儿童，其日本语教授，完全为外国语教授，所以公学校内的日本语教授是很费力的。因此，语学教授多年苦心研究的结果，像现在得有比较的进步与发达，这已有了相当的成绩。如在普通的公学校，大体有了三学年就可以了解简单的日本语”[1]；对于这样的台湾儿童，与以日本语为母语的日本儿童，使按小学校（日本人）毕业的程度接受日本语的入学考试；再如其他学科，也得用日本语解答；这一制度，即使单从语言上来说，显然也使台湾人的入学发生困难。何况日本语、修身、历史等考试科目，还包含了日本历史与国体观念等问题，故新附才三十年的台湾儿童，在竞争上自多困难。中等教育的入学，现已如此不利于台湾人，则向上级学校升学，当然也被迫处于不利的地位。加以，除了医学专门学校及台南高等商业学校，其他一切高等学校，都在日本举行考试，以谋吸收日本学生。这些结果，当然是由日本人占了各高等程度学校的大部分学生。名为教育制度的同化，实则近乎使台湾人被剥夺了高等专门教育。至一九二二年止，则借降低台湾人的教育程度，使日本取得指导者与支配者的地位；而现在则在制度上名为平等，使台湾人亦得参加高等教育，但在事实上乃多方限制，使更得确保日本人的支配者地位。台北帝国大学，主要为日本人的大学，这也是很明白的。这样，台湾的教育机关，其高等程度者，乃为台湾及日本的日本人所占据；台湾人所得的机会，比较日本人，即在绝对数上也极有限。这与日本大资本家及其使用人在产业上的独占地位，是相呼应的。

[1] 台湾教育会编：《台湾之教育》，第二〇页。

[日] 矢内原忠雄著，周宪文译：《日本帝国主义下之台湾》，
台北，帕米尔书店，1985 年，第 146—147 页。

高等教育中的差别教育*

黄昭堂①

最高学府台北帝国大学又如何呢？

---

* 本文标题由编者拟加。

① 黄昭堂（1932—2011），台湾省台南县七股乡人。1939—1946 年就读于七股公学校和国民学校，1956 年毕业于台湾大学法学院经济学系，1959—1967 年在日本东京大学学习，获硕士和博士学位。1975 年任东京大学教养学部讲师，1976 年任东京昭和大学教养部政治学教授。

一九四一年的入学生总数一〇三人，其中内地人八十六人，台湾人十七人。尤其是独一无二的人文社会科学的“文政学部”，入学生当中，内地人有三十三人，台湾人只有二人。对台湾人开放的“医学部”，其入学生二十人之中，有十四名台湾人（《昭和十六年台湾总督府第四十五统计书》，三七二页）。不过，如果用现代日本人或台湾人一窝蜂涌向医科大学的感觉来理解这个数字的话，那就大错特错。总督府之所以开放医学系的大门，是因为认为医生比较不会涉及政治问题。另一方面，从台湾人的立场来看，医生的社会地位高，不必低声下气，而且不致于成为“政治犯”，因此趋之若鹜。

台湾青年失去了念中学、高等学校、大学的机会时，几乎都会放弃下一个阶段的求学。只有少部分人会前往比较没有差别待遇、学校也比较多的日本本土去“留学”。当然，这要财力够才能成行。反过来说，有些人是因为有钱，才不会遭到差别待遇吧！有些人是仗着有钱，想游学内地镀金；而一心向学、克服贫穷的苦学生也有。总之，日本帝国统治末期，台湾人留学日本本土的学生人数已达到数千人，如表 13 所示（台湾通信社《台湾年鉴》昭和十九年版，五〇五页）。

在那个时代，只要念完五年制中学，就是中坚知识分子，台湾人中不可能完全没有人材。事实上，台湾人的确人材辈出，可是千辛万苦读完大学，台湾总督府却不肯采用。

表 13　在日求学台湾人学生数

校别＼年度	1938	1939	1940	1941	1942
中学、高女	1 298	1 783	1 699	1 823	1 793
实业学校	352	478	544	634	694
各种学校	765	1 078	1 436	1 675	2 077
高等学校 大学预科	145	177	201	249	258
专门学校	1 250	1 553	1 798	1 992	1 939
大学	322	377	310	303	330
计	4 132	5 446	5 988	6 676	7 091

台湾近代学校教育，是台湾总督府的优良业绩，值得给予很高的评价。然而在相反的一面，教育上的差别待遇抑制台湾人的人材发展。同时，在仕途方面的限制政策，造成了台湾人年轻学生对前途自我设限的结果。如此恶性循环下来，终于在长期缺乏政治人材的情况下，造成了台湾人处于被统治地位的结构。

黄昭堂著，黄英哲译：《台湾总督府》，台北，自由时代出版社，1989 年，第 245—246 页。

第六编

社会教育

一、法规与纲要

桃园郡兴风会组织法则

（1920 年）

一、该会定名为桃园郡兴风会，以实行左列各事项为目的：

（一）振兴日本国国风。

（二）养成台、日之间及街庄内之和睦美风。

（三）矫正陋习败俗，普及卫生常识及思想，养成勤勉之风习暨充实人民生活。

（四）奖励及励行国语、礼仪作法与其他日本国之风俗。

（五）以通俗演讲增进公益及启发德智之完成。

二、该会会员分赞助会员及正会员。凡该郡辖内之官衙、学校等职员、桃园郡公会会员、日本人及其家族（成年以上）得为正会员。

三、为达成该会之目的，各街庄得分为男女两部。男子部设国语练习会、家长会、青年会；女子部设国语练习所、处女会、主妇会。

四、该会本部设于桃园郡役所，支部置于各街庄。

五、该会得设左列职员：

会长一名

	男子部	女子部
副会长	一　名	一　名
干　事	若干名	若干名
委　员	若干名	若干名
支部长	一　名	
支部干事	若干名	若干名
支部委员	若干名	若干名
分会长		
分会委员	若干名	若干名

台湾省文献委员会编：《台湾省通志》卷五“教育志·教育设施篇”，台北，众文图书公司，1970 年，第 119—120 页。

台湾总督府感化院规则要项

(1922年)

大正十一年四月三十日府令第一〇四号

一、有左列各项情形之一者，得入台湾总督府感化院：

(一) 年满八岁以上、十八岁以下而有不良行为，或有不良行为之企图者，且无适当行使亲权之人时，而经台湾总督认为有入院之必要者。

(二) 年未满十八岁而经亲人或监护人之申请，且台湾总督认为有入院之必要者。

(三) 经法院许可须入惩戒场者。

二、对收容之院生，应特别注意其身心之发育，并依照家庭组织之法监护之；且得视其年龄与学力，而授以独立自主之普通教育及实业教育。

三、教科目计有：修身、国语、算术、国史、地理、理科、图画、作业科、唱歌、体操及实业。

四、各科之教授要旨，除另有规定外，得照台湾公立小学校规则为准。

五、作业科之作业，须依其兴趣而使其养成勤劳习惯，并以授予日常生活上有用之知能为宗旨。

作业科为园艺、劳作及其他之作业课。教授作业科时，须与其他之学科，尤其修身、理科实业（农业工业）之教授事项取得联系。

六、本院得设本科及补习科。本科之修业年限为六年，补习科为二年。

台湾省文献委员会编：《台湾省通志》卷五“教育志·教育设施篇”，台北，众文图书公司，1970年，第138页。

家长会规程、主妇会规程要项

(1923年)

家　长　会

一、家长会应共同一致为发展街庄而努力。

二、办理国语练习会。

三、每月例行举办讲演会，经常作常识、时事问题、自治研究、陋习卑俗之矫正、勤俭贮蓄之鼓吹、卫生之普及等专题演讲。

四、熟习国内外及其礼仪法。

五、协助保甲制度之施行，增进街坊公益。

六、举办娱乐会。

主 妇 会

一、主妇会期在养成主妇之善良与德操。

二、举办修养会，以熟悉内地之礼仪法，涵养妇德及勤俭贮蓄之美风。

三、举办讲习会。

四、举办讲演会，经常作裁缝、手艺、膳食调制、个人卫生、育儿及救急术等常识之专题讲演。

五、举办娱乐会。

六、举办制作品展览会。

七、举办国语练习会。

台湾省文献委员会编：《台湾省通志》卷五“教育志·教育设施篇”，台北，众文图书公司，1970年，第134页。

青年训练所规程要项

（1926年）

昭和元年文部省令第一六〇号

一、青年训练所以地方公立为原则；惟工场、矿山、公司、商店等私人团体，如经政府核准，亦得设立之。

二、青年训练所以锻炼青年身心，提高国民素质为目的

三、凡年龄在十六岁至二十岁间之男性青年得入青年训练所接受训练。

四、训练项目为修身及公民科、教练普通科、职业科等。

五、训练期间为四年，后改为五年，并得依地方之情况，而另行选定适当之季节行之。

六、训练项目中之普通学科及职业学科，以高等小学校毕业之程度为准则；但得视地方之情形及实际生活上之需要，而另选定科目授予之。

七、四年训练时数为：修身及公民科一百小时，教练四百小时，普通学科二百小时，职业科一百小时以下。

台湾省文献委员会编：《台湾省通志》卷五“教育志·教育设施篇”，台北，众文图书公司，1970年，第131页。

青年团设置标准要项

（1930 年）

昭和五年九月十七日总督府总务长官令

一、青年团以修练青年之身心，养成忠良国民之资质为本旨。

二、青年团得分置男、女青年团；前者定名为某某青年团，后者某某女青年团。

三、团员之资格，系以其设置之区域内受满初等教育，而年龄未满二十岁者为合格。

四、青年团之经费，系以团员所纳团费充之。至公共团体之补助，及其他赞助团体之捐赠等，亦得扩充为青年团之经费。

台湾省文献委员会编：《台湾省通志》卷五“教育志·教育设施篇”，台北，众文图书公司，1970 年，第 128 页。

市（街庄）教化联合会会则

（1931 年）

一、纲领

（一）明识团体观念，兴作国民精神；

（二）普及国语，醇厚乡风；

（三）改善生活，培养国力。

二、组织及目的：以已体明该会纲领旨趣之市（街庄）内有关机关组织之，以期连络统一。

三、事业：

（一）开办教化委员会；

（二）关于社会教化之调查研究；

（三）助长教化事业并表扬其功劳者；

（四）其他为达成该会目的所必要之事业。

台湾省文献委员会编：《重修台湾省通志》卷六“文教志·教育行政篇”，台湾省政府，1993 年，第 216 页。

台湾部落振兴会组织要纲

（1932年）

一、区域：以一集团部落为一单位，户数自百户至二百户为原则；该部落之全体住户均得为会员。至其经费，则由该区域内住户平均负担之。

二、组织：会中设会长、副会长、干事、教化委员、实行委员等。会员则分隶于家长部、主妇部、青年部、处女部等，必要时更得细分之。各部设部长、副部长各一人。此外，并得敦请当地警官、校长、街庄长及士绅名流为顾问。

三、事业：部落振兴会之事业颇为广泛，举凡教化、产业、卫生、保安等之全部社会生活，均在事业设施范围之中。如：敬神尊皇、国语普及、公民训练、产业振兴、生活改善等均是。

四、集会所：部落之集会所，系部落住民指导训练之中心，因限于经费，乃利用原有之公厅、寺庙、国语讲习所等建筑物，经常集会议事。惟亦有由住民捐资择地营建小规模之公会堂者。

台湾省文献委员会编：《台湾省通志》卷五“教育志·教育设施篇”，台北，众文图书公司，1970年，第136页。

台湾总督府少年教护院规则

（1934年）

昭和九年十月十日府令第六七号

第一条：在少年教护院之教护，对在院者，施行监护养育，培养道德教育及国民教育之基础，授予独立自营所必需之知识技能，以改善提高其资质，为其本旨；尤其应适应在院者之性能，留意其日常生活之训练指导。

第二条：少年教护院之教科目为：修身、国语、算术、国史、地理、理科、绘画、作业科、音乐、体操及实业（农工商中之一科或数科），女子可加课家事及裁缝。

…………

台湾省文献委员会编：《重修台湾省通志》卷六“文教志·社会教育篇”，台湾省政府，1993年，第413页。

台湾社会教化要纲

（1934 年）

第一项　台湾社教的指导精神

一、灌输日本皇国精神，强化其国民意识。

二、振作社会和谐协力之美风。

三、培养公民精神，彻底实施公民训练。

四、传授实用知识技能，养成质实风气。

五、改善生活，提高水准。诸如，改善衣食住及其他经济生活合理化、奖励良风美俗、改善习俗、尊重传统婚丧礼节，但务期实行合理化，划一岁时节庆，谐和社会生活，充实卫生思想。

第二项　社 教 设 施

一、崇敬神社：推广国教于台湾，以神社为地方教化中心。

二、普及国语：普设国语讲习所，家庭及市街庄部落国语化，实施官公衙及各公民机关限用国语，并推行各种普及国语方策。

三、青少年训练：普设青年训练所及青年教习所，实施实业补习教育，奖助青少年团体及青年塾堂。

四、完成教化组织网：设置市街庄教化委员、部落振兴会、教化统制机关，发行教化机关杂志并刊行教化有关资料。

五、其他社会教化：设置日本精神研究所，奖助宗教团体、伦理运动团体，充实社教工作人员，加强中等以上尤其师范教育中之社教课程，劝地方有力者率先协助社教。

第三项　社教奖励方策

一、对有绩效教化事业或优良教化团体给予补助金和奖励金。

二、表扬社教功劳人员及社会行善者。

三、选奖国语家庭及优良国语市街庄部落。

四、令社教关系人员视察观摩（岛内、外）社教状况。

五、举办教化大会。

六、奖助有关社教之研究调查工作。

第四项　设置教化委员

一、各州厅市街庄，设置教化委员若干人。

二、教化委员，由州知事、厅长聘请之。包括社教工作关系人员、官吏、州市街庄协议会员、方面委员①、町委员、学校职员、宗教家等。

三、教化委员，以名誉职为原则。

四、教化委员，每人口五百人至一千人设一人。

五、以州郡市街庄教化委员组织教化委员会，以州郡市街庄首长为主委，协调各社教团体之活动及协议重要社教事项。

第五项　成立统制机关

一方面制定教化要纲，一方面成立以台湾总督为总裁之台湾教化团体联合会，为全台教化团体统制机关，设办公处于总督府文教局内，执行处理教化事业之连系、调查研究，奖助振兴事宜。

台湾省文献委员会编：《重修台湾省通志》卷六“文教志·社会教育篇”，台湾省政府，1993年，第196—198页。

青年学校令要点

（1935年）

昭和十年四月一日敕令第四一号

（一）青年学校以锻炼青年身心，涵养青年德性，并授予职业及实际生活上所必要之知识技能，以提高其国民资质为目的。

（二）青年学校设普通科及本科；惟得视地方情形单设普通科或本科；青年学校又得设研究科。

（三）普通科之教授及训练期间为二年；本科之教授及训练期间为男子五年，女子三年；但得视地方情形，男子缩短为四年，女子为二年；研究科之教授及训练期间为一年以上。

（四）普通科之入学资格为寻常小学校毕业或具相当程度。本科之入学资格为普通科修完者、高等小学校毕业者，或具相当程度者。研究科之入学资格为本科结业者，或具相当程度者。

（五）普通科之教授及训练科目为：男子系修身及公民科、普通学科、职业科与体操科；女子系修身及公民科、普通学科、职业科、家事裁缝科与体操科。本科之教授与训练科目，男子为修身及公民科、普通学科、职业科与教练科；女子为修身及公民科、普通学

① 方面委员，即调解委员。

科、职业科、家事裁缝与体操科。研究科之教授及训练科目，系就本科之教授及训练科目适宜选定之；惟必要时，得缺修身及公民科。

台湾省文献委员会编：《台湾省通志》卷五“教育志·教育设施篇”，台北，众文图书公司，1970年，第131—132页。

青年团主要设施

（1935年）

一、常设者：

（一）创办农闲实习教育。

（二）经营青年集会所。

（三）设置文库。

（四）倡导集体研究及共同作业。

二、临时者：

（一）讲习会、讲演会。

（二）研究发表会、读书会。

（三）品评会。

（四）见习旅行、远足、露营。

（五）体育会、晨操会。

（六）音乐会、娱乐会。

（七）敬老会、谢恩会、表彰会等。

台湾省文献委员会编：《台湾省通志》卷五“教育志·教育设施篇”，台北，众文图书公司，1970年，第129页。

台湾总督府国民精神总动员本部规程

（1937年）

第一条　台湾总督府设国民精神总动员本部。国民精神总动员本部，掌理有关国民精神之振兴事项。

第二条　国民精神总动员本部设部长、副部长及参与者。

第三条　部长以台湾总督府总务长官充任之。部长掌理部务，指挥监督部下之职员。

第四条　副部长以台湾总督府文教局长充之。副部长辅助部长，部长有事故时代理其职务。

第五条　参与者由台湾总督就台湾总督府部内高等官及有学识经验者之中任命或嘱托之。

第六条　台湾总督就台湾总督府部内高等官或判任官之中，任命部附。

台湾省文献委员会编：《台湾省通志稿》“教育志·教育行政篇”，
台湾省政府印刷厂，1957 年，第 319 页。

台湾皇民奉公会运动规约

（1941 年）

第一条　本运动为台湾全岛民之臣道实践运动，而称之为皇民奉公运动。

第二条　本运动基于我国之本义，努力皇国精神之彻底，岛民各奉公其职份，举岛一致完成臣道，以确立国防国家体裁，期建设东亚新秩序为目标。

第三条　为实践本运动，以全岛民组织皇民奉公会。

第四条　本会置总裁，统率本会，经理本运动，总裁由台湾总督当之。

第五条　于本会置顾问及参与若干人。

第六条　顾问由总裁委嘱之。顾问应总裁之咨询。

第七条　参与由总裁委嘱之。

参与任期为一年。

参与组织参与会，应总裁之咨询，审议重要事项，参与会之议长由中央本部长当之。

第八条　于中央本部置中央本部长，中央本部长由台湾总督府总务长当之。

中央本部长承总裁之命概括会务。

第九条　于中央本部置奉公委员若干人，由总裁委嘱之。奉公委员应率先垂范，以当辅导实践，并组奉公委员会，应答关于奉公运动之实践咨问，奉公委员之任期为一年。

第十条　奉公委员会由中央本部长召集之，本奉公委员会议长由中央本部长当之。

第十一条　于州厅之区域置支部，郡市之区域置支会，街庄之区域置分会（以下简称地方支部）。

第十二条　于各地方支部置支部长、支会长及分会长（以下简称地方支部长）。地方支部长由在各该地行政州厅长当之。

第十三条　于各地方支部各置参与若干人。参与由总裁委嘱之。参与组织参与会，而应各地方支部长之咨问及审议重要事项。

第十四条　于各地方支部置奉公委员若干人。奉公委员及奉公委员会准于中央本部。

第十五条　于市会之下设区会，街庄分会之下设部落会，概以该区域内全户组织之。区会、部落会置会长一人，于各担任之地域从事本运动之实践。

第十六条　区会、部落会之下设奉公班，以甲（十户）之区域内全户组织之。于奉公班置世话役，当班内实践运动之连络斡旋。

第十七条　区会之下，依适当区域，得置奉公班，以合组织。

第十八条　于适当区域得准部落会奉公班置本会之下部组织。

第十九条　中央本部及地方支部之事务机构另定之。

第二十条　本会之经费以政府之补助金及其他收入充之。

第二十一条　关于本运动所必要之规程由总裁定之。

陈兴唐主编：《台湾二·二八事件档案史料》（下卷），
台北，人间出版社，1992 年，第 657—658 页。

台湾皇民奉公会实践纲要

（1941 年）

今逢世界历史之转换时期，为实现八纮一宇之大理想，国民须迈进向其确立高度国防国家体制而建设东亚新秩序。际此时，对南部共荣圈负有宣传皇道使命，而在本岛之责任更大。

兹全岛六百万同胞结成本会，与政府表里一体，展开臣道实践之大国民运动。因此，提出实践纲要如左：

（一）期皇民精神之适彻

信仰绝对无上之国体，敬皇警神，贯彻皇国臣民之荣誉，举岛一致努力，显扬肇国之大道。

（二）致力职份奉公之赤诚

去私奉公，各在职份钻研磨练，举其全能力，以期将致淬砺之诚。

（三）期后方生产体制之确立

以建设新时代之理想与魄力，努力文化之昂扬，图生活之刷新，体力向上，自强自戒，以期树立健全明朗之后方生活。

（四）协力非常时期经济之推进

公益优先，统制自律，高度发挥科学与创造，扩充生产，以协力遂行经济国策。

陈兴唐主编：《台湾二·二八事件档案史料》（下卷），
台北，人间出版社，1992 年，第 659 页。

新庄东国民学校爱国少年少女奉公会要纲

（1943年）

一、趣旨

为急速整备临时国民体制，以应紧迫的国际情势，真需要以一亿一心①确定不动之决意，去达成国家意志，必须有此自觉并做相应之修练。同时学校教育非予一元化、强化不可。故全面协力皇民奉公会运动，部落之觉醒从儿童开始。在此目标下，组成少年少女奉公会，加强爱国少年少女之自觉，做为战时下小国民所需修养，致少年奉公之诚。

二、名称

称为新庄东国民学校爱国少年、少女奉公会。

三、实践纲要

（1）于校外，实践五条誓词，实施出于自觉的训练。

（2）训练有规律统制之团体行动。

（3）举邻保互助新和之实。

（4）加强爱国运动。

（5）积极努力打破旧弊。

四、组织

…………

五、实施办法

召开指导员会议、奉公（分）团常会、班常会，对具体事项做成决议，并付诸实践。

杜武志著：《日治时期的殖民教育》，台北县立文化中心，1997年，第113—114页。

修正台湾青年学校规则要点

（1944年）

一、义务就学者

国民学校修了而年龄满十二岁以上十九岁未满之男子青年，其保护者须使之就学于青年学校。但对昭和十七年度以前之国民学校初等科修了者不课以就学义务。然照青年学校教育之本旨，仍力求此等青年就学青年学校。

---

① 日本帝国主义发动太平洋战争时，日本人口——包括日本本岛、台湾、朝鲜与库页岛等地在内总共有一亿，故“一亿一心”表示全民同心戮力、为胜利而战。

二、义务课程

青年学校，普通科二年，本科五年。每学年为二百二十小时乃至二百五十小时以上，按地方之情况，履修学校所定学科目。

三、义务之免除及暂缓

对以下所列，得为就学义务之免除或暂缓：

（1）市街庄长认为有特定事由不能使之履行义务就学时，得免除或暂缓其负有使之就学之保护者之义务。

（2）义务就学者，在青年学校以外之施设，履修与青年学校同等以上之课程时，关于保护者之义务履行，此一期间得视为就学于青年学校。

（3）对于有特别学历或素养之生徒，或现在青年学校以外之施设受教育之生徒，可免除青年学校义务课程之一部分。

四、义务就学者之出席督励

义务就学者无正当事由而不入青年学校，或继续缺席时，得照各种规定手续督促其入学及出席。

五、雇用义务就学者之雇主之义务

雇用义务就学者工作之雇主，不得因其雇用而妨害义务就学者义务课程之履修。

六、义务就学者名簿

市街庄长须将市街庄内居住而本年四月一日起翌年三月三十一日达满十三岁之男子，调查明白应就学青年学校者，编制义务就学者名簿。

七、青年学校之设置及监督

青年学校有州厅立、市街庄立之公立青年学校，或农业会、商工经济会及其他团体乃至私人设立之青年学校。州厅立青年学校，由台湾总督监督，其他公立及私立青年学校，由州知事或厅长监督之。

台湾省文献委员会编：《台湾省通志稿》“教育志·教育行政篇”，
台湾省政府印刷厂，1957 年，第 320—322 页。

二、社会教化设施

日据时期台湾社会教育管理系统

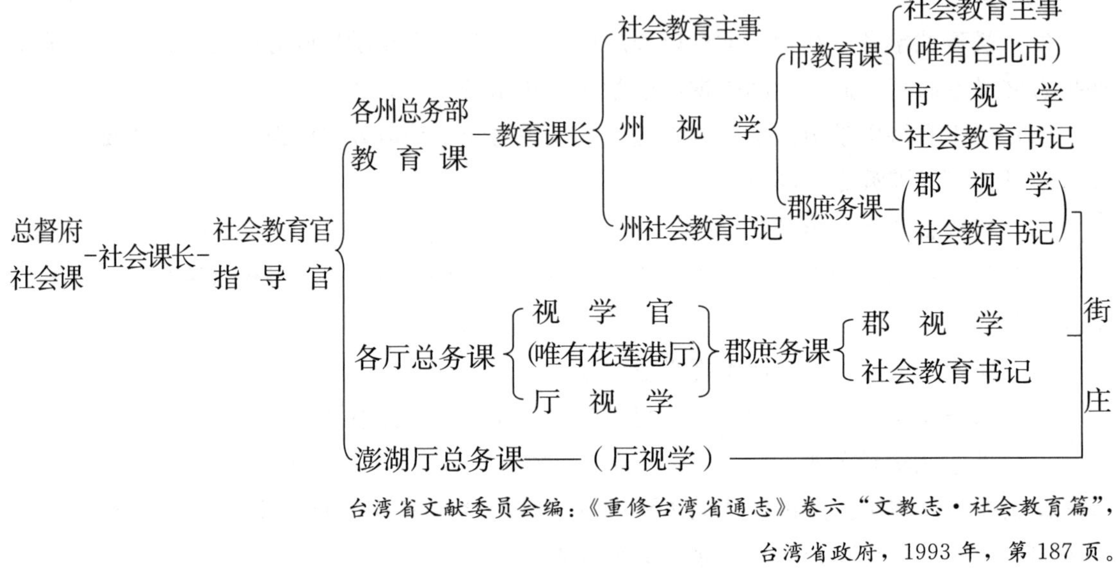

台湾省文献委员会编：《重修台湾省通志》卷六“文教志·社会教育篇”，台湾省政府，1993年，第187页。

社团法人台湾教育会社会教育部掌管事业[①]

置办公处于台北市龙口町之教育会馆内，以推行普及与改善台湾教育为宗旨，恪遵总督府教育方针，实行学事奖励并办理社教事业。会下设庶务部、学校教育部、出版部、照像部等各部门，兹将社会教育部掌管事业分述如下：

一、全岛日语演习会：（日大正三年，西元一九一四年）以来，以奖励普及日语为目的，屡次开办，迄民国三十一年（日昭和十七年，西元一九四二年），开办次数已达二十九次，每次出演者均百人以上，累积参与演出者达三千三百八十余人，对推展本岛日语普及贡献良多。

二、表扬社教功劳者：每年二月十一日，于日本开国纪念典礼上表扬对普及日语有功劳者，民国三十一年（昭和十七年）度，则改为对普及日语及青少年教育尽瘁功绩显著者，共有八人。其中台籍人士仅有廖述寅（住台北市下奎府町一之一六七，成蹊日语保育

① 此为台湾省文献委员会的综述件。

园长）一人，余悉为日人。

三、发给爱用日语章：依据奖励普及日语旨趣，制发爱用日语章三千枚，每年授予参加日语演习会表现优异者。

四、演讲者：为提倡社会教育进展向上，每年聘专家学者开办演讲会，邀请教育关系者，参与听讲。

五、奖励优良社会教育团体：每年于日本开国纪念典礼上，对绩优社教团体赠与奖励金，自民国二十九年（日昭和十五年）度起，改为每二年办理一次。

六、补助社会教育事业设施：对各州厅社教设施予以补助款，对台北、新竹、台中、高雄等各州各予五百日元，对台东、花莲港两厅各厅三百日元，对澎湖厅则每年予二百日元。

七、刊行青少年读物：配合普及日语之旨，自民国十九年（日昭和五年，西元一九三〇年）以来，即发行青少年读物《台湾青年》，旋按其分发对象分刊《国光》《黎明》两种，复于民国三十年（日昭和十六年，西元一九四一年，）将该杂志改称为《青年之友》发行。

八、拍摄社教影片及其放映：采购或拍摄教育影片，举办影片欣赏会，或依一般或州厅之愿望贷与影片，令放映于管内各地，帮助一般社会教化工作。

台湾省文献委员会编：《重修台湾省通志》卷六“文教志・社会教育篇”，
台湾省政府，1993 年，第 199—200 页。

台湾图书馆概况

（1904—1942 年）

年度	馆数	藏书册数			年度中		
		共计	中日文	外国文	各馆开馆总日数	阅览人数[1]	开馆一日平均阅览人
1904	1	13 886	13 185	701	343	639	1.9
1905	1	14 323	13 586	737	342	489	1.4
1906	1	14 336	13 599	737	206	166	0.8
1907[2]	1	14 407	13 670	737	/	/	/
1908[2]	1	14 520	13 783	737	/	/	/
1909	2	19 375	18 320	1 055	116	241	2.1
1910	2	21 256	20 153	1 103	348	224	0.6
1911	2	22 374	21 211	1 163	350	254	0.7
1912	2	23 704	22 467	1 237	347	497	1.4
1913	2	24 980	23 687	1 293	345	417	1.2

续表

年度	馆数	藏书册数			年度中		
		共计	中日文	外国文	各馆开馆总日数	阅览人数[1]	开馆一日平均阅览人
1914	1	9 577	8 961	616	295	370	1.3
1915	2	32 518	29 163	3 355	361	32 921	91.2
1916	2	47 318	42 650	4 668	614	65 287	106.3
1917	2	56 259	50 491	5 768	693	75 981	109.6
1918	2	63 010	56 242	6 768	689	79 783	115.8
1919	2	68 145	61 126	7 019	677	94 137	139.1
1920	4	79 293	70 800	8 493		117 295	98.5
1921	3	92 066	82 459	9 607		159 692	154.1
1922	7	107 331	97 252	10 079	1 642	185 459	112.9
1923	10	116 108	105 354	10 754	2 894	224 158	77.5
1924	28	135 584	123 695	11 889	7 389	321 995	43.6
1925	36	151 216	138 946	12 270	10 115	334 784	33.1
1926	40	170 537	157 754	12 783	12 141	420 858	34.7
1927	46	186 064	172 934	13 130	14 315	460 563	32.2
1928	58	209 061	195 729	13 332	16 693	495 894	29.7
1929	65	228 071	214 295	13 776	20 467	534 413	26.1
1930	69	249 001	234 740	14 261	22 405	605 138	27.0
1931	75	272 730	258 242	14 488	22 842	641 847	28.1
1932	78	290 833	276 291	14 542	25 175	739 145	29.4
1933	79	306 171	291 558	14 613	25 514	850 965	33.4
1934	79	325 120	310 341	14 779	25 579	928 350	36.3
1935	81	346 768	331 817	14 951	24 210	919 869	38.0
1936	86	369 961	354 723	15 238	24 616	886 084	36.0
1937	86	397 274	381 841	15 433	25 197	935 998	37.1
1938	89	392 071	376 503	15 568	19 877	952 281	47.9
1939	90	422 744	406 621	16 123	26 011	1 207 794	46.4
1940	93	431 143	414 942	16 201	26 461	1 427 157	53.9
1941	95	484 630	466 147	18 483	25 980	1 632 481	62.9
1942	92	515 739	499 660	16 079	26 633	1 800 931	67.6

附注：[1] 阅览人数不包括儿童阅览数字。[2] 民国前五年及民国前四年停止图书阅览。

材料来源：根据前台湾总督府各年统计书及学事年报一览材料编制。

台湾省行政长官公署统计室编：《台湾省五十一年来统计提要》，台北，进学书局，1946 年，第 1240 页。

台湾总督府博物馆

（1908—1943 年）

台湾总督府博物馆创立于光绪三十四年（日明治四十一年，西元一九零八年）五月二十四日。同年十月，值台湾纵贯铁路全线贯通典礼，适日本皇族闲院宫夫妻来台，乃请其莅临，假旧彩票局厅舍为馆址开馆。迨民国四年（日大正四年，西元一九一五年）四月，以全台官民之醵捐，为纪念第四任儿玉总督及后藤民政长官之政绩，建造该馆于新公园现址，始迁进该址迄今。

该馆分为历史、“高砂族”（山胞）、动植物、南支（华南）南洋、地质矿物等各部，蒐集陈列有关台湾之学术、产业标本及参考资料。因系社会教育设施，对民众公开不收费。民国三十一年（日昭和十七年，西元一九四二年）度参观人数二十五万九千八百一十九人，一日平均七百六十六人。自民国二十三年起，每年举办台湾博物馆周；于民国三十一年举办南洋资料展览会、船只展览会、生活科学展览会等，力图达成其使命。民国三十二年（日昭和十八年，西元一九四三年）四月一日，现在之陈列品总数一万四千九百二十三件，其陈列内容如左。

一、历史部门：二千九百三十五件

（一）石器时代：圆山贝塚断面（室外）、土器、石器、骨器。

（二）“高砂”时代：丰臣秀吉所使用扇面（抄本、原本，武藤山治藏）；丰臣秀吉高山国招谕文书（抄本、原本，前田侯爵家藏）；有马晴信台湾视察船［掟］书、律书、章程（抄本、原本，久能力藏）；台湾渡航船抛银证文（抄本、原本，博多，末次家旧藏）；明人董伯起给与村山等安书状（抄本，兵库县山口村八幡神社所藏）；由松浦隆信给予唐人甲必丹书状（抄本、原本，松浦伯爵家藏）；东方诸国航海图（抄本、原图，帝室博物馆藏）。

（三）荷西时期：热兰遮（Zeeiandia）城图（抄本、原图，奥国维也纳 Vienna 国立图书馆藏）；荷兰时期安平港图（抄本、原图，西班牙色比亚 Sepia 印度文书馆藏）；滨田弥兵卫逼荷兰长官图（照片，华连泰因 Valentin 著，新旧东印度诸国志插图）；蕃社户口调查表（抄本、原本，荷兰海牙 Hague 文书馆藏）；热兰遮城址，热兰遮城平面图，热兰遮城砖瓦、赤崁城（Provintia）复原图；西班牙时期基隆附近图（抄本、原图，西班牙色比亚 Sepia 印度文书馆藏）；西稜堡（Noort HoHand）城平面图（照片、原图，荷兰海牙 Hague 文书馆藏）；以罗马字编著蕃语文书；西稜堡（Noort Holland）城炮、台胸壁、沟口（室内及室外）、西稜堡城址出土之壶。

（四）明郑时代：郑成功画像（台湾神社藏）；热兰遮城开城条约文（副本）（照片、原本，荷兰海牙 Hague 文书馆藏）；宁靖王郑成功笔迹（照片）。

（五）清领时代：台湾古地图（清康熙六十一年调制）；岸里社土目墩仔衣冠盛装及其行乐图（抄本）；官给岸里社土目之邸宅模型、林爽文平定图（铜版，总督府图书馆藏）；日明治七年牡丹战役投降蕃社保护旗西乡都督阵中书翰（尾坂赖二藏）；西乡督总及牡丹战役相关照片及其他。

（六）日据时期：伊藤总理大臣训令誊本（石版）；台湾授受公文原议（抄本、原本台北帝国大学藏）；桦山总督谕示、台湾民主国国旗（复制）；黑旗军军旗、北白川宫台北驻营期间使用床铺（东北愿寺别院藏）；北白川宫大肚溪畔战线视察图（油画，石川钦一郎绘）；北白川宫各地遗迹照片；据台当时台北地图及各种照片；芝山岩及遇难六士照片；伊藤总理大臣笔迹匾额；乃木总督夫妻遗墨；后藤长官题解缠足奖励图；儿玉总督军服及其用轿、马车以及各总督遗墨。

（七）其他：安平壶、日本最初之火车头第九号（另栋）；台湾最初之火车头第一号（另栋）。

二、高砂族部门：三千一百九十四件

（一）高砂族分布图。

（二）泰雅族：服饰用品、番刀、笼类、木制容器、首袋或首标帜、妇女机织、枪器（枝）、狩猎、农耕用具、祈祷用具、风俗娃娃。

（三）赛夏族：服饰用品。

（四）布农族：服饰用品、土器、烟斗、番刀、匙、鱼筌（捕鱼用竹器）。

（五）阿美族：服饰用品、土器、番刀、鱼筌、狩猎用具。

（六）曹族：服饰用品、酒杯、风俗娃娃。

（七）排湾族：服饰用品、雕刻、笼具、壶、盾、狩猎、农耕用具、聚落油画、祈祷具、风俗娃娃。

（八）雅美族：服饰用品、祭祀器具、甲胄、番刀、鱼筌、土器、舟。

（九）平埔族：服饰用品、笼类、雕刻、壶。

三、动植物部门：五千零二十四件

天然纪念物（帝雉、儒艮、Futoageha［蝶类］Saramaomasu［鳟类］、台湾特产鸟类、台湾珍鸟类、台湾保护鸟及狩猎鸟类、海鸟类、鹭、鹬、鹫鹰、雁鸭及候鸟类；台湾哺乳动物类；外国动物类；骨骼、冰结切断标本、动物发育顺序、透视标本；台湾产鱼类；爬虫类；昆虫分类标本、昆虫生态标本、白蚁模型及蚁害标本；台湾产贝类及珊瑚；台湾产主要林木材干、米、茶、烟草、菌、台湾高山植物、台湾热带植物、台湾产果实标本、台湾纤维植物）。

四、华南南洋部门：一千二百三十九件

（一）华南：铜鼓、海南岛黎族服饰用品、其他。

（二）爪哇：古面具、布袋偶、乐器、刀剑、其他。

（三）巴里岛：雕刻类。

（四）苏门答腊：房屋、墓之模型、其他。

（五）婆罗洲：武器、日常用具、舟之模型、服饰用品、其他。

（六）菲律宾：服饰用品、日常用具、乐器、舞蹈用具、武器、其他。

（七）南洋群岛（马里亚纳、马绍尔、加罗林等群岛）：石货、贝货、舟之模型、武器、服饰用品、乐器、工具、其他。

（八）美拉尼西亚、玻里尼西亚：Fiji 岛之舞踏（舞蹈）面具，Bismark 岛之棍棒、石棍，萨摩亚岛之团扇、棍棒、发饰用品、其他。

五、地质矿物部门：二千三百三十件

富贵角—花莲港地层断面模型、溺谷模型、泥火山模型、采煤模型、时代别台湾产岩石标本、台湾代表性矿物、台湾产金属矿物、台湾产非金属矿物、内外产金属矿物、内外产非金属矿物、结晶矿物、结晶模型、台湾产石油标本及油井模型、台湾产特殊矿物、日本放射能矿物、宝石标本、台北附近地形模型、珊瑚礁模型及标本、时代别化石标本及油画断层模型、地形侵蚀轮回模型、石灰岩侵蚀陷凹模型（Karst Topo－graphyl 模型）、火山模型、主要造岩矿物、地质现象照片。

台湾省文献委员会编：《重修台湾省通志》卷六“文教志·社会教育篇”，台湾省政府，1993 年，第 347—351 页。

台中厅向阳会事业内容

（1922 年）

一、关于国民精神之涵养事项；

二、关于自治精神之养成事项；

三、关于公德心之发扬事项；

四、关于日语普及事项；

五、关于兴学风气之提倡事项；

六、关于风俗改良事项；

七、关于提高卫生观念思想事项；

八、关于提倡奖励体育事项；

九、关于发展产业事项；

十、关于改善生活事项；

十一、关于善导思想之事项；

十二、其他该会认为有提倡必要之事项。

前项各种事业，以下列方法行之：

一、举办演讲会；

二、举办电影欣赏会及其他教育展览会；

三、举办体育运动会；

四、发行有关刊物；

五、实行其他该会认为有必要之设施事项。

台湾省文献委员会编：《重修台湾省通志》卷六“文教志·社会教育篇”，台湾省政府，1993年，第227—228页。

台湾成德学院（感化院）历年入学学生及其籍别一览表

（1922—1934年）

年度	入院学生数				备考
	省人	日人	山地人	合计	
1922	25	8		33	
1923	33	12		45	
1924	37	14		51	
1925	37	9		46	
1926	22	5		27	
1927	22	7		29	
1928	23	9		32	
1929	24	16		40	
1930	23	20	1	44	
1931	25	18	2	45	
1932	36	17	2	55	
1933	41	16	1	58	
1934	36	11		47	

资料来源：取材自台湾教育会编印《台湾教育沿革志》。

台湾省文献委员会编：《台湾省通志》卷五“教育志·教育设施篇”，台北，众文图书公司，1970年，第139页。

家长会实施内容

（1923 年）

一、关于改善生活方面

遵守时间，矫正陋习卑俗（端正婚丧喜庆风俗），有关改善生活之演讲，风俗改善如改历改度量衡之宣传、奖励勤俭及环境清洁、普及卫生、实践日式礼法礼节；

二、关于改良产业方面

推广茶叶，农事讲习会，驱除害虫，实行拔稗（稻间杂草），改良养猪，采茶比赛，改进制茶技术，水稻竞作，品评会，农事观摩，奖励农村副业，开办展览会；

三、关于智德修养方面

常用及普及日语，修养讲习会，设置揭示板、夜学会、敬老费，表彰孝子，涵养国民精神，培养公民资格，交换知识，例行月会；

四、关于社会服务方面

改修道路，修缮桥梁，表彰善行者（好人），协助保甲制度之推行，增进街坊公益，共同一致发展街坊庄而努力。

台湾省文献委员会编：《重修台湾省通志》卷六“文教志·社会教育篇”，台湾省政府，1993 年，第 317—318 页。

恩赐财团台湾济美会兴办的事业

（1923 年）

民国十二年（日大正十二年，西元一九二三年）四月，值日本昭和天皇裕仁尚为皇太子时，曾莅临台湾。是时，为奖助社会事业及社会教育，曾赐赠其自用金十万日圆，为永远纪念其旨意，乃设立一基金会，将其恩赐款永存生息，以其利息及其他捐款为财源，进行其事业。该会事务所设于台湾总督府内，推举总督为会长、总务长为副会长，并另置理事若干人。

按民国二十八—三十一年（日昭和十四—十七年）间，每年均拨二千五百日圆予台湾教育会；另拨五百日圆补助款予台湾社会事业协会，委托兴办如左事业：

一、资助私办社会事业；

二、奖励农业教育事业；

三、奖励实业教育事业；

四、社会教育讲习所；

五、举办各种演讲会；

六、资助指导图书馆及博物馆事业；

七、补助派遣参加日本内地办理之教化讲习或教化会议之旅费。

台湾省文献委员会编：《重修台湾省通志》卷六“文教志·社会教育篇”，台湾省政府，1993 年，第 222 页。

不良少年调查概况表

（1924 年）

类别	年满八岁以上十八岁以下而行为违犯刑罚法令者			年满八岁以上十八岁以下而行为违犯刑罚法令或有此企图者又有其他不良行为者			合计			上述得依感化院规则第一条，而认为必须施以感化教育者		
籍别	日人	省人	计	日人	省人	计	日人	省人	计	日人	省人	计
男	16	301	317	23	269	292	39	570	609		45	45
女	1	26	27	1	22	23	2	48	50		1	1

台湾省文献委员会编：《台湾省通志》卷五“教育志·教育设施篇”，台北，众文图书公司，1970 年，第 39 页。

高雄州潮州郡枋寮青年会的事业设施

（1926 年）

民国十一年（日大正十一年，西元一九二二年）八月八日创设之高雄州潮州郡枋寮青年会，于民国十二、十三两年度连续以办理成绩优异，曾获日本宫内省之表彰，该会至民国十五年（日大正十五年，西元一九二六年），已拥有会员一千七百八十一人，基金一千零五十圆，其事业设施，至为广泛，收效甚宏。兹列志其一、二如下：

一、行事

（一）涵养勤俭习俗，矫正奢侈风气；

（二）开办日语讲习会、夜学会、物产品评会、电影欣赏、幻灯会、运动会、园游会、远足、旅行等；

（三）奖励纳税、就学及学童出席；

（四）国民警察训练（民众警察化）；
（五）普及卫生思想；
（六）奖励笃行者及模范家庭；
（七）从事作业充实事业费及基金。
二、既成事业
（一）设简易浴场于水底寮及北势寮；
（二）设免费旅宿，备有餐具及寝具；
（三）设休息所三处，每日供茶水；
（四）设公会堂二处于水底寮及枋寮；
（五）管内道路种植木麻黄四公里；
（六）主要部落五处设置危险物品投入箱；
（七）设标准时钟一座，告庄民正确时间；
（八）利用农闲期开办日语讲习会；
（九）参与农业实地作业，收四千五百六十七日圆；
（十）进行揭示教育，启蒙庄民。
三、未来计划事业
设置图书馆，供一般民众阅读。

台湾省文献委员会编：《重修台湾省通志》卷六“文教志·社会教育篇”，
台湾省政府，1993年，第278页。

台湾青年会概况表①

（1926年）

州厅别	会数	会员数		山地人会员
		日人	省人	
台北州	46	374	14 281	—
新竹州	50	14	8 753	—
台中州	62	80	8 041	—
台南州	106	121	10 488	—

① 本表数字多处有误。

续表

州厅别	会数	会员数		山地人会员
		日人	省人	
高雄州	47	601	39 014	—
台东厅	34	133	317	2 607
花莲港厅	9	224	141	465
合计	354	1 547	81 035	3 072

台湾省文献委员会编：《台湾省通志》卷五“教育志·教育设施篇”，
台北，众文图书公司，1970 年，第 128 页。

台湾教育会办少年团之主要设施及训练内容

（1933 年）

一、主要设施

（一）有关教育指导之研究调查。

（二）养成实习之指导者。

（三）采取团之诱掖及辅导之教育方式。

（四）举办集会、讲习会、讲演会等。

（五）刊行有关教育指导图书杂志。

（六）其他必要之事项。

二、训练内容

（一）少年侦探之自觉。

（二）规律。

（三）班制教育。

（四）进级制度。

（五）技能训练。

（六）野外训练。

（七）服务精神。

（八）游戏。

台湾省文献委员会编：《台湾省通志》卷五“教育志·教育设施篇”，
台北，众文图书公司，1970 年，第 133 页。

台湾博物馆协会的主要事业

（1933—1942 年）

本协会旨在协调连络台湾各博物馆，调查、研究其有关设施；举行协议会、宣传周、学术演讲会、讲习会及印刷颁布有关图书等，以助长博物馆事业为主要目的。设立于民国二十二年（日昭和八年，西元一九三三年）六月，置办公处于台湾总督府博物馆内，会员有三百七十余人，主要事业如下：

一、南洋资源展览会：民国三十一年（日昭和十七年，西元一九四二年）六月十九日至七月十九日。参观者：一万三千一百五十九人。

二、船只展览会：民国三十一年（日昭和十七年，西元一九四二年）七月十九日至八月十二日。参观者：一万五千五百三十人。

三、海南岛黎族民俗品展览会：民国三十一年（日昭和十七年，西元一九四二年）八月八日至八月三十日。参观者六千八百零一人。

四、生活科学展览会：民国三十一年（日昭和十七年，西元一九四二年）十一月八日至十二月八日。参观者：十万零四千八百五十七人。

五、南方文化讲习会：受讲者一百五十人。

台湾省文献委员会编：《重修台湾省通志》卷六“文教志·社会教育篇”，台湾省政府，1993 年，第 351—352 页。

全台社会教育经费①

（1933—1935 年）

科目别	1933 年	1934 年	1935 年
支自府费教育费之经费	51 519	51 519	50 866
支自社会事业中之经费	2 075	12 501	1 450
支自补助费中之经费	53 283	131 589	254 165
台湾教育会社会教育部费	30 570	26 710	26 610
同照相部费	17 800	14 990	14 990
地方社会教育费	772 994	1 136 878	1 441 953
计	928 241	1 374 187	1 790 034

台湾省文献委员会编：《台湾省通志》卷五“教育志·教育设施篇”，台北，众文图书公司，1970 年，第 463 页。

① 经费单位为日元，下同。

台湾教育会社会教育部费

（1933—1935 年）

科目别	1933 年	1934 年	1935 年
台湾美术展览会费	5 800	5 500	5 500
日语讲习会费	14 000	1 400	1 400
讲习、演讲费	3 060	2 660	1 800
奖励费	2 510	2 900	2 600
指导费	600	1 850	1 160
教化资料费	620	450	150
青年读物教育费	9 460	6 000	7 000
社会教育设施补助费	5 620	5 450	5 300
社会教育视察补助费	500	500	200
博览会费			1 500
计	42 170	26 710	26 610

台湾省文献委员会编：《重修台湾省通志》卷六“文教志·社会教育篇”，台湾省政府，1993 年，第 456—457 页。

地方社会教育费

（1933 年、1935 年）

一（1933 年）

州厅别	台北州	新竹州	台中州	台南州	高雄州	台东厅	花莲港厅	澎湖厅	计
日语讲习所	35 415	11 551	40 011	51 444	16 465	780	950	1 486	158 102
日语普及	12 374	12 650	39 397	7 801	6 427	198	298	660	79 805
青年训练	19 532	2 250	2 175	3 766	2 350	500			30 573
青年指导	19 066	16 706	9 704	5 068	4 295	500	515	320	56 174
成人教育	3 103	893	1 410	1 377	210				6 993

续表

州厅别	台北州	新竹州	台中州	台南州	高雄州	台东厅	花莲港厅	澎湖厅	计
少年团教育	6 089	400	5 065	606	500				12 660
电影	7 412	3 110	3 147	3 723	4 026	450	350	170	22 388
讲习演讲	2 441	735	2 277	2 390	4 209	330	300	285	12 967
民众体育	460	943	5 460	2 521	3 468		240	55	13 147
图书馆	10 514	10 506	22 831	17 460	13 856	830	1 260	500	77 757
博物馆			8 005	2 583					10 588
社会教育补助	26 140		13 309	22 536	6 614	500	990	235	70 324
教化团体奖励	17 632	16 726	16 708	10 120	2 652	1 085			64 923
教化设施		963	11 641	1 718	4 934		1 080		20 336
体育设施	26 140	4 282	34 015	3 683	38 940	1 240	310	50	108 660
其他	4 064	1 287	7 638	13 001	1 450			147	27 587
计	190 382	83 002	222 803①	149 797	110 396	6 413	6 293	3 908	772 984

台湾省文献委员会编：《重修台湾省通志》卷六“文教志·社会教育篇”，台湾省政府，1993 年，第 468 页。

二（1935 年）

州厅别	台北州	新竹州	台中州	台南州	高雄州	台东厅	花莲港厅	澎湖厅	计
日语讲习所	118 077	168 633	187 225	164 355	76 902	1 200	2 407	3 589	722 388
日语普及	10 131	4 207	26 200	6 798	55 982	1 083	1 142	1 192	106 735
青年训练	16 894	2 920	5 689	7 276	6 670	300	1 996	888	42 633
青年指导	18 872	11 783	18 433	6 355	9 697	500	620	65	66 325
成人教育	1 119	2 768	4 937	118	630				9 572
少年团教育	8 343	1 315	1 891	8 300	500	330			20 679
电影	6 592	2 716	2 347	4 671	3 668	450	750	500	21 694

① 此数字有误。

续表

州厅别	台北州	新竹州	台中州	台南州	高雄州	台东厅	花莲港厅	澎湖厅	计
讲习演讲	2 169	1 330	10 261	2 463	2 682		515	320	19 740
民众体育	570	3 773	6 104	6 732	2 682	500	500	110	20 971
图书馆	14 943	10 624	25 934	17 923	14 688	1 300	1 667	1 000	88 079
博物馆	1 576		8 205	5 010					14 791
社会教育补助	19 965	6 234	55 434	26 425	9 060	500	60	20	117 698
教化团体奖励	25 460	5 878	15 066	17 512	5 299			15	69 230
教化设施	3 043	1 462	19 525	3 210	6 440	300	250		34 230
体育设施	11 226	955	17 577	10 595	2 365		635	20	43 373
其他	9 630	4 540	15 059	10 600	1 158		1 470	58	42 715①
计	269 610②	229 138	419 887	298 343	198 723③	6 463	12 012	7 777	1 441 953④

资料来源：以上各表引自台湾总督府编《台湾社会教育概要》，第128—134页，日昭和十年版，台北市。

台湾省文献委员会编：《重修台湾省通志》卷六“文教志·社会教育篇”，台湾省政府，1993年，第470页。

台湾教化团体联合会举办的事业

（1934—1940年）

该会旨在促进社会教化事业，并以连系统制各教化机关为目的，成立于民国二十三年（日昭和九年，西元一九三四年）三月一日，将其办公处置于总督府文教局，而以各州厅之教化团体组织之。

该会之经费，以国库补助款及一般捐款充当之。推总督为总裁，总务长官为会长，文教局长为副会长，并置评议员、理事、干事各若干人。该会于民国二十九年（日昭和十五年，西元一九四零年）所举办事业如下：采购或拍摄教育影片，开办电影欣赏会，并按一般或各州厅之意愿贷予影片，使放映于其管内地区，对一般社会教化，不无贡献。

一、协议各种恳谈会

（一）与大日本青少年团之连系恳谈会；

①②③④ 数字有误。

（二）编撰“南方关系图书综合目录”商讨会；
（三）关于刷新加强国语讲习所教育商讨会；
（四）主持社会教育者恳谈会；
（五）振奋青年学校恳谈会；
（六）有关工艺的研究座谈会。
二、对特定基本指导部落之指导及其助成
三、其他
（一）补助台湾护国神社健步大会经费；
（二）补助派遣选手至明治神宫国民铸成大会；
（三）慰劳第三、第五部队。

台湾省文献委员会编：《重修台湾省通志》卷六“文教志·社会教育篇”，台湾省政府，1993 年，第 202 页。

讲习会、演讲会、体育会、音乐会及其他各种集会

（1934 年）

州厅别	主办次数	举办次数	经费（元）	听讲者估计数（人）
台北州	79	351	8 735	177 995
新竹州	49	146	3 169	91 498
台中州	170	773	9 119	204 508
台南州	45	179	5 742	99 293
高雄州	38	161	5 033	90 750
台东厅	31	178	1 843	32 159
花莲港厅	13	46	232	12 395
澎湖厅	3	10	165	11 945
计	428	1 844	34 038	720 543

资料来源：台湾总督府编《台湾社会教育概要》，第 86 页，日昭和十年版，台北市。

台湾省文献委员会编：《重修台湾省通志》卷六“文教志·社会教育篇”，台湾省政府，1993 年，第 324 页。

青年辅导设施概况

（1934 年）

州厅别			台北州	新竹州	台中州	台南州	高雄州	台东厅	花莲港厅	澎湖厅	计
所数			31	89			1		7	2	130
学员数	一期生	男	699	1 507					254	32	2 492
		女	7	409					151		567
	二期生	男	523	932			50		11	12	1 528
		女		235			20		72		327
	计	男	1222	2 439			50		265	45	4 021
		女	14	702			20		223		959
指导员	专		2						17		19
	兼		126	369			4		37	10	546
授课日数一所平均			68	112			150		107	62	499
教授时数一所平均			156	224			300		223	132	1 035

台湾省文献委员会编：《重修台湾省通志》卷六“文教志·社会教育篇”，台湾省政府，1993 年，第 291 页。

各州厅图书馆设施概况

（1934 年）

州厅别		台北州		新竹州	台中州		台南州		高雄州	台东厅	花莲港厅	澎湖厅	计			合计
馆	公私	官	公	公	公	私	私	公	公	私	公	私	官	公	私	
	馆数	1	16	7	22	2	2	21	5	1	1	1	1	72	6	79
藏书册数	日文书	133 736	35 443	21 011	42 428	1 396	3 341	44 455	19 174	1 563	3 362	2 098	133 736	165 873	8 398	308 007
	外文书	11 522	1 474	178	877	6		381	190	4		30	11 522	3 100	40	14 662
增加册数	日文书	4 124	5 583	1 543	3 778	49	310	3 969	2 298	87	392	390	4 124	17 563	836	22 523
	外文书	59	4	7	14			31	76				59	132		191
阅览状况	一年累计人数	205 631	113 968	141 017	284 449	24 285	35 000	270 547	136 332	15 953	8 784	25 510	205 631	955 097	100 748	1 261 476
	册数	399 172	163 394	263 248	328 026	10 782	37 332	462 397	228 001	16 364	14 162	33 107	399 172	1 459 238	97 585	1 955 985
	一日平均人数	625	30	65	43	34	42	62	81	47	26	78	625	307	201	1 133
经费		38 075	14 843	10 511	23 183	853	550	17 774	13 288	1 230	1 366	750	38 075	80 965	3 383	122 423
开馆日数		329	322	311	339	353	312	301	336	343	340	300	329	1 949	1 308	3 586

资料来源：台湾总督府编《台湾社会教育概要》，第 117 页。

台湾省文献委员会编：《重修台湾省通志》卷六“文教志·社会教育篇”，台湾省政府，1993 年，第 346 页。

地方博物馆设施概况

（1934年、1942年）

馆名		基隆乡土馆	台南市史料馆	台南教育博物馆	嘉义通俗博物馆	台中教育博物馆	台东厅乡土馆	合计
设立者别		市立	市立	州立	市立	州立	厅立	
设立年月日		民国二十三昭和九年九月	民国二十六昭和十二年七月	光绪二十八年一月明治三十五年二月	民国十二大正十二年四月	民国十五大正十五年六月	民国二十四昭和十年十月	
昭和九年度	经费	1 576	1 740	7 125	2 498	8 005		20 944
	陈列件数	1 035	1 740	7 619	2 547	3 437		16 378
	参阅人数	12 655	45 060	62 203	37 723	122 968		280 609
	一日平均	66	148	205	114	373		
	开馆日数	192	303	303	332	329		
昭和十七年度	经费	1 371	3 665	9 411	362	8 347	694	23 850
	陈列件数	1 072	12 082	7 647	3 272	3 925	527	28 525
	参阅人数	3 945	17 603	102 121	24 581	94 197	2 169	244 616
	开馆日数	328	304	301	322	303	177	
	职员	4	4	7	3	8	4	30

附注：《台湾社会教育概要》第119页、《台湾社会教育》第84页资料合并而成，略作比较。

台湾省文献委员会编：《重修台湾省通志》卷六“文教志·社会教育篇”，台湾省政府，1993年，第352页。

全台湾广播晨操会实施状况

（1935 年）

州厅别	会场数	参加人数		参加者年龄（岁）	
		累计人数	一团、一会场平均	最高	最低
台北州	99	317 410	321	73	3
新竹州	69	188 686	273	78	4
台中州	118	323 322	274	73	3
台南州	113	330 736	293	72	3
高雄州	93	169 671	182	69	4
台东厅	3	13 935	464	60	5
花莲港厅	12	25 562	243	72	4
澎湖厅	1	7 639	763	60	5
计①	1 508	1 376 861			

资料来源：前揭《台湾社会教育概要》，第 97—98 页。

台湾省文献委员会编：《重修台湾省通志》卷六“文教志·社会教育篇”，台湾省政府，1993 年，第 331 页。

各州厅运动场、水浴场设施概况

（1935 年）

州厅别	运动场				水浴场		
	场数	使用次数	日数	经费（元）	场数	入场人数	经费
台北州	7	654	639	4 221	13	261 407	12 487
新竹州	2	80	372	250	3	58 217	2 441
台中州	8	248	241	2 250	4	66 224	1 731
台 南 州	6	582	512	13 181	6	41 155	1 227
高雄州	2	69	129	614	4	123 622	9 315
台东厅	3	46	156	4 312	3	12 000	800

① 合计数字有误。

续表

州厅别	运动场				水浴场		
	场数	使用次数	日数	经费（元）	场数	入场人数	经费
花莲港厅	1	30	50	2 312	1	400	150
澎湖厅					2	59 037	1 766
计	29	1 709	2 099	27 140	36	725 662①	29 517②

资料来源：前揭《台湾社会教育概要》，第 96 页。

台湾省文献委员会编：《重修台湾省通志》卷六“文教志·社会教育篇”，台湾省政府，1993 年，第 330 页。

广播收听者概况

（1935 年）

州厅别	台湾人			日本人			合计		
	市区	郡区	计	市区	郡区	计	市区	郡区	计
台北州	台北 6 424 基隆 1 009	1 016	8 449	495 189	285	971③	6 919 1 198	1 303④	9 420⑤
新竹州	新竹 260	518	778	149	279	428	413	797	1 210⑥
台中州	台中 972 彰化 130	1 061	2 163	224 106	992	1 322	1 196 236	2 053	3 485
台南州	台南 970 嘉义 432	1 080	2 482	229 102	603	934	1 199 534	1 683	3 416

①②③④⑤⑥ 数字有误。

续表

州厅别	台湾人			日本人			合计		
	市区	郡区	计	市区	郡区	计	市区	郡区	计
高雄州	高雄 718 屏东 185	472	1 375	121 85	358	564	839 270	830	1 939
台东厅		94	94		15	15		109	109
花莲港厅		269	269		28	28		297	297
澎湖厅		51	51		3	3		54	54
计①	11 104	4 561	15 665	1 700	2 565	4 265	12 804	7 126	19 930

资料来源：《台湾社会教育概要》，第 102 页。

台湾省文献委员会编：《重修台湾省通志》卷六“文教志·社会教育篇”，台湾省政府，1993 年，第 335 页。

家长会（成人会）、主妇会（妇人会）设施概况

（1935 年）

州厅别	家长会（户主会、成人会）			主妇会（妇人会、妇女会）		
	团体数	会员数	经费（元）	团体数	会员数	经费（元）
台北州	33	1 4249	4 453	12	3 026	3 577
新竹州	173	91 373	909	71	44 416	361
台中州	91	19 801	3 500	13	12 349	564
台南州	120	18 091		58	9 621	4 440
高雄州	11	16 665	78	6	2 521	1 626
台东厅	9	1 208	645	11	1 099	
花莲港厅				3	347	680

① 合计数字多处有误。

续表

州厅别	家长会（户主会、成人会）			主妇会（妇人会、妇女会）		
	团体数	会员数	经费（元）	团体数	会员数	经费（元）
澎湖厅						
计	437	171 387①	9 585	174	73 379	11 248

资料来源：台湾总督府编《台湾社会教育概要》，第 97 页，日昭和十年版，台北市。

台湾省文献委员会编：《重修台湾省通志》卷六“文教志·社会教育篇”，台湾省政府，1993 年，第 319 页。

宗教性教化设施概况

（1935 年）

州厅别	团体数	会员数（人）	经费（元）	备考
台北州	38	4 182	9 071	
新竹州	11	1 007	2 658	
台中州	49	3 822	6 498	
台南州	70	11 062	8 528	
高雄州	60	8 250	19 997	
台东厅	7	294	148	
花莲港厅	8	1 000	784	
澎湖厅	3	186	229	
计	246	29 803	47 913	

资料来源：前揭《台湾社会教育概要》，第 90 页。

台湾省文献委员会编：《台湾省通志》卷五“教育志·社会教育篇”，台北，众文图书公司，1970 年，第 328 页。

① 数字有误。

教化委员职业别状况

（1935 年）

州厅别	职业别										计
	官员	街庄吏	银行、公司(组合)职员	教员	警察	宗教家	商人	农民	保正、其他名誉职	其他	
台北州	147	73	93	236	111	29	102	105	564	144	1 604
新竹州	4	8	/	15	10	1	2	16	48	/	104
台中州	15	89	94	230	3	30	92	214	112	103	982
台南州	/	60	18	53	61	1	4	/	38	4	239
高雄州	21	46	74	81	30	19	66	103	193	28	661
台东厅	2	8	1	28	34	/	2	9	8	8	100
花莲港厅	/	/	/	/	/	/	/	/	/	/	/
澎湖厅	/	/	/	/	/	/	/	/	/	/	/
计	189	284	280	643	249	80	268	447	963	287	3 690

资料来源：台湾总督府编《台湾社会教育概况》，第 18、19 页，日昭和十年版，台北市。

台湾省文献委员会编：《台湾省通志》卷五“教育志·社会教育篇”，台北，众文图书公司，1970 年，第 360 页。

台湾各地教化委员人数统计表

（1935 年）

州厅别	设置区域	区平均人员（人）	人员（人）			
			市	街	庄	计
台北州	444	3.6	132	317	1 155	1 604
新竹州	61	1.7	16		88	104
台中州	133	7.4	176	298	508	982
台南州	39	6.1	8		231	239
高雄州	388	1.7	29	47	585	661
台东厅	18	5.6		100		100

续表

州厅别	设置区域	区平均人员（人）	人员（人）			
			市	街	庄	计
花莲港厅						1
彭湖厅						
计	1 083	3.4	361	762	2 567	3 691

台湾省文献委员会编：《台湾省通志》卷五“教育志·教育设施篇”，台北，众文图书公司，1970年，第137页。

部落教化团体设施概况[①]

（1935年）

州厅别	市				街庄				合计				
	团体数	经费			团体数	经费			团体数	经费			
		州郡市补助	其他	计		街庄补助	其他	计		州郡市补助	街庄补助	其他	计
台北市	7		—	—	198	1 413	3 344	4 757	200	606	807	3 344	4 757
新竹市	—	—	—	—	8	—	320	320	8	—	—	320	320
台中市	58	180	1 096	1 276	833	47 642	57 716	105 358	891	180	476 42	58 812	106 634
台南州	2	2 702	251	2 953	163	3 845	21 627	25 472	165	2 702	3 845	21 876	28 425
高雄州	1	—	860	860	237	—	6 429	6 429	239	—	—	7 289	7 289
台东厅	—	—	—	—	4	—	3 260	3 260	4	—	—	3 260	3 260

① 本表多个数字有误。

续表

州厅别	市				街庄				合计				
	团体数	经费			团体数	经费			团体数	经费			
		州郡市补助	其他	计		街庄补助	其他	计		州郡市补助	街庄补助	其他	计
花连港厅	—	—	—	—	—	—	—	—	—	—	—	—	—
澎湖厅	—	—	—	—	—	—	—	—	—	—	—	—	—
计	69	2 810	2 207	5 089	1 438	52 900	92 696	145 596	1 507	3 488	52 294	94 903	150 685

台湾省文献委员会编：《台湾省通志》卷五“教育志·教育设施篇”，台北，众文图书公司，1970 年，第 136 页。

部落集会所设施概况

（1935 年）

州厅别	所数	使用回数（回）		坪数（坪）		收容人员（人）	
		一个所平均	总数	一个所平均	总数	一个所平均	总数
台北州	3	55	169	26	79	180	540
新竹州	16	58	988	26	447	122	2 090
台中州	265	36	9 613	26	7 036	115	30 475
台南州	93	45	4 202	23	2 164	124	11 535
高雄州	45	9	441	29	1 318	197	8 905
台东厅	33	150	4 969	42	1 396	253	8 365
花莲港厅	29	27	800	31	905	144	4 200
彭湖厅							
计①	484	54	21 183	29	13 345	162	66 110

台湾省文献委员会编：《台湾省通志》卷五“教育志·教育设施篇”，台北，众文图书公司，1970 年，第 137 页。

① 本表合计数字有误。

青年训练所设施概况

（1935 年）

州厅别	公私立所数	学员数					指导员数					经费				
		一年次	二年次	三年次	四年次	计	公民修身	军训教练	职业	普通	计	国补	州厅补	市街庄补	其他	计
台北州	5	224	146	103	52	525	5	24	5	18	52	4 600	1 900	7 580		14 080
新竹州	1	18	8	11	6	43	1	4	1	2	8	750	375	375		1 500
台中州	1	17	19	9	12	57	1	4	1	4	10	1 600	800	742		3 142
台南州	3	76	60	38	27	201	4	10	4	9	27	2 300	1 365	4 318	480	8 463
高雄州	1	43	34	42	21	140	2	4	1	4	11	1 000	500	500		2 000
台东厅	2	12	14	5	5	36	2	7	2	4	15	700	100	1 119	79	1 998
花莲	4	59	41	44	37	181	4	18	3	13	38	1 848		696	1 748	4 292
澎湖厅	1	29				29	1	2	1	1	5	300				300
计	18	478	322	252	160	1 212	20	73	18	55	166	13 098	5 040	15 330	2 307	35 775

资料来源：台湾总督府编《台湾社会教育概要》，第 74、75 页，日昭和十年版，台北市。

台湾省文献委员会编：《台湾省通志》卷五“教育志·教育设施篇”，台北，众文图书公司，1970 年，第 295 页。

青年学校各科教授及训练时数

（1935 年）

一、青年学校男子各科教授及训练时数表

教授及训练科目＼年次	第一学年	第二学年	第三学年	第四学年	第五学年
修身及公民科	20	20	20	20	20
普通学科	50	50	90	90	90
职业科	70	70			
教练科	70	70	70	70	70
合计	210	210	180	180	180

二、青年学校女子各科教授及训练时数表

教授及训练科目＼年次	第一学年	第二学年	第三学年
修身及公民科	20	20	20
普通学科	50	50	50
职业科 家事及裁缝科	110	110	110
体操科	30	30	30
合计	210	210	210

台湾省文献委员会编：《台湾省通志》卷五“教育志·教育设施篇”，
台北，众文图书公司，1970年，第132页。

部落振兴团体业绩进展概况

（1936年、1941年）

事项	创设初（民国二十五年昭和十一年六月）	现在（民国三十年昭和十六年）	进展比率或数	摘要
就学比率	55%	64%	9%	
解日语者比率	25%	70%	45%	
国民塾在学生		587人	587人	
青年团员	27人	549人	522人	
少年团员		79人	79人	
祭祀日神者	65户	422户	357户	
国旗普及比率	85%	100%	15%	
纳税成绩	75%	100%	15%	
寺庙	1		100%	
有应公祠	2		100%	
旧惯神明会	4		100%	
改善正厅	285户	422户	137户	
备有收音机	2台	15台	13台	

续表

事项	创设初（民国二十五年昭和十一年六月）	现在（民国三十年昭和十六年）	进展比率或数	摘要
新式窗户	398 户	422 户	24 户	
私人浴室	160 户	240 户	80 户	
加入信用组合比率	78%	100%	22%	
堆肥猪舍	50 栋	252 栋	202 栋	
堆肥增产	340 万斤	1 840 万斤	1 418 万斤	
长期佃契比率	78%	90%	12%	
铺装道路砾石		6 221 公尺	6 221 公尺	
敷设排水沟	581 公尺	6 051 公尺	5 470 公尺	
报国储蓄		7 315 圆	7 315 圆	
勤劳奉仕队		1	1	
共同耕作		6 分	6 分	

台湾省文献委员会编：《重修台湾省通志》卷六“文教志·社会教育篇”，台湾省政府，1993 年，第 391—397 页。

台湾总督府“国民”精神研修所

（1937 年）

一、主　　旨

日人统治台湾，咸认占总人口百分之九十四之台胞，其历史背景与人情风俗迥异，欲将其彻底“皇民化”洵属不易。乃于其统治后期，为配合“国民”精神总动员运动，于民国二十六年（日昭和十二年，西元一九三七年）在圆山台湾神社外苑，兴建“国民精神研修所”，隶属文教局。调集学校教职员、社会教育人员、教化单位指导人员、担任社会教育事务者，以及地方中坚青年等，依据统治方针，借修行与体验，使修得教化信念与殖民教化之理论与实际，并使该所成为教化指导者之养成中心机关，兼为一般官民陶冶其“国民”精神之修练道场。

二、沿　　革

“国民”精神研修所，于民国二十六年（日昭和十二年，西元一九三七年）十二月，在台湾神社外苑动土，于翌二十七年四月竣工。总工程费十万日元，全桧木建造之清雅纯日本式建筑。同年八月四日，以敕令第五百五十四号公布“台湾总督府国民精神研修所官制”，置专任指导官（荐任）一人，担任有关“国民”精神研修之指导。同日复以训令第五十七号制定“国民”精神研修所规定，以文教局长任所长，社会课长任主事，于同年十月七日任命专任指导官。旋其诸设施完成，现任职员亦到齐，乃于民国二十八年（日昭和十四年，西元一九三九年）二月十五日，在小林总督、儿玉军司令官莅临下举行开所典礼。迨民国三十年（日昭和十六年，西元一九四一年）十二月复修正官制，增置员额指导官补主任二人。

三、设施概况

兴工：民国二十六年（日昭和十二年）十二月七日。

竣工：民国二十七年（日昭和十三年）四月十五日。

地坪：一千八百坪。

建坪：四百五十坪。

建筑样式：纯日本式建筑，全桧木用材，平屋修瓦屋顶。

建筑内容：神殿、馔神所、讲堂、讲师休息室、教室、图书室、办公室、值日室、接待室、来宾室、客厅、第一宿舍、第二宿舍、第三宿舍、工友室、餐厅、浴室、洗脸所、洗衣所、厕所、厨房、厨师室。

所在地：台北市大直五五三番地。

四、事　　业

（一）“国民”精神的阐明与普及

1. 研究：

（1）关于国体之本义、“国民”精神之一般性研究；

（2）历史、宗教、艺术、伦理、科学、法制、经济等之研究；

（3）关于本岛习俗之一般性研究。

2. 发表：将研究成果发表于刊物或演讲。

3. 既往刊行之教化资料：

（1）“道之本”（讲习会用书）。

（2）“国民”精神研修丛书（教化指导者用书）。

第一辑：“古界观の确立”（关于万物的观点看法）。

第二辑：“尊皇の大义”（关于国体的依据）。

第三辑：“练成の道”（关于皇民练成的指导）。

（二）“国民”精神的陶冶与指导

1. 方法：开办讲习会指导之：

（1）讲习员，以全体合宿为原则；

（2）讲习中一切生活，重视修行，遵从指定指导者之指导；

（3）指导者与讲习员，应打成一体，躬行实践；

（4）讲义应重视启培识见、信念与气慨［概］。

2. 讲习会：

（1）中坚青年指导者讲习会；

（2）男女青年指导者讲习会；

（3）部落教化诸指导者讲习会；

（4）都市教化诸指导者讲习会；

（5）社会教育事务担当者讲习会；

（6）关于“国民”精神文化讲习会；

（7）受委托之讲习会。

台湾省文献委员会编：《重修台湾省通志》卷六“文教志・社会教育篇”，
台湾省政府，1993年，第204—206页。

台湾联合青年团之主要事业

（1938—1945年）

该团设立于民国二十七年（日昭和十一年，西元一九三八年）六月二十日，办公处设于总督府文教局内，以促进全台青年团事业，并期各青年团之互相连系与合作，而能坚实发展为目的，以各州厅联合青年团为加盟会员而组织之。该团经费，以国库补助款及捐款充当，以总务长官为总裁，文教局长为团长，社会课长为副团长，并置评议员、理事、干事各若干人，其主要事业如左：

一、有关青年团业务之调查研究；

二、青年团业务之奖励与资助；

三、开办大会、讲习会、演讲会及研究会等；

四、团报及图书之发行；

五、其他为达成该团目的认为必要事业。

台湾省文献委员会编：《重修台湾省通志》卷六“文教志・社会教育篇”，
台湾省政府，1993年，第200页。

台湾联合少年团之主要业务

（1938—1945 年）

该团成立于民国二十七年（日昭和十三年，西元一九三八年）八月二十六日，将其办公处置于总督府文教局内，奉日皇有关教育敕语诏旨，发扬皇国精神，以图本岛内各种少年团事业的指导与统制，并加紧各少年团互相间之联系与合作，以求其坚实发展为目的。其主要业务：

一、关于调查研究少年团教育之指导与统制事项；

二、培养指导人员；

三、开办集会、讲习会、演讲会及研讨会；

四、刊行图书及杂志；

五、其他为达成该团目的认为必要事项。

台湾省文献委员会编：《重修台湾省通志》卷六“文教志·社会教育篇”，台湾省政府，1993 年，第 200—201 页。

各种少年团设施概况

（1938 年）

州厅别	大日本少年团联盟	大日本海洋少年团	红十字少年团	学校少年团	爱国少女团	运作经费总计（元）
台北州	14	1			39	12 310
新竹州	20		6	39	6	4 202
台中州	30		160		71	9 752
台南州	20			15	3	4 218
高雄州	70	2				16 124
台东厅	2			2	7	410
花莲港厅	2				3	250
澎湖厅	1	1			1	130
计	159	4	166	56	129①	47 396

① 数字有误。

续表

	大日本 少年团联盟	大日本 海洋少年团	红十字 少年团	学校 少年团	爱国 少女团	合计
团员数总计	5 843	167	44 157	12 922	17 816	80 898①
指导员数总计	785	18	1 336	343	959	3 441

资料来源：台湾总督府编《台湾の社会教育》，第 143 页，日昭和十五年版，台北市。

台湾省文献委员会编：《台湾省通志》卷五“教育志·教育设施篇”，

台北，众文图书公司，1970 年，第 299 页。

部落教化团体设施概况

（1939 年）

州厅别	团体数	会员数		集会所数	昭和十三、十四年度预算		
		男	女		补助款	其他	计
台北州	814	165 218	121 084	486	9 622 12 682	118 537 175 479	128 159 188 161
新竹州	853	173 122	135 211	516			
台中州	1 174	333 447	266 229	1 002	82 839 67 908	326 935 390 769	409 774 458 677
台南州	1 299	243 557	169 311	794	26 341 11 982	304 800 438 407	331 141 450 389
高雄州	676	116 127	18 610	327	7 025 6 953	1 794 742 1 827 634	1 801 767 1 83 4587
台东厅	62	8 811	6 582	64		166 360	166 360
花莲港厅	73	16 641	10 986	75	 325	3 578 35 211	3 578 35 536
澎湖厅	94	10 899		4	880 1 140	28 911 30 992	29 791 32 132
计	5 045	1 067 822	728 013	3 268			

资料来源：台湾总督府编《台湾の社会教育》，第 69—70 页，日昭和十五年版，台北市。

台湾省文献委员会编：《台湾省通志》卷五“教育志·教育设施篇”，

台北，众文图书公司，1970 年，第 366 页。

---

① 数字有误。

各州厅男（女）联合青年团设施概况

（1939 年）

州厅团名	设立年月日	加盟团数（街庄联合）	昭和十三、十四年度预算		
			州厅补助金	其他	计（圆）
台北州	昭和七・四・二十九	郡市 20 街庄 46	5 000 5 000		5 000 5 000
新竹州	昭和九・十一・二十二	郡市 9 街庄 23	2 700 2 810		1 700① 2 810
台中州	昭和十一・一・十三	郡市 13 街庄 116	6 915 3 135	257 900	7 172 4 035
台南州	昭和七・六・九	郡市 12 街庄 74	650 2 980		650 2 980
高雄州	昭和七・十一・二十二	郡市 9 街庄 203	1 500 1 500	215 60	1 715 1 560
台东厅	昭和十三・六・十八	郡市 3 街庄	200		200
花莲港厅	昭和十三・六・十一	郡市 街庄 3	1 300		1 300
澎湖厅	昭和十二・十一・二十八	郡市 28 街庄	200 280		200 280
计②		郡市 66 街庄 290	17 205	960	18 165

资料来源：同前揭书，第 99—100 页。

台湾省文献委员会编：《重修台湾省通志》卷六“文教志・社会教育篇”，台湾省政府，1993 年，第 290 页。

① 此处数字有误。

② 合计数字有误。

各州厅联合少年团设施概况

（1939 年）

州厅别	团体数	指导员数	团员数	经费预算	
				昭和十三年度（含补助金）	昭和十四年度（含补助金）
台北州	16	183	1 012	9 048	10 308
新竹州	20	95	613	2 343	2 585
台中州	67	466	14 656	3 490	3 926
台南州	60	508	18 547	957	2 667
高雄州	88	432	3 246	14 949	17 341
台东厅					
花莲港厅	1	2	30	200	200
澎湖厅	1	6	92	130	130
计	253	1 692	38 196	31 117	37 157

台湾省文献委员会编：《重修台湾省通志》卷六“文教志·社会教育篇”，台湾省政府，1993 年，第 309 页。

社会教育经费调查

（1939 年）

州厅别	日语普及费	青少年教育费	成人教育费	情操教育费	其他	计
台北州	504 778	66 634	24 596	9 749	81 372	687 129
新竹州	287 898	39 674	22 700	9 691	33 180	393 143
台中州	567 490	69 092	78 055	13 816	65 686	794 139
台南州	630 650	128 603	151 465	22 148	71 242	1 004 108
高雄州	317 462	65 887	25 951	7 249	18 493	435 042
台东厅	11 602	4 305	260	1 200	4 904	22 271
花莲港厅	25 812	13 382	4 358	1 247	698	45 497

续表

州厅别	日语普及费	青少年教育费	成人教育费	情操教育费	其他	计
澎湖厅	39 749	940	2 016	640	280	43 625
计	2 385 441	388 517	309 401	65 740	275 855	3 424 954

资料来源：台湾总督府编《台湾の社会教育》，第220—224页，日昭和十五年版。

台湾省文献委员会编：《重修台湾省通志》卷六“文教志·社会教育篇”，台湾省政府，1993年，第475页。

各州厅部落教化团体设施

（1941年）

州厅别	团体数	会员数		集会所数	昭和十五年度预算		
		男	女		补助款	其他	计
台北州	810	158 153	101 401	515	18 090	45 889	477 180①
新竹州	765	165 810	155 849	551	16 808	85 824	102 632
台中州	1 370	387 572	343 816	1 012	82 666	499 600	582 266
台南州	1 428	339 727	281 900	943	24 565	377 325	401 890
高雄州	616	137 731	23 606	392	5 779	2 927 190	2 932 969
台东厅	62	4 560	3 734	225	4 771	3 803	8 574
花莲港厅	97	16 007	11 773	87	400	19 500	30 380②
澎湖厅	97	9 464	7 265	47	13 397	15 085	28 462③
计	5 245	1 219 024	929 346④	3 772	166 476	4 024 216	4 563 353⑤

资料来源：台湾总督府编《台湾事情》，第161页，日昭和十七年版，台湾时报发行所，台北市。

台湾省文献委员会编：《重修台湾省通志》卷六“文教志·社会教育篇”，台湾省政府，1993年，第366页。

①②③④⑤　数字有误。

山胞观光人员及所需经费①

（1941 年）

州厅	种别	观光（毕业旅行）人员			所需经费		
		男	女	计	自费	公费、其他补助	计
台北	儿童	88	118	206	1 719.52	360.50	2 080.12
	其他	165	44	209	1 024.00	128.96	1 332.96
	计	253	162	415	2 743.52	489.46	3 413.0
新竹	儿童	42	36	78	271.46		271.46
	其他	159	43	202	3 101.44	153.14	3 254.58
	计	201	79	280	3 372.90	153.14	3 526.04
台中	儿童	130	168	298	2 269.44	1 219.19	3 488.63
	其他	143	13	156	4 781.23	2 290.16	7 071.39
	计	273	181	454	7 051.67	3 509.35	10 561.02
台南	儿童	10		10	28.00	150.00	178.00
	其他	7	1	8	98.00	16.00	114.00
	计	17	1	18	126.00	166.00	292.0
高雄	儿童	414	269	683	2 378.16	302.28	2 680.44
	其他	1 148	355	1 503	6 212.72	1 440.50	7 653.22
	计	1 562	624	2 186	8 590.88	1 742.78	10 332.66
台东	儿童	38	21	59	114.72	15.94	222.45
	其他	44		44	280.30	192.50	2 023.40
	计	82	21	103	395.02	208.44	2 245.85
花莲港	儿童	211	195	406	966.26	15.94	982.20
	其他	692	203	895	1 200.36	192.50	1 392.86
	计	903	398	1 301	2 166.62	208.44	2 375.06

① 本表多处数字有误。

续表

州厅	种别	观光（毕业旅行）人员			所需经费		
		男	女	计	自费	公费、其他补助	计
计	儿童	933	807	1 740	7 747.56	2 155.64	9 903.30
	其他	2 358	659	3 017	16 878.05	5 964.36	22 842.41
	计	3 291	1 466	3 777	24 625.61	8 120.00	32 745.71

资料来源：台湾总督府编《台湾统治概要》，第 99—100 页，日昭和二十年版。

台湾省文献委员会编：《重修台湾省通志》卷六“文教志·社会教育篇”，台湾省政府，1993 年，第 404—405 页。

青年学校概况

（1942 年）

设立别＼别种	日人为对象者			台人为对象者			总数		
	男校	女校	计（所）	男校	女校	计（所）	男校	女校	计（所）
公立	33	8	41	24	1	25	57	9	66
私立	4		4	1		1	5		
合计	37	8	45	25	1	26	62	9	71

设立别＼别种	日人为对象者			台人为对象者			总数		
	男生	女生	计（人）	男生	女生	计（人）	男生	女生	计（人）
公立	1 835 78	182 38	2 017 116	1 890	40	1 930	3 725 78	222 38	3 947 116
私立	411 43		411 43	178		178	589 43		589 43
合计	2 246 121	182 38	2 428 159	2 068	40	2 108	4 314 121	222 38	4 536 159

附注：左行为研究科学员数，台籍青年则全数阙如。

资料来源：台湾总督府编《台湾の社会教育》，第 11 页，日昭十八年版，台北市。

台湾省文献委员会编：《重修台湾省通志》卷六“教育志·教育设施篇”，台湾省政府，1993 年，第 299 页。

少年团设施概况

（1942 年）

州厅别			台北州	新竹州	台中州	台南州	高雄州	台东厅	花莲港厅	澎湖厅	计
单位团数			156	114	188	245	125	20	38	19	905
队数			男 191 男女队 1 女 183	男 285 女 248	男 267 女 253	男 303 女 276	男 188 女 179	男 31 女 30	男 38 女 38	男 19 女 17	男 1 322 女 1 224
分队数			男 878 男女队 1 女 773	1 382 1 004	1 820 1 556	2 177 1 985	948 788	109 96	211 174	108 72	7 633 6 448
团员数	男	学年三	10 847	10 324	19 111	3 523	12 376	735	1 904	870	59 690
		四	9 528	10 508	15 464	18 515	9 641	645	1 587	871	66 759
		五	13 641	9 632	15 084	17 835	9 040	584	1 415	862	68 093
		六	12 131	9 565	13 911	15 913	7 996	542	1 286	764	62 108
		高	4 050	2 094	4 447	2 748	3 074	375	509	459	17 765
		计	50 197	42 123	68 017	58 534	42 127	2 881	6 701	3 826	274 406
	女	三	8 360	6 760	2 301	12 826	8 054	585	1 568	625	41 079
		四	7 777	6 603	9 041	9 243	6 105	465	1 173	466	40 873
		五	10 940	5 307	8 398	8 706	5 296	445	1 012	370	40 474
		六	8 559	4 667	7 116	6 521	4 141	353	869	339	32 565
		高	1 986	606	1 063	655	1 043	119	246	101	5 819
		计	37 622	23 943	36 919	37 951	24 639	1 967	4 866	1 901	169 810
男女计			87 459	66 066	104 936	114 485	66 766	4 848	11 569	5 727	461 856
指导员数	教职员		男 女	男 女	男 女	男 女	男 女	男 女	男 女	男 女	男 女
			男 1 344 女 765	962 516	1 708 879	2 065 942	981 421	122 46	201 98	98 33	7 481 3 700
	干部团员		男 2 033 女 1 624	1 961 1 375	3 979 2 452	4 486 2 750	1 392 939	247 216	336 268	158 60	14 593 9 684
	计		男 3 377 女 2 389	2 923 1 891	5 687 3 331	6 551 3 692	2 374 1 360	369 262	537 366	256 93	22 074 13 384

资料来源：《台湾の社会教育》，第 31 页。

台湾省文献委员会编：《重修台湾省通志》卷六“文教志·社会教育篇”，台湾省政府，1993 年，第 313 页。

台湾总督府图书馆设施概况

（1942 年）

一、经常费预算	55 109 元
二、藏书册数	195 948 册
三、阅览人数	137 642 人
四、阅览册数	252 703 册
五、巡回书库巡回次数	139 次
六、巡回书库巡回图书册数	14 150 册
七、巡回书库阅览人数	75 518 人
八、巡回书库阅览册数	87 141 册

台湾省文献委员会编：《重修台湾省通志》卷六“文教志·社会教育篇”，台湾省政府，1993 年，第 344 页。

新庄东国民学校学生誓词

（1942 年）

我们新庄东国民学校的学生立誓下列事项，成为顶天立地的皇国民：

一、感谢皇恩，敬神，成为很有礼貌的学生。

二、不说谎，不作假，成为品行端正的学生。

三、能说一口好国语，成为很守规矩的学生。

四、身心都保持洁净，成为爱好清洁的学生。

五、练成健壮的身体，成为勤奋工作的学生。

杜武志著：《日治时期的殖民教育》，台北县立文化中心，1997 年，第 277—278 页。

台南州新营郡后壁庄菁寮部落会之施设状况①

（1942 年）

一、概　　要

（一）部落位置、环境、形势

本部落位于后壁庄公所西约四公里处，为该庄最大部落，自后壁站乘公车约十分钟。北隔八掌溪，面东石郡鹿草庄，西接白沙屯，南接长短树部落，向来为商业中心，亦为文化发祥之地，有公学校、警察官吏派出所、市场、信用组合、水利监视所、制糖公司驻在所等及教育、行政、经济有关机关。部落内外俱清洁，道路整齐，各加以拓宽又铺装，交通称便。

（二）创立经过

民国二十五年（日昭和十一年）六月二十五日：组织菁寮部落振兴会。

民国二十六年（日昭和十二年）十二月十日：发起敬神运动，改善全体会员正厅（改变为日式布置，为皇民化运动之究极目标）。

民国二十七（日昭和十三年）年八月十一日：组成奉仕队，从事奉献作业。

民国二十八（日昭和十四年）年四月二十九日：以优良部落受台南州知事表彰。

（三）部落集会所

1. 集会所

建设时间：昭和十一年（民国二十五年）；建设费：五千元；设备费：一千元；建物种别及建坪：木造平屋盖瓦，六十坪；国旗升降台建设经费：一百五十元。

2. 设备一斑

黑板一、讲台一、讲桌一、会议用桌二十一、椅子一百二十、神坛一、钟一、挂匾五。

3. 利用情形

（1）礼拜神坛，培养敬神观念；

（2）升降国旗，尊重国旗；

（3）兴办讲话会或演讲会，培养国家观念，训练公民；

（4）利用为各种典礼场所；

---

① 1941 年，台湾殖民政府为了推进皇民化运动，选定了三个“优良模范部落”作为“社区教化”的典型，台南州新营郡后壁庄菁寮部落是其中之一。该部落在举办部落会活动、加强神坛礼拜、普及日语、废止寺庙和地方戏、开展“报国勤劳奉仕”等方面，“成绩”突出。从该部落的材料中，可见当时基层“社区教化”之一斑。

（5）各部会员之集会；

（6）其他公私各种集会。

（四）部落现况一般

1. 户数、人口（职业别）

农业				商业				雇工				其他				计			
户数	人口			户数	人口			户数	人口			户数	人口			户数	人口		
	男	女	计		男	女	计		男	女	计		男	女	计		男	女	计
277	740	721	1461	61	162	158	320	70	221	212	433	64	142	144	286	422	1 305	1 235	2 540

2. 教育程度

公学校在学者	未就学者	就学比例（%）	解日语者							
			公学校毕业者	同上在学者	日语讲习所毕业者	同上在学者	国民塾在学者	其他解者	计	解者比例（%）
375	230	64	295	375	309	97	587	120	1 783	70

3. 宗教（户数别）

佛教	儒教	道教	基督教	旧惯祭祀团体	其他
15	401	1	5	—	—

4. 经济状况

主要产业之生产额：（单位：日元）

农产	畜产	林产	水产	工产	副业	其他	计
199 014	25 640	—	1 510	32 680	10 320	—	269 164

二、组织及机关

（一）组织及职员系统

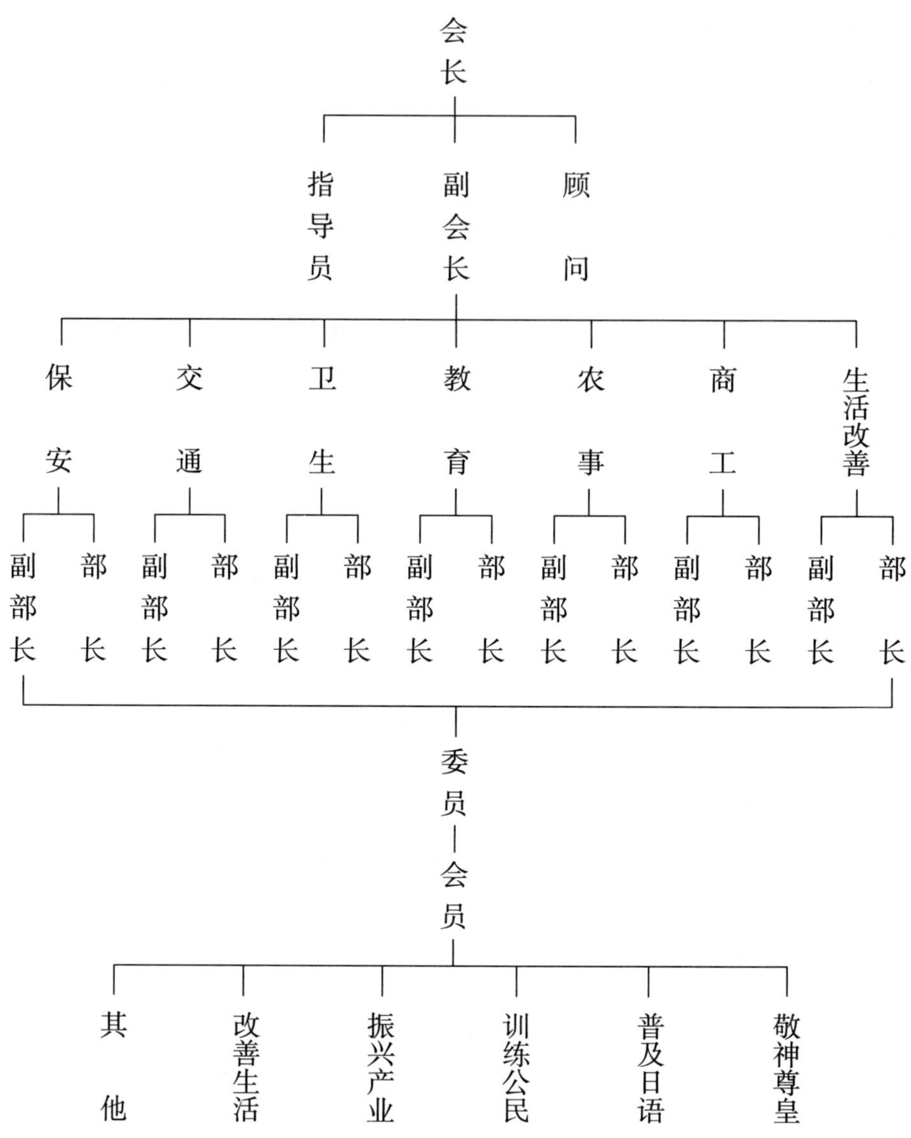

（二）实行机关及会员状况

家长部　　三百八十人

主妇部　　三百八十人

青年部　　三百人

女子青年部　　二百四十九人

少年部　　七十九人

（三）规约：《菁寮部落振兴会规约》

第一章　　总则　第一—三条

第二章　　会员及组织　第四—七条

第三章　　会议　第八条

第四章　　庶务及会计　第九—十一条

附则

（四）与产业组合、农事实行团体及其他关系团体之连系状况

自部落振兴会成立之初，即与庄、学校、派出所、监视所（前期为防盗、防火，后期为防空）、产业组合及其他关系团体，保持密切连系，期能顺利推行业务为指标，尔来与各关系机关团体之连系密切，在其协助之下，朝气十足。所谓农事实行团体，包括农事实行组合，对战时后方扩充加强生产贡献良多。

三、经营方针与计划

（一）纲领

1. 敬神尊皇；

2. 普及国语；

3. 公民训练；

4. 振兴产业；

5. 改善生活。

（二）推行事业细目

1. 敬神尊皇：表列“指导事项”“设施”“方法”三栏，以下仅列其指导事项，略其“设施”与“方法”。指导事项：培养国民精神。

2. 普及国语：扩充国语普及设施；奖励常用国语；表彰普及国语之功劳者；表彰常用国语者及国语常用家庭；提高就学率。

3. 公民训练：培养自治精神；感谢报恩并培养奉献之公共心；彻底培养纳税义务观念；共同一致之精神培养；集会训练；建设集会所；养成交通道德观念；道路桥梁暗渠之完成与补修；尊重公共设施；防止犯罪。

4. 振兴产业：土地改良；增收农产；奖励副业；业佃事业（契约比率、爱佃设施）之普及；普及农村教育；宣扬产业组合精神；共同购买；生产物之共销。

5. 改善生活：衣食住之合理化；婚丧喜庆之改善及打破迷信；节约浪费，奖励预算生活；改善岁时节庆；培植卫生观念；美化部落环境。

（三）部落振兴计划

1. 教化振兴计划：本部落首先劝奖就学，提高就学率，致力青年教化，以提高国民文化水准。……

2. 产业经济振兴计划：

（1）业佃设施：举办业佃恳谈会；励行订定长期佃作契约；调停佃农纠纷。

（2）共同经营设施：斡旋共同购买；斡旋共销；经营共同苗圃；共同耕作；奖励利用改良农具。

（3）扩充生产：增进地方；奖励增产特用作物（例如战略用蓖麻）；奖励主要农作物（米、甘蔗、甘薯）；奖励利用空地；栽培自给自足蔬菜；改良畜产。

（4）增进储蓄：以五年定期利息缴纳户税。

3. 卫生、土木设施计划：

（1）公众及个人卫生设施；

（2）道路、沟渠；桥梁。

（四）将来努力要目

1. 确立常用国语部落；

2. 美化住居内外；

3. 栽植行道树；

4. 礼拜神坛；

5. 共同耕作；

6. 改善生活；

7. 涵养国防思想；

8. 战时演习；

9. 栽培国策作物（如蓖麻）；

10. 扩充青年团。

四、实施事项与实绩

（一）有关教化之实施状况

1. 成人、青少年之集会训练：……

2. 国语普及：民国二十六年（日昭和十二年，西元一九三七年）七月二十日，举行新营郡国语常用联盟后壁庄支部菁寮分会开会典礼，以所有了解国语者组成国语常用集团，誓约常用国语，不解国语者，悉收容于国民塾或幼儿塾，由青年团员担任讲师。国语讲习所则由专任讲师任之。

公立国语讲习所

年度别	学生数	备考
民国二十三年度（昭和九年度）	50	第一次毕业者
民国二十四年度（昭和十年度）	50	第二次毕业者
民国二十五年度（昭和十一年度）	50	第三次毕业者
民国二十六年度（昭和十二年度）	42	第四次毕业者
民国二十七年度（昭和十三年度）	20	第五次毕业者
民国二十八年度（昭和十四年度）	97	现在肄业者

国民塾、幼儿塾

塾别	塾生数			讲师数	备考
	男	女	计		
国民塾	209	316	525	16	
幼儿塾	34	29	63	2	

3. 加强后方后援：

（1）加强后方经济：……

（2）“报国勤劳奉仕队”之活动：民国二十七年（日昭和十三年）八月十一日成立“勤劳奉仕队”，共同耕作蓖麻之成绩如左：

年度别	栽培面积（甲）	收获量（斤）	备考
民国二十七年度（昭和十三年度）	6 000	902	
民国二十八年度（昭和十四年度）	6 000	850	预定

（3）举行祈愿祭典：向新营神社祈求日军之武运长久打胜仗。

（4）栽培国策作物：在部落月例会上，约定栽培国策上不可或缺之黄麻、蓖麻、棉花等重要物资。

年度别	黄麻栽培面积（甲）	棉花栽培面积（甲）	蓖麻栽培面积（甲）
民国二十六年度（昭和十二年度）	2.68	8.50	4.57
民国二十七年度（昭和十三年度）	5.00	35.00	8.70
民国二十八年度（昭和十四年度）	8.50	45.00	9.50

（5）实施“金”总动员运动：自民国二十七年（日昭和十三年）起，在庄公所、派出所、“组合”协办下献出金块、金饰。

次别	数量（钱）	备考
第一次	556	
第二次	833	
第三次	1 000	

（6）防空、防谍训练：全民致力乡土防卫。

（7）调制军用干草。

年度别	第一次缴纳数量（斤）	第二次缴纳数量（斤）	计（斤）
民国二十七年度（昭和十三年度）	2 550	7 650	10 200
民国二十八年度（昭和十四年度）	4 220	8 440	12 660

（8）国防献金（捐款）。

（9）公民自治训练及防止选举弃权运动。

4. 集体勤劳作业：每月一次以上，清扫部落、埋填公共地、共同耕作、补修道路、保护行道树等。

5. 刷新生活方式：

（1）实施过新历年：自民国二十八（日昭和十四）年起全废过旧历年：

年度别	台人户数	实施新历户数	揭挂“国旗”户数	置“门松竹”户数	使用“结绳”户数	使用日式“饼”户数	膜拜神社者数	参加典礼者数	各自“奉祝”户数
民国二十八(昭和十四)年度	418	418	418	350	418	418	300	338	387
民国二十九(昭和十五)年度	422	422	422	362	422	422	350	421	422

（2）改善服装：依会员约定，工作服一律用草绿色（国防色），一般衣服尽量着穿日本和服。

（3）改善娱乐：全废台湾戏（布袋戏、歌仔戏），以郡、街庄巡回电影，作为部落民之娱乐机关。

年度别	放映次数	观览累计人数	备考
民国二十六（昭和十二）年度	4	1 650	
民国二十七（昭和十三）年度	5	2 550	
民国二十八（昭和十四）年度	7	3 500	

（4）中元及其他节庆之改善：节省岁时节庆当中浪费最庞大之中元普度费用，转供建设集会所，设神坛，建堆肥、猪舍，开设下水沟等，对移风易俗影响殊巨。

6. 邻保相助：

（1）由“方面委员”调查贫困者，予以物质与精神上扶助。

（2）由慈惠院施行免费诊疗。

（3）举办“同情周”。

7. 打破旧习：

（1）排斥乩童、地理师。

（2）废止寺庙，改变膜拜偶像之民间信仰。

（3）全废烧金银纸陋习。

（4）渐废聘金制度，改用纳采订礼。

（5）丧礼之恸哭改为较静肃、敬虔、悲哀态度，祈求冥福，实施较严肃葬礼。并废送终行列，改为较严肃方式。

（6）废止对会葬者之回食，节约费用捐给国防用途或公共团体。

（7）节省订婚、结婚时之赠礼、喜宴费用捐给公共团体。

（二）有关产业经济之实施状况

1. 协调业佃（业主与佃农）：

（1）举办业佃恳谈会：讨论佃租问题。

（2）励行订定长期佃作契约：每年举办业佃周。

（3）调停佃作纠纷：本会未克调停者，则委庄调停。

2. 共同经营：

（1）斡旋共同购买：建造堆肥猪舍、私厕或洗澡堂之际，共同购买砖、瓦、水泥、竹等建材，节省经费。

（2）斡旋共同销售：依州农会规定斡旋特用作物之贩卖，因全户建猪舍，致猪只生产过多，共销于嘉义市。

（3）经营共同苗圃：经营蓬莱种共同苗圃、蔬菜及甘薯之共同苗圃，致力繁殖优良品种并节约劳力。

（4）共同耕作：就战用作物较乏栽培经验者如蓖麻，选定六分地，共同出役，依庄之研究指导，实地体验合理培肥管理法，俾应用于各自所经营农地。

（5）奖励利用改良农具：劝购改良农具，于产业组合备“蕃薯签”制造机、稻谷脱壳机各十台，以供中产以下会员利用。

………

台湾省文献委员会编：《重修台湾省通志》卷六“文教志·社会教育篇”，台湾省政府，1993 年，第 371—391 页。

日据时期台湾的新闻杂志及报刊一览表（依据台湾新闻纸令者）

名称	刊行别	发行地	名称	刊行别	发行地
台湾日日新报	日刊	台北市	日本电报	日刊	台北市
台湾新闻	同	台中市	台湾新民报	同	同
台南新报	同	台南市	台湾糖业通信	隔日刊	同

续表

名称	刊行别	发行地	名称	刊行别	发行地
东台湾新报	同	花莲港街	台湾经世新报	周刊	同
新闻联合	同	台北市	南瀛新报	同	同
新高新报	周刊	基隆市	专卖通信	月刊	台北市
台湾时事新报	周刊	台北市	理番の友	月刊	台北市
高雄新报	同	高雄市	台湾实业界	同	台中市
东亚新报	同	台中市	台湾月报	同	台北市
台湾经济 TIMES	同	台北市	台湾时报	同	同
南海时报	同	同	台湾教育	同	同
まニヒ（诚）	半月刊	同	台湾铁道	同	同
青果时报	同	台中市	台湾递信协会杂志	同	同
同光	同	新竹市	台湾农事报	同	同
台湾警察时报	月刊	台北市	警友	同	新竹市
向阳	月刊	台中市	台湾大亚细亚	同	同
台湾山林	同	台北市	台湾妇人界	同	同
社会事业の友	同	同	台湾艺术新报	同	同
台湾消防	同	同	台湾理容界	同	同
台卫新报	同	同	台湾地方行政	同	同
新台湾	同	同	台湾农村新闻	同	同
台湾之产业组合	同	同	高雄州时报	双月刊	高雄市
台湾畜产	同	同	台湾水利	同	台北市
台湾自动车界	月刊	台北市	市街庄协会杂志	双月刊	新竹市
法政公论	同	同	大阪朝日新闻号外	不定期号外	台北市
大阪每日新闻号外	不定期号外	同	赤崁共存同荣月报	不定期	同
始政四十周年纪念台湾博览会 NEWS	不定期	同			

台湾省文献委员会编：《重修台湾省通志》卷六“文教志·社会教育篇”，台湾省政府，1993 年，第 325—327 页。

日据时期台湾设立的各种学会及协会

日据时期于台湾总督府内及台北帝国大学内以及民间等，成立各种学会及协会，各按其目的从事各种研究调查或诱导教化，直接或间接贡献于社会教育，其主要者如左：

台湾发明协会、台湾三成协会、善怜［邻］协会、台湾体育协会、史学讲书会、国文讲话会、英文学会、心理学讲话会、南方土俗学会、哲学讲话会、生物学研究会、台湾山林会、台湾海务协会、台湾山岳会、台湾消防协会、台湾佛教道友会、畜产学研究会、数学讲话会、物理学讲话会、作物学讲话会、园艺学讲话会、Silvia会、台湾农友会、热带产业调查会、台湾递信协会、台湾高尔夫俱乐部、台湾产业组合协会、教育协会、台湾教育会、土壤肥料学讲话会、热带农学会、台湾救济团、台湾癞预防协会、台湾话通信研究会、台湾水产会、汉文学会、台湾社会事业协会、台湾放送协会、台湾神职会、台湾图书馆协会、台湾博物馆协会、南瀛佛教会、台湾警察协会、台湾昆虫学会、化学杂志会、台湾地理学会、历史讲话会。

台湾省文献委员会编：《重修台湾省通志》卷六“文教志·社会教育篇”，台湾省政府，1993年，第323页。

三、有关社会教育的言论

论社会教育

（1924年）

王敏川

要论社会教育，先要说社会教育的意义，甚么是社会教育。这种定义简单说来，就是对于构成社会一分子的个人，使适应社会有具资质能力的教化事业。因为社会是共同生活的组织体，得养成使有资质能力的全体，这种教育，即可说是社会教育。社会教育是直接以社会进步发达为目的之教育事业，社会渐渐进步起来，像从前仅恃学校、家庭的教育，定不能够满足，必须再进、希求有社会教育，是自然的趋势，所以社会教育若愈隆盛，民众自发的精神必大加涵养，自学的风习亦必大进完善，人人能有社会奉仕的思想、适应社会生活的能力，并养到社会连带的感情，使贡献国家社会生活的向上、进步，这就是社会教育所起到的效果。但是我们台湾社会教育发达到甚么田地，我真惭愧不敢说是有社会教育。从来的社会教育，形式没有实质，片断没有系统，是不配称有社会教育。现在我们社会教育既是这样状态，我们就应该觉悟怎样办法才善，决不可轻易夸说很进步，惹人笑话。我们同胞有三百八十万，虽是很多，若细看起来，这很多的里面，受教育的人却是很少，其余大多数差不多是没有受过教育的人。既是没有受过教育，岂不是和瞎子、聋子、哑子同一样么？怎样说呢？因为尚有多数的不识字同胞，不能看新闻杂志和书籍，就如瞎子失了视看的能力，既不能自视文字，虽是听人说话，恐亦不能够理解。就如聋子同样失了听话的本领，或对人不能说出甚么道理，没有学问上的知识，岂不是和哑子同一的苦痛么？就是稍有识字的人亦有多惑于实利主义，不解甚么是义理，失同胞相互扶助的本义。咳！这样社会，怎样能配称是文明社会呢？社会教育由今看来是很切要，种种有益的施设，是一日不可缓的，我们愈感我们社会，若不是大施社会教育，必难望和世界文明人获同等的资格，这教育事业，岂不是要赖有志之士奋起施设吗？现在视为最急要的施设试列举于左。

（一）讲演会及讲习会

要期启发一般人的普通知识，讲演会和讲习会须要各地开设，地方的先觉者分担这有益的事业，热心办理，就不患地方文化有衰颓的事。现时虽有台北、彰化、台南三处，按一定时期开讲习及讲演会，其余各处都未有计划，怎样对这重要的事，地方的人士却不想努力呢？

（二）图书馆、读报社或文库

对于读书的趣味，要养起来，于各地设文库或读报社及图书馆，使民众得增进知识，洵为切要。最可憾的，同胞对于看书很无趣味，而耽于无益的游荡，耗费时间不尠，若有设这样机关，使得自由研究，一般读书力的进步，真是可喜了。

（三）教育的观览施政

现时我们对于这种施设，还未著意办到，但是如博物馆、陈列所等为有益的机关，确是有裨益于民众的事哩。

（四）各种修养机关的指导

如青年会及妇人会从来徒流于形式，其弊实由乏指导者的指导，且缺自主的人物，不能图会的发达，今后须去形式重实质，舍妄从得有自主，出有相当的人物热心指导，就能唤起自觉，改革陋习了。

（五）职业指导

外国的都市设有指导部，恐子弟有误方向，致无正业，要使其适才适所，得发挥其才能，如设职业介绍所，亦本于这意思。今我台的社会无职的人想亦不鲜，对于职业指导方法，有这施设亦可说是有益的事，这种机关可惜还未有留意啦。

（六）民众娱乐改善

人民趣味向上和道德思想向上有重大的关系，娱乐改善即社会进步的一大必要条件，现时观我台的演剧种类及其他娱乐机关，乏高尚、近野鄙的不鲜，这种的改善，岂不是很切要么？

（七）生活改善

我们要望生活改善，第一要舍虚伪的生活，而入于有意义的生活，这是由生活而进于道德。第二要以最少的努力举最大的效果，这是由经济的生活。第三要对现代科学，于生活上得适用至入自觉生活，如对食物、衣服、住宅、社交仪礼等渐次改良，这是要使我们生活合理没有矛盾，但要望改善，没有适当的机关就很不便了。

其他如奖学团、托儿所（幼儿保护）等皆为极切要，各地对于能办得到的范围，总要努力才是哩。况所举的数项，皆须倚赖我们自己努力去办，不是要专赖政府的施设，这就是先觉者的任务，得使全岛同胞皆有常识，岂不是可欣的事吗？望快协力施设罢。

《台湾民报》第二卷第十五号，一九二四年八月十一日

台湾史研究会编：《王敏川选集》，台北，海峡学术出版社，2002年，第41—45页。

皇民化运动与皇民奉公会

许极墩

（一）同化政策与皇民化

日本于日清战争打败清国后割取台湾作为殖民地，开始扩展帝国的建构。帝国主义经营殖民地旨在猎取其土地、生产资源与劳动力，从而割收经济利益。以故，只要被殖民者对殖民统治不反抗，让殖民统治的经济目的能够顺利完成，也就无需要强烈地要求殖民地人民同化为宗主国的臣民，亦用不著推动什么皇民化运动。

所谓“皇民化”乃是“同化”政策的进一步加强，盖“同化”只是使台湾人的生活样式与日本人同化，而“皇民化”则不但在形骸上，更进一步要求台湾人在精神上完全成为“皇国忠诚的臣民”。

本来“同化”一词早在1911（明治四十四）年，当时总督府的内务局长龟山理平太即曾主张过，惟总督府认为台湾人是异民族，在法政制度上自与宗主国有所不同。因此，总督府的对台政策一直是非同化的“异化”差别的方针。到了1914年末（12月），明治维新的元勋板垣退助与林献堂等人创立“台湾同化会”，目的在以平等无差别的待遇对待台湾人，而以异族台湾人同化日本成为同种民族为手段。但是同化会运动威胁到在台日本人的特殊权益，致遭反对。佐久间左马太总督（第五任）和民政长官内田嘉吉（曾任第九任文官总督）均暗中阻扰，成立一个月就被以妨害治安强令解散。然而“同化会”的精神却一直成为台湾人反抗日本的动力，影响其后的政治运动，以“同化”精神要求“内地延长主义”，撤废万恶之法的“六三法”，推动台湾议会请愿运动等。

第一次世界大战后，由于民族自决运动潮流的澎湃，台湾的文官总督开始采行使台湾人日本人化的同化政策，亦即试行法制上的所谓“内地延长主义”，用以消弭台湾人的“民族意识”，所以对林献堂等人所倡导的“台湾议会设置运动”认为将归结于台湾民族的独立，始终反对，就是用“同化政策”来抵制。在同化政策之下，台湾人即使会说日语，爱吃寿司，喜欢唱日本歌曲，穿和服……，但是，台湾人毕竟脱不了台湾人的气质，精神结构依然无法完全变成日本型的东西。

（二）皇民化运动的背景

台湾虽然是日本帝国的殖民地，台湾人毕竟不是日本人，是异民族，而且大多数是汉族系的异种人。台湾人对日本帝国的统治始终反抗不休：起先是武力反抗二十年（1895—1915），然后是政治、社会各种运动的非武力反抗（1915—1937），抗日意识的根深蒂固尤其显示在长达十四年（1921—1934）的台湾议会设置运动。这也说明以往的同化政策、内地延长主义，日本政府既缺乏诚意，效果也轻微，不足征信。帝国主义本质上带有法西斯的浓厚色彩，其领土的扩张必借由军事侵略。然而历史的经验告诉帝国主义者，要防止殖民地的反抗革命于未然的有效手段，并非唯武力高压政策，毋宁是怀柔策的收揽民心。日本帝国主义者在寻求扩大殖民地时，更需要借助台湾或朝鲜扮演对新殖民地的示范领导角色，肯定必要使台湾或朝鲜成为准日本化，而逼迫两地人民培养从内心发出“自己是皇国臣民的一份子”的自觉。

事实上，中日战争发生后，在跟台湾人同种族的中华民国打仗时，总督府对台湾人民心的向背深为疑惧不安。而战争逐步扩大，由上海而延伸到台湾对岸的福建、广东，帝国的南进政策亦积极地展开。为了使台湾人对战争协力，小林总督曾在地方官会议席上强调必须“设法贯彻皇国精神，振兴普通教育，匡励语言风俗，培养成为忠良的帝国臣民的质地”，并且提倡遵守教育敕语，置信大日本帝国为神国，尽忠报国即所以事孝。小林总督所标榜的皇民化政策，果然在卢沟桥事变发生后两个月，近卫内阁发表《国民精神总动员计划实施要纲》获得更进一步的加强。

为了考验台湾人的民心动向，总督府征派台湾人充军夫、通译到福建、广东，使台湾人直接参加对中国的侵略战争。迨太平洋战争爆发后，考虑到南洋有千余万出身于台湾人原乡的福建、广东的华侨，需要利用台湾人充当华侨对策的尖兵侵略南太平洋，但不是作为台湾人的身份，而必须是以与日本人同生死的真正日本民族的一个成员。为了这些目的，乃强行要求把台湾人转化、育成为皇国臣民，不论形骸（姓名、语言、生活方式……）和精神（忠良的日本臣民），都必须跟日本人一体化、隶属化。

亦就是，总督府之所以要对台湾人推行皇民化运动，并非为了使台湾人成为与日本人平等地位的准日本人，毋宁说是完全基于帝国遂行侵略（中国，尤其华南和南洋）战争的需要，利用台湾人跟这些区域的中国（福建、广东）人、华侨在语言上与种族上的共同性，“以夷制夷”，驱使台湾人到前线去充军夫、通译。所以皇民化运动乃随着南进侵略的扩大而日益加强。可见台湾的南进基地化，实是皇民化运动的促进剂。

（三）皇民化运动的展开

卢沟桥事变是台湾总督府对台湾人强制推行皇民化的契机。惟皇民化关连的动作则在事变发生（1937）前的（同年）4月，在新总督小林手下，为了消灭汉族系台湾人的固有文化与民族精神，各报纸废止汉文栏，并强制废止汉文书房。事变发生后约一个礼拜，总督府更下令解散“台湾地方自治联盟”。9月，帝国的近卫内阁开始推行“国民精神总动员运动”，标榜“八纮一宇”“举国一致”“尽忠报国”“坚忍持久”等口号，而台湾也被纳入运动的体制内。9月10日，总督府在台北设立“国民精神总动员本部”，于各州厅设支部，开始积极推行“促成内台合一”“达成皇国臣民义务”的皇民化运动。继而于9月25日，强行召集台湾青年充中国大陆战地的军夫。翌年（1938）1月，小林总督发表关于对台湾人实施志愿兵制度的谈话，谓此制度与彻底皇民化同样必要。

1939 年 5 月 19 日，小林总督于赴东京时对记者宣称：治台重点为皇民化、工业化与南进基地化的三项政策。在皇民化的目标下，为了使台湾人成为“陛下的赤子”的皇民化得以尽速推行，除了报纸中文栏的废止，国语常用运动，偶像、寺庙的撤废，强制参拜神社，禁止过旧历年（1940 年 2 月 8 日）等，进行破坏台湾文化的精神改造措施。同时，于 1940 年 2 月 11 日（所谓皇纪二六〇〇年建国纪念日）半强制台湾人改换日本式姓名（不改者斥为“非国民”）。同年 11 月，总督府更公布《台籍民改日式姓名促进要纲》强迫执行，但大多数台湾人却硬是不肯“改姓名”，虽然“改姓名”可以吸到一些甜头。

（四）皇民奉公会

皇民化运动在本质上无异是驱使台湾人加入日帝所发动的侵略战争的运动。亦即，事实上是总督府透过皇民化运动达到动员台湾人协助战争的目的，包括军夫、军属（军队的文职人员）、通译、军农夫、勤行报国青年队、高砂（原住民）义勇队（派往南洋作战）等。而皇民化本身的主要目的则为：确保岛内治安、协助战时体制和充任南进的先锋，由“皇民奉公会”的成立加强推动。

1940 年 10 月，第二次近卫内阁成立“大政翼赞会”，仿效德国纳粹党建立强力一元政治的新体制。近卫首相在声明中强调“上意下达，下意上通”和“万民翼赞”“承诏必谨”的精神主义。翼赞会的总裁由首相兼任，各县（最高地方政区）知事兼任支部（会）长，它完全是官制的组织。此一运动的纲领不外乎是“大政翼赞的臣道之实践”而已。帝国如是加紧法西斯化，迷信日本为神国，皇室神圣不可侵犯，把国民推进战争体制的牢狱。

大政翼赞会完全是政府的御用机构，对于天皇制的法西斯化扮演了重要的角色。在它的操纵下，民间的自主团体被解散，而代之以成立官制的团体，例如劳工界的“总同盟”“东交”等工会被解散而（11 月）结成“大日本产业报国会”。接着翌年（1941）初，治安维持法被国会“改恶”，结局是国民批判政治的途径完全被堵塞了。可见所谓的新体制的实态乃是战时体制的推行。

日本国内盛行的大政翼赞的风潮也波及台湾。总督府乃利用它来加强宰制台湾人，尤其是为了完成作为南进据点的使命，必须展开全岛一致的奉公运动。1941 年 4 月，总督府决定炮制如大政翼赞会的组织以响应国内的运动，而命名该组织为“皇民奉公会”。4 月 19 日，这个会正式在总督府成立，由去年（1940）12 月就任总督的长谷川清（海军上将）与台湾军司令本间雅晴共同主持。长谷川在创会时呼吁“全岛民悉为贯彻皇国民的本质献身，确立完成国策的国民组织，肩负起重大的使命……”，并强调“皇民奉公运动，实即全岛民的臣道实践运动”。亦即，这项运动乃是台湾岛民作为皇国臣民，面对实现日本的（侵略战争）国策而实践臣道的运动。皇民奉公会则是全岛官民一致为展开皇民奉公运动所结成的国民运动的组织，所以全台住民悉数（无任何人例外）被纳入组织里边。这点则跟只有一部分的国民成为构成员的大政翼赞会不同。

皇民奉公会的组织与总督府以下各级行政组织完全重叠，规格庞大。总裁由总督兼任，中央本部长由齐藤树总务长官兼任。中央组织分置总务、宣传、训练、文化、生活和经济等部门。地方组织，州厅设支部，市郡设支会，街庄设分会，区有区会，部落有部落会，最基层单位是奉公班。各级组织的长由各级行政首长兼任，两者互为表里一体。

此外，总督府更组织了奉公壮年团、产业奉公团、挺身奉公队、文学奉公队、梗桔俱乐部（未婚女性的组织）、爱国妇人会等作为皇民奉公会的别动队。在太平洋战争下，这些团体咸以皇民奉公会为枢轴而行动，使人人被驱入“圣战”的领域内。

皇民奉公会还配合太平洋战争序幕战的大捷，训练经营南洋的尖兵，设置多数的训练所，将大批台湾青少年投入里边。台中、台南、高雄等州合计设置七处“拓南农业战士训练所”“拓南工业战士训练所”以及“海洋训练队”等。总督府更注意到原住民的存在。他们与南洋占领地的住民种族略同，可让他们打进现地人中间，寻求对日协力。“高砂族”擅于涉猎山地森林之间，适合南洋的森林作战，因而组成“高砂青年队”投入南洋战争。

在推行皇民奉公会运动中，长谷川总督对于前任小林总督的皇民化运动作了若干调整，亦即对引起台湾人重大反感的撤除偶像、寺庙、歌仔戏，强迫以奉祀伊势大神宫的大麻代替祭祀祖先等文化、宗教压抑加以缓和。然而，神社的参拜却比以前更变本加厉地强制执行。

许极墩著：《台湾近代发展史》，台北，前卫出版社，1996 年，第 421—428 页。

第七编

日语教育

一、日语学校法规及实施概况

关于台湾讲习所之设置向台湾事务局总裁报告乙案

（1896年）

明治二十九年二月四日申民第二〇三号　总发第二七号

本岛既然已归帝国之版图，全岛之当地人应让其完全学习日语，于军事上及行政上之各种文书应皆以日文表达之，此为帝国之前途应有之期望。虽然如此，至今日最感不便者语言之不通，虽然有一百数十名之陆军翻译人员，但对本岛之方言能了解者寥寥无几。在本岛之统治上蒙受之意外之障碍不少，不用说是总督府，就是各地方官衙也设置台语讲习所，让文武官吏去学习，作为他日传授本岛人日语之阶梯，实为当务之急。兹将左案向台湾事务局总裁呈报，是否可行，敬请裁示。

案

本岛既归入帝国之版图，如果将使本地人永远做为帝国之臣民，应使本地人学习日语，到处可闻喃喃说日语，在本岛之统治上及将来帝国之发展上，是最为重要之关键，但谈何容易，故不得不期待于久远之日。然而今日因为语言之不通，文武官吏所感到不便意外之强烈。虽然陆军翻译人员有一百数十名，本来本岛之土语，与清国之官话已迥异，又与中国南方之方言大异其趣。由于由清国各地迁移前来者，即组织乡说而聚居各地，各用其由乡之地方语言，因随着时代之变迁逐渐发生变调，所以各处之方言各异。由清国之国内迁移前来者既然如此，至于原住民之语言，虽是移住民能了解者亦甚为稀少，将来着手绥抚原住民时，将比现在更加困难。在台北附近寻问当地人，虽翻译再三乃不解之语屡有所闻，其不便者实在不少。陆军有翻译人员尚且如此，何况是宪兵、警察官。如少数隔离而从事其职务时，不能逐一附配陆军翻译人员，假使能附配，亦需使用能操清国官话之本地人，如此不但不方便，同时其间难免发生危险。故无论是武官或文官，因语言之不通而有不少之障碍，此乃本官夙已忧虑之处。昔日已命僚属要二三之陆军翻译人员附带能说官话之当地人，而使本府直属之文武官吏，在公务之余暇，要其学习台语。至今虽然稍有成绩，但其规模甚小，而最需要讲习之宪兵及警察官吏，不能全部讲习。又对其教员若想给予若干之报酬，但已受本俸者，不能因另外有特别之业务，而发给津贴，彼等当为之鸣不平。如此在担任繁重之职务之外，又在余暇课以工作，在勤劳之比较上及奖励上，给与相当之报酬是理所当然。随后在各地方官衙亦设立台语讲习所之计划，并加以奖励。首先向少数之文武官吏灌输台语，做为多数之台湾人得以学习日本语之阶梯，在今日是最为必要者。对讲习所之讲师拟给与月薪五分之一乃至三分之一适当范围内之报酬，敬请迅速协议，谨此呈报。

谨呈

明治二十九年二月十七日　　　　总督

林品桐等译：《台湾总督府档案》（中译本）第七辑，台湾省文献委员会印行，1995 年，第 167—168 页。

台湾总督府直辖诸学校官制

（1896 年）

明治二十九年三月二十九日以敕令第九四号公布

第一条　台湾总督府直辖诸学校为国语学校、国语传习所及国语学校附设附属学校。

第二条　国语学校及国语传习所设左列职员：

学校长或所长

教　授

教　谕

助教谕

书　记

舍　监

第三条　国语学校长一人，奏任，承台湾总督府民政局长之命，掌理校务，监督所属职员。

国语传习所长，各所共计为十四人，以县、厅、岛厅或支厅之官吏兼任之，承台湾总督府民政局或所属知事、岛司、支厅长之命，掌理所务，监督所属职员。

第四条　教授四人，为高等官四等以下，掌理国语学校生徒之教授。

第五条　教谕四十二人，判任，掌理国语学校附属学校或国语传习所生徒之教育。助教谕九人，判任，协助教谕之职务。

第六条　舍监二人，判任，受国语学校长之指挥，掌理有关生徒之管理事项。舍监由教谕或助教谕兼任之。

第七条　书记为判任，承上官之命，办理庶务、会计。

附则

本令自明治二十九年四月一日施行。

台湾省文献委员会编：《台湾省通志稿》“教育志·教育行政篇”，台湾省政府印刷厂，1957 年，第 66 页。

台湾总督府直辖国语传习所规则

（1896 年）

明治二十九年六月府令第十五号

第一章 宗旨及种类

第一条 国语传习所以教授台人国语资其日常生活，并养成日本的国民精神为宗旨。

第二条 国语传习所的学生分为甲科和乙科两种。

第二章 编 制

第三条 甲科学生，入学年龄在十五岁以上三十岁以下，应具有一定基础知识。乙科学生，为年龄在八岁以上十五岁以下者。

第四条 甲科学生，使之专修国语，旁及阅读、作文初步，学制半年。乙科学生，于国语之外，加修阅读、作文、习字、算术，学制四年。

依据各地情况，乙科学生可增修地理、历史、音乐、体操等科目中的一科或多科，女学生可增修裁缝一科。

有前项情况时，所长应向民政局长请示。

第五条 甲乙两科学生各为一个年级，每一年级再根据年龄及学力分为若干个小组。

第六条 从四月一日起至翌年三月三十一日为一个学年，甲科分为两个学期，乙科分为三个学期。

第七条 甲科由四月一日至十月三十一日为前学期，自十一月一日至翌年三月三十一日为后学期。乙科自四月一日至七月十日为第一学期，自九月一日至十二月二十八日为第二学期，自翌年一月四日至三月三十一日为第三学期。

第八条 甲科学时为前后二学期共二十周，乙科学时为一学年共四十周。

第九条 甲科课时数为每日六节（周六四节），乙科课时数为每日五节（周六三—四节），但暑假三周间甲乙两科课时数可减少一—二节。

第十条 上下课时间及休息时间如左：

	学 期	上课时间	下课时间	休息时间
甲科		8：00	16：00	12：00—14：00
乙科	四月一日—九月三十日	8：00	16：00	11：00—14：00
	十月一日—翌年三月三十一日	9：00	16：00	12：00—14：00

根据各地情况由所长向民政局长提出申请，可以变更作息时间。

第十一条　节假日如左：

一、周日

二、重大节日

三、暑假（七月十一日—八月三十一日）

四、年底年初休息日（十二月二十九日——一月三日）

第十二条　遇上传染病流行或自然灾害，传习所可暂时停课，但所长须向民政局长说明原因。

第三章　教学宗旨及课程设置

第十三条　本传习所以教授国语为宗旨，重在道德教育及智力开发。道德教育即教育学生尊敬皇室，热爱国家，重人伦，旨在养成本国国民精神；智力开发即培养生存立业所必须的知识技能。

…………

第十五条　阅读作文课在教授国语的同时，教学生文字、词句、文章的阅读方法、连缀方法及其意义，使学生能够熟练地运用恰当的字句表达自己的思想，解释他人的文章。在阅读作文之外，还引导学生了解国情及古今形势以及同海外各国的关系；了解自然现象、自然规律，告知学生人类要在世间生存所必须遵守的规矩。

第十六条　写字课首先从握笔姿势开始，主要教授学生笔划笔顺、字划结构及速写，利用字帖学习阅读，通过附上假名的文字学习单词，学习数字、民间常用文字、书信公文等。

第十七条　算术课首先教授用实物及记号进行二十以内的加减乘除运算，而后逐渐扩充到一百以内数的运算、台湾数字的教学，最后教授通过算盘进行万以内的加减乘除运算及小数的计算方法。

从低年级开始教授度量衡、货币、时间等。各地可根据不同的情况增授适当的应用性课程，特别是可令学生熟练掌握心算。

第十八条　甲科课程安排表：

课程	国语（18 节）	阅读作文（16 节）	每周合计课时
第一课程	音韵的性质 假名用法 语言种类 子音变化 简单会话	小学读写教科书即小学阅读方法、作文挂图读法及假名应用、简单汉语交际	34
第二课程	简单语法规则会话及问答	小学读写教科书即小学阅读方法、作文挂图读法及小学初级阅读简单书信公文	34

本表所列科目可根据各地实际情况增加地理、历史、音乐、体操、裁缝等科目中的一科或多科，为方便起见，国语及其他各科目的课时可增减，每周可增加一——六学时。

第十九条　乙科课程安排表：

课程	国语	读书作文	习字	算术	计
第一课程	11	9	4	4	28
第二课程	11	9	4	4	28
第三课程	11	9	4	4	28
第四课程	9	9	4	6	28

第二十条　教科书和参考书

<table>
<tr><th>图书名</th><th>著译者</th><th>图书名</th><th>著译者</th></tr>
<tr><td>小学读写教科书</td><td>文部省编辑局</td><td>日本语教科书</td><td>文部省编辑局</td></tr>
<tr><td>小学阅读作文挂图</td><td>同上</td><td>新日本语言集</td><td>同上</td></tr>
<tr><td>小学阅读</td><td>同上</td><td rowspan="2">台湾十五音及字母
附八声符号</td><td rowspan="2">同上</td></tr>
<tr><td>小学阅读作文挂图
教学参考书</td><td>台湾总督府民政局
学务部</td></tr>
</table>

第二十一条　教员接受所长的领导，以本规则规定采用的教科书及参考书为基础，按每学年计划细则及每周教学内容编写教案。此外，在甲科前后两学期期末，乙科每学年期末，教师还应根据学生学业情况、道德品质、才能、交友、勤奋程度、体质等日常表现，向所长提交报告。

第四章　入学、退学、出勤等

第二十二条　甲科入学时间为前后两个学期的期初，乙科入学时间为每学年的学年初。

第二十三条　学生入学时须向所长提交申请书及个人简历，乙科学生只须个人简历。

…………

台湾教育会编：《台湾教育沿革志》，台北小冢本店，1939年，第170—174页。

台湾总督府直辖国语学校校长职务规程

（1896年）

明治二十九年七月四日训令第六八号

第一条　国语学校校长对判任官以下职员之功过及任免、赏罚，于核定后报民政局长核备。其系高等官者，得拟具意见，禀报民政局长请核定。

第二条 国语学校校长任免月薪十二元以上之雇员及佣员，应先得民政局长之核可；其系月薪不满十二元者，得决行之。

国语学校校长，派所属职员赴各地出差或允许请假，应报民政局长核示后实施之。

第三条 国语学校校长除左列事项外，应报经民政局长核可后实施之：

一、有关所属职员丧期届满复出任职事。

二、决定教师担任之学科及命令职员经办业务事。

三、在既定规则范围内设定其施行细则。

四、三日以内之临时停课事。

五、有关学生入学、退学事。

六、处理已有例规案件。

第四条 国语学校校长得由教谕之中任命附属学校主事，分担有关附属学校业务。但附属学校主事之职务规程，应由国语学校校长订定后报请民政局长核定。

第五条 国语学校校长有事之时，得由上席之教授代理其业务。

第六条 国语学校校长，应每月就其职权范围内所办理之业务，于次月五日之前陈报民政局长。

第七条 国语学校校长在每一会计年度结束时，应将前年业务进度陈报民政局长。

林品桐等译：《台湾总督府档案》（中译本）第十辑，台湾省文献委员会印行，1995年，第800—801页。

台湾总督府直辖国语传习所所长职务规程

（1896年）

明治二十九年七月四日训令第六九号

第一条 国语传习所所长对判任官以下职员之功过及任免、赏罚，于核定后陈报民政局长核备。

第二条 国语传习所所长对判任官以下职员之丧假届满复出任职及许可请假事得决行之。

国语传习所所长欲派所属职员赴国语传习所所在地方厅辖区外出差时，应获民政局长核可后实施之，其于辖区内出差可决行之。

第三条 雇员及佣员之任免，月薪十二元以上者，应得民政局长核可实施之，月薪未满十二元得决行之。

第四条 国语传习所所长指派教师担任教学之学科及职员经办之业务。

第五条　国语传习所所长有事之时，得由上席之教谕代理内部业务。

第六条　除左列事项外，皆应得民政局长核可后实施之：

一、在既有之规则范围内设定施行细则。

二、三日之内临时停课事。

三、有关学生之入、退学事。

四、办理已有例规案件。

第七条　国语传习所所长应将其每月在职权范围内所办理之业务，在翌月五日前陈报民政局长。

第八条　国语传习所所长，在每一会计年度结束时，应将前年业务进度陈报民政局长。

第九条　国语传习所所长陈报民政局长之文书，皆须经由该管知事、岛司或支厅长转陈。

林品桐等译：《台湾总督府档案》（中译本）第十辑，台湾省文献委员会印行，1995 年，第 802 页。

台湾总督府国语学校规则

（1896 年）

明治二十九年九月二十五日府令第三八号

第一章　学校之区分及本旨

第一条　国语学校分师范部及语学部，并加设附属学校。

第二条　国语学校师范部养成国语传习所及师范学校之教员暨小学校之校长或教员，并为研究本岛普通教育方法之所。

第三条　国语学校语学部，教授国语及土语，兼为对于他日从事本岛公私业务者施以必需教育之所。

第四条　国语学校附属学校，对内地人之学龄儿童与本岛之幼年者及青年者施以必需之教育，以作本岛普通教育之模范，且供师范部生徒实地教授练习之用。

第二章　学校之编制

第五条　师范部生徒，为年在十八岁以上三十岁以下之内地人有寻常中学校第四年生以上之学力者。

语学部之生徒，为年在十五岁以上二十五岁以下，有高等小学校毕业以上学力之内地人及有国语学校附属学校或国语传习所毕业生以上学力之本岛人。

附属学校生徒为学龄内之内地人及年在八岁以上二十五岁以下之本岛人。

第六条　师范部之教科目为修身、教育、国语、汉文、土语、地理、历史、数学、簿记、理科、唱歌、体操。

语学部设国语学科及土语学科，对内地人授以土语学科，对本岛人授以国语学科。

国语学科之教科目为修身、国语、读书、作文、习字、算术、理科、唱歌、体操。

土语学科之教科目为修身、土语、读书、作文、算术、唱歌、体操。

第七条至第八条

…………

第九条　修业年限为师范部二年，语学部三年。

附属学校，第一附属学校为六年，第二及第三附属学校，各为四年。

第十条　师范部为二学级，语学部之国语学科、土语学科各为三学级。

第一附属学校设三学级，第二、第三附属学校各设二学级，且第一与第三各附设青年科，第二附设补习科。

第十一条　附属学校之青年科、补习科及关于内地人之儿童教育规程，另定之。

第十二条至第四十二条

…………

台湾省文献委员会编：《台湾省通志稿》“教育志·教育行政篇”，
台湾省政府印刷厂，1957年，第138—139页。

台湾总督府国语学校附属学校主事职务规程

（1896年）

第一条　台湾总督府国语学校附属学校主事，承国语学校校长之命，办理有关附属学校之一切业务。

第二条　附属学校主事，对有关所属职员之功过及任免、赏罚，得拟具意见陈报国语学校校长。

第三条　属左列诸事项，应禀报国语学校校长办理之：

一、有关诸细则之订定、修改及废止事。

二、有关学生之召募及入、退学事。

三、有关发给证书事。

四、有关发给奖品事。

五、有关停学、退学事项。

六、有关授课细目及变更事。

七、有关临时停课事。

八、有关学生运动会事。

九、和前面事项同样重大之事件。

第四条　属左列各项得由各主事个人决行之。但第一项应于办理后立即陈报学校校长。

一、有关所属职员之分配、班级教学及业务分掌事项。

二、制作授课时间表之事。

三、制作、保管规定之表格、簿册事。

四、有关依成规购入物品事。

五、有关依成规雇用男女服务员（小使）、工人事。

六、调查附属学校经费预算等事。

七、有关依成规支给津贴等事。

八、和学生保护者间文书来往之事。

九、处理已有成例校务事。

十、和前面诸项同样平常之案件。

第五条　附属学校主事有事时得由上席之教谕代理其业务。

第六条　附属学校主事应将每月办理业务于翌月三日之前陈报学校校长。

林品桐等译：《台湾总督府档案》（中译本）第十辑，台湾省文献委员会印行，1995 年，第 803—804 页。

台湾总督府国语学校及台湾总督府国语传习所给费生支给规则

（1896 年）

第一条　对于国语学校学生及附属学校并国语传习所给费生之食费津贴、旅费及治疗费，依此规则支给。

第二条　国语学校师范部生及语学部之内地人给费生所支给之食费为一日金二十五钱，津贴为一日金五钱。

第三条　国语学校语学部之本岛人给费生、附属学校给费生及国语传习所甲科生等所支给之食费为一日金十钱，津贴一日金五钱。

第四条　国语学校师范部生及语学部生，由内地募集之时，汽船费以中等运赁费额之实费支给之，由现住地至最近乘船地及由基隆至台北，照雇员之按日给旅费同一数额支给之。

第五条　国语学校师范部及语学部之内地人给费生，给以一定之被服。

第六条　定期休假中，本岛人生徒而不留住寄宿舍者，不支给食费及津贴。

第七条　除疾病外，无故而缺席者，不支付当日之食费及津贴。

第八条　寄宿生之疾病治疗费为官给，但由本人自身之便宜上依其志愿而外宿疗养或入院时，则须自理。

第九条　通学生因病而休假至三日以上时，仅支给食费。

第十条　食费及津贴，每翌月二日支付，如遇假日则顺延之。

第十一条　除疾病外，如有不当行为而被命令退学或毕业后而不尽指定之义务者，须由本人或保证人一次缴还其在学中支给之全部食费及津贴。

第十二条　关于本则之施行细则，由国语学校长或国语传习所长定之，但须得民政局长之认可。

台湾省文献委员会编：《台湾省通志稿》“教育志·教育行政篇”，
台湾省政府印刷厂，1957 年，第 162 页。

日语学校及附属学校组织系统

（1896—1919 年）

表一：日语学校第一期（自日明治二十九年至三十五年）组织系统（1896—1902 年）

- 台湾总督府日语学校
  - 讲习科（日明治二十九年至三十四年）
  - 师范部（日明治三十年至三十五年）（二年，日籍学生）
  - 日语学部
    - 日语科（日明治三十年至大正八年）（三年，台籍学生）
    - 台语科（日明治三十年至三十五年）（三年，日籍学生）
  - 台语专修科（日明治三十一年至三十五年）（二年，日籍学生）
  - 铁道科、电信科（日明治三十三年至三十五年）
  - 附属学校

表二：日语学校第二期（自日明治三十五年至四十三年）组织系统（1902—1910 年）

- 台湾总督府日语学校
  - 师范部
    - 甲科（日明治三十五年至四十三年）（二年，日籍学生）
    - 乙科（三年，台籍学生）
  - 日语科（日明治三十年至大正八年）（三年，台籍学生）
  - 实业部（日明治三十五年至四十年）
    - 铁道科（一年，台籍学生）
    - 农业科（二年，台籍学生）
    - 电信科（一年，台籍学生）
  - 中学部（日明治三十五年至四十年）（五年，日籍学生）
  - 附属学校

表三：日语学校第三期（日明治四十三年至大正八年）组织系统（1910—1919 年）

台湾总督府日语学校
- 公学师范部（日明治四十三年至大正八年）
  - 甲科（一年，日籍学生）
  - 乙科（四年，日籍学生）
- 小学师范部（日明治四十三年至大正八年）（一年，日籍学生）
- 日语科（日明治三十年至大正八年）（三年，台籍学生）
- 台南分校（日大正七年至八年）（公学师范部乙科，四年，台籍学生）
- 附属学校
  - 附属公学校
  - 附属女学校
  - 附属小学校

至于附属学校，亦经数度之更改；兹列表如次：

表四：第一期附属学校（日明治二十九年至三十一年）（1896—1898 年）

台湾总督府日语学校
- 第一附属学校（日明治二十九至三十一年）（六年，台籍学生）
- 第一附属学校女子分教场（日明治三十至三十一年）（台籍女学生）
- 第二附属学校（日明治二十九至三十一年）（四年，台籍学生）
- 第三附属学校（日明治二十九至三十一年）（四年，台籍学生）
- 第四附属学校（日明治三十至三十一年）（小学科六年、补习科二年，日籍学生）

表五：第二期附属学校（日明治三十一年至三十五年）（1898—1902 年）

台湾总督府日语学校
- 第一附属学校（即前第二附属学校之改称）
- 第二附属学校（即前第四附属学校之改称，附设有中学科）（日籍学生）
- 第三附属学校［即前第一附属学校女子分教场，分本科（六年）及手艺科（三年）］（台籍女学生）

表六：第三期附属学校（日明治三十五年至四十三年）（1902—1910 年）

台湾总督府日语学校
- 第一附属学校（即原第二期之第一附属学校）
- 第二附属学校（即第二期第三附属学校之改称）（日籍女学生）
- 第三附属学校（新设，日明治三十八年改称为第三附属高等女学校。明治四十年，与国语学校分离，附设于台北第一中学。明治四十二年，独立为台北第一高等女学校）

表七：第四期附属学校（日明治四十三年至大正八年）（1910—1919 年）

台湾总督府日语学校
- 附属公学校（即原第三期之第一附属学校）
- 附属女学校（即原第三期之第二附属学校）
- 附属小学校（新设，大正七年，并设新店分教场）（日籍学生）

台湾省文献委员会编：《台湾省通志》卷五“教育志·教育行政篇”，
台北，众文图书公司，1970 年，第 72—74 页。

台湾总督府日语学校对在台日本人教育沿革

（1896—1918年）

<table>
<tr><th>光绪</th><th>明治</th><th>公元</th><th colspan="7"></th></tr>
<tr><td>二十二年</td><td>二十九年</td><td>1896</td><td rowspan="6">讲习科</td><td></td><td></td><td></td><td></td><td></td><td></td></tr>
<tr><td>二十三年</td><td>三十年</td><td>1897</td><td rowspan="6">师范科</td><td rowspan="6">台语科</td><td></td><td rowspan="2">第四附属学校</td><td></td><td></td></tr>
<tr><td>二十四年</td><td>三十一年</td><td>1898</td><td></td><td rowspan="5">附设中学科</td><td></td></tr>
<tr><td>二十五年</td><td>三十二年</td><td>1899</td><td rowspan="5">台语专修科</td><td rowspan="4">第二附属学校</td><td></td></tr>
<tr><td>二十六年</td><td>三十三年</td><td>1900</td><td></td></tr>
<tr><td>二十七年</td><td>三十四年</td><td>1901</td><td></td></tr>
<tr><td>二十八年</td><td>三十五年</td><td>1902</td><td></td><td></td></tr>
<tr><td>二十九年</td><td>三十六年</td><td>1903</td><td></td><td colspan="2" rowspan="8">师范学校甲科</td><td colspan="2" rowspan="5">中学部</td><td></td></tr>
<tr><td>三十年</td><td>三十七年</td><td>1904</td><td></td><td></td><td rowspan="4">第三附属高等女学校</td></tr>
<tr><td>三十一年</td><td>三十八年</td><td>1905</td><td></td><td></td></tr>
<tr><td>三十二年</td><td>三十九年</td><td>1906</td><td></td><td></td></tr>
<tr><td>三十三年</td><td>四十年</td><td>1907</td><td></td><td></td></tr>
<tr><td>三十四年</td><td>四十一年</td><td>1908</td><td></td><td></td><td></td><td></td><td></td></tr>
<tr><td>宣统元年</td><td>四十二年</td><td>1909</td><td></td><td></td><td></td><td></td><td></td></tr>
<tr><td>二年</td><td>四十三年</td><td>1910</td><td></td><td rowspan="9">附属小学校</td><td></td><td></td><td></td></tr>
<tr><td>三年</td><td>四十四年</td><td>1911</td><td></td><td rowspan="8">公学师范部甲科</td><td rowspan="8">小学师范部</td><td></td><td></td><td></td></tr>
<tr><td>民国元年</td><td>大正元年</td><td>1912</td><td></td><td></td><td></td><td></td></tr>
<tr><td>二年</td><td>二年</td><td>1913</td><td></td><td></td><td></td><td></td></tr>
<tr><td>三年</td><td>三年</td><td>1914</td><td></td><td></td><td></td><td></td></tr>
<tr><td>四年</td><td>四年</td><td>1915</td><td></td><td></td><td></td><td></td></tr>
<tr><td>五年</td><td>五年</td><td>1916</td><td></td><td></td><td></td><td></td></tr>
<tr><td>六年</td><td>六年</td><td>1917</td><td></td><td></td><td></td><td></td></tr>
<tr><td>七年</td><td>七年</td><td>1918</td><td></td><td>新店分教场</td><td></td><td></td></tr>
<tr><td>八年</td><td>八年</td><td>1919</td><td></td><td></td><td></td><td></td><td></td><td></td><td></td></tr>
</table>

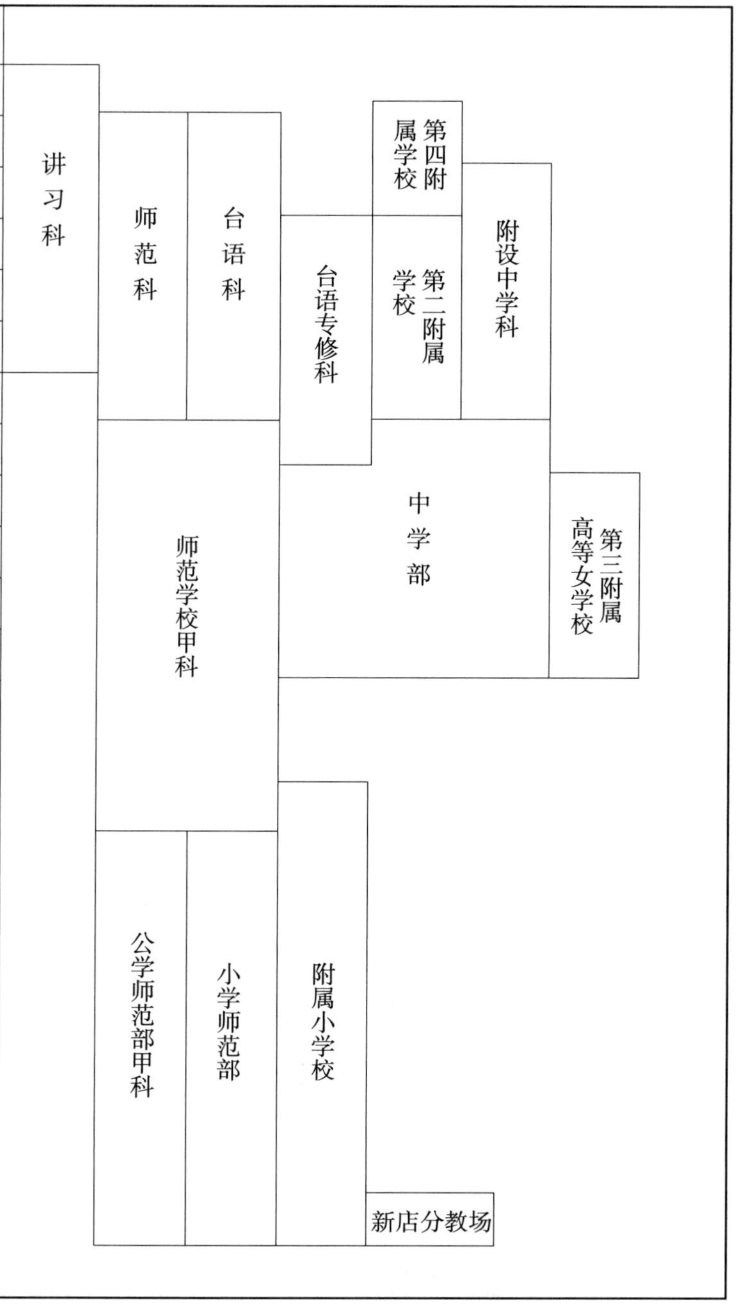

台湾省文献委员会编：《台湾省通志》卷五“教育志·教育行政篇”，台北，众文图书公司，1970年，第75页。

台湾总督府日语学校对台湾本省人教育沿革

（1896—1918 年）

<table>
<tr><td>光绪</td><td>明治</td><td>公元</td><td colspan="7" rowspan="2"></td></tr>
<tr><td>二十二年</td><td>二十九年</td><td>1896</td></tr>
<tr><td>二十三年</td><td>三十年</td><td>1897</td><td rowspan="6"></td><td rowspan="4"></td><td rowspan="22">日语科</td><td rowspan="2">第一附属学校</td><td rowspan="2">女子分教场</td><td rowspan="2">第二附属学校</td><td rowspan="2">第三附属学校</td></tr>
<tr><td>二十四年</td><td>三十一年</td><td>1898</td></tr>
<tr><td>二十五年</td><td>三十二年</td><td>1899</td><td rowspan="4">第一附属学校</td><td rowspan="4">第三附属学校</td><td colspan="2" rowspan="20"></td></tr>
<tr><td>二十六年</td><td>三十三年</td><td>1900</td></tr>
<tr><td>二十七年</td><td>三十四年</td><td>1901</td><td rowspan="2">铁道科
电信科</td></tr>
<tr><td>二十八年</td><td>三十五年</td><td>1902</td></tr>
<tr><td>二十九年</td><td>三十六年</td><td>1903</td><td rowspan="8">师范部乙科</td><td>实业部</td><td rowspan="8">第一附属学校</td><td rowspan="8">第二附属学校</td></tr>
<tr><td>三十年</td><td>三十七年</td><td>1904</td><td rowspan="4">铁道科
电信科
农业科</td></tr>
<tr><td>三十一年</td><td>三十八年</td><td>1905</td></tr>
<tr><td>三十二年</td><td>三十九年</td><td>1906</td></tr>
<tr><td>三十三年</td><td>四十年</td><td>1907</td></tr>
<tr><td>三十四年</td><td>四十一年</td><td>1908</td><td rowspan="10"></td></tr>
<tr><td>宣统元年</td><td>四十二年</td><td>1909</td></tr>
<tr><td>二年</td><td>四十三年</td><td>1910</td></tr>
<tr><td>三年</td><td>四十四年</td><td>1911</td><td rowspan="8">公学师范部乙科</td><td rowspan="8">附属公学校</td><td rowspan="8">附属女学校</td></tr>
<tr><td>民国元年</td><td>大正元年</td><td>1912</td></tr>
<tr><td>二年</td><td>二年</td><td>1913</td></tr>
<tr><td>三年</td><td>三年</td><td>1914</td></tr>
<tr><td>四年</td><td>四年</td><td>1915</td></tr>
<tr><td>五年</td><td>五年</td><td>1916</td></tr>
<tr><td>六年</td><td>六年</td><td>1917</td></tr>
<tr><td>七年</td><td>七年</td><td>1918</td><td>台南分校</td></tr>
</table>

台湾省文献委员会编：《台湾省通志》卷五“教育志·教育行政篇”，台北，众文图书公司，1970 年，第 75 页。

国语学校沿革

（1896—1918 年）

明治二十九年	讲习科(日)												
三十年		师范部(日)	语学部 国语学科(台)	语学部 台语学科(日)		国语科(台)		第四附属学校(台)		第一附属学校(台)	女子分教场(台)	第二附属学校(台)	第三附属学校(台)
三十一年									附设中学科(日)				
三十二年							台语专修科(日)	第二附属学校(日)		第一附属学校(台)	第三附属学校(台)		
三十三年					电信科 铁道科(台)								
三十四年													
三十五年													
三十六年		师范部甲科(日)		师范部乙科(台)	实业部 农业科 电信科 铁道科(台)				中学部(日)	第一附属学校(台)	第三附属学校(台)		
三十七年													
三十八年													
三十九年													
四十年													
四十一年													
四十二年													
四十三年							附属小学校(日)						
四十四年													
大正元年		公学师范部甲科(日)	小学师范部(日)	公学师范部乙科(台)						附属公学校(台)	附属女学校(台)		
二年													
三年													
四年													
五年													
六年													
七年					台南分校(台)			新店分教场(日)					

备注：表中“日”为日本人就读的学校，“台”为台湾人就读的学校。

李园会著：《日据时期台湾师范教育制度》，台北，南天书局，1997 年，第 53 页。

国语学校各部科学生一览

（1896—1918 年）

	师范部	国语部	土语专修科	土语科	铁道电信科	
明治二十九年						
明治三十年	30	55				
明治三十一年	21	108	3			
明治三十二年	30	77	3	64		
明治三十三年	27	97		44		
明治三十四年	39	91		24	12	
	师范部 甲科	师范部 乙科	中学部	国语部	实业部 电信科	农业科
明治三十五年	44	84	101	82	11	
明治三十六年	43	55	126	68	10	18
明治三十七年	45	112	138	69	5	26
明治三十八年	20	164	159	58	8	18
明治三十九年	55	162		76		8
明治四十年	28	231		94		
明治四十一年	24	251		79		
明治四十二年	25	266		96		
	小学 师范部	公学师范部 甲科	公学师范部 乙科	国语科		
明治四十三年	20	25	292	106		
明治四十四年	20	24	302	119		
大正元年	20	39	356	116		
大正二年	19	60	429	126		
大正三年	19	61	484	131		
大正四年	19	68	550	127		
大正五年	16	54	595	137		
大正六年	16	67	608	133		
大正七年		75	626	128		

李园会著：《日据时期台湾师范教育制度》，台北，南天书局，1997 年，第 72 页。

国语传习所学生人数一览表

（1896—1904 年）

光绪二十二年（明治二十九年）			光绪二十三年（明治三十年）		
人数 月别	甲科	乙科	人数 月别	甲科	乙科
一月			一月	504 人	368 人
二月			二月	509 人	443 人
三月			三月	489 人	482 人
四月			四月	592 人	495 人
五月			五月	660 人	493 人
六月			六月	605 人	528 人
七月			七月	611 人	542 人
八月			八月	612 人	550 人
九月	365 人	345 人	九月	686 人	599 人
十月	382 人	354 人	十月	681 人	641 人
十一月	508 人	385 人	十一月	759 人	812 人
十二月	518 人	381 人	十二月	834 人	913 人
计	1 773 人	1 465 人	计	7 542 人	6 866 人

因公学校令公布中故未报告者

年度	传习所 人数	教员人数	甲科生人数	乙科生人数	学生人数共计
光绪廿四年（明治卅一年）	恒春	3	42	5	47
	猪朥东	1	23	7	30
	台东	8	83	91	174
	澎湖岛	7	—	139	139
光绪廿五年（明治卅二年）	恒春	4	22	23	45
	猪朥东	4	25	5	30
	台东	8	93	96	189
	澎湖岛	6	106	117	223
光绪廿六年（明治卅三年）	猪朥东	2	31	9	40
	台东	14	134	294	428

续表

年度 \ 传习所 \ 人数	传习所	教员人数	甲科生人数	乙科生人数	学生人数共计
光绪廿七年（明治卅四年）	猪朥东	2	30	12	42
	台东	23	157	130	287
光绪廿八年（明治卅五年）	猪朥东	6	40	24	64
	台东	25	100	548	648
光绪廿九年（明治卅六年）	猪朥东	6	未详	未详	90
	台东	24	未详	未详	699
光绪三十年（明治卅七年）	猪朥东	7	72	23	65
	台东	27	96	638	734
合计		177	1 024	2 161	3 974

台湾省文献委员会编：《台湾省通志稿》“教育志·设施篇”，
台湾省政府印刷厂，1957 年，第 30 页—32 页。

日据初期台湾日语学校、日语传习所课程设置及教学时数

（1896—1905 年）

一、日据初期台湾日语学校师范部教学课程表（1896 年）

学年 \ 教科目	每周教学时数	第一学年	每周教学时数	第二学年	
修身	2	人伦之大要	2	人伦之大要、重要之府令及告谕等	实地授业
教育	5	教育史、教育及教授原理、有关教育之法令	5	各科教授法、学校管理法	
日语	3	音韵之性质、假名之用法、言语之种类、作文之典则、话文普通文书翰文及公用书类	3	文法上诸规则及其实例、书翰文及公用书类	
汉文	2	古文及时文之讲读、翻译及复文	2	同上	
台语	10	音韵之性质、言语之种类、会话实习、话文之读法、作文等	10	会话实习及公文之读法、作文等	

续表

学年 教科目	每周教学时数	第一学年	每周教学时数	第二学年	
地理历史	2	地理总论、日本地理、日本历史	2	台湾地理、日本历史	实地授业
数学簿记	3	算术（珠算）、几何初步	3	算术（珠算、笔算）、簿记	
理科	2	动物、植物、矿物、理化学大要	2	生理卫生大要、物理化学	
唱歌	2	单音唱歌、乐器用法	2	同上	
体操	3	普通体操	3	同上	
计	34		34		

附注："台语"原称"土语"

台湾省文献委员会编：《台湾省通志》卷五"教育志·教育设施篇"，台北，众文图书公司，1970年，第68页。

二、日据初期台湾日语学校师范部甲科教学科目及各学年每周教学时数表（1902年）

学年 教科目	第一学年		第二学年	
	每周教学时数	程度	每周教学时数	程度
修身	1	人伦道德之要领	1	同上
教育	4	有关教育及心理之理论	4	教育理论、教授法之原理及方法
日语	3	近代文之讲读、言语学大意、语典、作文	3	近代文及中古文之讲读、语典、作文
汉文	2	时文之讲读、作文	2	时文及古文之讲读、作文
台语	6	发音、会话	7	同上
历史地理	2	近代文明史、台湾及台湾附近外国地志	2	近代文明史
数学	4	代数、几何、三角法	3	同上及算术
物理化学	2	物理学、无机化学及有机化学大意	2	物理学

续表

学年 教科目	第一学年		第二学年	
	每周教学时数	程度	每周教学时数	程度
博物	2	动物、植物	2	人体生理及卫生、矿物及岩石、生物之进化
习字图画	2	楷、行、草书、临画、写生	1	临画、写生
唱歌	2	单音唱歌、乐器使用法	3	单音唱歌、复音唱歌、乐典、乐器使用法
体操	4	游戏、普通体操、兵式体操	4	同上
合计	34		34	

附注：（一）若设劳作科时，其时间得自体操科之授课时数中分出。

（二）第二学年最后一学期，除修身科外，各科之教授时数得削减为每周二十八小时，余则为实地授业之时间。

台湾省文献委员会编：《台湾省通志》卷五“教育志·教育设施篇”，台北，众文图书公司，1970年，第70页。

三、日据初期台湾日语学校师范部乙科教学科目及各学年每周教学时数表（1902年）

学年 教科目	第一学年		第二学年		第三学年	
	每周教学时数	程度	每周教学时数	程度	每周教学时数	程度
修身	1	人伦道德之要领	1	同上	1	同上
日语	11	会话、讲读、默写、语典、作文	11	同上	10	同上
汉文	3	时文、尺牍、古文之讲读	3	同上	3	同上
历史地理	2	本国地志	2	本国历史、本国地志	2	本国历史
数学	4	算术	4	同上	4	同上
物理化学	2	自然界之现象有关物理化学之事项	2	同上 地文大意	2	同上 地文大意
博物	2	动物、植物、矿物	2	人体生理及卫生、生理之进化	2	人体生理及卫生、生理之进化

续表

学年 教科目	第一学年		第二学年		第三学年	
	每周教学时数	程度	每周教学时数	程度	每周教学时数	程度
习字图画	2	楷、行、草书、临画	2	同上	1	同上
唱歌	2	单音唱歌	2	同上	2	同上
教授法				教授法之理论及方法	4	教授法之理论及方法
体操	5	游戏、普通体操	5	同上	3	同上
合计	34		34		34	

附注：（一）若设劳作科时，其时间得自体操科之授课时数中分出。

（二）第二学年最后一学期，除修身科外，各科之教授时数得减为每周二十八小时，余则为实地授业之时间。

台湾省文献委员会编：《台湾省通志》卷五“教育志·教育设施篇”，台北，众文图书公司，1970年，第71页。

四、日据初期日语学校第一附属学校教科课程表（1897年）

学年 教科目	每周教学时数	第一学年	每周教学时数	第二学年	每周教学时数	第三学年
修身	3	人道实践之方法及礼仪作法	3	同上	3	同上
日语	9	音韵及言语演习、假名之用法、字音之变化、简易之会话及作文	9	言语种类及用法、简易之会话及话文等	9	同上
读书作文	9	读写小学教授法与小学读法、作文挂图读法及应用简易之假名文	9	读写小学教授法及小学读法、作文挂图与小学读本之读法、应用假名文及简易之中日混合文	9	小学读本读法及应用假名文与中日混合文
习字	4	片假名、平假名之单语数字	4	民间用之文字（楷字行书）	4	同上

续表

学年 教科目	每周教学时数	第一学年	每周教学时数	第二学年	每周教学时数	第三学年
算术	3	二十以下之实物及记号之计算方法及加减乘除百以下之实物记号之计算方法	3	百以下之实物及记号之加减乘除珠算用法、珠算加减法	3	笔算及千以上之珠算加减乘除通常之小数计算方法
唱歌	3	单音唱歌	3	同上	3	同上
体操	3	普通体操	3	同上	3	同上
合计	34		34		34	

学年 教科目	每周教学时数	第四学年	每周教学时数	第五学年	每周教学时数	第六学年
修身	3	同上	3	同上	3	同上
日语	8	同上，及有关地理、历史、理科等之问答与解说	8	同上	8	同上
读书作文	8	小学读本之读法及应用书翰文、公用书类等	8	同上	8	同上
习字	4	书翰文及公用书类	4	同上	4	同上
算术	5	一及万以下之珠算加减乘除	5	珠算之复习、简易之复名数及普通之分数	5	珠算之复习、普通之分数及小数及简易之比例问题
唱歌	3	同上	3	同上	3	同上
体操	3	同上	3	同上	3	同上
合计	34		34		34	

台湾省文献委员会编：《台湾省通志》卷五“教育志·教育设施篇”，台北，众文图书公司，1970年，第13—14页。

五、日据时期台湾日语学校第二附属学校技艺科课程表（1905 年）

学年 教科目	每周教学时数	第一学年	每周教学时数	第二学年	每周教学时数	第三学年
修身	1	人伦道德大要、礼节	1	同上	1	同上
日语	4	会话、习字、读本、作文、文法	4	同上	3	同上
算术	2	整数及小数	2	诸等数	1	同上
自然			1	博物理化有关事项	2	同上
裁缝	11	普通衣服之缝裁法、简单之编物	11	同上	12	同上
造花	10	簪类造花	10	同上、装饰品制造法	12	同上
刺绣	10	简易刺绣	10	同上	12	刺绣法
书法图画	1	楷行草、临画写生	2	同上	1	临画写生
唱歌体操	1	单音唱歌、游戏	1	同上	1	同上
合计	30		32		32	

附注：造花与刺绣可任选一科。

台湾省文献委员会编：《台湾省通志》卷五“教育志·教育设施篇”，台北，众文图书公司，1970 年，第 57 页。

六、日据初期台湾日语传习所甲科课程表（1896 年）

学年 教科目	每周教学时数	第一学年	每周教学时数	第二学年
日语	18	音韵之性质、假名之用法、言语之种类、字音之变化、简易之会话及话文	16	文法之简易诸法则、会话及问答
读书作文	16	读写小学教授法与小学读法、作文挂图之读法及应用假名文与简易之中日混合文	18	读写小学教授法与小学读法、作文挂图之读法及应用初级之小学读本、简易之小学读本、简易之书翰文公用书类
合计	34		34	

学年 教科目	每周教学时数	第三学年	每周教学时数	第四学年
日语	16	会话、问答、讲话，另附简明文法	16	同上
读书作文	18	前课之读本及小学读本卷二书简文	18	同上
合计	34		34	

台湾省文献委员会编：《台湾省通志》卷五“教育志·教育设施篇”，台北，众文图书公司，1970年，第14页。

七、日据初期台湾日语传习所乙科课程表（1897年）

学年 教科目	每周教学时数	第一学年	每周教学时数	第二学年
日语	6	音韵及言语之演习、假名之用法、字音之变化、简易之会话及话文	6	言语之种类及用法、简易之会话及话文
读书作文	9	读写小学教授法与小学读法、作文挂图之读法及应用简易之假名文	9	读写小学教授法与小学读法、作文挂图及小学读本之读法及应用假名文与简易之中日混合文
习字	4	片假名及平假名单语数字	4	民间日用之文字（楷书行书）
算术	3	二十以下之实物及记号之计算方法及加减乘除百以下之实物及记号之计算方法与数字	3	百以下之实物及记号之加减乘除珠算用法、珠算加减法
汉文	6	《三字经》及《孝经》之台湾句读及默写生字	6	《大学》《中庸》及《论语》之台湾句读及默写生字
合计	28		28	

学年 教科目	每周教学时数	第三学年	每周教学时数	第四学年
日语	6	言语之种类及用法、会话及问答	4	同上
读书作文	9	小学读本之读法及应用简易之书翰文及公用书类	9	小学读本之读法及应用书简文及公用书类

续表

学年 教科目	每周教学时数	第三学年	每周教学时数	第四学年
习字	4	民间日用之文字（楷书行书）、简易之书翰文及公用书类	4	书翰文及公用书类
算术	4	八算及千以下之珠算加减乘除、通常之小数计算方法	6	见一及万以下之珠算加减乘除
汉文	8	《论语》及《孟子》之台湾句读及默写生字、简易之时文及台湾尺牍之作文	8	《孟子》之台湾句读及默写生字、简易之时文及台湾尺牍之作文
合计	31		31	

台湾省文献委员会编：《台湾省通志》卷五“教育志·教育设施篇”，
台北，众文图书公司，1970 年，第 15 页。

台湾总督府国语学校官制

（1897 年）

明治三十年七月二十一日敕令第二四二号

第一条　台湾总督府国语学校置附属学校，附设公学模范学校。

第二条　台湾总督府国语学校置左列职员：学校长、教授、助教授、教谕、助教谕、舍监、书记。

第三条　学校长一人，奏任，承台湾总督府民政局长之命，掌理校务，监督所属职员。

第四条　教授八人，奏任，掌国语学校生徒之教授。

助教授六人，判任，协助教授之职务。

第五条　教谕十五人，判任，掌管附属学校或公学模范学校生徒之教授。

助教谕九人，判任，协助教谕之职务。

第六条　舍监受学校长之指挥，掌理有关生徒管理之事项。

舍监由教官兼任之。

第七条　书记九人，判任，承学校长之命，办理庶务会计。

第八条　台湾总督府民政局长得就国语学校教官中任命公学模范学校之主事，使掌公学模范学校之事务。

台湾省文献委员会编：《台湾省通志稿》“教育志·教育行政篇”，
台湾省政府印刷厂，1957 年，第 140 页。

台湾总督府国语传习所官制

（1897 年）

明治三十年七月二十一日敕令第二四三号

第一条　台湾总督府国语传习所设左列职员：

所　长

教　谕

助教谕

书　记

第二条　所长各所一人，县、厅之高等官或教谕兼之。

所长承知事、厅长之命，掌理所务，监督所属职员。

第三条　教谕五十二人，判任，掌生徒之教育。

助教谕二十人，判任，协助教谕之职务。

第四条　书记二十八人，判任，承上官之命，办理庶务、会计。

台湾省文献委员会编：《台湾省通志》卷五“教育志·教育行政篇”，台北，众文图书公司，1970 年，第 76 页。

台湾总督府国语学校第三附属学校规程

（1897 年）

明治三十年八月二十七日府令第八六号

第一章　通　　则

第一条　依据《台湾总督府国语学校规则》第四条规定，本校的教学目的为教授本岛女子普通技能及手工艺。

第二条　本校设本科及手工艺科，本科主要教授普通技能，手工艺科主要教授手工技艺。本科学制六年，手工艺科学制三年。

第三条　本科教学科目为修身、国语、读书、习字、算术、唱歌及裁缝。手工艺科教授科目为修身、国语、裁缝、编织、制花、刺绣、读书、习字、算术、唱歌，但制花和刺绣两科可由学生任选一门。

本科毕业生如进入手工艺科学习，则国语、读书、习字及算术四科免修。

第四条　本科学生年龄在八岁以上十四岁以下，手工艺科学生年龄十四岁以上二十五岁以下。

第五条　关于学校编制，凡本科学生满四十名编为一个年级，手工艺科学生满三十名编为一个年级。

第六条　每修完一学年课程授予修业证书，修完所有科目者授予毕业证书。

第七条　学年的开始及结束、学期的区分、教学天数、假期、入学、退学及考试，得依据《台湾总督府国语学校规则》做出规定。

第二章　本科及手工艺科的宗旨及教学程度

第八条　依据《台湾公学校规则》第三章第九条和第十条规定，主要选择适合于女子的品德及其他一切的内容来教授，特别是手工艺科，传授与家政育儿方法有关的内容。

第九条　裁缝课主要进行眼、手的训练，使其熟练掌握本岛通常服装的剪裁方法及相应的刺绣方法。低年级从运针方法教起，教授简易服装的裁缝、刺绣方法，再逐渐传授通常服装的修改法、钩连法、剪裁法等。裁缝科所选教授内容均为日常用品，此外还传授用具种类识别、衣物保存、洗涤方法等，并培养节约的习惯。

第十条　编织课训练眼、手，主要使学生熟练掌握服装附属物及装饰品的编织方法。首先教授各种物品的织法兼补缀法及废物利用心得。

第十一条　制花课也进行眼、手的训练，主要使学生熟练掌握各种装饰物的制法。

制花课首先传授制花法心得并教授器具材料的名称，演示其用法，而后进入制法的教学，最后重在制花速度及精巧性的提高。本课还含有专门的图画教学。

第十二条　刺绣课也进行眼、手的训练，并使学生熟练掌握服装附属品及装饰品的刺绣方法。

首先教授器具材料的名称及使用方法及刺绣心得，而后传授如何教授，如何根据画线刺绣，进而传授如何描画线，最后达到不画线直接刺绣。本课还含有专门的图画教学。

台湾教育会编：《台湾教育沿革志》，台北小冢本店，1939 年，第 715—716 页。

台湾总督府国语学校土语专修科规程

（1897 年）

第一条　台湾总督府国语学校附设土语专修科。

第二条　土语专修科以使在本岛就公私业务者专修需要之土语为目的。

第三条　土语专修科之生徒为年龄十六岁以上二十五岁以下经入学试验及格者。

第四条　土语专修科之教科目为土语、汉文。

第五条　土语专修科之修业年限为二年以内。

第六条　土语专修科生徒，不征收学费。

第七条　土语专修科生徒之教科用书自备。

第八条　土语专修科之教科课程如左表（表略）。

第九条　此规则规定之外，适用明治二十九年九月府令第三十八号《台湾总督府国语学校规则》。

台湾省文献委员会编：《台湾省通志稿》“教育志·教育行政篇”，台湾省政府印刷厂，1957 年，第 141 页。

国语学校之编制

（1897—1901 年）

<table>
<tr><th colspan="3">部科</th><th>修业年限</th><th>班级</th><th>入学资格</th><th>目的</th></tr>
<tr><td colspan="3">师范部</td><td>二年</td><td>二</td><td>年龄十八岁以上三十岁以下之日本人具有寻常中学校第四学年修业之同等学力者</td><td>培育国语传习所、师范学校之教员及小学校之校长和教员</td></tr>
<tr><td colspan="2" rowspan="2">语学部</td><td>台语学科</td><td rowspan="2">三年</td><td>三</td><td>年龄十五岁以上二十五岁以下具有高等小学校毕业之同等学力之日本人</td><td rowspan="2">教授国语及台语兼他日于本岛就任公私业务者所须之教员</td></tr>
<tr><td>国语学科</td><td>三</td><td>国语学校附属学校或国语传习所毕业之同等学力的台湾人</td></tr>
<tr><td rowspan="6">附属学校</td><td rowspan="2">第一附属学校</td><td>本科</td><td>六年</td><td>三</td><td rowspan="2"></td><td rowspan="2"></td></tr>
<tr><td>青年科</td><td></td><td></td></tr>
<tr><td rowspan="2">第二附属学校</td><td>本科</td><td>四年</td><td>二</td><td rowspan="2">学龄内之日本人及年龄八岁以上二十五岁以下的台湾人</td><td rowspan="2">初等普通教育师范部学生实地教学之练习</td></tr>
<tr><td>补习科</td><td></td><td></td></tr>
<tr><td rowspan="2">第三附属学校</td><td>本科</td><td>四年</td><td>二</td><td rowspan="2"></td><td rowspan="2"></td></tr>
<tr><td>青年科</td><td></td><td></td></tr>
</table>

李园会著：《日据时期台湾师范教育制度》，台北，南天书局，1997 年，第 39 页。

国语学校官制部分条文修正之件

（1898 年）

明治三十一年甲种永久保存第一卷第二门官规官职（V00239）

学第五三七号

十二月五日决定

十二月五日发文

明治三十一年十一月二十五日拟案

学务课长　印（儿玉喜八）

民政长官　印（石冢英藏）

人事课长　印（大岛富士太郎）

总督　签名（儿玉源太郎）　文书课长　印（木村匡）

［须经参事官审议］　参事官长　印（石冢英藏）　参事官　印（中山成太郎）

国语学校官制修正之件

关于修正国语学校官制一事，该校校长来函陈报如附件。经查认为此乃情非得已之举，拟以左案向内务大臣禀报，是否有当，恭请鉴核。

案

本府直辖之国语学校近来由于学生人数增加及整饬校务的关系，遂致有必要修改该校官制之部分条文，请速予修正为祷。谨附上敕令案及理由书如后，专此禀报。

明治三十一年十一月二十日

总督

谨致

内务大臣

敕　令　案

敕令第　　号

明治三十年敕令第二百四十二号《台湾总督府国语学校官制》部分条文修正如左：

第四条第二项当中，“六人”改为“十人”。

第五条第一项当中，“十五人”改为“二十四人”，删除第二项。

第七条当中，“九人”改为“七人”。

理　由　书

国语学校目前的班级数较之官制发布当时几近增至两倍，预估明年度还会增至三倍，因此，助教授定为六人，难免不足。是以，现有的编制员额必须增加四人。

由于附属学校规定修正的关系，遂不认为有区别教谕及助教谕的必要，故废除助教谕的名称，并拟将其编制员额九人移至教谕之编制员额内。

现在书记的编制员额虽定为九人，然因整饬事务及附属学校数目减少的关系，预料将其编制员额减为七人，亦无所碍。

参照

国语学校官制部分条文

第四条　教授八人，奏任，掌管国语学校学生之教学。

助教授六人，判任，襄助教授之职务。

第五条　教谕十五人，判任，掌管附属学校或公学模范学校学生之教学。

助教谕九人，判任，襄助教谕之职。

第七条　书记九人，判任，承学校长之命，从事庶务、会计工作。

（附件）

【民学第五二三号】印（儿玉喜八）【明治三十一年十一月十一日民政部文书课收受】

【校第一九五号】

【学】

官制中编制员额修正之件

本校官制当中，助教授之编制员额为六人，随着班级数目的增加，也要增加教员的人数，这是必然之事。目前的班级数目几近是本校官制发布当时班级数目的两倍，明年度还有可能达到三倍。就现有的编制员额而言，难免不足，故将六人改为十人。另外，由于附属学校规定修正的关系，遂无区别教谕及助教谕的必要，故废除助教谕，并将其编制员额移至教谕，教谕的编制员额由十五人改为二十四人。又，书记的编制员额九人，于整饬事务的同时，似无需要该类人员，故将九人改为七人。以上各项谨请修正为祷。专此陈报。

明治三十一年十一月十日

台湾总督府国语学校长町田则文（台湾总督府国语学校长之印）

谨致

台湾总督男爵儿玉源太郎

《台湾总督府公文类纂官制类史料汇编》（明治二十八年至明治三十三年），台湾省文献委员会，1998 年，第 590—592 页。

台湾总督府国语学校毕业生服务规则

（1900 年）

第一条　此规则之所云毕业生，系指台湾总督府国语学校领受给费之毕业生及讲习科之修了者。

第二条　毕业生自领得毕业证书之日起，在其服务年限内，有从事台湾总督所指定之官厅或学校职务之义务。但国语学校语学部毕业生如得台湾总督之许可，得从事于官厅以外之事务。

第三条　毕业生在其服务年限中，每年末须向国语学校长报告其服务之情况。

第四条　第二条之义务终了者，须具经历书向台湾总督提出之。

第五条　有不能尽第二条所规定义务之事故者，得具明理由，向台湾总督申请义务之免除。

第六条　毕业生有下列事项者之时，依台湾总督之命，使之偿还其在学中给与学资之全部或若干部分。

一、不尽第二条所规定之义务者，但依据第五条而得台湾总督之许可者，可以免除学资全部或若干部分之偿还。

二、服务年限中曾受惩戒免职或褫夺教员免许状之处分者。

第七条　毕业生在服务年限中，如欲升入更高等学校之时，可从权宜许可之。但服务年月数未满义务年月数之半时，其入学中之年月数自义务年限中除算。

台湾省文献委员会编：《台湾省通志稿》“教育志·教育行政篇”，
台湾省政府印刷厂，1957 年，第 167 页。

国语学校铁路电信科暂行规程要项

（1900 年）

（一）国语学校语学部国语学科第三学年之学生中，如欲将来献身于铁路或电信事业者，得授予有关铁路运输或电气通信之课程。

（二）修业年限自光绪二十六年（公元一九零零年日明治三十三年）九月十日至光绪二十七年（公元一九零一年日明治三十四年）五月二十五日；惟如有必要时，得伸缩之。

（三）欲从事铁路运输事业之学生，可于国语学科第三学年之课程中，得自修身、国语、读书作文、习字及唱歌等之授课时间内，每周酌减十二至十八小时，其所腾出之时间，用以授予英语、运转、信号、电气通信、调查、服务等六科课程。

（四）欲从事电气通信事业之学生，可于国语学科第三学年之课程中，得自修身、国语、读书作文、习字及唱歌等之授课时间内，每周酌减十二至十八小时，其所腾出之时间，用以授予英语、现字通信、音响通信、电信法规、电信电话大意等五科课程。

台湾省文献委员会编：《台湾省通志》卷五“教育志·教育设施篇”，
台北，众文图书公司，1970年，第87页。

台湾总督府国语学校及师范学校毕业生服务规则

（1902年）

第一条　此规则所云毕业生，是指台湾总督府国语学校及师范学校领受给费而毕业之生徒并在国语学校领受给费而讲习终了者。

第二条　毕业生自受得毕业证书之日起，在其服务年限内，有从事台湾总督所指定官厅或学校职务之义务。但国语学校语学部国语部实业部毕业生，如获台湾总督之许可，得从事于官厅以外之事务。

第三条　毕业生在其服务年限中，每年末须将其服务情况报告其学校长，但原台中师范学校毕业生报告民政长官。

第四条　第二条所规定之义务终了者，须具明经历书，向台湾总督府提出之。

第五条　如有事故而不能尽第二条之义务者，得具申其理由，向台湾总督请求义务之免除或延缓。

第六条及第七条

…………

第八条　废止明治三十三年八月府令第六十二号规则。

台湾省文献委员会编：《台湾省通志稿》“教育志·教育行政篇”，
台湾省政府印刷厂，1957年，第168页。

台湾总督府国语学校规则修正

（1902年）

明治三十五年七月六日修订

第一章　学校之区分及本旨

第一条　国语学校设师范部、中学部、国语部及实业部，并加设附属学校。

必要时得设讲习科。

第二条　国语学校师范部，养成公学校小学校之校长或教员及国语传习所之教员，兼为研究本岛普通教育方法之所。

第三条　国语学校中学部为对内地人青年者施以需要高等普通教育。

第四条　国语学校国语部对本岛人青年者授以日语，兼对他日欲从事公私业务者，施以需要之教育。

第五条　国语学校实业部对本岛人之就农业电信或铁道业务者，施以需要之教育。

第六条　附属学校，对本岛人之幼年者青年者施以需要之教育，且为本岛普通教育及技艺教育之模范，兼为师范部生练习实地授业之所。

第二章　学 校 编 制

第七条　师范部设甲科及乙科，甲科入学之生徒为年龄满十八岁以上二十五岁以下之内地人而修满中学校第四学年之课程者或有同等以上之学力者，乙科入学之生徒为年满十五岁以上二十三岁以下之本岛人而有公学校毕业以上之学力者。

第八条　中学部入学之生徒，为年龄十二岁以上之男子高等小学校第二学年课程修毕者或有同等以上之学力者。

第九条　国语部入学之生徒，为年龄满十五岁以上二十二岁以下而有公学校毕业以上之学力者。

第十条至第十四条

…………

第十五条　修业年限，师范部甲科二年，师范部乙科三年，中学部五年，国语部三年。实业部：农业科二年；电信科及铁道科，均为一年。

第十六条至第四十条

…………

第四十一条　现在语学部土语科修业生徒，至毕业为止，仍得依据从前之规程办理。

台湾省文献委员会编：《台湾省通志稿》“教育志·教育行政篇”，
台湾省政府印刷厂，1957 年，第 144—145 页。

台湾总督府国语学校讲习科规程

（1903 年）

第一条　讲习科依据明治三十五年七月府令第五十二号《台湾总督府国语学校规则》第一条第二项，为应必要，临时开设之。

第二条　讲习科分甲乙二种。

甲种讲习科，为对有小学校本科正教员或寻常小学校本科正教员之资格年龄三十五岁以下之内地人男子而希任台湾公学校教员者，与以台湾语及必需教科之讲习。

乙种讲习科，为对中学校毕业或有同等以上学力年龄二十五岁以下之内地人男子而希从事于本岛公私业务者，与以台湾语及必需教科之讲习。但在本岛现任官职而入学时，不在此限。

第三条　讲习科之修业期限，为三个月以上一年以内，各教科目之种类、程度及每周教授时数，开设时得台湾总督之认可，由国语学校长定之。

第四条　讲习科所定教科修了者，授与别记书式之证书。

第五条　讲习科生分给费与自费二种，给费生依照另项所定，支给入学旅费、食费及津贴。

第六条　给费生有自修了证书受得之日起满三个年间服务台湾总督府指定职务之义务。

第七条　本规定以外之事项，概依国语学校规则办理。

台湾省文献委员会编：《台湾省通志稿》“教育志·教育行政篇”，
台湾省政府印刷厂，1957 年，第 145—146 页。

台湾总督府国语学校国语传习所给费生及师范学校生徒支给规则

（1903 年）

第一条　国语学校国语传习所及师范学校生徒依此规则，支给食费、津贴、被服、旅费及治疗费（下略）。

第二条　国语学校师范部甲科生徒，一日支给食费金二十五钱，津贴金十五钱；同师范部乙科及实业部之生徒及师范学校生徒，一日支给食费金十八钱，津贴金五钱；国语学校讲习科给费生，一日支给食费二十五钱，津贴金四十钱。

第三条　国语传习所甲科生徒，一日食费金十钱，津贴金五钱。

第四条　国语学校给费生及师范学校生徒，依左表支给入学旅费（表略）。

第五条　国语学校给费生（讲习科给费生除外）及师范学校生徒，修学旅行时，依左表支给旅费，但在依照本条支给旅费之期间内，不支给食费（表略）。

第六条　国语学校给费生（讲习科除外）及师范学校生徒，给与一定被服。

第七条　国语学校给费生及师范学校生徒，如罹疾病时支给治疗费，但奉命归乡治疗或因自身便利而申请外宿疗养或入院之时，则由自理。

第八条 国语学校给费生及师范学校生徒依志愿而不在居寄宿舍时，其不寄宿期间，不支给食费及津贴。

第九条 国语传习所甲科生徒，除疾病外，无故缺席时及定期休假中，不支给食费、津贴，但在定期休假中而居住寄宿舍者不在此限。

第十条 食费、津贴每月二日（假日顺延）支给，惟十二月二十五日截止，二十八日支给之。

第十一条 国语学校给费生及师范学校生徒，该当左列事项时，须由本人或保证人偿还其在学中所支给之给费全部或一部分。

一、有不当行为而奉命退学时。

二、由于自身之便利而申请退学时。

三、毕业后不尽指定之义务时。

第十二条 国语学校内地人给费生徒在校中死亡时，对其保证人或亲族支给金三十圆之补助费。

第十三条 关于本则施行细则，由厅长、国语学校长或师范学校长定之，但须得台湾总督之认可。

第十四条 明治二十九年九月府令第四十号《台湾总督府国语学校并国语传习所给费生支给规则》、明治三十二年四月府令第三十号及明治三十三年三月原台南县令第十一号《台南师范学校生徒学资金支给细则》，均废止之。

台湾省文献委员会编：《台湾省通志稿》“教育志·教育行政篇”，
台湾省政府印刷厂，1957 年，第 163—164 页。

总督府国语学校第三附属学校规程

（1904 年）

第一条 本校依据《台湾总督府国语学校规则》第六条之规定，以对内地人女子实施高等普通教育为目的。

第二条 修业年限为四年。

第三条 本校入学之生徒，为年龄十二岁以上之女子修满高等小学校二学年之课程者，或有同等以上之学力者。

第四条 教科目为修身、国语、英语、历史、地理、数学、理科、图画、家事、裁缝、音乐、体操。

第五条 关于教科之程度，准用明治三十四年文部省令第四号《高等女学校施行规则》第一章之规定。关于学年、学期、授业日数、每周教授时数、休假日、入退学试验及学费等事项，准用《台湾总督府国语学校规则》中中学部之规定。

台湾省文献委员会编：《台湾省通志》卷五“教育志·教育行政篇”，
台北，众文图书公司，1970年，第69页。

总督府国语学校第二附属学校规程

（1906年）

第一条　本校以对本岛人女子实施师范教育及技艺教育为目的。

第二条　本校设师范科、师范速成科及技艺科。师范科及师范速成科授以公学校教员必需之学科，技艺科以授手艺为主。

第三条　修业期限，师范科及技艺科为三年，师范速成科为二年。

第四条　师范科及师范速成科之入学生徒，为年满十四岁以上二十五岁以下之公学校毕业者，或有同等以上之学力者。但师范速成科，在暂时之期间内，修完公学校第四学年之课程者，或有与此同等之学力者，均得入学。

第五条　技艺科入学生徒，年满十三岁以上二十五岁以下，修完公学校第四学年课程者，或有同等以上之学力者。

第六条至第十条

…………

台湾省文献委员会编：《台湾省通志》卷五“教育志·教育行政篇”，
台北，众文图书公司，1970年，第71—72页。

台湾总督府国语学校生徒学资支给规则

（1908年）

第一条　国语学校给费生徒，依此规则支给学资。

第二条　此规则所称学资，是谓食费、津贴、被服、治疗费及旅费。

第三条　对于补助学资一部分之生徒，给付食费、治疗费及旅费。

第四条　食费及津贴，依照别记第一表支给之。

第五条　该当左列各项之一者，不支给食费及津贴。

一、已领修学旅费时。

二、由于自己之便利而不居住寄宿舍时。

于寄宿舍外受疗养时，自出发之日起至归校之前日止，不给食费。

第六条　治疗费实报实支，但由自己之便利而外宿疗养或入院时，不予支付。

第七条　入学旅费依别记第二号表，修学旅费依别记第三号表给付之。

第八条　食费及津贴，当月份于翌月二日给付之，若遇假日则顺延。但十二月得于二十五日截止计算，二十八日止支付之。

第九条　给费生该当左列各项之一时，依其情状，须偿还其在学中所给学资之全部或部分。

一、有不当行为而奉命退学时。

二、由于自己之便利而退学时。

第十条　师范部甲科生生徒在学中死亡时，对其保证人或亲族给以补助费金三十圆。

第十一条　被服种类、员数、使用期限及其他有关支给之细则，经台湾总督之认可，由国语学校长定之。

附则

本令自明治四十一年度施行之。

明治三十六年六月府令第四十五号《台湾总督府国语学校国语传习所给费生及师范学校生徒支给规则》，废止之。

台湾省文献委员会编：《重修台湾省通志》“教育志·教育行政篇”，
台湾省政府，1993 年，第 164—165 页。

二、普及日语计划及推行情况

（一）普及日语计划及日语讲习所

台北州国语讲习所、简易国语讲习所计划要项

（1930年）

日昭和五年州训令第九号

一、国语讲习所

（一）使民众学习国语，并教养其成为良好公民为目的。

（二）国语讲习所，得冠以各该市街庄或部落之名于其上。

（三）凡年满十二岁至二十五岁者，得入讲习所。

（四）每一讲习所，以六十人为准。但得依照国语学习程度，分为数组施行。

（五）讲习期间为一年或二年。一年之讲习日数为一百日，一日之讲习时间为二至三小时。

（六）讲习课程为国语及体操、唱歌，但得依照地方情形而加设实科及其他必要科目。

（七）讲习所设主任一人，讲师若干人。

主任由小学校或公学校校长兼任，讲师由小学校或公学校教员或其他适当者充任之。

（八）主任主管所务及一切讲习事宜。讲师受主任指导，从事一切有关讲习事宜。

（九）主任及讲师得酌支薪给及车马费。

（十）讲习所得征收讲习费。

二、简易国语讲习所

（一）以教授民众学习国语为目的。

（二）简易国语讲习所，得冠以适当之名称于其上。

（三）讲习生每班以三十人为原则，其年龄以十二岁以上至三十岁为准。

（四）讲习期间为一年或二年。一年之讲习日数为六十日以上，一日之讲习时间为二至三小时。

（五）讲习课程以国语为主，但得依照地方情形，加设修身、公民科、算术、体操及唱歌等。

（六）讲习所征收讲习费。

（七）市街庄或社教团体及其他团体或个人，均得设立简易国语讲习所学习。

台湾省文献委员会编：《台湾省通志》卷五“教育志·教育设施篇”，台北，众文图书公司，1970 年，第 124—125 页。

推行国语普及十年计划（一）

（1931—1940 年）

设施 年度	国语讲习所		简易国语讲习所		计	
	所数	学生数	所数	学生数	所数	学生数
1931	68	561	805	31 201	873	31 763
1932	185	4 835	703	27 675	887	32 510
1933	361	13 183	827	32 847	1 188	46 030
1934	960	28 265	882	30 712	1 842	58 977
1935	1 629	63 023	754	31 370	2 383	94 393
1936	2 197	131 799	1 735	73 415	3 933	205 214
1937	1 812	185 590	1 555	77 782	4 367	263 372
1938	3 454	214 865	3 852	257 277	7 306	472 142
1939	6 388	387 348	8 738	536 856	15 126	924 240①
1940	6 500	55 000	5 000	350 000	11 500	900 000②

台湾省文献委员会编：《重修台湾省通志》卷六“文教志·社会教育篇”，台湾省政府，1993 年，第 230 页。

①②“学生数”统计有误。

推行国语普及十年计划（二）

（1931—1940 年）

计划 目标 年度	人口	解国语者比例	解国语者数①	分布			
				国语讲习所学生数	同上修毕者数	公学校在学学生数	同上毕业者数
1931	4 372 284	20.4	893 519	35 649	281 741	269 481	306 648
1932	4 496 870	22.7	1 032 371	42 381	324 537	291 067	364 386
1933	4 612 274	24.5	1 127 509	58 093	356 611	317 309	394 686
1934	4 759 197	27.00	1 287 174	98 523	400 366	359 367	429 018
1935	4 882 288	29.7	1 451 340	120 481	474 126	389 290	467 443
1936	4 990 138	32.9	1 641 003	150 463	564 487	418 592	507 461
1937	5 108 914	37.8	1 934 000	263 000	665 000	456 000	550 000
1938	5 240 000	43.8	2 296 500	392 000	796 500	483 000	625 000
1939	5 360 000	48.6	2 605 000	427 000	992 000	521 000	665 000
1940	5 480 000	53.9	2 951 500	455 000	1 205 500	561 000	730 000

台湾省文献委员会编：《重修台湾省通志》卷六“文教志·社会教育篇”，台湾省政府，1993 年，第 231 页。

台湾国语讲习所修身科教材要目

（1939 年）

卷一

（1）进讲习所应注意事项；（2）要学国语；（3）遵守举止动作的礼法；（4）要干净；（5）注意饮食；（6）自己事自己做；（7）不要隐瞒过错；（8）不可以说谎；（9）不要贪心；（10）不要听从别人做坏事；（11）爱护动物；（12）不可浪费、乱花钱；（13）兄弟要和好；（14）要照吩咐做；（15）尊敬老人；（16）不要给别人添麻烦；（17）要守时；（18）要守信；（19）不要说别人的坏话；（20）要勤勉；（21）整顿；（22）要爱护公物；（23）亲戚；（24）家；（25）祖先；（26）台湾神社；（27）天皇陛下；（28）日本人。

① 原表 1932、1933、1934 年“解国语者数”数字有误。

卷二

有忠义、团队合作、国定纪念日、我皇室、皇大神宫、皇后陛下、大日本帝国等。

卷三

有男女的本分、敬神、义务、忠君爱国、神社与寺院、皇太后陛下、忠良的臣民。

杜武志著：《日治时期的殖民教育》，台北县立文化中心，1997年，第89页。

日据时期台湾日语讲习所及简易日语讲习所教学程度及每周教学时数表

（1940年）

科目		一年		二年	
		时	程度	时	程度
修身		1	道德之要旨	1	同左
日语		7	简单之会话、读本、作法、写法	7	同左
算术		2	万以下之整数（珠算加减）	2	整数、简易之诸等数（珠算加减乘除）
唱歌		1	单音唱歌	1	同左
体操		1	体操游戏	1	同左
家事及裁缝		2	简易之家事及裁缝（手艺）	2	同左
合计	男	12		12	
	女	14		14	

台湾省文献委员会编：《台湾省通志》卷五“教育志·教育设施篇”，台北，众文图书公司，1970年，第125页。

国语讲习所经营及指导计划制作要领

（1941年）

（一）制作方针

计划内容，应按项别订定实施细目：

1. 具体目标。

2. 手段方法。

3. 自昭和十七年度起，订定二年乃至三年年次计划。

4. 与部落会、学校、青少年团、街庄公所、农事团体、派出所等之连系分担。

5. 经费预算（示台湾教育会三百圆奖励金之费途）应明示计划。

（二）计划事项

1. 国语普及设施之扩充计划：保育园、特设国语讲习所、国语讲习所、皇民塾，或简易国语普及设施。

2. 关于常用国语之设施计划：国语家庭之增加计划、新设国语常用团体、与保甲制度之连系。

3. 国语普及设施之经营计划：

新竹州：（1）国语讲习所之经营：重点置于对青年团第三部团员之基础教养训练，对第二部团员之再训练；（2）皇民塾经营：著重对主妇之基础教养训练。

高雄州：（1）国语讲习所之经营：以为部落教化中心机关，著重未受教育男女青年之基础教养训练、振兴部落学艺会等健全娱乐；（2）国语保育园之经营：著重对幼儿教育以发挥补充家庭教育设施之机能，以达建设国语家庭。

花莲港厅：为建设国语常用部落（有日人、台胞、山胞杂居）所必需国语普及设施之扩充与指导方案：（1）经营计划；（2）教授计划；（3）训练养护计划；（4）经营费用计划；（5）设备计划；（6）讲师之教养及教化活动计划。

4. 透过国语普及设施之部落综合教化计划：

（1）对象：青少年、主妇、幼儿、一般成人。

（2）指导：公民训练计划、家庭教育训练、产业经济振兴计划、厚生（卫生、娱乐、环境）计划。

（三）制作上应留意事项

1. 本计划，以当该部落为单位，并应以全体部落民为对象立案计划。

2. 需当局指导协助事项，应具体详记其要点。

3. 奉公班照顾人及第一部青年团等应为本计划推展中心。

台湾省文献委员会编：《重修台湾省通志》卷六“文教志·社会教育篇”，台湾省政府，1993 年，第 258—259 页。

特别指导国语讲习所设定要纲

（1941 年）

（一）趣旨

检讨国语讲习教育之内容与经营，就特定设施，作实际调查研究，予以有力指导，配合国小制之实施，研订具体指导方策，尽力推进国语普及。

（二）指定

新竹州、高雄州、花莲港厅。

由右列州厅各推荐二所，经过考核后指定一所。

（三）指定要件

1. 既往实绩显著，对学习国语有强烈热忱之部落。

2. 与学校、街庄公所、派出所之连系密切，并能获得三者之协助者。

3. 拥有优秀专任讲师，且讲师为部落中心人物者。

4. 指导上具有交通之便者。

（四）实施事项

1. 宣誓典礼。2. 研究协议会。3. 研究会。

（五）奖励金

每一指定国语讲习所，州支三百日元，厅支二百日元之奖励金。此外所需经费，由州厅负担。

（六）调查研究事项

1. 关于教育方针事项。

2. 关于设立事项。

3. 关于教授训练事项。

4. 关于教科书事项。

5. 关于经营事项。

6. 关于讲师事项。

7. 关于部落事项。诸如部落教化、部落与讲师之关联、岁时节庆、国语基本调查、国语部落促进策、生活调查、学习国语关心状况调查、农忙期与农闲期调查，以及娱乐事项等。

台湾省文献委员会编：《重修台湾省通志》卷六“文教志·社会教育篇”，台湾省政府，1993 年，第 256—257 页。

国语讲习所教育之刷新强化要纲

（1943 年）

一、主旨

为因应当前局势之需求，自昭和十八年起，以四年为计划，对本岛未受教育青少年，普施基本国民生活教育，将其实践生活，直接归乎战力之增强，务期在特殊情况下之台湾，其总力决战之架构，亦无所缺憾。

二、教育方针

（一）奉教育敕语之旨意，应彻底实践臣道之真义。

（二）使自觉皇国的历史使命，使修得国民生活所必需之基本知识技能，施予心身一体之实践锻炼，借以练成至诚尽忠之实践力。

（三）力行国语生活之训练，及修练国民礼法，振励质实刚健、清新阔达之民风，以导至醇正皇民生活之实践。

三、课程

（一）修业年限：二年。

（二）教学科目：国语讲习所之教学科目，分为国民科及教练科，对女子另加家庭科。

国民科分为：修身、国语、算数及歌唱四科。

国语：借修得国语为提练国民情操之方式，借以体验国民精神，引导实践国语生活。

算数：授予实践国民生活所必需之数理知识与技能，使熟悉实际处理要领。

（三）教练科：旨在借心身一体之有规律之锻炼，以培养应变实践之气节与积极敢为之气魄，练成质实刚健之心身，培养献身奉公之实践力。

坚忍体力与敢为精神力，乃国力发展之根基，应使体认何以须增强战力。

（四）家庭科：旨在令修练有关家事、裁缝之知识技能，借以提高家庭生活。

有关祭祀、育婴、卫生、急救、看护、家计等，令修得实践战时家庭生活所必需之实技实能，尤其力行妇德之涵养。

（五）教授训练时数：

教科目＼学年		第一学年	第二学年
国民科	修身	30	30
	国语	150	120
	算数	40	40
	歌唱	30	30
教练科		（男）50（女）20	（男）80（女）20
家庭科		（女）30	（女）60
计		300	300

附注：除右列时数外，视地方情况，得随时课以集体劳动训练。

四、各教学科目之要旨

国民科：旨在阐明国体精华，修练为实践顺应时局之国民生活所必需之基本知识与技能，导其躬行实践之为要旨。

修身：乃奉教育敕语旨意，阐明实践臣道之真义，坚持其为皇国臣民之节操。

指导实践国民礼法，重持身礼节，力求醇化提高日常生活。

…………

五、教育年次计划

（一）入所资格：应入国语讲习所者，为该年度满二十五岁以下之未受教育青少年，将其分成二期教育之。

（二）昭和十八年度入所者：

1. 昭和十八年四月一日，满十六岁以上满二十五岁以下之青年，而有左列情形除外：

（1）国民学校中途退学者而已履修初等科二年级以上课程者；

（2）已修毕修业年限二年以上之国语讲习所课程者。

2. 具有前 1 项情形，而国语能力检定结果，认为有再教育之必要者。

入所之际，男子优先，女子居后。

（三）昭和二十年度入所者：

1. 该当前项规定年龄而未入所者，及昭和二十年四月一日年龄满十岁以下之青少年而有下列情形者除外：

（1）国民学校中途退学，而已履修初等科二年级以上课程者。

（2）已履修修业年限二年以上之国语讲习所及特设国语讲习所二年以上之课程者。

2. 有右列第 1 项情形而国语能力检定结果，认为有再教育之必要者。

入所之际，男子优先，女子居后，决定入所，亦以年龄较高者为优先顺位。

六、教科用图书

于国语讲习所所使用之教科用图书，乃依据国语讲习所教育方针及教科目要旨，由台湾总督府所编纂者。

七、与青年团之连系

国语讲习所之教育，应确保与青年团第二、三部团员之教养训练，不分部别，互相促进，密切连系，以加强充实对未受教育青少年之教育效果。

八、国语讲习所在所生之处理

现在就学国语讲习所之一学年在所生，理应令其进级二学年，惟二学年以上之在所生，此际应令其全员修毕为原则；但经学力检定结果，认为有再教育需要者，或志愿再入所者，得编入适当学年。

九、设施

市街庄应于其所辖区域内设置为收容未受教育青少年所必需之国语讲习所，惟鉴于财政及其他因素，以昭和十八年二月底为基准，以不再增减国语讲习所数及其班级数为原则。

十、经费补助

对依照本要纲经营之国语讲习所，仍照原来按其班级数、学生数、所要经费、专任讲师数及其薪给额，将其部分经营费及专任讲师费，由国库补助之。

台湾省文献委员会编：《重修台湾省通志》卷六“文教志·社会教育篇”，台湾省政府，1993 年，第 265—268 页。

（二）普及日语计划推行情况

州厅别山地日语推行状况

（1930 年）

州厅别		台北州	新竹州	台中州	台南州	高雄州	台东厅	花莲港厅	计
推行人数	高等程度	511	481	532	102	596	1 835	2 465	6 522
	中等程度	1 034	1 160	1 789	158	3 068	7 933	4 813	19 955
	初等程度	1 489	2 328	2 666	278	4 462	13 482	9 418	34 123
	计	3 034	3 969	4 987	538	8 126	23 250	16 696	60 600
总人口		5 753	12 843	15 494	1 564	29 437	44 650	31 814	140 553①
西元 1930 年推行比率％		52.76②	30.93	32.19	34.40	29.60③	57.20④	47.92⑤	43.12
西元 1928 年（昭和三年）％		53.97	34.51	30.11	29.49	23.88	48.87	47.45	38.83
西元 1926 年（昭和元年）％		43.38	23.24	23.13	31.79	22.23	44.14	38.28	33.44⑥

资料来源：温吉编译《台湾番政志》（全二册），台湾省文献委员会 1957 年版，第 837 页。

台湾省文献委员会编：《重修台湾省通志》卷六“文教志·社会教育篇”，台湾省政府，1993 年，第 402 页。

①②③④⑤⑥ 数字有误。

山胞种族别日语普及比率

（1930 年）

种族别		泰雅族	赛夏族	布农族	曹　族	排湾族	阿美族	雅美族	计
推行人数	高等程度	1 506	125	573	198	1 486	2 631	3	6 522
	中等程度	4 266	186	1 287	279	5 891	8 039	7	19 955
	初等程度	8 167	121	2 164	405	7 361	15 884	21	34 123
	计	13 939	432	4 024	882	14 738	26 554	31	60 600
总人口		32 925	1 277	17 911	62 134	41 500	43 142	1 649	140 553①
西元 1930 年推行比率％		42.34	33.83	22.47	41.33	35.51	61.55	1.88	43.12②
西元 1928 年（昭和三年）％		39.58	30.04	22.64	36.04	29.00	59.40	2.00	38.83
西元 1925 年（大正十四年）％		32.79	25.35	16.34	29.82	26.09	51.00	0.93	33.44

资料来源：温吉编译《台湾番政志》（全二册），台湾省文献委员会 1957 年版，第 838 页。

台湾省文献委员会编：《重修台湾省通志》卷六“文教志・社会教育篇”，台湾省政府，1993 年，第 402 页。

了解日语者比例③

（1932—1939 年）

年度	公学校、教育所学生数	同左毕业者累计	日语普及设施学生数	同左修毕者累计	合计	台湾总人口	解日语者百分比
1932	291 067	364 386	42 381	324 537	1 022 371	4 496 870	22.7
1933	317 309	394 686	58 903	356 611	1 127 509	4 612 274	24.5
1934	359 267	429 018	98 523	400 366	1 287 174	4 759 197	27.1
1935	287 290	467 443	120 481	474 126	1 451 340	4 882 288	29.7

①② 数字有误。

③ 本表多处数字有误。

续表

年度	公学校、教育所学生数	同左毕业者累计	日语普及设施学生数	同左修毕者累计	合计	台湾总人口	解日语者百分比
1936	418 592	507 461	150 463	564 487	1 641 003	4 990 138	32.3
1937	458 022	551 146	263 371	661 461	1 934 000	5 108 914	37.8
1938	527 127	594 241	317 756	765 157	2 204 281	5 263 389	41.9
1939	544 632	605 158	496 531	812 139	2 458 460	5 392 806	45.59
1940					2 817 903	5 524 990	51.00
1941					3 239 962	5 682 233	57.02
1942					3 386 038	6 249 468	58.02

台湾省文献委员会编：《重修台湾省通志》卷六“文教志·社会教育篇”，台湾省政府，1993 年，第 228 页。

日语讲习所国库补助款各地区分配情况表

（1933—1934 年）

地区别	1933 年度		1934 年度	
	所数	补助款	所数	补助款
台北州	43	8 145	90	18 800
新竹州	36	7 180	66	16 400
台中州	45	7 595	186	32 400
台南州	56	13 300	162	31 600
高雄州	32	6 920	78	17 200
台东厅	1	150	1	200
花莲港厅	2	250	10	2 110
澎湖厅	6	730	7	1 290
计	221	44 270	600	120 000

台湾省文献委员会编：《重修台湾省通志》卷六“文教志·社会教育篇”，台湾省政府，1993 年，第 234—235 页。

日据时期本省人能操日语者一览表[1]

（1936年）

年度别	公学校教育所学生数（人）	公学校教育所结业生累计（人）	日语普及设施学生数（人）	日语普及设施结业生累计（人）	合计（人）	省人人口（人）	能操日语者百分比（%）
民国二一年度	291 067	364 386	42 381	324 537	1 022 371	4 496 870	22.7
民国二二年度	317 309	395 686	58 903	356 611	1 128 509	4 612 274	24.5
民国二三年度	359 267	429 018	98 523	400 366	1 287 174	4 759 197	27.0
民国二四年度	389 290	467 443	120 481	474 126	1 451 340	4 882 288	29.7
民国二五年度	418 952	507 461	150 563	564 487	1 641 063	4 990 138	32.9

台湾省文献委员会编：《台湾省通志》卷五"教育志·教育设施篇"，台北，众文图书公司，1970年，第126页。

日语讲习所讲师调查（一）

（1939年）

州厅别	专任讲师				兼任讲师			
	日本人	台湾人	计	1938年 1939年	日本人	台湾人	计	1938年 1939年
台北州	77	1 003	1 080	293 162 365 649	296	862	1 158	51 267 52 533
新竹州	20	647	667		240	549	789	
台中州	30	1 241	1271	257 151 327 026	296	684	980	52 814 75 082
台南州	70	1 115	1 185	252 042 427 306	276	2 000	2 276	142 855 91 518
高雄州	11	519	530	97 513 52 430	193	627	820	45 344 77 019
台东厅	3	6	9	3 390	62	43	105	4 548

① 本表多处数字有误。

续表

州厅别	专任讲师				兼任讲师			
花莲港厅	1	16	17	736 2 976	222	226	448	11 378 12 264
澎湖厅		10	10	1 714 2 725	27	55	82	2 990 2 967
计	212	4 557	4 769		1 618①	5 046	6 664②	

台湾省文献委员会编：《重修台湾省通志》卷六“文教志·社会教育篇”，台湾省政府，1993年，第243页。

日语讲习所讲师调查（二）

（1942年）

州厅别			台北州	新竹州	台中州	台南州	高雄州	台东厅	花莲港厅	澎湖厅	计
专任讲师	日本人		30	4	10	6	8	4	5	1	68
	台湾人	中等学校以上毕业	89	35	44	39	25		1	3	236
		国校高等科以上毕业	136	166	349	798	206	18	16	8	1 697
		国校初等科毕业	493	566	600	392	190	8	7	26	2 282
	计		748	771	1 003	1 235	429	30	29	38	4 283
兼任讲师	日本人		273	99	39	335	117	24	91	8	986
	台湾人	中等学校以上毕业	239	115	48	472	142	8	41	5	1 070
		国校高等科以上毕业	87	12	81	128	141	18	71	24	562
		国校初等科毕业	197	18	293	159	207	11	128	18	1 031
	计		796	244	461	1 094	607	61	331	55	3 649
合计			1 544	1 015	1 464	2 329	1 036	91	360	93	7 932

台湾省文献委员会编：《重修台湾省通志》卷六“文教志·社会教育篇”，台湾省政府，1993年，第244页。

①② 数字有误。

日语讲习所状况调查

（1942 年）

州厅别		台北州	新竹州	台中州	台南州	高雄州	台东厅	花莲港厅	澎湖厅	计
所数		705	638	1 570	1 248	541	37	208	64	5 011
组数		1 153	827	1 660	1 299	749	54	234	85	6 062
讲习生（男）	满十一岁未满十四岁	4 467	8 597	7 736	7 634	2 269	196	383	95	31 377
	满十四岁以上	8 841	4 053	8 808	6 360	4 465	315	1 214	264	34 320
	满二十五岁以上	3 915	1 219	1 787	1 142	798	154	515	41	9 571
	满三十岁以上	2 452	600	1 083	608	295	232	340	1	5 611
	计	19 675	14 469	19 414	15 744	7 827	897	2 452	401	80 879
讲习生（女）	满十一岁未满十四岁	8 519	16 000	21 150	26 970	7 361	271	915	657	81 843
	满十四岁以上	15 915	9 225	28 509	25 063	12 314	318	2 136	2 097	95 577
	满二十五岁以上	5 911	2575	5 453	1 661	1 098	165	897	148	17 908
	满三十岁以上	3 512	844	2812	1141	448	177	397	15	9346
	计	33 857	28 644	57 924	54 835	21 221	931	4 345	2 917	204 674
合计		53 532	43 113	77 338	70 579	29 048	1 828	6 797	3 318	285 553

台湾省文献委员会编：《重修台湾省通志》卷六“文教志·社会教育篇”，台湾省政府，1993 年，第 242 页。

简易日语讲习所状况调查

（1942 年）

州厅别			台北州	新竹州	台中州	台南州	高雄州	台东厅	花莲港厅	澎湖厅	计
所数（累次数）			217	1 883	615	6 489	1 261	37	7		10 509
昭和十七年四月底	讲习生数	男	867	18 137	6 361	67 979	12 610	298	60		106 312
		女	3 266	23 589	7 754	84 030	20 533	556	152		139 880
		计	4 133	41 726	14 115	152 009	33 143	854	212		246 192
	讲师数		390	2 269	623	7 310	1 690	106	13		12 401

续表

州厅别			台北州	新竹州	台中州	台南州	高雄州	台东厅	花莲港厅	澎湖厅	计
年度内开设预定	所数（累次数）		2 153	4 648	7 102	11 147	3 681	25	14		28 770
	讲习生数	男	28 140	54 294	68 902	106 712	38 716	419	199		297 382
		女	29 296	72 384	77 608	142 816	72 155	502	210		394 971
		计	57 436	126 678	146 510	249 528	110 871	921	409		692 353
昭和十七年度预算			30 312	62 229	23 686	219 580	49 388	1 004	1 311		387 510

台湾省文献委员会编：《重修台湾省通志》卷六“文教志·社会教育篇”，台湾省政府，1993年，第252页。

幼儿日语普及设施状况调查

（1942年）

州厅别		台北州	新竹州	台中州	台南州	高雄州	台东厅	花莲港厅	澎湖厅	计
所数		375	178	128	879	217	8	6	6	1 797
学生数	男	8 764	3 626	2 907	16 011	5 446	159	300	196	37 409
	女	8 252	3 323	3 001	13 903	4 010	140	260	137	33 026
	计	17 016	6 949	5 908	29 914	9 456	299	560	333	70 435
指导人员数		730	205	172	976	254	9	13	10	2 369
昭和十七年度预算		253 016	27 288	51 734	85 467	108 872	2 425	4 392	6 632	539 826

台湾省文献委员会编：《重修台湾省通志》卷六“文教志·社会教育篇”，台湾省政府，1993年，第254页。

认定日语常用家庭调查

（1942 年）

州厅别			台北州	新竹州	台中州	台南州	高雄州	台东厅	花莲港厅	澎湖厅	计
认定家庭数			1 622	728	6 414	551	109	28	134	18	9 604
家族人数	男	未满六岁	1 074	580	3 444	445	92	23	98	10	5 766
		满六岁未满十四岁	1 540	675	7 959	618	114	22	112	6	11 046
		满十四岁未满二十五岁	1 038	457	7 554	346	83	11	63	3	9 555
		满二十五岁未满五十岁	1 523	735	8 860	529	112	31	110	18	11 918
		满五十岁以上	215	124	1 929	60	8	2	6		2 344
	女	未满六岁	931	531	3 166	397	75	12	79	12	5 203
		满六岁未满十四岁	1 298	634	6 965	526	107	18	100	16	9 664
		满十四岁未满二十五岁	1 032	543	6 972	339	74	17	53	11	9 041
		满二十五岁未满五十岁	1 450	669	7 476	531	103	16	122	10	10 377
		满五十岁以上	310	158	2 095	77	13	3	8	1	2 665
计			10 411	5 106	56 520[1]	3 868	781	155	751	87	77 679[2]

台湾省文献委员会编：《重修台湾省通志》卷六“文教志·社会教育篇”，台湾省政府，1993 年，第 270 页。

山胞种族别日语普及比率[3]

（1942 年）

种族		解日语者	理“番”所所管人口	对总人口解日语者百分比
泰雅族	男	100 684	19 082	55.99
	女	9 501	19 305	49.22
	计	20 185	38 387	52.58

[1] [2]　数字有误。

[3]　本表多处数字有误。

续表

种族		解日语者	理“番”所所管人口	对总人口解日语者百分比
赛夏族	男	500	824	60.68
	女	354	833	42.50
	计	854	1 657	51.66
曹族	男	624	1 262	49.37
	女	394	1 084	36.85
	计	1 018	2 346	43.39
布农族	男	4 335	8 981	48.27
	女	3 477	8 437	41.21
	计	7 812	17 418	44.85
排湾族	男	9 526	17 507	54.41
	女	6 769	17 211	39.33
	计	16 295	34 718	46.95
雅美族	男	118	909	12.98
	女	106	840	12.62
	计	224	1 749	12.81
计	男	25 787	48 565	54.00
	女	20 601	47 710	43.18
	计	46 388	96 275	48.18

资料来源：台湾总督府编《台湾统治概要》，第98页，日昭和二十年版（本表缺“阿美族”资料，但阿美族在山胞中人口最多，其汉化程度亦冠于其他各族，故按前表已可推知，其日语普及率比平地人有过之而无不及）。

台湾省文献委员会编：《重修台湾省通志》卷六“文教志·社会教育篇”，台湾省政府，1993年，第402—403页。

按程度别日语普及状况①

（1942 年）

别厅州	族别		人口（昭和十六、一九四一年）	常用日语者			无碍普通会话者			仅通日常浅近会话者			合计	解者比率
				男	女	计	男	女	计	男	女	计		
台北州	汉人		1 045 580	128 969	97 325	226 294	105 867	107 605	213 472	105 044	97 914	202 958	624 744	59.75
	山胞	平地山胞	65	9	7	16	10	8	18	9	8	17	51	78.46
		山地山胞	7 166	928	977	1 905	1 085	1 031	2 116	468	533	1 001	5 022	70.08
	计		1 052 811	129 906	80 309	210 215	106 962	108 644	215 606	105 521	98 455	203 976	629 797	59.82
新竹州	汉人		799 629	129 895	63 719	193 614	58 682	60 777	119 459	60 044	56 279	116 323	429 396	53.70
	山胞	平地山胞	58	6	5	11	8	6	14	6	5	11	36	62.07
		山地山胞	15 525	2 224	1 417	3 641	1 232	1 154	2 386	953	808	1 761	7 788	50.16
	计		815 212	132 125	65 141	197 266	59 922	61 937	121 859	61 003	57 092	118 095	437 220	53.63
台中州	汉人		1 316 008	158 930	104 249	263 179	183 813	139 733	323 546	158 288	157 311	315 599	902 324	68.57
	山胞	平地山胞	1					1	1				1	100.00
		山地山胞	13 470	726	826	1 552	2 632	2 043	4 675	457	497	954	7 181	53.31
	计		1 329 479	159 656	105 075	264 731	186 445	141 777	328 222	158 745	157 808	316 553	909 506	68.41
台南州	汉人		1 487 590	183 597	89 403	273 000	132 916	113 239	246 155	144 257	141 826	286 083	805 238	51.12
	山胞	平地山胞												
		山地山胞	1 847	340	152	492	78	53	131	66	58	123	746	40.39
	计		1 489 437	183 937	89 555	773 492	132 994	113 292	246 286	144 323	141 883	286 206	805 974	54.11

① 本表多处数字有误。

续表

州厅别	族别		人口（昭和十六、一九四一年）	常用日语者			无碍普通会话者			仅通日常浅近会话者			合计	解者比率
				男	女	计	男	女	计	男	女	计		
高雄州	汉人		831 075	88 177	38 367	126 544	101 636	53 996	155 632	74 816	70 927	145 743	427 919	51.49
	山胞	平地山胞	97	15	7	22	13	15	28	12	20	32	82	84.58
		山地山胞	32 099	5 072	3 195	8 267	2 172	1 821	3 993	1 482	1 383	2 865	15 125	47.11
	计		863 271	93 264	41 569	134 833	103 821	55 832	159 653	76 310	72 330	148 640	443 126	51.33
台东厅	汉人		39 351	7 462	5 097	12 559	4 128	3 097	7 225	4 081	3 081	7 162	26 946	68.48
	山胞	平地山胞	33 874	4 838	3 398	8 236	4 218	3 182	7 400	3 724	3 539	7 263	22 899	67.60
		山地山胞	11 790	1 914	1 236	3 150	552	458	1 010				4 160	36.13
	计		85 015	14 214	9 731	23 945	8 898	6 737	15 635	7 805	6 620	14 425	54 005	63.52
花莲港厅	汉人		91 219	13 951	9 887	23 838	11 206	7 811	19 017	7 382	5 922	13 304	56 159	61.57
	山胞	平地山胞	28 988	6 138	5 042	11 180	2 697	2 579	5 276	1 820	1 740	3 560	20 016	69.05
		山地山胞	14 531	2 196	1 792	3 988	488	443	931	722	725	1 447	6 366	43.81
	计		134 738	22 285	16 721	39 006	14 391	10 833	25 224	9 924	8 387	18 311	82 541	61.26
澎湖厅	汉人		65 694	9 051	4 747	13 798	2 398	3 559	5 957	1 931	2 163	4 094	23 849	36.30
	山胞	平地山胞												
		山地山胞												
	计		65 694	9 051	4 747	13 798	2 398	3 559	5 957	1 931	2 163	4 094	23 849	36.30
计	汉人		5 676 146	720 032	394 794	1 114 826	600 646	489 807	1 090 453	555 843	535 443	1 091 286	3 296 565	58.08
	山胞	平地山胞	63 083	11 006	8 459	19 465	6 946	5 791	12 737	5 571	5 312	10 883	43 085	68.30
		山地山胞	96 428	13 400	9 595	22 995	8 239	7 003	15 242	4 148	4 003	8 151	46 388	48.11
	计		5 835 657	744 438	412 848	1 157 286	615 831	502 601	1 118 432	565 562	544 758	1 110 320	3 386 038	58.02

台湾省文献委员会编：《重修台湾省通志》卷六“文教志·社会教育篇”，台湾省政府，1993 年，第 234—235 页。

三、有关日语教育的言论

日本语中心主义*

(1928年)

蔡培火①

对于我们，不许有个性的存在。我们的语言，终于无所用之。我们除了劳动以外，一切活动的机会尽被剥夺；但我们受到奖励，以服从阿谀为我们应守的美德；对于气骨正义，主张节操的，彻底遭受压制。……官僚说是依据一视同仁的圣旨，而以同化主义为治台方针；这一政策的首要，是日本语中心主义，先在政治上及社会上堵塞我们的嘴巴，使我们无能为力。因此，我们必然要由一切有责任的地位退却，这是由于我们连明白说明我们意志的机会都已没有。……这些不是很有效的能力榨取教育么？这些不是露骨的愚民教育么？官僚们则称此为根据“一视同仁”的圣旨，使能享受与日本人同样生活的同化主义教育法。噫！同化！假汝之名的日本语中心主义，真是拘束并抑制我们心灵的活动，使从来的人物一无所能，使一切政治的社会的地位都为日本人所独占。又凡受此新型教育的青少年，除了特别的天才以外，都被低能化，失去新时代建设者的资格。……及日本占领台湾，如前所述，官僚为了建立日本语中心主义，对于旧时代所养成的人物，视如粪土，抑制其雄飞，多致苦闷而死。此后三十余年间，由于上述杀人的教育，使人材无由产生，但官僚则说在我们中间，有二十余万人懂得日本语。又，在日本各地，受高等专门教育的，为数已属不少，近来每年的毕业生总在百人以上；此外，留学中国及英美各国回来的，也有数十人，台湾官僚如何对付这些新人材呢？请勿惊慌！全台湾，包括中央与地方，从有其名的五等以下的高等官只有五人，判任的有级者为三十余名，其余都是永年坐食。……我们在任何方面，

---

* 本文摘录自蔡培火著《给日本国民》一书，标题为编者拟加。

① 蔡培火（1889—1983），台湾云林县北港镇人，日据时期台湾留日学生运动和民族文化运动的领导人之一。18岁考入日语学校师范部，毕业后任公学校教员，1914年因参加同化会活动而被免职。1915年，受林献堂的资助，进入日本东京高等师范学校深造，是留日学生运动的骨干，1920年毕业返台。此后他积极协助林献堂创立台湾文化协会，成立“六三法撤废同盟会”，开展台湾议会设置请愿运动和成立台湾自治同盟等活动。由于热心台湾政治文化运动，反对殖民独裁统治，曾先后四次被殖民当局关进监狱。台湾光复后曾任“立法委员”“政务委员”“国际红十字会台湾分会会长”等职，著有《日本国国民に与ふ》《亚东之子如斯想》《国语闽南语对照辞典》等著作。

都是受彻底支配的。

蔡培火：《给日本国民》，转引自［日］矢内原忠雄著，周宪文译：《日本帝国主义下之台湾》，台北，帕米尔书店，1985年，第153页。

日本语教育的目的*

（1929年）

［日］矢内原忠雄

教育的中心是日本语（国语），这不但是教育的工具，又为其主要的内容。日本占据台湾当初即已着手的教育，是“国语传习”；其目的在供行政上的实用。儿玉、后藤政治，亦专以“国语普及”为教育的眼目，但讳言以同化为教育政策的方针。然至一九一八年明石总督赴任之时，即明言以同化为施政方针，此后确立以“国语教育”及“国民道德”的教授为普通教育的根本，而欲以教育的力量同化台湾人及先住民。

“国语教育”的目的，据说共有三种：一为交谈的工具，二为文化发达的手段，三为同化的武器。住在台湾的人，包括日本人、台湾人（汉民族）及先住民；台湾人之间，更有福建及广东的两系统；普及日本语，使成他们相互间的共通语，这有政治的及社会的意义。但因人口的大部分是台湾人，而台湾人闽粤两族的语言又无根本的差异，故共通语的必要程度不能以菲律宾之例为律。其次，就文化传达的工具来说，日本语之有意义是不用说的；但语言教育未必就是文化教育，文化及道德是亦可以原住者的语言来教授的。在许多的殖民地，普通教育的教授用语则为土语，惟高等教育始用本国语。但台湾总督府，从公学校时代起，即以日本语为教授用语，汉文（台湾语）仅作随意科，每周可以教授二小时；至于中等程度以上的学校，则对汉文，亦依日本式的读法教授。这样的方法，至少在普通教育上，就文化传达的工具而言，不能不说反是劳多功少的。但在台湾教育界，这种日本语强迫政策的最大目的，自然为谋同化。然而语言的同化，未必就是民族的同化，这在理论上及在殖民地的实验上，固然是没有怀疑余地的；但日本政府竟敢推行这一至难之事。不过，不以生活、不以友爱，仅以学校的“国语教育”而谋台湾人的同化，这似缘木求鱼。先住民虽然也受公学校教育，但其生活却急速台湾人化。“国语教育”固亦不无同化效果，然其普及程度仅为台湾人人口千分之二八点六而已（一九二〇年）。“国语”普及的方法，也欠周到。即这虽为日本占领台湾以来一贯的教育政策，但尚无可以台湾音检查日本语的辞典，到了近年，始为这一目的，着手编纂台日大辞典及台日小辞典。但此事业

---

* 本文摘录自日本学者矢内原忠雄著、周宪文译《日本帝国主义下之台湾》一书，标题为编者拟加。

属于台湾教育会，经费系由学租财团负担，与总督府预算无关。以台湾那样丰富的岁入，为了那一贯的日本语教育政策，而竟轻视语言教育上的基础事业如此之甚，这一事实，乃与直至近年台湾人普通教育机关的仍不完备，相俟而使一贯的日本语教育政策未甚普及。这比德国之专心于其殖民地土语辞典及文法的编修，相差未可以道里计。要之，至少，到一九一九年止，可说日本政府专于树立政府权力及资本家的势力而忽视了台湾人教育。这种台湾人教育的忽视，乃与日本语政策相俟而使文化传达或台湾人同化的效果，未如所期；但只有一个目的，是完全达到的：那就是日本人独占了政府及企业内的地位。附带发生的，是台湾人对语言同化政策的抗议。

［日］矢内原忠雄著，周宪文译：《日本帝国主义下之台湾》，台北，帕米尔书店，1985 年，第 150—152 页。

第八编

留学教育

一、台湾留学生规则

台湾总督府直辖学校留学生规则

（1902 年）

明治三十五年十一月一日府令第七三号

第一条　台湾总督府直辖学校校长针对该校本岛人学生中最终学年的教科成绩，选拔学力优等、品行方正者，经台湾总督认可，可到内地留学。

第二条　留学生毕业后的服务年限，按该学校规则的规定，以其留学年月数加算。

第三条　留学生依其留学地点支付学费及旅差费。

台湾教育会编：《台湾学事法规》，“台湾总督府”民政部学务部，1917 年，第 614 页。

台湾总督府直辖学校留学生学资及旅费支给规则

（1906 年）

明治三十九年四月二十六日训令第九十三号

第一条　依据明治三十五年七月府令第七三号《台湾总督府直辖学校留学生规则》，向内地派遣留学生的学资及旅费依据此规则支给。

第二条　学资月额十五元以内，由该学校校长决定，每月月末支付。

第三条　前条学资的支给，应是从到达留学地之日开始计算，到毕业之时或免除留学之日结束。

第四条　旅费的支给，国语学校的留学生应按照左表的旅费额，医学校留学生也支付给与国语学校留学生相当旅费金额，但是在汽船旅行的情况，不支付在船上的住宿费。

汽车费	汽船费	车马费一里	住宿费一夜	每日津贴
下等运费金额	下等运费金额	八钱	五十钱	三十钱

第五条　前条的支付金是供留学旅行用的，被免除毕业或免除留学的情况下，应如数返还。留学支付金只限于按该校校长的命令旅行的情况下给予支付，但是如果有不恰当的行为被处分免除留学，或本应如期返回本岛，而无正当理由三十天之内不返回者将不给予支付。

附则

本令自发布之日起施行。

明治三十五年十月训令第二百五十一号《台湾总督府国语学校留学生支付规则》同时废止。

台湾教育会编：《台湾学事法规》，“台湾总督府”民政部学务部，1917 年，第 614—615 页。

高砂寮规则

（1912 年）

本寮为居留东京之学生而特设，为使学生有规律生活、质素勤勉，以期达到留学之目的。

一、欲赴内地留学者，须将其预定所入学校（包括讲习所之性质者）、履修学科及出发日期，附呈履历书，经由厅长转呈总督府。但原住内地者得向东京留学监督提出之。

二、未提前项呈报者，不得受台湾总督府所定之特别保护。

三、曾经台湾总督府学校试验场等认为性行不良，或学业不及格而命令退学者；又由谕旨使之退学者，无官公私立之别，须使之不作内地留学之想。

四、厅长不论其曾否提出前项之呈报，如有赴内地留学者之时，须将其姓名、出生年月日、原住地、种族别、所入学校名称、履修学科、入学前经历、父兄之职业及资产状况等，迅速报呈台湾总督。

五、内地留学生到达内地时，须于七日内记载其所入学校。在东京府者呈报内地留学生监督，在其他地区者则呈报道厅长官、府县知事。

六、内地留学生转移寄宿地、改换姓名或身分有异动时，在东京府者，须速呈报内地留学生监督，在其他地方者须呈报道厅长官、府县知事。

七、厅长对于内地留学生休学、退学或毕业而归还本岛时，须呈报台湾总督。

台湾省文献委员会编：《台湾省通志》卷五“教育志·教育行政篇”，
台北，众文图书公司，1970 年，第 56—57 页。

台湾总督府外国留学生规程

（1914 年）

大正三年四月十四日敕令第六五号

第一条　台湾总督府外国留学生的派遣，是为研究外国特殊的学术技艺而由台湾总督从教官中选拔。

第二条　从教官中选拔的外国留学生，从出发之日起至归来之日止，支付给薪水及加俸金；从其他在职者选拔的外国留学生，只能得到本薪及加俸的三分之一，而休职者则只能得到本薪的三分之一以内。

原为在职者的外国留学生在外留学作为定员以外处理。

第三条　属于前两条的外国留学生准用《文部省外国留学生规程》，台湾总督可履行文部大臣的职责。

附则

本令自公布之日起施行。

【准用】

文部省外国留学生规程

（明治三十四年三月二十九日敕令第六六号）

（改正　明治三十六年第六〇号、明治四十一年第八一号）

朕文部省外国留学生规程裁可，兹予公布（文部大臣副署）。

文部省外国留学生规程

第一条　文部省外国留学生的派遣，是为了研究外国必要的学术技艺，而从文部省直辖学校毕业生或者文部省直辖学校教官中进行检定挑选，得到文部大臣的认可，获得文部省外国留学生资格。

第二条　文部大臣指定文部省外国留学生的研究学科、留学国以及留学时间等。

第三条　文部省外国留学生依据附表，给予往返旅费、生活补助费及学费。但是留学好几个国家的留学生，依据实际支出额的多少报核。

留学英国、美国或清国的留学生，文部省根据留学国的情况，支给一年三百六十元以内的费用。

留学于附表以外国家的留学生，支给学费每年度一千八百元以内、生活补助费两百元以内，其往返旅费依外国旅费规则判任官的标准支给。

文部大臣确认前三项金额支给标准后给予批准，但认为必要时亦有权利增减。

第四条　文部省外国留学生因学科研究需要到各地游学或者转学的情况下，应该给予相当的学资补给。

在前项的情况下，支付给特别的旅游费及生活补助费用。

第五条　文部省直辖学校教官受命往外国留学，从本国出发之日到归国之日，作为该学校教官定员以外，支给其原有俸给，但也可根据具体情况给予俸给的三分之一以内。

第六条　文部省外国留学生归来之后，有根据文部大臣的指定任职的义务，其义务任职时间应不少于其留学时间的二倍。

第七条　文部省外国留学生违背文部大臣的指令者，应在归国前后返还支付给的旅费、生活补助费及学费。

（附表略）

台湾教育会编：《台湾学事法规》，“台湾总督府”民政部学务部，1917 年，第 611—613 页。

在外研究员规程施行细则

（1922 年）

大正十一年六月十一日台湾总督府训令第一二一号

第一条　受命在外的研究员，七天之内应交上誓书，并且应及时确定出发时间（第一号书式、第二号书式）。

第二条　受命在外的研究员，在出发前患病的应予取消。

第三条　在外研究员从国内港湾出航之际，应上报其港湾名称（第二号书式）。

第四条　在外研究员到达居留地，应把住所地址上报台湾总督，离开时亦要将转留地上报。

第五条　在外研究员在居留地即将上学之际应当上报。

第六条　在外研究员每年的四月及十月，应书面上报其研究情况。

第七条　在外研究员可以根据自己的情况提前返回，但是因病不能继续研究时，应有医生的诊断书方可获许可。

前项的情况，所需的手续应有帝国驻该国大使、公使或领事的证明，返回后还应接受审查。

第八条　在外研究员途中因私事逗留应获得认可，当没有认可的时间时，应在事后接受对其理由的追认。

私事滞留不给予学资旅费的津贴。

第九条　在外研究员在居留期间，应从到达居留地的次日起算至离开的次日为止。因事难以按时出发时，应有帝国驻该国大使、公使或领事的证明，可以滞留十四天以内。

第十条　在外研究员返回后，应当立即上报返回信息，以及研究情况书。但是在外研究期间如有附带在外国学校学习，应附上学校卒业证书。

第十一条　在外研究员的旅费以及生活费，应在出发前上交预算，之后给予支付。

第十二条　在外研究员的学资，每年度的九月及六月前以现金的形式发给，但在特殊情况下可特殊处理。

第十三条　在外研究员因学术研究需要到各地巡游考察，可以申请津贴，但在三个月前必须上交费用预算书及申请书。

第十四条　任命为在外研究员的官吏，从出发之日到返回之日，不在定员之内。

前项定员外的人员，给予本俸及加俸的三分之二。

附则

本令自大正十一年一月二十三日起施行。

第一号书式

誓约书

本人何年间在何国从事何学科的研究，在外研究期间直至返回，决不违背有关规定，特此立下誓言。

年　月　日

台湾总督府在外研究员　何　某（印）

台湾总督爵何某殿

第二号书式

出发（或者预定出发）报告书

何年何月何日何地（任职地、无官职者为现住地）出发、何年何月何日某港解缆向某国出发，特此报告。

年　月　日

台湾总督府在外研究员　何　某（印）

留守宅

台湾总督爵何某殿

第三号书式

居留地到达报告

何年何月何日到达某国某地，特此报告。

年　月　日

宿所（邮寄地址）

台湾总督府在外研究员　何　某（印）

台湾总督　何某殿

大、公使　何某殿　各一份

领　事　何某殿

台湾教育会编：《台湾学事法规》，帝国地方行政学会，1924年，第566—567页。

二、台湾留日学生概况

赴日留学之台湾留学生人数统计表

（1906—1921 年）

年度	初等教育	中等教育	师范教育	实业教育			计	专门教育	特殊教育	其他	计
				农业	工业	商业					
明治三十九年度（1906 年）	10	9	—	3	1	—	4	13	—	—	36
明治四十年度	19	22	1	5	5	4	14	7	—	—	63
明治四十一年度	23	13	1	5	7	3	15	8	—	—	60
明治四十二年度	28	30	1	10	5	5	20	13	3	1	96
明治四十三年度	43	41	—	10	8	5	23	15	3	7	132
明治四十四年度	65	52	—	13	3	16	32	18	4	5	176
大正元年度（1912 年）	76	94	—	13	4	30	47	35	2	10	264
大正二年度	57	130	—	11	11	53	75	39	3	11	315
大正三年度	47	155	—	15	4	50	69	45	3	6	325
大正四年度	40	179	—	7	4	42	53	50	2	3	327
大正五年度	82	183	—	12	4	58	74	55	4	17	415
大正六年度	83	201	—	12	8	68	88	86	5	19	482
大正七年度	63	200	—	2	8	28	38	102	18	72	493
大正八年度	91	218	—	2	7	37	46	119	29	60	563
大正九年度	94	231	—	2	8	38	48	139	52	84	648
大正十年度	116	279	—	1	13	34	48	173	58	65	739

备注：本表依台湾总督府各年度学事年报制成。

李园会著：《日据时期台湾师范教育制度》，台北，南天书局，1997 年，第 160 页。

进入日本高等教育机关就读之台湾籍学生数

（1922—1940 年）

年度	高等学校大学预科		专门学校		大学	
	男	女	男	女	男	女
大正十一年度（1922 年）	179			4		
大正十二年度	72	1	161	4		
大正十三年度	76	1	143	2		
大正十四年度	113	1	117	6	29	
昭和元年度（1926 年）	25		142	11	71	
昭和二年度	147		242	18	119	2
昭和三年度	153		262	34	121	
昭和四年度	179		218	33	103	
昭和五年度	170		215	31	132	
昭和六年度	155		232	64	148	
昭和七年度	124		257	73	184	
昭和八年度	105		223	87	193	
昭和九年度	161		484	152	197	
昭和十年度	139		545	164	205	12
昭和十一年度	149		566	181	202	3
昭和十二年度	154		651	229	209	2
昭和十三年度	145		959	291	312	1
昭和十四年度	177		1 211	343	337	
昭和十五年度	201		1 438	360	309	

李园会著：《日据时期台湾师范教育制度》，台北，南天书局，1997 年，第 178 页。

进入日本中学校高等女学校就读之台湾籍学生数

（1922—1940 年）

	中学校（男）	高等女学校（女）
大正十一年度（1922）	223	15
大正十二年度	272	19

续表

	中学校（男）	高等女学校（女）
大正十三年度	272	20
大正十四年度	263	12
昭和元年度（1926）	244	9
昭和二年度	419	22
昭和三年度	516	28
昭和四年度	630	31
昭和五年度	495	19
昭和六年度	578	37
昭和七年度	555	31
昭和八年度	514	23
昭和九年度	545	37
昭和十年度	601	31
昭和十一年度	733	43
昭和十二年度	829	76
昭和十三年度	1 197	101
昭和十四年度	1 635	148
昭和十五年度	1 541	185

备注：本表依据台湾总督府各年度学事年报及总督府文教局各年度台湾学事一览表制成。

李园会著：《日据时期台湾师范教育制度》，台北，南天书局，1997 年，第 176 页。

在日本内地求学的台湾本岛人学生数

（1932—1942 年）

项目/年度		大学			专门学校			大学预科高校	中学	高女	实业学校	各种学校	
西元	昭和	男	女	计	男	女	计	男	男	女	男	男	女
1932 △	七	154	0	154 22	257	73	313 269	124 116	555 2 053	31 1 465	106 1 533	49 2 136	3
1933 △	八	193	0	193 25	223	87	310 307	105 109	514 2 113	23 1 526	79 1 533	67 2 302	5
1934 △	九	197	0	197 26	484	152	636 288	161 104	545 2 193	37 1 586	136 1 465	234 2 372	20

续表

年度＼项目		大学			专门学校			大学预科高校	中学	高女	实业学校	各种学校	
1935	十	205	12	217	545	146	691	139	601	31	190	288	12
△				25			299	114	2 357	1 613	1 464	2 819	
1936	十一	202	3	205	566	181	747	149	733	43	188	277	15
△				41			262	121	2 610	1 722	1 514	3 265	
1937	十二	209	2	211	651	239	890	154	829	76	217	421	23
△				59			179	110	2 794	1 912	1 629	3 813	
1938	十三	312	1	313	959	291	1 250	145	1197	101	328	650	115
△				70			166	96	3 233	2 225	1 970	3 989	
1939	十四	337	0	337	1 211	343	1 554	177	1 635	148	467	914	146
△				90			140	87	4 818	2 812	2 746	2 488	
1940	十五	309	1	310	1 438	360	1 798	201	1 541	158	524	1 275	161
△				85			171	98	5 832	3 187	3 680	2 512	
1941	十六	303	0	303	1 640	352	1 992	249	1 556	267	603	1 493	182
△				61			204	117	5 895	3 554	4 527	2 217	
1942	十七	329	1	330	1 635	304	1 939	258	1 523	270	681	1 917	160
△				69			182	129	6 590	3 882	5 609	2 430	

注：1. △表示台湾岛内本岛台湾人学生数。

2. 根据伊藤氏的介绍，实业学校学生在一九四四年有三二，七一八名，但其中一八，〇九〇名是实业补习学校学生，只有小学毕业后补习二年的程度而已。

杜武志著：《日治时期的殖民教育》，台北县立文化中心，1997年，第207—208页。

日本的台湾留学生

（1936—1942年）

台湾青年要在殖民地接受高等教育，首先必须通过偏袒同族学生而且担心本岛人过度教育的教育官员的考验。相反地，日本提供真正平等的机会，似乎是一个希望之地。在日本有各式各样的学校而且没有种族限制，对台湾人来说，在日本进入大学、专校、中学校或者高等女学校，比在台湾争取稀少的名额容易多了。所以，台北许多聪明少年的教育止于中学校，但是在殖民国就读的台籍中学生，几乎都继续进入大学或其他教育机构。

虽然医学专校一直是热门目标，经1920年代至1930年代，台湾人留学日本的潮流中，持续不衰的是法律、政治、文学、经济、商业、农业、理科和工程的学生。人数较少的女性追随其兄弟的脚步，通常也以医专为目标。也有另辟蹊径，学习牙医甚至经济学。

总督府试图阻止这种辛苦的远行，但没有效果。他们屡次企图监督和指导在日台人的活动；殖民政府任命指导监督以指导日本的台湾学生。1912 年起东京有一供台湾人居住的宿舍，以便有效监督。但是多年之后，光是掌握学生行踪就有困难。由于指导监督还负责监视与殖民地政治、社会或文化有关的颠覆活动，总督府高效率的警力竭尽所能地监视所有在日台人。但是，1920 年代日本有太多的台湾人，警方的监督对象大部分锁定在政治上的活跃学生，包括对“危险思想”表现兴趣者，或与有民族主义倾向的中国或朝鲜学生友善者。虽然殖民政府的统计显示，1922 年留学日本的台湾人不到 700 人，但警方估计是，当年日本的台湾学生至少有 2 400 人。

日本统治的最后十年，到底有多少台湾人在殖民国，总督府可能也没有精确的数字。严格的卫生改革和长期的和平，使台湾人口急速增加，从 1915 年的 3 414 388 人增加至 1940 年的 5 682 223 人。加上本岛农业、林业和矿业的科学调查，新式工业已经成功开展。即使日本人占有新财富的绝大部分，台湾富人只占总人口的一小部分，但是在台湾上层阶级的规模和财富已经明显地成长。最后的这十年比二十年前，甚至十年前，多出数千个有能力留学日本的人，殖民地和日本口岸之间的交通方便，同时台湾人无须签证或护照就可自由来往。在日本完成学业并且找到优渥工作的台湾人，有时能够协助年轻的亲戚来日本。殖民政府对于在日本就学的台湾学生，最后的统计如下表，应该有更多人。

台湾人在日本就学的官方统计（1936—1942 年）

	中学校及高等女学校		职业学校		高等学校及大学预科		专门学校		大学		其他学校	
年度	男	女	男	女	男	女	男	女	男	女	男	女
1936	733	43	188	0	149	0	566	181	202	3	277	15
1937	829	76	217	0	154	0	651	229	209	2	422	23
1938	1 197	101	328	24	145	0	959	291	312	1	650	115
1939	1 635	148	462	16	177	0	1 211	343	337	0	914	164
1940	1 541	158	524	20	201	0	1 438	360	309	1	1 275	161
1941	1 556	267	603	31	249	0	1 640	352	303	0	1 493	182
1942	1 523	270	681	13	258	0	1 635	304	329	1	1 917	160

资料来源：1936—1939 年，台湾总督府文教局编《台湾の学校教育》，页 121；1936—1941 年，台湾总督府文教局编《台湾の学校教育》，昭和十六年版（台北，1941），页 124；台湾通信社编《台湾年鉴（1944）》，页 505。

［加］派翠西亚·鹤见著，林正芳译：《日治时期台湾教育史》，宜兰仰山文教基金会，1999 年，第 105—107 页。

三、日本东京的台湾留学生组织及其活动

新民会章程

（1920 年）

第一章　总　　则

第一条　本会称为新民会。

第二条　本会专以考究台湾所有应予革新之事项，图谋文化之提高为目的。

第三条　本会以台湾岛民愿协助前条之目的，具有贯彻之热诚者组织之。

第四条　本会本部置于东京，必要时得于适宜之地方设立支部。

第二章　会　　员

第五条　本会会员分为普通会员、名誉会员及赞助会员。

一、普通会员系经会员之介绍，并经例会之决议入会者。

二、名誉会员系有学识资产名望者，由会长推荐，经例会之决议者。

三、赞助会员系特别赞助本会者，由会长推荐，经例会之决议者。

普通会员每年须负担会费金二元，但旅居东京者得免除之。

第六条　为达成第二条之目的，会员皆应负调查研究之义务，但有不得已之事故时不在此限。

第七条　凡会员由于不得已之事由拟退会者，应向会长呈报实际情形。

凡会员认为有污损本会名誉，或有不利于本会之行为者，经总会之决议，会长除名之。

第三章　职　　员

第八条　本会置会长、副会长各一人及干事若干名。

会长、副会长、干事均于总会由会员中选举之。

干事中互选两名为专务干事，职员之任期各以一年为限度，但满期后不妨再选。

第九条　会长代表本会，掌理一切会务，总会为议长，整理议事。

副会长辅佐会长之职务，会长有事故时代理之。

专务干事承会长、副会长之命，掌理一切会务，会长、副会长有事故时代理之。

干事承会长之命，从事会务。

第十条　本会得置顾问若干名，顾问须具备学识经验者，经总会之决议，由会长嘱

托之。

第四章　会　　议

第十一条　总会每年两次，于四月及十月，会长召集之，但会长认为必要，或有干事半数以上，以及普通会员五分之一以上请示时，会长得召开临时总会。

通常总会会长应报告本会成绩之概要。

总会议决本会则明定之事项及其他重要事项。

第十二条　例会每年于二月、六月、八月、十二月，共开四次，由专务干事召集之，会员应发表调查研究事项，互相讨论，交换知识。

第十三条　（此条原文阙如。）

第五章　会　　计

第十四条　本会经费，以会费及有志人士之捐款充之。

第十五条　会计年度为十月一日起至翌年九月三十日止，专务干事应制成一年度间之收支决算书，每年一次向通常总会报告，受其承认。

第六章　附　　则

第十六条　本会会则非经总会决议，不得变更。

第十七条　本章程施行细则于例会另定之。

王诗琅译：《台湾社会运动史——文化运动》，台北，稻乡出版社，1988年，第45—47页。

新民会的会员

（1920年）

会　长：林献堂

副会长：蔡惠如

干　事：黄呈聪　蔡式毅

名誉会员：陈怀澄　连雅堂

普通会员：

（明治大学）林呈禄　罗万车　蔡玉麟　蔡先於　彭华英　陈全永　李乌棕　林济川　林石树　林朝廷　郭国基　颜春风　吕灵石　吴清水　陈添印　黄成旺　郑松筠　陈福全　庄垂胜

（早稻田大学）王敏川　黄周　林仲辉　吕磐石　施至善　王金海　林仲树　吴火炉

（中央大学）苏维梁　吴境庭

（商科大学）吴三连　蔡珍曜　陈昆树

（帝国大学）刘明朝　蔡伯汾　林攀龙

（专修大学）林伯文　柯文质　蔡敦曜

（庆应大学）陈　炘　王江汉

（其他学校）林资彬　李君曜　蔡炳曜　庄以若　洪元煌　黄元洪　蔡培火　石焕长　陈天一　谢春木　杨淮命

王诗琅译：《台湾社会运动史——文化运动》，台北，稻乡出版社，1988年，第47—48页。

《台湾青年》发刊辞

（1920年）

李汉如

九年春，余东渡，适留学生组织《台湾青年》杂志社成立，欢迎余于荟芳楼。蔡惠如君介绍余入社，并推余为名誉会员。席间演说，咸谓本社之宗旨，与余十二年前所创之新学会同，将来必发刊一种青年杂志，以继余未了之志，并嘱余帮编辑。余且感且愧，盖余离台湾已九年。此九年间，少与台湾诸亲友通音问。其青年之学识，进至何处？政界学界之更改如何？经济之变动，与夫社会之状态又如何？均莫能知。恐言无当，不无遗憾。今何幸而与余所最亲爱之青年学子诸君相聚一堂，得亲其丰采，听其言论，均中肯綮。使九年间，所未亲见之岛政，一一为余解剖，条析缕分，不啻灼照而数计也，是青年学子诸君之益于余也大矣。而余对于青年学子诸君之希冀心，则又如雨后春笋，莫之能遏也。果不虚余之希冀，数月后，而有青年杂志发刊之举。征余为发刊辞，余喜极心忙，搦管忘字，数分间不成一语。虽然，恶可无辞？

新学会之发生，值日俄战争终了之三年。其时，尚军国主义纵横之日，长鲸吸川、春蚕食叶之侵略政策，无一不争妍斗丽以相炫彩者。其所谓无畏舰、机关枪之优美，世界新闻均揭载表扬，以博一时之雄长。凡所有以武力攫取之土地，对于其土地之土民，均采愚民政策，奖励其恶劣之习惯，以拘系之，灭其优美之历史，而使之数典忘祖，几何其不浑浑噩噩、不识不知、顺帝之则也哉？

当其时，台湾总督为佐久间氏。佐之者，为大岛民政长官。依前代旧章，变本加厉，将三百万岛民，束缚驱策，如群马笼头，一任高低，而莫敢谁何。余以一书生，不识时势，而又如一更不识时势之伊藤判事，直批逆鳞，发刊一种《新学丛志》，欲以高等国民教育，灌输于我台民而领之也。逆世界之潮流，触当局之方策，是犹于洪涛急湍中，一叶扁舟，纵逆流而横渡也。安怪其不断舵折樯而倾覆者乎？

青年杂志社之设立，适欧洲大战后二年，时机不同，形势亦异。考欧战之结果，费财三千余亿万，死伤二千余万，开地球未有之惨剧。所谓军国主义之欲灭人国、占人地者，无非欲为自国民经济充裕计也，而其结果至于如斯。各国均觉悟军国主义之非策，遂将变而为经济主义。简言之，则民生主义之谓也。民生主义之欲昌明于天下，其始也，必先使世界人类无智无愚，无贤无否，无妇人孺子，皆受同等之教育，皆有相当之程度，并享其同等之自由。且无一切之畛域，无一切之阶级，远近相等，同异如一，乃能与世界经济场中谋共同生活。此自然之趋势也。然而从前所受之愚民政策之殖民地土民，其程度之能受同等教育享同等自由与否，是一问题。今假定其程度之不堪受也，必也先观其土民之自觉如何，然后依其自觉之程度为标准，立解放之，渐次而归于平等。此悲天悯人之政策，为近世各国政府所应采之方针也。

呜呼！我岛人亦世界殖民地土民之一部分，然日本法学家每讳言之。美其名曰限期殖民地，为岛人无平等之资格，暂以殖民地性质治之。盖由宪法第一条规定“大日本帝国以万世一系之天皇统治之”之明文，采概括主义，依此明文解释，凡属日本土地，皆帝国领土，无彼此之别；凡属日本臣民，皆天皇统治之臣民，又无同异之别；故不能明指为殖民地。是以领台初年，限三年期，颁六十三号特别法律，委任诸台湾总督，以统治台民。盖欲于此三年期内，行保育政策，使本岛人与内地人程度相等，俟其得有成绩，然后废除之。法亦良也，意亦善也。至斯仍曰程度犹低，再延长六年以教训之；至斯，而又仍曰资格还浅，未可与以享同等之自由；更再三再四延长之。明年又将届期矣，岛民之进步成绩如何？将来政府之方针又如何？均尚不可知。呜呼！我岛民其真尽童骇白痴知觉性者乎？胡为乎受二十五年之教育，而仍无知无识，不能望内地之肩背？是真堪痛哭而流涕也！

吾本岛人果真知识能力薄弱、不能享相当自由之确据，则宜内省自疚，齐心同愿，奋勉自强，以力求有以副政府历年来殷勤保育之苦衷。吾本岛人果真不童呆不白痴，其知识能力均堪享自由平等之幸福，亦宜将一切所能自觉之程度表而出之，以乞现政府之悯怜。奈何默默为将一切所难堪之痛苦，一一忍受之，而不敢一言也。吾悲焉，今忽有吾最亲爱之青年学子诸君，应时而起组织《台湾青年》杂志社，本此青年二字之宗旨，而发刊杂志。一以网罗新智识材料，灌输于岛民，助政府教育之所未建；一以表岛民自觉之程度，以供贤明政府，施同仁方策之参考。吾喜极，故于发刊辞略为述焉。若曰言论价值也，则吾岂敢。

王晓波编：《台湾抗日文献选编》，台北，帕米尔书店，1985年，第56—58页。

《台湾青年》发刊之趣旨

（1920年）

王敏川

我台湾之隶于帝国版图，已二十余稔矣。顾文明之进步，犹不能与内地相并驰，是何故耶？考其原因虽不一，而吾台人之无自觉，实为最著者也。夫文明之增进，恒视其群自己发展之能力如何。若己不自进，则人亦不能为我助。吾台文化所以不进之故，即病自己无发展之能力。今日世界改造之秋，国民之荣辱不在乎国力之强弱，而在乎文化程度之高低。吾人虽附为大国国民，不足以为荣，而文化程度之低下，实为吾人之大辱。呜呼！吾辈青年其可不知所以自奋乎？然则欲唤醒人人之自觉，将何道之从？曰：是非普及教育不为功。而吾辈学校教育之未普及，已深足致憾。矧所以补其不及之家庭教育、社会教育又不完备，无怪乎文化愈趋愈下。吾人生长其间，安能任岁月推移，无所觉悟。视桑梓文化之堕落，犹秦越人肥瘠乎？故提倡教育，实为吾辈今日所当有事。是后对于学校教育，固当企望当局之改善。而所谓家庭教育、社会教育将何以启导之而使之发达，则吾人之职责也。夫欲启发社会之文明，必先吸收高尚之文化，尤当顺应世界之潮流，然后可使民智日开，而进于文明之域。若是者，非广为介绍内外之思潮，莫能奏效，此发刊杂志所以为当务之急也。近者同仁有鉴于此，共议刊行杂志，且得在台诸先辈之赞助。爰拟七月创刊，名曰《台湾青年》。盖以吾台文化之促进，责在吾辈青年，并所以表诸先辈之期待也。惟同人大半为留学生，或已卒业而在社会上服务者，或有致疑其于学业职务有碍。是不然，吾辈台人也，事苟有利吾台，损亦何辞？况杂志之内容，大半关于学术之译著，其间内外宏哲之名言，皆足启我智慧，则所获益者不已多乎。然同人所自引为深虑者，则以学识谫陋，躬荷促进文化之使命，窃恐不胜其任，所愿宏达之士，竞起而善导之，庶吾台文化可以日盛乎。今于发刊之先，敬陈旨趣，窃望吾台诸同胞，或惠篇以光本志，或授资以助发展。顾亭林有言："天下兴亡，匹夫有责"。吾台文化之隆替，实系吾辈。同人不敏，敢率先为倡。世有君子，雇执焉。

杨碧川著：《日据时代台湾人反抗史》，台北，稻乡出版社，1988年版，第85—86页。

《台湾青年》发行趣意书

（1920年）

各位！历时四年半的世界武力大战乱已告终幕，现在，人类的和平竞争正在盛行，这难道不就是世界人类的反省期吗？

为了保持国际间的永恒和平，产生了国际联盟的条约；为了避免人类间的弱肉强食，引起了人类解放的问题；为了防止社会上的优胜劣败，社会改造的呼声正在高唱入云。

然而倘要谋世界人类的和平，首先要谋一国内部的和平，要谋国内的和平，则应先谋一个社会的和平不可。当然，一个社会的和平，非先求一家的和平，一家的和平，则非先求个人的身心【和平】不可。于此，我们倘真正要希求最大的世界人类和平，非先从希求最小的身心和平开始不可。

各位！我们想，各位每当回顾自己过去的生活，一定对其价值要发生疑问。我们现在应当稍为认真、严格、慎重来批评自己过去的生活，探索未来的进路，谋求真正有意义的生活之必要。仔细想起来，我们过去的生活，常被很多不必要的事所迫，被很多的疑惑所笼罩，还未真正看见和平的光辉。然当此世界改造良好机会之际，窃思我们为求身心的和平，应当勉力扫清这不安和疑惑，同时真正求取台湾的文化生活不可。

各位！请看看那些内地人青年及中华民国青年们纯洁的理想、活泼的运动，他们一旦觉醒起来，便以时代的自觉，为世界、为邦家，灌注浑身的热血奋斗的情形，实在是令人欣羡的。回顾我们岛民青年又如何呢？大家都还在沉默无言之中。清夜深自反省，难道心中不觉得有点忸怩吗？

各位！我们台湾已经顺应时势的要求，新迎接到文官总督了。尤其是田新文官总督履任以来，参酌我台湾的民意；对旧制度大事一新其面目，据悉，伟大的经纶已逐渐在实现。当此际，我岛民应奋志激励，协助新督宪逐渐改革之新政，俾获良果，这就是说，我们应该早一点消除其在社会上、宗教上、艺术上、风俗习惯上等很多的缺点，发挥很多的美点才是。而要消除这些缺点，发挥美点，我们岛民互相必须在精神上一致连络，且在一定的主义目标之下，将过去的各种事实，公平地冷静地严正地加以考察批评，而确立于现在及未来应采取的根本方针。不过，其考究批评，决不是限以传承的思想、因袭的见解所能了事，必须依照现代的判断、世界的眼光才行。

根据上面所说的理由，我们居住东京青年有志，故敢不顾自己的境遇，不揣菲才微力，只秉牺牲与奋斗的二大精神，于此与我敬爱的同胞青年坚决携手，步调一致，为启发我岛的文化，计划自本月起创刊题为《台湾青年》的杂志。而本杂志的创刊，已获台湾当局相当的谅解，且有我同胞先辈的后援，以及内地有识人士的指导，故自属稳健坚实固不待言，尤其是编辑不必借他人之手，由旅居东京青年专当其任，诚可谓我岛的言论机关前所未有的急先锋，信非过言。

各位！站起来吧！时机已经来到了。见义而不为是谓无勇的懦怯者，反抗世界潮流是谓文明的落伍者。我们要自觉自己是具有伟大历史的青年，也是肩负着多大责任的青年，且非奋斗不可。各位恐怕有把迄今日常经验的感想，或是学来的内外文的学识，公开发表一定很多，而且对于我岛各种应予革新改善的事项，要加以评论也一定不少，或是想沟通我同胞互相的意志的事也是很多。希望今后能够善用这本青年机关杂志，各人本诸责任感，为我台湾共同奋斗努力。

最后，再重复说一遍：本杂志的维持金是我同胞有心人士所捐出的，编辑及其他所有事务，则纯然是由旅居东京青年有志者，以牺牲的努力来处理的，而且还打算每个月一次以成本以下的收费，供给各位高览。希望不把本杂志视为少数旅居东京青年的专有物，乃属我台湾青年全体面目的我们共有的机关杂志，而充分予以声援，并惠投有益的佳稿，特别是切望在编辑上，倘有没有注意到的地方，不客气叱教是幸。

王诗琅译：《台湾社会运动史——文化运动》，台北，稻乡出版社，1988年，第50—51页。

新民会给日本国会两院议员的请愿书

（1921年）

请愿的主旨：

谨按，大日本帝国是立宪法治国，而台湾则归属于帝国版图的一部分。因此，假使在台湾的统治上必要认可特别制度，则在其范围内须要准据于立宪制的原则是当然的道理。但考查台湾的统治制度，在领台当时，不但认为有必要参酌台湾固有的文化制度和特殊民情风俗做特别立法，且因认为统治之日尚浅，在不宜使之立刻遵从立宪政治的常轨情况下，帝国会议依明治二十九年（一八九六年）第六十三号法律付予台湾总署可以发行代替法律的命令权，使同一统治机关掌握了行政、立法二权。二十八年以后，虽然法令上已经过明治三十九年（一九〇六年）的法律三十一号、大正十年（一九二一年）变更为法律第三号，但制度上仍然维持了行政、立法混一主义。这不但是帝国治下三百六十万新附民众所不能忍受的痛苦，实在也是现代世界思潮所不能赞同的污点。如今，台湾的诸行政外表看起来好像已上轨道，地方的秩序也井然有序，但其内情却是官方独行、民意未畅达，尤其是欧洲大战后，道义思想勃兴，促使环球人类极大觉醒，成立了国际联盟，给予列强外交内治的根本革新。最近，虽因反四国协商和缔结海军条约，而得确保国势的均衡和远东的和平，但民心仍未到安定的程度，社会尚在改造之途。值此重大时局，以维持东方和平为己任的帝国，对外宜敦厚邦交，对内宜上下协力，图谋巩固邦基。因此统治新领土台湾，务必参酌特殊情况，参考世界思潮，根据民心趋向，迅速均等种族待遇，准据立宪的常道。换言之，相信目下的最大急务是，开设由台湾住民公选出的议员组织台湾议会，俾使台湾民众能够体会一视同仁的圣旨，均沾立宪政治的惠泽，以期做为真正善良国民，完成在地理上、历史上的特殊使命。如果不这样做而继续现在的制度，抑制民权、闭塞民意，则难保新民众对帝国统治怀抱疑念。这是请愿人等朝夕为国家惧的所在。如果谅解请愿人等的真意而有所采择，设台湾民选议会，付予施行于台湾的特别法律和台湾预算的议决权，与帝国议会相提携来图谋台湾体制的健全发展的话，这不单是台湾民众的幸福，也是日本帝国主义新领土统治史上的辉煌善美的一大功绩。此乃胆敢做此请愿的所以然，在此诚意仰祈充分审查讨论为祷！

请愿的要旨：

依照前面谨述之主旨，在此祈望设置由台湾住民公选出的议员组织的台湾议会，制定付与台湾议会议决将施行于台湾的特别法律及台湾预算的准备，请惠予审议之。依据前述议员法第六十二条以下贵族院规则第一百二十七条、众议院规则第一百四十七条的规定，经贵族院议员陈江原素六、众议院议员田川大吉郎的介绍，谨呈奉请愿如上。

大正十年一月

王乃信等译：《台湾社会运动史》第二册，台北，创造出版社，1989年，第72—73页。

东京台湾青年会关于高砂寮事件决议文

（1925年）

大正十二年（一九二三年）九月一日东京震灾的快报一传到台湾，岛民的同情油然而生，为了救灾醵集二百余万元。这是世人所周知的事实。当时东京台湾的留学生罹灾者亦甚多，同样有设法救济的必要，这是理所当然的。当时的贺来总务长官有鉴于此，便从前记捐款中拨出一成，亦即动用二十余万元，在小石川区茗荷谷的高台，开始增建东京台湾学生寄宿舍高砂寮新馆。直至大正十四年（一九二五年）二月欣见完工。但当局或拟变更原来方针，始终闪烁其辞，拖延至今尚无开寮的迹象。将前后数次学生的陈情、请愿，当作马耳东风，这是我们东京台湾留学生甚诧异的地方。这样不仅违反了新建该学寮的目的，且徒然令学生滋生不安之感。这是本会认为应速开放新馆的理由。

如此一来，当局不开放应为台湾学生而开放的学寮，任其放置达八个月以上的结果，旧高砂寮生与当局之间发生了种种纠纷。想来它的起因，首先可归诸当局的怠忽职守。理论上当局应当诚心诚意妥善处理才是，却用高压手段下令关闭旧高砂寮，使纷争愈益严重。本会认为如此处置为不当，乃于本临时大会决议如右：

一、期能火速开办新高砂寮。

二、确认旧高砂寮的关闭处置为不当，期盼及时撤销该案。

兰博洲编：《民族纯血的脉动——日据时期台湾学生运动（1913—1945）》，台北，海峡学术出版社，2006年，第91页。

东京台湾青年会宣言书

（1925年）

现在，世界帝国主义的危机正在迫近，资本主义则濒临于没落，××帝国主义已现出狼狈至极的样相，为了苟延残喘，正毫无忌惮地剥削所有无产阶级。这次，田中反动内阁，假借整肃日本共产党之名，残酷地镇压劳动者、农民、学生。纵观古今的历史，证诸远近的实例，我们得知令人战栗的事实，领会了为自己的权利不得不战斗的道理。

你看吧！看看展开在我们眼前的光景吧！抗拒××帝国主义，为全体被压迫民族的解放从事斗争的我先锋队，身受着无与伦比的镇压。他们逮捕数十名无辜的同志，然后极尽刑求拷问之能事。因此，杨景山濒临死亡的边缘，如今在伊香保过着转地疗养的凄苦境遇。官方捏造的侦查内容，终于把三名同志以违反治安维持法、数名同志以违反出版法的罪名，系于狱中。我们目睹着非笔墨言词所能形容的这种暴虐迫害。……被压迫的民族同胞们！多年来，惨遭可恨的××帝国主义拼命的镇压和彻底的剥削，而陷入极度贫困的台湾民众，现在已抬起头来，向他们展开决定性的斗争，三万余的农民组合员，与数千的文化协会会员，以及工友会员等所组成的战斗队伍，站在第一线，正与吸吮民众膏血的××帝国主义及三井、三菱等大财阀决战。

这是在长久以来的恶法、恶政，以及土地政策的剥削、欺骗下，必然燃起的烽火，而且是任何人都无法制止的力量。同时，也只有体验了长期的斗争过程，始能达到目前这样的阶段。渡过资产阶级民主主义、资产阶级社会革命的过程，更经过了新自由主义，今天终于展开站在无产阶级立场的阶级斗争了。

可是，三十余年来，为了建设××资本主义，他们××帝国主义者，不断向我们施以穷凶极恶的镇压，向我们挥动着剥削的铁锤。当我们回溯历史所教育的过程时，我们便知道，对付××帝国主义的×××××斗争的流血，×××的虐杀，或是竹林事件、二林事件、新竹事件，近如这次的共产党事件等，都是流血果敢的民族斗争。这时候，我们已经不能再无视于它的战斗。因为，统治阶级必定会拼命死守他们的阵营，进行更为残酷的迫害和掠夺，以更残酷的魔法捕尽灭绝我们。

被压迫的台湾民众们！

在我们的面前展开着两条应走的大路——那就是，我们或是背叛正义，变成他们统治阶级的忠仆和奴隶，甘受灭亡的命运，或是勇敢地撕破社会的虚伪，为自己的解放而战。这两条路是我们所熟悉的。殖民地被压迫民族的解放，也正是全日本无产阶级解放的前提。而日本无产阶级大众的解放，也是台湾、朝鲜等被压迫民族解放的前提。我们一起来向他们显示整个被压迫大众的铁腕和拳头吧——然后用大众的力量，搞活学术研究会和青年会吧！我们发誓和他们进行再一次的大决战。

一、支持台湾的解放运动！

一、即时释放被检举者和被投狱者！

一、撤废台湾民众的桎梏——特别恶法！

一、谋求日、台、鲜被压迫民众的提携！

一、发起牺牲者的救援运动！

一、争取使用台语的自由！

一、绝对反对日本帝国主义战争！

一、打倒田中反动内阁！

一、死守苏维埃、俄罗斯！

一、守护红旗！

一、建立工农的政府！

一、绝对反对台湾总督独裁政治！

一、万国被压迫民族解放万岁！

一、积极支援台湾学术研究会及青年会！

一、台湾共产党万岁！

一、台湾独立万岁！

一、全台湾学生联盟万岁！

一九二五年五月

东京台湾学术研究会
东京台湾青年会

王乃信等译：《台湾社会运动史（1913—1936）》第一册，台北，海峡学术出版社，2006年，第57—59页。

台湾留日学生夏季演讲团返台演讲内容摘编

（1926年）

日本大学学生王治禄以《中国、日本、台湾文化的比较》为题的演讲：

去年暑假后返回日本时，为了解祖国的状况，我就顺路视察上海、北京及其他地方。当轮船将要开进上海港，看到陆地时，我即感到有无法说出的感慨，台湾正处在台湾总督的专制统治之下。因战争的结果，台湾被割让给日本，其后受到专制政治的统治。在台湾，台湾人的权利丝毫不被承认，全凭总督自由操作。

如台湾议会的成立也不承认，只知榨取钱财而已。因为台湾议会的设置对日本不利，所以极力阻止之。在教育方面，更不承认台湾人的教育，即使台湾人如何勉力读书，仍然不肯给予承认。我们台湾青年最感遗憾的，就是现在的青年们以使用日语为非常好的事。在日本人不在时，虽时常使用台语，但如有日本人同在时，即刻改用日语。可是要知道，不论怎样，我们仍然是我们，狗还是狗。现在台湾的政治作风，就是反正台湾人是别人子弟，统统死掉也无所谓。

日本正则英语学校学生陈来成以《黎明期的青年》为题的演讲：

无论如何，想要达成某一事业都必须团结。有了这个团结，事情必定会成功。今天的日本，也是因为在明治维新时大家团结，如今才能成为世界的五大强国或三大强国之一。

现在的台湾，正值太阳东升的时候。因为是黎明期，所以也才有暗云遮蔽，这个云到底是鬼云呢？妖云呢？兽云或自然云呢？尚未研究前，是无法晓得的。

我们是纯粹的汉民族，并且具有四千年的文化。这文化曾威压世界，做过世界的盟主。所以陷入如今的地步，是因为缺乏自觉和团结有以致之。

青年人不可怀有依赖心，必须自主自立，如此才能求得各位的幸福，和汉民族全体的幸福。

日本中央大学学生赖远辉的演讲：

我们是具有五千年优秀历史的汉民族的子孙，如果不改造台湾的社会，不但对不起历代祖先，并且也不能完成对子孙的责任。……在现在的世界里，有许多吸吮我们膏血的寄生虫，使我们无法过正常的生活。如要排除它，就必须杀掉他们。否则，我们就不能壮大起来。

留日学生黄白成枝在台北以《信仰、怀疑、知识》为题的演讲：

中国最早研究此种哲学，对世界人类做了非常的贡献。所以世界各国的人甚至对中国抱有羡慕的念头。然而，为什么日本人会轻蔑中国人呢？其原因是因为在日清战争时，中国吃了败仗之故。自此以后，日本人便骂中国人为“清国奴”。我到琉球及日本旅行时，每当听到此种辱骂时，便异常强烈地想到：我们的祖国是中国，中国本是强国、大国，是道德发达较早的国家。这种感触很深，我们必须常常加深这种情怀。

现在社会是强者苛虐弱者的制度，当然应该倒塌，但光凭一个人是无法打倒它的。所谓一视同仁或慈悲等等，都是谎言，都是虚伪的。所以，我们对于某一社会事象，应该判断：这种事对社会生活有没有必要，如果没有必要，就必须把它改革。被人欺负并不是好事。在台湾，真理便非基于这个根本原理来追求不可。我希望诸位奋发努力，以此觉悟来对抗我们的公敌——他们。

兰博洲编：《民族纯血的脉动——日据时期台湾学生运动（1913—1945）》，
台北，海峡学术出版社，2006年，第94—96页。

宣传檄文

（1927年）

各位在东京的台湾男女青年学生们！

在离乡背井、远在海外游学的人们胸中不时飘荡的浮云，无一不是怀乡及思虑其将来的情怀。尤其是想到在所谓殖民地政策下，日甚一日地荒废下去的乡土时，不知同胞的心中又会作何感想？更何况是热血沸腾、纯真的青年学生，胸中又会是怎样的感受呢？

不过，我们如今已从过去绝望的沉郁之中发现，新的黎明之光已赫然照耀在世界的每个角落了！看哪！那些和我们同一命运的、被凌辱的弱者，已经雄赳赳地站起来了！他们为了创造新的人类历史，正勇敢地进行着苦战恶斗，而且他们的努力眼看着也即将如愿以偿了。现在，我们同胞心中的意图也不期而得以汇合团结了。

三月二十八日，在中国青年会馆召开的我青年毕业生欢送会席上，毕业生前辈以下，满堂的同胞曾如何一致地呼吁团结的必要！如何如饥似渴地倾听中国国民党代表所发表的有关中国革命运动的讲演！又是如何地决意发展社会科学的研究！为着逐步迈向所信之目的，我台湾青年会于是全场一致决议设置社会科学研究部。

我们应怎样来看混沌的现社会的所有问题和一切现象，又应怎样来对应它呢？我们应怎样看待所面临的民族问题、殖民地问题，或切身的我台湾之总督独裁政治所包藏的阴谋，并且又应怎样来对应它呢？本研究部的使命，便在于忠实地、科学地来分析究明这些和我们有密切关系的各种问题。

各位在东京的台湾同胞！各位青年学生！请想想这种趋势的动因吧，更想想在东京的台湾青年学生对乡土的特殊使命吧，然后再自问如今应该做什么，如今又应从什么做起？"即时加入台湾青年会社会科学研究部"，这就是它的全部答案。是的，团结就是力量，社会科学就是武器。

支持社会科学研究部吧！

立刻迈出团结的第一步吧！

东京台湾青年会社会科学研究部组织筹备委员会

兰博洲编：《民族纯血的脉动——日据时期台湾学生运动（1913—1945）》，台北，海峡学术出版社，2006年，第105—106页。

东京台湾青年会社会科学研究部成立大会协定

（1927年）

一、确保本研究部内容之秘密。

二、实践活动应于研究进展到某一程度后始实行之。

三、联络中国国民党及朝鲜人无产阶级，其联络协调委任于干部。

四、干部的选派授权于委员，不予发表。

五、委员不另遴选，委请筹备委员原班人员担任。

六、研究部本部设置于台湾青年会内。

七、本部每月聘请帝大教授前来演讲一次。

八、会章如依研究部之立场独自订定，应不得与青年会有对立之情形存在，故他日全权委托于本部干部订定，不予明示。其费用则利用青年会费。部中内部关系，仿效党之细胞组织，采取中央集权式统制，以干部为常务委员，委员为中央委员，细胞为班，以地区别设立如次的支部：

东京　柏木支部　小石川支部　神田支部　目黑支部　牛込支部　深川支部

京都　京都支部

大阪　大阪支部

兰博洲编：《民族纯血的脉动——日据时期台湾学生运动（1913—1945）》，台北，海峡学术出版社，2006年，第107页。

东京台湾青年会社会科学研究部声明书

（1928 年）

今日国际局势的特征，厥为各帝国主义国家间在国内国外矛盾的尖锐化，各国殖民地及半殖民地民族运动的激烈化，尤其是最近远东的反帝国主义运动，突破了帝国主义列强拼命的弹压，斗争的波浪日趋高潮，不过帝国主义的弹压是会更加狂暴的。在这样的势下，世界被压迫民族的解放运动战线的统一是绝对的必要的。这一事在民族运动一环的我台湾解放运动，也可以作同一的看法。早在我台湾本岛，也正需要统一的共同战线，这也正是我全体台湾民众每一个人所期望的。

回顾常为我民族解放运动的先驱、具有光辉的历史之我青年会，于昨年设置本研究部以来，已有两大潮流对立过来。可是对支配阶级的斗争，绝不容许我们分散力量。不过，两大潮流的对立，却怀蕴着动不动就会被支配阶级的分裂政策所乘的危机。我们对这支配阶级的分裂政策，断然非抗争不可的。

于兹，我们肃清了青年会内行动的对立，为集中对支配阶级斗争的力量，认为本研究部应该独立，且痛感有其实行的必要。全体会员诸君一定会原谅我们对阶级的忠诚！

一九二八年三月二十日

台湾青年会社会科学研究部

王诗琅译：《社会运动史——文化运动》，台北，稻乡出版社，1988 年，第 75—76 页。

东京台湾学术研究会决议

（1928 年）

一、组织方针

原则上，各学校分开组织，有特殊情形时，则按照原来采取地域别的组织方式。

目前的学校别组织及其负责人为：

早稻田高等学院　何火炎

日本大学　林　裳

中央及明治大学　李清标

日本齿科及东京医专　何瑞麟

二、东京台湾青年会变更组织

为使东京台湾青年会于党东京特别支部指导下成为大众团体而改变规约。

通过文运革新会，组织各团体协议会，进行宣传活动，发布新闻，号召会员及广大的一般大众。

三、发行机关志

以大约三十元的预算，发行二百页左右的机关杂志，发表各会员的论文等。

四、支持《无产者新闻》

目前订阅《无产者新闻》的台湾人，东京只不过四十人，岛内只约一百二十人。今后，应策划增加读者人数，以支持该报，并组织“东京台湾无产者新闻拥护同盟”，以林添进为委员长，萧来福、林兑为委员。

五、组织台湾解放运动牺牲者救援会

组织救援会，基金定一股为五分钱（一个月份），广泛向组织内及未入组织的台湾人募集。由苏新担任负责人，何火炎、陈铨生担任委员。

六、台湾农民组合全岛大会对策

对十二月三十日拟在台中召开的台湾农民组合全岛代表大会的方针，协商结果，今年决定致送一份声明。

兰博洲编：《民族纯血的脉动——日据时期台湾学生运动（1913—1945）》，台北，海峡学术出版社，2006年，第113—114页。

有关东京台湾青年会组织化事项记事

（1929年）

一、组织化的意义

青年会的组织化，这次头一回变成问题。其实，这个问题在青年会的所谓和平时期便应当当成问题来处理才对，只不过当时的环境并没有使我们痛切感到组织化的必要而已。可是现在，青年会的组织问题已经真正成为我们的问题了。“日渐衰败的青年会”，是我青年会被指责的现状。因此，我们痛感青年会有大加改革的必要。

青年会创立当时的主旨，一言以蔽之，就是“谋求会员互相间的亲睦，促进社会文化的提升”。但是，如果我们再次回顾过去一二年间青年会状况的话，我们就可清楚的认识到，依照现状，我们不仅已经无法促进社会文化的向上，而且也无法谋求会员互相间的亲睦。如台语的使用被禁止，集会、言论的自由再三被蹂躏，以及一部分上了分化政策之当的堕落干部的怠忽职守，以致青年会屡次的集会出席者逐渐减少等，在在都明白地证实着这一事实。

在这样的状态下，要是有人把青年会当成单纯的吃喝茶会，而且主张“只有如此，以前的和平时代才能再度来临”，这些人，等于是与瞎扯“完全屈服当奴隶，才能被解放”的论调者无异。

必须使用不像样的日语交谈的集会，究竟有什么趣味可言？唯有取得使用台语的自由，才有恳亲的意义，也才能达成会员的亲睦。再者，有了言论、集会的自由，才能现实地促进“社会文化的提升”。但在现状之下，我们却未完全具备这些自由，我们必须要彻底地争取这些自由才行。

请看！朝鲜人的集会不是堂堂正正的用朝鲜语交谈吗？但为什么只有我们被强制使用日语呢？不外是因为朝鲜的同志们具有组织的力量，而且一直勇敢地为自由而战。相反的，我们没有巩固的组织，因而没有力量。

请回想去年三月发生的高砂寮事件吧！如果我们有巩固的组织力量，我们的兄弟不会被这样侮辱的。况且高砂寮自主化的问题，由于寮长专制行动的露骨化，愈加成为我们迫切的问题了。在这种情势下，青年会组织化已是迫切无比的要务了。

二、组织化的内容

那么，我们应如何来把青年会组织化呢？

1. 主旨的具体化……必须是以明白表达恢复一切我们被夺去的自由，以及贯彻我们的具体要求为主旨。

2. 组织变更。

甲、由赞同本会宗旨，正式参加的旅居东京台湾人所组成。

乙、确立执行机关。

丙、组织的基本单位设于大学。但无党籍者，在本部统制之下，决定其所属班。

3. 每月征收一定数额的会费。

4. 发行会讯。

当然，这并非一朝一夕就可达成的。因此，我们相信，在进行组织化的过程中，自然能够发现更具体的、进步性的内容。尤其是作为我会基本组织——班组织的确立问题，当然是我们不得不加以研究的问题。

青年会的组织，如今已成为我们本身的切实问题，当然，这决不是要破坏，或是要分裂青年会本身。组织化，正是要巩固一向组织松懈的青年会，使我们获得强大力量的方法。而且，只有依靠组织的力量，才能重新争取到诸如使用台语的自由与权利。

兰博洲编：《民族纯血的脉动——日据时期台湾学生运动（1913—1945）》，台北，海峡学术出版社，2006 年，第 118—120 页。

为全岛大拘捕敬告农工兄弟书

（1929 年）

敬爱的农工兄弟们！日本帝国主义者在台湾逞其豺狼本性进行经济侵害，我们四百万的大多数民众早已无业可就，无生可享，尤其农工兄弟所受的压榨更是惨不忍睹，这是各位所看到的。工资日日降低，物价太高，住家要户税，耕田要地税。车税、马税、牛税、保甲费、街庄费……犹有甚之，连打赤膊也要加罪。如此榨取尚不知足，还用强权来霸占农民兄弟的土地，强夺农民兄弟的香蕉、凤梨、竹林、甘蔗等等。

敬爱的农民弟兄啊！当吸血鬼用强权来霸占强夺土地之时，幸而有“台湾农民组合”替农民兄弟谋取利益，时时刻刻代表农民兄弟的利益而奋斗，是各位有目共睹的事实。过去两年来，主张“土地归于农民”，反对扣押耕种物，反对强夺土地的，不就是台湾农民组合吗？反对课征重税，反对没收竹林的，不也是农民组合吗？为谋求农民兄弟的利益着想，与日本帝国主义拚生死的，不正是农民组合吗？

敬爱的农工兄弟啊！日本帝国主义过去常用阴险手段来陷害咱农民组合，是农工兄弟所亲身体验的，正因农民组合是替农民兄弟谋福利的组合，所以农民组合的存在是日本帝国主义的眼中钉。换句话说，日本帝国主义若想在台湾展现其豺狼本性，使农民兄弟永远成为他们的奴隶，他们首先必须镇压农民组合，才能达成他们的兽欲。

敬爱的农工兄弟啊！这次日本帝国主义为了彻底压榨农民兄弟，拘捕了台湾农民组合在各地的勇敢份子，并用极其恶毒的阴谋来陷害咱勇敢的兄弟。我们相信，这次的全岛大拘捕是日本帝国主义者对于农民兄弟的挑战，是加深榨取农民兄弟的第一步！

敬爱的农工兄弟啊！我们应该甘心受日本帝国主义的榨取与酷刑吗？绝不！农工兄弟啊，我们若是希望完全的解放，除非各位团结打倒日本帝国主义，否则办不到。

农工兄弟，一切被压迫的兄弟啊！一起站起来，重整我们的阵营，与此凶心大发的吃人强盗——日本帝国主义，打个一拼生死的斗争吧。无论如何，各位要奋起，用大众行动来救助被拘捕的兄弟！誓死支持属于大家的台湾农民组合！

即时释放为主义而牺牲者！

农工兄弟联合起来！

土地归于农民！

反对总督独裁政治！

打倒日本帝国主义！

东京台湾学术研究会

兰博洲编：《民族纯血的脉动——日据时期台湾学生运动（1913—1945）》，台北，海峡学术出版社，2006年，第121—123页。

东京台湾文化同好会《通讯》

（1930年）

我们的文化同好会是由一群爱好文艺（文学、美术、电影、音乐、演剧等），同时也对台湾的文化问题有兴趣的东京台湾青年组成的团体。所以，凡是对文艺有兴趣的台湾青年都应该陆续加入我们的同好会。当然，我们也大大欢迎住在京都或岩手等地的台湾青年参与。倘若这些地方的台湾青年能够在该地设立同好团体，那是最好不过的事。

我们既然是人，自然都具有艺术的情愫，有人吟诗，有人写小说、创作，有人喜爱戏剧或电影，有人唱歌，有人绘画，每个人都有不同的艺术嗜好。假使我们丧失了艺术，那么，人生的一半就几近乏味了。

我同好会就是为了帮助发展各人所具有的艺术兴趣，而互相聚首来从事研究的会。但我们不单单偏重个人的趣味，我们还有重要的另一件事，那就是，凡是台湾青年都明白的，我们殖民地人比母国国人忍受着更多的痛苦。我们没有比母国人更多的言论自由，甚至连选择语言的自由都没有（在东京不能使用台语集会），出版的自由那就更不用提了。但这些却是提升文化发展不可或缺的东西。

台湾独特的文化发展，任令日本帝国主义肆意蹂躏，我们所享有的文化并不是真正属于我们生活所要求的文化，而是帝国主义下的被压迫文化、奴隶文化罢了。在台湾，从公学校二、三年级起就被强制使用日语。如被发现使用台语讲话便要受到惩罚。不能使用自己与生俱来的母语，这是多么残酷的事呀！我们本来的汉文文章几乎已被废弃了。这种语言上的混乱阻碍台湾文化的发展，是难以估计的。

此外，台湾至今尚未实施义务教育制度。台湾人受过小学教育的还不到全国的百分之三十，这正如革命前的帝俄拥有惊人的文盲群。高等专门学校被少数的反动日本人所独占，在它的校门前贴着台湾人不准进入的公告。尽管如此，我们却不被允许设立私立学校或讲习会。我们所受的教育到底是什么？公学校教科书第一页的题目是“天皇陛下的行幸”。呜呼！这就是我们台湾的现实啊！这里还有什么独自的文化可言呢？所以，我们必须依靠我们自己的双手来创造台湾真正的文化。我们东京台湾青年文化同好会的组成，也就是在这种现实的要求下应运而生的。

我们还要进一步促成台湾能够成立真正的普罗列塔利亚文化组织。旅居东京的台湾人学生们，请踊跃参加，让我们的文化同好会茁壮长大吧。请把同好会发行的会讯，带到各地同乡会，也带到各学校的台湾人会里去，使它成为弟兄们的热门话题吧！

东京台湾青年文化同好会《通讯》第一期，一九三〇年八月三十日

兰博洲编：《民族纯血的脉动——日据时期台湾学生运动（1913—1945）》，台北，海峡学术出版社，2006年，第133—135页。

东京台湾艺术研究会《檄文》

（1933年）

同志诸君!!!

当台湾人青年手创的文艺杂志《福尔摩沙》发刊之际，于此聊述一些感想，期能敦促同志们奋起。

综观历史，大凡各种新运动，不论洋之东西、时之古今，殆为青年所发动。由此可见，他们的身心，能够勇敢地正视事物的真象，另一方面，他们贯彻自己信念的意志力和体力，也是旺盛的。

台湾改隶已经三十年了，但政治开放运动，则仅仅历时十数年，而且，直到现在都尚未有任何收获可言。文化运动虽肇始于东京青年学生，但空有热情却不知冷静思考破坏后的建设应如何？因此，这就像是患了一场热病，很快归于沉寂。如果要找出“文化运动”的功绩，那么，可以说它只不过打破少许台湾固有的迷信观念而已。对于向来的政治运动和文化运动各团体所采取的方针，以及所收到的效果的批评，姑且不论，但我们却不得不由衷慨叹没有愿意赌命投入运动贯彻目的的人。有鉴于此，《福尔摩沙》杂志的同仁，愿与同乡合作，以团体的力量，推动一向被忽视的文艺运动，来提高台湾人的精神生活。

台湾有没有固有的文化？现在还有吗？这些疑问曾经再三被提起过。三百年前，从福建、广东两省迁移台湾的中国民族之一群，毫无疑问，是中国南方文化创造者的子孙。中国的文化——书画、文学等等的创造者，不消说就是他们的祖先。古时的书画已消踪灭影，由汉诗所代表的文学，甚至已堕落成应酬的手段，只是一种无病呻吟的呓语。在政治上、经济上过完整的生活，当然是第一要紧的事。但除此之外，我们更渴望有艺术的生活。我们必须拯救台湾堕落的文艺。

在政治上，台湾已从中国的属领，转而编入日本的殖民地了。现正挣扎于特殊的国情和经济上的剥削政策之下。而且已被传统的大家族制度、迷信、邪教歪曲成强弩之末的儒教思想、宿命论的天命思想与佛教的结合，反而产生了许多精神上的弊害。再者，地理上，处在热带地方特殊的自然环境中。民族上，则土著的高砂民族和台湾人，以及作为统治者的日本人等三者，杂然地，或和好相处，或对立而居。

拥有数千年的文化遗产，目前又处于各种特殊情况下的人们，迄今未能产生独特的文化，这可以说是非常不可思议的事。台湾已经萎死了。他们不是没有闲暇或才能，宁可说是勇气不够，以致如此。直到近年，好不容易出现了新人，开始创作绘画和雕刻，这是值得庆幸的。

原来多受拘束的汉诗，确有束缚伟大思想之弊。时到今日，它可说是一个不合时宜的文字表现形式了。同仁等集合于兹，自许为先驱者，在消极方面，则把向来微弱的文艺作品，以及脍炙民间的歌谣传说等乡土艺术，加以整理研究；在积极方面，则决心用我们的全副精神——如上述在特殊气氛中被孕育的——流露从心坎涌现出来的思想和感情，重新创造真实的台湾文艺。我们是一群想重新创造“台湾人的文艺”的人，决不被偏狭的政治、经济思想所困缚。拟从高瞻远瞩的见地，观察广泛的问题，从事创作，冀望借以提倡台湾人的文化生活。在地理上，介于日本和中国之间的台湾人，应做仲介，互为介绍两国的文化，以资助东洋文化的进一步发展。……

各位台湾青年——为了使自己的生活自由与丰富，我们应该自己着手推行这些文化运动。平素心有所感，但尚未纠合同志的有志者，须奋起聚集，畅谈所思，互相帮助，努力于文艺创作。迄今为止的台湾，只可比喻于锦绣其外、内藏朽骨烂肉的“白色坟墓”罢了。从今以后，我们非要通过文艺来创造真的“美丽岛”不可。

昭和八年三月廿日

台湾艺术研究会全体发起人

王乃信等译：《台湾社会运动史（1913—1936）》第一册，台北，海峡学术出版社，2006年，第69—71页。

台湾几位留日学生回祖国参加抗战的经过

刘　理

出身于台湾新竹县新埔的范子唐、严盛满、刘燕鉴、刘燕瑟等进步青年到日本东京学习，在1943年讨论了孙中山先生的“救国论”。范子唐毕业于九州大学，是研究社会问题的，严盛满是日本大学夜间部的学生，刘燕鉴是东京医学院口腔科的学生，刘燕瑟是日本大学附属第二商业学校的学生。这些留日学生都是在台湾的小学（公学校）毕业后，在社会当过各种学徒的苦学生。

我们都是台湾的客家人。据历史记载，中国的客家人是一千多年前居住在中原的汉族人民，由于各种原因迁移到广东梅县及周围地区，当地人称呼这部分人为客家人。在清朝，我的曾祖父带着祖父由广东汕头迁移到隔海相望的台湾新竹。祖父在台湾当了秀才，在竹东开学堂教当地人学汉文和知识。1895年，清政府和日本签订了《马关条约》，台湾被日寇侵占，这激起了台湾人民的愤怒。祖父带着许多学生抗击了日本侵略军。后来，日寇占领了台湾，祖父也被日军杀害了。

日帝把侵略战争扩大到中国内地和东南亚各地时，日本青壮年已缺乏，就在二线上使用了台湾和朝鲜的青年。1944年，日本的东京缺少粮食，出现了饭馆也出售稀粥的现象。这时我考入东京的中央大学后，与日本大学夜间部毕业的进步台胞严盛满讨论了具体的抗日方案。当时我们就和在“满洲首府新京”（即现在的长春市）的“大正火灾保险株式会社新京支店”工作的同乡苏鸿洞取得联系。苏鸿洞是日本大学毕业的台湾进步青年。1944年8月，苏鸿洞给我办了由东京经过朝鲜到“满洲新京”就职的手续。我乘船与火车经过下关、釜山、汉城来到新京市。当时新京有日本关东军本部，有“满洲国”的各个部门，还要建立日本天皇的皇宫（现为长春地质学院校址）。日本政府首相东条大将指挥部准备从日本本土迁移到满洲来，指挥日帝的太平洋侵略战争。我由苏鸿洞介绍到“大正火灾保险株式会社新京支店”当了会计之后，就办了该公司数份介绍信寄给正在日本东京的台胞严盛满等人。1944年冬季，严盛满、刘燕鉴和其他几名台胞，由东京来到新京市，他们都在新京市的公司和医院等部门就职，于是我们这些台胞就开始了抗日活动。

1945年1月，我在新京俄语夜间学校里结识了东北的进步青年任家鼎（任文超）。他是新京第一国民高等学校毕业生，在新京图书馆工作。他又集合了东北进步青年王忠仁、张名德、张谷风等人进行抗日活动。他借给我几本孙中山的著作。1945年初，我们把台湾进步青年和东北进步青年进行抗日活动的组织定为“中华进步学会”。我和苏鸿洞带领严盛满单位的两名台湾进步青年，在1945年7月离开新京，寻找东北抗日民主联军去了。参加我们“中华进步学会”的两名台湾进步青年也找到了东北抗日民主联军。任家鼎等人组织一部分参加“中华进步学会”的东北进步青年，从另一条路去寻找东北抗日民主联军。严盛满等人则在新京等待我们寻找东北抗日民主联军的消息。

1945年8月15日，我们万分喜悦地得到了日本投降的消息，就陆续回到了长春。我和任家鼎于1945年8月中旬在长春认识了从苏联红军来的赵东黎，他叫我们配合他的工作。我们在长春市四马路一个原是日本建筑公司的楼房挂起“中华进步学会”的牌子。我们给青年讲课，为抗联输送骨干。为了给新中国输送人材，我们以“中华进步学会”的名义，在长春市（原日本新京女子中学的校址）创办了“春华中学”，赵家祥为校长，我为名誉校长。当时，我还参加了长春市政府召开的市政治协商会议和有关政治活动。中国共产党从延安给我们“中华进步学会”派来的蒋惠群当政治指导员。

同年11月，国民党进入长春以前，蒋惠群说服我和任家鼎一起参加了中国人民解放军吉辽军区政治部的九台干部训练队。在此我们学习了四个多月后转移到桦甸。我于1946年3月加入了中国共产党，从此我决心为真理奋斗终身，并把原名刘燕瑟改成刘理。我们参军后，摘下“中华进步学会”的牌子，改办书店。严盛满、刘燕鉴、苏鸿洞等在长春的台湾同胞于1946年陆续回到台湾，严盛满和刘燕鉴回到新竹县新埔办起木材公司，该公司不久就倒闭了。刘燕鉴30岁就在台湾病故了。严盛满1950年迁移到花莲港办起医药店，也不太顺利；50年代他和几名客家青壮年到巴西搞农业成功了；60年代在巴西圣保罗开了一家塑料公司。新中国成立后，他们以巴西崇正总会的名义支援祖国，又委托巴西崇正总会顾问何礼增多次来到中国大陆，促进了新中国和巴西的贸易关系。

范子唐对新中国的建立抱着很大希望，于 1950 年带着全家人由日本东京回到祖国，后到武汉师范学院任教授。

中华全国侨联编：《台湾同胞抗日 50 年纪实》，中国妇女出版社，1998 年，第 581—583 页。

第九编

教育统计

日据时期台湾历年书房设施概况表

（1897—1939 年）

年度	所数	教员	学生			束脩金（元）
			共计	男	女	
光绪二十三年度（日明治三十年）（1897 年）	1 127	1 127	17 066	/	/	53 047.6
光绪二十四年度（日明治三十一年）（1898 年）	1 707	1 707	29 876	29 811	65	80 156
光绪二十五年度（日明治三十二年）（1899 年）	1 421	1 421	25 215	25 089	126	74 107
光绪二十六年度（日明治三十三年）（1900 年）	1 473	1 392	26 186	26 051	135	62 647
光绪二十七年度（日明治三十四年）（1901 年）	1 554	1 543	28 064	27 898	166	87 016
光绪二十八年度（日明治三十五年）（1902 年）	1 623	1 629	29 742	29 644	98	85 463
光绪二十九年度（日明治三十六年）（1903 年）	1 365	1 368	25 710	25 555	155	69 709
光绪三十年度（日明治三十七年）（1904 年）	1 080	1 083	21 661	21 426	235	56 272
光绪三十一年度（日明治三十八年）（1905 年）	1 055	1 056	19 255	19 009	246	64 045
光绪三十二年度（日明治三十九年）（1906 年）	914	916	19 915	19 584	331	47 662
光绪三十三年度（日明治四十年）（1907 年）	873	886	18 612	18 236	376	61 874
光绪三十四年度（日明治四十一年）（1908 年）	630	647	14 782	14 491	291	45 855
宣统元年度（日明治四十二年）（1909 年）	655	669	17 101	16 701	400	58 085
宣统二年度（日明治四十三年）（1910 年）	567	576	15 811	15 374	437	52 530
宣统三年度（日明治四十四年）（1911 年）	548	560	15 759	15 310	449	54 356
民国元年度（日大正元年）（1912 年）	541	555	16 302	15 747	555	60 230
民国二年度（日大正二年）（1913 年）	576	589	17 284	16 729	555	65 700
民国三年度（日大正三年）（1914 年）	638	648	19 257	18 696	561	69 936
民国四年度（日大正四年）（1915 年）	599	609	18 000	17 433	567	66 798
民国五年度（日大正五年）（1916 年）	584	660	19 320	18 562	758	73 416
民国六年度（日大正六年）（1917 年）	533	593	17 641	16 839	802	72 703
民国七年度（日大正七年）（1918 年）	385	452	13 314	12 725	589	59 961
民国八年度（日大正八年）（1919 年）	301	350	10 936	10 347	589	60 076
民国九年度（日大正九年）（1920 年）	225	252	7 639	7 167	472	44 072
民国十年度（日大正十年）（1921 年）	197	221	6 962	6 490	472	39 238
民国十一年度（日大正十一年）（1922 年）	194	118	3 664	3 239	425	25 634
民国十二年度（日大正十二年）（1923 年）	122	175	5 283	4 676	607	39 424
民国十三年度（日大正十三年）（1924 年）	126	180	5 165	4 540	625	45 886

续表

年度	所数	教员	学生			束脩金（元）
			共计	男	女	
民国十四年度（日大正十四年）（1925年）	129	190	5 173	4 519	654	48 449
民国十五年度（日昭和元年）（1926年）	136	208	5 507	4 850	657	54 790
民国十六年度（日昭和二年）（1927年）	137	215	5 376	4 718	658	50 165
民国十七年度（日昭和三年）（1928年）	139	218	5 597	4 856	741	54 870
民国十八年度（日昭和四年）（1929年）	160	236	5 805	5 043	762	55 763
民国十九年度（日昭和五年）（1930年）	164	234	5 964	5 165	799	54 729
民国二十年度（日昭和六年）（1931年）	157	217	5 383	4 521	862	45 902
民国二十一年度（日昭和七年）（1932年）	142	203	4 722	3 975	747	39 566
民国二十二年度（日昭和八年）（1933年）	129	185	4 494	3 706	788	34 391
民国二十三年度（日昭和九年）（1934年）	110	147	3 524①	3 882	642	/
民国二十四年度（日昭和十年）（1935年）	89	129	3 176	2 516	660	/
民国二十五年度（日昭和十一年）（1936年）	62	103	2 458	1 957	501	/
民国二十六年度（日昭和十二年）（1937年）	28	61	1 469	1 108	361	/
民国二十七年度（日昭和十三年）（1938年）	19	43	1 034	716	318	/
民国二十八年度（日昭和十四年）（1939年）	17	40	932	632	300	/

台湾省文献委员会编：《台湾省通志》卷五“教育志·教育设施篇”，台北，众文图书公司，1970年，第146—147页。

书房—公学校比较表

（1898—1940年）

年度	书房						公学校				
	书房数	教师数	学生数①	收入（日元）	教师平均收入（日元）	平均学费（日元）	校数	教师数	学生数②	就学率（%）	①+②学生总数
1898	1 707	1 707	29 941	80 156	47	2.68	76	247	6 636	/	36 077②
1899	1 421	1 421	25 215	74 107	52	2.94	94	237	9 817	2.04	35 032
1900	1 473	1 392	26 186	62 647	43	2.39	117	453	12 363	2.19	38 549
1901	1 554	1 543	28 064	87 016	56	3.10	121	501	16 315	2.85	44 379

①② 数字有误。

续表

年度	书房						公学校				
	书房数	教师数	学生数①	收入（日元）	教师平均收入（日元）	平均学费（日元）	校数	教师数	学生数②	就学率（%）	①+②学生总数
1902	1 623	1 629	29 742	85 463	52	2.87	139	553	18 845	3.21	48 587
1903	1 365	1 368	25 710	69 709	51	2.71	146	652	21 406	3.70	47 116
1904	1 080	1 083	21 661	56 272	52	2.60	153	620	23 178	3.82	44 839
1905	1 055	1 056	19 255	64 045	61	3.33	165	677	27 464	4.66	46 719
1906	914	916	19 915	47 662	52	2.39	180	738	31 823	5.31	51 738
1907	873	886	18 612	61 874	70	3.32	190	765	34 382	4.50	52 994
1908	630	647	14 782	45 855	71	3.10	203	895	35 898	4.93	50 680
1909	655	669	17 701	58 085	87	3.40	214	966	38 974	5.54	56 675
1910	567	576	15 811	52 532	91	3.32	223	1 017	41 400	5.76	57 211
1911	548	560	15 759	54 356	97	3.45	236	1 146	44 670	6.06	60 429
1912	541	555	16 302	60 230	109	3.69	248	1 282	49 554	6.63	65 856
1913	576	589	17 284	65 700	112	3.80	260	1 345	54 712	8.32	71 996
1914	638	648	19 357	69 936	108	3.63	270	1 472	60 404	9.09	79 761
1915	599	609	18 000	66 798	110	3.71	284	1 616	66 078	9.63	84 078
1916	584	660	19 320	73 416	111	3.80	305	1 805	65 545	11.06	94 865
1917	533	593	17 641	72 703	123	4.12	227	2 224	88 099	13.14	105 740
1918	385	452	13 314	59 961	133	4.50	394	2 710	107 659	15.71	120 973
1919	302	350	10 936	60 076	172	5.49	438	3 375	125 135	20.69	136 071
1920	225	252	7 639	44 073	175	5.77	495	4 013	151 135	25.11	151 774
1921	197	221	6 962	39 238	176	5.64	531	4 673	173 795	27.22	180 757
1922	94	118	3 664	25 634	217	7.00	592	4 942	195 783	28.82	199 447
1923	122	175	5 283	39 424	225	7.46	715	5 064	209 946	28.60	215 229
1924	126	180	5 165	45 886	255	8.88	725	5 095	214 737	28.69	219 902
1925	129	190	5 137	48 449	355	9.41	728	4 989	213 948	29.00	219 085
1926	136	208	5 486	54 790	263	9.99	735	5 117	210 047	28.42	215 533
1927	137	215	5 312	50 165	233	9.44	744	5 109	211 679	29.18	216 991
1928	139	218	5 597	54 870	252	9.80	749	5 153	223 679	29.79	229 276
1929	160	236	5 700	55 763	236	9.78	754	5 248	231 998	30.68	237 698
1930	164	236	5 968	54 729	232	9.17	758	5 358	248 693	32.64	254 661
1931	157	219	5 378	45 902	210	8.54	761	5 492	265 788	33.76	271 166

续表

年度	书房						公学校				
	书房数	教师数	学生数①	收入（日元）	教师平均收入（日元）	平均学费（日元）	校数	教师数	学生数②	就学率（%）	①+②学生总数
1932	142	202	4 700	39 566	196	8.42	762	5 544	283 976	35.44	288 676
1933	129	185	4 494	34 931	189	7.77	769	5 764	309 768	37.02	314 262
1934	110	147	3 524①	32 110	218	9.11	770	6 034	335 318	39.3	339 842
1935	89	129	3 099	30 205	234	9.75	781	6 296	365 073	41.4	368 172
1936	62	102	2 411	26 262	257	10.89	785	6 719	398 983	43.8	401 394
1937	28	62	1 407	21 971	354	15.62	788	7 242	445 396	46.6	446 803
1938	19	43	1 034				796	7 781	500 271	49.8	501 305
1939	17	40	932				810	8 724	548 498	53.1	549 430
1940	17	38	996				825	9 681	621 450	57.4	622 446

资料来源：台湾总督府学事年报，日明治三十六年至昭和十二年；台湾总督府《台湾の学校教育》，第 120 页；《台湾省通志稿》卷五“教育志·教育设施篇”，第 54—57 页、第 287—289 页；《台湾教育沿革志》，第 408—410、984—986 页；《台湾事情》（日昭和九年至十五年版）。转引自吴文星《日据时代台湾书房之研究》附表三重新制表。

台湾省文献委员会编：《重修台湾省通志》卷六“文教志·社会教育篇”，台湾省政府，1993 年，第 445—448 页。

台湾历年学校数及师生数（一）

（1899—1944 年）

年度	大学			专门学校			师范学校		
	校数	教员数	学生数	校数	教员数	学生数	校数	教员数	学生数
1899	/	/	/	1	10	69	1	24	171
1900	/	/	/	1	11	89	1	27	195
1901	/	/	/	1	15	107	1	27	154
1902	/	/	/	1	20	120	1	28	210
1903	/	/	/	1	17	115	1	33	166
1904	/	/	/	1	20	116	1	38	226
1905	/	/	/	1	22	140	1	39	242

① 数字有误。

续表

年度	大学			专门学校			师范学校		
	校数	教员数	学生数	校数	教员数	学生数	校数	教员数	学生数
1906	/	/	/	1	20	145	1	41	293
1907	/	/	/	1	21	157	1	27	353
1908	/	/	/	1	21	163	1	26	354
1909	/	/	/	1	22	174	1	33	387
1910	/	/	/	1	26	194	1	36	443
1911	/	/	/	1	23	204	1	37	464
1912	/	/	/	1	23	210	1	40	531
1913	/	/	/	1	23	207	1	45	634
1914	/	/	/	1	25	213	1	44	695
1915	/	/	/	1	29	205	1	50	764
1916	/	/	/	1	26	221	1	49	802
1917	/	/	/	1	37	222	1	49	824
1918	/	/	/	1	49	250	2	57	908
1919	/	/	/	3	80	391	2	69	1 219
1920	/	/	/	3	119	508	2	76	1 188
1921	/	/	/	3	128	707	2	98	1 569
1922	/	/	/	3	117	676	2	84	1 660
1923	/	/	/	3	130	687	3	95	1 705
1924	/	/	/	3	139	704	3	91	1 719
1925	/	/	/	3	143	723	3	86	1 699
1926	/	/	/	4	148	727	3	89	1 521
1927	/	/	/	4	176	794	4	104	1 554
1928	1	59	55	4	169	826	4	107	1 353
1929	1	104	113	3	157	778	4	112	1 210
1930	1	137	180	3	163	831	4	108	1 190
1931	1	161	187	4	162	715	4	98	1 180
1932	1	154	176	4	164	844	4	99	1 223
1933	1	105	158	4	180	932	4	104	1 238
1934	1	105	128	4	185	944	4	104	1 370
1935	1	105	114	4	186	976	4	106	1 379
1936	1	119	136	4	184	864	4	107	1 369

续表

年度	大学			专门学校			师范学校		
	校数	教员数	学生数	校数	教员数	学生数	校数	教员数	学生数
1937	1	144	187	4	181	829	4	107	1 412
1938	1	164	228	4	181	812	4	108	1 546
1939	1	169	282	4	187	831	4	129	1 748
1940	1	182	322	4	190	1 078	6	166	2 002
1941	1	184	258	4	203	1 084	6	165	2 579
1942	1	187	458	4	229	1 312	6	185	2 579
1943	1	163	454	4	160	1 755	3	153	2 642
1944	1	173	357	4	149	1 817	3	186	2 888

台湾省行政长官公署统计室编:《台湾省五十一年来统计提要》,台北,进学书局,1946 年,第 1211 页。

台湾历年学校数及师生数（二）

（1899—1944 年）

年度	中等学校			职业学校			国民学校		
	校数	教员数	学生数	校数	教员数	学生数	校数	教员数	学生数
1899	/	/	/	/	/	/	103	359	10 295
1900	/	/	/	/	/	/	127	497	13 272
1901	/	/	/	/	/	/	132	550	17 579
1902	/	/	/	/	/	/	153	624	20 931
1903	/	/	/	/	/	/	160	728	23 866
1904	1	12	186	/	/	/	167	696	25 730
1905	1	14	136	/	/	/	204	800	31 221
1906	1	12	173	/	/	/	226	878	35 975
1907	1	12	186	/	/	/	241	923	39 094
1908	1	13	228	/	/	/	257	1 091	42 111
1909	1	17	243	/	/	/	276	1 189	49 062
1910	1	19	266	/	/	/	291	1 287	49 556
1911	2	64	819	/	/	/	316	1 476	54 198
1912	2	66	901	1	11	58	339	1 661	60 520

续表

年度	中等学校			职业学校			国民学校		
	校数	教员数	学生数	校数	教员数	学生数	校数	教员数	学生数
1913	2	66	964	1	17	116	374	1 792	67 288
1914	3	72	1 186	1	22	170	401	2 003	74 561
1915	3	76	1 357	1	23	168	420	2 166	81 879
1916	3	74	1 440	1	23	166	445	2 428	92 926
1917	4	86	1 637	2	40	248	472	2 882	107 092
1918	4	90	1 843	3	54	393	541	3 391	128 436
1919	6	122	2 030	5	68	677	565	4 049	147 628
1920	6	134	2 279	5	89	857	625	4 718	175 596
1921	6	205	3 381	5	108	1 127	661	5 464	199 874
1922	17	259	4 286	13	150	1 636	725	5 702	223 035
1923	17	329	5 332	12	142	1 749	849	5 873	238 574
1924	21	362	6 510	14	180	2 130	857	5 918	244 327
1925	21	411	7 569	22	180	2 246	861	5 840	244 902
1926	21	447	8 569	29	215	2 633	868	5 985	242 363
1927	23	498	9 397	33	248	2 968	876	5 994	246 615
1928	23	501	9 746	37	266	3 380	882	5 925	253 291
1929	23	506	10 124	38	274	3 800	888	6 215	265 010
1930	23	527	10 507	38	316	4 323	891	6 320	282 641
1931	23	516	10 732	38	324	4 679	894	6 453	301 930
1932	24	527	11 004	39	335	5 046	895	6 544	319 698
1933	24	526	11 283	40	331	5 154	904	6 786	349 112
1934	24	547	11 672	41	342	5 241	905	7 025	375 960
1935	24	569	12 241	46	375	5 552	917	7 307	407 449
1936	25	598	13 027	50	421	6 338	925	7 772	441 559
1937	26	656	14 101	62	528	8 003	931	8 350	489 067
1938	30	748	15 715	72	676	10 477	943	8 947	544 946
1939	34	859	18 684	79	707	13 207	957	9 918	593 990
1940	36	904	20 466	89	890	16 240	974	10 866	671 059
1941	39	1 041 17(女)	22 252 155(女)	99	1 048	19 247	1 003	12 292	728 436
1942	42	1 053 31(女)	24 401 323(女)	104	1 275	23 220	964	13 862	792 271

续表

年度	中等学校			职业学校			国民学校		
	校数	教员数	学生数	校数	教员数	学生数	校数	教员数	学生数
1943	44	876 33(女)	27 165 491(女)	109	957	28 993	1 074	14 666	862 674
1944	45	938 28(女)	29 005 540(女)	117	1 091	32 718	1 099	15 483	932 525

台湾省行政长官公署统计室编：《台湾省五十一年来统计提要》，台北，进学书局，1946 年，第 1212 页。

台湾历年学校数及师生数（三）

（1899—1944 年）

年度	盲哑学校			特种学校			私塾			幼稚园		
	校数	教员数	学生数	校数	教员数	学生数	校数	教员数	学生数	园数	保姆数	儿童数
1899	/	/	/	6	33	781	1 421	1 421	25 215	/	/	/
1900	/	/	/	10	51	823	1 473	1 392	26 186	/	/	/
1901	/	/	/	7	50	1 288	1 554	1 543	28 064	/	/	/
1902	/	/	/	7	59	1 117	1 623	1 629	29 742	/	/	/
1903	/	/	/	8	72	1 188	1 365	1 363	25 710	/	/	/
1904	/	/	/	6	62	338	1 080	1 083	21 661	1	1	42
1905	/	/	/	6	69	294	1 055	1 056	19 255	1	3	86
1906	/	/	/	13	63	508	914	916	19 915	1	2	78
1907	/	/	/	12	64	543	873	886	18 612	/	/	/
1908	/	/	/	11	62	632	630	647	14 782	2	9	145
1909	/	/	/	11	62	735	655	669	17 101	2	7	144
1910	/	/	/	12	71	742	567	576	15 811	3	8	195
1911	/	/	/	12	84	785	548	560	15 759	3	7	235
1912	/	/	/	12	86	882	541	555	16 302	3	5	193
1913	/	/	/	13	97	832	576	589	17 284	2	4	137
1914	/	/	/	13	91	924	638	648	19 257	2	6	130
1915	/	/	/	13	88	974	599	609	18 000	4	8	203
1916	/	/	/	14	106	1 117	584	660	19 320	9	18	508

续表

年度	盲哑学校			特种学校			私塾			幼稚园		
	校数	教员数	学生数	校数	教员数	学生数	校数	教员数	学生数	园数	保姆数	儿童数
1917	/	/	/	19	188	1 539	533	593	17 641	12	23	654
1918	/	/	/	19	230	1 706	385	452	13 314	14	27	822
1919	/	/	/	21	245	2 169	301	350	10 936	15	34	901
1920	/	/	/	22	232	2 444	225	252	7 639	19	36	1 279
1921	/	/	/	20	267	2 659	197	221	6 962	27	53	1 156
1922	2	20	190	16	197	2 431	94	118	3 664	28	58	1 339
1923	2	13	196	17	240	2 415	122	175	5 283	33	64	1 563
1924	2	23	245	17	243	2 383	126	180	5 165	36	60	1 754
1925	2	23	212	17	209	2 489	129	190	5 173	41	75	2 056
1926	2	22	229	17	215	2 485	136	208	5 507	43	79	2 359
1927	2	23	322	17	234	2 488	137	215	5 376	45	94	2 538
1928	2	23	264	18	249	2 545	139	218	5 597	49	97	2 940
1929	2	21	266	18	267	2 824	160	236	5 805	53	112	3 273
1930	2	19	256	18	259	2 872	164	234	5 964	59	128	3 669
1931	2	23	278	16	227	2 588	157	217	5 383	61	135	3 693
1932	2	22	282	20	274	3 238	142	203	4 722	66	144	3 891
1933	2	22	286	19	267	3 423	129	185	4 494	69	149	4 025
1934	2	20	292	19	258	3 481	110	147	3 524	71	146	3 914
1935	2	22	282	21	291	4 175	89	129	3 176	72	146	4 255
1936	2	21	279	22	323	4 835	62	103	2 458	76	165	4 811
1937	2	24	290	21	305	4 965	28	61	1 469	83	188	5 560
1938	2	28	294	20	318	5 101	19	43	1 034	85	198	6 193
1939	2	26	328	14	220	3 184	17	40	932	87	225	6 675
1940	2	28	464	12	205	3 296	/	/	/	91	234	7 442
1941	2	26	340	11	177	2 814	/	/	/	98	231	8 347
1942	2	25	333	10	182	2 945	/	/	/	97	239	8 577
1943	2	17	369	9	168	3 724	/	/	/	96	251	9 395
1944	2	19	346	9	210	3 260	/	/	/	95	273	8 672

台湾省行政长官公署统计室编：《台湾省五十一年来统计提要》，台北，进学书局，1946年，第1213页。

台湾国民学校课程第一号表概况（一）

（1899—1944 年）

年度	校数	教员							
		总计				男			
		共计	本省人	日本人	其他	共计	本省人	日本人	其他
1899	7	22	/	22	/	18	/	18	/
1900	10	44	/	44	/	33	/	33	/
1901	11	49	/	49	/	35	/	35	/
1902	14	71	/	71	/	47	/	47	/
1903	14	76	/	76	/	56	/	56	/
1904	14	76	/	76	/	47	/	47	/
1905	24	88	/	88	/	59	/	59	/
1906	31	100	/	100	/	70	/	70	/
1907	34	112	/	112	/	75	/	75	/
1908	38	147	/	147	/	92	/	92	/
1909	45	168	/	168	/	103	/	103	/
1910	51	219	/	219	/	147	/	147	/
1911	63	269	/	269	/	181	/	181	/
1912	74	319	/	319	/	218	/	218	/
1913	94	385	/	385	/	255	/	255	/
1914	108	447	/	447	/	297	/	297	/
1915	113	462	/	462	/	320	/	320	/
1916	117	527	/	527	/	346	/	346	/
1917	120	553	/	553	/	360	/	360	/
1918	120	576	/	576	/	375	/	375	/
1919	127	598	/	598	/	391	/	391	/
1920	130	622	/	622	/	405	/	405	/
1921	130	693	/	693	/	451	/	451	/
1922	133	743	/	743	/	484	/	484	/
1923	134	762	/	762	/	505	/	505	/
1924	132	743	/	743	/	498	/	498	/
1925	133	783	/	783	/	526	/	526	/
1926	133	802	/	802	/	532	/	532	/

续表

年度	校数	教员							
		总计				男			
		共计	本省人	日本人	其他	共计	本省人	日本人	其他
1927	133	812	/	812	/	556	/	556	/
1928	133	838	/	838	/	575	/	575	/
1929	134	851	/	851	/	588	/	588	/
1930	134	885	/	885	/	621	/	621	/
1931	133	909	/	909	/	646	/	646	/
1932	133	933	/	933	/	677	/	677	/
1933	135	960	/	960	/	710	/	710	/
1934	135	991	/	991	/	733	/	733	/
1935	136	1 011	/	1 011	/	751	/	751	/
1936	140	1 053	/	1 053	/	794	/	794	/
1937	143	1 108	/	1 108	/	838	/	838	/
1938	147	1 166	/	1 166	/	870	/	870	/
1939	147	1 194	/	1 194	/	876	/	876	/
1940	149	1 185	/	1 185	/	743	/	743	/
1941	151	1 277	/	1 277	/	907	/	907	/
1942	153	1 397	/	1 397	/	970	/	970	/
1943	152	1 493	/	1 493	/	1 031	/	1 031	/
1944	155	1 493	/	1 493	/	895	/	895	/

台湾省行政长官公署统计室编：《台湾省五十一年来统计提要》，台北，进学书局，1946 年，第 1228 页。

台湾国民学校课程第一号表概况（二）

（1899—1944 年）

年度	教员				学生							
	女				总计				男			
	共计	本省人	日本人	其他	共计	本省人	日本人	其他	共计	本省人	日本人	其他
1899	4	/	4	/	456	/	456	/	275	/	275	/
1900	11	/	11	/	886	/	886	/	491	/	491	/

续表

年度	教员				学生							
	女				总计				男			
	共计	本省人	日本人	其他	共计	本省人	日本人	其他	共计	本省人	日本人	其他
1901	14	/	14	/	1 264	/	1 264	/	657	/	657	/
1902	24	/	24	/	2 021	/	2 021	/	1 064	/	1 064	/
1903	20	/	20	/	2 383	/	2 383	/	1 232	/	1 232	/
1904	29	/	29	/	2 552	/	2 552	/	1 311	/	1 311	/
1905	29	/	29	/	2 791	/	2 791	/	1 451	/	1 451	/
1906	30	/	30	/	3 064	/	3 064	/	1 577	/	1 577	/
1907	37	/	37	/	3 511	/	3 511	/	1 807	/	1 807	/
1908	55	/	55	/	4 553	/	4 553	/	2 347	/	2 347	/
1909	65	/	65	/	5 412	/	5 412	/	2 329	/	2 329	/
1910	72	/	72	/	6 424	/	6 424	/	3 331	/	3 331	/
1911	88	/	88	/	7 758	/	7 758	/	4 053	/	4 053	/
1912	101	/	101	/	8 980	/	8 980	/	4 685	/	4 685	/
1913	130	/	130	/	10 380	/	10 380	/	5 437	/	5 437	/
1914	150	/	150	/	11 600	/	11 600	/	6 075	/	6 075	/
1915	142	/	142	/	12 912	/	12 912	/	6 673	/	6 673	/
1916	181	/	181	/	14 145	/	14 145	/	7 281	/	7 281	/
1917	193	/	193	/	15 300	/	15 300	/	7 724	/	7 724	/
1918	201	/	201	/	16 622	/	16 622	/	8 396	/	8 396	/
1919	207	/	207	/	18 048	/	18 048	/	9 120	/	9 120	/
1920	217	/	217	/	19 792	54	19 738	/	10 091	44	10 047	/
1921	242	/	242	/	21 372	214	21 157	1	11 004	172	10 832	/
1922	259	/	259	/	22 427	553	21 872	2	11 548	443	11 104	1
1923	257	/	257	/	23 466	807	22 655	4	12 235	635	11 597	3
1924	245	/	245	/	23 787	930	22 852	5	12 412	737	11 671	4
1925	257	/	257	/	24 782	1 078	23 699	5	12 996	842	12 151	3
1926	270	/	270	/	25 896	1 163	24 721	12	13 673	909	12 756	8
1927	256	/	256	/	27 433	1 259	26 162	12	14 542	982	13 552	8
1928	263	/	263	/	29 604	1 325	28 267	12	15 593	1 009	14 576	8
1929	263	/	263	/	31 664	1 500	30 148	16	16 745	1 145	15 588	12
1930	264	/	264	/	34 163	1 625	32 520	18	18 034	1 234	16 791	9
1931	263	/	263	/	36 181	1 859	34 298	24	19 027	1 379	17 639	9

续表

年度	教员				学生							
	女				总计				男			
	共计	本省人	日本人	其他	共计	本省人	日本人	其他	共计	本省人	日本人	其他
1932	256	/	256	/	37 984	2 097	35 856	31	19 995	1 563	18 414	18
1933	250	/	250	/	39 344	2 338	36 970	36	20 734	1 692	19 020	22
1934	258	/	258	/	40 642	2 456	38 136	50	21 502	1 768	19 700	34
1935	260	/	260	/	42 376	2 643	39 692	41	22 802	1 839	20 936	27
1936	259	/	259	/	42 576	2 923	39 601	52	22 523	2 016	20 470	37
1937	270	/	270	/	43 671	3 138	40 468	65	22 825	2 126	20 655	44
1938	296	/	296	/	44 675	3 358	41 247	70	23 171	2 195	20 932	44
1939	318	/	318	/	45 492	3 503	41 928	61	23 029	2 246	20 746	37
1940	342	/	342	/	49 609	3 836	45 692	81	24 977	2 400	22 527	50
1941	370	/	370	/	50 007	4 135	45 779	93	25 658	2 529	23 073	56
1942	427	/	427	/	53 219	5 356	47 776	87	26 764	2 614	24 099	51
1943	462	/	462	/	53 797	4 800	48 884	113	27 656	2 860	24 733	63
1944	598	/	598	/	55 778	5 044	50 599	135	28 531	2 946	25 514	71

台湾省行政长官公署统计室编：《台湾省五十一年来统计提要》，台北，进学书局，1946 年，第 1229 页。

台湾国民学校课程第一号表概况（三）

（1899—1944 年）

年度	学生				年度中学生异动					
	女				入学			毕业		
	共计	本省人	日本人	其他	共计	男	女	共计	男	女
1899	181	/	181	/	483	294	189	36	19	17
1900	395	/	395	/	748	405	343	27	15	12
1901	607	/	607	/	776	465	311	31	20	11
1902	957	/	957	/	1 196	644	552	53	30	23
1903	1 151	/	1 151	/	1 206	615	591	137	57	80
1904	1 241	/	1 241	/	1 584	858	726	432	214	218
1905	1 340	/	1 340	/	1 838	1 005	833	465	257	208

续表

年度	学生				年度中学生异动					
	女				入学			毕业		
	共计	本省人	日本人	其他	共计	男	女	共计	男	女
1906	1 487	/	1 487	/	2 125	1 074	1 051	491	239	252
1907	1 704	/	1 704	/	2 415	1 280	1 135	599	324	275
1908	2 206	/	2 206	/	2 622	1 366	1 256	641	316	325
1909	2 583	/	2 583	/	3 489	1 859	1 630	650	333	317
1910	3 093	/	3 093	/	3 772	1 960	1 812	705	358	347
1911	3 705	/	3 705	/	4 381	2 297	2 084	924	478	446
1912	4 295	/	4 295	/	4 941	2 563	2 378	1 099	552	547
1913	4 943	/	4 943	/	6 191	3 202	2 989	1 375	728	647
1914	5 525	/	5 525	/	6 075	3 167	2 908	1 550	831	719
1915	6 239	/	6 239	/	6 618	3 352	3 266	1 748	910	838
1916	6 864	/	6 864	/	6 745	3 438	3 307	1 854	963	891
1917	7 576	/	7 576	/	7 410	3 632	3 778	1 966	983	983
1918	8 226	/	8 226	/	8 173	4 034	4 139	2 304	1 151	1 153
1919	8 928	/	8 928	/	9 458	4 680	4 778	2 449	1 234	1 215
1920	9 701	10	9 691	/	10 019	5 133	4 886	2 909	1 460	1 449
1921	10 368	42	10 325	1	10 916	5 461	5 455	3 296	1 763	1 533
1922	10 879	110	10 768	1	5 635	2 871	2 764	3 498	1 799	1 699
1923	11 231	172	11 058	1	5 293	2 711	2 582	3 757	2 013	1 744
1924	11 375	193	11 181	1	5 881	3 051	2 830	3 853	2 049	1 804
1925	11 786	236	11 548	2	5 884	3 183	2 701	4 107	2 214	1 893
1926	12 223	254	11 965	4	6 364	3 496	2 868	4 214	2 292	1 922
1927	12 891	277	12 610	4	6 713	3 699	3 014	4 422	2 340	2 082
1928	14 011	316	13 691	4	7 246	3 806	3 440	4 697	2 630	2 067
1929	14 919	355	14 560	4	7 802	4 259	3 543	4 923	2 598	2 325
1930	16 129	391	15 729	9	8 241	4 310	3 931	5 133	2 793	2 340
1931	17 154	480	16 659	15	9 315	5 422	3 893	5 424	2 895	2 529
1932	17 989	534	17 442	13	8 769	4 646	4 123	5 925	3 190	2 735
1933	18 610	646	17 950	14	9 314	5 032	4 282	6 655	3 493	3 162
1934	18 140	688	17 436	16	9 651	5 094	4 557	6 924	3 787	3 137
1935	19 574	804	18 756	14	10 159	5 463	4 696	7 403	3 933	3 470
1936	20 053	907	19 131	15	10 433	5 544	4 889	7 406	4 006	3 400

续表

年度	学生				年度中学生异动					
	女				入学			毕业		
	共计	本省人	日本人	其他	共计	男	女	共计	男	女
1937	20 846	1 012	19 813	21	10 341	5 433	4 908	7 425	3 889	3 536
1938	21 504	1 163	20 315	26	10 457	5 392	5 065	7 467	3 904	3 563
1939	22 463	1 257	21 182	24	11 262	5 707	5 555	7 613	3 990	3 623
1940	24 632	1 436	23 165	31	11 002	5 678	5 324	8 178	4 053	4 125
1941	24 349	1 606	22 706	37	11 459	5 914	5 545	7 861	4 034	3 827
1942	26 455	2 742	23 677	36	11 132	5 692	5 440	8 342	4 212	4 130
1943	26 141	1 940	24 151	50	11 236	5 791	5 445	10 489	5 357	5 132
1944	27 247	2 098	25 085	64	11 703	5 878	5 825	…	…	…

台湾省行政长官公署统计室编：《台湾省五十一年来统计提要》，台北，进学书局，1946 年，第 1230 页。

台湾国民学校课程第二、三号表概况（一）

（1899—1944 年）

年度	校数	教员							
		总计				男			
		共计	本省人	日本人	其他	共计	本省人	日本人	其他
1899	96	337	168	169	/	331	163	168	/
1900	117	453	222	231	/	430	206	224	/
1901	121	501	255	246	/	477	236	241	/
1902	139	553	312	241	/	522	286	236	/
1903	146	652	385	267	/	613	351	262	/
1904	153	620	378	242	/	584	349	235	/
1905	180	712	433	279	/	659	391	268	/
1906	195	778	470	308	/	721	432	289	/
1907	207	811	479	332	/	756	435	321	/
1908	219	944	579	365	/	886	528	358	/
1909	231	1 021	643	378	/	962	591	371	/
1910	240	1 068	699	369	/	1 002	639	363	/

续表

年度	校数	教员							
		总计				男			
		共计	本省人	日本人	其他	共计	本省人	日本人	其他
1911	253	1 207	789	418	/	1 131	720	411	/
1912	265	1 342	835	507	/	1 263	766	497	/
1913	280	1 407	848	559	/	1 319	772	547	/
1914	293	1 556	905	651	/	1 440	810	630	/
1915	307	1 704	993	711	/	1 567	888	679	/
1916	328	1 901	1 103	798	/	1 753	991	762	/
1917	352	2 329	1 411	918	/	2 093	1 254	839	/
1918	421	2 821	1 804	1 017	/	2 523	1 617	906	/
1919	438	3 451	2 286	1 165	/	2 982	2 011	971	/
1920	495	4 096	2 844	1 252	/	3 492	2 484	1 008	/
1921	531	4 771	3 354	1 417	/	4 081	2 934	1 147	/
1922	592	4 959	3 555	1 404	/	4 220	3 062	1 158	/
1923	715	5 111	3 493	1 618	/	4 369	3 028	1 341	/
1924	725	5 175	3 516	1 659	/	4 434	3 032	1 402	/
1925	728	5 057	3 348	1 709	/	4 338	2 888	1 450	/
1926	735	5 183	3 419	1 764	/	4 502	3 006	1 496	/
1927	743	5 182	3 282	1 900	/	4 476	2 866	1 610	/
1928	749	5 087	3 197	1 890	/	4 392	2 804	1 588	/
1929	754	5 364	3 299	2 065	/	4 657	2 941	1 716	/
1930	757	5 435	3 271	2 164	/	4 690	2 917	1 773	/
1931	761	5 544	3 241	2 303	/	4 803	2 897	1 906	/
1932	762	5 611	3 160	2 451	/	4 880	2 846	2 034	/
1933	769	5 826	3 196	2 630	/	5 041	2 875	2 166	/
1934	770	6 034	3 208	2 826	/	5 173	2 886	2 287	/
1935	781	6 296	3 181	3 115	/	5 375	2 863	2 512	/
1936	785	6 719	3 196	3 523	/	5 645	2 836	2 809	/
1937	788	7 242	3 160	4 082	/	6 005	2 779	3 226	/
1938	796	7 781	3 220	4 561	/	6 314	2 787	3 527	/
1939	810	8 724	3 316	5 408	/	6 892	2 788	4 104	/
1940	825	9 681	3 837	5 844	/	7 153	2 896	4 257	/
1941	852	11 015	4 704	6 311	/	7 764	3 357	4 407	/

续表

年度	校数	教员							
		总计				男			
		共计	本省人	日本人	其他	共计	本省人	日本人	其他
1942	811	12 465	5 764	6 701	/	8 580	3 942	4 638	/
1943	922	13 173	6 316	6 857	/	9 127	4 261	4 866	/
1944	944	13 990	8 322	5 668	/	8 768	5 095	3 673	/

台湾省行政长官公署统计室编：《台湾省五十一年来统计提要》，台北，进学书局，1946 年，第 1231 页。

台湾国民学校课程第二、三号表概况（二）

（1899—1944 年）

年度	教员				学生							
	女				总计				男			
	共计	本省人	日本人	其他	共计	本省人	日本人	其他	共计	本省人	日本人	其他
1899	1	/	1	/	9 839	9 817	22	/	9 457	9 435	22	/
1900	23	16	7	/	12 386	12 363	23	/	11 388	11 377	11	/
1901	24	19	5	/	16 315	16 315	/	/	14 806	14 806	/	/
1902	31	26	5	/	18 910	18 845	65	/	16 987	16 957	30	/
1903	39	34	5	/	21 483	21 403	80	/	19 170	19 132	38	/
1904	36	29	7	/	23 178	23 178	/	/	20 523	20 523	/	/
1905	53	42	11	/	28 430	28 430	/	/	24 965	24 965	/	/
1906	57	38	19	/	32 911	32 911	/	/	28 858	28 858	/	/
1907	55	44	11	/	35 583	35 583	/	/	31 674	31 674	/	/
1908	58	51	7	/	37 558	37 558	/	/	33 954	33 954	/	/
1909	59	52	7	/	40 650	40 650	/	/	37 023	37 023	/	/
1910	66	60	6	/	43 132	43 132	/	/	39 186	39 186	/	/
1911	76	69	7	/	46 440	46 440	/	/	42 254	42 254	/	/
1912	79	69	10	/	51 540	51 540	/	/	46 542	46 542	/	/
1913	88	76	12	/	56 908	56 908	/	/	51 015	51 015	/	/
1914	116	95	21	/	62 961	62 961	/	/	56 079	56 079	/	/
1915	137	105	32	/	68 967	68 967	/	/	60 952	60 952	/	/

续表

年度	教员				学生							
	女				总计				男			
	共计	本省人	日本人	其他	共计	本省人	日本人	其他	共计	本省人	日本人	其他
1916	148	112	36	/	78 781	78 781	/	/	68 758	68 758	/	/
1917	236	157	79	/	91 792	91 792	/	/	78 889	78 889	/	/
1918	298	187	111	/	111 814	111 814	/	/	94 019	94 019	/	/
1919	469	275	194	/	129 580	129 580	/	/	107 253	107 253	/	/
1920	604	360	244	/	155 804	155 802	2	/	127 575	127 574	1	/
1921	690	420	270	/	178 502	178 495	7	/	145 993	145 989	4	/
1922	739	493	246	/	200 608	200 583	13	12	163 368	163 356	5	7
1923	742	465	277	/	215 108	215 070	14	24	174 456	174 427	8	21
1924	741	484	257	/	220 540	220 501	11	28	177 697	177 667	8	22
1925	719	460	259	/	220 120	219 965	8	147	176 081	175 935	6	140
1926	681	413	268	/	216 467	216 267	12	188	171 375	171 190	9	176
1927	706	416	290	/	219 182	218 840	27	315	171 844	171 582	16	246
1928	695	393	302	/	223 687	223 189	41	457	173 633	173 268	24	341
1929	707	358	349	/	233 346	232 829	39	478	179 426	179 024	26	376
1930	740	354	386	/	248 478	247 716	48	714	189 053	188 509	33	511
1931	741	344	397	/	265 749	264 874	37	838	199 715	199 100	26	589
1932	731	314	417	/	281 714	280 714	39	961	208 750	208 076	22	652
1933	785	321	464	/	209 768	208 540	41	1 187	226 104	225 311	24	769
1934	861	322	539	/	335 318	333 901	39	1 378	241 566	240 660	21	885
1935	921	318	603	/	365 073	363 328	42	1 703	259 848	258 719	27	1 102
1936	1 074	360	714	/	398 983	396 932	59	1 992	280 842	279 516	38	1 288
1937	1 237	381	856	/	445 396	443 652	19	1 725	309 204	308 093	11	1 100
1938	1 467	433	1 034	/	500 271	498 302	23	1 946	338 290	337 050	10	1 230
1939	1 832	528	1 304	/	548 498	546 209	19	2 270	362 486	361 068	9	1 409
1940	2 528	941	1 587	/	621 450	618 512	396	2 542	402 257	400 402	279	1 576
1941	3 251	1 347	1 904	/	678 429	675 581	12	2 836	425 652	423 946	6	1 700
1942	3 885	1 822	2 063	/	739 052	735 766	11	3 275	449 761	447 785	7	1 969
1943	4 046	2 055	1 991	/	808 877	805 197	16	3 664	478 747	476 565	9	2 173
1944	5 222	3 227	1 995	/	876 747	872 507	19	4 221	502 769	500 333	15	2 421

台湾省行政长官公署统计室编：《台湾省五十一年来统计提要》，台北，进学书局，1946 年，第 1232 页。

台湾国民学校课程第二、三号表概况（三）

（1899—1944年）

年度	学生				年度中学生异动					
	女				入学			毕业		
	共计	本省人	日本人	其他	共计	男	女	共计	男	女
1899	382	382	/	/	8 141	7 777	364	270	270	/
1900	998	986	12	/	7 827	7 137	690	19	15	4
1901	1 509	1 509	/	/	8 487	7 484	1 003	63	45	18
1902	1 923	1 888	35	/	12 317	10 980	1 337	298	298	/
1903	2 313	2 271	42	/	10 224	8 825	1 399	91	91	/
1904	2 655	2 655	/	/	10 938	9 291	1 647	242	232	10
1905	3 465	3 465	/	/	13 807	11 759	2 048	380	370	10
1906	4 053	4 053	/	/	16 087	13 884	2 203	583	566	17
1907	3 909	3 909	/	/	14 851	12 915	1 936	743	695	48
1908	3 604	3 604	/	/	15 032	13 430	1 602	2 237	2 130	107
1909	3 627	3 627	/	/	16 308	14 670	1 638	1 488	1 390	98
1910	3 946	3 946	/	/	15 063	13 173	1 890	2 079	1 966	113
1911	4 186	4 186	/	/	17 785	15 404	2 381	2 627	2 458	169
1912	4 998	4 998	/	/	18 988	16 693	2 295	3 601	3 341	260
1913	5 893	5 893	/	/	19 651	17 079	2 572	4 164	3 891	273
1914	6 882	6 882	/	/	20 376	17 624	2 752	4 824	4 456	368
1915	8 015	8 015	/	/	21 360	18 271	3 089	5 635	5 217	418
1916	10 023	10 023	/	/	25 665	21 521	4 144	6 526	5 965	561
1917	12 903	12 903	/	/	30 968	25 375	5 593	7 992	7 189	803
1918	17 795	17 795	/	/	42 625	33 831	8 794	9 539	8 476	1 063
1919	22 327	22 327	/	/	44 590	34 828	9 762	10 127	8 852	1 275
1920	28 229	28 228	1	/	59 169	46 538	12 631	11 505	9 974	1 531
1921	32 509	32 506	3	/	62 915	49 518	13 397	13 808	11 789	2 019
1922	37 240	37 227	8	5	57 643	44 795	12 848	16 458	13 850	2 608

续表

年度	学生				年度中学生异动					
	女				入学			毕业		
	共计	本省人	日本人	其他	共计	男	女	共计	男	女
1923	40 652	40 643	6	3	55 388	43 177	12 211	21 409	17 772	3 637
1924	42 843	42 834	3	6	55 903	42 794	13 109	23 403	19 326	4 077
1925	44 039	44 030	2	7	51 384	39 534	11 850	27 383	22 466	4 917
1926	45 092	45 077	3	12	52 521	40 166	12 355	26 485	21 568	4 917
1927	47 338	47 258	11	69	54 708	41 647	13 061	28 406	22 909	5 497
1928	50 054	49 921	17	116	59 091	44 654	14 437	28 855	22 365	6 490
1929	53 920	53 805	13	102	62 000	46 243	15 757	28 113	22 104	6 009
1930	59 425	59 207	15	203	65 754	48 517	17 237	28 334	22 078	6 256
1931	66 034	65 774	11	249	67 864	49 140	18 724	29 931	23 181	6 750
1932	72 964	72 638	17	309	70 359	50 116	20 243	31 961	24 437	7 524
1933	83 664	83 229	17	418	77 279	54 394	22 885	36 717	27 896	8 821
1934	93 752	93 241	18	493	85 675	61 077	24 598	40 385	30 216	10 169
1935	105 225	104 609	15	601	90 708	62 618	28 090	45 088	33 236	11 852
1936	118 141	117 416	21	704	99 356	68 214	31 142	47 068	34 256	12 812
1937	136 192	135 559	8	625	109 220	73 097	36 123	51 649	37 548	14 101
1938	161 981	161 252	13	716	122 501	77 845	44 656	59 935	42 877	17 058
1939	186 012	185 141	10	861	128 107	79 776	48 331	67 813	48 455	19 358
1940	219 193	218 110	117	966	150 540	92 003	58 537	74 173	51 746	22 427
1941	252 777	251 635	6	1 136	148 202	86 866	61 336	85 948	59 335	26 613
1942	289 291	287 981	4	1 306	156 823	89 450	67 373	96 517	65 438	31 079
1943	330 130	328 632	7	1 491	175 121	98 744	76 377	125 815	83 089	42 726
1944	373 978	372 174	4	1 800	192 748	104 504	88 244	…	…	…

注：台湾国民学校课程第一、二、三号表之材料来源均据前台湾总督府各年统计书及学事年报编制。

台湾省行政长官公署统计室编：《台湾省五十一年来统计提要》，台北，进学书局，1946 年，第 1232 页。

台湾历年师范教育概况

（1899—1944 年）

年度	校数	教员				学生				年度中学生异动	
		共计	本省人	日本人	其他	共计	本省人	日本人	其他	入学	毕业
1899	1	24	5	19	/	171	77	94	/	65	2
1900	1	27	3	24	/	195	97	98	/	98	87
1901	1	27	/	27	/	154	91	63	/	73	42
1902	1	28	/	28	/	210	166	44	/	185	62
1903	1	33	3	30	/	166	123	43	/	145	70
1904	1	38	3	35	/	226	181	45	/	169	66
1905	1	39	4	35	/	242	222	20	/	100	56
1906	1	41	4	37	/	293	238	55	/	150	70
1907	1	27	4	23	/	353	325	28	/	107	34
1908	1	26	…	…	…	354	…	…	…	151	170
1909	1	33	…	…	…	387	…	…	…	140	91
1910	1	36	…	…	…	443	…	…	…	170	129
1911	1	37	…	…	…	464	…	…	…	172	123
1912	1	40	…	…	…	531	…	…	…	227	148
1913	1	45	…	…	…	634	…	…	…	282	173
1914	1	44	…	…	…	695	…	…	…	280	169
1915	1	50	…	…	…	764	…	…	…	293	205
1916	1	49	…	…	…	802	…	…	…	280	210
1917	1	49	…	…	…	824	…	…	…	292	235
1918	2	57	…	…	…	908	833	75	/	365	229
1919	2	69	…	…	…	1 219	1 143	76	/	604	299
1920	2	76	/	76	/	1 188	1 142	46	/	331	249
1921	2	98	/	97	1	1 569	1 483	86	/	688	535
1922	2	84	/	83	1	1 668	1 533	135	/	684	564
1923	3	95	5	90	/	1 705	1 443	260	2	595	487
1924	3	91	8	83	/	1 719	1 367	351	1	464	538

续表

年度	校数	教员				学生				年度中学生异动	
		共计	本省人	日本人	其他	共计	本省人	日本人	其他	入学	毕业
1925	3	86	74	12	/	1 699	1 277	421	1	366	468
1926	3	89	11	78	/	1 521	1 027	494	/	343	217
1927	4	104	13	91	/	1 554	1 062	492	/	284	439
1928	4	107	12	95	/	1 353	815	538	/	311	431
1929	4	112	13	99	/	1 210	618	592	/	322	344
1930	4	108	11	97	/	1 190	535	647	8	302	263
1931	4	98	9	89	/	1 180	500	670	10	378	351
1932	4	99	11	88	/	1 223	482	733	8	370	397
1933	4	109	18	91	/	1 238	459	773	6	372	196
1934	4	104	10	94	/	1 370	432	935	3	362	357
1935	4	106	10	96	/	1 379	401	978	/	406	353
1936	4	107	8	99	/	1 369	384	985	/	389	356
1937	4	107	7	100	/	1 412	370	1 042	/	418	359
1938	4	108	9	99	/	1 546	335	1 211	/	571	313
1939	4	129	8	121	/	1 748	352	1 396	/	577	539
1940	6	166	12	154	/	2 002	434	1 568	/	878	651
1941	6	165	5	160	/	2 579	497	2 082	/	1 297	797
1942	6	185	4	181	/	2 579	119	2 460	/	936	785
1943	3	153	6	146	1	2 642	347	2 293	2	774	482
1944	3	186	6	180	/	2 888	522	2 364	2	1 055	…

附注：民国前十六年设立国语学校，旋即增设师范部，以培养日籍教员。民国前二年又分设小学师范部及公学师范部，学生多为日籍。民国八年该校改为台北师范学校，并将台南分校改为台南师范学校。修业年限，日人在中学校毕业者定为一年，台人在公学校毕业者，则定为预科一年、本科四年，另设有公学校教员讲习科。民国十一年起师范学校得为官立、州立或厅立。州立或厅立须经总督府之认可。民国二十二年三月，修业年限改为普通科五年、演习科二年，共为七年；女子则因普通科缩短一年定为六年。民国三十二年师范学制废演习科，分为预科、本科。本科收预科及中学校或高等女学校毕业生，修业年限三年；预科收国民学校高等科毕业生，修业年限二年。讲习科收中学校或高等女学校毕业者，修业年限一年，收国民学校高等科毕业者，修业年限三年。该校均直属总督府文教局，光复后改称省立台北、台中、台南等师范学校。

材料来源：根据前台湾总督府各年统计书及学事年报一览材料编制。

台湾省行政长官公署统计室编：《台湾省五十一年来统计提要》，
台北，进学书局，1946年，第1219页。

台北帝国大学附属医学专门部及其前身校教员学生数

（1899—1944年）

年度	教员				学生				年度中学生异动	
	共计	本省人	日本人	其他	共计	本省人	日本人	其他	入学	毕业
1899	10	/	10	/	69	69	/	/	90	/
1900	11	/	11	/	89	89	/	/	46	/
1901	15	/	15	/	107	…	…	…	45	/
1902	20	/	20	/	120	…	…	…	57	3
1903	17	/	17	/	115	…	…	…	34	1
1904	20	/	20	/	116	…	…	…	29	10
1905	22	/	22	/	140	…	…	…	34	9
1906	20	/	20	/	145	…	…	…	35	23
1907	21	/	21	/	157	…	…	…	41	27
1908	21	/	21	/	163	…	…	…	33	23
1909	22	/	22	/	174	…	…	…	40	24
1910	26	/	26	/	194	…	…	…	51	29
1911	23	/	23	/	204	…	…	…	44	32
1912	23	/	23	/	210	…	…	…	46	34
1913	23	/	23	/	207	…	…	…	45	31
1914	25	/	25	/	213	…	…	…	41	48
1915	29	/	29	/	205	…	…	…	45	32
1916	26	/	26	/	221	…	…	…	50	41
1917	37	/	37	/	222	…	…	…	53	41
1918	49	1	48	/	250	214	19	17	78	44
1919	58	1	57	/	330	266	42	22	142	54
1920	89	12	77	/	378	296	67	15	133	51
1921	76	4	71	1	461	343	93	25	146	35
1922	56	2	53	1	397	292	103	2	33	50
1923	61	1	59	1	387	262	122	3	42	52

续表

年度	教员				学生				年度中学生异动	
	共计	本省人	日本人	其他	共计	本省人	日本人	其他	入学	毕业
1924	73	5	67	1	352	225	124	3	70	57
1925	69	1	67	1	349	222	124	3	115	86
1926	59	1	57	1	281	164	117	/	110	89
1927	65	2	62	1	312	176	134	2	113	75
1928	67	3	63	1	319	159	158	2	70	173
1929	62	4	57	1	348	177	169	2	155	140
1930	63	4	58	1	451	269	179	3	240	215
1931	51	2	48	1	313	150	163	/	75	65
1932	50	5	44	1	333	178	155	/	97	72
1933	51	4	46	1	355	203	152	/	120	77
1934	52	4	48	/	358	204	154	/	127	74
1935	54	4	50	/	403	233	170	/	133	66
1936	50	4	46	/	265	136	129	/	36	74
1937	53	2	51	/	225	120	105	/	40	72
1938	53	3	50	/	193	103	90	/	40	71
1939	57	4	53	/	161	82	79	/	40	42
1940	60	4	56	/	197	87	110	/	79	36
1941	59	4	55	/	196	79	117	/	72	35
1942	61	6	55	/	229	86	143	/	82	47
1943	40	7	33	/	333	119	214	/	105	67
1944	33	4	29	/	360	122	237	1	115	…

附注：台北帝国大学附属医学专门部，原为前总督府医学校，该校设立于民国前十三年，专收台籍学生，为本省专门学校中历史最久者。民国八年改称为医学专门学校，日籍学生自此始兼收之。其入学程度，具有公学校毕业为合格。修业年限，预科四年，本科四年。民国十一年改修业年限为四年，收中学校毕业或同等学力者。校内设有热带医学专攻科及研究科，前者修业年限一年，后者修业年限三年。民国二十五年该校附属于帝国大学医学部，改称为医学专门部。

材料来源：根据前台湾总督府各年统计书及学事年报一览材料编制。

台湾省行政长官公署统计室编：《台湾省五十一年来统计提要》，
台北，进学书局，1946年，第1218页。

台湾历年特种学校概况

（1899—1944 年）

年度	校数	教员				学生				年度中学生异动	
		共计	本省人	日本人	其他	共计	本省人	日本人	其他	入学	毕业
1899	6	33	…	…	…	781	…	…	…	…	…
1900	10	51	…	…	…	823	…	…	…	…	…
1901	7	50	…	…	…	1 288	…	…	…	…	…
1902	7	59	…	…	…	1 117	…	…	…	…	…
1903	8	72	…	…	…	1 188	…	…	…	…	…
1904	6	62	8	53	1	338	67	271	/	893	55
1905	6	69	6	60	3	294	86	208	/	283	23
1906	13	63	13	43	7	508	227	281	/	485	53
1907	12	64	15	39	10	543	223	320	/	445	64
1908	11	62	19	35	8	632	271	361	/	665	41
1909	11	62	18	35	9	735	318	417	/	691	49
1910	12	71	23	35	13	742	380	362	/	589	100
1911	12	84	28	42	14	785	399	386	/	493	63
1912	12	86	27	48	11	882	379	503	/	1 053	111
1913	13	97	32	53	12	832	497	335	/	630	86
1914	13	91	34	40	17	924	563	361	/	656	63
1915	13	88	28	43	17	974	641	333	/	697	98
1916	14	106	38	46	22	1 117	740	377	/	972	121
1917	19	188	50	114	24	1 589	1 058	531	/	1 330	219
1918	19	230	55	150	25	1 706	1 075	631	/	1 473	138
1919	21	245	54	164	27	2 169	1 284	885	/	1 462	206
1920	22	232	52	160	20	2 444	1 610	834	/	1 665	327
1921	20	267	57	180	30	2 659	1 643	1 016	/	2 549	333
1922	16	197	51	120	26	2 431	1 441	990	/	2 394	484
1923	17	240	47	167	26	2 415	1 431	984	/	1 636	496

续表

年度	校数	教员				学生				年度中学生异动	
		共计	本省人	日本人	其他	共计	本省人	日本人	其他	入学	毕业
1924	17	243	48	172	23	2 383	1 472	911	/	1 805	480
1925	17	209	29	162	18	2 489	1 563	926	/	1 782	719
1926	17	215	31	159	25	2 485	1 534	951	/	1 732	596
1927	17	234	36	173	25	2 488	1 555	933	/	1 817	582
1928	18	249	45	179	25	2 545	1 598	947	/	1 937	701
1929	18	267	48	182	37	2 824	1 785	1 039	/	1 892	798
1930	18	259	50	185	24	2 872	1 850	1 020	2	1 807	828
1931	16	227	21	192	14	2 588	1 479	1 107	2	1 445	771
1932	20	274	47	203	24	3 238	2 136	1 100	2	1 693	773
1933	19	267	50	196	21	3 423	2 302	1 117	4	1 675	867
1934	19	258	49	191	18	3 481	2 372	1 102	7	1 847	759
1935	21	291	52	222	17	4 175	2 819	1 353	3	2 309	835
1936	22	323	44	268	11	4 835	3 269	1 566	/	2 547	1 051
1937	21	305	38	251	16	4 965	3 813	1 151	1	3 088	1 068
1938	20	318	43	262	13	5 101	3 989	1 106	6	2 457	1 259
1939	14	220	23	190	7	3 184	2 488	693	3	1 639	884
1940	12	205	18	187	/	3 296	2 512	779	5	1 706	941
1941	11	177	14	159	4	2 814	2 217	588	9	1 644	728
1942	10	182	22	156	4	2 945	2 430	512	3	1 618	839
1943	9	168	…	…	…	3 724	3 094	620	10	…	…
1944	9	210	…	…	…	3 260	2 827	411	22	…	…

附注：特种学校均为私立，以教授一般相当高等普通教育或职业技能者，类似私立中学校、实业学校，惟不受学制之限制。

材料来源：根据前台湾总督府各年统计书及学事年报一览材料编制。

台湾省行政长官公署统计室编：《台湾省五十一年来统计提要》，

台北，进学书局，1946 年，第 1235 页。

台湾历年高等女学校概况

（1904—1944 年）

年度	校数	教员				学生				年度中学生异动	
		共计	本省人	日本人	其他	共计	本省人	日本人	其他	入学	毕业
1904	1	12	5	7	/	186	153	33	/	66	5
1905	1	14	5	9	/	136	37	99	/	111	3
1906	1	12	2	10	/	173	24	149	/	86	2
1907	1	12	/	12	/	186	…	…	…	91	18
1908	1	13	/	13	/	228	…	…	…	124	48
1909	1	17	/	17	/	243	…	…	…	120	43
1910	1	19	/	19	/	266	…	…	…	100	71
1911	1	23	/	23	/	277	…	…	…	120	69
1912	1	23	/	23	/	318	…	…	…	165	57
1913	1	23	/	23	/	341	…	…	…	162	66
1914	1	23	/	23	/	410	…	…	…	180	70
1915	1	25	/	25	/	455	…	…	…	184	95
1916	1	24	/	24	/	479	…	…	…	193	109
1917	2	32	/	32	/	610	…	…	…	295	109
1918	2	32	/	32	/	728	…	…	…	325	133
1919	4	62	/	62	/	914	…	…	…	371	139
1920	4	73	/	73	/	1 122	…	…	…	454	328
1921	4	119	/	119	/	1 834	607	1 227	/	833	524
1922	8	129	/	129	/	2 185	731	1 454	/	1 080	465
1923	8	167	/	167	/	2 656	865	1 790	1	1 152	563
1924	11	194	/	194	/	3 296	1 016	2 278	2	1 422	623
1925	11	193	/	193	/	3 826	1 148	2 675	3	1 460	786
1926	11	203	9	194	/	4 194	1 214	2 976	4	1 489	916
1927	12	231	13	218	/	4 610	1 266	3 340	4	1 672	1 212

续表

年度	校数	教员				学生				年度中学生异动	
		共计	本省人	日本人	其他	共计	本省人	日本人	其他	入学	毕业
1928	12	233	10	223	/	4 674	1 304	3 364	6	1 622	1 209
1929	12	233	13	220	/	4 929	1 373	3 549	7	1 790	1 330
1930	12	244	17	227	/	5 072	1 398	3 664	10	1 787	1 354
1931	12	235	10	225	/	5 237	1 477	3 746	14	1 615	1 407
1932	13	247	14	233	/	5 271	1 468	3 790	13	1 694	1 391
1933	13	245	13	232	/	5 439	1 526	3 902	11	1 711	1 423
1934	13	262	13	249	/	5 660	1 586	4 063	11	1 795	1 446
1935	13	264	12	252	/	5 901	1 613	4 278	10	1 814	1 505
1936	13	276	11	265	/	6 192	1 722	4 459	11	1 882	1 563
1937	13	291	10	281	/	6 679	1 912	4 756	11	2 092	1 694
1938	15	325	2	323	/	7 308	2 225	5 072	11	2 340	1 774
1939	16	342	13	329	/	8 070	2 812	5 242	16	2 351	1 828
1940	18	383	13	370	/	8 837	3 187	5 637	13	2 731	1 934
1941	19	424	13	411	/	9 717	3 554	6 150	13	3 300	2 176
1942	20	434	18	416	/	10 682	3 882	6 786	14	2 998	2 288
1943	22	377	14	363	/	12 007	4 346	7 643	18	3 530	2 585
1944	22	420	22	398	/	13 270	4 855	8 396	19	3 554	…

附注：女子中学开始自民国前十五年，原于国语学校附设第一附属学校女子分教场，仅教授普通常识及技艺，民国前十年改称为第二附属学校，民国八年改称为台北女子高等普通学校。内设本科及师范科，师范科收容本科毕业生，一年毕业，给予教员资格。至日籍女子中学教育，则开始于民国前八年附设于台北国语学校，后隶台北中学校。民国前三年三月改称为高等女学校。民国十一年实行台日人共学制度后，各该校均为州立，其他各州遂亦先后设立，修业年限定为四年。光复后改称省立女子中学。

材料来源：根据前台湾总督府各年统计书及学事年报一览材料编制。

台湾省行政长官公署统计室编：《台湾省五十一年来统计提要》，台北，进学书局，1946年，第1223页。

台湾历年幼稚保育概况（一）

（1904—1944年）

年度	幼稚园数	保姆				园儿			
						总计			
		共计	本省人	日本人	其他	共计	本省人	日本人	其他
1904	1	1	/	1	/	42	/	42	/
1905	1	3	/	3	/	86	/	86	/
1906	1	2	/	2	/	78	/	78	/
1907	/	/	/	/	/	/	/	/	/
1908	2	9	/	9	/	145	/	145	/
1909	2	7	/	7	/	144	/	144	/
1910	3	8	/	8	/	195	/	195	/
1911	3	7	/	7	/	235	/	235	/
1912	3	5	/	5	/	193	/	193	/
1913	2	4	/	4	/	137	/	137	/
1914	2	6	/	6	/	130	/	130	/
1915	4	8	/	8	/	203	/	203	/
1916	9	18	3	15	/	508	74	434	/
1917	12	23	9	14	/	654	267	387	/
1918	14	27	15	12	/	822	434	388	/
1919	15	34	15	19	/	901	435	466	/
1920	19	36	12	24	/	1 279	625	654	/
1921	27	53	17	36	/	1 156	556	600	/
1922	28	58	19	39	/	1 339	577	762	/
1923	33	64	23	41	/	1 563	731	832	/
1924	36	60	17	43	/	1 754	850	904	/
1925	41	75	21	54	/	2 056	881	1 175	/

续表

年度	幼稚园数	保姆				园儿			
						总计			
		共计	本省人	日本人	其他	共计	本省人	日本人	其他
1926	43	79	25	54	/	2 359	955	1 403	1
1927	45	94	25	69	/	2 538	1 077	1 461	/
1928	49	97	24	73	/	2 940	1 340	1 600	/
1929	53	112	31	81	/	3 273	1 471	1 802	/
1930	59	128	33	95	/	3 669	1 830	1 838	1
1931	61	135	40	95	/	3 693	2 050	1 637	6
1932	66	144	44	100	/	3 891	2 193	1 694	4
1933	69	149	45	104	/	4 025	2 269	1 746	10
1934	71	146	48	98	/	3 914	2 297	1 607	10
1935	72	146	46	100	/	4 255	2 546	1 695	14
1936	76	165	56	109	/	4 811	3 023	1 766	22
1937	83	188	64	124	/	5 560	3 675	1 876	9
1938	85	198	76	122	/	6 193	4 225	1 962	6
1939	87	225	92	133	/	6 675	4 557	2 112	6
1940	91	234	92	142	/	7 442	5 229	2 203	10
1941	98	231	95	136	/	8 347	5 734	2 593	20
1942	97	239	100	139	/	8 577	5 712	2 855	10
1943	96	251	98	153	/	9 395	6 119	3 258	18
1944	95	273	134	139	/	8 672	5 690	2 941	41

附注：本省幼稚园设立于民国前八年。后逐渐发展，至民国三十三年计达九十五所，惟公立者仅有二所，余均私立。

材料来源：根据前台湾总督府各年统计书及学事年报一览材料编制。

台湾省行政长官公署统计室编：《台湾省五十一年来统计提要》，台北，进学书局，1946 年，第 1237 页。

台湾历年幼稚保育概况（二）

（1904—1944 年）

年度	园儿								年度中保育满期		
	男				女						
	共计	本省人	日本人	其他	共计	本省人	日本人	其他	共计	男	女
1904	27	/	27	/	15	/	15	/	14	8	6
1905	44	/	44	/	42	/	42	/	/	/	/
1906	45	/	45	/	33	/	33	/	/	/	/
1907	/	/	/	/	/	/	/	/	/	/	/
1908	71	/	71	/	74	/	74	/	35	20	15
1909	55	/	55	/	89	/	89	/	49	22	27
1910	97	/	97	/	98	/	98	/	67	33	34
1911	117	/	117	/	118	/	118	/	50	19	31
1912	93	/	93	/	100	/	100	/	67	36	31
1913	66	/	66	/	71	/	71	/	53	26	27
1914	78	/	78	/	52	/	52	/	50	23	27
1915	108	/	108	/	95	/	95	/	68	37	31
1916	280	52	228	/	228	22	206	/	208	119	89
1917	395	192	203	/	259	75	184	/	293	185	108
1918	500	308	192	/	322	126	196	/	265	149	116
1919	573	312	261	/	328	123	205	/	410	264	146
1920	815	457	358	/	464	168	296	/	492	334	158
1921	712	397	315	/	444	159	285	/	564	361	203
1922	849	426	423	/	490	151	339	/	664	425	239
1923	1 002	538	464	/	561	193	368	/	717	453	264
1924	1 125	632	493	/	629	218	411	/	819	515	304
1925	1 252	624	628	/	804	257	547	/	1 076	662	414
1926	1 386	673	713	/	973	282	690	1	1 348	780	568
1927	1 494	770	724	/	1 044	307	737	/	1 619	950	669

续表

年度	园儿								年度中保育满期		
	男				女						
	共计	本省人	日本人	其他	共计	本省人	日本人	其他	共计	男	女
1928	1 778	939	839	/	1 162	401	761	/	1 714	1 004	710
1929	1 966	1 044	922	/	1 307	427	880	/	2 014	1 179	835
1930	2 180	1 231	949	/	1 489	599	889	1	2 268	1 336	932
1931	2 278	1 436	838	4	1 415	614	799	2	2 355	1 418	937
1932	2 369	1 486	880	3	1 522	707	814	1	2 449	1 502	947
1933	2 428	1 528	896	4	1 597	741	850	6	2 724	1 631	1 093
1934	2 395	1 551	839	5	1 519	746	768	5	2 597	1 560	1 037
1935	2 604	1 705	890	9	1 651	841	805	5	2 890	1 794	1 096
1936	2 903	1 986	903	14	1 908	1 037	863	8	3 378	2 019	1 359
1937	3 404	2 411	990	3	2 156	1 264	886	6	3 887	2 360	1 527
1938	3 803	2 759	1 038	6	2 390	1 466	924	/	4 407	2 685	1 722
1939	3 953	2 826	1 125	2	2 722	1 731	987	4	4 959	2 928	2 031
1940	4 348	3 219	1 122	7	3 094	2 010	1 081	3	…	…	…
1941	4 842	3 468	1 360	14	3 505	2 266	1 233	6	…	…	…
1942	4 936	3 421	1 509	6	3 641	2 291	1 346	4	…	…	…
1943	5 344	3 617	1 715	12	4 051	2 502	1 543	6	…	…	…
1944	4 849	3 289	1 537	23	3 823	2 401	1 404	18	…	…	…

台湾省行政长官公署统计室编：《台湾省五十一年来统计提要》，台北，进学书局，1946年，第1238页。

台湾历年中学校概况

（1907—1944年）

年度	校数	教员				学生				年度中学生异动	
		共计	本省人	日本人	其他	共计	本省人	日本人	其他	入学	毕业
1907	1	25	/	23	2	270	…	…	…	123	13
1908	1	…	…	…	…	…	…	…	…	152	30

续表

年度	校数	教员				学生				年度中学生异动	
		共计	本省人	日本人	其他	共计	本省人	日本人	其他	入学	毕业
1909	1	34	/	32	2	421	…	…	…	174	25
1910	1	34	/	31	3	497	…	…	…	176	40
1911	1	41	/	38	3	542	…	…	…	172	52
1912	1	43	/	40	3	583	…	…	…	191	55
1913	1	43	/	40	3	623	…	…	…	208	80
1914	2	49	/	45	4	776	…	…	…	367	75
1915	2	51	/	47	4	902	…	…	…	336	81
1916	2	50	/	47	3	961	…	…	…	334	72
1917	2	54	/	51	3	1 027	…	…	…	305	80
1918	2	58	/	57	1	1 115	…	…	…	359	125
1919	2	60	/	59	1	1 116	…	…	…	337	130
1920	2	61	/	59	2	1 157	…	…	…	326	124
1921	2	86	/	86	/	1 547	317	1 230	/	368	137
1922	8	118	/	118	/	2 020	569	1 451	/	905	170
1923	8	144	/	144	/	2 554	894	1 659	1	881	218
1924	9	146	/	145	1	3 054	1 216	1 837	1	919	236
1925	9	178	1	174	3	3 475	1 510	1 963	2	908	218
1926	9	201	1	197	3	3 964	1 718	2 242	4	1 071	496
1927	10	218	2	214	2	4 245	1 786	2 455	4	1 206	528
1928	10	217	1	212	4	4 475	1 842	2 629	4	1 136	626
1929	10	223	4	215	4	4 597	1 875	2 716	6	1 161	636
1930	10	224	4	216	4	4 833	1 910	2 917	6	1 279	667
1931	10	224	3	220	1	4 894	1 990	2 897	7	1 126	736
1932	10	226	3	222	1	5 138	2 053	3 079	6	1 136	792
1933	10	230	3	226	1	8 260	5 113	3 141	6	1 137	793
1934	10	232	3	229	/	5 431	2 193	3 234	4	1 257	873
1935	10	249	3	246	/	5 763	2 357	3 404	2	1 473	887

续表

年度	校数	教员				学生				年度中学生异动	
		共计	本省人	日本人	其他	共计	本省人	日本人	其他	入学	毕业
1936	11	267	2	264	1	6 256	2 610	3 645	1	1 622	868
1937	12	310	2	307	1	6 859	2 794	4 065	/	1 775	888
1938	14	371	3	367	1	7 848	3 233	4 615	/	1 994	980
1939	17	466	6	460	/	10 031	4 818	5 196	17	2 483	1 233
1940	17	467	11	456	/	11 028	5 832	5 186	10	2 608	1 616
1941	19	537	10	527	/	11 908	5 895	5 988	25	3 176	1 760
1942	21	559	16	543	/	13 093	6 590	6 468	35	3 765	1 967
1943	21	465	29	436	/	14 523	7 343	7 132	48	3 514	2 147
1944	22	482	38	444	/	15 172	7 230	7 888	54	3 721	…

附注：本省中学校民国十年以前本省人日本人区别受教。本省人之中等教育始于民国四年在台中设立中学校，民国十年改为州立，修业年限四年，入学资格限公学校修毕四年课程或四年制公学校毕业者。日本人中等教育始自民国前十年，原于国语学校附属学校中设寻常中学科，民国前五年五月独立设置，分第一部和第二部。第一部修业年限六年，入学资格为修毕寻常小学第五学年课程者。另设高等科，修业年限二年，第一部毕业者得升入之。第二部修业年限五年，入学资格为寻常小学毕业者。另设补习科，修业年限一年半，第二部毕业者得升入之。民国十年四月均改州立。翌年撤销台日人之区别，并先后于各州设立中学校，修业年限定为五年，但修毕四年可投考高等学校。民国三十一年起缩短为四年。光复后原有各公立中学校一律改为省立中学。

台湾省行政长官公署统计室编：《台湾省五十一年来统计提要》，
台北，进学书局，1946 年，第 1222 页。

台湾历年工业学校概况

（1912—1944 年）

年度	校数	教员				学生				年度中学生异动	
		共计	本省人	日本人	其他	共计	本省人	日本人	其他	入学	毕业
1912	1	11	…	…	…	58	…	…	…	60	/
1913	1	17	…	…	…	116	…	…	…	60	/
1914	1	22	…	…	…	170	…	…	…	63	/
1915	1	23	…	…	…	168	…	…	…	64	51

续表

年度	校数	教员				学生				年度中学生异动	
		共计	本省人	日本人	其他	共计	本省人	日本人	其他	入学	毕业
1916	1	23	…	…	…	166	…	…	…	67	44
1917	1	24	…	…	…	179	…	…	…	76	49
1918	2	34	…	…	…	239	…	…	…	289	48
1919	2	44	…	…	…	315	…	…	…	135	61
1920	2	48	…	…	…	324	…	…	…	123	56
1921	2	57	…	…	…	398	…	…	…	154	46
1922	2	72	/	72	/	447	202	245	/	156	79
1923	1	51	/	51	/	511	193	313	5	199	89
1924	1	55	/	55	/	730	298	427	5	180	98
1925	1	52	/	52	/	599	164	432	3	174	73
1926	1	57	3	54	/	651	197	451	3	168	89
1927	1	61	6	55	/	642	209	432	1	144	118
1928	1	55	5	50	/	619	183	434	2	136	119
1929	1	57	4	53	/	643	222	419	2	174	120
1930	1	60	3	57	/	655	213	436	6	176	114
1931	1	62	5	57	/	675	198	470	7	154	139
1932	1	62	5	57	/	672	171	492	9	162	125
1933	1	63	5	58	/	698	179	509	10	165	130
1934	1	66	6	60	/	731	163	556	12	176	142
1935	1	67	6	61	/	795	198	584	13	225	136
1936	1	73	8	65	/	841	213	616	12	219	137
1937	1	73	1	72	/	940	228	700	12	246	151
1938	2	91	9	82	/	1 160	321	828	11	388	139
1939	3	102	5	97	/	1 497	530	959	8	511	179
1940	4	125	8	117	/	1 899	732	1 167	/	622	177
1941	5	180	10	170	/	2 212	998	1 208	6	856	300
1942	6	219	5	214	/	2 934	1 410	1 518	6	1 206	530

续表

年度	校数	教员				学生				年度中学生异动	
		共计	本省人	日本人	其他	共计	本省人	日本人	其他	入学	毕业
1943	6	194	10	184	/	4 058	2 091	1 952	15	1 225	580
1944	9	230	23	207	/	5 628	3 180	2 424	24	2 173	…

附注：民国七年度以前系工业讲习所之事实。

台湾省行政长官公署统计室编：《台湾省五十一年来统计提要》，台北，进学书局，1946 年，第 1225 页。

台湾历年山地教育所概况

（1914—1945 年）

年度	所数	兼任教职员	学生		
			共计	男	女
1914	61	…	1 986	1 406	580
1915	44	…	1 220	995	225
1916	53	…	1 393	1 114	279
1917	61	…	1 661	1 276	385
1918	82	…	1 877	1 479	398
1919	84	…	1 995	1 542	453
1920	98	…	2 079	1 578	501
1921	126	…	2 735	1 966	769
1922	142	…	3 469	2 371	1 098
1923	169	…	4 015	2 628	1 387
1924	174	…	4 456	2 834	1 622
1925	176	…	4 787	2 975	1 812
1926	171	…	4 973	3 016	1 957
1927	176	…	5 096	3 067	2 029
1928	166	…	5 603	3 350	2 253

续表

年度	所数	兼任教职员	学生		
			共计	男	女
1929	171	…	6 087	3 611	2 476
1930	172	…	6 746	3 945	2 801
1931	174	…	6 813	3 904	2 909
1932	177	…	6 917	3 951	2 966
1933	181	…	7 417	4 137	3 280
1934	185	…	7 498	4 091	3 407
1935	183	…	8 291	4 496	3 795
1936	187	279	8 777	4 674	4 103
1937	187	357	9 006	4 770	4 236
1938	185	358	9 392	4 868	4 524
1939	181	344	9 473	4 830	4 643
1940	180	339	10 096	5 126	4 970
1941	179	357	10 310	5 164	5 146
1942	177	392	8 097	4 072	4 025
1943	188	…	11 148	6 568	4 580
1944	188	…	10 383	5 742	4 641
1945	/	/	/	/	/

附注：山地教育所，系日人统治时代对高山族儿童教育措施。由警务局会同文教局主持，教员则以警察兼充。修业年限四年，至民国三十二年，始实施六学年制度。此种带有歧视性质之教育，光复后一律改为国民学校，授以同等课程，教育经费亦直接由省库支拨并选拔优良儿童，公费升学各中学及师范学校。

材料来源：根据前台湾总督府各年统计书及学事年报一览材料编制。

台湾省行政长官公署统计室编：《台湾省五十一年来统计提要》，
台北，进学书局，1946 年，第 1239 页。

台湾历年学龄儿童（本省人）

（1917—1943 年）

年度	总计			就学			不就学			学龄儿童每百人中就学人数		
	共计	男	女	共计	男	女	共计	男	女	平均①	男	女
民国六年度底（1917）	763 164	407 323	355 841	100 312	87 313	12 999	662 852	320 010	342 842	13.1	21.4	3.7
七年度底（1918）	765 399	407 964	357 435	120 215	102 531	17 684	645 184	305 433	339 751	15.7	25.1	5.0
八年度底（1919）	637 161	338 897	298 264	131 826	109 865	21 961	505 335	229 032	276 303	20.7	32.4	7.4
九年度底（1920）	608 425	322 034	286 391	152 766	125 950	26 816	455 659	196 084	259 575	25.1	39.1	9.4
十年度底（1921）	633 986	337 326	296 660	172 805	142 355	30 450	461 181	194 971	266 210	27.2	42.2	10.3
十一年度底（1922）	658 917	354 307	304 510	192 220	154 917	37 303	466 597	199 390	267 207	29.2	43.7	12.3
十二年度底（1923）	652 818	345 067	307 751	189 280	151 482	37 798	463 538	193 585	269 953	29.0	43.9	12.3
十三年度底（1924）	649 991	343 062	306 929	189 181	150 259	38 922	460 810	192 803	268 007	29.1	43.8	12.7
十四年度底（1925）	664 314	348 465	315 849	195 750	154 044	41 706	468 564	194 421	274 143	29.5	44.2	13.2
十五年度底（1926）	669 698	349 898	319 800	223 584	151 643	71 941	476 114	198 255	277 859	28.9	43.3	13.1
十六年度底（1927）	680 137	353 930	326 207	201 763	156 799	44 964	478 374	197 131	281 243	29.7	44.3	13.6
十七年度底（1928）	695 399	360 690	334 709	210 611	162 340	48 271	484 788	198 350	286 438	30.3	45.0	14.4
十八年度底（1929）	719 491	372 172	347 319	223 990	171 007	52 983	495 501	201 165	294 336	31.1	45.9	15.3

① 本栏数字多处有误。

续表

年度	总计			就学			不就学			学龄儿童每百人中就学人数		
	共计	男	女	共计	男	女	共计	男	女	平均	男	女
十九年度底（1930）	732 319	375 087	357 232	242 488	183 285	59 203	489 831	191 802	298 029	33.1	48.9	16.6
二十年度底（1931）	754 998	388 215	366 783	258 184	192 352	65 832	496 814	195 863	300 951	34.2	49.5	17.9
二十一年度底（1932）	772 769	399 121	373 648	277 171	203 544	73 627	495 598	195 577	300 021	35.9	51.0	19.7
二十二年度底（1933）	805 784	414 110	391 674	301 698	218 791	82 907	504 086	195 319	308 767	37.4	52.8	21.2
二十三年度底（1934）	830 653	427 283	403 370	326 722	233 771	92 951	503 931	193 512	310 419	39.3	54.7	23.0
二十四年度底（1935）	863 040	444 869	418 171	357 915	252 819	105 096	505 125	192 050	313 075	41.5	56.8	24.1
二十五年度底（1936）	901 841	466 109	435 732	394 946	275 678	119 268	506 895	190 431	316 464	43.8	59.1	27.4
二十六年度底（1937）	943 543	487 396	456 147	440 499	302 380	138 119	503 044	185 016	318 028	46.7	62.0	30.3
二十七年度底（1938）	996 694	515 115	481 579	496 514	332 181	164 333	500 180	182 934	317 246	49.8	64.5	34.1
二十八年度底（1939）	1 040 421	538 604	501 817	552 948	361 775	191 173	487 473	176 829	310 644	53.2	67.2	33.1
二十九年度底（1940）	1 093 227	565 442	527 785	629 392	399 044	230 348	463 835	166 398	297 437	57.6	70.6	43.6
三十年度底（1941）	1 104 907	572 458	532 449	680 577	421 282	259 295	424 330	151 176	273 154	61.6	73.6	48.7
三十一年度底（1942）	1 124 068	582 764	541 304	739 856	446 177	293 679	384 212	136 587	247 625	65.8	76.6	54.1
三十二年度底（1943）	991 992	516 393	475 599	707 343	417 542	289 801	284 609	98 851	185 758	71.3	80.9	60.9

附注：1. 学龄儿童以满六岁至十四岁者计算。2. 民国十年度以前不包括高山族学龄儿童。

台湾省行政长官公署统计室编：《台湾省五十一年来统计提要》，台北，进学书局，1946 年，第 1241 页。

台湾历年学龄儿童（日本人）

（1917—1943 年）

年度	总计			就学			不就学			学龄儿童每百人中就学人数		
	共计	男	女	共计	男	女	共计	男	女	平均	男	女
1917	15 837	8 095	7 742	15 056	7 733	7 323	781	362	419	95.1	95.5	94.6
1918	16 659	8 463	8 196	15 871	8 124	7 747	788	339	449	95.2	95.9	94.5
1919	18 625	9 420	9 205	17 800	9 053	8 747	825	367	458	95.6	96.1	95.0
1920	18 448	9 429	9 019	18 072	9 268	8 804	376	161	215	98.0	98.3	97.6
1921	20 431	10 391	10 040	19 930	10 171	9 759	501	220	281	97.6	97.9	97.2
1922	23 455	11 950	11 505	22 946	11 739	11 207	509	211	298	97.8	98.2	97.4
1923	22 398	11 416	10 982	21 795	11 142	10 653	603	274	329	97.3	97.6	97.0
1924	23 122	11 794	11 328	22 892	11 681	11 211	230	113	117	99.0	99.0	99.0
1925	25 667	13 219	12 448	25 225	13 010	12 215	442	209	233	98.3	98.4	98.1
1926	25 603	13 165	12 438	25 141	12 938	12 203	462	227	235	98.2	98.3	98.1
1927	27 638	14 166	13 472	27 220	13 959	13 261	418	207	211	98.5	98.5	98.4
1928	29 347	14 899	14 448	28 872	14 678	14 194	475	221	254	98.4	98.5	98.2
1929	31 108	15 844	15 264	30 646	15 609	15 037	462	235	227	98.5	98.5	98.5
1930	33 950	17 317	16 633	33 526	17 131	16 395	424	186	238	98.8	98.9	98.6

续表

年度	总计			就学			不就学			学龄儿童每百人中就学人数		
	共计	男	女	共计	男	女	共计	男	女	平均	男	女
1931	36 542	18 686	17 856	36 177	18 521	17 656	365	165	200	99.0	99.1	98.9
1932	37 712	19 326	18 386	37 357	19 161	18 196	355	165	190	99.1	99.2	99.0
1933	39 647	20 350	19 297	39 349	20 203	19 146	298	147	151	99.3	99.3	99.2
1934	41 069	21 161	19 908	40 699	20 975	19 724	370	186	184	99.1	99.1	99.1
1935	42 834	22 116	20 718	42 518	21 962	20 556	316	154	162	99.3	99.3	99.2
1936	44 419	22 947	21 472	44 164	22 816	21 348	255	131	124	99.4	99.4	99.4
1937	45 039	23 121	21 918	44 811	23 001	21 810	228	120	108	99.5	99.5	99.5
1938	44 411	22 773	21 638	44 180	22 662	21 518	231	111	120	99.5	99.5	99.5
1939	46 434	23 704	22 730	46 220	23 594	22 626	214	110	104	99.5	99.5	99.5
1940	48 041	24 491	23 550	47 823	24 377	23 446	218	114	104	99.6	99.5	99.6
1941	50 130	25 472	24 658	49 925	25 354	24 571	205	118	87	99.6	99.5	99.7
1942	51 382	26 075	25 307	51 207	25 978	25 229	175	97	78	99.6	99.6	99.6
1943	50 695	25 699	24 996	50 504	25 603	24 901	191	96	95	99.6	99.6	99.6

附注：学龄儿童以满六岁至十四岁者计算。

材料来源：根据前台湾总督府各年统计书及学事年报一览材料编制。

台湾省行政长官公署统计室编：《台湾省五十一年来统计提要》，台北，进学书局，1946 年，第 1242 页。

台湾历年商业学校概况

（1917—1944 年）

年度	校数	教员				学生				年度中学生异动	
		共计	本省人	日本人	其他	共计	本省人	日本人	其他	入学	毕业
1917	1	16	/	16	/	69	…	…	…	76	/
1918	1	20	/	20	/	154	…	…	…	94	/
1919	2	18	/	18	/	301	…	…	…	173	/
1920	2	30	/	30	/	418	…	…	…	166	13
1921	2	36	/	36	/	552	…	…	…	181	70
1922	2	36	/	36	/	578	196	382	/	162	111
1923	2	38	/	38	/	615	200	415	/	184	117
1924	2	38	/	38	/	622	186	436	/	194	134
1925	2	37	1	36	/	633	185	448	/	189	57
1926	2	41	1	40	/	717	219	497	1	193	75
1927	2	47	/	46	1	793	282	510	1	198	101
1928	2	46	/	45	1	909	311	598	/	253	111
1929	2	48	/	47	1	991	328	663	/	242	131
1930	2	52	/	51	1	1 054	353	700	1	244	147
1931	2	55	/	55	/	1 082	351	730	1	236	155
1932	2	53	1	52	/	1 116	337	778	1	244	191
1933	2	51	1	50	/	1 123	323	798	2	242	182
1934	2	53	1	52	/	1 147	323	823	1	257	212
1935	2	57	1	56	/	1 190	300	890	/	304	188
1936	3	66	2	64	/	1 371	322	1 049	/	403	197
1937	4	86	2	84	/	1 622	359	1 263	/	505	206
1938	5	120	2	118	/	2 010	493	1 517	/	643	213
1939	7	146	2	144	/	2 559	807	1 751	1	851	362
1940	8	169	1	168	/	3 231	1 281	1 943	7	1 091	332
1941	8	191	3	188	/	3 498	1 675	1 808	15	1 176	531
1942	8	235	9	226	/	3 739	1 963	1 754	22	1 242	778
1943	8	160	7	153	/	4 931	2 656	2 253	22	1 228	899
1944	8	162	10	152	/	4 288	2 374	1 893	21	619	…

台湾省行政长官公署统计室编：《台湾省五十一年来统计提要》，

台北，进学书局，1946 年，第 1226 页。

台湾历年农林学校概况

（1919—1944 年）

年度	校数	教员				学生				年度中学生异动	
		共计	本省人	日本人	其他	共计	本省人	日本人	其他	入学	毕业
1919	1	6	/	6	/	61	61	/	/	70	/
1920	1	11	/	11	/	115	115	/	/	80	/
1921	1	15	/	15	/	177	177	/	/	90	49
1922	1	12	/	12	/	198	198	/	/	87	48
1923	1	17	/	17	/	231	231	/	/	90	65
1924	1	16	/	16	/	227	224	3	/	76	74
1925	1	14	1	13	/	230	223	7	/	87	81
1926	2	23	1	22	/	324	276	48	/	194	65
1927	2	29	2	27	/	434	360	74	/	198	79
1928	3	36	3	33	/	601	480	121	/	276	/
1929	3	50	2	48	/	845	680	165	/	294	/
1930	3	63	7	56	/	1 095	882	212	1	288	72
1931	3	65	4	61	/	1 189	962	226	1	286	152
1932	3	72	4	68	/	1 270	1 025	244	1	284	225
1933	3	72	4	68	/	1 284	1 031	252	1	288	243
1934	3	71	4	67	/	1 256	979	276	1	280	227
1935	3	71	4	67	/	1 239	966	273	/	284	225
1936	3	74	2	72	/	1 258	979	279	/	299	220
1937	4	88	2	86	/	1 415	1 042	373	/	402	233
1938	5	94	/	94	/	1 628	1 156	472	/	515	223
1939	6	112	/	112	/	1 966	1 409	557	/	730	236
1940	6	122	/	122	/	2 307	1 667	640	/	702	239
1941	7	139	/	139	/	2 535	1 854	675	6	874	308
1942	7	152	/	152	/	2 928	2 236	692	/	893	406
1943	8	129	/	129	/	3 951	3 044	901	6	1 057	530
1944	9	141	5	136	/	4 465	3 504	960	1	1 171	…

附注：①本省实业教育创始于民国八年。对本省人在台北设工业学校，台中设商业学校，嘉义设农林学校，修业年限三年或四年。对日本人在台北设商业及工业二校，修业年限五年。民国十一年改为台日人共学制。实业学校多为州立，分为农业、工业、商业、水产四种。修业年限最初规定寻常小学校毕业者，三年或五年，高等小学校毕业者，二年或三年，必要时得延长一年。战时修业年限，一律改为四年。入学资格为国民学校修毕程度。光复后一律改为省立，依其设科性质分别设为某科职业学校。

②民国十七年度起包括农业学校。

台湾省行政长官公署统计室编：《台湾省五十一年来统计提要》，

台北，进学书局，1946 年，第 1224 页。

台中农林专门学校教员学生数

（1919—1944 年）

年度	教员				学生				年度中学生异动	
	共计	本省人	日本人	其他	共计	本省人	日本人	其他	入学	毕业
1919	7	1	6	/	22	22	/	/	30	/
1920	10	1	9	/	50	50	/	/	41	/
1921	21	2	19	/	113	113	/	/	78	/
1922	27	/	27	/	116	94	17	5	46	/
1923	33	/	33	/	132	92	35	5	56	/
1924	38	/	37	1	155	80	70	5	34	25
1925	38	/	37	1	161	71	90	/	44	42
1926	38	/	37	1	156	45	111	/	44	61
1927	51	/	50	1	121	8	113	/	41	46
1928	42	/	42	/	99	5	94	/	25	31
1929	45	/	45	/	93	4	89	/	36	35
1930	50	/	50	/	98	4	94	/	44	24
1931	50	/	50	/	117	4	113	/	46	27
1932	51	/	51	/	135	6	129	/	49	37
1933	50	/	50	/	130	7	123	/	41	44
1934	50	/	50	/	130	9	121	/	44	45
1935	47	/	47	/	132	11	121	/	47	38
1936	47	2	45	/	141	11	129	1	49	35
1937	46	2	44	/	145	7	138	/	48	44
1938	50	2	48	/	156	8	148	/	58	46
1939	48	1	47	/	183	5	178	/	77	44
1940	46	1	45	/	208	4	204	/	75	55
1941	48	/	48	/	161	1	160	/	75	70
1942	47	/	47	/	183	3	180	/	100	74
1943	29	1	28	/	280	6	274	/	100	77
1944	25	/	25	/	268	14	249	5	133	…

附注：台湾总督府农林专门学校于民国八年五月创立，十一年四月改称高等农林学校，十七年四月改称台北帝国大学附属农林专门部，三十一年改称台中高等农林学校，三十二年改称台中农林专门学校，均冠以台湾总督府之名称。招收中学校毕业生，修业年限三年。光复后改称省立台中农业专科学校，旋改为省立农学院。

台湾省行政长官公署统计室编：《台湾省五十一年来统计提要》，台北，进学书局，1946 年，第 1216 页。

台湾历年各种学校学生投考人数及入学人数（一）

（1922—1944 年）

年度	台北帝国大学											
	文政学部			理学部①			农学部①			医学部		
	投考人数	入学人数	入学占投考百分比	投考人数	入学人数	入学占投考百分比	投考人数	入学人数	入学占投考百分比	投考人数	入学人数	入学占投考百分比
1922	/	/	/	/	/	/	/	/	/	/	/	/
1923	/	/	/	/	/	/	/	/	/	/	/	/
1924	/	/	/	/	/	/	/	/	/	/	/	/
1925	/	/	/	/	/	/	/	/	/	/	/	/
1926	/	/	/	/	/	/	/	/	/	/	/	/
1927	/	/	/	/	/	/	/	/	/	/	/	/
1928	51	20	39.2	55	40	72.7	…	…	…	/	/	/
1929	49	41	83.7	26	22	84.6	…	…	…	/	/	/
1930	59	35	59.3	47	35	74.5	…	…	…	/	/	/
1931	43	24	55.8	53	38	71.7	…	…	…	/	/	/
1932	24	23	95.8	36	24	66.7	…	…	…	/	/	/
1933	30	27	90.0	32	24	75.0	…	…	…	/	/	/
1934	25	23	92.0	19	13	68.4	…	…	…	/	/	/
1935	17 ④1	13 ④1	76.5 ④100.0	22	15	68.2	…	…	…	/	/	/
1936	25 ④1	18 ④1	72.0 ④100.0	22	15	68.2	…	…	…	67	40	59.7
1937	30	25	83.3	27	21	77.8	…	…	…	48	40	83.3
1938	32	23	71.9	24	15	62.5	…	…	…	37	36	97.3
1939	43	22	51.2	35	25	71.4	…	…	…	47	40	85.1
1940	74	40	54.1	78	49	62.8	…	…	…	29	29	100.0
1941	130	33	25.4	143 ④1	47 ④1	32.9 ④100.0	…	…	…	21	19	90.5
1942	170	49	28.8	102	38	37.3	…	…	…	42	41	97.6
1943	268	80	29.9	43	22	51.2	101	45	44.6	41	40	97.6

续表

年度	台北帝国大学											
	文政学部			理学部①			农学部①			医学部		
	投考人数	入学人数	入学占投考百分比	投考人数	入学人数	入学占投考百分比	投考人数	入学人数	入学占投考百分比	投考人数	入学人数	入学占投考百分比
1944	222 ④4	81 ④2	36.5 ④50.0	16	12	75.0	112	58	51.8	90	59	65.6

附注：①民国三十一年度以前系理农部事实。

②③略。

④系女生数。

台湾省行政长官公署统计室编：《台湾省五十一年来统计提要》，台北，进学书局，1946年，第1243页。

台湾历年各种学校学生投考人数及入学人数（二）

（1922—1944年）

年度	台北帝国大学			专门学校								
	工学部			台中农林专门学校			台南工业专门学校			台北经济专门学校		
	投考人数	入学人数	入学占投考百分比	投考人数	入学人数	入学占投考百分比	投考人数	入学人数	入学占投考百分比	投考人数	入学人数	入学占投考百分比
1922	/	/	/	48	35	72.9	/	/	/	283	72	25.4
1923	/	/	/	85	56	65.9	/	/	/	208	72	34.6
1924	/	/	/	127	34	26.8	/	/	/	287	88	30.7
1925	/	/	/	138	44	31.9	/	/	/	391	72	18.4
1926	/	/	/	174	44	25.3	/	/	/	583	146	25.0
1927	/	/	/	51	41	80.4	/	/	/	640	139	21.7
1928	/	/	/	123	25	20.3	/	/	/	605	143	23.6
1929	/	/	/	221	36	16.3	/	/	/	258	66	25.6
1930	/	/	/	216	78	36.1	/	/	/	223	44	19.7
1931	/	/	/	220	46	20.9	409	72	17.6	202	68	33.7
1932	/	/	/	184	49	26.6	224	85	38.0	197	85	43.1
1933	/	/	/	85	41	48.2	195	75	38.5	202	74	36.6

续表

年度	台北帝国大学			专门学校								
	工学部			台中农林专门学校			台南工业专门学校			台北经济专门学校		
	投考人数	入学人数	入学占投考百分比	投考人数	入学人数	入学占投考百分比	投考人数	入学人数	入学占投考百分比	投考人数	入学人数	入学占投考百分比
1934	/	/	/	162	44	27.2	194	66	34.0	225	80	35.6
1935	/	/	/	147	47	32.0	238	71	29.8	196	78	39.8
1936	/	/	/	167	49	29.3	297	66	22.2	253	79	31.2
1937	/	/	/	199	48	24.1	277	71	25.6	284	74	26.1
1938	/	/	/	194	58	29.9	301	77	25.6	213	73	34.3
1939	/	/	/	376	77	20.5	314	83	26.4	313	81	25.9
1940	/	/	/	338	75	22.2	558	215	38.5	494	127	25.7
1941	/	/	/	268	75	28.0	947	184	19.4	595	253	42.5
1942	/	/	/	313	100	31.9	396	217	54.8	610	251	41.1
1943	/	/	/	279	100	35.8	602	223	37.0	653	242	37.1
1944	88	53	60.2	600	133	22.2	1761	306	17.4	597	235	39.4

台湾省行政长官公署统计室编：《台湾省五十一年来统计提要》，台北，进学书局，1946年，第1244页。

台湾历年各种学校学生投考人数及入学人数（三）

（1922—1944年）

专门学校			师范学校									台北高等学校		
大学附属医学专门部			普通科①			演习科①			讲习科①			寻常科②		
投考人数	入学人数	入学占投考百分比	投考人数	入学人数	入学占投考百分比	投考人数	入学人数	入学占投考百分比	投考人数	入学人数	入学占投考百分比	投考人数	入学人数	入学占投考百分比
104	33	31.7	2 620	684	26.1	…	…	…	…	…	…	426	81	19.0
79	42	53.2	3 571	533	14.9	…	…	…	…	…	…	297	40	13.5
180	70	38.9	3 261	293	9.0	…	…	…	…	…	…	220	41	18.6
180	68	31.8	3 185	235	7.4	…	…	…	…	…	…	429	148	34.5
224	71	31.7	3 079	247	8.0	…	…	…	…	…	…	1 227	154	12.6
333	69	20.7	2 173	153	7.0	…	…	…	…	…	…	1 496	182	12.2

续表

专门学校			师范学校									台北高等学校		
大学附属医学专门部			普通科①			演习科①			讲习科①			寻常科②		
投考人数	入学人数	入学占投考百分比	投考人数	入学人数	入学占投考百分比	投考人数	入学人数	入学占投考百分比	投考人数	入学人数	入学占投考百分比	投考人数	入学人数	入学占投考百分比
395	70	17.7	4 523	227	5.0	…	…	…	…	…	…	875	181	20.7
442	75	17.0	2 423	125	5.2	…	…	…	…	…	…	743	187	25.2
529	67	12.7	2 004	145	7.2	1 385 116	48 29	3.5 25.0	429	76	17.7	225	40	17.8
500	74	14.8	2 297	159	6.9	2 788 86	88 30	3.2 34.9	519	89	17.1	235	40	17.0
606	73	12.0	2 144	151	7.0	1 105 112	99 31	9.0 27.7	598	105	17.6	185	40	21.6
571	71	12.4	1 950	144	7.4	2 363 101	106 29	4.5 28.7	591	93	15.7	175	42	24.0
521	71	13.6	1 819	158	8.7	1 256 76	113 30	9.0 39.5	473	61	12.9	234	42	18.0
496	75	15.1	1 713	160	9.3	1 327 63	125 30	9.4 47.6	426	91	21.4	267	40	15.0
326	36	11.0	1 768	140	7.9	1 021 77	116 30	11.4 39.0	497	105	21.1	277	42	15.2
290	40	13.8	1 786	160	9.0	960 80	152 35	15.8 43.8	406	71	17.5	263	40	15.2
315	40	12.7	1 264	160	12.7	818 72	254 40	31.1 55.6	405	118	29.1	268	40	14.9
366	40	10.9	998	160	16.0	719 77	232 40	32.3 52.0	607	145	23.9	368	40	10.9
596	79	13.3	1 148	160	13.9	927 280	428 118	46.2 42.1	318	56	17.6	458	40	8.7
687	72	10.5	1 443	160	11.1	2 119 101	674 40	31.8 39.6	3 734 31	176 29	4.7 93.5	493	40	8.1
557	82	14.7	1 575	160	10.2	1 863 76	658 40	35.3 52.6	834 104	39 40	4.7 38.5	599	40	6.7
825	105	12.7	/	/	/	1 825 74	523 42	28.7 56.8	328 212	80 129	24.4 60.8	505	40	7.9
1 527	115	7.5	/	/	/	3 012 160	676 120	22.4 75.0	550 240	89 170	16.2 70.8	/	/	/

附注：①民国十八年度以前普通科包括演习科、讲习科人数，并包括女生数。

②民国十八年度以前寻常科包括高等科人数。

③单元格中有两行数字者，第二行系指女生。

台湾省行政长官公署统计室编：《台湾省五十一年来统计提要》，台北，进学书局，1946 年，第 1245 页。

台湾历年各种学校学生投考人数及入学人数（四）

（1922—1944 年）

年度	台北高等学校			台北帝国大学预科						中学校		
	高等科			文科			理科					
	投考人数	入学人数	入学占投考百分比	投考人数	入学人数	入学占投考百分比	投考人数	入学人数	入学占投考百分比	投考人数	入学人数	入学占投考百分比
1922	…	…	…	/	/	/	/	/	/	2 771	905	32.7
1923	…	…	…	/	/	/	/	/	/	2 816	845	30.0
1924	…	…	…	/	/	/	/	/	/	4 059	919	22.6
1925	…	…	…	/	/	/	/	/	/	3 826	907	23.7
1926	…	…	…	/	/	/	/	/	/	4 310	1 073	24.9
1927	…	…	…	/	/	/	/	/	/	4 576	1 073	23.4
1928	…	…	…	/	/	/	/	/	/	4 423	1 136	25.7
1929	…	…	…	/	/	/	/	/	/	4 397	1 161	26.4
1930	481	105	21.8	/	/	/	/	/	/	3 934	1 112	28.3
1931	454	151	33.3	/	/	/	/	/	/	3 743	1 126	30.1
1932	530	146	27.5	/	/	/	/	/	/	3 615	1 136	31.4
1933	609	132	21.7	/	/	/	/	/	/	3 966	1 137	28.7
1934	403	131	32.5	/	/	/	/	/	/	4 547	1 257	27.6
1935	411	100	24.3	/	/	/	/	/	/	5 142	1 465	28.5
1936	507	130	25.6	/	/	/	/	/	/	5 573	1 622	29.1
1937	493	95	19.3	/	/	/	/	/	/	7 195	1 776	24.7
1938	565	94	16.6	/	/	/	/	/	/	7 197	1 994	27.7
1939	636	112	17.6	/	/	/	/	/	/	7 815	2 483	31.8
1940	615	153	24.9	/	/	/	/	/	/	9 584	2 608	27.2
1941	853	111	13.0	520	43	8.3	1 344	144	10.7	12 074	2 860	23.7
1942	653	117	17.9	742	42	5.7	944	130	13.8	12 760	3 247	25.4
1943	724	151	20.9	418	39	9.3	983	131	13.3	10 554	3 514	33.3
1944	580	143	24.7	62	30	48.4	586	192	32.8	11 214	3 721	33.2

台湾省行政长官公署统计室编：《台湾省五十一年来统计提要》，台北，进学书局，1946 年，第 1246 页。

台湾历年各种学校学生投考人数及入学人数（五）

（1922—1944 年）

高等女学校			职业学校											
			农业职业学校			工业职业学校			商业职业学校			水产职业学校		
投考人数（女）	入学人数（女）	入学占投考百分比	投考人数	入学人数	入学占投考百分比	投考人数	入学人数	入学占投考百分比	投考人数	入学人数	入学占投考百分比	投考人数	入学人数	入学占投考百分比
1 363	669	49.1	276	87	31.5	933	154	16.5	688	158	23.0	/	/	/
1 737	939	54.1	457	90	19.7	801	129	16.1	667	175	26.2	/	/	/
2 447	1 426	58.3	648	76	11.7	1 031	174	16.9	772	183	23.7	/	/	/
1 943	1 170	60.2	511	87	17.0	865	133	15.4	717	189	26.4	/	/	/
2 020	1 306	64.7	830	194	23.4	696	131	18.8	778	193	24.8	/	/	/
2 177	1 231	56.5	667	188	28.2	745	121	16.2	982	196	20.0	/	/	/
2 437	1 622	66.6	1 433	276	19.3	861	136	15.8	990	253	25.6	/	/	/
2 438	1 464	60.0	1 315	290	22.1	859	143	16.6	990	147	14.8	/	/	/
2 485	1 317	53.0	1 459	287	19.7	701	144	20.5	991	244	24.6	/	/	/
2 561	1 333	52.0	1 370	286	20.9	672	126	18.8	838	236	28.2	/	/	/
2 818	1 445	51.3	1 180	284	24.1	745	162	21.7	838	244	29.1	/	/	/
2 872	1 449	50.5	1 714	288	16.8	770	165	21.4	894	242	27.1	/	/	/
3 400	1 513	44.5	1 353	280	20.7	813	144	17.7	1 054	257	24.4	/	/	/
3 549	1 592	44.9	1 459	284	19.5	776	202	26.0	1 142	304	26.6	/	/	/
3 783	1 649	43.6	1 699	299	17.6	786	200	25.4	1 542	403	26.1	/	/	/
4 373	1 790	40.9	2 525	402	15.9	1 061	246	23.2	2 301	505	21.9	/	/	/
4 861	2 091	43.0	2 402	515	21.4	1 220	388	31.8	2 594	648	25.0	/	/	/
5 264	2 239	42.5	2 718	730	26.9	1 911	511	26.7	3 408	851	25.0	/	/	/
7 019	2 540	36.2	2 804	702	24.7	2 576	622	24.1	4 365	1 091	25.0	/	/	/
7 533	2 814	37.4	3 210	865	26.9	4 145	718	17.3	3 921	881	22.5	/	/	/
9 182	3 079	33.5	3 424	865	25.3	5 819	1 191	20.5	4 868	1 177	24.2	/	/	/

续表

高等女学校			职业学校											
			农业职业学校			工业职业学校			商业职业学校			水产职业学校		
投考人数（女）	入学人数（女）	入学占投考百分比	投考人数	入学人数	入学占投考百分比	投考人数	入学人数	入学占投考百分比	投考人数	入学人数	入学占投考百分比	投考人数	入学人数	入学占投考百分比
9 644	3 530	36.6	5 622	1 057	18.8	4 777	1 222	25.6	5 094	1 218	23.9	310	105	33.9
9 598	3 384	35.3	5 541	1 171	21.1	7 932	2 173	27.4	1 275	619	48.5	242	105	43.4

注：以上《台湾历年各种学校学生投考人数及入学人数》（一）（二）（三）（四）（五）之材料依据前台湾总督府各年统计书及学事年报一览材料编制。

台湾省行政长官公署统计室编：《台湾省五十一年来统计提要》，台北，进学书局，1946年，第1247页。

台湾历年学龄儿童盲聋哑人数

（1922—1942年）

1. 本　省　人

年度	盲者			聋哑者			盲聋哑者		
	共计	男	女	共计	男	女	共计	男	女
1922	615	369	246	865	519	346	/	/	/
1923	575	356	219	929	604	325	35	20	15
1924	497	292	205	878	570	308	33	16	17
1925	478	290	188	619	409	210	17	12	5
1926	470	276	194	530	352	178	23	16	7
1927	492	303	189	582	400	182	32	17	15
1928	453	270	183	605	405	200	27	18	9
1929	418	262	156	579	388	191	27	21	6
1930	398	246	152	590	393	197	31	21	10
1931	364	220	144	538	346	192	21	17	4
1932	362	220	142	517	333	184	18	13	5
1933	322	192	130	434	282	152	29	17	12

续表

年度	盲者			聋哑者			盲聋哑者		
	共计	男	女	共计	男	女	共计	男	女
1934	279	169	110	411	256	155	16	13	3
1935	271	153	118	400	251	149	23	12	11
1936	265	149	116	382	245	137	21	11	10
1937	241	123	118	338	209	129	26	16	10
1938	261	142	119	336	200	136	17	13	4
1939	238	137	101	337	209	128	18	15	3
1940	252	148	104	382	236	146	31	17	14
1941	338	214	124	572	343	229	32	22	10
1942	418	252	166	742	431	311	39	22	17

2. 日　本　人

年度	盲者			聋哑者			盲聋哑者		
	共计	男	女	共计	男	女	共计	男	女
1922	3	1	2	11	7	4	/	/	/
1923	4	2	2	20	15	5	1	1	/
1924	9	6	3	28	19	9	1	1	/
1925	9	4	5	32	18	14	/	/	/
1926	10	6	4	44	26	18	/	/	/
1927	15	7	8	58	34	24	2	/	2
1928	15	8	7	50	30	20	2	1	1
1929	9	4	5	52	25	27	/	/	/
1930	3	1	2	42	18	24	/	/	/
1931	6	3	3	30	15	15	/	/	/
1932	6	3	3	27	14	13	/	/	/
1933	6	3	3	29	16	13	/	/	/
1934	9	6	3	19	12	7	/	/	/
1935	11	8	3	18	10	8	1	1	/
1936	10	7	3	20	12	8	/	/	/
1937	7	6	1	15	7	8	/	/	/
1938	4	3	1	23	11	12	/	/	/

续表

年度	盲者			聋哑者			盲聋哑者		
	共计	男	女	共计	男	女	共计	男	女
1939	2	2	/	13	8	5	/	/	/
1940	7	4	3	12	8	4	1	1	/
1941	8	6	2	22	14	8	/	/	/
1942	8	4	4	34	22	12	/	/	/

材料来源：根据前台湾总督府各年统计书及学事年报一览材料编制。

台湾省行政长官公署统计室编：《台湾省五十一年来统计提要》，

台北，进学书局，1946 年，第 1248 页。

台北高等学校概况表

（1922—1944 年）

年度	教员				学生								年度中学生异动			
					寻常科				高等科				入学		毕业	
	共计	本省人	日本人	其他	共计	本省人	日本人	其他	共计	本省人	日本人	其他	寻常科	高等科	寻常科	高等科
1922	12	/	12	/	81	2	79	/	/	/	/	/	81	/	/	/
1923	18	/	18	/	122	4	118	/	/	/	/	/	40	/	/	/
1924	22	/	22	/	160	6	154	/	/	/	/	/	41	/	/	/
1925	40	/	39	1	162	11	151	/	106	4	102	/	40	108	37	/
1926	43	/	40	3	163	15	148	/	248	28	220	/	40	151	39	/
1927	49	/	48	1	163	22	141	/	379	53	326	/	40	142	35	74
1928	51	/	49	2	165	25	140	/	432	79	353	/	40	141	46	120
1929	50	/	48	2	155	25	130	/	443	88	355	/	40	147	34	125
1930	59	/	58	1	157	23	134	/	445	97	348	/	40	139	34	142
1931	57	/	55	2	160	20	140	/	441	107	334	/	40	151	39	125
1932	54	/	53	1	149	21	128	/	446	116	330	/	40	146	34	135
1933	51	/	50	1	150	21	128	1	434	109	325	/	42	132	34	125
1934	53	/	52	1	155	22	132	1	426	104	322	/	42	131	34	133
1935	56	/	55	1	157	23	133	1	420	114	306	/	40	134	33	124

续表

年度	教员				学生								年度中学生异动			
					寻常科				高等科				入学		毕业	
	共计	本省人	日本人	其他	共计	本省人	日本人	其他	共计	本省人	日本人	其他	寻常科	高等科	寻常科	高等科
1936	55	/	53	2	164	23	140	1	415	121	294	/	42	130	37	132
1937	55	/	55	/	163	21	142	/	400	110	290	/	40	132	40	130
1938	52	/	50	2	160	18	142	/	399	96	303	/	40	134	35	124
1939	51	/	51	/	162	15	147	/	421	87	334	/	40	147	40	124
1940	54	/	53	1	156	14	142	/	445	98	347	/	40	153	36	121
1941	53	/	52	1	160	17	143	/	467	104	363	/	40	153	36	144
1942	60	/	58	2	161	15	146	/	465	96	369	/	40	153	41	143
1943	34	/	34	/	160	14	146	/	475	87	388	/	40	151	40	154
1944	36	/	36	/	120	10	110	/	443	73	368	2	/	143	…	…

附注：民国十一年四月设立台北高等学校。先设寻常科，招收寻常小学毕业或同等学力者，修业年限四年。十四年添设高等科，又分为文理两科，招收寻常科毕业及中学修毕第四学年或有同等学力者。并规定以半数招考，半数由寻常科毕业及各中学校长保送。修业年限三年，毕业后升入台北帝国大学。战时高等科修业年限缩短为二年，光复后改称省立台北高级中学。

台湾省行政长官公署统计室编：《台湾省五十一年来统计提要》，
台北，进学书局，1946 年，第 1220—1221 页。

台湾历年实业补习学校概况

（1922—1944 年）

年度	校数	教员				学生				年度中学生异动	
		共计	本省人	日本人	其他	共计	本省人	日本人	其他	入学	毕业
1922	8	30	/	30	/	413	375	38	/	412	130
1923	8	36	/	36	/	392	319	73	/	316	159
1924	10	71	/	71	/	551	498	53	/	587	179
1925	18	77	/	77	/	784	715	69	/	733	238
1926	24	94	10	84	/	941	858	83	/	793	338
1927	28	111	5	106	/	1 099	991	108	/	951	358
1928	31	129	30	99	/	1 251	1 161	90	/	945	403

续表

年度	校数	教员				学生				年度中学生异动	
		共计	本省人	日本人	其他	共计	本省人	日本人	其他	入学	毕业
1929	32	119	25	94	/	1 321	1 241	80	/	1 082	517
1930	32	141	17	124	/	1 519	1 396	122	1	1 158	535
1931	32	142	12	130	/	1 733	1 555	178	/	1 149	590
1932	33	148	11	137	/	1 988	1 742	246	/	1 260	767
1933	34	145	11	134	/	2 049	1 773	276	/	1 276	793
1934	35	152	14	138	/	2 107	1 759	348	/	1 372	821
1935	40	180	9	171	/	2 328	1 889	439	/	1 511	853
1936	43	208	10	198	/	2 850	2 197	653	/	1 772	864
1937	53	281	9	272	/	4 026	3 044	982	/	2 447	1 132
1938	60	371	11	360	/	5 679	4 138	1 541	/	2 941	1 691
1939	63	347	24	323	/	7 185	5 447	1 734	4	3 555	2 379
1940	71	474	35	439	/	8 803	6 869	1 929	5	4 307	2 792
1941	79	538	23	514	1	11 002	9 141	1 850	11	5 591	3 285
1942	83	669	26	643	/	13 619	11 628	1 964	27	6 113	4 148
1943	86	465	…	…	…	15 883	13 662	2 187	34	…	4 732
1944	90	547	…	…	…	18 090	15 828	2 234	28	…	…

附注：民国八年本省一部分公学校，已附设简易实业学校，民国十一年始设立实业补习学校。入学资格为修毕小学校或公学校程度，修业年限为二年以内，必要时得延长至三年。光复后一部分按其性质并入所在地之省立职业学校，另视其设备成绩及学级数，分别改为县市立初级职业学校或中等职业补习学校。

材料来源：根据前台湾总督府各年统计书及学事年报一览材料编制。

台湾省行政长官公署统计室编：《台湾省五十一年来统计提要》，
台北，进学书局，1946 年，第 1227 页。

台湾历年盲哑学校概况

（1922—1944 年）

年度	校数	教员				学生				年度中学生异动	
		共计	本省人	日本人	其他	共计	本省人	日本人	其他	入学	毕业
1922	2	20	9	11	/	190	166	23	1	63	26
1923	2	13	5	8	/	196	170	26	/	62	27

续表

年度	校数	教员				学生				年度中学生异动	
		共计	本省人	日本人	其他	共计	本省人	日本人	其他	入学	毕业
1924	2	23	11	12	/	245	206	37	2	63	7
1925	2	23	8	15	/	212	177	33	2	54	16
1926	2	22	7	15	/	229	194	34	1	49	35
1927	2	23	9	14	/	322	265	57	/	60	33
1928	2	23	8	15	/	264	212	49	3	67	37
1929	2	21	8	13	/	266	207	52	7	55	45
1930	2	19	6	13	/	256	212	39	5	55	28
1931	2	23	7	16	/	278	203	71	4	61	47
1932	2	22	6	16	/	282	236	42	4	54	46
1933	2	22	7	15	/	286	226	56	4	65	46
1934	2	20	6	14	/	292	256	34	2	58	59
1935	2	22	7	15	/	282	245	34	3	81	57
1936	2	21	5	16	/	279	244	33	2	98	45
1937	2	24	7	17	/	290	259	30	1	74	42
1938	2	28	9	19	/	294	260	33	1	68	46
1939	2	26	7	19	/	328	295	30	3	82	47
1940	2	28	8	20	/	464	419	40	5	81	80
1941	2	26	5	21	/	340	305	27	8	76	59
1942	2	25	6	19	/	333	301	28	4	88	60
1943	2	17	3	14	/	369	329	36	4	/	54
1944	2	19	4	15	/	346	313	29	4	/	…

附注：盲哑学校台北台南各有一所，原为私立，台南于民国十一年、台北于民国十七年改为州立。对于失明及声哑者，施以普通教育，授以生活所必需之技艺。内分普通科及技艺科，必要时得设专修科。修业年限普通科须就六年以内定之，技艺科须就五年以内定之，专修科须就三年以内定之。光复后改称省立台北盲哑学校及省立台南盲哑学校。

材料来源：根据前台湾总督府各年统计书及学事年报一览材料编制。

台湾省行政长官公署统计室编：《台湾省五十一年来统计提要》，
台北，进学书局，1946年，第1234页。

台北帝国大学情况统计（一）

（1928—1944年）

年度	教员				学生															
					总计				文政学部				理学部				农学部			
	共计	本省人	日本人	其他	共计	本省人	日本人	其他	共计	本省人	日本人	其他	共计	本省人	日本人	其他	共计	本省人	日本人	其他
1928	59	/	59	/	55	6	49	/	19	3	16	/	36	3	33	/	…	…	…	/
1929	104	/	104	/	113	11	102	/	59	6	53	/	54	5	49	/	…	…	…	/
1930	137	/	137	/	180	20	160	/	92	12	80	/	88	8	80	/	…	…	…	/
1931	161	/	161	/	187	22	165	/	96	13	83	/	91	9	82	/	…	…	…	/
1932	154	/	154	/	176	22	154	/	81	14	67	/	95	8	87	/	…	…	…	/
1933	105	/	104	1	158	25	133	/	70	13	57	/	88	12	76	/	…	…	…	/
1934	105	/	104	1	128	26	102	/	65	16	49	/	63	10	53	/	…	…	…	/
1935	105	/	104	1	114	25	89	/	61	13	48	/	53	12	41	/	…	…	…	/
1936	119	1	117	1	136	41	95	/	53	14	39	/	43	11	32	/	…	…	…	/
1937	144	1	142	1	187	59	128	/	58	9	49	/	50	13	37	/	…	…	…	/
1938	164	1	161	2	228	70	157	1	65	11	54	/	48	12	36	/	…	…	…	/
1939	169	1	166	2	282	90	191	1	69	6	63	/	59	9	50	/	…	…	…	/
1940	182	2	177	3	322	85	235	2	86	5	81	/	91	5	85	1	…	…	…	…
1941	184	2	180	2	258	61	196	1	71	3	68	/	99	3	95	1	…	…	…	…

续表

年度	教员				学生															
					总计				文政学部				理学部				农学部			
	共计	本省人	日本人	其他	共计	本省人	日本人	其他	共计	本省人	日本人	其他	共计	本省人	日本人	其他	共计	本省人	日本人	其他
1942	187	2	183	2	458	69	388	1	169	3	166	/	158	2	155	1	…	…	…	…
1943	168	3	153	2	454	69	384	1	167	3	164	/	54	1	52	1	103	1	102	/
1944	173	1	172	/	357	85	268	4	34	2	30	2	42	1	40	1	75	/	74	1

材料来源：根据前台湾总督府各年统计书及学事年报一览材料编制。

台湾省行政长官公署统计室编：《台湾省五十一年来统计提要》，台北，进学书局，1946年，第1214—1215页。

台北帝国大学情况统计（二）

（1928—1944年）

年度	学生								年度中学生异动											
	医学部				工学部				入学						毕业					
	共计	本省人	日本人	其他	共计	本省人	日本人	其他	总数	文政学部	理学部	农学部	医学部	工学部	总数	文政学部	理学部	农学部	医学部	工学部
1928	/	/	/	/	/	/	/	/	63	21	42		/	/	/	/	/		/	/
1929	/	/	/	/	/	/	/	/	69	46	23		/	/	/	/	/		/	/

续表

年度	学生								年度中学生异动											
	医学部				工学部				入学						毕业					
	共计	本省人	日本人	其他	共计	本省人	日本人	其他	总数	文政学部	理学部	农学部	医学部	工学部	总数	文政学部	理学部	农学部	医学部	工学部
1930	/	/	/	/	/	/	/	/	70	35	35		/	/	46	14	32		/	/
1931	/	/	/	/	/	/	/	/	63	24	39		/	/	53	34	19		/	/
1932	/	/	/	/	/	/	/	/	48	23	25		/	/	66	31	35		/	/
1933	/	/	/	/	/	/	/	/	55	27	28		/	/	58	22	36		/	/
1934	/	/	/	/	/	/	/	/	37	23	14		/	/	40	18	22		/	/
1935	/	/	/	/	/	/	/	/	29	14	15		/	/	44	23	21		/	/
1936	40	16	24	/	/	/	/	/	70	17	13		40	/	31	19	12		/	/
1937	79	37	42	/	/	/	/	/	84	24	20		40	/	28	15	13		/	/
1938	115	47	67	1	/	/	/	/	75	23	16		36	/	34	19	15		/	/
1939	154	75	78	1	/	/	/	/	89	23	26		40	/	73	20	16		37	/
1940	145	75	69	1	/	/	/	/	118	40	49		29	/	78	23	15		40	/
1941	88	55	33	/	/	/	/	/	103	35	48		20	/	81	23	23		35	/
1942	131	64	67	/	/	/	/	/	315	129	104		82	/	112	31	42		39	/
1943	130	64	66	/	/	/	/	/	187	80	22	45	40	/	99	32	12	28	27	/
1944	157	80	77	/	49	2	47	/	265	83	12	58	59	53	…	…	…	…	…	/

附注：台北帝国大学于民国十四年开始筹备，十七年三月成立。设文政及理农二学部，二十四年增设医学部，三十一年度以前系理农学部事实。三十一年将理农学部分为理学部及农学部，翌年又增设工学部。

台湾省行政长官公署统计室编：《台湾省五十一年来统计提要》，台北，进学书局，1946 年，第 1214—1215 页。

台南工业专门学校教员学生数

（1931—1944年）

年度	教员				学生				年度中学生异动	
	共计	本省人	日本人	其他	共计	本省人	日本人	其他	入学	毕业
1931	22	1	21	/	72	36	36	/	72	/
1932	30	1	29	/	154	64	90	/	85	/
1933	45	1	44	/	221	79	142	/	75	61
1934	48	1	47	/	220	60	160	/	66	76
1935	49	5	44	/	209	41	168	/	71	65
1936	47	5	42	/	202	35	167	/	66	62
1937	47	4	43	/	207	29	178	/	71	63
1938	44	3	41	/	210	29	181	/	77	62
1939	47	4	43	/	223	27	196	/	83	62
1940	52	6	46	/	354	49	305	/	215	73
1941	59	6	53	/	370	51	319	/	184	75
1942	79	9	70	/	410	51	359	/	217	17
1943	53	6	47	/	634	68	566	/	223	176
1944	54	8	46	/	752	109	643	/	306	…

附注：台南高等工业学校于民国二十年设立，三十一年改称台南工业专门学校。初设机械、电气、应用化学三科，后增设土木、建筑、电气化学等三科，合为六科。招收中学校毕业生，修业年限三年。光复后改称省立台南工业专科学校，旋改为省立工学院。

台湾省行政长官公署统计室编：《台湾省五十一年来统计提要》，
台北，进学书局，1946年，第1216页。

台北帝国大学预科概况

（1941—1945年）

年度	教员				学生				年度中学生异动	
	共计	本省人	日本人	其他	共计	本省人	日本人	其他	入学	毕业
1941	17	/	17	/	155	13	142	/	157	/
1942	31	/	30	1	323	33	290	/	172	/

续表

年度	教员				学生				年度中学生异动	
	共计	本省人	日本人	其他	共计	本省人	日本人	其他	入学	毕业
1943	33	/	33	/	491	54	436	1	170	128
1944	28	/	28	/	540	61	476	3	222	…
1945	/	/	/	/	/	/	/	/	/	/

附注：台北帝国大学预科设立于民国三十年四月。内分文理两科，理科再分理农类、工类及医类。修业年限原定三年，暂改一年，与高等学校同，毕业后升入帝国大学。

台湾省行政长官公署统计室编：《台湾省五十一年来统计提要》，台北，进学书局，1946年，第1220—1221页。

第十编

台湾青年学生与知识分子对殖民统治的抵制与斗争

一、台湾学生运动

关于台北师范学校骚扰事件的陈情书

（1924年）

这回关于台北师范学校的骚扰事件，为其善后策，我们代表父兄大会，在这里所以要谨陈于阁下。

我们想我们的子弟，多年受教养于台北师范学校之下，如今精神身体两两发达，于将来不久，将为一个完全的人踏入社会，——我们正在庆喜此事，而且对于学校从衷心在感谢着。然而料不到，这次勃发学生的骚扰事件于同校，而冲动了社会的耳目，实在遗憾得很！在学中的学生弄起这样的事来，不消说是由其不谨慎所致，不但学生的耻辱，为父兄的我们，也痛切地感觉得应大大地负其责任。再则从学校方面看起来，也不能辞其责任。第一，校长和教师的一部常不留意于人格教育，不但不尊重学生的个性，反而偏重形式，为不适当的处置，以使学生怀不平不满。我们以为这回事件的动机虽说在旅行问题，但实际上是基因于历来学校的缺陷之多。第二，学校本年十一月十七日并不声明其理由，突然对第三学年生许吉命其归乡，及见其未归，校长以下其他教官多数把他围上，好像对待盗贼的一样，连拖带推的把他赶出，这样的事是人情所不忍，尤其是所不当有于师长的。倘若他——许吉，有当斥之事，应该指明其理由，处罚之以警他人。然而不但不声明其理由，由别的学生质其处罚的事由与程度，尚还不声明之，而使一般的学生感到了万分的不安和危险，这不可不说完全是学校的责任。第三，试探这次的骚扰事件的真因，不消说是胚胎于学生目睹学校当局之对于许吉的不当的处罚，同情于许吉的身上，同时感知了各自的前途的危险和不安的。所以试看他们学生的行动，不过是在乎无所作为的消极行为，和在途中夺回被命归省的许吉。论其情状是极其轻微，不能认为可恶到那步的行为，然而学校却故意小事大弄，把事件视为重大，对于学生命退学的多至三十人，命停学的多至六十四人。这样看来学校的处置之失于过酷，这不消呶呶了。我们以为师弟之间，是应互相系之以温情的，所以做学生的错了，则应以善来诱导之，然而学校对这则赐之以严罚，像这样背违师道的，实在大有反省的必要。第四，事件发生当日，公普三年生和校长之间，陷于不好意思的状态，所以本科第四学年生的几个人，怕生起事端，进而欲执周旋镇压之劳，以期息事，而校长不但说："没有学校的命令无为那种事的必要！"断然把这拒绝下去，甚而对于那些以满腔的热诚欲执周旋之劳的学生八名，处以退学，这实在是没天没理的处置了！第五，同十九日召集公普三年生的父兄于学校，命其各引领各的子弟回家，于是父兄等都以为无庸如此，说一切欲信凭学校，倘有当斥之点，愿请假以二小时的宽限，亲自训诲子弟，然而校长顽固地不听许，断然下临时休校之命，使全校的生徒归乡，这样的，当初就没有平和的解决的诚意了。如此，学校方面的处置，实在也有不善之处。我们当此之时，欲求学校反省，而切望其对于学生已行的处罚变更如下：

第一，使停学者急速复校。

第二，对于退学者要考虑其前途，已改悛的急速使其复校。

第三，目下还未归校的生徒，与［宜］以宽大的处置，使其安心归校。

然而学校不以我们的苦衷为谅，推三托四的不见其有讲究善后策的诚意，然则那些受了停学退学的处置的九十四名的前途，是非常之黑暗，而且是可哀的了！所望阁下怜悯那些学生的将来，与他们以宏大的同情，使台北师范学校为那些停学退学的学生谋适当的办法，再则对于学校内容的改善，也希望特地留意！

右敬陈的旨趣，请察纳之，并求什么一个办法。陈情如右。

大正十三年十二月四日

右父兄代表者

林　糊

阮乌琼

徐朝凤

总务长官　后藤文夫殿

兰博洲编：《民族纯血的脉动——日据时期台湾学生运动（1913—1945）》，台北，海峡学术出版社，2006年，第28—30页。

台北商工学校全体台湾人学生同盟罢课声明书*

（1926年）

商工学生徒父兄诸位英鉴：

兹因十月七日本学校台湾人学生数名，在市内汤屋偶与一内地人口角，此无非为感情冲突互相争论而已，而警察当局竟小题大做，拘引学生八名，继又送过检察局留置，计其间有十数日间。甚至于现场检证之时，将穿制服学生捆缚，由刑务所游行街上。种种侮辱学生体面，一方面学校当局置若罔闻。昔日一内地人学生为窃盗嫌疑事件被拘引，而学校当局奔走警署数十日间。而对此次事件之态度则甚冷淡，甚至父兄到校访问，亦全不与之

* 原文无标点。

接洽。且警察当局有谓：此若内地人间或台湾人间之事则全无问题，因是内台人间之事，故视为重大云云。吾人综合以上诸情况，可以明白是警察及学校当局偏于民族感情，以至于此。是故本校台湾人学生三百名，全体为对被亏学生同情起见，举行罢学。凡我父兄诸位体贴学生等之苦衷，而加以声援。而对于归省学生，祈勿加以干涉，使其全体一致。如有外异之时，父兄诸位之压迫恐吓亦望善为排除，勿被其迷乱，则学生幸甚！台湾幸甚！

大正十五年十月二十四日

学生一同拜

兰博洲编：《民族纯血的脉动——日据时期台湾学生运动（1913—1945)》，台北，海峡学术出版社，2006 年，第 46—47 页。

台中第一中学校寮生之宣言

（1927 年）

吾等二百六十余名学生，受过旷世之奇辱，此恨未报，永不能相离。夫飧膳混以鼠粪，犹强挽留厨夫者何哉！及见全寮生之公愤，乃率兵队以威吓。呜呼！其狂态若是，我敬爱之良师，对于教育事业前途，将作如何感想乎？

如召我父兄以警官，其暴戾非道，可谓极矣！

魂血既郁勃，吾等终不能沉默，惟有群起而弹劾之！

昭和二年五月十五日

兰博洲编：《民族纯血的脉动——日据时期台湾学生运动（1913—1945)》，台北，海峡学术出版社，2006 年，第 59 页。

关于台中一中总罢校事件告全台湾学生大众书

（1927 年）

各位！日本帝国主义已经和世界资本主义的强烈侵略政策合流，且已达成其国家资本主义托拉斯的最高型态，它在殖民地台湾的教育，究竟要带给我们同胞什么呢？是要带领我们去探求真理吗？非也！自从台湾被迫隶属于日本帝国主义以来，以充实人格为主旨的教育早已失去了踪影，现时的教育只不过为了养成甘于隶属、甘于屈从的奴隶劣根性，这不就是台湾教育的全盘目的吗？我们所要求的是长肉增血的滋养物，而他们给我们的，却是石头和粪尿！

全体被压迫的台湾学生大众诸君！此次台中一中的同盟罢课，正是身为支配阶级代理人的学校当局，对台湾学生大众所肆行的绝对专制，遭受到台湾学生大众的愤怒反击！身为支配阶级最佳看门狗的一中校长，破坏先前所做诺言，翻脸不承认学生有要求解雇炊事长的权利，由支配者的民族优越感出发，庇护一日人炊事长利益，竟然命令全体台湾人学生退出学寮。更运用警察，对停学中的学生施加威吓利诱，极尽压迫愚弄能事。

全体被抑压的台湾学生诸君！击在一中同学们身上的铁槌，意味著什么？那一无情铁槌，明天也将击在我们大家的身上！站起来！站起来！大家来支持全体被压迫台湾学生大众解放战的里程碑的一中全体学生的彻底斗争！请大家奋起！打破封建绝对专制政治的爪牙的奴隶教育制度！吾人揭扬左列口号，以之向支配阶级最佳看门狗进行彻底斗争！

——学校当局应采纳一中全体学生的正当要求！

——让被退学学生无条件复校！

——废止奴隶性教育制度！

——争取校内自由权！

——抵制内地延长主义的教育制度！

让我们聚在全体一中解放斗争队的旗帜底下，死守全一中生的同盟罢课！

昭和二年五月十五日

台湾文运革新会

兰博洲编：《民族纯血的脉动——日据时期台湾学生运动（1913—1945）》，台北，海峡学术出版社，2006年，第65—66页。

对日本压迫所引发的台湾学生罢课事件之宣言

（1927年）

六月十三日广东《民国日报》记事译文

日前，在台湾台中第一中学发生骚扰事件，已成为社会人士注目的焦点。据传，日本政府对此事件已采取更强硬的压迫手段云。广州台湾学生联合会对此发表宣言如下：

凶猛残酷的日本帝国主义者，掠夺中国的土地台湾，施行统治以来，在经济、文化各方面侵略台湾四百万民众已历三十多年。在这毒辣的帝国主义统治下，我们台湾的中华民族无一日不受其摧残、剥削、蹂躏、虐待、屠杀、压迫之苦。在重重的铁蹄下，我们的同胞正煎熬于水深火热中，过着凄惨的非人生活，令人闻之不禁流下悲愤的眼泪。

万恶而怀野望的日本帝国主义者，对我们台湾同胞还施以愚民政策，禁止一切言论、出版、集会、结社的自由，阻止学生研究革命策略和社会思潮，严禁同志阅读三民主义书，不允许民众参加中国国民党的革命事业，以提防台湾革命的爆发。一切压迫，唯有加重，不知底止。

呜呼！我们弱小民族，在日本帝国主义下，正遭受到恣意的灭文、灭财、灭种的痛苦，实在令人伤心不已。我们台湾民众处在这种亡国政策下，除少数冷血无耻的走狗之外，都要起来极力反抗这种无理野蛮的压迫，以争取我们民族的自由，追求青天白日的光明日子。何况是怀有台湾革命意志的我们，怎能甘心屈服于日本帝国主义者而受其麻醉呢?

如今，我们台湾民众决意起来革命，反抗日本帝国主义。尤以学生同胞更为热心反抗他们的文化侵略。年前，在台湾岛内有数校相继发动同盟罢课，积极向日本政府进行反抗示威。这次，如台中第一中学校的学生五百多名，为了反抗日本的压迫、侮辱及蹂躏，宣布同盟罢课，立刻向日本帝国主义政府展开猛烈的进攻，以显示我们民族的威力，意欲打倒日本的愚民政策，为争取我们民族的绝对自由而奋斗。

我们得悉，这次台湾学生罢课骚动的原因，乃是为反抗日本当局无理的压迫和不平等待遇。经常侮辱学生，施以残酷无人道的手法的日人校长，竟勾结军警，威胁我们学生，逮捕我们同胞，把二百六十多名的学生，或施以停学处分，或处以开除学籍，并大言不惭的说："你们台湾人如企图骚扰，我们有处刑的枪剑，随时随地都可准备对付。"如此，欺负学生如牛马，准备随意加以宰割、摧残。

最近，我们台湾学生的父兄，召集临时代表大会，讨论罢课骚动事件，拟议解决方案，不意竟遭军警包围，无故把父兄代表之一的张深切逮去投狱，移送日本帝国主义机关法院。悲哉，惨哉！

由是观之，我们尽可明了日本帝国主义万恶的罪行已到何种地步了。敝会同人在悲愤之余，召集在华留学的台湾同志，极力揭发日本阴谋，誓死反抗日本帝国主义到底。并愿为被压迫学生的后盾，一面劝诱台湾被压迫学生前来祖国参加革命，团结在青天白日的国民政府之下，钻研学问，研究革命，以准备打倒日本帝国主义。

全国同胞们，切盼同心协力援助我们。尤其深望国民政府管辖之下的各校，特别对这些被压迫学生施以援手。但望诸位彼此联手，打倒日本帝国主义，取消《马关条约》，废除一切不平等条约，收复台湾，使其回归祖国，以此作为自我期许。

广州台湾学生联合会　叩头

王乃信等译：《台湾社会运动史（1913—1936）》第一册，
台北，海峡学术出版社，2006 年，第 165—166 页。

关于中师暴行事件告全台湾被压迫学生诸君

（1928 年）

全台湾被压迫学生诸君！我们长年来在"严禁使用台湾话""民族差别待遇""限制读书""剥夺接见及外出的自由""剥夺言论集会结社之自由"等等强制规定下，失去了人类应具的自由权。北师事件、台中一中事件（一九二七年）、南师事件（一九二四年）……这些都是学生大众反抗当局弹压的激愤的爆发！

全台湾被压迫学生诸君！现在又发生了一件对台湾人学生的暴行事件了。十一月九日夜，台中师范的流氓教员小山某，喝足了大典喜酒后闯入学生的自习室，以“内务不整”为理由打了几个学生的耳光，又以使用台湾话为借口，揍了另外几位学生。大家都慑于其淫威，忍声吞气不曾反抗。不料翌日朝会时间，那个流氓教员小山，集合了所有台日人学生全体，大叫大吼说：“台湾是大日本帝国的领土，谁要讲‘清国奴话’（台湾话），就滚回那个没有法律的‘支那’去！我是奉小原大佐命令来的，我是帝国主义者！谁不服气，站出来！我用这双铁拳揍他个半死！你们这些内地人学生也不争气，有人在自己的面前讲台语，还视若无睹！以后你们只要看到有人讲‘清国奴话’，就揍他一顿，我负全责！大日本帝国政府出了八十万元创立了这个学校，可不是培养‘清国奴’的地方！”

全台湾被压迫学生诸君！所谓的“一视同仁”“内台融和”“共学制”等等，我们能相信这些美丽的谎言吗？那些日本人教员，口说“没有差别待遇”，却经常对我们肆行差别待遇，现在竟然更进一步抛弃了文化的外皮，公然表明其日本帝国主义走狗的身分，不仅自己肆行暴力，更怂恿日本人学生向台湾人学生施行暴力。现在有三百余名台湾人学生，忍无可忍而包围了舍监宿舍，要求小山出面谢罪，要求将其罢免，准备断然发动同盟罢课，以贯彻主张。

全台湾被压迫学生诸君！问题其实不限于台中师范的一个流氓教员小山，而是日本帝国主义的政策表现，是所有在台日本人教员的共同本质！请看台北师范、台南师范、台中一中的几次事件吧！日本金融资产阶级为了确立、维持、巩固本身的支配地位，他们不但要弹压本国的劳动者和农民，对殖民地的工农大众，也需要彻底下手弹压，对于学生大众，更需要施行军国主义的奴隶教育！

对于日本当局的如此的暴压，日本内地和朝鲜的学生大众，已经不止一次地站起来，发动过勇敢的同盟罢课了！

全台湾被压迫学生诸君！我们在台湾，也发动几次的罢课，但每次我们都惨败了。为什么？那是因为我们的力量不足。只有一个年级、两个年级的结合斗争，是不够的。我们必须举校一致斗争，否则得不到胜利。不！只有一个学校，还是不够的，除非全台湾学生一致团结共同斗争，否则还是达不到胜利的目的！

我们的勇敢的中师弟兄们已经站起来了，同盟罢课已然揭开序幕了！这正是我们报仇的时候了！请各学校立刻召开学生大会，各校提出各自的要求，掷向学校当局吧！

这也是我们响应中师弟兄们的义务！

——打倒流氓教员小山！

——绝对反对奴隶教育！

——绝对反对民族差别待遇！

——使用台语应绝对自由！

——打倒日本帝国主义！

昭和三年十一月十一日

台湾解放运动团体台中协议会

兰博洲编：《民族纯血的脉动——日据时期台湾学生运动（1913—1945）》，台北，海峡学术出版社，2006 年，第 36—38 页。

告中师学生同胞们

（1928 年）

中师学生诸君：

流氓教员小山殴打诸位的事情，我们大家已经知道。

清国奴！是的，那家伙确实对使用台湾话的兄弟们，叫骂着清国奴并殴打他们。那个奴才在朝会上又侮辱诸位，且唆使内地人学生，那是想要他们和你们打架的鬼计。

中师学生诸君！

勇敢的诸位，团结去包围舍监室、使大言不惭的小山这个混蛋家伙丧胆的经过，我们在东京的同胞都知道了，这样才是我们的兄弟啦，怎样可以让那种流氓侮辱呢？

我们大家只要团结起来，也可以打倒番狗奴的。

中师学生诸君！

不要受学校当局温情主义的欺骗吧！诸位所信赖而委任解决的老师们，到底做了什么事呢？不但小山没有受到处罚，连诸位的最后一点言论自由也剥夺了呀！

中师学生诸君！

对暴言暴行、台湾话禁止使用、民族差别待遇这些荒诞的压迫保持沉默，是一种耻辱噢！如果让小山这家伙平安无事过关，你们要如何向全台弟兄们交代呢？

不要怕！你们背后有我们全台湾被压迫学生站着。对诸位的侮辱就是对我们全台湾被压迫的学生的挑战！我们在东京的全体同胞们绝不会袖手旁观。我们已经向总督文教局和直接虐待你们的台中师范学校当局，断然掷交抗议文了。

勇敢的弟兄们！

拜托你们，请把我们的恨一起清偿吧！把流氓小山踢出去吧！

迫使学校当局谢罪吧！

绝对反对帝国主义的奴隶教育！

东京台湾学术研究会

兰博洲编：《民族纯血的脉动——日据时期台湾学生运动（1913—1945）》，台北，海峡学术出版社，2006 年，第 41—42 页。

为台中事件告全岛工人、农人、小商人及所有被压迫民众

（1929年）

我们不幸生息在沦为帝国主义铁蹄下的台湾三十余年，受尽了摧残、屠杀、掠夺、榨取的恐怖，至于体无完肤的地步，可说上天无路入地无门。狼肺虎心的支配阶级，在政策上如何地压迫我们，经济上如何地剥削我们，凡有眼者无人不见。尤其利用奴隶教育扼杀我们社会的未来改革的毒辣手段最为苛酷，彼等搬弄名词，诬称过激分子、危险思想等，意图磨灭青年人的反抗心理，欺瞒青年使其垂手掩耳，永远屈服于支配阶级脚下，变成其忠实奴隶、驯服走狗。

他们处心积虑，等待机会。惊心动魄的台中师范事件，于此爆发了。只听其言辞中之一二句便已足够察其居心，曰“清国奴”，曰“罪大恶极”，更曰“滚出台湾”！辱骂！殴打！脚踢！连一旁观看的学友们也遭一场辱打！此一丧心病狂的流氓，更在朝会中进行挑拨，公然自称帝国主义者！谓帝国主义者不能宽容“清国奴”，且唆使日本人学生遇见使用台语者挥拳勿赦！如此禽兽不如的野蛮狂言，终于激起学友们的义愤，起而责问，这流氓更厉声答曰：“你们不服气吗，我更不服气，非杀你们几十万不可！”现在已手持凶刃，准备屠杀！

噫！大难已临头！大家勿再旁观，大家一致奋起，扑灭此一恶徒以救学生！

我们深知，此非一单纯的教育界问题，亦非一偶发事件，乃帝国主义下，总督专制下，在压迫民族与被压迫民族之间所必然导致的问题。过去的经验告诉我们，对被压迫的学生运动，支配阶级绝不采公平的处断态度，而只以陷害的残酷手段对待。因此我们全体被压迫民众，需要一致奋起，拥护学生利益，保障学生胜利，坚持终极目标。

台中师范的学友们为正义而奋不顾身，轰轰烈烈地起而宣战了。谁没有兄弟，谁没有子女，我们不仅为本身利益计，亦为子孙将来计，为学生前途计，唯有急起直追，唤起众论，结合一切力量，铲除此一恶势力！让我们高呼下列口号：

打倒暴行教员小山！

反对奴隶教育！

要求学生自由权！

打倒总督专制政治！

昭和四年三月十五日

台湾解放运动团体台中协议会

兰博洲编：《民族纯血的脉动——日据时期台湾学生运动（1913—1945）》，台北，海峡学术出版社，2006年，第38—39页。

为什么组织台湾少年团

（1941 年）

一、少年和儿童是国家民族的幼苗

无论那一个国家或民族，所以能继续存在，并且能健全而强盛起来，是由于他们有优良的民族后继者。这就是说：儿童和少年的品质好坏，往往是决定了这一国家或民族的盛衰前途。但儿童和少年们，又好像一张白纸，他们的种种品性，完全是由后天的种种不同环境所陶冶而成的。假如他们有了优良的环境，合理的教育，那他们便将是国家或民族的良好的继承者。否则，他们如在非常恶劣的环境中长大，受了不正当的教育，那他们便将会成为民族的败类或莠民。所以，凡是现代化的国家或民族，对儿童和少年的教育，都特别注意。

同样，帝国主义者，对他们统治下的殖民地的儿童和少年的教育，也是一样的注意，不过他的教育旨趣和一般的完全不同而已。他的目的是要培植一批将来能驯良地供他自由驱使的奴隶，也就是拼命施行他的奴化教育。

二、台湾的少年和儿童是台湾革命的继承者和新台湾的建设者

如上述，少年和儿童，既是国家和民族的幼苗，他将是国家和民族盛衰的决定者，那作为日本帝国主义殖民地的台湾的少年和儿童，他们将来的任务，将比普通任何独立国家儿童的任务都要艰巨，就是因为他们要肩负起复兴国家民族的重任。也就是说，他们将是台湾民族革命的继承者。我常说：“革命事业是伟大而艰苦的，要想获得革命的成功必须要有革命新细胞不断的补充。”尤其是凶残的日本帝国主义，对革命者的无尽止的杀戮，益使这新细胞的补充和继承者的培植更为迫切。

有人或许要说，待这些小朋友长大后，那时台湾或许早已脱离日本帝国主义的统治了。

这或许也有可能，但台湾要得到真正的解放，决非仅仅赶跑日本帝国主义在台湾的一些统治者便成的，他必须于推翻日阀的统治后，建立起一个强固自由幸福的新台湾来，才能保持和巩固已获得的胜利。正如总裁指示我们的建国的任务并不轻于抗战。抗战是艰难而伟大的事业，建国也同样是艰难而伟大的事业，并且二者有不可分的连系性。

因此，生存在现在的台湾少年和儿童，他们是担当了一方面要求得脱离日本帝国主义统治的台湾独立解放，同时又要建设新台湾的双重任务。

三、处在日本铁蹄下的台湾少年和儿童的不利条件

今日的台湾的少年和儿童，其任务既如此艰巨，毫无疑问的，他们必需具备去承挑这

副重担的力量。就是说，他们要有良好的教养，如民族自尊心的扶植，优良品质的陶冶，对民族敌人的认识，和知道如何获得革命胜利的方法以及坚强革命意志的锻炼。

然在日本帝国主义统治下的台湾，少年和儿童所受的教育，却适得其反。

日本帝国主义在台实施的教育，他主要宗旨是在于消灭民族意识，而代以奴隶意识。他们麻醉儿童、蒙蔽儿童，使他们只知道日本帝国是世界上唯一的国家，日本天皇是世界上唯一的神圣的权威者，效忠天皇、效忠大日本帝国是台湾同胞唯一的任务。他们所能认识的是日本文字，所能讲的，是日本帝国主义御用学者们所编的一些课本。

在这种情形下，我们的小主人翁是完全受欺骗和侮辱，如要培植起优良而健康的民族幼苗，非设法解除这为统治殖民地奴化后代的毒辣的文化桎梏不可。首先应脱离这险恶的环境，故有许多不愿做奴隶的台胞为了不愿子女们被奴化，便纷纷挈了全家，投奔到祖国的怀抱中来。

四、台湾少年团是适应留居祖国的台湾少年的要求而组织起来的

台湾的少年既然一部分离开了那恶劣的环境而回到了祖国，那便可和祖国的少年们一样的进入各种学校念书好了，又何必要另外组织少年团呢?

但是台湾少年虽一部分离开了恶劣环境、回到祖国，然祖国一般学校，并没有教授关于台湾的专门课程，以适应台湾少年们的特殊要求。同时，救国不敢后人的一群小孩子们，又是亲身尝过了日本帝国主义铁蹄蹂躏的滋味，因此，在祖国抗战的烽火中，他们是迫切地要求着尽他们的力量，做一点他们所能做的工作，并且希望能在工作中去锻炼自己。

台湾少年团为适应上列二项要求，因此便由一群留闽浙等地的台湾少年发起而组织起来，自成立迄今二载有余，辗转于东南各战场上，祖国的原野成为他们的课堂，祖国抗战的各种英勇事迹，成为他们主要的课题。同时因为他们有不辞劳苦的苦斗精神，博得了祖国社会广大人士的同情和赞助，益使这小队伍一天天的扩大和坚强起来。

是的，我们坚决的相信："台湾少年团——他将是我们台湾革命后继者的摇篮与焙炉。"

《台湾先锋》第八期，1941 年 5 月。

台湾少年团三十年度夏季三个月教育计划

(1941 年)

甲　教育中心

一、甲组——少年团甲组团员。在几年之后，即为台湾革命的青年干部；欲使其将来

能在台湾革命运动中起领导与推动作用，则今天对他们的政治教育必须加强，特别是对三民主义理论的了解。因此，甲组目前的教育，应以提高其政治认识为中心。

二、乙丙组——少年团乙丙两组团员。在文化程度上的进步，远落在一般常识的后面，文化为学习理论的基础，为了将来对他们施行政治教育的便利，在今天，乙丙两组应以提高文化水准为教育中心。

乙　课程的规定

根据各组的教育中心，暂规定应授课程如下：

一、甲组：政治常识（包括三民主义、台湾革命问题、祖国抗战理论等）、时事、抗战地理、写作、算术、日语、儿童问题、歌咏、戏剧、军事操、舞蹈。

二、乙丙组：国语、算术、常识、抗战故事、歌咏、游戏、军事操、舞蹈。

丙　课程分量的支配（以一月为单位）

一、甲组——每星期全部教学时间为二十二小时，每月为八十八小时，合并支配如下：

1. 政治常识——二十四小时。
2. 时事——八小时。
3. 抗战地理——八小时。
4. 算术——十二小时。
5. 日语——八小时。
6. 儿童问题——八小时。
7. 写作——八小时。
8. 歌咏——八小时。
9. 军事操——四小时。
10. 戏剧舞蹈——课外时间。

二、乙丙组——每周与每月教学时数与甲组同。

1. 国语——三十二小时。
2. 算术——二十小时。
3. 常识——十六小时。
4. 抗战故事——八小时。
5. 歌咏——八小时。
6. 军事操——四小时。
7. 游戏舞蹈——课外时间。

丁　课程进度的预定

一、甲组：

A 第一月

1. 三民主义——从民族主义讲到民生主义，并能普遍地了解。
2. 时事——养成看报习惯与培养看报能力。
3. 抗战地理——中国与台湾的地理形势及其关系。
4. 算术——小数加减乘除及小数四则应用。
5. 日语——简单喊话与应酬语。
6. 儿童问题——儿童运动与台湾革命及中国抗战的关系。
7. 写作——文法与标点符号的应用。
8. 歌咏——初步乐理。
9. 军事操——基本动作。

B 第二月

1. 台湾革命问题——台湾的历史与日寇对台湾的殖民地政策，台湾革命的性质与目的。
2. 时事——培养分析时事与讨论时事的能力。
3. 抗战地理——世界地理形势。
4. 算术——整数的性质及分数的意义和价值。
5. 日语——简单会话。
6. 儿童问题——儿童工作问题。
7. 写作——学习写诗歌、记事文及散文。
8. 歌咏——指挥的训练。
9. 军事操——步法。

C 第三月

1. 抗战理论——祖国抗战与台湾革命运动的关系，及如何驱逐日寇争取抗战最后胜利。
2. 时事——明白国际局势及习作短篇时事论文。
3. 自然科学（地理改授自然）——一般自然科学的常识。
4. 算术——同分母分数加减法及异分母分数加减法。
5. 日语——能看浅近日文及简短的写作。
6. 儿童问题——国际儿童运动的动向及国内外儿童团体通讯。
7. 写作——习作短篇小说。
8. 歌咏——学习写词与作曲。
9. 军事操——变换队形。

二、乙丙组：

A 第一月

1. 国语——每人增加二百个生字，并能写、能讲、能用。

2. 算术——熟练加减法。

3. 常识——地理与社会常识。

4. 抗战故事——用故事力量提高小朋友们的民族意识。

5. 歌咏——发音练习。

6. 军事操——基本动作。

B 第二月

1. 国语——每人增加二百五十个生字，除能写能讲外并能写五十个字以内的短文。

2. 算术——熟读乘法口诀并熟练乘法。

3. 常识——自然和历史常识。

4. 抗战故事——练习讲故事。

5. 歌咏——简谱的认识。

6. 军事操——步法。

C 第三月

1. 国语——每人增加三百个生字并能写一百字以内的短文。

2. 算术——熟练除法。

3. 常识——粗浅的台湾革命问题和祖国抗战理论。

4. 抗战故事——训练演讲技能。

5. 歌咏——学习指挥法。

6. 军事操——变换队形。

《台湾先锋》第八期，1941 年 5 月。

二、在祖国大陆求学的台湾学生组织及活动

北京台湾青年会的会章、宣言及寄予台湾同志之贺年片

（1922年）

北京台湾青年会会章

（一）本会称为北京台湾青年会。

（二）本会以图疏通会员意志、奖励研究中国文化为目的。

（三）本会以在北京台湾人组织之。

（四）以在京台湾人入会者为普通会员。以赞成本会之目的，援助二十元以上，或协助本会之进行者，为名誉会员。

（五）本会事务所暂置北京崇文门内约耳胡同十四号王寓。

（六）普通会员每年应纳会费三元，如有特别事情发生时，得征收临时会费。

（七）由普通会员中公选总干事一名，干事若干名。

（八）职员任期以一年为限，但重选不妨重任。

（九）总干事统辖本会总务，开会时为主席，并为台湾学生入学于各学校时之保证人及保护者。干事掌右记职务：会计系二名掌会计，庶务系数名掌庶务，外交系二名掌外交之事。

（十）会员之权利义务如右：本会会员应遵守本会章程；本会普通会员应负纳会费，服务为职员之义务；本会会员有选举权及被选举权；本会会员以台湾学生优待条件，得入学于中国各学校；本会会员得居住于北京台湾青年会馆。

（十一）本会事业：发刊月报，鼓吹中国文化；设国语研究会。

（十二）入会及退会：一、凡台湾人皆有入会资格。二、入会时须受本会会员二名以上介绍。三、入会费纳洋五元，但免除当年会费。四、凡违反本会章程、失坠本会面目者，依总会决议处分之。五、本会会员有事故时，得自由退会。本会普通会员离京后，继续纳会费者，仍为普通会员，但经过八年时为名誉会员。

（十三）每年春季、秋季、冬季开定会三回，其期日、会场、会费及议案，开职员临时会议定。有特别事情时，得开临时会，但要总会员三分之一同意。议决以出席者过半数之赞同为通过。

（十四）本会章程有总会过半数之同意时，得改正之。

（十五）本会章程由民国十一年一月二十八日实施。

北京台湾青年会宣言

亲爱的同胞！自日本占领台湾，我三百四十有余万无辜可怜的台湾遗民，受日本人之侮辱，官僚之欺压，军阀之残虐，资本家之横暴，种种痛苦，诸亲历其境，知之最详。前年以大部队军兵，在大埔林、噍吧年，惨杀无辜老幼数万人；如虎似狼之警察，以酷刑处置彰化无数良民；恶毒万端之官僚，欺压全台湾劳苦群众；种种使人闻之痛心，没世不忘。此次我等之内政运动先锋，为保持人格、拥护民权，照日本法第二十九条所揭人民集会结社之自由权，依法向帝国议会陈情，竟遭总督府拘禁四十九人，就中被起诉十四人，出动数百名警察，搜索家宅，使人心不安，老幼迷于路上。

同胞们！有志的学生青年们！诸君请看此惨虐无道、悖逆天理之日本总督政治，帝国主义，资本主义，剥夺了台湾主人自由，是可忍，孰不可忍！同胞们！有血有泪的各界人士们！起来！团结！速驱逐此残虐无道的官僚。诸君！我们最亲爱的诸君！不愿受压迫、掠夺、残虐而愿休戚相关的诸君！总督的专制、台湾的祸害，现在已达极点。为人当享受的一切自由、一切幸福，已被剥夺无遗了。为台湾人争权利、求达台湾民选议会请愿团诸先锋，现时身在囹圄，自己的人权被蹂躏，自由被占领，幸福被掠夺，趣味被侵犯，所受摧残，申诉无由。凡台湾遗民，及全世界被压迫弱小劳苦民众，应当一齐起来，卷起大规模民众运动，一致向我们共同仇敌政府、军阀、资本家及其爪牙反抗，而援助我们内政运动的台湾诸先锋，并解救全世界被压迫劳苦人类同胞。此即我们全岛同胞、全世界同胞，为求生存、求自由，起而剿灭共同仇敌，解除共同压迫，而回复享受共同幸福与权利。

全岛的同胞们！有志的青年们！有血有泪的全世界人士们！我们华北台湾人大会，已全体决议，用实力援助贫弱而幼稚之台湾民选议会请愿团，及其期成同盟会，予诸先锋得猛烈进入暴动的大众运动，暴露日本帝国恶辣政治世界。愿与各地的同志们，连络合同，推翻一切强权，打破一切不自然制度。

同胞们！有志的学生青年们！全岛被压迫悲苦的诸同胞们！起来！快起来！奋斗！愿诸君一致起来奋斗！事到生死关头，时期极其紧迫。

华北台湾人大会世界语纪元三十八年三月五号

北京台湾青年会贺年片

同胞们！我最敬爱的同胞们！无聊而悲苦的严冬已过，活泼烂漫的新春来了。诸君岂可犹睡气奄奄，贪眠而不醒吗？梢头虫声在唱自由之歌。自由！自由！是我们终局的目标，不惜用血来斗争。野外花草，烂漫盛开，奏起和平之曲。和平！和平！是我们终究的目标，大家需要奋勇前进。诸君岂可犹沉默于威吓、压迫之下，而不敢动吗？

同胞们！我最伤心苦恼的同胞们！数十年来被欺压于日本政府的同胞们！备受帝国主义威吓的同胞们！无聊而悲苦的严冬已过，烂漫而美丽的新春来了。梢头的虫鸟，活泼跳舞着，野外的花草，烂漫微笑着。万物的灵长，华夏的遗民，还不清醒吗？还不敢抬头吗？

同胞们！可怜的同胞们！自由之光，比什么都较美丽；和平之华，比什么都较烂漫。我们希望与诸君，共洒血，同流泪，来奋斗。有血有泪的诸君们，快起来奋斗，大胆来斗！奋斗！奋斗！奋斗是我们的生活。奋斗愈猛烈，我们人生的意义愈深刻，快乐无比。不要逡巡徘徊，活泼前进吧！烂漫的新春，是不许逡巡的！

甲子元旦纯鸣者同人鞠躬

台湾省文献委员会编：《台湾省通志稿》“革命志·抗日篇”，台湾省政府印刷厂，1957年，第215—220页。

台湾尚志社简章

（1923年）

第一条　本社称为台湾尚志社。

第二条　本社以互助精神，图切磋学术、促进文化为目的。

第三条　本社社员以留学闽南之男女学生有志组织之。

第四条　凡赞同本社目的之有志青年，得径自通知本社入社，但入社之录取须由本社职员决定。

第五条　本社社员有特别事情者，经职员之承诺，得自由退社。

第六条　本社社员因怠慢不履行社员义务，或有污损本社名誉之行为时，得除名之。

第七条　本社社员于入社时，须缴纳大洋一元，但有临时必要，可征求社员或援助者募捐。

第八条　本社设庶务、会计、文艺三部，办理一切社务。

第九条　本社职员由出席大会之社员公选之。

第十条　本社职员之任期为一年，但满期后得再选重任。

王诗琅译：《台湾社会运动史——文化运动》，台北，稻乡出版社，1988年，第171—172页。

上海台湾青年会会章

（1924年）

第一章　总　　则

第一条　本会称为上海台湾青年会。

第二条　本会忍耐、坚毅、勉行为信条，以促进会员之互助亲睦、研究中外文化为目的。

第三条　本会办事处暂设于本埠宝山路振盛里。

第四条　本会以旅沪台湾男女青年为组织成员。

第二章　会　　员

第五条　凡信服本会信条、赞同本会目的之旅沪台湾男女青年，每年缴纳会费大洋一元，得成为本会正会员。

第六条　本会正会员迁离上海者，得成为本会特别会员。

第七条　如具学识或名望者，或对本会有特别功劳者，经推荐得为本会名誉会员。

第三章　委　员　会

第八条　本会经由会员之公选，设置委员会委员七人，其职务如左：

文书部委员　二名　总务部委员　二名

会计部委员　二名　出版部委员　一名

但以上各部委员，暂时得以兼任。

第九条　本会经由委员会之互选，产生主席委员一名，对内总揽会务，对外代表本会。

第十条　本会一切会务，经委员会议决，交由主席委员执行之。

第四章　集会（原文缺第十一条）

第十二条　本会于每年春秋二季，各开大会一次，但如委员会认有必要时，得开临时大会，其场所及日期由委员会订之。

第十三条　本会委员每月召开委员会议一次，讨论一切会务。

第五章　退　　会

第十四条　本会会员退会，或被开除会籍时，已缴纳之会费，概不退还。

第六章　会　　务

第十五条　本会会务暂定如左：

A. 修辞会为便于本会会员交换知识及训练演说，以总务部一部门，加以组织之。

B. 语学研究会为研究中外语学，在委员会设此部门，加以组织之。

C. 保护会为谋新到台湾乡友之便利，在委员会设此部门，加以组织之。

D. 同乐会为会员间之共同娱乐，设一部门组织之。

第七章　惩　　罚

第十六条　凡本会会员，如有违背会员之义务，污辱本会名誉之行为者，经大会议决，加以除名之处分。

附则

本会会章如有不妥事宜，经大会之议决，加以修正之。

王乃信等译：《台湾社会运动史（1913—1936）》第一册，台北，海峡学术出版社，2006 年，第 85—86 页。

上海台湾青年会的檄文和宣言

（1924 年）

檄　　文

檄开大会自称有力者诸君！以辜显荣、林熊征为首，僭称有力者，并自称有力者诸君！诸君受台湾总督府特别保护，享受特别利权——阿片、酒、盐、烟草等，无一非政府饲养诸君之资料。简言之，诸君乃总督府之走狗，而与总督府共谋，剥削我等之自由与膏血。诸君如何得自己分别有力者之与非有力者？诸君不顾台湾大局，不考虑台湾民意，只一味纠合同类走狗，捏造舆论，提供予总督府以压迫民权运动之资料，为自己利益求勋章、望特权。如此行动，出于无心肝诸君之所为，固不足怪。但民意不因此而被蔽，舆论非所能捏造，诸君何所苦而为此？古人云："千人所指，无病而死。"诸君所为，虽得政府嘉奖，而同胞欣喜若皆唾弃之。诸君竟不偃旗息鼓，而继续作此丑态，是诚何心耶？向后诸君，倘仍如是自欺欺人，终必受公众之辱。尚祈反省！我等台湾人面目，被诸君沾染污秽不少。诸君不为自己羞，亦不为我等全体同胞留点余地乎？

在华反全岛有力者大会宣言

诸君！试想一想！我台湾民族，在日本暴力压制下，于不知不觉中，经过几许岁月。这中间，我台湾同胞牺牲许多生命，流过不少血泪。回顾过去苦难，无力主张正义，唯饮泣吞声，沉沦于异族压制之下。请看，菲律宾、印度，正在运动独立，企图脱离宗主国。然而我等台湾同胞，尚未具一点抗暴实力。与我等在同一命运途上之朝鲜人，犹得于国境外自由区域内，高唱恢复祖国之歌，揭扬民族独立之旗。我等台湾人望尘莫及。我等台湾民族，毕竟等于牧场之牧草，一任供为牛马饲料。悲惨如虫豸一样过日之我等台湾人，倘有参加世界弱少民族解放运动，获得自由，解放束缚，建设自由平等天国之希望，则我等台湾遗民，必不惜抛多数生命，溅多量鲜血，追随不愿为亡国奴隶之菲律宾及印度诸同志之后以前进。

我等尚有不少要奉告者，其奈异族走狗之密侦，当猬集在我等周围，刺探消息以邀赏，而帝国主义者，即用以为压迫我等之资料。愿我台湾人坚持根本的民族自觉，愿我亲爱之中国同胞，帮助我等之自治运动。

台湾省文献委员会编：《台湾省通志》“革命志·抗日篇”，
台北，众文图书公司，1970年，第220—223页。

上海台湾自治协会告中国青年学生书

（1924年）

诸君费多大苦心与时间，从事“二十一条”撤销运动。在呻吟于永久不能恢复痛苦之我等台湾人，对诸君之热心与努力，是很钦佩。然而豺狼成性之下贱日本，终不放弃侵略野心，对诸君之运动，听若罔闻，更进而实行其奸恶手段。彼等外戴中日亲善假面具，内心包藏侵略野望。青年学生诸君若不信，试看彼提出缔结“二十一条”之虎狼日本外交家，在护宪标帜之下，已做总理大臣。彼等所抱吞灭中国野心，明如睹火。转而请看对美问题，美国人排斥黄色人种，固属不该；我等亚细亚民族，应该一致强硬反对。然而言甘行恶之日本人，对此大声高唱排美论调；反面对于同文同种之中国劳工，竟禁止其入国。我等甚费解日本人所言之人种平等，究竟是何意见。诸君请试考察以上二点之相矛盾，亦可知日本人之恶行与奸诡。我等台湾人原属亡国奴隶，并无发言机会；然从旁观之，中国青年子弟，尚昏昏沉睡于彼等恶行之前，而不自觉，我等不禁为握一把冷汗。诸君快醒！快醒！诸君须从有名无实之经济绝交梦中清醒！快以实力开始爱国运动。同时来帮忙我等亡国台湾同胞之自主独立运动。诸君如再不醒，将不免陷入与我等同为亡国奴隶之命运。

我等更为亲爱求学青年告一言，诸君试思！日本人夺取他国国土，消灭异族，其新方策在乎文化侵略。台湾之现状，即其侵略之结果。诸君幸勿装聋不闻，须知庚子退款为日本提案，此不外为满足其文化侵略中国之野心，其用意之周到彻底，较高明于英美数倍。诸君毋须别求其例，只看日本人之从事于国外文化事业者，悉属日本外务省官吏。彼等所计划要实施内容，无一非日本式奴隶教育，移于中国，使中国人习之。诸君为研究学问一青年，参加此种施设，或无余裕得以容喙侵略政策。因此我等特敬告于诸君，请诸君详察日本文化侵略手段之可怕，拒受如我等被束缚台湾人同样之教育。不然，恐中华民国四字，或随而消灭。

台湾自治协会同人启

台湾省文献委员会编：《台湾省通志稿》“革命志·抗日篇”，
台湾省政府印刷厂，1957年，第224—225页。

台湾自治协会宣言

（1924 年）

中日大同盟的呼声，近来愈益高昂，倡导者的用意到底何在？姑不论宣传者的心意如何，这无疑是东亚舞台的大变局。中国现在的立场是，反省过去，瞻望将来。有否联日联俄的必要，这属于外交上的一大问题。何况一面排斥欧美，一面勾结日俄，这无异前门拒虎、后门引狼的乖谬行为。况且，日本所抱持的文化、经济侵略，处处都到足致中国死命而有余的地步，中国再也不能忍受这种痛苦了。然则，时至今日，中国竟甘于进一步陷入这囚笼中。为了中国，也为了整个东亚的将来，实有令人不忍之感。

我们原来是台湾亡国的遗民，根本没有发言的机会，但中国虽是数千年文明的始祖，现在却听信二三奸人的巧言，甘蹈亡国之覆辙。吾人以为，这是攸关同胞生死存亡的关头，再也难于保持缄默了。所以喧嚷反对不休，实不在于自救，而在救人！吾人本就人微言轻，深知力不足以扭转中国的大势。然而，回顾民国成立以来的历史，诚可知所谓二十一条款的苛酷，所谓军事条约是如何严厉，更可知所谓满蒙权益，是如何包藏野心。我们不禁要悲叹，具有最优秀文化和最高智慧的华人，为何竟会如此愚蠢蒙昧。

是的，排他独尊的吹牛政客，竟以日本为护符，卖起中日联盟的膏药来。但根据事实，大多数中国民众是不赞同此举的，其中，虽然难免也有因这种联日的伟人出现而徘徊歧路的人。吾人对中国虽无利害关系，但自古以来的血统渊源，令我们不忍坐视中国的沦亡。今敢于告于诸位中国人民，日本乃是世界野心国家的头号元凶，且侵略中国最明目张胆的邻邦之一。假使中国能实行经济绝交，以断绝物质上的供应，狡猾如日本，也终有俯首听命于中国之一日。万一不然，则必朝倡同盟、夕作侵略，以至夺去中国一切物资，助其攻陷英美的大计略，果真一旦战胜英美，中国也难免沦为其属国，危机之大，未曾如斯。

…………

王乃信等译：《台湾社会运动史（1913—1936）》第一册，
台北，海峡学术出版社，2006 年，第 95—96 页。

闽南台湾学生联合会的《台湾通讯》

（1924 年）

台湾通讯（一）

岛内外的同胞诸君，何谓强权下的悲惨事，可无须详说，帝国主义下的台湾通史实不堪重翻。日本人掠夺残虐，与惨无人道的手段，是诸位之所深知的。噍吧年的事件、彰化王字事件的惨刑，也是诸位之所素闻。旧事重提，几回伤透心肠。四五年来一部分有志青年，因知台湾孤悬海外、内外无援，若非先提倡文化，养成实力，急躁起事，难免再演往日惨剧，空流同胞赤血。故此忍着一时的羞辱，向日本政府要求设置民选台湾议会。想借此少制台湾政府的淫威，并恢复言论、集会、出版的自由，期达到远大的计划。但日人贼子狼心，要将请愿议会诸人一网打尽，始得恣意行所无阻。去年冬，非法拘禁台湾议会期成同盟会诸会员。及至今年，岛民反抗更甚，有如火如荼之势。日人狼狈，即宣告无罪。后来再审，见受释放。后诸会员不屈不挠，更加猛烈进行运动。台胞的反日感情，日见增加。日人知道怀柔政策不能成功，因又宣告蒋渭水等有罪，是要用压迫手段，来干涉台胞的政治运动。

台湾通讯（二）

台湾自归日本管领以来，矿山、森林，皆被采取将尽，樟脑、烟草、盐等的利益也尽属于日人，商工业中凡有利的无一而不被夺占。所以近来台湾经济界，疲倦已极，常起恐慌。台湾除二三富豪而外，衣食难得，大非昔日可比。台北一些腐败绅士，只知自私，虽挥霍数十万元，亦所不惜。令人闻之愤死，台北青年莫不反对。于是组织无产青年会，开打破陋风演讲会于大稻埕文化讲座，用满腔热血，发挥雄辩，连夜滔滔不绝，讲至力竭声嘶，不外为求同胞免受经济压迫而已，但日政府竟亦横加干涉，禁止开会，高、黄、胡，诸君被警察拘禁，恶劣的手段，无过于此。日政府的狼心狗行，已赤裸裸地表现于愚民政策。

…………

台湾省文献委员会编：《台湾省通志稿》“革命志·抗日篇”，
台湾省政府印刷厂，1957 年，第 233—236 页。

日本管辖后台湾所遭致的惨状

（1924 年）

闽南台湾学生联合会秋季大会郭丙辛的演说词

诸位！根据刚才各位的演说，台湾承受的苦难，大略已经很清楚了。但我现在还要再加以彻底的剖析和补充。

一如诸位所熟知的，我们家乡台湾，原来是中国的土地，我们原来也是大汉的民族。尽管如此，在三十多年前的中日战争中，因为中国战败，遂把物产丰富、风景如画的台湾，割让给日本。嗣后的日本宛若秦始皇一般，暴虐无道。那么，负责统治的总督施政，究竟又是怎样的倒行逆施呢？

诸位！我们台湾被统治以来，一切民权悉数被夺，我们有如俎上的鱼肉，任人宰割。就七八年前的噍吧年事件而言，他们并不充分调查事件真相，只依据少数山贼的蜂起，独断看成是阴谋叛变，惨杀了我好几百名善良的男女老幼。追忆如斯惨绝人寰的往事，吾人不禁有肝肠寸断之感。再说，我台湾的一切物产，理该为我台湾人所有，但自被日本统治后，这些都被剥夺殆尽了。

比如说，目前我台湾的山林、矿山，以及主要物产如砂糖、樟脑、茶、盐等类的物品，都已成为政府的专卖品，没有任何一个台湾人有插手的余地。不仅如此，只要多多少少有利可图的事业，便都归入他们的手中，全被垄断了。假使他们不这样强夺我们的利权，我们当然也不这样强烈的反对。台湾人并不比他们傻，但那些穷日本人一旦来台，不出几年，便坐拥财产，俨然成为资本家。

一如上述，日本人苛虐我们台湾人的所作所为，诸位已很清楚。他们大肆侵犯我们，给我们带来种种痛苦，迫使我们几无立足的余地。我们饮恨，故而产生抵抗的意志，也希望反攻的日子，早日来临。再说，他们又励行一种可致台湾人于死地的政策。那就是，为使我们三百万同胞完全日本化，不顾实际情形，执意断丧我汉族固有的民族性，令我中国的风俗习惯都向他们看齐，努力把他们的祖宗代替我们的祖宗。倘若我们竟同化于他们的话，就再也没有反抗他们的机会了。如此手段，不称为最险恶的手段是什么？

他们又利用很多流氓，渡海到中国各地，促使此辈干尽坏事，扰乱中国的治安，好让中国人仇视台湾人，使其对台湾人永远丧失同情心。这是他们的阴险政策。因此，我们有理智的青年，必须时时洞察他们的奸计，留心不上他们的当才好。一言以蔽之，我台湾的一切宝藏，已被日本政府公然掠夺而去，人民还要被课征百分之五十的苛税。

另一方面，又在无形之中，被日本资本家剥削利权。故我们台湾民众，愈来愈失去立足的余地，致使原来的资本家，一变而为无产的平民，或正逐渐沦落成无产阶级。我们不独这样被强夺钱财，且还要被那些豺狼般的警察，枷锁民众的恶法，及非人道的刑罚所困扰。我们失去言论的自由，目下我们同胞，已陷入求生不得、求死不能的苦境。我们现时的处境，比中国三十多年前，遭海贼侵略所受的灾害，更加悲惨暗淡。有志气的诸位！当真甘受如此的压迫吗？我们身为男子汉，生于这自由平等的社会，而不能享受自由平等的生活，岂非莫大的耻辱？诸位！对此心中有了决意否？有了决意的话，就要努力推翻那野蛮的帝国主义势力，阻止其手段的得逞吧。诸位！倘如要追求真正的自由平等，那么，究竟要如何改造台湾呢？质言之，就是要我们同胞觉醒，联合一致，推进民族自治运动，乘机趁势脱离日本政府殖民政策的羁绊，为夺回台湾产业，铲除倭奴的野心而尽力。

我如此说，或有人以为是痴人说梦，不错，这事无疑困难重重，但世界上任何事都事在人为，并非天地之神可以替你代办的。我只怕我们的意志不够坚定，假若我们能真正知耻，不怕流血流泪，抱着和那倭奴不共戴天的坚定意志去行动的话，那些倭奴也就不能高枕无忧了。况且，二十世纪，人道昌明，相信世界列国也不会袖手旁观的。我们如果要更进一步防止那些不平等和羞辱的痛苦的话，为抗争野蛮的帝国主义而牺牲也是光荣的。有血性的诸位，能够知耻的诸位！诸位！如今在各自的心中，是否已有台湾先觉者的自觉呢？是否已有拯救三百多万同胞于水深火热中的意志呢？如果有，我们就非要赶快来筹划实际可行的手段不可。有了如此的期望和态度，然后才可获得成功。

王乃信等译：《台湾社会运动史》（1913—1936）第一册，
台北，海峡学术出版社，2006年，第129—130页。

厦门台湾学生大会宣言书

（1924年）

夫立宪国，贵护民权，人民之言论、集会自由，宪法所保证。然台湾统治之现状，大谬不然。总督握有立法、行政大权，行独裁政治。为政者不顾台湾之历史与习惯，不听岛民舆论；掠夺人民当受之权利，束缚公众之言论自由；视岛民如奴隶，滥用权威与官权。大埔林、噍吧年之虐杀，前年彰化募兵事件之酷刑等，暴虐无涯。近又以台湾议会请愿团事，拘禁许多无辜岛民，以阴险手段，妨害合法请愿运动，欲以一手遮蔽天日。违背立宪精神，无甚于此。古往今来，有如斯惨事，出乎人所意想之外。同人等为东洋和平，为日本帝国，更为台湾，特作如下决议，以警当局，表示吾人决心。

决议文：

一、反对台湾总督府历代之压迫政策；

二、反对台湾总督府对议会请愿者之不法拘束。

一九二四年一月三十日
厦门台湾学生大会

台湾省文献委员会编：《台湾省通志稿》“革命志·抗日篇”，
台湾省政府印刷厂，1957年，第229页。

中国台湾同志会在厦第一次宣言

（1925年）

五月九日已迫近了，大逆非人道之“二十一条”，尚未撤废；旅大满期后，也已经两年了。中国的同胞们！我们台湾人也是汉民族。我们的祖先，是福建漳州、泉州，广东潮州的出身者，为脱离满清虐政，图谋发展汉民族，而移住台湾。光绪二十一年，清日战役之结果，清朝把台湾割让予日本，使东洋第一宝库，竟归于倭人之手。

日本是专制君主国，占台以来，于兹三十年，剥夺我们开垦的土地、森林、陆产、海产，及人民应受的权利，用著恶毒的经济政策，加以魔鬼一样的手段，使我们精神物质都受压迫。请看！官吏五万余人，占全岛日本人十分之四，行使暴政，聚敛苛税，毒施酷刑，剥夺言论、出版等自由，且又抱有并吞福建的野心。日本自占有台湾以来，限制台湾人回祖国，连亲戚间也不得往来，妨害同胞间的相爱互助。更有侵略福建的恶劣手段，即利用台湾人中的败类，于厦门开娼寮，设赌场，卖阿片，紊乱社会，无恶不作。我们正在讲究补救方法。

在厦台湾人同胞啊！我们台湾人并不是日本人。日本人是我们的仇敌，应该排斥，不该亲近。我们台湾人是汉民族，是中国人的同胞，应该相提携，不该相残害。

在厦台湾人同胞啊！我们要明白自己的地位。我们无时无所莫不备受日本人的压迫，所以要卧薪尝胆，准备报仇雪耻。在厦须求正业，岂可徒受日本人恶用。

厦门的中国同胞啊！我们该牢记国耻，永勿忘国耻日。要团结，要奋发，回收国土，撤废不平等条约，脱离外国羁绊，建设独立自主的民治国。

民国十四年四月十八日

台湾省文献委员会编：《台湾省通志稿》“革命志·抗日篇”，
台湾省政府印刷厂，1957年，第232页。

中国台湾同志会在厦第二次宣言

（1925年）

国耻！国耻！莫忘国耻！旧事重提，记忆尚新。回收旅大，取消“二十一条”，撤废一切不平等条约，这些事，件件横在我们眼前，一无解决。可叹！人们只有五分间热情而已。呜呼！中国同胞啊！我们信仰民族终须独立，不要纸上空谈，先来整顿国内，然后始可能对抗外敌。怎说呢？近来内政外交，无一而不脱轨；人民苦于涂炭，国势日就衰颓。内顾不遑，侈谈对外。

中国同胞啊！要振作须从台湾做起。台湾是清朝割让予日本为殖民地的。台湾人要洗恨雪耻，正在争取独立，要先建设自治议会。中国同胞有爱国思想者，当然也要负起援助台湾的义务。

过去是怎么一回事？光绪二十一年《马关条约》：支付赔偿金二亿元，割让台湾及奉天南部，承认朝鲜为完全独立国。光绪三十一年至民国十四年，旅大租借期间，满期已过二年。民国四年迫于暴日的最后通牒，政府不得已予以批准的国耻“二十一条”，国民并不承认，至今尚在继续反对。

台湾同胞啊！倭奴的凶焰，有进无退。在对岸厦门的台湾同胞，也要受暴日的压迫。

我们已被迫到无容身之地了，应该快和中国同胞协力，来雪恨报仇。同胞们！要自重！要自觉！快醒来！睡狮啊！要做醒狮哟！五月九日迫近了，各团体须结束，来做有理智的运动，不要终于五分间的情热！

在东京台湾留学生，与厦门台湾学生，取得连络，于同年三月二十六日，在东京实行大示威运动。其所唱歌词，日人认为过激而深刻。兹录其二节如下：

一、野心狼子穷东边，欲壑终难填。霸住旅顺大连湾，到期不交还。同胞努力结成团，督促政府办。不达目的心不甘。

二、国民外交最为先，同胞心要坚。抵制日货好手段，效力非等闲。足使倭鬼心胆寒，饿死东海岸。不废一兵不折箭，收回旅大在目前。

台湾省文献委员会编：《台湾省通志稿》“革命志·抗日篇”，
台湾省政府印刷厂，1957 年，第 232 页。

中台同志会宣言书

（1926 年）

霹雳一声，中台同志会正式成立，此事实有极重大意义。此种组织之成功，一方面是表示，中台两地民众，已进入握手第一步；另一方面是表示，日本帝国主义，已趋于崩壤之第一旅程。故本会殊热烈希望，向一切民众宣言。台湾被并吞于日本帝国主义以后，日本帝国主义遂用其一切恶毒手段，向台湾民众行其贪欲无厌之剥削。台湾全人口中，中国人三百余万，土人十余万，日本人仅亦十余万而已。要以绝对少数，而统治绝对多数；若非有所假借，其一切优越势力，自不为功。兹一方面以不平等法律，封锁台湾人政治能力；一方面输入其帝国资本主义，低降台湾人经济地位。如是，可随时丧失台湾人生命，亦可随时绞取台湾人膏血；且得任意取缔台湾人言论，扑灭台湾人文化。凡一切人类间不平等待遇，均使台湾人尝之饱矣。于此时期，台湾人唯一愿望，在于奔走脱离日本帝国主义羁绊，是极自然之现象。

至于中国各方面，是与台湾同样，受全世界帝国主义之蹂躏。而日本帝国主义，以其在东亚特殊地位，特向中国民众，加以极凶猛之攻击，利用不平等条约，一方获得经济上优越权力，一方获得政治上特殊地位。最近十年来，更日日要求进展，将以完全制中国民众之死命为其最终目的。际此时期，中国人之切迫要求，亦在脱离日本帝国主义之羁绊。

在历史上看台湾之灭亡，此灭亡即中国民众开始受控制于帝国主义之日；中国完全屈服于日本之日，亦即台湾民众被剥削于日本帝国主义之时。故中台两地民众，实有共生共死之关系，而日本帝国主义者，又同时为两地民众之公敌，故两地民众，自然有同样之要求，更进一步，两地民众应相联合，立于同一战线上，向共同之敌，作一大进攻。然我等须知，各帝国主义者进攻被压迫民族时，往往取一致行动；而被压迫民族，不论在受压迫当时，或被压迫后，往往是个别应付，支离散漫。有时迷惑于帝国主义之煽动与离间，于同被压迫者间，互相仇视。如此，确为被压迫民族之致命伤，而属于帝国主义者之大胜利。各弱小民众，若非结成坚固联合战争，帝国主义将永无崩壤之日，而弱小民族终归于绝灭。

今中台同志会成立，一方面表示两地民众之要求，一方面为反帝国主义战线实际联合之前驱。本会既以代表两地民众之要求为使命，应以两地民众之战线联合为职司。故本会工作之第一步，即在唤醒两地民众实际要求事项意识，使对本会抱有将来之希望。首先使中台两地民众，完全脱离日本帝国主义之羁绊。然后希望使中台两地民众，再发生密接之政治关系。对台湾本地民族，以一律平等之原则，树立相互间友好关系。谨此宣言。

一九二六年六月一日

中台同志会

台湾省文献委员会编：《台湾省通志稿》“革命志·抗日篇”，台湾省政府印刷厂，1957 年，第 236—237 页。

台湾痛史，一个台湾人告中国同胞书*

(1926 年)

自大正十五年六月十六日起至十八日，刊载于广东《民国日报》的“记事概要”

一八九五年，由于满清政府缔结《马关条约》，台湾四百万同胞，遂被出卖为日本帝国主义者的奴隶。当时，我们台湾的中国民众极为痛愤，立即宣布独立，创建“台湾民主国”。这就是三十一年前的五月二十四日这一天，是远东的被压迫民族解放革命运动史上，第一个民主独立国出现的纪念日。然而，其经过又如何？这一热烈的运动，在既不得天时又不得人和，前无救兵、后无粮饷的情形下，可怜竟在日本帝国主义者的毒炮机枪之前，遭到扫荡击垮的厄运。从这一天起，我台湾绚烂美丽的大地，就被三岛的倭奴所并吞，如今，已过三十一年的岁月。

回想起来，这些日子无一不是台湾民族革命运动的血泪史，无一不是远东的弱小民族求解放的惨史。我们台湾爱国青年，为反抗日本而掀起的革命运动，前后已达十四次之多，这是世界革命裁判史上，未曾有的惨虐史。想到这些革命同志牺牲流血的惨史，其伤痛令人永远不能忘怀。这样，到了一九二六年的今天。我们的一切，已受日本帝国主义的蹂躏压制而被摧残无余。其毒计更是日甚一日，如今径用政治、经济、文化的三种侵略手

* 这是广州中山大学台湾学生张月澄写的文章，在广东《民国日报》1926 年 6 月中旬连载三天。

段，欲把台湾完全的吞而灭之。亲爱的中国同胞们！请看一下它的侵略事迹吧。

最近台民的解放运动。在日本帝国主义铁蹄下的台湾民众，最近自欧战以来，顿时觉醒，《台湾民报》登载青年男女的革命思想，为自由而奋斗，痛骂日本政府，同胞革命运动的战线正在扩大中。其中心问题，则为争取参政权。它以台湾议会设置为诉求手段，正在全力进行各种活动。

亲爱的同胞们，台湾四百万同胞正遭受着日本的压迫。台湾四百万同胞之遭受压迫，正是中国人的遭受压迫。我们要反抗日本帝国主义，让鲜红的热血直流，这将成为中国民族解放的革命运动，直到革命获得成功为止。我们台湾民众将不惜生命，不怕牺牲，发扬革命精神，循著“压迫愈大，反抗亦将愈大”的原理，进行战斗，争取自由、平等到底。我们的运动能够早一日壮大，中国民族解放的完成，亦可早一天来临。中国同胞们，请诸位尽其力量解放在帝国主义者重重压迫下孤立无援的四百万同胞吧！诸位若能协力一致，支援我们的“台湾议会”，我们将有夺回政权的一日，台湾内政的独立便可实现。内政的独立如能实现，便能摧毁日本帝国主义的机关。换句话说，台湾议会成立之日，便是日本帝国主义失败之日，同时也就是我们中国民族解放运动成功之日矣。

我们的口号是：

实现三民主义！

打倒日本帝国主义！

促成台湾议会！

中国国民革命努力成功万岁！

世界弱小民族解放促进成功万岁！

王乃信等译：《台湾社会运动史（1913—1936）》第一册，
台北，海峡学术出版社，2006 年，第 157—158 页。

台耻纪念日宣言

（1926 年）

台湾同胞们！

今天——六月十七日，到底是甚么一个日子呢？岂不是日本帝国主义以铁锁捆缚我们三百五十余万同胞，残忍地打入暗无天日的地狱的“台耻纪念日”吗？我们同胞在这惨淡的地狱已经过了三十一年，现在我们倘来追忆过去的惨史，谁能不疾首痛心？

一八九五年，他们占领台湾之后，发布匪徒刑罚令，开设临时法院等，凡是不服从日本政府者，都指称为匪徒，尽加逮捕，悉数杀戮。自一八九五年至一九〇四年的十年间，在所谓军政时期，视我们同胞如犬豚，以最野蛮的军政，任意加以惨虐，任意杀戮。一九

○七年十一月的北埔事件，就是民众遭受军政压迫最利［厉］害的例子，他们趁此机会，大肆屠杀。

他们一方面采取最野蛮的军政加以压迫，另一方面推行类似强盗的经济榨取。例如强夺林圯埔人民的竹林及土地充公作为官有地，然后又拨给三菱制纸公司（日本的大资本家），一九一二年三月的“林圯埔事件”就是在这种情况下爆发的。我们曾调查过这事件的首领林启祯；他本是该地的一制纸业者，深知当时的经济榨取手段是如何凶恶。又前述北埔事件领袖蔡清琳是一个被捕两次的囚人，从此，也可以容易知道当时的军政如何残酷。

一九一二年的苗栗事件，一九一五年的噍吧年事件，在这些事件中，噍吧年全村的老幼男女，还不知皂白就尽遭惨杀。最令人痛心的，就是三岁的幼儿也难免浩劫，被抛上空中，再以刀枪来接，惨如杀虐。这些都是在台湾民众不堪日本政府野蛮军政的压迫及类似强盗的经济榨取之苦痛，才开始反抗所招来的。

我们由于过去的流血、过去的牺牲所得到的教训，已经在“北埔事件”“林圯埔事件”“噍吧年事件”等的解放运动精神里充分表现，其缺点就在缺乏现代知识和方法。不过这些都是当时台湾的历史发展条件必然的结果；因为当时的民众没有一定的组织，只拿着刀枪锄棍，只相信神兵天将，便和大炮隆隆的帝国主义者战斗，况且当时的民众势力很散漫，只限于一部分。因此，一战便告失败，再战便告涂地不起。当然，过去这些牺牲者的精神，值得充分的尊敬。

台湾的同胞们，起来吧！起来继承过去牺牲者的精神吧！而该采取最好的方法，组织团体，统一民众的势力，跟全世界的被压迫民族联合，与日本帝国主义作一决死战。

台湾同胞们，我们倘不急起团结站起来，比较过去，必更遭遇残忍的杀掠。你看，一九二二年的“彰化事件”，去年的香蕉贩卖事件，最近则如二林的“蔗农事件”，在那野蛮的政治压迫，加上类似强盗的经济榨取手段，一步一步迫近我们的身边来。我们同胞在这政治及经济的双重压迫之下，不知何时才能够再见到天日。台湾同胞，从速团结站起来，武装起来，打倒日本帝国主义！

当这日本帝国主义，正盛大地在庆祝战胜（即所谓始政纪念日）的今天，同人等谨吞热泪，愿与台湾同胞高呼：

台湾解放万岁！

全世界被压迫民族解放万岁！

一九二六、六、一七

台湾青年大同盟

王诗琅译：《台湾社会运动史——文化运动》，台北，稻乡出版社，1988年，第205—207页。

台湾革命青年团致民众书

（1927 年）

最亲爱的中国民众与革命同志们！我们要告诉诸位知道，今天是“六·一七”的耻辱纪念日。三十四年前，即一八九五年六月十七日，中国的土地台湾竟被日本帝国主义者以武力威吓并用炮火政策掠夺去做他们的殖民地。在这最可耻的纪念日之前，即一八九五年五月十二日，我台湾民众因不服把台湾割给日本，一致起来反抗，建立了东亚头一次的民主共和国家——台湾民主共和国。但是不幸，于六月十七日就被日本灭亡了。

我们知道凶恶野蛮的日本帝国主义者因其国土狭小，生产原料不足，而人口日日增加，长此以往恐会陷于自灭，于是采取资本主义帝国主义方略，对外实行侵略政策，扩大其经济市场，现在他们的进展已达其极点了。日本帝国主义者运用其武力侵略朝鲜、台湾，压迫中国，逐步成功，遂妄想要把这些地方来做牺牲消纳他们的兽欲。

我们须牢记满清政府的走狗李鸿章，为了甲午役战败，无法弥补其罪责，竟将我台湾四百余万的民众和中国的军事要地台湾送给日本，丧心病狂的与日本订了《马关条约》，将台湾同胞卖给日本做永远的奴隶。其心可诛，其志可杀！

中国同胞们，你们知道台湾的同胞现在每日都在受着日本帝国主义者的压迫、榨取、屠杀那种悲惨生活么？今天是亡掉台湾的国耻纪念日，为要纪念这悲痛的日子，唤醒全国的同胞，特志此以敬致全国的同胞。

一九二七·六·一七

台湾革命青年团

王晓波编：《台湾抗日文献选编》，台北，帕米尔书店，1985 年，第 178—179 页。

台湾同志会为济案宣言*

（1928 年）

中国同胞们，中国同志们！

中国革命的成败，攸关全世界被压迫民族革命的成败。故若中国革命不得成功，在日本帝国主义铁蹄下的台湾民众的解放亦绝对无望。因此，本会全体同志，务必誓死领导台湾民众，彻底拥护中国的革命。被残踏的我们四百万台湾同胞，以及全世界被压迫民族的共同敌人——豺狼日本帝国主义，这一次竟无视一切法理，任意惨杀济南的中国同胞，破

* 这是在上海求学的台湾学生团体为日本帝国主义残杀济南同胞发出的宣言书。

坏中国革命，且陆续派出海陆兽兵，到处恣意逞凶。有谁能容忍这种暴行?

中国同胞们，中国的国难已经来临。中国的兴亡在此一举，全世界被压迫民族革命的成败亦在此一举。中国同胞们，绝对不可向日本帝国主义屈服，即时实行经济断交以制倭奴死命。同时，尽速作宣战的准备，消灭日本帝国主义，解除在其铁蹄下呻吟着的被压迫民族的痛苦，为实现东亚的和平而努力吧。

本会的全体同志，同情中国的反日运动，同情中国所遇的国难，热望参加中国革命。愿领导全台的民众，向日本帝国主义猛烈进攻。如斯，则响应中国革命、促进世界大同并非难事。因而，于兹宣言。我们要高喊：

联合被压迫民众，拥护中国革命，打倒日本帝国主义，中国革命成功万岁，被压迫民族革命成功万岁，台湾革命成功万岁!

一九二八、五、一二

台湾留沪同志会

台湾反日同盟会

台湾革命青年团

王乃信等译：《台湾社会运动史（1913—1936）》第一册，台北，海峡学术出版社，2006年，第164页。

闽南台湾学生联合会成立大会决议

（1930年）

一、统一各学校的学生会，设置体育部、组织部、救济部。

二、逐次扩大联合会而成立全国台湾学生联合会。

三、各校学生会报告来闽学生的数量、生活状态及组织情况，密切连络以顺利进展工作。

四、各校学生会分别负责有关国际情势及台湾诸情势的宣言大纲。

五、计划机关杂志的发行。

六、要归台学生休假回台时，与台湾社会运动诸团体连络。或要其参加运动，同时与来闽的学生认识，负责斡旋的工作。

七、编纂记述台湾的情况，然后在中国及其他各国出版发行，努力介绍台湾的情形，以及以演戏、办演讲会来大作宣传。

八、与中国各地的台湾学生互相提携，与各地的青年团、学生会以及台湾岛内解放运动团体密切连络，支持中国共产青年团。

九、进行救济台湾岛内社会运动的牺牲者、中国的贫困学生与避难者的运动。

十、进行右述事项所需的经费由总务部计划。本大会决定的成立宣言及会则如下：

台湾同胞们！革命的中国民众！

长久计划准备的闽南台湾学生联合会今天宣布成立。我相信，除了日本帝国主义者及其走狗外，大家都会衷心庆祝的。

凶暴的日本帝国主义不断地蹂躏我等四百万同胞，因此，我等的斗争工作一日也不能停止。我等闽南台湾学生联合会正准备做殊死的斗争，它是在台湾解放运动的过程中产生的。“为斗争而组织”是本会的标语，也是闽南学生联合会产生的原因。

闽南台湾学生联合会已于民国十三年左右由厦门及集美的学生组成，但不久组织即呈消灭的状态，这是因为组织不够坚固。因此，我等闽南学生联合会为了果敢地对敌人展开斗争，决定将组织巩固与扩大。

彼日本帝国主义的凶暴日复一日严重，四百万的台湾同胞在地狱中呻吟。我等被压迫的台湾青年已经不堪被压迫，我等的斗争极为紧迫，我等的使命也很重大。因此，我等呼喊被压迫的台湾民众及革命的中国民众要共同起来，与日本帝国主义做决死的斗争。

台湾的同胞，被压迫的中国民众，起来！勇敢地与帝国主义及其走狗对峙！

中国、台湾的被压迫民众，联合起来！

全世界被压迫的民众，团结起来！

打倒国际帝国主义及其走狗！

拥护中国革命！

台湾独立成功万岁！

闽南台湾学生联合会万岁！

一九三〇・六・九

闽南台湾学生联合会

兰博洲编：《民族纯血的脉动——日据时期台湾学生运动（1913—1945）》，台北，海峡学术出版社，2006 年，第 285—287 页。

于台湾国耻纪念日告华南的台湾民众

（1931 年）

纪念六・一七台湾亡国宣言特刊

四十年前，凶恶的日本帝国主义派遣大军，以残酷野蛮的手段屠杀台湾民众，来镇压广大无辜的民众，自一八九五年六月十七日开始其血腥的统治。

日本帝国主义在四十年间将台湾全土的国民经济纳入自己的掌中，实行极端的剥夺政策，妨害台湾经济的自由发展，牺牲工农群众的生活，镇压劳动者拼死的反抗。在农业的范围内，完全保持中世纪封建剥夺制度，实行半农奴式的剥夺，结果导致农村经济破产，全体工农群众陷于饥饿中，失去土地、死于困境者不知其数。

日本为了强化其血腥统治而干涉中国革命，为了准备世界大战而将其毒牙向中国伸张，扩张台湾的军备，充实警察网，实行警察政治，用以对抗空前的白色人种威胁与反日、反资本主义的民众，尤其是共产党员。一方面又巧妙地运用政策，给与台湾民族资产阶级某种社会地位，借以怀柔反动。

台湾下阶层的民众受到共和国领袖的怂恿而踌躇不决，反而向日本帝国主义投降，牺牲了自己所有的一切。但之后仍以英勇的精神不断地抵抗日本，引起民众革命战争。噍吧年事件、罗福星等反日的大暴动都使日本帝国主义者感到恐怖，“三年小叛、五年大乱”的斗争精神也使岛内弱小民族生番的反日情绪奋起，雾社的伟大暴动使地主及民族资产阶级战懔不已。然而，无耻的台湾民族资产阶级竟然向日本帝国主义投降，代表上阶层地主、资本家的台湾地方自治联盟、台湾民众党（现在已被解散，但其系统仍在）都变作日本帝国主义的走狗，尤其是以左倾的民族、武断主义来装点门面的民众党，更是台湾工农最危险的敌人。

彼等异口同声叫着“台湾议会”“自治”来打击民众的反帝斗争，不但公开承认日本的统治，而且还称赞其政绩。台湾民族资产阶级公开拥护三民主义，反对中国苏维埃及红军，激励日本帝国主义来镇压生番的暴动，承认其占领东北、华南，公然在自己的报纸上谈论“东亚是东亚人的东亚”，即自负为日本人的东亚，夸示日本帝国的优越性，实在无耻极了。

日本帝国主义统治的绩效就是使国民继续崩坏，使工农群众的生活更加悲惨。帝国主义第二次侵略战争已迫在眉睫，而且将把台湾当作战场，作为攻击中国苏维埃红军、攻击华南的根据地。然而，台湾民族资产阶级却变成日本帝国主义的清道夫与侵略战争的鼓吹者，变成压迫台湾解放运动之机关与土地革命的敌人。

另一方面，包括生番在内，全台湾民众的反帝斗争日益勃兴，在台湾共产党的指导下开始与日本帝国主义战斗。将日本驱出台湾，彻底实行土地革命，消灭农村的封建剥削，学习中国苏维埃的方法，向苏维埃前进，如此才能救工农自身，创造出光明的世界。

全华南、台湾的下层的民众！

日本帝国主义利用华南政策进行各种鬼计，在中国与台湾的劳苦民众间造成鸿沟。故意利用一部分台湾的落伍分子煽动民族反感，然后乘机得利。彼朝鲜人在满洲就因此被日本利用了，不是吗？因此，吾等担心再引起第二次的万宝山事件。今日日本帝国主义占有华南，进逼厦门。如果不愿变成亡国奴，只要呼应吾等的号召，成立中国台湾民族统一战线，打倒共同的敌人。我们必须纠弹日本帝国主义的阴谋与国民党及台湾民族资产阶级无耻的卖国行为，在苏维埃的口号下拥护中国，实施反帝统一战线，建设中国与台湾劳苦民众的兄弟关系，参加苏维埃革命。

全华南的台湾劳苦民众！

吾等因在台湾受到日本帝国主义无限的压迫而逃离当地，吾等积极地参加中国革命，就是为了不愿变成日本帝国主义的俘虏。吾等参加台湾革命实行土地革命，为打倒日本帝国主义与建设苏维埃台湾而勇敢地斗争。

吾等高喊：

反对日本帝国主义屠杀台湾工农群众！

反对台湾民族资产阶级无耻的卖国行为！

反对日本帝国主义侵略中国！

反对日本帝国主义的离间政策！

即时释放政治犯！

承认言论、结社、出版、集会、罢工等一切的自由！

反对台湾总督府的警察政治！

即时撤退驻在台湾的所有日本陆海空军！

将日本帝国主义驱出台湾！

联合中国、台湾的劳苦群众！

打倒共同的敌人日本帝国主义！

打倒无耻的卖国贼、汉奸——中国国民党！

粉碎帝国主义国民党的五次围剿！

反对帝国主义的第二次世界大战！

武装与保卫世界工人阶级、被压迫民族解放运动的大本营——苏维埃联邦！

拥护中国苏维埃政府的民族政策——民族自决（即建设自己独立自由的国家）！

拥护中国共产党！

拥护台湾共产党！

加入反帝大同盟！

一九三一·六

厦门反帝同盟台湾分盟

兰博洲编著：《民族纯血的脉动——日据时期学生运动（1913—1945）》，台北，海峡学术出版社，2006 年，第 292—296 页。

三、知识分子的民族文化运动

台湾同化会文告

（1914 年）

嗟我同胞台湾三百万人，本会兹表敬意，告于公等。本会谓公等为同胞者，以其同为我天皇之赤子，同为我帝国之臣民也。夫同为我天皇之赤子，同为我帝国之臣民，而种种国民之资格不同，甚则精神不合、意志不合，以致相异族视。本会不独为公等慨之，抑为帝国权焉。兹者，本会推戴板垣伯爵为总裁，理事干事各司其事。若夫赞成之家，则自内阁总理大臣大限以下数十人，成为当代第一流名士，此等诸公以板垣伯爵此次之举为一大盛事。各寄赞词，或颂或规，虽命意不同，而其认本会之必要则无有二致也。

嗟我同化会何为而起乎？为公等而起也。板垣伯爵，欲为公等之师父者也；数十人之朝野名士，对于公等皆有深厚之同情也；全帝国之舆论，响于台湾之同化者也。此则邦家盛事，千载一时矣。然而，其或本会呼之而公等不答，本会招之而公等不来，则本会复何望于公等也。西谚有之曰："君当自助，吾不能助君也。"夫有不助之精神志气者，然后可借他人之助，否则朽木之不可雕者，圣人讥焉。此次本会之起也，有可以解决之二大问题：一则曰帝国朝野名士，可赞本会同化之议乎否乎？二则曰台湾三百万人，可受本会同化之赐乎否乎？前之问题，则观于朝野名士数十人之赞成，而可知其解决之若何也。至后之问题，则本会将视公等行动之若何，而欲知其解决也。嗟我同化会以六种震动，天雨香花，大千世界，诸佛菩萨，一齐证诚之慨，临于公等，而公等之中，若有一人如聋如哑，卷席走出者，则真难度之众生哉，真难度之众生哉。本会问之公等祖先四千年之历史，知其必不然矣，知其必不然矣。

一九一四年十二月二十二日

台湾同化会

郭水潭：《台湾同化运动史话》，台湾省文献委员会编：《台湾文献》第四卷第一期，1962 年，第 108 页。

台湾新民报系统资本改组及言论纪要一览

（1920—1941年）

刊名	发刊期间	期数	创刊地	发行者	主力	资本额	相关言论纪要
台湾青年月刊	1920.7.16起 1922.2.15迄	18期 24K本	东京	台湾青年杂志社（东京“新民会”创办）	东京台湾青年、岛内资本家	1 500元	撤废六三法，要求岛民言论自由
台湾月刊	1922.4.1起 1924.6迄	19期 24K本	东京	台湾杂志社（1923.6成立株式会社）	青年学者、社会人士、岛内资本家	25 000元	台湾议会设置请愿，台湾白话文改革
台湾民报半月刊	1923.4.15起 1923.9.1迄	7期 24K本	东京	台湾杂志社（因东京大地震停刊）	青年学者、社会人士、岛内资本家、地主	25 000元	推行台湾白话文运动
台湾民报旬刊	1923.10.15起 1925.7迄	17期	东京	台湾杂志社（1924.6停台湾月刊）	青年学者、社会人士、岛内资本家、地主	25 000元	反对治安警察法，要求结社自由，抨击皇民组织
台湾民报周刊	1925.7.12起 1927.7迄		东京	台湾民报社（1925.9成立台湾民报株式会社）	岛内资本家、地主、社会运动领袖、政治人物	25 000元	组织议会设置请愿，设立台湾经济研究会，要求台湾自治
台湾民报周报	1927.8.1	8K报纸（167号起）	台北	台湾民报社（经总督府许可迁台发行）	岛内资本家、地主、社会运动领袖、政治人物	25 000元	为社会运动团体及政党组织代言，抨击日办报纸言论

续表

刊名	发刊期间	期数	创刊地	发行者	主力	资本额	相关言论纪要
台湾新民报周报	1930.3.29	306号改为现名	台北	台湾新民报社（1929.1成立台湾新民报株式会社）	岛内资本家、地主、社会运动领袖、政治人物	300 000元	要求发刊日报，介绍国际及中国现况，经济问题分析
台湾新民报日报	1932.4.15起 1941.2.10迄	1937.6废汉文采日文	台北	台湾新民报社（1932.1.9获得许可）	岛内资本家、地主、社会运动领袖、政治人物	300 000元	主张政治结社，台湾地方自治，关注农业问题，要求言论自由

张炎宪等编：《台湾近百年史论文集》，台北，吴氏图书有限公司，1996年，第49页。

台湾文化协会旨趣书

（1921年）

方今之文明，物质文明也。现在之思想，混沌险恶之状态也。近时之机运，建设改进之秋也。而我台湾位在帝国南端，因孤悬海外，常与世界之进运脱节。然如林子平先生所言——日本海之水实通欧美——台湾海峡实为东西南北船舶往来之关门，同时世界思潮迟早必见汇合。回顾岛内，今也新道德之建设未成，而旧道德早已次第衰颓，缘此社会之制度坠地，人心浇漓，唯利是争，无智蒙昧之细民固不待论，位居上流者，概以揣摩迎合是务，以博取一身之荣达为能事，一面青年多安于眼前之小成，薄志弱行，更无确乎不拔之大志，甚而至思想流于过激，既无国士之风，而有盗贼之行，此不但不能图国家、民众抑或民度之向上，一知半解，言行不能一致，荼毒社会莫此为甚。兴思及此，台湾前途实堪寒心。于兹吾人大有所感，因即纠合同志，组织台湾文化协会，谋台湾文化之向上，切言之，即互相切磋道德之真髓，图教育之振兴，奖励体育，涵养艺术趣味，以期稳健之发达，其归结务在实行。有谓新文化运动，往往易陷于危险，有害无益，其实不然，夫合理之运动，稳健之宣传，何危险之有？孔子曰“德之不修，学之不讲，闻义不能徙，不善不能改”，如此乃属危险而为世道人心所深忧者，反之，讲学、修德、闻义能徙，不善能改，确信为国家社会所不可缺者，吾人所信如此，用敢提倡设立本会，尚望大方诸彦之赞同焉。

（一九二一年十月十七日）

王晓波编：《台湾抗日文献选编》，台北，帕米尔书店，1985年，第68页。

台湾议会设置请愿理由补充书——《台湾统治之现状》

（1922 年）

台湾统治之现状，制度上行政、立法、司法三权，皆属于台湾总督一人，其为独裁政治已如上述。虽有总督所任命之评议员（高级官吏九人，民间日本人及台湾人各九人）所组织之台湾总督府评议会，但彼等官选评议员，根本不能代表公正之民意。且因系咨询机关，无法匡正官权之滥，尤其咨询事项出自总督任意指定，殆失评议会存在之意义，如此有名无实之评议机关，吾人敢断言其企图缓和总督之非立宪独裁政治毫无效果。又台湾岛民若受行政官厅之违法处分而毁损其权利，亦全无行政裁判之救济方法。且台湾不许台人设立言论机关，虽有苦情亦不得以言论申诉于忧世仁人之自由，结果对于任何苛政，唯有官权是从，不得不呻吟于非法治制度之下。大正九年（民国九年）实施台湾州、市、街庄制，虽已略具地方团体之外形，然地方自治体所不可缺之民意机关，即州、市、街庄协议会仍属由官选协议员所构成之咨询机关，并无任何之议决权，此乃只使地方住民负纳税义务而不赋予地方自治权之畸形制度也。且不但不撤废从来之警察补助机关——保甲制度，徒以加重台湾岛民之公课负担，并设有极不文明之连坐法，困扰一般岛民，如此不得不谓为与时势相背驰之恶制度。其他如能解日本语言者，仅占台湾总人数百分之二点九（依据大正九年十月一日国势课查），而在普通教育令，竟规定日本语为教授用语，如此不但妨害儿童之个性自由及智育发达，且因一向限制教育之结果，未能收容所有希望入学之学童，以致时至今日就学比率，本年（民国十一年、日本大正十一年）度仅为百分之三二而已，徒事抑制台人之向学心而使优秀逸材庸愚化。又如在现代文明国已无其例之峻酷至极之匪徒刑罚令，将刑法上该当骚扰罪之犯罪而科以内乱罪以上之重刑。或如日本内地取缔流氓，只适用警察犯处罚令所定之罚，而在台湾则以地方官之行政处分，得无限期拘束人民之身体自由。另有为图每年六百万元之鸦片专卖收入，竟不恤以国际所禁止之鸦片害毒消耗台人之心身，漠视国际之道义。或干涉多数种米农民，迫令改种甘蔗，而对其收获甘蔗则以法令制定砂糖原料采取区域制度，不得搬出指定区域外，或供应制造砂糖以外之原料，必须由指定之制糖公司收购，而其价格则片面的受官方认可而已，并无与该等农民作何等协定，故蔗作农民所蒙受损失之大，可想而知。又如从日本内地航渡中华民国，不必申请旅行护照，由台湾往中国则非领得护照不准出境，致使台湾人之对岸交通贸易增加困难，且成为日华亲善之一大障碍。诸如此类，莫非蹂躏人权不顾道义，与时代潮流相悖之例证也。

在日本本国，本年度国费岁出入预算为十四亿八千万元，日本本土人口五千七百万，每一人平均为二十六元余，而同年度，台湾总督府岁出入预算为一亿六百万元，全岛人口三百七十万，人每平均为二十八元余。如将日本本国国家预算中，扣去皇室费及陆海军费，则行政费及国债费为八亿二千万元，即每一人仅十四元余，台湾人之行政及国债费负担恰为日本本土之倍额。如此台湾政治之进程，不达日本本土之半，而其政费却为日本本土之倍，由斯观之可知台湾行政费之如何膨胀，同时亦可察台湾人负担之如何过重矣。虽然此等岁入之过半仰赖于间接税及官业收入，但其究竟渐次吸收岛内财源，使岛民之资力枯竭乃不争之事实也。又大正九年兴工贯通南北之公路，长约三百里宽十八尺，使用地坪约十一万平方公尺，工程达三年之久，借收购之名，行征用之实，且依据保甲规约，课以劳役。或在不景气当头之当时，于台南州下，计上经费五千万元，以六个年之工程计划，开凿嘉南大圳，使得地方民力更加穷困。尚有去年夏天，由于神经过敏之警察，捏造无根之彰化事件，拷打多数良民，使全岛人心陷于不安等，均属人道正义上不容忽视之重大问题也。

于此，吾人不得不认为现在之台湾当局，一面标榜内地延长主义，一面禁止日本人不得移籍于台湾，又台湾人亦不得移本籍于日本本土，而日本人则超然于保甲制度之外，不受烦琐之保甲规约拘束，且日本人官吏给予特别加俸、官舍优待等，皆非使台湾为日本帝国延长之方针，只供为日本移民之经济榨取地而已，以此不自然之统治政策，欲期台湾统治之终局成功，无异缘木求鱼。

一九二二·二·十五

王晓波编：《台湾抗日文献选编》，台北，帕米尔书店，1985年，第90—92页。

台湾文化协会会则

（1922年）

第一章　总　　则

第一条　本会称台湾文化协会。

第二条　本会以助长台湾文化之发达为目的。

第三条　本会设本部于台北，渐次设支部于重要地方。

第四条　本会以赞同本会目的之男女组织之。

第五条　本会发行和汉文会报，颁布各会员。

第六条　本会事业于干部会议议定，经总理决裁施行之。

第七条　本会维持费以会费及有志者寄附（捐赠）充之。

第二章　会　　员

第八条　赞同本会主旨之有志者，得直接入会，但入会之取舍一任本会干事。

第九条　会员每月应纳会费五角（学生半额），一年分为三回，须要前纳，但前纳数月份或数年份亦无妨。

第十条　本会会员怠尽会员义务，或有污辱本会体面之行为时，除名之。

第三章　干　　部

第十一条　本会干部役员如下：

总理一名，协理一名，理事若干名。总理由大会出席会员公选，理事由总理推荐，组织干部会议。

第十二条　本会重要会务，概于干部会议议定，总经理决裁施行。

第十三条　役员之任期及权限：总理总决会务一切；协理补助总理，总理有事故时，代决裁会务；理事分担编辑、庶务、会计，及支部会事务；总理协理限期二年，理事任期一年，但再选不妨重任。

第四章　评　议　员

第十四条　本会置评议员若干名，应总理召集评议会务，评议员依总理由会员中推荐，任期二年。

第五章　名誉会员及顾问

第十五条　本会由干部会议推荐名誉会员及顾问，对名誉会员及顾问不征会费。

第六章　会　　合

第十六条　本会每年开定期大会一回，干部会议认定必要时，得开临时大会，期日场所由干部会议指定。

第七章　脱　　会

第十七条　脱会或被除名时，从前既纳会费及寄附金不返还。

附则

会则以外之事项发生时，由总理决裁施行，但不得违背本会目的；建议改正会则时，须得会员十名以上之赞成提出于本会。

台湾省文献委员会编：《台湾省通志稿》“革命志·抗日篇”，
台湾省政府印刷厂，1957年，第133—134页。

台湾文化协会取消文、抗议书

（1923 年）

取　消　文

大正十二年一月十六日，台湾文化协会总理林献堂，与台中州警务部长本间善库之间，所交换关于本岛协会觉书，充分表现当局之偏见与威吓，同书表示当时干部之专制，与会员之盲从。但我协会征之现在及其过去，何尝有从事政治运动之倾向？而该觉书于过去几回总会，皆隐蔽不向全员发表。然因有此觉书，在文化协会员个人应当享受政治权利之行使、于彰化被称为团体的政治行动而被中止，是多么横暴！我等为现在之文化协会及其将来声明，断然取消以前觉书、议书。

抗　议　书

在没落过程中之日本帝国主义，对中国国民革命出兵干涉，侵略满蒙，弹压殖民地解放运动等，以必死之努力，保持其余命，投下极横暴之专制政治于国内一般被压迫人民层之头上，几多同志毙于专制毒牙。此非暴露帝国主义之暴虐残忍而何？帝国主义之先锋——台湾官宪，近来大露其丑态，拥护财阀三井、三菱，放领土地于退官者，暴压台湾解放运动，丑态百出，尽量发挥其为地主、资本家走狗之忠诚。言论集会之自由完全被蹂躏，甚至如屋外集会亦受禁止，暴露出帝国主义对殖民地政治，所用一切恶手段于大众之前。我等为言论自由而战，为获得屋外集会自由，绝对反对台湾官宪之暴压政策，彻底纠弹禁止屋外集会之总督府暴政。

台湾省文献委员会编：《台湾省通志稿》“革命志·抗日篇”，
台湾省政府印刷厂，1957 年，第 144—145 页。

台北青年会趣意书

（1923 年）

我们最亲爱的兄弟姊妹们！我们青年是社会的中坚，双肩负有整个社会的重任。所以世界各国任何地方的青年，都有青年会的组织，贡献服务于社会事业，努力于青年身体精神的训练。

我们台北也是世界上的一城市，岂非台湾堂堂的首都吗？然而这里为何连一青年会的存在都没有呢？难道台北的青年不愿出而为社会事业服务吗？岂不愿训练心身，反任其日日堕落下去吗？

我们痛恨如此，且以为是耻辱。我们深知，我们台北青年并非没有热血，没有士气，没有才干的，这只是没有一个团体，没有团结而已。

现在我们依照以上的理由，为了台湾青年的前途，我们愿意出而提倡组织青年会，我们的目的，是在服务社会，谋团体员的亲睦。

亲爱的兄弟姐妹们，赶快觉醒起来，从速奋进罢。而竭尽青年的责任，完成台北青年的义务吧。各位是台北的中坚人物，台北的全部都在各位的双肩呢。

热血的同胞们，觉醒起来，奋进吧，直线前奔，站起来援助呀，来入会吧！

台北市港町二

台北市青年会全体发起人

王诗琅译：《台湾社会运动史——文化运动》，台北，稻乡出版社，1988 年，第 328—329 页。

台北读书会的斗争

（1923 年）

青年会被解散后，未几，就改组台北读书会。会场也是设在文化讲座，每夜聘请知名之士和会员，带书讲读给会员及民众听。开办两三日，只派私服警探来监视，后来觉得讲读者醉翁之意不在酒，有点不妙，就改派正式的临监官，因私服警探不能正式发号施令干涉的，一被正式临监，会场的空气也随之剧变，还有逆耳的，即被“命令注意”，再被认为较激烈的，就受“命令中止”的处分，一度被“命令中止”处分的，就不能再上台，须待明夜另读他书，或讲他题。初时对每个讲读者“命令注意”好几次后，方“命令中止”，后来逐渐不客气了，“注意”“中止”，几乎相继发出！可是，会员方面的作战方针也随之而异，以其说是读书，无宁说是呼标语较为洽切。因此之故，有几位不大识字的仁兄，也就敢毅然登台出出风头，譬如说“咱台湾的政治太不合理”，只这一句，就有被“命令注意”的资格，再接一句“像警察的不讲理”，包领你马上就受“命令中止”的光荣。最滑稽的，莫如双方均在兴奋时各走极端，一闻“中止”，被中止的尚未跑下台，候补讲读的即刻跳上，未及两三言，又被中止，新的复再跑上去，此起彼落恍似接力，煞是好看，不但听众哄堂大笑，就是正襟危坐、极力矜持的临监官大人，也会莞尔。

会员就是青年会的会员，只换汤不换药。讲的书初时以社会科学居多，后来因监督过严，也有选择古文而带有刺激性的作讲材，譬如讲者的标题是“苛政猛于虎”，讲的文是用“柳宗元的捕蛇者说”，但也逃不了“命令注意”与“中止”。如有会员出而提出交涉，就被“命令注意”，如说到割台事，即受“中止”完结。

讲读者如被“中止”后，不即下台，欲抗令继续讲读或在台上欲与临监官理论，则有受“检束”（被押警察署）之荣。而对会本身，同时也能被“解散”之荣。

自连雅堂先生讲台湾通史被中止后，未多日读书会复被解散，但这次不用总督的命令，只用台北州警务部长的名义。留学生假期已过，日渐返校，而在乡的青年，也借此暂时休息了。

蒋渭水、王敏川两先烈是每夜必到的，蔡式谷先生等和当时的民报记者也常来看闹热。记得聘请连雅堂先生讲述台湾通史时，商工界的听众益加踊跃，因讲的是台湾实史，而这位老先生元气又好，声音宏亮而条理分明，号召力自然远胜平时。

台北市文献委员会编：《台北文物季刊》第三卷第二期，1954 年，第 138—139 页。

在“治警事件”① 审判中蒋渭水、蔡培火的答辩词

（1924 年）

蒋渭水的答辩词

今天庭长特别容许我们陈述意见，我们深为感谢。庭长说检察官所讲有关政治方面的论告，对本案并无关系，被告可免答辩。如果是这样，那么检察官的论告，可以说是没有价值的饶舌了。既然是没有价值的论告，我们也无须答复。但是其中有些太不应该的言辞，我们不得不辩明。现在遵照庭长的意思，从简答辩。

（1）论告中曾言及台湾三年小乱、十年大乱，领台以来反抗事件很多，所以台湾人是好作乱的。这话说得太差，我有三个理由可以证实台湾人不是好叛乱的，所有叛乱事件都是警察激出来，或是制造出来的。第一是警察对老百姓缺乏理解又兼态度横暴，使他们发生反感，第二是警察无中生有、捏造出来的事件。

竹内前警务局长，在东京帝国饭店台湾议会招宴席上曾说：台湾是警察国，有警官一万人，五千人在山地守备“生蕃”，五千人在平地取缔本岛人。而平地五千人中，四千人是日本人，全不懂台湾话语，所做的报告都是糊里糊涂，完全不能置信，以致不能实施切合实际的警察行政。因此警察变成人民的怨府，阻碍总督的政治很多。

大正五年的新庄事件、大正十年的彰化事件，皆是警察捏造出来的莫须有事件。所以检察官所列举的所谓阴谋事件中，难免有冤枉的。

明石总督有一次到达门司的时候，接到台湾当局的电报报告某地发生阴谋事件。明石

① “治警事件”，“治安警察法违反事件”之简称。1922 年至 1923 年，蒋渭水、蔡培火等人组织“台湾议会期成同盟会”，发动青年学生、知识分子和市民开展台湾议会设置请愿运动。1923 年 12 月 16 日，台湾殖民地官宪以违反“治安警察法”为名，拘押“台湾议会期成同盟会”会员及有关人士四十九人，并对蒋渭水等二十九人提起公诉，最后蒋渭水、蔡培火、林呈禄等十三人被判刑。

总督便说：这又是警察制造出来的案件了。可见所谓叛乱事件的一斑了。依照上举三个例子来判断，便知道所谓不祥事件的大部分都是警察的责任，而不是台湾人的责任。

（2）论告又说，台湾的特别立法，自大正十年已经撤废，自大正十一年一月起，就没有发布律令。这话亦非事实。大正十一年一月起，台湾总督发布的律令如下：……

（3）论告中又说，台湾岁入的大半用在教育经费。据查大正十二年度的统计如下：

台湾岁入——总督府岁入九，九八八万元。州厅岁入一，四一一万元。

台湾总教育费——总督府教育费二四〇万元，州厅教育费六一〇万元，市街庄教育费一九六万元，合计一，〇四六万元。即全岛总教育费仅占总岁入的十二分之一，这能够说是大半用在教育经费吗？台湾岁入的大半不是用在教育经费，而是用在官吏的人事费，每年的人事费占总预算的三成金额约达三千余万元。

（4）论告中又说，日本帝国全没有吸收台湾的金钱，所征收的租税都在台湾花用的。现据十二年版《台湾事情》所录，台湾总督府特别会计，是明治三十年度（公元 1897）开始的，预定明治四十二年度截止，继续以台湾岁入和一般会计（日本国库）的补助金来维持。其后一般会计与台湾岁入已渐平衡，所以自卅八年度（1905）起即不受国库补助。不但财政已能独立，而且更将台湾特别会计岁入的一部分，编入本国一般会计之中，就是明治四十二年度起至大正三年度止关税的一半，大正二年砂糖消费税的一半，大正三年起在日本内地消费的砂糖消费税的全部，皆编入本国一般会计。还有数次的行政整理所节省剩余的金额，也送去本国应用。这样显示台湾每年都有金钱贡献本国，如何说没有拿台湾的金钱去本国使用呢？

…………

蔡培火的答辩词

我记得前长官下村博士在东京学生集会席上，演讲西来庵事件说："西来庵事件仅系两三小人物的行为，而由于警察的误会做出来的。"噫！这件惨绝人寰的惨剧，竟是两三人的行为而祸及数万人，这不是千古的遗憾事吗？我们的请愿行为，是根据宪法的行动，扣押请愿用纸、威胁有公职的人就是蹂躏宪法。检察官说"杨基印受王某某劝诱"，杨某是警察的爪牙，所说的话都是捏造的。我相信本案全部被告的陈述都是出自热诚的披沥。本案发生后不久，中国的报纸和其他世界的新闻，都曾经报导过，可见影响的至深且大。

我是不赞成同化主义的，因为这是使人离开灵魂的做法。这是错误的，必须以精神来结合才是。原来台湾所采用的同化主义是错误不可行的。尤其是检察官的论告，是极端的民族优越感，是征服者的理论。

三十年来我们岂不是忠良的人民吗？我们已尽了纳税的义务，而且能义勇奉公。请问台湾的道路是由谁来筑造的，今天有二十万日本内地人可以横行阔步坐汽车来往，这是什么人的力量呢？我相信台湾人所做的，绝不下于日本内地人。

如说总督是官，是天皇所敕封的，所以总督的方针即是天皇的方针，违背这个原则就是叛逆，那简直是贻累皇室的罪行。譬如栽种甘蔗，当局为保护营利公司，强制农民种蔗或强制收购土地，这是谁的方针呢？我们的努力是有理想的，就是要达到真善美。总督府对于同化主义，完全无视时间的条件，忠君爱国岂是只听总督的训示就行的？鸦片问题声明采取暂禁主义，时至今日，数量却没有减少，密吸者全岛到处都有，这岂不是等于公开的秘密吗？若提到台湾的经济问题、文化问题，就关联到台湾议会的问题了，教育问题也要由这个来确定。其次，现在排斥中国货，大多数人是因为关税过重，不能输入中国货，鹿港就是这个缘故，现在已经衰颓至极了。台湾与中国是有特别事情存在的，政府没有斟酌到这里，所以欲期圆满的统治是困难的。

朝鲜的政治，从前是有高官、有大臣，现在都已没落成为新平民了。政府如果要缓和朝鲜、台湾等殖民地的空气，必须先使台湾议会成立，这是我们台湾人的主张，这有什么不对呢？我是诚心诚意地为此问题而烦恼，幸而在日本内地的朝野名士有多数的理解者。我此次由日返台，报纸一再加以威胁，好像马上就要受处刑的。总而言之，检察官的长篇论告是文不对题，实在使人不胜遗憾。

叶荣钟著：《日据下台湾政治社会运动史》（下），
台中，晨星出版有限公司，2000 年，第 266—271 页。

台湾民众党新纲领及政策

（1927 年）

纲　领

一、争取劳动者、农民、无产市民及一切被压迫民众之政治的自由。

二、拥护劳动者、农民、无产市民及一切被压迫民众之日常的利益。

三、努力劳动者、农民、无产市民及一切被压迫民众之组织扩大化。

政治政策

一、反对总督专制政治。

二、反对总督府评议会。

三、获得自主的政治机关，十八岁以上男女皆有选举权、被选举权。

四、获得民众自主之地方自治制度。

五、言论、出版、集会、结社绝对自由。

六、压迫殖民地民众之诸恶法要即时撤废。

1. 匪徒刑罚令。2. 治安维持法。3. 盗犯防止法。4. 暴力行为取缔法。5. 行政执行法。6. 治安警察法。7. 犯罪即决例。8. 违警例。9. 施政反抗暴动罪及枢要官职加害罪一审终结之法院条例。10. 台湾出版规则，新闻法令。11. 学术讲习会取缔规则。12. 浮浪者取缔规则。

七、剥夺总督之法院监督权，主张司法独立。

八、陪审制度之实施。

九、绝对反对不经裁判之处罚、逮捕、监禁、家宅侵入。

十、冤罪及不当拘束，国家要负担赔偿。

十一、职权滥用、不当拘束、暴行凌辱及收贿官吏要严罚。

十二、刑务所及警察留置场待遇之改善，读书、通信、面会、运动及性的自由。

十三、预审期间要短缩。

十四、户口、卫生之行政要改为市街庄主管。

十五、保甲制度及渡华旅券要即时撤废。

十六、行政裁判法要即时实施。

十七、反对帝国主义之侵略政策。

十八、反对对华干涉政策。

十九、反对杀民众、肥资本家之帝国主义战争。

二十、反对一切阻害高山之民族的自由发展。

二十一、民族的差别待遇须一切撤废。

二十二、学制之改革。

1. 实施义务教育。2. 即时废止授业科。3. 公学校须以汉文为必修科，教授用语内台语要并用。4. 内台人教育机会要均等。

二十三、反对破坏国际生活、保护资本家的军事教育及青年训练所之设立。

二十四、主张东台湾之开放，反对利权家垄断东台湾。

二十五、官吏要裁减，加俸及年金凭给须废止。

二十六、确立居住权之借家法、借地法。

二十七、自卫团组织绝对自由。

二十八、牺牲者救援会之组织绝对自由。

经济政策

一、相续税、所得税、地租税之高率累进赋课。

二、营业税改为营业收益税。

三、废止无产者负担之消费税及关税。

四、废止户税、割自转车税、牛车税、荷车税、理发税、屠畜税及其他无产者负担之杂种税。

五、盐酒烟草要减价。

六、禁止阿片吸食，废止阿片专卖。

七、盐酒烟草之仲卖要归市街庄经营。

八、专卖品自由贩卖。

九、火车、火船货物之运货及乘客之车资、船租要降价。

十、废止总督府对商邮船会社内台、华南、南洋等航路补助金。

十一、电气、水道料金要降价。

十二、取消信用组合之政府认可权，主张信用组合民众化、自主化。

十三、确立团结权、罢工权、团体协约权，及示威运动绝对自由之劳动组合法之制定。

十四、八时间劳动制及最低工资法之制定。

十五、坑夫六时间劳动制之制定，及死伤矿主要支给医疗费及葬费并遗族终生扶助料。

十六、工场法之制定。

十七、失业手当法及失业保险法之制定。

十八、店员保护法之制定。

十九、劳动者健康保险法之制定。

二十、政府须要保障伤病老衰劳动者并其遗族之生活。

二十一、台湾人本位之职业介绍所设置。

二十二、交通、运输、电气、苦力及其他自由劳动者伤害保护法之制定。

二十三、女工、少年工保护法之制定。

二十四、改革台湾正米市场制度。

二十五、水利组合及青果同业组合归农民自己管理。

二十六、须要设立小商人、农民之金融机关。

二十七、米、青果、蔬菜、凤梨、罐诘、台湾帽子及其他农产物之检查废止又移出自由。

二十八、打倒台湾青果会社、制盐会社及各种代行会社等中间榨取机关。

二十九、废止农会及畜产组合。

三十、反对袒护制糖会社之糖业政策。

三十一、确立耕作权之小作法之制定。

三十二、反对农产物之差押立入，禁止立毛差押。

三十三、制定最高族耕料。

三十四、确立重要农产物价格公定制定。

三十五、官有地要给与农民。

三十六、建筑失业者之免费家屋。

社会政策

一、撤废女子之法律上、社会上、经济上之差别。

二、禁止人身买卖。

三、学生研究之自由及学校内自治权之确立。

四、私立学校设立绝对自由。

五、反对御用青年团、少年团及处女会之组织。

六、台湾人本位免费宿泊所、免费治疗所及免费病院之设立。

七、打破迷信，解除陋习。

八、反对歌仔戏之许可。

王晓波编：《台湾抗日文献选编》，台北，帕米尔书店，1985年，第131—135页。

台湾民众党第二次党员大会宣言

（1928年）

世界帝国主义，受欧洲大战影响，发生经济界恐慌。要解决此困难问题，势不得不增加对本国无产阶级，并殖民地弱少民族之榨取。因此帝国主义国内之无产阶级，及殖民地之弱小民族，受帝国主义之压迫与世界潮流之刺激，一同觉醒，鼓勇进行解放运动。俄国民众之革命，德国劳工之暴动，英国劳工之总同盟罢工，日本无产政党之出现，是皆无产阶级之抬头。其他如埃及之脱离英国羁绊，土耳其之独立，印度自治运动大势力。而此二者，是皆处于帝国主义支配下之被压迫地位，同病相怜，相互扶持，共以打倒公敌之帝国主义为共同目标，以取联合战线一致进攻。所以从事今日之解放运动者，断不可以孤单独战。我等殖民地弱少民族，应与全世界帝国主义国内无产阶级尤其与日本国内之无产大众，取共同战线，缔攻守同盟。

回顾我台湾现状，不仅是所处之社会与所居之环境黑暗恶劣，其实我等所能支持之势力非常微弱。一面备受赋课之诛求，金融之宰割，交通、运输之独占，土地之收夺，言论不自由，人权被蹂躏等等，在此一弹丸地之台湾，到底无法忍受如斯之压迫。另一方面，我等台湾人之迷信根深蒂固，迎神赛会之浪费，冠婚丧祭之奢侈，阿片中毒等之陋习未除，在此情况之下，台湾人困备憔悴又岂能免？故我等要求解放台湾人之前，必先对内唤起全台湾人之总动员，对外连络世界弱少民族及国际无产阶级，共同奋斗，如斯始能达到目的。我等深知解放运动之原动力，系于多数民众双肩，所以当然要唤起民众，巩固组织，完成对内基础工事，同时努力获得农、工、商、学及青年、妇女各界，皆为我党重要份子。但须援助共组织团体，始能与本党提携，共同奋斗。全民运动，为台湾解放运动所必经之过程。此不特为先人之遗教，实极各理，稳妥之径路。顾过去解放运动之失败，为其参加部分只限于知识阶级，今后应扩大范围，务使全民众参加。尤应以农工民众为解放运动之主力，置重于农村与工厂，使农工阶级组织化，为最紧要者。

今试检讨过去一年间组织民众成绩，尚有努力不足之嫌，今后尤宜加倍用力。检讨我党过去一年间所成就之政策，实属微不足道。在各地方之现实问题，虽然获得很少效果，但对当前急迫问题之台湾地方制度改革，尚未有点曙光。今值大会机会，特郑重声明：即时集中全力，开始奋斗，以期快速成功。本党所揭之纲领，确信为台湾人唯一活路。我等党员，责无旁贷，努力奋斗，使纲领之实现，是我等最重要之使命。凡我党，当依照其实力，富者尽其财，智者尽其谋，勇者尽其力，以巩固党基，扩大党之力量，使得实现纲领政组，以副民众之期待，是乃对本党员同志之所切望。际此第二次全岛大会，特此宣言。

台湾省文献委员会编：《台湾省通志稿》“革命志·抗日篇”，
台湾省政府印刷厂，1957 年，第 196—198 页。

青年运动当前的任务——台湾共产党的组织纲领（摘录）

（1929 年）

A. 台湾青年运动的过去与现在

过去数年间，台湾青年知识分子在台湾初期运动中从事之工作，确实有其不容忽视者。青年知识分子的革命性虽有其动摇性，然而在革命运动初期，他们推行的启蒙运动却不容抹杀。直到现在青年的作用依然很大，各地的革命性青年知识分子虽谈不上勇敢或彻底，但对各地的各种运动贡献良多。

过去的青年运动，青年工农大众并未参加，青年运动仅是知识分子的青年运动而已。青年工农大众不但无所作为，亦很少受人注意。这种现象令人不满且极为危险。而知识分子青年的运动也存在颇多缺点与错误，从整体上说十分不发达。目前台湾有社会主义青年所构成的无产青年会、研究社会科学的读书会，乃至青年会、励志会等革命青年组织，但这些组织不但不健全（无产青年会及数个读书会均已停顿），又没有广大青年大众的参加（工农青年大众更不用说，几乎完全没有参加），欠缺斗争性，且多数犯有左派最近常见之各种错误。这种贫弱的组织除少数的知识分子外，学校内的学生并没有公开性的学生会。近来虽发动几次学生罢课，但岛内的学生群众并没有走出校门到街头参加国民革命之举。最近虽在中等学校内有几处组织秘密团体，但这种组织欠缺普遍性，参与者极少，且其中多数并非斗争机关，而是社会科学研究团体。

台湾过去的青年运动如上所述，不但青年工农大众没有参与，青年知识分子的活动亦既贫弱又犯许多错误，且帝国主义及改良主义的势力亦已侵入青年大众里。帝国主义与封建残余势力不独以愚民化、奴隶化教育渐次麻醉青年，更组织御用青年会、青年团（前者为台湾青年组织，后者为日本青年组织）做为其爪牙，并培育御用青年团做为别动队，企图做为将来对付革命家及革命团体的后备军。最近民众党所组织的劳动青年会也逐渐扩大及于各地。对于这种改良主义向青年群众的侵入，在以后的青年运动中亦须特别加以注意。

在如此情势下，我们对青年运动，当前应采左列之方针。

B. 关于青年工农运动的发展

1. 如上述，台湾过去的青年运动仅为知识分子青年运动而已，此种现象既令人担忧且危险。今后，我们应倾全力将青年工农大众加以宣传、煽动、组织，不仅要激发青年工农大众斗争，同时亦须努力发展青年工农运动。

2. 于日常斗争中，我们要使工会、农会尽量提出青年工农的要求，领导青年工农参加斗争，进而吸收青年工农加入工会、农会。工会、农会及文化协会必须设置青年会，激发并指导青年工农大众的斗争，同时尽量吸收青年工农进入工会、农会的执行机关里。

3. 各都市尽可能设立青年工人俱乐部，并尽量吸收青年工农大众参加，使成为动员青年工农大众的机关。但这个组织必须在工农会的指挥下，不可与工农会对立。

4. 各地方尽可能设立教育宣导青年工农的工农平民学校、讲习所（如受讲习条例之限制不得使用上述名称时，应改以读书会等名称），使教育训练工会并培养青年农工斗士。

5. 纠正无产青年会往时的错误［没有明确的提出青年要求，亦没有青年工农大众的参与，和C. Y（共产主义青年团）混同，毫无系统性组织及组织性活动，并犯有幼稚病等］，促使无产青年会积极地活动，提出他们明确的纲领，扩大其组织，于各地设立支部，尽量吸收工农青年加入，且以工农青年为核心组织，将它改为当前青年运动中心的青年大众组织（但不应与C. Y混同）。

6. 各地的读书会尽可能吸收青年工农大众，一来防止读书会专由青年知识分子构成的危险，另方面使青年工农与知识分子产生密切关系，进而接受我们的影响。

C. 关于各种青年组织及运动的整顿与开展

1. 各地读书会停顿者应行恢复，并努力扩张会员，尽量吸收青年工农、学生及其他青年加入，并努力使其成为大众的组织。读书会研究的内容须以无产阶级社会科学为中心，并注意讨论现实问题，纠正“左派”的错误，且尽量增加开会次数。同时必须使读书会参加实际斗争，使其成为动员及斗争的机关。

各地读书会必须联合起来组织全台湾读书会同盟，把各地的读书会宣传教育及其他活动加以统一。

2. 现今台湾除无产青年会、读书会之外尚有青年会（御用组织不在此限）、励志会及劳动青年会（其实非为劳动青年组织）等团体。为求发展台湾的青年运动，我们应将这些团体统一，使成为以工农青年为中心的大众组织，各阶级青年革命势力的储水池，C. Y的踏脚板。此统一运动应依照左列计划推动：

（1）整顿并扩大无产青年会，尽可能吸收青年工农大众及其他青年，使成为当前青年运动中心的大众组织。

（2）工会、农会设立青年部，尽量吸收工农青年使其加入，并以平民学校、工农青年俱乐部训练青年工农大众。

（3）吸收读书会员、学生及各团体青年部指导下的青年工农大众，加入无产青年会。

（4）其他各种的青年组织（励志会、同志会、非御用青年会等），如可成为无产青年的一部分者即刻加以改组，不便改组者加以整顿，吸收工农青年加入并领导其参与国民革命的斗争，并令其与无产青年会接近，吸收其会员加入无产青年会。

（5）向劳动青年团等右派指导下的青年团体活动，与其建立共同斗争的关系，同时暴露右派干部的反动行为，进而吸收其群众。

（6）到达一定的时期（青年工农势力增高、无产青年会已到相当的发展阶段），以无产青年会为中心，由无产青年会、工农会及文化协会青年部、读书会等联系其余青年组织及劳动青年团，发起促进组织统一。并在此一新组织团体内设立社会科学研究会，做为宣传教育机关。

3. 台湾学生运动犹未振兴，对岛内学生运动更须加大努力。目前存在于学校内的秘密团体，尤须尽全力以各种研究会名义使其公开化，并在各学校内普遍化，使成为学生大众的组织及各学校学生运动的中心。我们应深入于各学校学生群众内，提出学生的要求，激发学生的斗争使其提出自治要求，进而组织争取自治同盟，使其成为学生会的形态，最后组织学生会。各校的学生间应保持紧密的联系并且彼此密切合作，而争取自治同盟及学生大会须有全岛性系统性的组织。另外经由学生会或争取自治同盟动员学生，并使其成为代表学生利益的机关，最后引导其参加台湾国民革命。

4. 留学日本的台湾学生应在各地组织学生联合会，而此种组织须在各校拥有支部。同时努力建立全日本台湾学生联合会，加入岛内的台湾学生总联合会，成为其中一组织。东京的青年会改为学生联合会，将现在的小团体取消，并于将来把社会科学研究会纳入学生联合会的一部门。对留日学生我们应提出学生的要求以及国民革命的要求，努力促其参加实际斗争，引导他们走上发展革命之途，并使其与日本革命青年产生密切关系，进而加入日本的革命。在中国的台湾青年运动和岛内青年运动亦须发生密切的关系。

5. 对于在中国的台湾青年，我们应促其加入学生会及读书会，同时引导他们参与中国革命运动和台湾国民运动。整顿学生会组织且注意各校支部之组织，在各地组织联合会及全华联合会，并加入岛内学生总联合会，使成为其中组织之一。

读书会尽可能使其公开化，并在可能范围内成为学生会的一部门。若环境不允许时则保持半公开状态。中国的台湾青年运动必须与日本的台湾青年运动和岛内的青年运动发生密切关系。

6. 我们不但要防止改良主义侵入青年群众里面，也应克服此种倾向。对于民众党之侵入青年团体，我们应暴露右翼领袖的反动行为，克服右翼的理论，并使左翼青年团体与其发生共同战线，争取其群众。

7. 对于御用青年会，应暴露帝国主义及其走狗的阴谋横暴，努力争取其大众，并使该会性质有所转变，或由其反动干部脱离。又对于御用青年团，我们应与日本革命青年联系，向其宣传煽动，使其脱离日本帝国主义的影响，或使其减低所受的影响。另外组织工农及青年团体的自卫团、纠察队等，防范其搅乱运动。

8. 对于在台湾的日本青年劳动大众，我们应诱导其阶级性觉醒，促他们脱离帝国主义的恶劣影响，在可能范围内，使台湾劳动者与他们共同建立对抗资本家的共同战线。对于在台湾具有革命性的日本学生，我们应拉拢他们，使其与台湾革命青年产生共同斗争的关系。但台湾学生会须以台湾学生组织之，虽属同校亦不可将两者混合组织（但如日本革命学生愿加入者，不拒绝）。然而，对于在台湾加入帝国主义队伍的一般日本青年的反动行为，应断然地加以反对。关于在台湾的日本青年运动，我们必须请日本派遣革命青年来台湾与我们合作。

9. 对于中国青年在台湾者，我们应使其与台湾革命青年共处，并参与台湾国民革命。

劳动青年应使其团结，且促使他们加入台湾的工会（个人加入于各工会团体，地方团体使其参加全台湾的总工会），并参与台湾的革命。其他的青年亦同样尽量吸收于革命青年的组织中。

10. 对青年妇女，我们应努力吸收于青年团体里，并在各青年团体内尽力设置妇女部，引导其参与斗争。又将这些青年妇女争取到我们的影响下，使其参与国民革命。

11. 对儿童的活动，我们亦不容忽视。工农会应尽力设置工农儿童团等，使其成为动员和教育工农子弟的机构。在各地亦然，极力设立儿童团及儿童俱乐部等，借以动员一般儿童，成为教育场所。而我们亦将这些儿童置于我们的影响下，引导他们参与并帮助台湾的革命运动。

12. 在各团体内设置党团，努力于宣导煽动等活动，使党的指导方针及政策渗透于群众内部。各党团尤其要把握住各种机关，留意日常斗争的激发，借以发展青年运动，使青年运动与国民革命相结合。

五、口号及宣传煽动

A. 青年运动当前的口号

一、制定未成年工特别保护法

一、制定女工特别保护法
一、反对虐待青年工农
一、工资应一律平等
一、制定最低工资制
一、制定最高地租
一、实施劳动法
一、改善工场卫生
一、打破承包工制
一、反对台日工人的差别待遇
一、反对产业政策
一、反对土地政策
一、反对制糖会社的强夺强掠
一、实施以台湾人为本位的义务教育
一、撤除教育费
一、反对奴隶教育及愚民政策
一、要求台日学生的平等待遇并要求学生自治
一、要求自由研究
一、反对压迫虐待学生
一、要求集会、结社、言论、出版的自由
一、废止渡支旅行券，要求优待台湾留学生
一、打破一切压迫台湾民众的恶法
一、要求青年及妇女加入政党自由
一、打倒御用绅士及一切走狗
一、打破封建思想的旧礼教
一、打倒总督府的专制
一、台湾被压迫青年团结起来
一、台、中、日、韩革命联合起来
一、打倒日本帝国主义
一、打倒世界帝国主义
一、拥护苏维埃联邦
一、拥护中国革命
一、反对新世界大战
一、拥护日本工农运动
一、拥护韩国解放运动

一、台湾独立成功万岁

一、世界革命成功万岁

王乃信等译：《台湾社会运动史——共产主义运动》，
台北，海峡学术出版社，2006年，第69—76页。

台湾民众党第三次党员大会宣言

（1929年）

民国十八年十月十七日

…………

教育方面，学龄儿童之就学率只有百分之廿九，男女中等学生人数台湾人较日本人为少。共学制之新教育制度表面上标榜教育机会均等主义，其实是限制台湾人之入学。台北大学及其他高等教育机关，均为岛内及由日本内地招募之日本学生所独占，高等专门学校之台湾人学生比较新教育令公布以前反为减少。现在台湾尚有三万人之官许阿片吸食者、穿麻衣乞雨之郡守、参列城隍爷祭典之知事、到妈祖庙抽签的总督，这皆是愚民政策之具体事实。

…………

叶荣钟著：《日据下台湾政治社会运动史》（下），
台中，晨星出版有限公司，2000年，第467页。

台湾地方自治联盟成立大会宣言

（1930年）

夫社会者，全赖其社会成员之协同互助而成立进展者也。是故各成员对于社会之共同事务，当然有参与处理之权，对于国家之政治亦莫不然。盖民众既负担运营国家机关所需之经费及其他义务，则对国家公共事务，亦应享有参与之权利。人民之有参政权，乃近代国家当然之归结，尤为立宪政治之根本精神也。方今世界先进文明诸国，政治上莫不依据此根本精神。立宪精神断不容人民只负义务而无政治上之发言权，观乎近世历史上凡百改革运动，不外乎反抗此种不合理之事实，而为现代精神之先驱者也。

顾我四百万之同胞，为殖民地台湾之成员，负担一切之经费与各种之义务，然而关于自己之生活有密切关系之公共问题，以及经费之用度等，竟被视为无能力者。莫怪乎我同胞经济上、社会上及生活上，日陷于萎靡不振也。台湾民众也觉此种不合理之事实有悖时代精神，有违一视同仁之意旨，实非宪法治下之日本帝国所能容许者也。

台湾民众既自觉其义务，亦复自觉其权利，理受战后思想之激荡勃然而起，于是明敏之当局遂不能无所考虑焉。于是乃有现行地方自治制之实施，盖欲借以训练岛民之政治能力而图渐臻于完备。其用意非为不美，然而议员既非民选，又非议决机关，实益莫举，冗费徒增，其所谓训练之结果，亦不过一场优孟衣冠而已。盖地方自治为立宪政治不可或缺之制度，地方团体之公共事务其解决之当否，尤与地方住民有莫大之利害关系。遍观世界文明诸国之地方自治制度，其形势虽不无差异，然而大体有共通之要素，即由人民公选之代表者构成议事机关（例如市町村会），其决议之公共事务亦由人民公选之理事机关（例如市町村长）执行之。

我台湾之现行制度，议事机关既无决议权，实系可有可无之咨询机关，而其构成员之协议会员又纯属官选，自不能代表民意，徒有自治之名而无自治之实，在此不完全制度下荏苒光阴，已阅十余载，岛民期望贤明当局之自发的改革者已非一日。况世界思潮骎骎乎日进不知所止，在同一宪法治下之朝鲜，其教育上、财政上之能力，迥非吾台之比，但已改正旧制扩大民选范围，改咨询机关为议决机关矣。

今也吾岛民要求改革现行制度之声浪绝尘而起，民众也不能再守沉默，徒为望梅止渴以虚耗岁月矣。夫确立完全之地方自治制，实为殖民地台湾之基础工作，凡诸解放运动皆以此为出发点。然欲达此目的，务须纠合各阶层之人士，协力同心，一致迈进，一面取法日本及先进文明诸国之制度，参酌台湾之实情，作为改革方案，要求当局即时实行完全之地方自治制，此乃本联盟成立之重大使命也。兹当本联盟诞生之日，爰敢高揭“确立完全地方自治制”之大旗，号召我四百万同胞共向此单一目标勇往迈进！

王晓波编：《台湾抗日文献选编》，台北，帕米尔书店，1985 年，第 152—153 页。

台湾革命团体联合会成立宣言

（1940 年）

台湾独立革命党民族革命总同盟为集中力量，加紧推动台湾革命运动，响应祖国抗战，谨择于我民族革命史上具有重大意义之黄花岗纪念日，结成台湾革命团体联合会。兹当成立之初，特将吾人之认识与决心，昭告于中外父老之前：

台湾原为中国本土之一部，甲午战后割于日本，五百余万台胞，从此沦为日本帝国主义之奴隶牛马，屠杀欺凌，任其所欲，台胞为求解放，四十余年来，前仆后继，革命运动未尝一日或懈。七七事变后，更闻风响应，炸矿山，焚油池，毁铁路，以英勇之行动，牵制敌军于台湾之内；组义军，兴生产，施医疗，以必死之决心，驰骋于祖国战场之上。盖以台湾就种族历史各方面言，均与祖国有不可分之关系，祖国抗战与台湾革命乃一物之两面，并相辅为用，不足以速其成也。诚申论之。台湾为日本帝国主义之南进根据地，就目前而论：台湾安定，倭寇则无后顾之忧，自可放胆进攻我闽粤各地，进而窥伺南洋群岛。但如台湾革命普遍发展，则倭寇之侵略政策，势力遭受重大打击。故加紧推动台湾革命，对于祖国抗战，实有莫大之帮助。就将来而论：中国欲保持强盛于久远，必须完成海上国防之建设，而闽粤海岸即成为我海上国防之重点；闽之厦门，粤之琼崖，台湾之澎湖，适互为犄角，而扼我海上交通之咽喉。然澎湖早已沦于倭寇掌中，倘不收回，即海上国防必成残缺不全之局；欲收回澎湖，即非使台湾脱离日本帝国主义羁绊不为功。再就台湾革命之立场言之：台湾为一绝海孤岛，被倭寇宰割垂半世纪，欲求自由解放，固须依赖台湾同胞之精诚团结与艰苦奋斗，但日本革命势力之赞襄与祖国之积极援助，亦为不可缺少之要件。

由此可知，中国欲速获最后胜利，而保持国家之强盛于久远，必须援助台胞重获自由解放；台胞欲变奴为主，亦必须协助祖国抗战，其理明矣。

根据上述认识，台湾独立革命党民族革命总同盟誓愿精诚团结，群策群力，为促成祖国抗战胜利、台胞自由解放而携手奋斗。日月如梭，良机不再，吾人决以三民主义及抗战建国纲领为今后运动之总则，在我民族领袖蒋委员长领导之下，集中一切台湾革命势力，推翻日本帝国主义在台湾之统治，争取台湾同胞之自由解放。同时加紧动员台胞，扩充台湾义勇队，协助祖国英勇将士，驱逐倭寇出中国。惟吾人深感责重力薄，切望台胞奋起合作，中外父老随时指导，以辅其成。即台湾幸甚，中国幸甚矣！

谨此宣言。

台湾革命团体联合会

民国二十九年三月二十九日

《台湾先锋》第二期，1940年5月。

台湾革命同盟会第二届大会宣言

（1942年）

太平洋战争的爆发，在中国抗日战事上划了一个新阶段，同时在台湾革命史上亦划了一个新阶段。祖国向倭寇正式宣战，《马关条约》已告失效，台湾已与其他沦陷区相同。站在祖国省群中，站在祖国疆域上，吾台革命已不复孤立，吾台六百万同胞，已与祖国四万万五千万同胞混为一体，破镜重圆。祖国的命运，亦即台湾的命运，祖国存，则台湾亦存；祖国战胜，则台湾光复，否则沉沦。

台湾革命的任务，已视前加重，视前紧张。台湾革命同志有鉴于此，集各方代表于革命先烈之灵前，披肝沥胆讨论光复大计，修正工作纲领，以促进光复与运动；全体代表同意，捐弃派别之私，克服个人的偏见，本于互信与共信，确立台湾革命同盟会为台湾革命之最高指导机关。凡吾同志皆决心在此机关领导之下，集中意志，集中力量，再由此机关辐射运用于各地方组织及其他特殊单位，负起我们的历史使命。

我们的革命目标在于推翻日寇统治，复归祖国。吾台同胞，多系明朝遗臣的后裔，因不服异族奴役，而渡台设治，明朝虽不幸覆亡，但汉族浩然正气，依然磅礴于美丽的台湾岛上。甲午战后，清廷割台湾以代替辽东，台民不顾背离祖国，建立东方第一民主国，蹶起抵抗日寇侵入，清廷犹以“台抗京危”，逼台胞服从异族统治。及今思之，犹有余痛，然大势如斯，回天无力。四十八年来，六百万台胞在日寇的蹂躏压迫之下，饱受着经济上的掠夺、教育上的愚化，乃至社会上的贱视。台湾同胞虽为清廷所弃，但绝未服从倭族的统治，四十八年来，武力暴动迄未停止，悲壮牺牲，前仆后继。但血的经验告诉我们：祖国革命不成功，台湾将无以光复，是以有志之士皆相率返归祖国。迨祖国国民革命军北伐，吾台青年参加革命，投军效命奋勇先登。祖国抗日军与岛内外台胞，尤其欢欣鼓舞，认为祖国抗战必胜，建国必成，台湾同胞必可以重见天日。果尔，祖国现已撕毁台胞的卖身契，吾台已恢复自由，台胞感奋，莫可言喻。此后抗日情绪将益见沸腾澎湃。我们相信：我们的力量，必可毁坏日寇南进的总兵站——台湾，而使之回归祖国。

台湾的革命运动，虽成沛然莫之能御之势，然祖国必须指示南针，予以引导。因台湾原为中国失地，台湾同胞皆为汉族；祖国对于台湾，除导其来归之外，绝无他途可循。因此，吾台革命者用敢大声疾呼：在情在理在势，祖国都应早定收复台湾大计。其最重要的一著，就是应该设立台湾省政府，正式承认台湾为沦陷省区。台湾设省，则在台湾的同胞相信祖国决心收复台湾，将起而抗日，将连袂而起。台湾设省，则国内潜伏的台湾力量，可以表面化而用为恢复台湾的生力部队。台湾设省，则战争结束时，同盟国家不能视台湾为日本的殖民地。无论国内国际乃至台湾省内的观念，将因此完全一变，而台湾的光复工作可以事半而功倍。目前增设台籍参政员，使台湾民情得以上达，尤为急不容缓的措施。

台湾需要建政，亦需要建军。台湾在历史与地理上，具有特殊性质，与普通沦陷省份略有不同。在国军实行收复时，必须台湾武力的配合，故设立台湾光复军及组训干部，也是收复台湾的一种重要准备工作。

总之，台湾革命工作千头万绪，归结于光复一点，在光复的前提下，建政建军都要党国的热诚指导，都要祖国人士的指教与培植。我们于此代表六百万台胞，请求祖国的援助，从远处说代表六百万同胞欢迎祖国的义师入台。

谨此宣言。

台湾革命同盟会

民国三十一年四月五日

《台湾先锋》第十期，1942年12月。

终身致力于保存祖国文化的史学家连横

雷玉虹

关于台湾的历史记载，至清以后文献虽然增多，但却很少有系统完整地记载台湾历史的著作。1894年甲午海战失利后，中日签订了《马关条约》，从此台湾被割让于日本。台湾沦陷后，日本帝国主义在台湾实行一系列的政治、经济殖民统治政策的同时，在文化上，也实行同化措施，妄图扼杀台湾的中国文化，以日本文化取而代之。许多志士仁人为保存台湾的祖国文化，为台湾的光复耗尽了毕生精力，连横先生就是其中的典型代表。

连横，字武公，号雅堂，又号剑花，清朝光绪四年出生于台湾台南府宁南坊马兵营的一位富商之家。自幼深受传统汉文化的熏陶，青年时代经历了台湾被割让于日本的痛苦体验。成年以后怀抱“弃地遗民”之痛，以在日本殖民统治下的台湾保存祖国文化为己任，孜孜不倦，致终身精力于祖国历史文化遗产的搜集与整理。先后编著《台湾通史》《台湾诗乘》《台湾语典》《雅堂文集》等著作，并在诗文方面著述颇丰，发表的诗词作品主要有《剑花室诗集》，内包括《大陆诗草》《宁南诗草》和《外集之一》《外集之二》等。本文仅就作者所见到的资料，对连横先生的生平、著作做一介绍。

一、故土沉沦，雄心立志著通史

连横出生在一个充满祖国汉文化传统气息的家庭里。其先祖于清初为反抗清王朝的统治，自福建龙溪搬到了台湾台南府宁南门外马兵营。到连横时，已历七代二百余年。马兵营为昔日郑成功驻军之地，环境极为幽静。为尽故国之忠，其家“守璞抱真，代有潜德，稽古读书，不应科试”。因为对故国之思，其先祖“皆遗命以明服殓”。至其父永昌公时，永昌公善治家经营，颇增家产，且有孝行，曾由台湾巡抚邵友濂报奉朝廷，准予建坊，入祀孝悌祠。在这样的家庭里，连横自幼即受到了相当系统的祖国传统文化教育。少年时代的连横即在其父影响下，注重对历史的研究。而对旧史，颇病其疏误，“洎长读书，旁及志乘，而记载延平，辞多诬蔑，余甚恨之”，遂立著《台湾通史》于世之宏愿。

1894年（光绪二十年），中日爆发了甲午战争。1895年（光绪二十一年），腐败的清政府与日本帝国主义签订丧权辱国的《马关条约》，将台湾、澎湖列岛割让给日本。台湾终于沦陷。连横先生在马兵营的故居也被日本侵略者占领，不得不迁移到城西暂住。该年6月20日，连横先生之父永昌公也逝世。

时年仅十八岁的连横目睹了台湾沦陷的惨景，同时遭受亡国、亡父的双重打击及故居被毁之祸，守制在家，郁愤悲伤。此时“戎马倥偬，四郊多警，缙绅避地，巷无居人”。在这社会动荡不安之际，连横开始收集“台湾民主国”文告，为后来著作《台湾通史》保留了珍贵的文献资料。

根据《马关条约》规定，在条约批准互换之后两年之内，台、澎居民可任便变卖所有产业迁出界外，但限满之后尚未迁徙者均应视为日本臣民。1897年（光绪二十三年）阳历五月八日为台湾居民去留之日。时连横年值二十岁，赴上海、南京等地，本希望留居祖国读书，不愿改籍。惟因其母欲其回台成婚，连横仍遵命返台结婚。自此连横成了弃地遗民，和所有满怀爱国情操的台湾人民一样，对日本帝国主义的殖民统治深恶痛绝。尤其当日人初进台湾之时，建制未全，对台湾人民实行暴力镇压，台湾人民则针锋相对地予以武力抵抗，各地义军蜂起。作为一位文质彬彬的学者，他不能以武力抗拒以护土，但他以笔当剑，尽将遗民伤痛悲愤，寄情于文章笔头，寄情于诗文。如他在《却隐》诗中写道："天下虽兴亡，匹夫于有责；墨子不突黔，仲尼不暖席。人生社会间，当为国家役。何堪放义务，双身含安逸。"足见虽遭国难，但他并没有消沉，而是振作起来，发扬民族精神，致力于保存祖国的文化遗产。正如后来他所说的："横为桑梓之故忍垢偷生，收拾坠绪，成书数种，次第刊行，亦为此弃地遗民，捎［稍］留未灭之文献耳。"

1898年，连横进入《台澎日报》社汉文部，开始了报业生涯，同时参加诗社，并先后到福州、厦门等地考察。1908年，连氏移居台中，主持《台湾新闻报》汉文部工作。这时，日本帝国主义对台湾的统治逐渐深化，由入台初始的武力镇压时期转入政治压迫时期。连横倍感历史之重要，认为："代之盛衰，俗之文野，政之得失，物之盈虚，均于是乎在。故凡文化之国，未有不重其史者也。"国家可能一时破灭，若历史不坠，国家复兴可期。一旦历史消灭，国家就不可能有复兴的希望。台湾已成为日本帝国主义的殖民地，殖民地人民万不可因历史文化之消灭而自取灭亡。他说："呜乎！余闻之先哲矣，灭人之国，必先去其史，坠人之枋、败人之纲纪，必先去其史。——其祀忽亡，其言自绝；其不绝者仅存百一于故籍之中，以供后人之参索。呜乎！吾思之，吾重思之，吾能不惧其消灭哉！"连横自称"弃地遗民"，但他并没有放弃恢复故土的希望。他认为，恢复故土就不能使作为一个民族精神的文化标志在历史上泯灭。台湾要复兴，就不能使台湾的历史湮没。而他痛感台湾自大陆汉人规模开发以来，已届三百余年，然却没有一部完整公允的史书记载这一段历史。而"旧志误谬，文采不彰，其所记载，仅录有清一朝，荷人、郑氏之事，阙而弗录，竟以岛夷、海寇视之"。而且府志重修于乾隆二十九年，台湾、凤山、彰化、淡水诸志虽有续修，但却局处一隅，无关大局。且书的内容本身也已较陈旧，无法知道台湾的整体形势。"自海通以来，西力东渐，运会之趋，莫可阻遏。"外国侵略者觊觎台湾，不断地对台湾进行武力骚扰，外交兵祸相逼而来，先后出现了鸦片战争期间英国对台湾的侵犯，及其后1867年的美船"罗佛号事件"和1884年至1885年的中法战争等在台湾近代史上的重大事件；同时，在台湾岛内，先后出现了朱一贵、林爽文等领导的声势浩大的农民起义；以后在光绪年间，继左宗棠奏请在台湾建省之后，清政府实行开山抚"番"，析疆增吏，筹备军事防务，鼓励教育，使台湾全岛出现了一片新气象。这一切，旧史均没有记载。因断简残编，搜罗文献不容易，因而征文困难；老成凋谢，莫可咨询，因考征文献困难；且因改隶之际，兵马倥偬，档案俱失，因而史料来源缺乏。他发出了“修史固难，修台湾史更难，以今日而修之尤难”之感慨，但顾及若十年、二十年之后再修史，则更为困难，深感“是台湾三百年来之史，将无以昭示后人，又岂非今日我辈之罪乎”？于是，他发誓著作通史，当年即开始着手对《台湾通史》资料的整理与收集工作。为了能理解日文，收集有关台湾历史的日文资料，1909 年秋天，连横开始了第一次日本之行。

1911 年，祖国大陆发生了辛亥革命，推翻了清王朝的统治。此时的连横正“久居东海，郁郁不乐，既病且殆，思欲远游大陆，以舒其抑塞愤懑之气”。而民国政府的建立，使久居台湾的连横犹如黑暗之中见到一线光明，他为此而感到欢欣鼓舞。1912 年（民国元年），连横取道日本，转上海，足迹遍及江南、江北、关内、关外，随记所见所闻，而感触亦皆成诗章。匆匆三载，游历十一省，曾先后入吉林报社及边声报社工作。继应赵尔巽之请，入清史馆工作，得以阅录有关台湾建省的各种档案。值得一提的是，连横于 1914 年（民国三年）1 月 31 日写好申请恢复中国国籍的呈文及愿书，内务部于 2 月 5 日批准并令福建民政长在龙溪县备案，2 月 10 日，连横领得恢复国籍的执照，实现了他多年的夙愿。也就在该年冬，连横回归故里，复职于台南新报社，陆续发表了《大陆诗草》《台湾赘谈》等著作。同时，他集中精力编写《台湾通史》。至 1918 年（民国七年）大功终于告成，《台湾通史》分别于 1919、1920 年（民国八年、九年）间刊印出版。

连横在写作《台湾通史》的过程中，浏览了大量的旧志、遗书，查阅了许多珍贵的资料。而在编史的过程中，“顾台湾前既无史，后之作者又未可知，故此宁详毋略，宁取毋弃”，为我们保存了大量丰富的第一手资料，具有很高的学术价值。文章的文笔流畅，读起来使人爱不释手；而且作者写此书的目的在于保存民族文化，发扬民族精神，其坚强的民族意识与大胆的民权思想贯穿于全书的始终。这一切，都使读史者深受作者爱国主义热情的感染。在日本帝国主义统治下的台湾，一部《台湾通史》的问世，其作用和影响是不可估量的。它表明日本侵略者只能占领台湾土地，而绝不能征服台人之心。连横的著作，满怀爱国热情，把明朝以来台湾人民反侵略、反压迫，争取自由、辛勤开拓的历史做了系统的记载，使郑成功点燃的台湾民族革命的火炬重放异彩。

二、编著诗文，为保国粹尽辛劳

连横自幼接受祖国传统儒家文化的教育，及长又遭受国难，因而其思想中包含着强烈的爱国情绪。他以“弃地遗民”自称，“别有难言之隐痛也”，而以保存民族文化为己任，发愤著述、辑佚。他说：“我辈台湾人，凡台湾之历史、语言、文学，皆当保存之，宣传之，发扬而光大之，而后足以对我先民。”他一生辛勤耕耘，致力于发扬光大台湾的祖国文化。自十八岁为诉家国之凄凉而学吟咏始，他便与作为中国文化精髓之一的诗文，结下了不解之缘。

自台湾沦陷后，广大知识分子憎恶日本殖民统治，又无力抗拒，只得以吟咏诗赋来抒发心中的愤懑之情，一时全台诗风颇盛。正如连横后来在《栎社同人集序》中所说的："沧桑以后，士不得志于时者，竟逃于诗。"连横以前着重经史研究，以为史者乃"民族之精神，而人群之龟鉴也"，而于艺文方面稍逊。当故土沦陷之后，为述家国凄凉之感，连横也开始致力学诗，手抄《少陵全集》，师承杜甫，由此开始了诗作生涯。1897 年，连横奉母命自大陆回台成婚后，即与陈瘦云、李少青等人结成"浪吟诗社"，"月必数会，会则赋诗，以文会友，以友辅仁"。1905 年日俄战争期间，连横厦门办报受挫，折返回台南。翌年，又与赵云石、谢籁轩等十余人创立了"南社"，除以诗文发泄心中忧国忧民、痛恶现实之情外，还以网罗文献为其职责。为征集著作《台湾通史》的资料，连横于 1909 年秋天赴日本。回台之后，次年即加入了由林痴仙、赖悔之、林幼春等创立的"栎社"。"栎社"因其社规严厉，非积才之士不纳，故而在当时并存的诸多诗社中，独能"左萦右拂，蜚声骚坛"。社中成员虽仅为二十余人，但却为台中诗人荟萃之所，为彼此之间的交结、了解创造了条件。连横和众诗友一起于此切磋本章道义，谈论国事民情，以诗抒发亡国之恨，以诗来颂扬祖国文化，以诗来表达对祖国的眷恋，以及对大自然世事的感慨之情。诗社对维系祖国文化做出了巨大的贡献。连横的这一段经历对他终身事业的成功有很大帮助。

1912 年至 1914 年，连横取道日本转赴上海，先后游历南京、杭州、北京，北出长城，游览张家口，沿平汉线南下到汉口，游览九江、芜湖、安庆等地名城大埠，更渡海游奉天、吉林，考察日俄战争之史迹，以效司马迁之迹游历，开阔眼界，印证所学。回台之后，发表了《大陆游记》，并于 1915 年编成了诗集《大陆诗草》。《大陆诗草》多记述了连横的大陆之行，为三年中作者渡江涉海，入燕都，出长城，登阴山，足历祖国河山之时所作。他在《柴市谒文信国公祠》诗中写道："中原虽克复，故国尚沉沦。自古谁无死，宁知命不辰。凄凉衣带语，取义复成仁。"山河破碎之痛，故国沉沦之苦，恢复故土之志，溢于言表。难怪章太炎先生读之，叹曰："此英雄有怀抱之士也。"

1916 年，连横完成了《台湾赘谈》。1918 年《台湾通史》写成。1921 年，《台湾通史》三卷相继出版，与此同时，《大陆诗草》亦出版。在完成通史写作之后，连氏移居台北，征集当时贤人名士之意见，同时开始了诗文辑佚、古籍整理工作。台湾原为海上之荒岛，先民开发之时，艰苦创业，无暇顾及文化的发展。及至郑氏政权经营台湾，台湾民众仍是"同仇敌忾之心坚，而扢雅扬风之意薄"。因为这种特殊的历史条件，造成了台湾历史上既无史，亦无诗之局面。连氏认为史诗相通，"子舆有言：'王者之迹熄，而《诗》亡，《诗》亡然后《春秋》作。是诗则史也，史则诗也。'"有感于此，他在著作通史之后，集古今作家之诗，择其有关台湾史事及山川风物者依次而编撰之，成《台湾诗乘》六卷。所采古今之诗，上自开台草创，下迄割台前后。此书为人们了解台湾的山川风物、风土人情和台湾历史上的一些重要事件及相关人物，都提供了极为丰富的资料。连氏还广收忠义之士和台湾地区历史上的文人墨客之诗文以及同时代人的作品，对其加以编辑、刻印，以振民族精神，扬芬芳于后代，为保存台湾当时的文化做出了贡献。

连氏在著作《台湾通史》前后，搜集早期及当时有关台湾历史的材料颇丰，其中 39 种系海内外孤本，极为珍贵，于是将其加以校订，编辑为《雅堂丛刊》。这些文献为我们今日的台湾历史研究提供了极其珍贵的史料。

自 1919 年（民国八年）开始，日本帝国主义对台湾的统治由先前的武力征服与政治压迫时期，进入到实行“安抚”政策时期，一改往昔由武官任台湾总督之旧例，由文官田健治郎任台湾总督。田一上任，即大唱“内台合一”，实行“内地延长主义”。改进先前在日人与台人之间存在的差别教育制度，大唱“内台共学”，统一教育制度。中学以上，以“共学”为原则，而小学教育中，台人子弟会说日语者，得进日本人之学校，而私塾则受限制。此时的连横深感“台湾语文，日趋日下。私塾之设，复加限制。不数十年，将无种子。而当局者不独无振兴之心，且有任其消灭之意，此岂有益于台湾也哉”。于是，为振兴当时台湾的汉语文学，保存台湾的祖国文化，连横于 1924 年至 1925 年创办了《台湾诗荟》杂志，目的在于保存祖国的文化遗产，提倡中国诗文，鼓舞民族精神。这是一个以文会友，以登载汉诗、汉文、笔记、掌故为主的刊物。

1924 年，连横编完台湾丛刊三十八种之后，又开始把继《大陆诗草》之后所写之诗编辑为《宁南诗草》，计二百七十五首。但时隔不久，北伐战争起，浙江动乱，军阀混战，时局动荡不安；再加身居异乡，而“落日荒涛，时萦梦寐，登高南望，不知涕泪之何从矣”。故土之思，使他于次年又回到了台北。这时日本帝国主义统治者已禁止中国语文在台使用，学校的学生也被禁止说台语了。为了表示无言的抗议，他于 1928 年开办了一个“雅堂书局”，专卖中国书籍与文具，旨在维系祖国的精神传统及文化，但书局的营业不景气，于次年停办。这时，他深切地感到：“今之学童，七岁受书，天真未漓，咿唔初诵，而乡校已禁其台语矣。今之青年，负笈东上，期求学问，十载勤劳而归来，已忘其台语矣。今之缙绅之士，乃至里胥小吏，遨游官府，附势趋权，趾高气扬，自命进彦，而交际之间，已不屑复语台语矣。”于是，担心台湾的语言日渐被消灭，“民族精神因之萎靡”，开始起而整理台语。为了保存、发展台语，保留民族文化，他开始对台语的来源进行研究。举凡台湾方言，无不博引旁征，穷其源流。常常“每有一语一字，思之数日或至数月，检书十数种而始得者，诚不觉其苦也”。如此历时五年，终于编成《台湾语典》四卷。全书共收词条一千一百余条。作者在该书中认为，台湾语乃大陆闽粤语，而闽粤语则来自中原地区的古汉语，因而台湾语中有许多是现在已经消失的中古汉语。此书对我们今日研究台湾的语言颇有价值。

1931 年，连横回到台南，编著写成了《剑花室诗集》，同时发表了《雅言》。《雅言》系杂文集，内容颇丰，涉及面广。书中记载的关于台湾方言的事例，与《台湾语典》相互印证。其他还包括俚谚、童话、儿歌、弹词等，亦属语言研究之延展。此外，并旁及灯谜、隐语、对联、乩诗、风俗、掌故等，包罗甚广，为保留台湾的民俗、文化做出了贡献。

三、尽忠报国，春蚕到死丝方尽

连横先生一生致力于台湾历史的研究，致力于祖国文化遗产的整理，致力于民族精神之发扬光大。他居海隅之地，“投身五浊，独抱孤芳”，“以砚为田，因书是获。自维著述，追抚前尘。爰摭旧闻，网罗遗佚。吮毫伸纸，积目成编”，为保存、发扬祖国的历史、文化做出了巨大的贡献。但连横先生并非只是一位闭门著书立说、脱离社会的夫子式的史学家。他关心现实社会，关心祖国、故土的命运。在著述的同时，连横先生还积极参与当时的社会改革，以笔当剑，抨击时政，反对清政府的腐败统治，反对日本帝国主义的文化侵略，积极参加台湾人民追求民主、自由的活动。而作为一位学者，他是以文化作为手段来进行反侵略斗争的。

1898 年，从大陆回来的连横进入了台澎日报社，担任汉文部主笔。这时他一边写文章，一边学日文。通过学习日文，他读了日本维新史，接触了海外革命、维新两派的理论，知道复兴中国要从内政着手，并回到厦门、福州等地，考察当时国内的形势。1905 年（光绪三十一年），日俄战争期间，台湾地区形势紧张，沿海戒严，连横携眷返厦门，创办了《福建日日新报》，鼓吹反对清政府。时南洋同盟会阅报后大喜，派闽人林竹痴先生来厦，商议欲将其改组为同盟会的机关报。但迫于清政府的压力，报馆被关闭。此次受挫后，连横不得已，复回台南，为《台南新报》的汉文部主笔。此后，他先后创办“南社”“栎社”，以诗言情，发泄对现实的不满，着手《台湾通史》的资料收集与整理工作。

1911 年的辛亥革命推翻了清王朝之统治，建立了中华民国。连横先生欢欣鼓舞，乃于民国元年（1912 年）取道日本，回到上海，开始了三年的大陆之游。除了游览祖国大好河山、凭吊历史古迹外，还思欲对祖国有所图报。1912 年赴上海后，曾主编华侨联合会发行的《华侨杂志》。1913 年曾赴京作为华侨竞选国会议员。之后，曾一度入清史馆为编修，思欲能对祖国有所贡献，但均因无可发展，且时正值袁世凯专政，政治空气污浊，连氏又怀着失望之情与故土之思回到了台湾，专心致力于撰著《台湾通史》，整理古籍，辑佚诗文。

日本帝国主义侵占台湾之后，随即设立了台湾总督府，颁布了一套十分凶狠严密的特殊警察制度，并于 1896 年颁布了“六三法”，规定台湾总督有权在其辖区内颁布与法律具有同等效力的命令，称为“律令”，它集台湾的行政、司法、立法大权于一身。台湾人民的抗日运动当时处于武装抗日阶段。第一次世界大战后，民族自决之潮流澎湃于全世界，加上俄国革命的成功，中国国民革命的开展，促进了殖民地人民的觉醒，台湾人民的抗日运动亦受其影响，由过去的武力反抗而转向争取民族自治的民族解放运动。

1919 年，在祖国五四运动所掀起的民族革命思潮的影响和推动下，东京台湾留学生的爱国情绪高涨，掀起了文化启蒙运动，使得对日本帝国主义统治不满的台湾岛内知识分子深受其影响。于是，文化启蒙运动也开始在岛内蔓延开来。以蒋渭水、林献堂、吴海水、林丽明等为首的比较开明的台湾知识分子，于1921年10月创立了台湾文化协会。台湾文化协会打着“文化团体”的招牌，以谋求台湾文化之向上为宗旨。而其真正的目的是在唤醒台湾人民的民族意识，摆脱日本帝国主义的统治。文协的人在各地举办文化演讲，所讲之内容多带有政治色彩，抨击时政，揭发日人与台人在政治、教育、经济、社会工作中的不平等事实，颇受广大人民之欢迎。文协还发行会报，在各地普设读报所。此外，还举办不定期的讲习会，讲授祖国传统文化及各种自然科学、社会科学知识，对振作民族精神起了一定的积极作用。连横先生积极参与了台湾文化协会举办的讲演活动。1923年9月，文化协会在台北举办台湾通史、通俗法律等短期讲习班，连横先生任台湾通史讲师。以后，文化协会除多次举办这种讲习班外，还在台北市及台南市举办各种学术讲座，并于1924年8月利用暑期在林献堂之莱园举办夏季讲习会。之后的两年中，先后于同一地点举办多期讲习会，所讲内容包括政治、经济、法律、哲学、卫生、自然、社会、历史等诸多方面。连横先生在诸次演讲中，不但为民众讲述台湾通史，同时也讲授汉文精华，为台湾的文化启蒙运动做出了贡献。

1930年10月26日，台南市举办台湾文化三百年纪念会，为期十天，同时举办史料、教育、卫生、产业、花卉展览会，又在台南会堂举行两天讲演会，讲演三百年间台湾文化。连横先生参加了这种演讲，并将展览史料及讲演稿汇集成书，发行《台湾史料集成》《台湾文化史说》《续台湾文化史说》三书。

台湾沦陷之初，连横先生充满爱国热情，力求在日本帝国主义统治下保护民族文化，维护民族精神。至中国民族革命取得胜利，推翻了清王朝的统治之后，连横先生的思想又上升到了一个新的高度，即在发扬民族精神的同时，希望能摆脱日人的统治，光复台湾。1929年，其子震东毕业于庆应大学经济学部，归佐家务。1931年，随着日本帝国主义在台湾统治的深入，台湾文化日渐被日本文化所渗透。而满怀爱国左衽之痛及光复故土希望的连横先生谓其子曰：“欲求台湾之解放，须先建业祖国。余为保存台湾文献，故不得不忍居此地，汝今已毕业，且谙国文，应回祖国效命。余与汝母将继汝而往”，并致函国民党元老张继先生曰：“昔子胥在吴，寄子齐国；鲁连蹈海，义不帝秦。竟以轩辕之胄，而为异族之奴，椎心泣血，其能无痛？且弟仅此子，雅不欲其永居异域，长为化外之民，因命其回国，效命宗邦也。”言语真挚沉痛，大义凛然，爱国之情，亡国之恨，溢于言表，读此者无不为他的一片拳拳赤子之心所感动。

1933年，《台湾语典》编至第四卷。此时，连横之子震东已在国内服务，长女在上海，小女也已毕业于高等女校。而在此时的台湾，日本殖民统治者加强了文化侵略，“安抚”政策的推行达到了顶峰，台湾的文化、教育均已被日人垄断，学校禁用台语。连横此时因为著作已经次第告成，且儿女均已有所造就，于是移居上海，以实现终老故国的愿望。但是，回到大陆后，连横并没有放下笔来。他曾对其子震东说：“余自台湾沦陷，吾家被毁，三十余年靡有定睡，而对汝姐弟之教育，尤煞费苦心。今余之著作已次第告成。

而汝辈亦皆有所造就；且一家均居国内，余心稍慰矣。余虽年事渐高，而精神尚健；此后当继续著作，以贡献于国家也。”在给徐旭生先生的书信中提到《台湾通史》时说道：“更欲撰就续编，记载乙未以来三十余年之事，昭示国人，借资殷鉴。而索居台湾，文网周密，不无投鼠忌器之感。归国以后，倘得一安砚之地，从事纂修，必有可观。而身世漂零，年华渐老，此愿未偿，徒呼咄咄!”

1936年春，连横先生患肝脏病，于6月28日在上海逝世。他带着未竟的事业，带着“光复台湾”这一未能了却的心愿离世而去。这位台湾现代史上的著名学者，一代文人志士，就此陨落了。弥留之际，他仍不忘故土之耻，不忘恢复故土之志，谓其子曰：“今寇焰迫人，中日终必一战。光复台湾即其时也，汝其勉之!”

连横先生毕生尽瘁于保存台湾文献，为祖国的统一、为在日本帝国主义殖民统治之下祖国历史、精神、文化在台湾的保存与发扬，做出了巨大的贡献，真正应验了李商隐所说的：“春蚕到死丝方尽，蜡炬成灰泪始干。”纵观连横先生的一生，实不愧为台湾现代史上的一位伟大学人。

（本文主要参考资料：《台湾通史》《台湾诗乘》《台湾语典》《雅堂文集》等。）

中华全国侨联编：《台湾同胞抗日50年纪实》，
中国妇女出版社，1998年，第214—226页。

四、相关言论

急宜撤废取缔学术讲习会的恶法

（1924年）

蒋渭水

教育是国家最重要的事业，国民文化的高低，全赖乎教育普及与不普及。所以各国对于教育这方面，都是非常注重的。然而国家的经济能力有限，若全部的教育要完全由国家创设，未免有些困难。所以各国在教育行政上，有奖励创设私立学校——特以英国最极力奖励。故此英国有名的学校，大概是私立居多。如日本的早大、庆应、明大等，也是私立的呢，并且很发达，而成绩也很好。由此考察起来，可知私立学校对于国家贡献的力很大。台湾自改版图以来，对于教育政策，没有十分努力的诚意。所以至今学龄儿童的就学数，仅仅百分之三十三，而中学的就学人数，倒反不及在台之内地子弟的半数——第十八号的社说已经说过了——像这初等中等的教育全不普及的台湾，应该要更加奖励私立学校之创设。

台湾岛内，除了二个基督教创立的中学外，没有可观的私立学校的出现。这是什么缘故呢？是为从来的当局不能奖励，而反倒来压迫，对于经营者课以种种制限和束缚，故此，虽有志士仁人不忍坐视岛民之文盲，企图私设学校而被当局无理的刁难，致乎不能实现。如大正五年，全岛有志之士募集资金二十余万，欲在台中设立中学校，后来因受当局种种的干涉，结果被政府七铜八铁，弄成一个不完全的官立学校了。

又如去年，文化协会要设立文化义塾，也欲下了。由此可知道政府所发布的私立学校的规则，是不许可主义的规则啦。不但如此，于昨年五月十日，府会四十六号发布了什么学术讲习会的取缔规则出来，是不论期间的长短，若是关于学术的讲习，都要受过官厅的许可。就是一周间或二周间的讲习会，也要费了繁杂的手续，受过当局的许可也才能开会。这种烦琐的规则，不但日本所没有，就是世界上面，也可断为没有的，只是台湾有的。这算个独一无二之条规。

这讲习会，在过渡时代的台湾，是很切要的事业，其效力也是很大的，而今也被这样制限！咳！台湾学政的压迫，到这讲习会来岂不可谓极点了吗？如果政府不是采用愚民政策，若有诚意要启发台湾民智，何有这种种现象呢？这实在是很矛盾哩！所以我们敢说：在今日的台湾，若尚有取缔讲习会的规则，实在是台湾恶政的证据、台湾文化的耻辱了。故此我们很希望、很要求现当局诸贤明者，赶快把这龌龊的规则撤消！使民间得有自由开设各种讲习会，以图台湾文化的发达，则台湾三百万人民前途之大事，也是我国前途之大幸的。愿贤明的当局，在这点要留意！即时即刻实行撤废，这是全台人民所最企望的。

《台湾民报》第二卷第二十四号，一九二四年十一月二十一日

《蒋渭水全集》增订版上册，台北，海峡学术出版社，2005年，第40—42页。

台湾反帝运动的新阶段

——为“六一七”纪念作

（1940年）

谢南光

一、“六一七”的意义

“六一七”是日本帝国主义统治台湾的起点，是中华民族积极反抗日帝国主义的开始。甲午战争清廷败后，不明利弊竟将台湾割让日本，三百万的台民就变成日帝国主义的奴隶。三百万被遗弃的台民自然再不能依赖腐朽的清廷来争取自由、脱离奴隶的地位，须靠着自己的力量去斗争，克服我们台湾人的悲惨的命运。

四十余年前，我们的祖宗碰到这种悲运，既不灰心，又不放弃责任，就纠合军民组织台湾民主国，编陈义军，单独与新胜的日帝国主义展开存亡的斗争，势力悬殊非待智者而后明，但是，为着民族的光荣和民族的人格，不计成败利钝，毅然开始斗争，官军因唐巡抚奉谕内渡、不战而退，台北遂沦陷于敌。六月十七日，敌人居然在台北开府设治，台湾的奴隶政治就从此日开始，敌人称为“台湾始政纪念日”。帝国主义政治的开幕同时也就是更积极“反帝斗争”的发端，这日就变做台湾反帝斗争的纪念日。因此，“九一八”和“七七”的抗战，也可以说是“六一七”的连续。不过“七七”的抗战是中华民族对日帝国主义算总账的日子，在某基本的性质上并无任何分别，只有一点值得我们纪念的，即是台湾的反帝运动自“七七”以后，已变为整个中华民族的反帝运动的一部分。四十余年来的分离，自今以后再团圆起来，在一条民族战线上共同奋斗，中华民族的胜利，即是台湾革命的胜利，我们说到这里，觉得万分的兴奋。

二、敌人的衰弱

四十余年来，在台湾的反帝斗争，因为日帝国主义的压力太大，致使每次都是失败，都是牺牲了无数的同胞，这使我们十分焦灼。自“七七”以后，祖国英勇的抗战已使我们的敌人疲弊了，今年正月阿部内阁因其国内的经济恐慌无法支持而下台，米内内阁成立后，其情形并无进步，大阪的财阀们竟叹息云：“若在三月间不能得到相当的补救办法，

我们就不得了。”其实米内仍束手无策，致使五月间就有政变的传说，六月以来，政局更不稳定，随时有倒阁的趋势。查其原因，大致如左：

（一）粮食恐慌尤其米的不足，已至严重阶段。长野博士云：“日本当前的最大问题有二：一为粮食恐慌，二为如何结束中日战争。”去年秋收，只能供给至今年六月，日政府所输入之外米，最多不到五百万石，还不过一个月之粮食，八月以后就有断炊的危险。本年度因肥料只能供应二成至三成，劳力的不足又比去年为甚，即令风调雨顺，米的减收也是既定的事实，饥饿暴动的威胁已来临于日帝国主义的头上。

（二）欧战扩大后，不但海运发生问题，出口的减少、军用品来源的断绝，已使其军事工业濒临于破局，其重要物资的不足，约达三十亿元左右。

（三）物资缺乏和通货膨胀所引起的社会生活不安，原料动力恐慌所酿成的劳动不安，百万伤亡士兵家族的生活困难。这些因素凑合起来，已造成社会革命的条件，社会变革的危机促成统治阵营内的摇动，为阻止社会革命的兴起，五月以来统治阵营的新党运动渐见活跃。这些事实，从反面看起来，即是证明日帝国主义崩溃的条件已渐成熟。

（四）不管欧战能短期结束或变为长期战争，若短期结束见诸事实，战后的国际形势足以促成日帝国主义的瓦解，欧战长期化于日帝国主义亦是一个绝大的困难，因参战问题足以促成国内的激变，即参战亦是日帝国主义的坟墓。

就目前日帝国主义的主观条件及其客观情势而言，皆是日帝国主义的最后关头。换言之，我们的反攻时期快要来临了。

三、我们的任务

日帝国主义末日的来临，就是台湾解放运动成功，而台湾同胞挣断四十余年铁锁的机会。我们应该认清我们的客观情势，加强我们的主观力量，准备我们的总反攻。我们的迫切任务应该如下：

（一）我们应该积极支持日本百万伤兵的反战运动、千百万工农的反战反帝运动；

（二）我们应该支持日本民众“反对参战要求停战”的革命斗争，尤其目前所进行中的“反对新党运动”；

（三）我们应该加紧推行台湾军夫及农民义勇团的反战运动，通过他们的运动，策划前线日本士兵的“停战运动”；

（四）我们应该扩大台湾义勇队，一面参加祖国的抗战，一面号召台湾同胞参加军事训练，准备武力蜂起，推翻日本帝国主义的统治权，建立台湾的民主独立政权。

台湾同胞应即团结一致，起来打倒日本帝国主义，将“六一七”的国耻纪念日变做埋葬日本帝国主义的光荣的纪念日。

《台湾先锋》第四期，一九四〇年八月十五日

《谢南光著作选》（上），台北，海峡学术出版社，2006 年，第 551—554 页。

附录一　日军侵犯台湾牡丹社事件来往外交文件*

闽浙总督李鹤年致日本陆军中将西乡从道照会

（1874年）

闽浙总督部堂李　照会

日本国陆军中将西乡：照得台湾全地，久隶我国版图。虽其土番有生熟之别，然同为食毛践土，已二百余年；犹之粤楚云贵边界，猺獞苗黎之属，皆古所谓我中国荒服羁縻之地也。虽生番散处深山，獉狉成性，文教或有未通，政令偶有未逮，但居我疆土之内，总属我管辖之人。查万国公法云："凡疆内植物动物居民，无论生斯土者、自外来者，按理皆归地方律法管辖。"又载法得耳云："各国之属物所在，即为其土地。"又云："各国属地，或由寻觅，或由征服迁居，既经诸国立约认之，即使其间，或有来历不明之人，皆以此为掌管既久，他国即不应顾问。"又云："各国自主其事，自任其责。"据此各条，则台湾为中国疆土，生番定归中国隶属，当以中国律法管辖，不得任听别国越俎代谋。兹贵中将照会，以台湾生番戕杀遭风难民，奉命率兵，深入番地，殛其凶首，以示惩戒。在生番叠逞悍暴，杀害无辜，即按以中国之法，律所必诛；惟台湾全地，素属中国，贵国政府未与总理各国事务衙门商允作何办理，径行命将统兵前往，既与万国公法违背，亦于同治十年所换私约第一第三两条不合。然详阅来文，先云："招彼酋长，百般开导，使勿再蹈前辙。"复云："虽率兵前往，惟备土番抗拒，不得已稍示膺惩。"是贵中将之意，但在惩办首凶，以杜后患，并非必用兵。所开两案首凶，其备中州遭风难民，前由生番送出，未戕害一人，当经本部堂派员送沪，交领事官送还。自枋寮至琅峤一带，早经本部堂饬令台湾委员，建造隘寮，选举隘首，遇有外国遭风船只，以便随时救获；此后贵国商民往来该处，当不致有被杀之事，去岁备中州难民，并未被害，即其明证。其琉球岛，即我属国中山国疆土，该国世守外藩，甚为恭顺，本部堂一视同仁，即严檄该地方官，责成生番头

---

* 日本侵犯台湾由来已久，早在1874年5月就以琉球人被台湾山地人杀害为由，悍然派兵在台湾南部的琅峤登陆，随即进占牡丹社和高士佛社，并在龟山建立"都督府"，企图长期占领。这种违反国际法准则的侵略行径引起中国人民的极大愤慨。清政府派出福建船政大臣沈葆桢驻台，一方面积极备战，一方面通过外交努力，迫使日军于12月撤出台湾。这是日本对我国领土台湾的第一次侵占。从附录一转载的来往外交文件，可见此事件处理情况之一斑。

人，赶紧勒限交出凶手议抵。总之，台湾属在中国，应由中国自办，毋庸贵国代谋。各国公使俱在京师，必以本部堂为理直。缘准前因，合即照覆。

台湾省文献委员会编：《台湾省通志》卷三“政事志·外事篇”，台北，众文图书公司，1970年，第110页。

船政大臣沈葆桢致西乡都督照会

（1874年）

为照会事，照得生番土地，隶中国者二百余年。虽其人顽蠢无智，究系天生赤子，朝廷不忍绳之以法；欲其渐仁摩义，默化潜移，由生番而熟番，由熟番而成士庶，所以仰体仁爱之天心也。至于杀人者死，律有明条，虽生番亦岂能轻纵，然是中国分内应办之事，不能烦他国劳师糜饷而来。耳闻贵中将，忽然以船载兵，由不通商之琅峤登岸。台民惶恐，谓不知开罪何端，使贵国置和约于不顾。即西洋曾经换约各国，亦群以为骇人听闻。及观贵中将照会闽浙总督文，方知为牡丹社番戕害琉球国难民而起。无论琉球虽弱，亦俨然一国，尽可自鸣不平。即贵国转意恤邻，亦何妨照会总理衙门商办。倘中国袒护生番，以不肯惩办回覆，或以兵力不及，借力贵国，则贵国甚为有辞。组积累年之旧案，而不能候数日之回文。此中曲直是非，想亦难逃洞鉴。今牡丹社已残毁矣，而又波及无辜之高士佛等社。来文所称殛其凶手者谓何也？所称往攻其心者谓何也？帮办潘布政使自上海晤贵国柳原公使，已商允退兵，以为必非虚语。乃闻贵中将仍扎营牡丹社，且有将攻卑南之谣。夫牡丹社戕琉球难民者也，卑南社救贵国难民者也，相去奚啻霄壤，以为德怨，想贵中将必不其然。第贵中将照会闽浙总督公文，有佐藤利八至卑南番社亦被劫掠之语，诚恐谣传未必无因。夫凫水逃生，何有余赀可劫？天下有劫人之财，肯养其人数月不受值者耶？即谓地方官所报、难民口供不足据，贵国谢函具在，并未涉及劫掠一言，贵国所赏陈安生，即卑南社生番头目也。所赏之人，即所诛之人。贵国未必有此政体。或谓贵国方耀武功，天理不足畏，人言不足恤，然以积年精练之良将劲兵，逞志于蠢蠢无知生番，似未足以示武。即操全胜之劳，亦必互有杀伤。生番即不见怜，贵国人民亦不足惜耶？或谓贵国既波及无辜各社，可知意不在复仇。无论中国版图尺寸，不敢以与人。即通商诸邦，岂甘心贵国独享其利？日来南风司令，琅峤口岸，资粮转运益难。中国与贵国和谊，载在盟府，永矢弗谖。本大臣心有所危，何敢不开诚布公，以效愚者之一得？惟高明裁察，见复幸甚。

台湾省文献委员会编：《台湾省通志》卷三“政事志·外事篇”，台北，众文图书公司，1970年，第111—112页。

总署照会美副使请禁阻李让礼等借租人船与日本前往台湾番地

（1874 年）

录自《中美关系史料》（同治朝）页一一二二—一一二三

大清钦命总理各国事务和硕恭亲王，为照会事。

现据各处咨报及新闻纸，内述及，日本国欲遣兵船前往福建台湾生番地方，想贵大臣亦有所闻矣。查台湾生番处所皆系中国地土，日本有兵前往，亦未与中国商明此事。曾经各国大臣关切来告，或以照万国公法，凡有约和好之国，不得帮助日本；或径行饬知本国官商，毋许接济军火：俱征友谊。贵国与中国和好夙敦条约第一款内开："大清国与大合众两国并其民人各皆照前和平友好，毋得或异；更不得互相欺凌，偶因小故而启争端；若他国有何不公轻藐之事，一经照知，必须相助、从中善为调处，以示友谊关切"等语。是两国相助更有明文，中外所共闻共见；亦自约以来，贵国历任大臣与贵大臣所同为遵守者也。乃现据传闻，贵国借给日本大兵船一只载兵来华，福建厦门已到日本兵船内有兵头二人系美国人；又有曾任贵国领事官李让礼为之租贵国"牛约"轮船，装载兵丁粮食等项赴台等语。即希贵大臣迅速确查，照约严为禁阻。如有其事，立将李让礼及各兵头并一切船只全行撤回，以符约章而敦和谊：是为至盼。须至照会者。

右照会大美国钦命参赞统理全权事务大臣卫。

同治十三年四月初二日。

（见美使馆来去底稿）

美副使卫廉士照会总署美国兵船例不借用及李让礼租船应由驻日使臣管束

（1874 年）

录自《中美关系史料》（同治朝）页一一二三—一一二四

大美国钦命参赞总理全权事务大臣卫，为照复事。

昨准贵亲王照会内称"现据各处咨报及新闻纸所述，日本国欲遣兵船往赴台湾生番地方，并借用美国兵船，且内有美国兵头，如有其事，请照约严为禁阻"等因前来。本大臣查新闻咨报虽所述其事，然未闻日本传宣明文，大约该国无与中国有动干戈之意。所以伐生番之役，适间闻得，据言此事东洋大臣去岁在北京时，曾与贵衙门言及于此。盖因台湾生番地方，前有琉球船到彼处，其人队被生番杀害；此地既中国不能管束、任其猖獗，是以东洋有往彼处征伐之举。但想此事若据咨报新闻纸所传，恐难凭信。如贵国派有公使驻剳东洋都城，遇事自无难得实。照称东洋借用美国兵船一节，查美国兵船，向例无论何国概不能借用，决无其事。又称日本兵船内有兵头二人系美国人，并有曾任领事官李租给日本轮船，如有其事，立将此三人及船只全行撤回等语。此节无论如何，系属本国驻扎东洋钦差所应管；宜如何办理之处，本大臣则未能干予其事。来文引述条约第一款内开“若他国有何不公轻藐之事，一经照知，必须相助、从中善为调处”等语，查此项款内载“一经照知，必须彼此相助”，非只一边而言。兹仅准贵国照知，并未闻东洋于此事是非有无，而未便率行揆揣也。相应照复贵亲王查照，须至照会者。

右照会大清钦命总理各国事务和硕恭亲王。

甲戌年四月初五日。

（见美使馆来去底稿）

总署照复美署使派东生暨贾士分署台湾旗后及淡水副领事已分行知照

（1874 年）

录自《中美关系史料》（同治朝）页一一二四——一二五

同治十三年四月十三日，给美国卫廉士照会称：

准贵大臣照会称“台湾旗后及淡水两港口之副领事官需员，旗后副领事派本国人姓东生署理，淡水口副领事官以英国人姓贾士署理”等因前来。除业由本卫门分行知照及时，以便按照册报所办情节，向其剖辩，不致互有乖舛，“是为至要”。并续奉行准钦差大臣李咨，饬将各口与洋人交涉事件共有若干案，务即分别赶办完案；其何案已结、何案未结，逐细开造案由清册，移送本大臣衙门查考各等因，咨院行局。奉经移行各口遵照，并将福州、厦门、台湾各口与洋人交涉事件分别已结、未结，注明案由；截至同治十一年冬季，均经造具清册，呈请移咨察，查各在案。兹福州、厦门、台湾各口应造同治十二年春、夏两季分已结、未结各案，理合备造细册，具文详送察核、分咨总理衙门、钦差大臣察照等情，到本兼署部院。据此，除咨钦差大臣查照外，相应咨呈。为此，咨呈总理各国事务衙门，谨请查照施行。

再，闽浙总督系本兼署院本任，毋庸会衔，合并咨明。

福建中外交涉事件清册

…………

台湾口已结各案

一、同治十年二月间案奉院行，据合众国驻厦领事官李让礼申陈，饬催押追艋胛德兴号应赔担保买办吴阿成逃匿美商探臣行银货二千六百余元限缴一案。

（见各省美国交涉档）

总署照会美副使关于日本遣兵赴台与日使柳原等辩论始末

（1874年）

录自《中美关系史料》（同治朝）页一一四九—一一五九

大清钦命总理各国事务和硕恭亲王，为照会事。

查日本国于同治十年七月派大臣伊达暨随员柳原等来天津，与李中堂议定修好条规，彼此画押钤印。八月间，大臣伊达暨随员柳原等进京，本衙门以礼相待。同治十二年四月，大臣副岛暨随员柳原等复赴天津，将修好条规、通商章程公同互换，旋即进京。五月间，大臣副岛派随员柳原等来本衙门面询三事：一、澳门是否中国管辖，抑由大西洋主张？一、朝鲜诸凡政令，是否由该国自主？一、即台湾生番戕害琉球人民之事，拟遣人赴生番处说话等语。本大臣于晤谈时，询其原委，据随员柳原等答复，谓澳门地方恐须通商，不过询问明晰，为将来议办张本。朝鲜之事，冀中国调停其间。若台湾生番地方，只以遣人告之；嗣后日本人前往，好为相待：其意皆非为用兵等语。时因议论觐事未定，本衙门未便置词。迨六月初，觐见礼成，大臣副岛定期出京；本大臣等于送别时，言明嗣后彼此须按照修好条规所载，两国所属邦土不可稍有侵越。本大臣等所以郑重出之者，即指台湾生番等事而言。大臣副岛亦心领神会，以“固所甚愿”一言相答。乃本年三月间，准各国驻京大臣知照并新闻纸所载及中国沿海各地方官申报，日本国有兵船前赴台湾，有事生番；经本衙门两次照会日本国外务省，请其照复。旋奉谕旨：派沈葆桢为办理台湾等处海防兼理各国事务大臣；复奉旨：派潘蔚为帮办大臣等因，钦此。随据奏报：日本国中将西乡带兵到闽，给闽浙总督照会；经闽浙总督按照条约、援引公法照会中将西乡，请其早日回兵。乃中将西乡不与该督照复，径自领兵由琅峤登岸，焚毁牡丹等社，扎营番地。四月间，大臣柳原到沪，本衙门复办给照会，并经上海沈道及应藩司先向询问：后潘藩司抵沪，后偕光沈道向大臣柳原详细晤论，面议办法三条，彼此立手书为据。潘藩司旋赴台湾，偕台湾夏道前往琅峤面见中将西乡，交沈大臣所给照会及大臣柳原信函，逐条辩论；中将西乡允一面致书大臣柳原，一面由厦门电报寄信回国，暂不添兵前来。潘藩司、夏道派人传齐各社生番头目，呈“嗣后无论中外商民遇有遭风，均当竭力保护，不敢再有欺凌、杀害、抢夺情事”切结存案。潘藩司即函致大臣柳原，请其即行函致中将西乡查照前议，请示本国早日撤兵，以便中国派兵设汛，永相保护。大臣柳原以非印文，嘱沈道函致台湾换给沈大臣、潘藩司联衔印文照会，方能信致本国云云。沈道当即函致台湾，而大臣柳原不候沈大臣、潘藩司联衔印文照会，忽尔自沪起身，由津进京。查台湾之事，业经先后奉旨派沈大臣并潘藩司办理，潘藩司并与大臣柳原、中将西乡晤面商议如何办法。此次大臣柳原既经进京，本大臣等自不能不与往来议论；即大臣柳原想亦欲将台湾之事办妥，再办别事。恐贵大臣暨各国大臣未知其详，除将始末缘由照会各国大臣外，特备文照会贵大臣；并将中国与日本外务省暨大臣柳原照会并信共八件，一并抄送贵大臣查照。须至照会者。

右照会大美国钦命参赞总理全权事务大臣卫。

同治十三年六月二十日。

附件一　总署致日本国外务省大臣照会（三月二十六日）

为照会事。

照得贵国与中国自换约以来，各尽讲信修睦之道；彼此优礼相待，友谊日敦。上年贵副岛大臣奉使来华，与本王大臣诸事和商，情意颇洽。五月间，副岛大臣特遣随员柳原、翻译官郑来本衙门面询三事：一、澳门是否中国管辖，抑由大西洋主张？一、朝鲜诸凡政令，是否由该国自主？一、即台湾生番戕琉球人民之事，拟遣人赴生番处说话各情。本王大臣当于晤谈时，详论所询原委。嗣经贵国翻译官郑答复，谓澳门地方恐须通商，不过询问明晰，为将来议办张本。朝鲜之事，冀望中国调停其间，可借中国之力劝解。若台湾生番地方，只以遣人告知；嗣后日本人前往，好为相待，其意皆非为用兵等语。足见邦交益固，彼此均泯猜嫌。迨贵副岛大臣濒行时握手言别，本王大臣曾向贵副大臣面议，提及嗣后须按照修好条规所称“两国所属邦土，不可稍有侵越”；承副岛大臣以“固所甚愿”一言相答。溯自副岛大臣驻华多日，并未向本王大臣议及前询三事，而本王大臣亦从无于条规外允有别事；彼此两国当不致另有言外事端。惟现准各国驻京大臣均来向本王大臣告知，贵国兴兵前赴台湾，有事生番。并新闻纸所载及接到中国沿海各地方官申报：本年二月间有贵国大战船一只寄泊厦港，拟借校场操兵；并据贵国带兵官声称，系自台湾、澎湖而来。查台湾一隅僻海岛，其中生番人等向未绳以法律，故未设立郡县，即《礼记》所云“不易其俗，不易其宜”之意；而地土实系中国所属。中国边界地方，似此生番种类者他省亦有，均在版图之内；中国亦听从俗、从宜而已。此次忽闻贵国欲兴师前往台湾，是否的确？本王大臣未敢深信。倘贵国真有是举，何以未据先行议及？其寄泊厦港兵船究欲办理何事？希即见复，是所深盼！为此照会贵外务省大臣查照可也。须至照会者。

附件二　总署致日本国外务省大臣照会（四月十八日）

为照会事。

照得本王大臣前据中国沿海各地方官咨报并准各国驻京大臣告知，贵国有派兵前往台湾之事。当以此事未经先行议及，未之深信；曾于本年三月二十六日汇叙函报各节，照会贵外务省大臣查照见复在案。刻下想已接阅，当有复文在途矣。本年四月十四日奉上谕：“沈葆桢著授为钦差办理台湾等处海防兼理各国事务大臣，以重事权。钦此”。本衙门查台湾等处遇有各国事务，闽浙总督驻扎省垣，相距较远；船政大臣沈素悉中外情形，兹奉谕旨派充钦差办理台湾等处海防兼理各国事务大臣，必能悉心筹画、尽其事权，以符条约而敦睦谊。相应照会贵外务省大臣查照可也。

附件三　总署致日本国柳原大臣照会（四月二十七日）

为照会事。

照得上年贵国副岛大臣奉使来华，曾令贵大臣同翻译官郑来本衙门面询台湾生番戕害琉球人民之事。当经细询原委，曾准答复：台湾生番地方，只以遣人告知；嗣后日本人前往，好为相待：其意非为用兵等情。追贵副岛大臣并贵大臣濒行时，本王大臣曾向贵副岛大臣见面，言及嗣后须按照修好条规所载“两国所属邦土，不可稍有侵越”；承副岛大臣以“固所甚愿”一言相答。乃本年三月间，准各国驻京大臣向本王大臣告知，贵国兴兵赴台湾，将有事于生番。并迭据中国沿海各地方官申报，有贵国战船一只名“春日”，自台湾、澎湖来，寄泊厦港；带兵官海军少尉家柯声称“拟借地操兵”等语。本王大臣当汇叙函报各节，先行照会贵国外务省大臣；四月十四日，本王大臣续将钦奉上谕“沈葆桢著授为钦差办理台湾等处海防兼理各国事务大臣以重事权。钦此”照会各在案。迄今均未准见复。嗣接闽省咨开：贵国火轮船一号驶过旗后口外，又有轮船二号到琅峤社寮港口停泊，至柴城踏看扎营地势各情；并接贵国中将西乡照会：率亲兵由水路直进番地，因琉球人民遭害，招酋开导，殛凶示惩等情咨报前来。

本王大臣查台湾全地久隶中国版图，虽生番种类散处深山，向未绳以法律，总属中国管辖之人。即偶有洋面失险——如琉球人民受害前事，亦当知会应管辖之地方官查办。此次贵国兴兵，未经向本王大臣议及，亦未准知照，因何事派兵赴台？既与上年所言“非为用兵”之语未符，亦与条规内所载“两国邦土不可稍有侵越”等词相背！本王大臣殊为不解。今据各处探报，贵大臣奉命来华，已抵上海。经江苏应藩司、沈道将贵国船赴台湾一事向贵大臣详细剖说，业经贵大臣允为函致贵国外务省，并由电报知会厦门领事转告贵国中将等因，足见贵大臣克敦和谊，顾全大局。俟贵外务省暨厦门复信到沪，仍希贵大臣与应藩司、沈道平心妥议；总期彼此同守修好条规，永久不渝。贵大臣既为两国通好而来，如能尽其事权以固睦谊，本王大臣自当与各国来华大臣一体优礼相待。为此照会贵大臣查照可也。

附件四　日本国柳原大臣致总署函（五月十七日）

谨启者：本大臣猥以菲材，简命驻华。阳历五月二十八日——即四月十三日，行抵上海；晤沈道台，始悉同治十三年三月二十六日，经贵王大臣早有公文专人寄往东京，给我外务大臣取具复文等语。故本大臣暂停沪上，等候本省有何音耗。续于六月十三日——即四月二十九日，本大臣接由上海新关税务司将贵王大臣于十三年四月十八日再给我外务大臣之公文一角传递前来；本大臣接此，即于是日付邮寄回去。后于六月十八日——即五月初五日接到本省六月九日——即四月二十四日发来给本大臣函文，内云“本月四日——即四月二十日，有英国士人麦坚者来省，面递总理衙门十三年三月二十六日所发之公文；本省接阅之下，此邮未及即修复文”等因，并照录贵署来文咨送前来。据此，可期下邮必有回文，或委本大臣代为办具照复。惟以海路迢迢，虽有汽轮，一往一来辄需兼旬；知关贵王大臣盼念，理合先兹具闻。

至于本国命将征番一事，会潘藩台奉旨下闽路经沪渎，本大臣于本月六、七日两日——即四月二十二、三因沈道台得与邂逅，面谈一切。所有情节，闻经两宪具达尊听，故不赘述。昨者探得麦坚已回沪地，趁船北上；本大臣闻即派员就见，问以我外务省接了总署公文有何话说、有何收条，麦氏秘而不言。本大臣但见贵国人回、未见本省文来，中心不禁耿耿！用特耑布寸悃，以冀丙原。并颂勋祺！不宣。

阳历六月二十日——即五月初七日。

再者，本日临封此函，承沈道台捧贵王大臣四月二十七日所发给本大臣之公文来馆，亲手递下；又述贵王大臣函嘱致慰劳之意。本大臣接已阅悉，并感惠言谆至。除俟日再具复文外，笺端片言奉谢。不庄。

附件五　总署致日本国柳原大臣照会（五月二十九日）

为照会事。

前据上海沈道禀报：贵大臣到沪时，曾经询问上年副岛大臣在京派贵大臣到本署提及台湾生番之事，并未说到发兵前去；此时遽尔兴兵前往，实属违约！当由贵大臣答以“上年却未提带兵；此时实恐生番再加戕害，是以带兵自护”等语。兹于本月十七日据上海沈道申送贵大臣公函一封，知本王大臣三月二十六日专足持送贵国外务省公文已经收到，贵国业经照录咨送来沪；又四月二十七日交上海税务司转寄贵国外务省公文，贵大臣亦经收到，代为递去。本王大臣三月二十六日公文，贵国外务省下邮必有回文，或委贵大臣代办照复各等因函达前来。

查台湾用兵一事，上年副岛大臣在京，即未与本王大臣言明；本年中将西乡赴台，贵国复未先期照会。畔盟违约，各国皆无似此办法；本王大臣上两次公文均已详载。不知贵大臣此次来华，是为通好而来，抑为用兵而来？如谓修好而来，则现在用兵焚掠中国地土，又将何说？来函云：本王大臣前次公文，或由贵大臣办具照复；究竟贵国外务省暨贵大臣是否办给照复，抑姑以好言款我？统希贵大臣详示！须至照会者。

附件六　日本国外务大臣寺岛致总署照会（六月初二日）

为照复事。

兹接贵国同治十三年三月二十六日来文，据悉贵国传闻我政府将有事于台湾生番之地之说，甚为不解，因以承询各节。查此诚如来示所言，是往年我钦差全权大使副岛种臣奉命往入贵朝之际，经由该大臣遣其僚属转令面谘毛、董两大臣；而据其趣旨，今甫下手而已，别无他意。又此等情先于未接来文时，早有我钦使柳原前光派往贵国；想已由该使当为辩复见悉毕矣。故其来示所询，不及缕缕逐辩也。

为此照复，希即查照可也。须至照复者。

附件七　日本国大臣柳原致总署照会（六月初二日）

为照复事。

明治七年六月二十日，接沈道递来贵王大臣同治十三年四月二十七日所发公文，内开各节，业已阅悉。

本大臣案查此事原委，始于壬申之秋，我朝据琉球藩呈诉其民漂到台湾入牡丹社遇害一事。夫琉球岛原为我萨摩侯附庸，目今统归大政朝议。该岛从前叠诉此案，溯自明末至今，已有五次。当初日本即经派差问罪，由郑成功赔偿三万余金，以赡难民遗族。以后数次，因德川氏概禁官民出洋，每有其诉，置而不问。今者舟车所至，宾至如归；即我琉民莫非王臣，岂容生番一味蛮杀！乃欲兴师伐番，以尽义务。适我副岛大臣将与贵国践期换约，因上疏曰："臣查清国康熙年间，始并台湾；收自郑经，即沿故址置府县厅。其所赋徭著有界限，是为官典。自此以外，迄今视为人迹不到之地，并无官守。初有闽、广流氓冒入番地，摒逐土人，以渐成集；往来府、县营谋售贩者，谓之'熟番'。其被摒诸山谷之番，卧薪尝胆，恨不生啖华人之肉；乃画地设防，与该熟番世相仇杀，目未见朝廷官、足未踏中华地者，是为'生番'。外人一踵其地，立见戕害，盖由于此。从前英、美二国商船漂泊至此，亦受其害；即经兴兵自行惩办，而清国官并不过问。据此，我国自可办也。窃思该番社庄自与清国府县之治犬牙错杂，我既与清缔盟，此事未告而行，或伤和好。请仰体朝廷保民至意，适请言明，方可派差问罪，以全两国和好。"旨曰："可。"尔后副岛大臣逢人便说葛伯仇饷之事，以明公义。故该大臣上年来与贵国换和约后，正拟详告前事，不图甫入京师，即议觐礼。为日既久，本国外务阅月冗积，又以接使礼节未合通例，停谢觐见；欲回本国——即日束装，因不暇面告其事。乃于明治六年六月二十一日特令本大臣等至贵衙门当面言明，以表礼义心迹，以保两国交谊。当日询及台湾生番戕害琉民以后，贵国曾否查办群凶等语；准答复云："该地未服王化，未奉政令，谓之'生番'；中国置之度外，不甚为理。"经本大臣陈以"我国属民既受枉害，必须派差查办，以尽政府义务；此举惟在除凶安良，以其永无滋事。只我副岛大臣以其地接贵治，我国此行恐致贵国滋生嫌疑，谓我侵越境地，则于两国交谊关碍非轻；故尔告明"，言毕辞别。是夜，孙道访郑少丞，复询此事原委；并言"生番隐伏深山，似虎负嵎，办之非易。观夫美国兵船曾经往攻生番，反致败衄而归，足为前鉴，劝勿妄动"等情。亦经该丞解说"本国此举，系为匹夫匹妇复仇，以警将来起见，并无他意。至于胜败，非所逆料。且看义师一下，石卵奚敌"等语。翌日，复承贵王大臣仍与副岛大臣改议觐礼；后完觐事，告辞出京，其间贵王大臣并无异议。副岛大臣回国，据情复命，保其绝无嫌疑；所以我朝诚信其言，断然举行。先是，副岛大臣去贵国也，径自烟台回到东京。会由驻沪领事送回备中民户上春漂到番地受难者，当据讯供境遇，细得生番撒蛮之状：其如一见船到，倏有数百土人麇集海滨，起剥货物，将船拆开，各家分赃；更将行李尽行夺去，褫取难民身上衣服，一丝弗留，随欲加刀，忽有老人经过，苦劝饶命，方得生还等情。可见其俗强横残忍，殆非人类。况此一带岛面，实系我民航路要冲，有是数端，致我政府更难容耐，当命点拨员弁赴办其事。据海军省复称：此时风潮尚险，容缓数月，以此事又寝歇。后副岛大臣因病开缺，朝廷允其退养，著寺岛大臣顶缺。直至今春，简命陆军中将西乡作为都督，委以伐番之事。都督即率亲兵，驾船启行。一面先备公文，即令厦门领事驰递福建总督部堂报明事由，方可以礼过境；及至番地，如遇有清国兵驻防处所，即将我兵退避三舍，毋得毫有侵越。一面命本大臣火速赴任，以备贵国有所指问，便于应对；务以保护两国和好为重。及本大臣到沪，即晤沈道，始悉贵王大臣已有公文寄我外务大臣，并得阅其文稿；续承应、潘藩司亦为此事先后来沪会谈面询，经本大臣逐次剖说其情。夫西乡中将进办事宜，本为弭杀起见，其意不过往攻其心；即用兵仗，亦不过镇压蛮撞之备：则与上年本大臣等所陈言语，何尝不符！上陈各节，系本大臣履历所知。用特缕述，以明下文答复之意。

兹准贵王大臣来文内称："本年三月，准各国驻京大臣告知贵国兴兵赴台湾，将有事于生番；本王大臣查台湾全地久隶中国版图，虽生番散处深山，总属中国管辖。即有如琉球民受害前事，亦当知会应管辖之地方官查办。贵国兴兵，未经向本王大臣议及，亦未准知照因何事派兵赴台？即与上年所言未符，亦与条规所载'两国所属邦土不可稍有侵越'等词相背"等因。本大臣准此，三复其词，似属不揣其本而齐其末。如贵王大臣大书台湾全地久隶中国，即有他国人受害情事，应归管辖之地方官查办；乃提兴兵之目，责我未经议及、未准知照，竟引侵越邦土等字驳难，不亦灭我副岛大臣曾向贵国说明其由以存和好之意乎？今云生番应归地方管辖，则从前命案叠［迭］出，何以贵国并未惩办，一任他国自行伸冤！上年即让我国派员问罪；迨我将兵而往，谓是侵越属土，则前此之猝发兵船而往者，果何义耶？观夫番俗，前将琉民六十余人顷刻砍杀殆尽，备民四人则被百余土人围困、争剥衣物。请自试思，似此豺狼成性之人，果能不动刀兵而查办乎？本大臣于此一层，实未能贯通也。所云我国"春日"兵舰，此系奉饬测验沿海礁滩，故其湾泊厦门等处之事，素常闻知。如带兵官声称"拟借地操兵"一事，未审实属何意？容俟咨查回复。其贵王大臣给我外务大臣前后公文之回函，迄今均未寄来；到即火速转递。

前者承潘藩司函商为番地善后事宜，应回闽后向沈大臣禀商，咨请总理衙门核示，即行奉复等情；本大臣现在惟有准到来文，平心办理，专为两国保固睦谊而已。至于贵王大臣优待国使之礼，自有一定大典；本大臣固有厚望焉。

为此照复贵王大臣查照可也。须至照会者。

附件八 总署致日本国柳原大臣照会（六月初九日）

为照复事。

同治十三年六月初二日，据江海关道递到贵大臣照复内开各情。查中国与贵国相交，总以彼此换约订明“两国邦土毋稍侵越”为始；从前之案，无可牵涉。至上年贵国大臣副岛遣贵大臣来本衙门面谈各节，本衙门前次照会贵国外务省已尽言之，并无许贵国自行查办之说。查琉球国与中国礼部时有文件往来，官员亦常来中国；如琉球曾受生番之害应由琉球国请中国处置。即谓琉球国与贵国素有往来，贵国必欲与闻其事，亦应照会本衙门办理。至谓贵国人民曾经受害，两国即有条规，如有其事，尤应明言某年月日、某人在某处、若何被害，照会本衙门查办，中国无不为查办之理。万一中国不为查办，贵国或以允否自行办理询我中国可也；断无径自用兵之理，中国亦无允贵国自行查办之理！乃并无一二文件照会本衙门请为办理，而遽自行查办；不但查办，而且突然称兵入我境内。揆之于理，岂可谓平！“两国所属邦土毋相侵越”，盟言具在，载入条规；乃谓本衙门灭视贵国副岛大臣之言，然则副岛大臣即应灭视两国修好盟约之言乎！且副岛大臣于上年来觐时并未一言及此，本王大臣何从异议！即贵大臣来署向本大臣述及台湾生番一事，并无派兵前往之说；乃贵国外务省照复称“据其旨趣下手”等因，是本王大臣未尝许贵国自行查办，本衙门前次照会内业经详细声叙。且上年贵副岛大臣在京时屡次晤谈，实未明言台湾生番之事；而本大臣等却将“两国所属邦土不准侵越”等语，特于送行时当面申明，现郑少丞近在沪上，必深知之。而贵大臣此次照会内称：贵中将西乡进办事宜，与上年贵大臣所言何尝不符！是贵大臣自诬也，是贵大臣以自诬者诬本王大臣也！

至贵大臣所称本王大臣优待国使之礼自有一定大典等因，贵国如真笃念和好，贵大臣如真为两国保固睦谊，能以礼待中国，本衙门自无不以礼优待贵国。使臣因应之宜，理当如此。

贵国外务省照复称：来示所询已由贵大臣辩复，本衙门因就贵大臣照复所及约略剖明，现不另复贵国外务省矣。所有该处事宜，前经奉旨派沈大臣办理，并派潘藩司帮办。兹贵大臣照会称‘惟有准到来文，平心办理’等语，应俟贵大臣与沈大臣、潘藩司彼此商办可耳。

相应照复。须至照复者。

附件九 柳原大臣给潘藩司信

阁下奉旨回闽帮办沈钦差大臣，因过沪渎，枉顾本大臣，承下问曰：“贵国此次台湾之行，今已如此；惟此生番原有三十六社，未知西乡欲向何社生番问罪、究作何结局”？故本大臣陈以我民被害情由，并据西乡奉敕限办三事答云：第一，捕前杀我民者诛之；第二，抗抵我兵为敌者杀之；第三，番俗反复难制，须立严约，定使永远誓不剽杀难民之策。此本大臣专请阁下到闽会同沈钦差大臣办理，言归两国和好，是所切望！本大臣幸获剖心吐赤，惟阁下宏度容纳焉。如有矩教，敢效驽力，和衷酌办，以为两国愈敦和睦之地。谨启。

阳历六月七日

附件十　潘藩司复柳原大臣信

昨、今两奉教言，甚慰渴念。具见贵大臣和衷共济，筹画周详，莫名钦佩！

顷奉惠书，承示办法三条。第一条、第二条，经贵大臣面称“此系专指牡丹社、卑南社二处抢害之生番而言，与另社并未滋事之生番无涉”，足见办事头绪分明。如再有滋事者，应由中国派兵查办，事属可行。第三条所云，中国自当照约竭力保护；拟于海船经过要隘，或设营汛，或派兵船，或设望楼灯塔，使商船免致误入，再被生番扰害。请纾贵国锦怀，永敦和好。俟本司到闽后，向沈大臣禀商咨请总理衙门核示，即行奉复。现将贵大臣来函，一并照录转送矣。

用特先行布复。顺颂勋祉！

四月二十三日

（见美使馆来去底稿）

美副使卫廉士照复总署关于中日辩论台湾番地事

（1874 年）

录自《中美关系史料》（同治朝）页一一五九

大美国钦命参赞统理全权事务大臣卫，为照复事。

兹准贵亲王照会内开“日本国派兵往赴台湾生番地方及抄录往来照会、信件并补来信函内约有三事始末缘由”等因前来，本大臣具悉。兹于此事，承准贵亲王照知本大臣，实深感谢。然不知此事近来办理如何？既经沈大臣暨潘藩司会同查办，想当悉合机宜，自能妥善秉公办理也。为此照复贵亲王查照。须至照会者。

右照会大清钦命总理各国事务和硕恭亲王。

甲戌年七月初二日。

（见美使馆来去底稿）

总署照会美使抄送议结日本退兵台湾条款凭单

（1874 年）

录自《中美关系史料》（同治朝）页一一七四—一一七五

大清钦命总理各国事务和硕恭亲王，为照会事。

查台湾地方前因日本国兵往番社，本衙门查中国与贵国条约第一款内载“他国有何不公轻藐之事，一经照知，必须相助、从中善为调处，以示友谊关切”等语，曾经于本年六月间将与日本国往来照会等件抄录，照会贵国卫大臣在案。今与日本国议明退兵结案，所有从前因此事一切来往公文，彼此撤回注销，永为罢论。至于台湾生、熟各番社均属中国版图，中国自宜设法妥为约束，以期永保航客不能再受凶害，用敦睦谊。相应抄录条款、凭单照会贵大臣查照，即行照复本衙门可也。须至照会者。

右照会大亚美理驾合众国钦命驻扎中华便宜行事全权大臣艾。

同治十三年九月二十八日。

附件：条款、凭单　（略）

（见美使馆来去底稿）

以上美使馆来去底稿等外交文件均见台湾省文献委员会编：

《台湾历史文献丛刊·台湾对外关系史料》，台北，“中华书局”，1971 年，第 73—101 页。

附录二　台湾教育的重建*

台湾省接管计划纲要之教育文化部分

（1944 年）

第七　教育文化

一、接收后改组之学校须于短期内开课。私立学校及私立文化事业，如在接管期间，能遵守法令，准其继续办理，否则接收改组或停办之。

二、学校接收后，应即实行下列各事：（甲）课程及学校行政，须照法令规定。（乙）教科书用国定或审定本。

三、师范学校接收改组后，应特别注重教师素质及教务训育之改进。

四、国民教育及补习教育，应依照法令积极推行。

五、接管后，应规定国语普及计划，限期逐步实施。中小学校以国语为必修科，公教人员首先遵用国语，并先训练国语师资。

六、各学校教员、社会机关人员，及其他从事文化事业之人员，除敌国人民（但在专科以上之学校必要时得予留用）及违法行为者外，均予留用；但教员须举行甄审，合格者给予证书。

七、各级学校、博物馆、图书馆、广播电台、电影制片厂、放映场等之设置、地点与经费，接管后以不变动为原则，但须按照分区设校及普及教育原则，妥为规划。

八、日本占领时强迫服兵役之台籍学生，应依其志愿与程度，予以复学或转学之便利，其以公费资送国外之台籍学生，得斟酌情形，使其继续留学。

九、日本最近在各地设立之练成所，应一律解散。

十、派遣教育人员赴各省参观：选派中学学校毕业学生入各省专科以上之学校肄业，并多聘请学者到台讲学。

十一、设置省训练团、县训练所，分别训练公教人员、技术人员及管理人员，并在各级学校开办成人班、妇女班，普及国民训练，以灌输民族意识，及本党主义。

十二、日本占领时代印行之书刊电影片等，其有诋毁党国或曲解历史者，概予销毁，一面专设编译机关，编辑教材、参考书及必要之书籍图表。

台湾省文献委员会编：《台湾省通志稿》“光复志”，台湾省政府印刷厂，1957 年，第 21—22 页。

---

* 1945 年 8 月 15 日，日本帝国主义在中国人民的英勇抗战和美苏等盟军的协力打击下，宣告无条件投降，被占据五十年之久的台湾，终于重新回归祖国怀抱。台湾光复后，台湾教育通过遣返日籍教员和学生，清除殖民奴化教育影响，建立三民主义教育体制，采取征、甄、考选办法补充师资，提供适合国情的新教材，加强国语和祖国化教育，妥善处理留日学生，逐步完成台湾教育的重建工作。本附录提供的材料，可以了解台湾教育接收、改造和创建新教育体系的概貌。

本省光复前后初等教育设施概况比较表

（1944—1946 年）

时期	学校类别	校数	班级数	学生数				教职员数				经费数（单位：元）		
				计	省人	日人	其他	计	省人	日人	其他	计	日据时期国库支出及接收后省经费	日据时期州厅市街等费及接收后县市经费
日据繁荣时期（民国三十三年）	共计	1 194	14 314	941 177	883 241	53 560	4 396	17 249	8 456	8 783		360 920 528	6 082 508	30 838 020
	幼稚园	95	209	8 672	5 690	2 941	41	273	134	132		18 559	/	18 559
	国民学校	1 099	14 105	932 515	877 551	50 619	4 355	16 976	8 322	8 651		36 901 969	6 082 508	30 819 461
接收初期	共计	944	12 910	850 097	850 097	/	/	6 718	6 718	/		/	/	/
	幼稚园	/	/	/	/	/	/	/	/	/		/	/	/
	国民学校	944	12 910	850 097	850 097	/	/	6 718	6 718	/		/	/	/
改制以后（民国三十五年）	共计	1 049	13 547	892 040	890 597	1 443	/	14 897	14 895	38		345 352 492	/	345 252 492
	幼稚园	/	/	/	/	/	/	/	/	/		/	/	/
	国民学校	1 049	13 547	892 040	890 597	1 443	/	14 897	14 895	38		345 352 492	/	345 252 492

台湾省文献委员会编：《台湾省通志》卷五“教育志·教育设施篇”，台北，众文图书公司，1970 年，第 154 页。

本省光复前后中等教育设施概况比较表

（1944—1946 年）

时期	学校类别	校数	班级数	学生数				教职员数				经费数（单位：元）		
				计	省人	日人	其他	计	省人	日人	其他	计	日据时期国库支出及接收后省经费	日据时期州厅市街等费及接收后县市经费
日据最盛时期（民国三十三年）	共计	174	1 373	67 427	41 023	26 190	194	2 860	243	2 617	/	14 547 789	9 974 307	5 573 482
	中学	45	561	29 005	12 816	16 104	75	1 128	112	1 016	/	4 425 814	2 959 381	1 466 433
	师范学校	3	84	2 888	512	2 364	2	300	42	258	/	4 169 720	5 169 720	/
	职业学校	27	312	14 184	9 040	5 077	67	675	89	586	/	4 085 882	1 845 206	2 240 676
	职业补习学校	90	363	18 090	15 828	2 234	28	547	/	547	/	1 866 373	/	1 866 373
	其他	9	53	3 260	2 827	411	22	210	/	210	/	/	/	/
接收初期	共计	70	846	42 101	20 881	21 220	/	2 277	489	1 788	/	/	/	/
	中学	39	487	26 078	9 509	16 569	/	1 167	101	1 066	/	/	/	/
	师范学校	4	67	2 796	2 796	/	/	229	220	9	/	/	/	/
	职业学校	27	292	13 227	8 576	4 651	/	881	168	713	/	/	/	/
	职业补习学校	/	/	/	/	/	/	/	/	/	/	/	/	/
	其他	/	/	/	/	/	/	/	/	/	/	/	/	/

续表

时期	学校类别	校数	班级数	学生数				教职员数				经费数（单位：元）		
				计	省人	日人	其他	计	省人	日人	其他	计	日据时期国库支出及接收后省经费	日据时期州厅市街等费及接收后县市经费
改制以后（民国三十五年）	共计	208	1 279	57 494	56 600	894	/	1 979	1 826	153	/	49 831 475	49 831 475	/
	中学	123	690	32 296	31 409	887	/	882	813	69	/	17 913 800	17 913 800	/
	师范学校	4	71	2 796	2 796	/	/	229	220	9	/	15 795 000	15 795 000	/
	职业学校	81	518	22 402	22 395	7	/	868	793	75	/	16 122 675	16 122 675	/
	职业补习学校	/	/	/	/	/	/	/	/	/	/	/	/	/
	其他	/	/	/	/	/	/	/	/	/	/	/	/	/

台湾省文献委员会编：《台湾省通志》卷五“教育志·教育设施篇”，台北，众文图书公司，1970年，第155页。

本省光复前后高等教育设施概况比较表

（1944—1946 年）

时期	校别	校数	科系班次		学生数				教职员数				经费数	
			科系数	班级数	计	省人	日人	其他	计	省人	日人	其他	日据时期国库支出及接收后省经费	日据时期州厅市街等费及接收后县市经费
日据最盛时期（民国三十三年）	共计	6	/	153	2 326	516	1 807	13	1 014	225	786	3	9 667 249	/
	大学	1	/	99	394	111	278	5	692	142	550	/	7 641 218	/
	专门学校	5	/	54	1 942	415	1 519	8	312	73	236	3	2 026 031	/
接收初期	共计	4	13	40	1 637	976	659	2	268	148	120	/	/	/
	大学	1	/	/	/	/	/	/	/	/	/	/	/	/
	专门学校	3	13	40	1 637	976	659	2	268	148	120	/	/	/
改制以后（民国三十五年五月至七月）	共计	5	30	41	1 259	1 247	12	/	105	57	48	/	7 625 000	/
	大学	1	/	/	/	/	/	/	/	/	/	/	/	/
	独立学院	2	11	13	505	505	/	/	56	46	10	/	3 430 000	/
	专门学校	2	19	28	754	742	12	/	49	11	38	/	4 195 000	/

台湾省文献委员会编：《台湾省通志》卷五“教育志·教育设施篇”，台北，众文图书公司，1970 年，第 156 页。

台湾接收前后之大专学制

（1945 年）

台湾接收前之大专学制

<table>
<tr><th colspan="2">学校种类</th><th>修业年限</th><th>入学资格</th><th>简　注</th></tr>
<tr><td colspan="2">大学院</td><td>二年</td><td>大学学部毕业</td><td></td></tr>
<tr><td rowspan="2">大学</td><td>学　部</td><td>三年</td><td rowspan="2">1. 大学预科毕业
2. 高等学校毕业
3. 专门学校毕业</td><td rowspan="2"></td></tr>
<tr><td>医学部</td><td>四年</td></tr>
<tr><td colspan="2">大学预科</td><td>三年</td><td>中学毕业</td><td>战时缩短为二年</td></tr>
<tr><td colspan="2">高等学校</td><td>三年</td><td>中学毕业</td><td>战时缩短为二年</td></tr>
<tr><td rowspan="2">专门学校</td><td>本　科</td><td>三年</td><td>1. 中学毕业</td><td></td></tr>
<tr><td>专修科</td><td>一年</td><td>2. 实业学校毕业</td><td></td></tr>
</table>

台湾接收后之大专暂行学制

<table>
<tr><th colspan="2">学校种类</th><th>修业年限</th><th>入学资格</th><th>备　注</th></tr>
<tr><td rowspan="3">大学</td><td>文、法、商、理、工、农学院（独立学院）</td><td>四年</td><td>1. 高级中学毕业
2. 高级职业学校毕业</td><td></td></tr>
<tr><td>师范学院</td><td>五年</td><td rowspan="2">3. 旧制五年制中学或实业学校毕业后继续在较高级学校肄业满一年或补习一年者
4. 同等学力（修毕高二课程而失学一年以上者）</td><td>在校修习四年，实习一年</td></tr>
<tr><td>医学院</td><td>五年</td><td></td></tr>
<tr><td colspan="2">大学先进班</td><td>一年</td><td>旧制五年制中学或实业学校毕业</td><td></td></tr>
<tr><td rowspan="4">专科学校（或学院附设）</td><td>本　科</td><td>三年</td><td>1. 高级中学毕业
2. 高级职业学校毕业</td><td></td></tr>
<tr><td>四年制专修科</td><td>四年</td><td rowspan="2">1. 旧制五年制中学或实业学校毕业
2. 旧制四年制中学或实业学校毕业后继续在较高级学校肄业满一年或补习一年者</td><td></td></tr>
<tr><td>三年制专修科</td><td>三年</td><td></td></tr>
<tr><td>一年制专修科</td><td>一年</td><td>1. 旧制高等学校或专门学校毕业
2. 本国制大学肄业满二年者</td><td>师范学院曾招生一班后停办</td></tr>
</table>

徐南号主编：《台湾教育史》，台北，师大书苑有限公司，1993 年，第 172—173 页。

光复初期台湾省教育行政机关（省、县、市级）系统简表

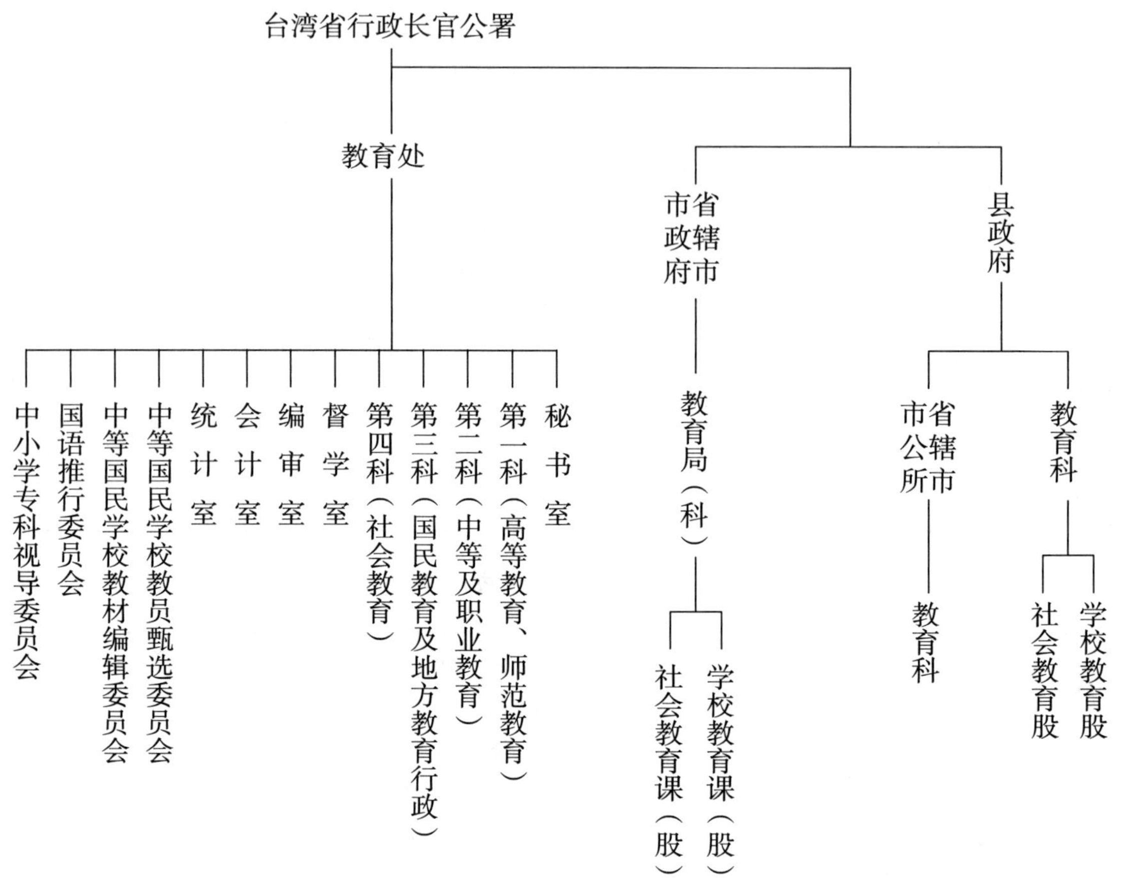

台湾省文献委员会编：《台湾省通志稿》“教育志·教育行政篇”，台湾省政府印刷厂，1957年，第339页。

台湾教育之重建

（1945年）

薛人仰

一、台湾教育现状

日寇既夺台湾，即积极致力于奴化台胞之思想，以期消灭台胞反抗之力量而遂其长久占领之企图。故对于思想教育设施，备极注意。一八九五年六月，台湾总督府设立之初，教育行政机构（学务部假事务所）既开始研讨教育实施方案，一面着手编纂教科用书，一

面设所传学倭语，嗣后颁定学制，增设学校，训练师资，强迫推行，不遗余力，迄今五十周年，毒气所播，几遍全岛。据一九四四年《朝日年鉴》所载，台湾已有幼稚园九十五所，国民学校一，〇三一所，中学校二十一所，高等女校二十所，高等学校一所，师范学校六所，职业学校二十一所，职业补习学校八十四所，专门学校四所，大学预科一所，大学一所，共计各级学校已达一，二八五所，学生八六一，四三九人，其占总人口数之比例已超我国内地各省。学龄儿童已学者，达百分之九十九以上，亦远非内地各省所及。此外社会教育机构为数亦多。日语讲习所凡三，九四二所，已毕业及在学学生凡三四九，五六三人，近年续有增加。

青年训练所二十六所，青年学校及家政学校五十九所，青年补习教育所五四五所，盲哑学校二所，男子青年团六三九团，女子青年团三一九团，少年团一三〇团，图书馆七十九所，博物馆六所，动植物园各一所，卫生参考馆二所。其他以社会教化之名而推进其奴化及皇民思想之团体，如村庄振兴会、家长会等，所在多有。自上列数字观之，台湾教育已臻相当发达，惟进而在推究日人设教之目的，可知校数虽多，未必即为台胞之福，略举数事可以证之：

（一）日语之推行。台湾同胞六百余万，除番民约十六万人外，均为我国闽粤等省同胞之迁往者，彼等习汉语用汉文由来已久，文化程度未尝稍低于倭，乃日寇占领之初，即积极设所教授日语。翌年，日语传习所遍布全台各重要城市。嗣后日益推广，匪特正式学校必以日语传习为必修科，举凡社教体系、文化团体，莫不责令传习日语为主要任务，同时对于台胞原用之汉文汉语，步步加以限制。迨中日战争起更变本加厉，禁止传授汉文、阅读汉书，强迫台胞改用日本姓名，其用心之险恶，于斯可见。

（二）教材之篡改。台湾各级学校所用教材，均出日人之手。凡足以保存台湾民气之史实，悉被删改，对于我国历史，或歪曲事实，或详古略今，一面更以倭史为“国史”，“大和魂”为信仰中心。窥其用心，不外使台湾台胞对祖国逐渐淡忘而被倭寇完全同化也。

（三）日台之分教。倭在台湾所设专科以上学校，本为日人子弟专利品，台胞之能插足其间者极少。中等学校普通科亦大半为日人所独享。甚至初等教育亦有日台之分，为日人而设者为小学，为台人而设者别称公学校，界限分明，显有主奴之别。一九二二年，“改正教育令”公布，表面上虽提倡日台儿童共学之制，而事实上在求同化程度上加深而已。

就上述数事观之，倭寇对台湾同胞施教之真意在于奴化，已昭然若揭矣。“八・一三”以后，倭人对台复倡皇民运动。所谓皇民化者，即将我在台之神明华胄，化为彼倭皇室之顺民也。而实行皇民化之手段，自以教育最为有效力，故倭在台所设教育愈普及，我台胞之受毒愈深。所幸我台胞父老数十年来含恨茹苦，而爱国之心未曾稍减，初则设书房传授诗书，继而书房被禁，而斯文之家私聘教师从习汉文者比比皆是。祖国在台文化赖以不坠，而台胞民族意识始终盛旺。数十年中华革命运动不断发生，盖亦间接受我祖国文化之激励。

二、重建台湾教育之原则

台湾收复以后，首要工作在安民心，使归宗祖国，益增亲切之感。教育为亲民之基本途径，故一切设施，均应以协助台胞发扬民族意识，精神上与祖国同胞完全融洽，一切体制与国内渐一致为基本方针。兹依管见所及，请述重建台湾教育应注意之原则如次：

（一）普及国语。语文为维持民族向心力之基本条件，亦为一切政治之基本工具，倭人蓄意泯灭台胞之民族意识，故推行日语，不遗余力。吾人收复之后，自应针对斯弊，尽量予台胞以复习祖国语文之机会，所有前日语传习所固应全改为国语传习机关，各社会教育机关亦均应协助国语之推行。至公教人员，尤宜以身为倡，造成国语环境，数年以后，语言既趋一致。

（二）人民受教育之机会不可减少。日寇在台施教用意虽恶，但自数量观之，台胞受教育之机会实为相当普遍，学龄儿童入学之百分比，亦足与欧美相抗衡。中等教育阶段，台胞子弟虽然插足普通科，而受低级职业训练机会尚不甚感缺乏。吾人收复之后，一面对教育内容予以纠正，一面对学校数量应尽量设法维持，不可使台胞子弟有失学之苦。社会教育机关，尤应改组恢复，俾对一般民众早收潜移默化之效。台湾教育经费，据一九三三年统计，已达一六，七三二，〇四六元，其在岁出总额中占百分比率在普通行政费之上。收复以后，应尽量维持此特点，且应维持其独立，不许挪用，以免影响设校。

（三）学制渐谋与内地符合。台湾现设学校，悉依倭国学制，与我国现制自当求取一致。惟改制宜渐，不宜过骤，对于在校各级学生，应定分年改办之计划，对于已毕业各类学校学生，亦应有学历折算之标准。务使已受教育之台胞学历不致抹煞，而在校者亦有自由转学内地之便。

倭制男女受教机会，颇不平等，与此我国现制相远，将来在台湾应予矫正。男女受教育之机会应绝对平等，惟台湾原有专为女生而设之家政学校及其他妇女社教之机构，对于妇女教育确有裨益者，自可续令办理。至私立学校除日人不准设立外，其余应悉照我国现行私立学校法令办理。

三、重建台湾教育之准备

敌人现已无条件投降，台湾收复之期，指日可待。吾人重建台湾教育之方针既定，应即作准备工作。最急要者约有三端：

（一）人才之准备。台湾收复后，各级学校师资以就地取材，轮流调训为原则。惟接管之初，所需国语师资及本国史地等科之师资，事实上非由内地先为储蓄一部不可，姑就现有各级学校数目，以每校需要国文、历史、地理师资各一人估计，则国民学校所需共为三，〇九三人，中学校及专科学校（职业补习学校不在内）共需二二二人，大学文学院所需较多，暂以二十人计，合计为三，二三五人。此外各国语传习所及社教机构指导人员为数亦以千计。从假定台湾此次学校被炸甚多，收复之初，先收复三分之一，则所应储备之师资为数亦在一千以上。此类师资须往沦陷五十年之台湾工作，环境迥异，均须特别适应，非由内地随意调派即可胜者，故应事先施以相当训练，俾无临事周章之虞。

（二）教材之编辑。台湾收复以后，日人所编制教材自不可用，而我国内地现用教本，以语文之隔阂，一时亦难适用。故应事先编辑，且先为印刷以备收复时之急需。排印方式应附注音符号及方音符号，以利学习国语。编辑内容，初步应以台湾乡土教材为主，处处着重于台湾过去之正确历史，其与内地之关系，以及我国建国之根本方针，使台胞先真正了解其自身环境，进而爱其家乡，而保卫其国家。

原我国内现时各地莫不极感书荒，战后百废待举之际，期以大量印刷能力，供应台湾教材之需，势所难免。然至低限制，台湾各级学校所需之国语、史、地诸科教材，必须先事准备。

（三）法规之拟订。我国现行教育法令，理应全部适应于台湾，惟以台湾实施倭制已五十年，情形不无特殊之处，内地所行法令，不免小部分暂难遵行，应予另订过渡办法，以便实施。台湾现行法规，固应废止，惟其中亦有特殊优点，亦应酌予保留。至于各级学校学生学籍如何折算，转学内地之如何鼓励，以及原有教职员之如何甄备留用，内地教育人员赴台工作之如何鼓励等，均宜早订办法，迅予公布，俾在台教育工作人员心获所安，而内地有志赴台工作者知有所劝。

台湾为我国东南屏障，关系国防至巨，且为近世我国收回失地之第一处，施政良窳影响国际观瞻。教育为百年大计，重建工作，尤为艰巨，自非短文所能尽述。以上所述，仅就管见所及，略提一二，倘能引起国内贤达起而注意此台湾教育重建问题，则非惟作者之幸也。

录自民国三十四年八月二十五日刊行“台湾重建协会成立大会特刊”

秦孝仪主编：《抗战时期收复台湾之重要言论》，
台北，近代中国出版社，1990年，第299—304页。

台湾省各级学校及教育机关接收处理暂行办法

（1945年）

一、公立国民学校、实业补习学校，由各州厅接管委员会或市政府直接接收。校长一律派由国人接充。暂就原校教职员中遴选学识能力较优或当地具有教员资格之台胞，委派代理校务，并取具学历证件，报候审核。

二、台北市区内之州立中等学校，由本署直接派员接收整理。各州厅立之中等学校，概由州厅接管委员会先行接收，暂就原校或邻校教职员中遴选学识能力较优之台胞，委派代理校务，并负责保管所有设备及财产，听候派员接办。

三、台北市区内之州立社会教育机关（包括神社及教育团体），由本署直接派员接收及整理。各州厅公立社会教育机关（包括神社），由各州厅接管委员会或市政府分别接收，暂行派人维持业务，报候核定。

四、青年学校及青年练成所，一律停办，所有设备及财产，暂由州厅接管委员会或市政府派员保管，另定处理办法。

五、台北、高雄、基隆三市役所之教育课，由各该市政府分别接收。各州厅市郡教育课，系由本署教育处派员协助州厅接管委员会接收，另订调整办法。

六、上列接管之学校及教育机关，除国语、国文、公民、史地教育，应由国人充任外，得酌量暂时留用日籍教职员，以免业务停顿。

民国三十四年十一月七日

薛日顺编：《台湾省政府档案史料汇编》“台湾省行政长官公署时期（三）”，“国史馆”，1999年，第355—356页。

台湾省中等国民学校教材编辑委员会组织规程

（1945年）

第一条　台湾省中等学校及国民学校教材编辑事宜，由教育处组织台湾省中等学校国民学校编辑委员会（以下简称本会）办理之。

第二条　本会设主任委员一人，委员六人至八人，由教育处聘任之。

第三条　本会设编辑五人至九人，分专任、兼任二种，兼任者得请校外专家担任，或调用教育处职员兼充。干事二人，书记四人至六人，均由本会主任委员提请教育处任用。

第四条　本会之任务如左：

一、关于台湾省中等学校及国民学校教材之编辑事项。

二、关于台湾省中等学校及国民学校各科教授用书之编辑事项。

三、关于台湾省中等学校及国民学校教员及学生参考用书之编辑事项。

四、关于会外专家编辑教材之委托事项。

五、关于印订技术上各项具体问题（如纸张之种类、版本之大小、字体之种别等）之规定事项。

六、其他与中等学校及国民学校教材编辑有关事项。

第五条　本会每月举行会议一次，但有必要时，得由主任委员召集临时会议。主任委员因故缺席时，得指定委员一人代行主持。

第六条　凡与教材编辑有关之教育处各科室会之职员，得由本会会议时请其列席。

第七条 本规程自公布之日施行。

民国三十四年十一月十日

薛日顺编：《台湾省政府档案史料汇编》“台湾省行政长官公署时期（三）”，“国史馆”，1999年，第356—357页。

台湾省中等国民学校教员甄选办法

（1945年）

第一条 本省中等学校及国民学校教员，应一律先经台湾省中等国民学校教员甄选委员会甄选合格，方得正式任用。

第二条 国民学校教员，应具备左列各款资格之一：

一、师范学校、高级中学师范科，或本省高等学校高等科毕业者。

二、简易师范学校毕业，曾任初级小学校教员二年以上，成绩优良者。

三、高级中学毕业，曾任教员一年以上，成绩优良者。

四、本省中学高等女校或实业学校毕业，曾任教员二年以上，成绩优良者。

五、曾任国民学校教员或本省书房教师三年以上，成绩优良者。

第三条 初级中学教员，应具备左列各款资格之一：

一、具有高级中学教员资格者。

二、大学各院系高等师范本科或专科师范、专科学校毕业者。

三、专科学校或大学专修科毕业，具有一年以上之教学经验者。

四、本省高等学校高等科或大学预科毕业，曾任教员三年以上，成绩优良者。

五、曾任初中教员四年以上，经主管教育行政机关考核，认为教学成绩优良者。

六、师范学校毕业，曾任国民学校教员十年以上，并经教育行政机关考核，认为成绩优良者。

七、具有精练技能者（限于技能学科教员）。

第四条 高级中等教员，应具备左列各款资格之一：

一、师范学院或师范大学毕业者。

二、大学各院系或高等师范本科或专修科毕业，有一年以上之教学经验者。

三、专科或专门学校本科毕业，有二年以上之教学经验者。

四、曾任本省高等学校或大学预科教员四年以上，经主管教育行政机关考核，认为教学成绩优良者。

第五条 师范学校教员，应具备左列各款资格之一：

一、师范大学、师范学院本科或大学教育学院毕业者。

二、大学各院系或高等师范本科毕业，有一年以上之教学经验者。

三、专科或专门学校本科毕业，有三年以上之教学经验者。

四、曾任师范学校教员四年以上，经主管教育行政机关考核，认为教学成绩优良者。

第六条　职业学校职业学科教员，应具备左列各款资格之一：

一、大学或专科学校毕业，所习学科与职业学校职业学科相同者。

二、具有专门技能，有证明文件，曾任教育工作三年以上者。

三、曾任职业学校职业科教员四年以上，经主管教育行政机关考核，认为教学成绩优良者。

具有中学校、师范学校教员资格之一者，得为职业学校普通科教员。

第七条　中等学校及国民学校教员，申请甄选，须呈缴下列各件：

一、履历书二份。

二、毕业证书及主修学科证明文件。

三、服务证明书。

四、最近二寸半身照片三张。

第八条　国民学校教员之甄选，得由甄选委员会委托各县市主管教育行政机关初审后，汇送复审。

第九条　具有各级学校各科教学学识能力，而未合上列各条规定资格者，得由甄选委员会举行试验甄选，其试验办法另定之。

第十条　中等学校教员，必要时得于重要都市举行考试，及格者由教育处分发任用。

第十一条　凡经甄选合格之中等学校各科教员及国民学校级任或专科教员，由甄选委员会发给甄选合格证书。

第十二条　本办法自公布之日施行。

民国三十四年十一月二十二日

薛日顺编：《台湾省政府档案史料汇编》“台湾省行政长官公署时期（三）”，“国史馆”，1999 年，第 359—362 页。

台湾省留日学生处理办法

（1946 年）

一、凡本省留日学生，除专科以上学校理、工、农、医各科学生，志愿继续留日肄业者外，其余均以全部返台为原则。

二、志愿继续留日肄业之专科以上学校理、工、农、医各科学生，由本省行政长官公署（简称本署）函请东京盟军总部代办调查登记，并通知汇款接济手续。如学生人数多，由本署派专员一人驻日，负管理及联络之责。

三、前条留日学生，由本署印制留日学生登记证。送请盟军总部代发照填。已设驻日专员时，交该专员分发照填。前项登记证格式另定之。

四、本办法自呈奉行政长官核准后，函请美军驻台联络组转东京盟军总部查照施行。

民国三十五年二月

《台湾战后初期留学教育史料汇编》第一册“留学日本事务（一）”，“国史馆”，2001年，第463—464页。

台湾省留日返省学生处理办法

（1946年）

一、本省留日返省学生，应于返台时，依本办法之规定，检同左列证件及二寸半身相片二张，向本省行政长官公署教育处（简称本处）申请登记，以便分发转学，但自行投考各校者，不适用本办法之规定。

甲、在学证明书。

乙、成绩证明书。

丙、身体检查书。

二、留日返省学生之分发转学，由本处组织留日返台学生审查委员会办理审查，经审查合格者，依左列各款之规定分发于同等学校的适当年级。

甲、分发专科学校文、法、商各科学生，由本省省立台南工业专科学校及台中农业专科学校举行编级试验，尽量容纳。

乙、分发专科学校理、工、农各科学生，由本省省立台南工业专科学校及台中农业专科学校举行编级试验，尽量容纳。

丙、分发各中等学校学生，由各该学校举行编级试验，尽量容纳。

三、留日返省学生，得依左列各款之规定请求转学，其应转入国立台湾大学者由本处造具名册，函请尽量容纳；如属专科以上学校医科学生，及其他理、工、农各科预科学生，无省立相当学校分发时，亦由本处函请台湾大学尽量容纳。

甲、大学文科、理科学生，得请求转入国立台湾大学各学院及附设各专科学校。

乙、大学预科、高等学校学生，得请求转入大学先修班或高级中学。

丙、专科学校以及相当专门学校之各种学校学生，得请求转入各专科学校、大学先修班或高级中学。

丁、高等师范学校学生，得请求转入专科学校、高级中学、中等学校教员临时养成所，及其他同等学校。

戊、女子专门学校学生，得请求依照专门学校学生转学办法，实行男女同学。

己、中等以下学校学生，不问公立私立，得按本人之志愿，请求转入就近本人乡里之学校。

四、专科以上学校各科学生所习实科系，如本省各学校未设立同类科系者，得斟酌情形，准予转入类似之科系。

五、专科以上学校理、工、农、医各科学生，志愿私费赴内地各院校肄业者，由本处负责保送或介绍，并予以交通上之便利。

六、本办法并适用于前日本文部省各“委托生”。

七、本办法自呈奉行政长官核准后施行。

民国三十五年二月

《台湾战后初期留学教育史料汇编》第一册“留学日本事务（一）”，“国史馆”，2001 年，第 464—466 页。

台湾省留日返台学生审查委员会组织规程

（1946 年）

第一条　台湾省留日返台学生审查委员会（以下简称本会）由教育处依《台湾省留日返省学生处理办法》第二条之规定组织之。

第二条　本会设主任委员一人，由教育处长兼任，委员十人至十六人，由教育处就左列人员中聘任之：

1. 国立台湾大学教授三至五人。

2. 中学以上校长五至七人。

3. 教育处高级职员二至四人。

第三条　本会设秘书一人，由主任委员就委员中指定一人兼任之，秉承主任委员处理会内日常事务。干事二至四人，必要时得临时增设办事员若干人。

前项人员得调由教育处职员兼任之，均为无给职。

第四条　本会之任务如左：

1. 本省留日返台学生学历之审查及转学事宜。

2. 本省留学其他各处返台学生学历之审查及转学等事宜。

3. 本省各借读生（委托生）之审查及转学事宜。

4. 其他与返省学生及借读生学历审查及转学有关事宜。

第五条　本委员会每月开会一次，必要时由主任委员召集临时会议。如主任委员临时缺席，得指定委员一人代表主持。

第六条　本规程自公布之日施行。

民国三十五年二月

《台湾战后初期留学教育史料汇编》第一册“留学日本事务（一）”，“国史馆”，2001年，第466—467页。

关于台湾教育接收情况致教育部长的公文

（1946年）

致未铣署教字第16584号

教育部部长朱钧鉴：

渝中字第二零六三九号代电谨悉。关于本处接收情形及目前重要设施核示各点，谨复陈如次：

（一）对本省师范教育定有五年计划，本年预计须招师范生四千三百名，现已设师范六校、师范班十班。一俟明年台东师范成立，本省六个师范区即可完成，届时师范生可增至六千人以上，足应全省需要。

（二）对于接收敌伪类似职业学校性质之学校及训练机关，已遵照院令订定本省各种实业补习学校调整办法办理。凡前州立专修学校及实践学校，除应合并于省立者外，一律改为县立初级职业学校或中级职业补习学校。市、街、庄联合立者，分别改为县（市）区、乡、镇立之初级职业学校或中级职业补习学校，私立者由各县、市转呈本处申请备案。又为调整各县市原有实业补习学校，经电饬各县市府，如班数既少设备又复不足者，可改为县市立初级中学呈报核准。现已改设完竣者有台北市立初级工商职校等三十一校，其余各校正在逐步改设呈报中。

（三）国民教育部分，本省各国校规模均属相当，殊少轩轾，惟行政措施甫经改制，各国民学校尚多未能符合规定标准，如即改设中心国民学校，不仅易启纠纷，尤难期其兼负辅导之责。本年六月二十五日，本省举行第一届教育行政会议时，亦有本省中心国校应从缓设之提议，经决议通过在案。故本省中心国民学校拟暂缓设，至目前国教辅导事宜，拟亦依照本省第一届教育行政会议决定，筹组国教巡回辅导团，实施巡回辅导。

（四）关于接收各项文物，经分令各校迅行拟实报处，一俟汇齐即行遵照专案呈报。

（五）本省“蕃民”教育高山族地区，各县日人统治时期设有六年制国校五所、四年制教育所一四八所，专收山地儿童施行奴化教育，校舍建筑、内部设备多属简陋草率，复经战事影响，均已破损不堪。光复后经令改办国民学校，惟一部分因校舍修复不易，兼以师资罗致困难，现正筹措经费修建校舍，一面招致优良师资，以期于短期内能一律开学。又鉴于山地同胞知识浅陋，过去受日人奴化教育，结果只知日语，与本省民众难免隔阂。

故拟计划推广民教，使其熟习国语，俾言语通达，各项工作易于推行。

奉令前因，理合将核示各点已办及拟办情形，电请核示祇遵。

台湾省行政长官公署教育处处长范寿康未（铣）叩。教秘文印。

中国第二历史档案馆编：《馆藏民国台湾档案汇编》第一百九十册，九州出版社，2007年，第245—249页。

台湾省教育复员工作报告

（1947年）

台湾光复，重归祖国版图。一年以来教育复员工作，就时间上言可以分做三个重要阶段：第一是接收时期，是从三十四年十一月一日起至三十五年三月底止。在此阶段中间，除建立教育行政机构、接收教育机关外，并本陈长官“行政不中断、工厂不停工、学校不停课”之指示，设法使各学校继续上课。同时确立本省教育方针，以为本省教育推进之依据。第二是准备时期，从三十五年四月一日起至七月底止。在此阶段中间，本处依照既定方针，作改革及推进本省教育之准备。也可以说是本省教育从日本人时代之所谓皇民化而转变至祖国化之起点。第三是改革并推进本省教育之实施时期，从三十五年八月起直到现在。这三个阶段，除接收及改进与实施情形另分述外，关于教育行政机构之建立、教育方针之确定、教育视导之改进，以及师资之甄选与培植，均系针对本省特别情形采取的必要措施，兹先分述如下。

一、教育行政机构之建立

台湾沦于日本统治达五十一年之久，此次世界大战结束，依照开罗会议之决定，重归我国版图，国民政府于三十四年九月三日，公布《台湾省行政长官公署组织条例》。为加强本省政务之推进，与一般省政府组织稍有不同，行政长官公署下设置九处。九月一日，在渝成立台湾省行政长官公署办事处，本处亦同时开始办公，筹备一切。同月九日，公署葛秘书长敬恩奉派赴京参加受降典礼，旋被派为台湾前进指挥所主任。从十月五日率领属员飞抵台湾，次日即以第一号备忘录送交台湾总督安滕利吉。同月十七日，公署第一批工作人员到台展开接收准备工作。二十四日陈长官由渝飞台，二十五日举行受降典礼，给第一号命令予安滕利吉，沦陷五十一年之台湾，遂告正式光复。受降后即成立台湾省行政长官公署于台北，本处亦同时成立。至于省级以下行政机构，台省设有九市八县，各市分为四等：台北为一等市，高雄、台中、台南、基隆为二等市，新竹、嘉义为三等市，彰化、屏东为四等市。一等市设教育局，二、三、四等市，均设教育科。局下设学校教育及社会教育二课，科下设学校教育及社会教育二股。各县政府均设教育科，科以下分设学校教育及社会教育二股。

二、教育方针之确定

光复后台湾省教育方针，即经本处一矫过去日人统治时代所施行之殖民地教育政策，实施中华民国的教育。兹将其内容撮要说明如左：

（1）阐扬三民主义。我国以三民主义建国，我国教育亦以三民主义为最高指导原则。十八年国民政府公布之中华民国教育宗旨及其实施方针，已有详明之规定。就教育职能，发扬民族精神，培养国民道德，训练自治能力，增进生活智能，均为实现三民主义的必要条件。台湾受日人统治，毒化甚深，光复后对三民主义的阐扬，至属教育上迫不容缓之应有举措。

（2）培育民族文化。培育民族文化原为推行三民主义的教育方针之一，因台省被日本统治达五十一年，情形比较特殊，特将此项工作单独列为重要方针，俾引起注意。就文化本身来说，其内容大体可分为十类：（一）文史（二）政治（三）经济（四）科学（五）哲学（六）伦理（七）宗教（八）工艺（九）美术（十）人物。本省今日在这十类的文化之中，固属于国家性或民族性的均非常浅稚，培育工作实为当前之急务。

（3）适合国家和本省的需要。为国家谋建设，为本省光复后陈长官莅台主政的重要方针之一，教育事业必须与建设方针相配合，已为世人所公认。建教合一，已由中央提倡于前。本省甫经收复，各项人材的培养，尤其针对建设上的需要，国家与本省两方面的需要兼筹并顾，庶学生毕业后出路可不成问题，而且人尽其才的目标也可次第实现。

（4）奖励学术研究。本省学术研究机构，如研究所、试验所之类，设备上均有相当基础，研究成绩也很可观。但此类研究机构，大都是属于农工矿等部门，对于文史等部门，尚付阙如。奖励学术研究工作自属必要，且此种工作的完成，于民族文化的培育关系甚大。

（5）实施教育机会均等。日人治台，既采阻碍上进的手段，所以本省同胞享受中等以上学校教育的机会，与在台的日人相较，真觉瞠乎其后。光复后，台湾同胞重归祖国怀抱，教育机会自应均等，以满足本省学子求智之愿望。

三、教育视导之改进

依行政三联制之原则，视导考核为推进行政工作之重要事项。视导制度之能否成功，固有赖于人员素质之是否优良，而视导机构之是否健全、视导方法之是否妥善，亦有重大关系。故接收后，即依我国现行制度，参照本省实情及外国成规，加以改进。其重要事项如左：

（1）教育视导机构之确立。在本处设置督学室，下分四股，即专科及师范教育股、中等教育股、国民教育股、社会教育股，每股以督学一人主持之。至县市督学，则制定台湾省县市督学视导规则，规定其视导工作要点及定期呈报事项，以为各县教育督导人员工作之准绳。本省地方行政机构，依现行组织县下分区，每区约有小学二十余校。区署内均设教育股办理教育行政事务，现已逐步在各县区署内设教育指导员，担任督导工作。将来普遍设立，则县市区之督导网，可以完全建立矣。

（2）专科视导之实施。教育视导之重要工作有二：一为行政方面之视导，一为教学方面之视导。前者可由现有督学人员充分完成其任务，后者乃教育视导中最重要而困难之工作。盖以须有多数之专科人才及较长期之视导时间，故于三十五年八月公布中小学校专科视导办法。在本处成立全省中等学校专科视导委员会，在县市成立小学专科视导委员会，由各委员会聘请对各科有十年以上之教学经验并有成绩者为指导员，每学期至少须视导区内学校总数十分之一。专科视导委员会之任务，除派员视导教学外，并得举办各种教师进修之设施，如讲习班、通讯研究、施行实验、编印刊物等，以期教学之改进。

（3）视导工具之改进。工欲善其事，必先利其器。欲求教育视导之合理化，必先有优良之视导工具。督导人员之报告，多患事实不能详明，考核流于主观。为免除是项缺点，经先后订定调查表及评分表格三十余种以资应用。现本处有全省学校调查概况之资料，凡二千余册，足资参考。详分表格，暂分为地方教育行政机关、学校、教师三种，将来再依实际情形加以修订或调制。又为改进及划一各县市之教育督导，已进行统一调制各种应用表格，并编订教育视导人员手册，分发各县市，以供应用。

四、师资之甄选与培植

中央历次恺切昭示，发展各级教育，应特别重视师资之培养。本省情形特殊，师资之补充与培养，更为当前迫切之需要。据日本统治时期，昭和十九年度（即民国三十三年）统计，全岛国民学校教员共一五，四八三人。其中第一号课程表之学校学生，多系日籍儿童，现已陆续回国，所有教员一，四九三人，应予除去。又第二、三号课程表之国民学校教员中，原有台籍教员八，三二二人，其中除去或退休改业均占百分之十五，尚有约七千人，经甄审训练后，仍予继续任教。计尚须补充国民学校教员七千人。中等学校方面，依同年度统计，全岛中等学校教员计二，〇三三人（职员未计在内），其籍隶本省者，合计仅约百人，其专收日籍学生之学校及台、日学生分班之学校，现以日籍学生遣送返国，约减少教员六百人至八百人，尚须补充一千一百人至一千三百人。专科学校方面，依同年度统计，计有教员一五四人，台籍仅有十一人，余均日人。今后专科学校学生，当随中等教育之发展而激增，需要之师资亦倍增。除一部分专门之学科暂仍征用日籍教师外，又一面由省内外延揽补充。关于各级学校教员之补充，现阶段用征选、甄选、考选之方法，并对于甄选合格之教员，分别予以短期训练及讲习，一面增设师范院校科班，积极从事培养，兹分述如左：

（1）征选。本处在渝办公时，即分向渝闽各地邀约一部分教员来台。接收之初，即成立教员甄选委员会，又派员分向闽沪各地征选教员，并准省立各中等以上学校及各县市，得向省外征选教员。至三十五年九月底止，已由省外各地征选来台国民学校国语教员约六百余人，中等学校教员约在四百人以上，中以国文、公民、史地教员为多。又从三十五年九月初，在平沪两地，设立本处驻平沪征选教员临时办事处，派国语推行委员会主任委员魏建功、本处编写室主任沈其达，分别兼任办事处主任，负责办理平沪两地教员征选事宜，预计征选中小学校教员四百人。

（2）甄选。教员甄选委员会，自三十四年十一月间成立后，一面即行开始在本省甄选中等国民学校教员。截至三十五年九月底止，本省申请甄选为中等学校教员者，共有一，〇八六人业经审查合格。中等学校教员六七〇人由各县市初审后，送会复审。国民学校教员七，五九二人，经审查合格国民学校教员四，四七四人。并且第一、二、三批甄选合格中等学校教员，业经施以一月或三月之训练，期满后，分各校任教。其余未训练者，通知另候调训。甄选合格非现任教员，由本处先行介绍各校服务。最近申请甄选中等学校教员一批四八人，国民学校教员五〇三人，均经初审复审完竣。

（3）考选。由于教员的需要补充迫切，于三十五年八月间，举行国民学校国语教员考选，计录取一〇九名，施以短期讲习后，分发各县市国民学校任国语教员。又因本省人士有为书房教师，对于国文有相当造诣而无适当证件者，或资历稍差而具有中等国民学校教员之学识能力者，因限于法令关系，申请甄选未能合格。兹为罗致优秀青年、充实师资计，特订本省中等及国民学校教员试验检定办法，拟于三十六年举行试验。

五、各级学校之接收、改进及现状

壹、高等教育

一、接收

日人统治时代，对本省高等教育，设立的学校有台北帝国大学、台北经济专门学校、台中农林专门学校、台南工业专门学校等。规模甚宏大，但此等学校多为日人而设，台湾同胞很少有去享受教育的机会。光复后，接收、整顿、扩充，以为台胞受高等教育之场所，兹将各校接收情形分述如下：

（1）台北帝国大学。台北帝国大学为现时国立台湾大学之前身，其内容规模颇大，除设有文政、理学、农学、医学、工学五部外，并附设医学专门部及大学预科。光复后，即由教育部台湾区复员辅导委员会负责接收。该会特派员罗宗洛为慎重办理起见，事先曾对该校作侧面之调查，即一方面对该校教授作个别访问，同时并听取本省教职员学生之报告，旋于三十四年十一月十五日上午九时，举行接收典礼。是日，罗特派员率同辅导委员陈志鸿、马廷英及设校教授杜聪明等前往接收，由前帝大总长安滕一雄交出官印八颗，移交清册六十五册。因学校规模宏大，物品众多，罗特派员乃延请在该校服务之本省教职员七十余人，帮同协助接收。承当地人士热诚协助，不特将列入清册之物品一一点收，且查出漏未列册之物品极多，接收工作甚为顺利。

（2）台北经济专门学校。该校设立于一九一九年（民国八年，日大正八年），原称台北高等商业学校，一九四三年（民国三十二年，日昭和十八年）始改称经济专门学校，直属台湾总督府，光复后改名为台湾省立台北商业专科学校。接收时，有本科（商科）、理财科、贸易科、南方经济等科，教职员七十余人，学生五百余人。

（3）台中农林专门学校。该校设立于一九四二年（民国三十一年，日昭和十七年），原称台中高等农林学校，次年（一九四三年）改称台中农林专门学校，直属台湾总督府，光复后改为台湾省立台中农业专科学校。接收时有农学、林学、农业化学三科，教职员七十余人，学生四百余人。

（4）台南工业专门学校。该校设立于一九三一年（民国二十年，日昭和六年），原称台南高等工业学校，一九四二年（民国三十一年，日昭和十七年）改称台南工业专门学校，直属台湾总督府，设有机械、电气、应用化学、土木、建筑、电气化学六科。光复后改为台湾省立台南工业专科学校。该校规模宏大，设备甚全，惜战争时间迭遭轰炸，损失颇重。接收时，仍有六科，教职员一百余人，学生六百余人，校舍设备不无零乱损坏。

二、改进与实施

光复后，在高等教育方面，一反过去日本人之措施（殖民地教育政策），推行我中华民国之教育。上述各专科以上学校经接收，根据本国教育制度和法令，加以改进。一年以来，除国立台湾大学因直属于教育部外，其他专科以上学校因为要随时改革和调整的关系，中间迭有变动。如台北经济专门学校接收后改名为台湾省立商业专科学校，三十五年一月复改名为台湾省立法商学院，仍隶属本处。三十五年九月，更经台湾省行政长官公署商得台湾大学同意，将该院并入台大法学院，商学院则暂缓设立。又如台湾省立台中农业专科学校及台湾省立台南工业专科学校，于三十五年八月经分别改为独立学院，仍隶属本处。兹将各项措施分述如下：

（1）学制之改革。日人统治时代，本省各级学校，均采用日本学制，与我国现行学制不同。尤以高等教育方面，专科以上学校修业年限及规定入学资格，相差甚多。光复后，即予改革，由本处遵照教育部之规定，并参酌本省实际情形，订定新学制，惟原有旧生，仍准以旧制毕业。

（2）开放高专教育之门户。专科以上学校，在日人统治时期，对台胞之入学限制极严，尤其是文法科几乎是日人之专有权利，台胞入学者无几。三十五年四月，日侨大量遣送后，各校容量激增，本处为开放高等教育门户，更于五月间，在省立法商学院设立十种专修科，并于六月间成立省立师范学院，招收本科各系及九种专修科学生，务期尽量容纳，使台湾学生有受高等教育机会。

（3）台北工业专科学校之改设。台湾省立台北工业职业学校，原由前台北工业学校改设，该校规模宏大，设备完善，原为培植本省中级工业人才而设。接收后，即经延聘专家，予以扩展，并经本处签准长官公署，于三十六年度起改为省立台北工业专科学校，招收专科学生，俾能兼事培植高级工业人才，现正积极计划办理中。

（4）师范学院之设立。本省各级学校之教师，以前大部分均由日人担任，本省同胞担任教师者，不上百分之二。光复后，日侨遣送回国，各级学校教师之缺乏，自成严重问题。其补救办法，除由本处向省外聘请及甄训本省教师一部分以应急需外，特于三十五年六月设立省立师范学院，招收本科各系及各种专修科学生。

（5）留日返省学生之处理。经审查完竣之留日返省学生四二九名，于三十五年七月分别分发各校继续肄业，并于省立法商学院专设政治经济系特别班容纳之。嗣后留日返省学生之继续登记者，至八月底截止迟来各生，均直接往各学校接洽入学，由处电各级学校优予编收。

（6）考选升学内地专科以上学校公费生。过去本省文化与内地文化隔阂达五十余年，光复后，自应设法沟通。三十五年七月，特举办升学内地专科以上学校公费生考试，应考者二百名，经考试委员会决定，录取一百名，委托省训练团代为训练二个月。于训练期间，除指导其学习国语，增加其对祖国认识外，并充实其一般知识，训练期满，即依照各生志愿，分发内地各专科以上学校就学。就学期间，每人每月津贴膳食、书籍、另用等费台币二千元，并年发冬夏制服一套，以资奖励。

三、现状

本省高等教育目前共有六校，兹分述如后：

（1）国立台湾大学。该校于接收后设文、法、理、工、农、医六学院及附属医专，前大学预科则改为先修班，曾于三十四年十二月及三十五年八月、九月前后招生三次，并在内地招收新生，现该校有教职员一千余人，学生二千余人。

（2）省立法商学院。该院即前台北经济专门学校，设有普通行政、人事行政、社会行政、工商管理、法律、财政、银行、会计、贸易、统计，共十种专修科。嗣奉长官通知，该院并入台湾大学，征得台湾大学同意于三十六年年初实行并入。

（3）省立农学院。接收后，该院将各借读生编为各科正式生。现分农科、林科、农艺化学三科，共有九班，教职员六十余人，学生二百六十四名。三十六年度，招收本科生。又该院附设有实习农场，规模尚称宏大。

（4）省立工学院。该院规模宏大，设备完善，分机械、电气、应用化学、土木、建筑、电气化学六科，共有十八班，教职员一百五十余人，学生五四五名。三十六年度招收本科生，又附设有初级工业职业学校及工业技术人员养成所各一所。

（5）省立师范学院。该院于三十五年六月成立，设有本科国文、史地、教育、理化、博物、数学、英语等七系，每系一班。四年制公训、国文、史地、理化、博物、数学、英语、音乐、体育等九个专修科，及一年制专修科一科，每科一班，连前共十七班。教职员共一一七人，学生约五百余名。

（6）省立台北工业专科学校。该校原为省立台北工业职业学校，于三十五年呈准改设，定三十六年度开始招收专科学生，现有旧工职学生一千余名。

贰、师范教育

一、接收

在接收时，本省共有四个师范学校、两个师范预科。接收后本处斟酌在台北、台中、台南改设四个省立师范学校（内台北另有女师一所），又原新竹预科，改为省立台中师范学校新竹分校，原屏东预科改为省立台南师范学校屏东分校。各校于三十五年一月底，接收完竣。彰化青年师范学校，因系训练皇民化的青年，学校设备又一无基础，故予以停办。

二、改进

（1）学制之改革。日本学制与我国学制不同，光复后，即按照我国现行学制，予以改革。对于原有学生，在不违背我国教育宗旨精神前提下，颁布本省师范学校旧制学生处理办法，仍维持旧制至其毕业为止。至于新招学生，本处遵照部颁师范学校法，修正师范学校规程，及适应本省实际情形，分设：普通师范科，修业年限三年，其入学资格，为旧制中学肄业满三年，或相当于我国学制初中毕业者；修业四年者，其入学资格为旧制中学肄业满二年，或国民学校高等科毕业，相当于我国学制修满初中二年者。简易师范班，修业年限二年，其入学资格为原国民学校高等科毕业者。师范训练班，修业年限一年，其入学资格为旧制中学五年或四年毕业者。此外本处现正计划，逐渐于各师范学校增设幼稚师范、体育、音乐、艺术各科，以应需要。

（2）师范教育之扩展。本处以台东方面师资缺乏，又无师范学校之设置，于花莲中学、花莲女子中学、台东中学、台东女子中学，各附设师范班。本期为应实际需要，复将台中师范新竹分校、台南师范屏东分校，分别改为省立新竹师范学校暨省立屏东师范学校，并于台中师范学校，补招四年制普通科男女生各一班。

（3）师范生公费待遇之订定。本省师范学校学生一律给予公费待遇，目前公费待遇办法为每生每月给食米三十六市斤（在粮源未充足前，折发代金）、副食费三百元、零用费十五元，年给制服一套，书籍由学校购发。

（4）师范区之划分。为辅导国民教育起见，本省师范区亦已予以规定，按照地理环境，及目前师范学校分布状态，分为六区。

（5）师范学校制度之确立。本省师范学校，以省立为原则。各县市请求设立简易师范学校者，须具有相当之校舍设备、固定之经费来源及有迫切需要者。各县市已设简易师范者，应力求充实，适当时期必须取消，或由省筹设普通师范学校。

（6）师范毕业生工作问题。师范学校学生一方面加紧培养，另一方面对于毕业后之工作，亦应加以安定与管制。目前本省师范学校毕业生之服务，概遵照部颁修正师范学校毕业生服务规程办理，经本处分发各县市任用，在规定服务时间以内不得升学或从事教育以外之工作。到差时，并依本省出差旅费支给标准支给相当委任级旅费。对于毕业生之工作，规定各县市国民学校应尽先尽量聘用师范毕业学生。而师范毕业生派赴各县市服务后，非有重大过失不得任意解聘，并确定年功加俸、进修加俸及养老金等制度。

三、现况

本省师范教育经调整后，关于课程学制，均遵照部颁标准办理。以学校区言，现已划分六区，各区内设校数量均遵照部定设校数目设立。就编制言，师范学校均由省办，亦分师范和简师两种，以男女分校为原则，亦有男女并收者，如省立台南师范。就学校数量言，现有师范学校六所，八十二学级，学生数三，〇四九人。

叁、中学教育

一、接收

台湾在日人统治时期，中等学校的分布计有公立中学校一八，高等女学校二〇，实业学校二五，总计公立中等学校六三校。光复以后，接收工作开始，本处在学校行政及经费方面，分别订定省立各校接收须知，及新任校长接收须知事项，作为接收人员前往接收的依据。其中有数点值得注意者，即接收人员对于校产及经费必须点收清楚，列册报核。对于日籍人员的征用，须依法办理。对于学生的课业必须照常维持，对于不合国情的教育环境必须立即撤除，重新布置。除台北市区内之公立中等学校由本处直接派员接收外，其他州立中等学校则由各州接管委员会先行接收，将收容日籍学生之省立台北第三中学改称省立台北和平中学，省立台北第四中学改称省立台北仁爱中学。

二、改进

（1）学制之改革。本省在日人统治时期，与我国现行学制迥异。光复后，经予分别改革，中等学校分为高、初级中学，原有公立高等学校改为省立高级中学，各中学校改为中学，各高等女学校改为女子中学，各招初、高中学生。惟各校旧制仍准依照旧制毕业，逐渐实施新制。当时之规定，成为新旧制并存之过渡现象。旋以此种现象纷歧错杂，在行政、课程、教材诸方面问题兹多，须有彻底改革之必要。经由处订定《台湾省公私立中学新旧制各年级调整办法》，通饬各校遵照实施。

（2）调整与增设。接收后的本省省立男女中学，共有三十九所之多，其中省立台北和平中学、仁爱中学、第三女子中学、第四女子中学、省立台中第二中学及第二女子中学、高雄第二中学及第二女子中学等十校，均为暂时收容征用日籍员工之子女。自征用日籍员工子女大部分被遣送回国后，本处始根据实际情形，将上列各校加以调整。因省立台北仁爱中学与省立台北建国中学校址比邻，两校员生同在一处无分设两校必要，乃将仁爱合并于省立台北建国中学。而省立台北仁爱中学校名仍然保留，俟将来经费有着另觅地址办理。省立台北和平中学专收容一部分留用日籍员工子女。课程方面除准授日文外，其余均照部颁规程办理。省立台北第三女子中学校舍被炸最惨，无法修复，只好暂时停办。省立台北第四女子中学校舍，拟筹办省立台北医事职业学校，俟将来再行恢复。省立台中第二中学校舍暂借省立台中农业职业学校，校名仍保留。省立台南第二中学，校舍原为军队所驻，自三十五年六月军队开拔后，由本处派员前往接收办理。省立台南第二女子中学，校舍暂借与省立台南师范学校应用，待省立台南师范学校被炸部分修复后，始能将借出校舍收回继续办理。他如省立高雄第二中学及高雄第二女子中学，因校舍均经当地热心教育人士设法求得解决，故已由处分别派员前往筹办。此外，由于高雄地方人士的要求，另在冈山筹设省立高雄第三中学一所，以县立冈山初级中学的校舍为校舍，并拟商借空军青年学校校舍应用，以求扩充，现已正式筹借成立，开始招收新生。澎湖孤悬海中，交通不便，过去在马公只有女子中学而无男子中学，光复后，为适应当地需要，将其改为省立马公中学，兼收男女学生，分班教学。

（3）课程之改订。本省光复后，在中等学校方面即规定三十四学年度第二学期新招之学生，一律补习一学期，至三十五年度第一学期始编入一年级，并经订颁新生课程时数表，注重语文、史地及基本学科之教学。现已由处就部颁高初级中学教学科目及各学期每周各科教学时数表略加修改，以应本省需要，并已通饬各中学施行。

（4）教材之选择供应。本省中学各科教材之供应，由本处教材编辑委员会选定教科书，商请原出版书局运台销售，并将三十五年秋季本省高、初级中学教科用书一览印发各校遵照采用。

（5）加强训育之实施。过去各中学对于训育目标及实施方法等多茫然不知，对于学生之思想与行动，缺乏正确之指导。自三十五年度第一学期开始即由处规定，各校训导主任必须选聘学识优良、思想纯正、对于三民主义确有研究者充任，各级导师必须聘请优良教员且了解三民主义者充任，并经订定关于训导之实施方案，通饬各校切实遵照实施。一面印发部颁训育纲要，及中等学校导师制纲要，及导师制实施要点等三项，俾资遵循。

（6）改善学生待遇。自三十五年度第一学期起，由处统一规定各省立中学学生，应缴杂费十五元、讲义费三十元、体育费十元，学费免收，借以减轻学生负担，并改善学生待遇，及奖励清寒优秀子弟求学起见，特于各校设置奖学金办法，令颁各校遵照实施。此外为减轻各校通学生乘车负担，计由处再向铁道管理委员会洽商结果，准许学生减价购票。

（7）校舍之修建与设备之充实。本省省立中等学校校舍，或于战时炸毁或遭台风损害均须从速修复，以利教学。由处根据各校校舍损毁情形，分别配发经费。令其择要修葺者，计省立台北高级中学等六七校。大规模修建，经向善后救济分署数度洽商，以无此预算无法办理。惟省立台北建国中学校舍被炸甚惨，而须招学生较多，经本处专案签奉长官核拨五百万元以作修建之用。设备方面，由处发给图书费每校五万元，其他小规模充实，由各校陆续报请核拨。

（8）中学区之划分。本省根据现有中学分布情形，划分全省为八个中学区。每一中学区，至少应设置省立男女中学各一所，并遵照部颁县市立中等学校设置办法，设置县市立初级中学。各中学区已设各中学之校址如有未当，应予调整，及所有公私立中学招生班次及名额应与本省五年经建计划配合，每一中学区内应组织一中学教育研究会。

（9）校长会议之召开与重要方案之确定。本处为检讨过去省立中等以上学校校务处理之得失、借以共谋改进起见，经于三十五年九月十五、十六、十七三日，假本市中山堂，召开第二届全省省立中等以上学校校长会议，决议案一百五十七件，其中以促进本省中等学校校务实施方案最为重要。举凡有关行政、教学、训导事务诸端，均经提纲挈领、撮要列述。务期各校于奉颁之后，切实实施，并作为校长年终考成之依据。

（10）语文教育之推展。本处为使省立中等学校利用假期推广语文教育起见，经订定三十五年省立中等学校利用假期兴办语文补习班办法，通饬各校遵办。旋据各校呈报，办理班数计一百八十一班，学生数计九千六百四十九人，成绩大致尚佳。

（11）私立中学之管理。本省私立中等学校，根据各县市政府报告，共有十九所之多。兹为适应本省实际需要，并加强私立中等学校管理效能起见，除依据部颁各类中等学校规程、修正私立学校规程、管理私立中等学校应行注意事项，以及其他有关法规切实办理外，特订定《台湾省私立中等学校管理规则》一种公布施行，并由处派员前往督导办理。

三、现况

本省中等教育经调整后，遵照部颁规程办理。就学制言，高、初级均采用三三制，现已完全就绪。就课程言，除语文科目为适应本省实际需要，在最近一二年内必须加强外，亦遵照部颁标准办理。就学校区言，中学已划分八区，各区内已设立之学校数，均较部颁规定为多。就中等学校编制言，省立中学均设高、初两级，有附设简易师范班者，如省立台东女中、省立花莲女中、省立台东中学等是。一般省立中学，多系男女分校，亦有男女生均收者，如省立台中第二中学、省立马公中学、省立台北建国中学等是。县市立中学，则以办理初中为原则。就中等学校数量言，本省现共有省立中学四十所，县市立中学八四所，私立中学十三所，共计一三七所，班级数八四一班，学生数四一，〇七五人，则本省一年来中等学校数与日人时代相比较，几增一倍。

肆、职业教育

一、接收

本省的职业教育，过去尚称发达。原有公立实业学校二十五所，包括农业学校九所、工业学校八所、商业学校七所、水产学校一所。接收以后，本处依其原来性质，分别改为省立职业学校，继续办理。

二、改进

1. 职业学校之增设

（一）增设省立水产职业学校：本省四面环海，水产富饶，海事教育亟待推进，本处为培养水产技术人才起见，除继续办理省立基隆水产职业学校及省立澎湖水产职业学校外，特在高雄接收高雄造船株式会社，增设省立基隆水产职业学校高雄分校，以戏狮甲陆军仓库一部，拨充校舍。

（二）筹办省立医事职业学校：本省医院林立，而助产护士人才，以往多为日人。自日人遣送回国后，此项人才颇感缺乏。本处为谋补救起见，特先在台北筹办省立台北医事职业学校一所，招收助产士、护士两科学生。

2. 学制之改革

职业学校分高、初级职业学校，并颁发台湾省职业学校新旧制调整办法，令饬遵照办理。

3. 各种实业补习学校之调整

本省原有实业补习学校九十四所，其中属于农业职业补习学校者，有六十一所；属于工业职业补习学校者，有九所；属于商业职业补习学校者，有二十一所；属于家政补习学校者，有二所；属于水产专修学校者，有一所。本处为积极推进计，经订定各种实业补习学校调整办法，通饬遵照调整。现已改为省立初级职业学校者二所，合并于同地同性质之省立职业学校者亦有二所，可以改为市初级职业学校者约有十九所，可以改为中级职业补习学校者约有七所，其余正在继续调整中。

三、现况

本省职业学校经调整后，均照部颁规程办理。就学制言，高、初级均采用三三制。就课程言，教学科目及每周教学时数为采取本省以往优点、适应地方需要起见，规定原则稍有弹性，然亦莫不遵照部颁标准。就学校区言，现已划分为八区，各区内已设立之学校数均较部颁规定为多。就职业学校类别言，现分农、工、商、医、水产、家政六类，省立者多高、初级并设，亦有仅办初级者，如省立新竹农职、花莲农职、花莲工职、澎湖水产等是。县市立者，大多数是初级职业学校，以农、工、商三类较多。农业职校现分农艺、园艺、森林、兽医畜牧、农业化学、农业土木等六科，工业职校现设电机、机械、土木、建筑、测量、采冶、应化、航空机械等八科，医事分护士、助产两科，水产分渔捞、养殖、海产制造三科。各视其环境需要与设备情况，分别办理，有数科兼设者，亦有仅办一科者，与内地情形大略相同。就学校数量言，省立职业学校二十八所，县立职业学校四十五所，私立职业学校五所，总计七十八所；班级数五九零班，学生数二四，四四四人，并由处遵照部颁各项法令，参酌本省实际情形，订定具体计划。举凡分区调整设置，力谋均衡发展，逐年增加班级，配合经建计划，充实职业设备，促进生产组织，实施分区辅导，考查办理成绩等，均经列为方针。循此方针计划推进，借以奠定本省职业教育之基础。

伍、国民教育

一、接收

本省光复后国民教育部分之接收工作，即由本处分别指定办理。当时本省计有国民学校一，○九九校，国民学校附设高等科二五四所。其中属于各州厅者由各州厅接管委员会接收，属于市者由各市政府接收，属于各师范学校者，亦由各师范学校接收，原有国民学校之分教场及高山族之教育所亦依据上列规定分别接收，改设国民学校。至于国民学校之高等科，因是日人限制台胞升学的特殊设施，故接收后均全部停办。同时规定国民学校校长一律由国人担任，并积极甄选师资以补充日籍教员的缺额。一面清理教育款产，改正教育设施，订定划一办法，使本省教育措施，渐踏入合理之境域，以符合三民主义原则。惟以本省曾受战争影响，校舍设备均多损失，师资方面，又因日侨的遣送而感师荒，所以在接收初期，秩序未曾安定，本省国民教育工作，连续遭遇着许多困难。但无论如何，总以按照陈长官所指示“学校不停课”的原则，督导各县市积极推进，大体上可能符合预期。同时接收国民教育上的各项整理工作，也大部能顺利完成，使本省的国民教育能安稳的渡过难关，转向新目标的大道上迈进。

二、改进

光复后本省国民教育，以肃清日化的毒素，与建立合理化的教育制度为主要目标，所以一切的设施均加以彻底的改进，本着三民主义的教育宗旨发扬光大。兹将本省光复后国民教育的改进与实施情形分述如左：

（1）学制改革。关于学制的改革，是针对过去之缺点，而以废除不平等之限制与取消皇民化之教育为原则。经将原有国民学校分教场及高山族教育所等，一律改为国民学校，授以同等课程，使合乎平等原则，一面废除高等科，增设县立初级中学，解除学生升学之限制。

（2）课程之改订。本省在日人统治时代，国民教育既以皇民化为目标，当时所采用之课程，自不复适用于今日。光复以后，本处即通令废止不合理之一、二、三号课程表，同时由本处根据我国教育宗旨并参酌本省情形，改订本省暂行课程标准。自三十五年八月起，实行改用部颁课程标准，废止原颁暂行课程标准，俾使本省与内地学生程度趋于一致。

（3）课本调换与应用。本省在暂行课程标准未改订前，国定本、审定本等教科书不适合需要。当时本处曾特设中小学教材编辑委员会及台湾书店，专责办理教科书之编印工作。但以受各种条件的限制，只能限于语文、史地等科，因此各校为供应问题，不得不自行设法。但自行采用之课本程度，既不适合而各校采用又极不一致，影响教学法效率很大。因改用部颁课程标准，颁发教科用书一览表，将全部教科书加以统一，并指定由台湾书店、正中书局、开明书店三家负责供应，而本省之教科书问题遂告解决矣。

（4）推进山地教育。本省山地人口达十余万，约占全省总人口百分之二强，多数散处山地聚族而居。过去日人统治时代，山地教育是由警察局会同文教局主持，另设教育所办理，教员则以警察兼任。此种带有歧视性质之皇民化教育机关，光复后即遵照国父提示国内民族一律平等之遗教，并依据中华民族教育宗旨及其实施方针，予以改弦更张，一律改为国民学校，授以同等课程，教育经费亦直接由省库支拨，不由地方负担，并选择优秀儿童公费升学各中学及师范学校，共计七十余人。此后当继续办理，俾山地文化水准得以逐步提高。

（5）召开教育行政会议。本省原有教育制度与实施方法应兴应革，必须集思广益、博访周咨，以资依据。爰于三十五年六月二十五日，在台北草山举行第一届全省教育行政会议。集教育行政人员与专家于一堂，议案百余件，会期历四日，决定本省各级教育实施方案及其他要案二十七件，已分别付诸实施。

（6）举办国民学校教员讲习。为充实本省国民学校教员之智能，经遵照部令，于本年暑期举办各县市小学教员讲习。惟本省小学教员，总数计有一四，八八二人，以各县市论，多者三四千人，少者亦有数百人，如果一次召训，事实上殊不易做到，各县市人力亦不胜负荷。故经决定，先行召训校长、教导主任暨山地教员五千人，占全省教员总数三分之一强。讲习期间六星期，本处并派督学视察八人，分区督导暨讲授有关教育课程。各县市讲习班于三十五年七月二日开始，至八月底结束。至未参加各县市集中讲习之国民学校教员，则责成各县市政府，分区设立国语讲习班，施以四星期之国语讲习，以免向隅之憾。

（7）征选国语教员。本处以语文教育为当前之急务，决定自三十五年度上学期起，各级学校一律用国语教学。除先后向北平、厦门征聘国语教员二百余人分发国民学校服务外，并于八月十五日在台北考选国民学校国语教员一〇三人，予以短期讲习后，分发服务。

（8）整顿省立小学。省立台北国民学校，因推行国语教育之需要，改为国语推行委员会实验小学，省立新竹、屏东两国民学校，仍归属于原师范学校。惟师范附属之国民学校，一律改称小学，至校址仍照旧，并督导慎选师资，充实设备，以为一般国民学校之楷模。

（9）改正国民学校之名。本省国民教育改制一年，各县市国民学校之名仍不一律，尚有沿用日本时代之街道名称。本处为求划一起见，经订定本省国民学校校名准则一种，通饬遵照，并如期改称完竣。

（10）编辑书刊。为推进国民教育辅导工作，特编印国民教育指导月刊，以供国民教育界工作人员之研究。此外，计出版有《教职员手册》《教育法令辑要》《第一届教育行政会议实录》等三种。

三、现况

关于本省国民教育的现况：全省除山地国民教育外目前计有国民学校一，〇八四校，班级一三，六二七班，学生八〇五，九六三人，教员一五，六五八人，全省学龄儿童计一，〇四一，〇七〇人，其中已就学者占百分之七七点一二四，失学的比之光复前之统计已略见进步。

陆、社会教育

一、接收

日人统治台湾时期为实施奴化教育，到处设置各种社教机构，满布全省。光复后，先由各州厅接管委员会接收，然后转移地方行政机构接办，仅省垣一隅由本处派员直接接收。情形分述如下：

（1）民众教育机关。属于此部门之机构，由各厅接管委员会接收列报者，计有公立图书馆八十六所，公共游泳场、高尔夫球场五所，乡土馆八所，教育博物馆、历史博物馆各一所，均先后移由各该地方政府接办。至由本处派员接收者，计有台湾神宫、建国神社、护国神社、台湾神宫造营事务局、芝山岩祠教职员互助会，及最近由民政处移交之援护会馆等。接收时情况尚佳，其中台湾神宫造营事务局接收后，即转移财政处营缮科接管，护国神社亦移交民政处改建忠烈祠，其余悉由本处分别酌情改设。

（2）补习教育机关。补习教育机关由各州厅接管委员会接收列报者，计有各种实业专修学校五十一校，实践女学校三十八校，盲哑学校两校，工业技术练习生养成所九所，均移交各地方政府接办或改为省立。至于本处派员接收者，仅有自动车讲习所。

（3）电化教育仪器。此方面之接收，无独立机关可接收，惟由各施教机关各级学校直接接收一些电化机器零件及电影片少许外，本处亦仅由前文教局社会课移接电影机电、影片、体育仪器数件而已。

二、改进与实施

日人统治时期关于皇民化及愚民政策之各项设施，如各种练成所、青年学校及神宫神社等，光复后均予废止，分别改为民众教育场所。其过去办理尚有成效之各种实业补习学校及技术生养成所，则予分别改组，继续办理，务使建立各种正常之社教机构。兹将各项社教改进与实施的情况分述如下：

（一）民教机构之筹设与推进

民教机构之改组与筹备，实为推进民众教育之初步工作，其已成立或在筹备中者分述如次：

（1）省立图书馆。原有总督府图书馆，改为台湾省图书馆，原馆址炸毁，暂借博物馆楼下为馆址，并将前南方资料馆之图书接收作为该馆之南方研究室，已于三十五年四月八日开馆，图书颇有增置。又将台中原有州立图书馆，改为省立台中图书馆，加以扩充。

（2）省立博物馆。原有文教局附属之博物馆，接收后改设为台湾省博物馆，馆舍一部分炸毁，经已修理完竣，于三十五年四月一日开馆。

（3）省立民教馆。于台北、台中、台南各设一所，均已积极展开工作。

（4）省立乡土馆。由原有台东厅立乡土馆，改组为省立台东乡土馆。

（5）省立盲哑学校。由原有台北、台南州立盲哑学校，分别改组为省立台北、台南盲哑学校。

（6）县市立图书馆。以每县市各设立一所为原则，就原有图书馆改组并予扩充，其余公私立各图书馆亦仍继续办理。

（7）县市立博物馆。各县市原有之博物馆，均改为县市立博物馆。

（8）县市立民教馆。以每县市各设立一所为原则。已订颁县市立民众教育馆章程，通饬遵办，现多如限成立。

（9）其他各社教机构之整理与改组。各地原有之运动场、游泳场，分别改为省县市立；各地之剧院、剧团，并予以功实之指导及管理；又各种练成所、青年学校及神宫神社废止后，其房屋设备均予充分利用，改为推行民众教育之场所。

（二）补习学校之调整与改进

过去日人为限制台胞升入中学大学，及为大量培养初级技术人员，于中等教育阶段设置各种实业补习学校。收容男生者多称专修学校，收容女生者多称实践学校，并有工业技术生养成所，附设于原有各工业学校。光复后，对于台胞升入中学大学之机会予以增加，惟为建设新台湾，此项初级技术人才仍有继续培养之必要，故将原有各实业补习学校及技术生养成所分别予以调整改进。兹分述如次：

（1）实业补习学校。三十五年二月间，订定调整补习学校办法，饬令各校凡在五级以上者改为初级职业学校，五级以下者改为中级职业补习学校，均能遵章照办。

（2）工业技术生养成所。原有九所均予继续办理改为省立，各附设于同地之省市立工业职业学校内，由各校长兼任所长，及利用各校原有之设备，节省经费。

（3）自动车讲习所。本省台北市，前有日人设立之自动车讲习所，是以培养汽车驾驶修理人才为目的，以本省交通事业论实属必要，因之接收后，仍积极筹备改组，于去年八月十五日，正式成立省立汽车驾驶修理职业补习学校，招生上课。

（三）各种教育社团之整理与改组

原有各种教育团，为本省教育会、教职员互助会、体育协会、教育会馆暨其他各种教育学术团体等，均予接收整理，分别指导，重新改组。

三、现况

本省社教机关现况，目前全省计有省立民教馆四所，县市立民教馆八所，省立图书馆二所，县市立图书馆六所，博物馆一所，省立盲哑学校二所，工业技术练习生养成所九所，省立补习学校二所，县市立国语推行所十六所，气象局一所，计五十一所，尚称发达。此外尚在积极筹设教育广播电台一座，以便推展播音教育。

…………

台湾省行政长官公署教育处

民国三十六年三月

中国第二历史档案馆编：《馆藏民国台湾档案汇编》第一百九十五册，九州出版社，2007年，第11—75页。

台湾省国民学校及中心国民学校管理规则

（1947 年）

第一章　通　则

第一条　本省国民学校及中心国民学校之管理，除法令别有规定外，悉依本规则行之。

第二条　国民教育之实施，应遵照中华民国教育宗旨及其实施方针，注重民族意识、国家观念、国民道德之培养及身心健康之训练，并应切合实际，养成自卫自治之能力，授以生活必需之基本知识技能。

第三条　本规则所称国民学校及中心国民学校，包括：省立小学，省立师范学校附属小学，各县（市）国民学校、中心国民学校及私立小学。

第四条　省立小学、省立师范学校附属小学，由行政长官公署教育处管辖；县（市）国民学校、中心国民学校及私立小学，由各县（市）政府（或教育局）管辖。但为谋县（市）主管教育行政机关与省立小学、省立师范学校附属小学之密切联系起见，特规定其关系如左：

一、县（市）主管教育行政机关，对于省立小学、省立师范学校附属小学之关系。

1. 监督其教职员及学生在校外之行动。

2. 委托研究或实验教育问题。

3. 商洽国民学校教员进修办法，或办理讲习会、讨论会等。

二、省立小学、省立师范学校附属小学，对于县（市）主管教育行政机关之关系。

1. 报告学生、毕业生，及教职员之各项统计。

2. 参加县（市）区教育行政机关所召集各项有关教育之会议或研究会。

3. 协助举办各项教育事业。

第五条　国民学校及中心国民学校之学年、学期、假期，依照左列规定办理。

一、国民学校及中心国民学校，以每年八月一日为学年之始，翌年七月三十一日为学年之终。一学年分为二学期，以八月一日至翌年一月三十一为第一学期，以二月一日至七月三十一日为第二学期。

二、国民学校及中心国民学校，除去暑假、年假、寒假、春假日数外，每学期开学期内之日数：第一学期一五六日，第二学期一四二日（闰年一四五日）。

三、国民学校及中心国民学校，暑假、年假、寒假、春假日数，及起讫日期，依左列之规定：

1. 暑假——以四十九日为限（起七月十四日讫八月三十一日）。

2. 年假——定为二日（起一月一日讫一月二日）。

3. 寒假——定为廿一日（起二月一日讫二月廿一日）。

4. 春假——定为一日（四月四日）。

四、国定纪念日放假及举行纪念办法，悉依中央规定办理。

五、各校原有本校纪念日一律废除，另以十月廿五日（本省光复）为各校共同纪念日，放假一天。

六、各校于规定暑假、寒假期满之次日，应一律开学，办理注册等手续，期限不得逾三日，但新生得酌予延长。

七、各校各项假期，悉依照本条之规定办理，但有特殊情形，呈经行政长官公署教育处核准者，得酌量变更之。

第六条　国民学校及中心国民学校之学校历，由行政长官公署教育处依部颁规程订定之。

第二章　设　　校

第七条　国民学校之设置，依照下列规定：

一、国民学校每村（里）设置一所，每乡（镇）于适当地点，设置中心国民学校一所，负辅导辖内国民学校之责。但设置中心国民学校之村（里）不必再设国民学校。

二、村（里）之区域辽阔或有其他特殊情形者，得增设国民学校，村（里）之户口稀少或有其他特殊情形者，得联合二村（里）或二村（里）以上，设置国民学校一所。

第八条　学校名称，分别规定如左以资统一：

一、省立小学，以所在地之县名为校名，如设于台北县之省立小学，称为“省立台北小学”（倘系实验小学，则称为“省立台北实验小学”）。省立师范学校附属小学，于师范学校原名之下，加附属小学四字为校名，如省立台中师范学校之附属小学，应称为“省立台中师范学校附属小学”。

二、各县国民学校称为“某某县某某乡（镇）某某国民学校”，同村（里）有两校以上者，在村（里）名称之下，以第一、第二等数字区别之。

三、各市国民学校称为“某某市某某区某某（所在街路名称）国民学校”。

四、县辖市之国民学校称为“某某县某某市某某区某某（所在街路名称）国民学校”，未设区者即为“某某县某某市某某（所在街路名称）国民学校”。

五、中心国民学校之校名为“某某县（市）某某乡（镇）（区）中心国民学校”，县辖市者称为“某某县某某市某某区中心国民学校”。

六、私立小学应采用专有名称，不得以地名为校名，如“某某县（市）私立某某（专用名称）小学”，以资识别。

第九条　各县（市）设立国民学校及中心国民学校，应先开具设校地点、校名，及学级编制情形、经费来源及预算、校长教职员资格及待遇等项，呈请行政长官公署教育处核准后，方得开办。

第十条　私立小学，不论团体设立或私人设立，均须呈经主管教育行政机关核准立案。

第十一条　私立小学立案程序如下：

一、校董会呈请立案。

二、学校呈报开办——校董会立案后行之。

三、学校呈请立案——学校呈报开办一年后行之。

第十二条　私立小学校董会呈请立案、学校呈报开办或学校呈请立案时，均须开具应报事项，分别呈报当地县（市）政府（或教育局），经切实审核，加具考语，再行转呈行政长官公署教育处备案。

第十三条　私立小学校董会呈请立案时，应呈报事项如下：

一、校董会章程。

二、校董会立案呈报事项表。

三、设立者履历表。

四、资产资金证件。

第十四条　私立小学校董会，呈请立案时，应呈报专项，须注意下列各点：

一、校董名额不得超过十五人。

二、设立者充任当然校董，人数不得超过三人。

三、校董中须有四分之一以上，曾经研究教育或办理教育者充任（但工会设立小学，得酌予变通）。

四、现任主管教育行政机关，或直接上级主管教育行政机关人员，不得兼任校董。

五、校董任期及改选办法，应有详细规定。

六、校董会职权，应合于修正私立学校规程第十九条之规定。

七、资产资金证件，应确实可靠。

八、其他所报事项须确实。

第十五条　私立小学呈报开办时，其应报事项如下：

…………

第五章　课　　程

第三十九条　国民学校及中心国民学校，教学科目及每周教学时数，均依照部颁修正小学课程标准办理。其教学科目及每周教学时间表分列于左：

一、儿童部

1. 教学科目及每周教学时间总表

科目 分数 年级		团体训练	音乐	体育	国语	算术	社会			常识	自然	图画	劳作	总计
							公民	历史	地理					
低年级	第一学年 第二学年	120	60	120	420	60 150				150		60	90	1 080 1 170
中年级	第三学年 第四学年	120	90	120 150	450	180 210				180		60	90	1 290 1 350
高年级	第五学年 第六学年	120	90	180	450	210	301	90	60		120	60	90	1 500①

说明：

（一）团体训练，包括训育与卫生训练两部分，训练时间每日以二十分钟为准（可并入朝会等集会中）。

（二）低中年常识科包括社会自然和卫生的知识部分（卫生的习惯部分，纳入团体训练中）。

（三）算术科自四年级起，加教珠算；时间支配，四、五、六年级每周各六十分钟。

（四）高级自然科，包括动植矿物、人体生理、简易理化和卫生的知识部分（卫生的习惯部分，纳入团体训练中）。

（五）劳作科，包括工艺、农事、家事部分。

（六）排列每周日课表时，应注意下列各原则：

（1）每节教学时间的长短，宜视儿童年龄的大小和科目性质的繁简而定。普通以三十分钟一节为原则，得分别延长或缩短，但短节不宜在十五分钟以下，长节不宜在六十分钟以上。

（2）每节时间的长度宜视科目及作业的性质而定。如练习的科目，次数要多，时间宜短；思考的科目次数可少，时间宜长；变化少的作业，时间宜短；变化多的作业，时间可长；欣赏的作业，时间宜短；建造的作业，时间可长。

（3）上午的功课可重，下午的功课须轻。

（4）上午的时间可长，下午的时间须短。

（5）繁重的功课宜排在一日间最好的时间，如上午九时到十一时。

（6）科目内容不很重要的，可排在下午最末节，或饭前饭后的时间。

（7）须用细小筋肉配合作用的科目，如写字、图画等，不可排在体育等科目之后。

（8）用脑的科目，须和用力的科目调剂。

（9）同一性质的科目，不宜连续排列。

（10）一种科目要排列匀称，如作文的时间九十分钟，应分三节，排在星期一、三、

① 原文此处数字有误。

五或二、四、六；一种科目要排列整齐，如团体训练的时间一百二十分钟，应分六节，排列每天的第一节。

（11）时间的长短、次数的多少，不可以教员的便利与否而定，但亦须顾到教员的劳逸平均。

（12）教员要批订课卷的科目，要平均支配。

（13）课外活动的时间，应平均支配。

（14）复式学级，要注意避免声浪的冲突。

（15）复式学级要将自动作事的功课和直接指导的功课，互相支配。

2. 课外集团活动每周时间表

年级	时间	附注
低年级	180	朝会、周会、纪念周、课外运动，幼童军、儿童自治团体活动等集团作业都在内
中年级	270	
高年级	260	

说明：

（一）各种活动时间，得依各地方情形斟酌增加或减少。

（二）活动事项，得依各项的性质、儿童的能力分别设置。

（三）高年级在可能范围内，应组织幼童军，授以幼童军之课程。

二、民教部

教学科目及每周教学时间总表

科目／每周学分／级别	国语	公民常识	算术	音乐	职业常识	总计
初级	280	175	105	70		630
高级	210	140	105	70	105	630

说明：

（一）每日授课二小时，分作三节，每节三十五分钟，余为休息时间。

（二）公民常识每周教学分数中，提出三十五分钟为举行国父纪念周时间。

（三）音乐科及国语科之写字，应注意课外练习。

第四十条　学校各科教学进度表，由教员于每学期开学后两周内编订完毕，由校部呈主管教育行政机关备案。

第四十一条　国民学校及中心国民学校各科课本，除采用国定课本外，各科补充教材由行政长官公署教育处编印分发，并得由各校自行选编。其标准如左：

一、国语科——阅读及写作，能发扬民族精神，激动爱国情绪，增强建国意识之故事、诗歌、剧本、宣言、文电等。

二、社会——研究个人和社会国家的关系，我国的历史演进、地理状况，及国际情势的大概等。

三、算术科——计算日常生活中关于数量的常识和观念。

四、自然科——说明人生和自然界的关系，普通的卫生、医药常识，探求科学知识的基本方法等。

五、图画科——绘制有关建国之宣传画、风景画、人物画，及省、县、全国暨世界简明地图等。

六、劳作科——种植、饲养、有关民食之作物、牲畜、家事及制造有关实用之化工等。

七、体育科——练习国技、野战、露营、越野、爬山及矫正操、制式训练、军事操等。

八、音乐科——歌唱慷慨、激昂、沉雄、壮烈之爱国歌曲等。

前项各校自编补充教材，须呈送主管教育机关转呈行政长官公署教育处核准后施行。

…………

第九章　教职员服务进修及考绩

第八十六条　国民学校校长之职务如左：

（1）综理全校事务。

（2）领导教职员奉行教育法令。

（3）代表学校对外处理一切交涉事项。

（4）召集校务会议，并为主席。

（5）执行校务会议及各种会议议决案。

（6）分配教职员职务。

（7）指导教职员处理校务，并考核其工作成绩。

（8）保管全校经费，并编造预算、决算，呈报主管教育行政机关审核。

（9）注意各级训育实施之统一。

（10）注意全校教学之实施，并担任教课。

（11）注意学生身心之发展及学校卫生。

（12）改善学校一切设施事项。

（13）计划学校一切设施事项。

（14）采用新教育方法，及其实施步骤。

（15）拟订本校教育研究计划或方针。

（16）组织本校教育研究会。

（17）督促本校员生推广社会教育工作。

（18）督促教师研究进修。

（19）联络同类各国民学校，举行成绩展览会、运动会、竞赛会及其他各种集会。

（20）协助地方教育行政机关，计划区内教育改进事宜。

（21）协助地方自治事业之推进。

第八十七条　省立小学及师范学校附属小学校长，除执行前条职务外，其余应办事项，分别规定如左：

一、实验小学校长

1. 制定本校实验研究计划，及编制实验工作报告。

2. 研究新教育方法，并订定实验大纲。

3. 指导教职员从事实验、研究工作。

4. 与其他学校联络，并介绍实验教育方法及结果，供其参考。

二、师范学校附属小学校长

1. 办理前款各条目规定事项。

2. 协订师范学校教生实习计划，主持指导实习事项。

3. 订定各科示范教学施行纲要。

第八十八条　省立师范学校附属小学及县（市）中心国民学校校长，除执行第八十六条、第八十七条职务外，并须兼负辅导地方国民学校之责。其辅导事项列左：

（1）召集辖内各国民学校校长会议，讨论各校应与兴革事宜，是项会议每月应举行一次。

（2）督促辖内各国民学校教员，研究改进教材教学及训育事项，每三个月召集各校教员举行研究会一次，讨论关于教学及训育问题，并举行某种成绩展览会或讲演会等。

（3）督促中心学校教员或各国民学校教学方法优良之教员，轮流担任示范教学，每三个月至少举行一次。

（4）择定科目，规定日期，延聘教育专家，讲演教育问题，以资各校改进。

（5）选购各种辅导参考图画及教师进修用书，巡回选送各校，供给教员阅览。

（6）其他有关小学教育及民众教育之教学事项。

第八十九条　国民学校教员之职务如左：

（1）担任教学及训育全责，并谋改进之方法。

（2）编订所任教科之教学细目及教学周录。

（3）考察学生课内课外之学习过程，并加以指导。

（4）考查学生勤惰。

（5）准备并整理学科上应用之图画、仪器、标本及其他教具。

（6）评定所任学科之学生学业成绩。

（7）会同其他教职员，或单独担任教育专题研究工作。

（8）指导学生课外活动。

（9）参加本校各种会议。

（10）办理各种会议议决案及校长委托事项。

（11）办理本校主办之社会教育事项。

（12）协助地方自治事业之推进。

第九十条　民教部教员除掌理前条事务外，并应商承校长，办理左列各事项：

一、教学成人班、妇女班主要课程事项。

二、办理民教部学生出勤之统计、缺席学生之督促、勤学学生之奖励等事项。

三、计划成人班、妇女班之改进事项。

四、主持成人班、妇女班之管训事项。

五、协助校长访问学生家庭事项。

六、指导成人班、妇女班学生，参加社会活动事项。

第九十一条　省立小学及省立师范学校附属小学，暨各县（市）中心国民学校教员，除掌理第八十九条事务外，并应办理左列事项，但师范学校附属小学教员，并应担任教生实习指导之责：

一、协助校长拟订实验研究计划，并编制实验研究工作报告。

二、受校长之指导，从事实验研究工作。

三、实际试验新教育方法，并报告其结果于本校。

四、协助校长辅导附近国民学校关于教导一切改进事项。

第九十二条　各校校长教员，均以住校为原则，每日在校工作时间，不得少于八小时。

…………

台湾省行政长官公署教育处

民国三十六年一月

中国第二历史档案馆编：《馆藏民国台湾档案汇编》第一百八十七册，九州出版社，2007年，第13—81页。

征引书目举要

台湾教育会编：《台湾学事法规》，“台湾总督府”民政部学务部，1917 年。

《台湾青年》第三卷第三—四号，1921—1922 年。

［日］田中一二编：《台湾年鉴》（1922—1944 年版），台北，成文出版社，1985 年影印。

台湾教育会编：《台湾学事法规》，帝国地方行政学会，1924 年。

《台湾民报》第二一号——三三号，1924—1926 年。

［日］吉野秀公著：《台湾教育史》，台湾日日新报社，1927 年。

“台湾总督府”编：《台北帝国大学规程及例规》，1929 年。

“台湾总督府”编：《公学校用汉文读本》卷四，台北小冢本店，1932 年。

台湾教育会编：《台湾教育沿革志》，台北小冢本店，1939 年。

李友邦等编印发行：《台湾先锋》，1940—1942 年各期。

台湾省行政长官公署统计室编：《台湾省五十一年来统计提要》，台北，进学书局，1946 年。

台北市文献委员会编：《台北文物季刊》第三卷，1954 年。

台湾省文献委员会编：《台湾省通志稿》，台湾省政府印刷厂，1957 年。

台湾省文献委员会编：《台湾文献》，1962 年。

台湾省文献委员会编：《台湾省通志》，台北，众文图书公司，1970 年。

台湾省文献委员会编：《台湾对外关系史料》，台北，“中华书局”，1971 年。

汪知亭编：《台湾教育史料新编》，台北，“商务印书馆”，1978 年。

王国瑶等著：《台湾三百年》，台北，户外生活杂志，1981 年。

台北市文献委员会编：《台北文献》，台北，成文出版社，1983 年。

［日］矢内原忠雄著，周宪文译：《日本帝国主义下之台湾》，台北，帕米尔书店，1985 年。

王晓波编：《台湾抗日文献选编》，台北，帕米尔书店，1985 年。

“台湾总督府”编：《台湾事务成绩提要》，台北，成文出版社，1985 年影印。

王晓波编：《台湾的殖民地伤痕》，台北，帕米尔书店，1985 年。

王诗琅译：《台湾社会运动史——文化运动》（《台湾总督府警察沿革志》第二篇），台北，稻乡出版社，1988 年。

杨碧川著：《日据时代台湾人反抗史》，台北，稻乡出版社，1988 年。

黄昭堂著，黄英哲译：《台湾总督府》，台北，自由时代出版社，1989 年。

秦孝仪主编：《抗战时期收复台湾之重要言论》，台北，近代中国出版社，1990 年。

吴密察著：《台湾近代史研究》，台北，稻乡出版社，1990 年。

陈兴唐主编：《台湾二・二八事件档案史料》，台北，人间出版社，1992 年。

台湾省文献委员会编：《重修台湾省通志》，台湾省政府，1993 年。

徐南号主编：《台湾教育史》，台北，师大书苑有限公司，1993 年。

许极墩著：《台湾近代发展史》，台北，前卫出版社，1996 年。

张炎宪等编：《台湾近百年史论文集》，台北，吴氏图书有限公司，1996 年。

李园会著：《日据时期台湾师范教育制度》，台北，南天书局，1997 年。

杜武志著：《日治时期的殖民教育》，台北县立文化中心，1997 年。

台湾省文献委员会编：《台湾总督府档案》（中译本），1997 年。

江佩津著：《日治时代台湾的农业教育》，台湾“中央大学”历史研究所硕士论文，1997 年。

徐国章编译：《台湾总督府公文类纂官制类史料汇编》“总督府档案专题翻译（三）”，台湾省文献委员会，1998 年。

中华全国侨联编：《台湾同胞抗日 50 年纪实》，中国妇女出版社，1998 年。

薛日顺编：《台湾省政府档案史料汇编》“台湾省行政长官公署时期（三）”，“国史馆”，1999 年。

［加］派翠西亚・鹤见著，林正芳译：《日治时期台湾教育史》，宜兰仰山文教基金会，1999 年。

杨孟哲著：《日治时期台湾美术教育》，台北，前卫出版社，1999 年。

叶荣钟著：《日据下台湾政治社会运动史》，台中，晨星出版有限公司，2000 年。

《台湾史研究》第八卷，台湾“中央研究院”台湾史研究所，2001 年。

《台湾战后初期留学教育史料汇编》第一册“留学日本事务（一）”，“国史馆”，2001 年。

台湾史研究会编：《王敏川选集》，台北，海峡学术出版社，2002 年。

《蒋渭川全集》（增订版），台北，海峡学术出版社，2005 年。

王乃信等译：《台湾社会运动史（1913--1936）》（《台湾总督府警察沿革志》第二篇），台北，海峡学术出版社，2006 年。

兰博洲编：《民族纯血的脉动——日据时期台湾学生运动（1913—1945）》，台北，海峡学术出版社，2006 年。

黄颂显编译：《林呈禄选集》，台北，海峡学术出版社，2006 年。

中国第二历史档案馆编：《馆藏民国台湾档案汇编》，九州出版社，2007 年。

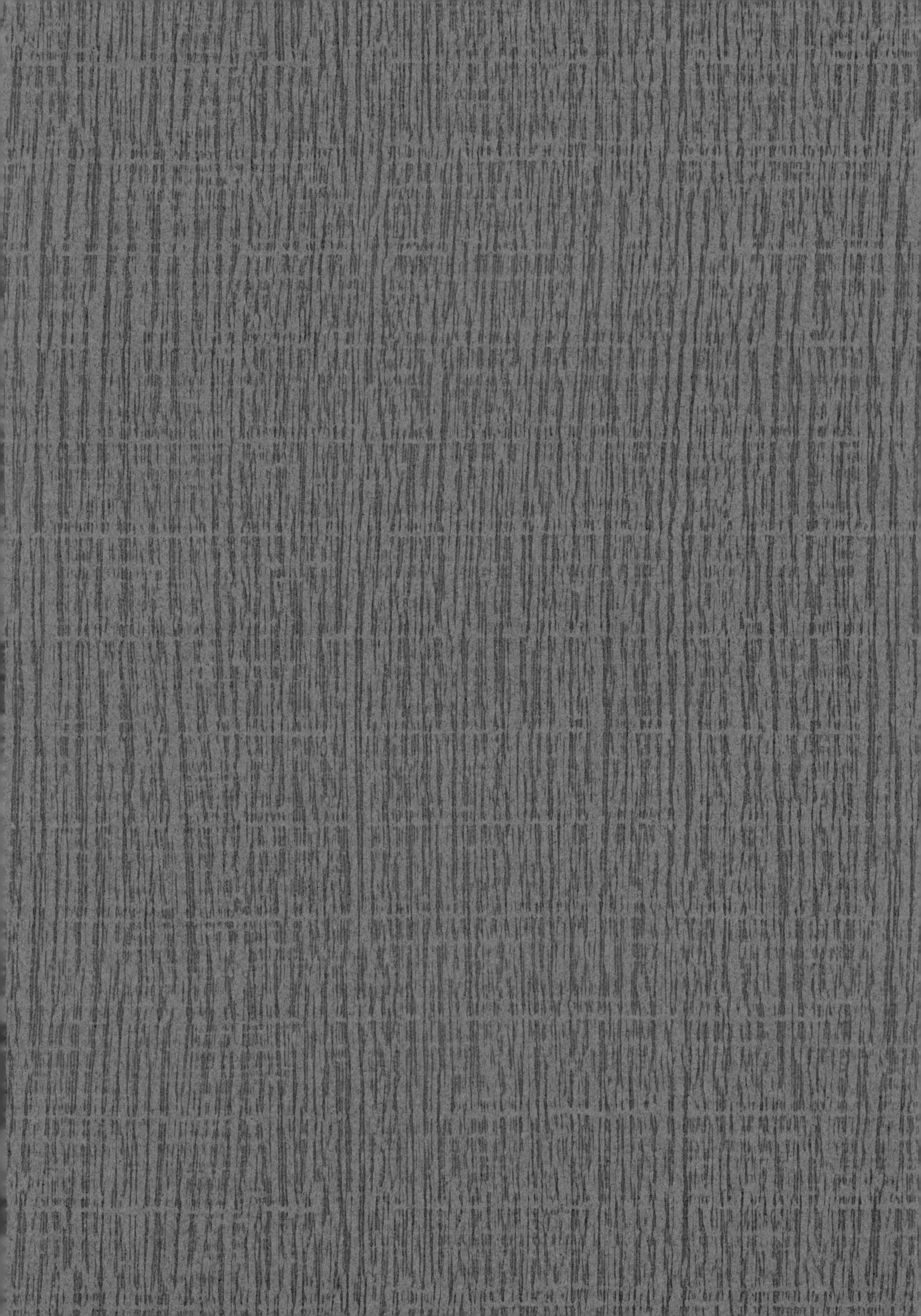